汇集十年精华
展现裁判思维
促进适法统一

《中国法院年度案例集成丛书》

主　　编　胡田野　国家法官学院副院长

副 主 编　刘　畅　最高人民法院司法案例研究院规划部主任

　　　　　李晓果　最高人民法院司法案例研究院研究部副主任

主编助理　赵文轩　最高人民法院司法案例研究院规划部编辑

编审人员（按姓氏笔画为序）

王晓梅　王　锐　王蓓蓓　王　曦　朱志磊　朱建伟

朱　琳　刘　畅　安慧中　李迎昌　李明桓　李　彦

李　洋　李晓果　李　婧　李　谦　李想成　张智颖

陈佳艺　周丽华　赵文轩　荣学磊　胡田野　胡　岩

姜子佳　姜　丹　费嘉荣　徐万佳　唐世银　唐墨华

唐鑫鑫　梁　欣　程　瑛　焦明静　童启鑫　熊　燕

潘园园

本书编审人员　李晓果　徐万佳　童启鑫　李想成

中国法院年度案例集成丛书

行政纠纷

裁判规则理解与适用

国家法官学院
最高人民法院司法案例研究院
—— 编 ——

中国法制出版社
CHINA LEGAL PUBLISHING HOUSE

《中国法院年度案例集成丛书》通讯编辑名单

序

党的十八大以来，以习近平同志为核心的党中央高度重视依法治国，明确提出全面依法治国，坚持在法治轨道上推进国家治理体系和治理能力现代化。党的二十大报告指出，要坚持走中国特色社会主义法治道路，建设中国特色社会主义法治体系、建设社会主义法治国家，围绕保障和促进社会公平正义，坚持依法治国、依法执政、依法行政共同推进，坚持法治国家、法治政府、法治社会一体建设，全面推进科学立法、严格执法、公正司法、全民守法，全面推进国家各方面工作法治化。人民法院始终坚持以习近平新时代中国特色社会主义思想为指导，深入贯彻落实习近平法治思想，把加强案例指导和研究作为助力推进全面依法治国的重要途径，通过制定司法解释、发布指导性案例、提炼裁判要旨、推行类案检索等系列举措，深入推进法律适用统一，不断提升司法质量、效率和公信力，努力让人民群众在每一个司法案件中感受到公平正义。

“中国法院年度案例丛书”是国家法官学院于2012年开始编辑出版的一套大型案例丛书，每年年初定期出版。截至2022年，已经连续出版11年。2020年起，丛书由国家法官学院和最高人民法院司法案例研究院共同编著。丛书编辑始终坚持以习近平新时代中国特色社会主义思想为指导，深入贯彻落实习近平法治思想，深化成果运用，认真总结案例积累的审判执行经验做法，积极回应人民群众多元司法需求，记录我国司法审判执行工作发展进程，助力丰富司法审判理论，构建中国法治话语体系。该丛书案例涵盖人民法院刑事、民事、商事、行政、知产、环资和执行各业务领域，按照业务领域和案由层级设计分册及纲目，目前汇编案例合计1.2万余篇。丛书严格遵循案例选编要求，突出争议焦点、裁判规则和法律适用分析，追求“好读有用”，已经形成品牌效应。为总结十余年的案例编选和研究经验，在全国各级人民法院的大力支持下，国家法官学院与最高人民法院司法案例研究院经全面梳理丛书的1.2万余篇案例，以新法新规为依据，对于其中“判得好且写得好”的案例进行再次深度加工，编辑出版“中国法院年度案例集成丛书”。

“中国法院年度案例集成丛书”坚决贯彻落实党的二十大报告关于坚持全面依法治国，推进法治中国建设的部署要求，深度挖掘优秀案例在完善裁判规则体系、促进统一法律适用、促进民法典等新法新规正确实施和应用法学研究等方面的法治价值、学术价值和时代价值，探索体系化提炼和编纂裁判规则的新思路，发挥司法案例的规范、指导、评价、引领作用，展现新时代我国法治建设成就，大力弘扬社会主义核心价值观，助推全民法治意识和法治素养提升。

“中国法院年度案例集成丛书”共15个分册：《物权纠纷裁判规则理解与适用》《合同纠纷裁判规则理解与适用》《借款担保纠纷裁判规则理解与适用》《人格权纠纷裁判规则理解与适用》《婚姻家庭与继承纠纷裁判规则理解与适用》《侵权纠纷裁判规则

理解与适用》《道路交通纠纷裁判规则理解与适用》《保险纠纷裁判规则理解与适用》《劳动纠纷裁判规则理解与适用》《公司纠纷裁判规则理解与适用》《金融纠纷裁判规则理解与适用》《知识产权纠纷裁判规则理解与适用》《行政纠纷裁判规则理解与适用》《刑事案例裁判规则理解与适用》《执行纠纷裁判规则理解与适用》。丛书在编辑工作中坚持以下原则：一是突出裁判规则价值。以历年“中国法院年度案例丛书”采用的1.2万余篇案例为精选基础，优中选优，提供给读者十余年积累的多类型、多视角的疑难新型典型性案例，概览人民法院的类型化裁判规则。二是方便读者检索。为体现以读者为本的理念，丛书分卷细化，每卷根据最新的案由、法律适用问题分类编排案例，以裁判规则、裁判思路或案件焦点的核心内容作为主标题，让读者一目了然，迅速找到目标案例。三是注重案例分析的实用性。根据最新的法律法规以及司法解释对原“法官后语”进行完善，高度提炼案例对理解和适用新法新规的参考价值，为新型疑难法律适用问题提供解决方案，为司法工作提供借鉴，为法学研究提供启迪。

中国法制出版社始终全力支持“中国法院年度案例集成丛书”的出版，给了作者和编辑们巨大的鼓励。该丛书还提供了数据库增值服务，内附精美书签，扫描其中二维码，即可免费查阅往年同类案例数据库。我们在此谨表谢忱，并希望通过共同努力，臻于至善，真正探索出一条编辑案例书籍、挖掘案例价值的新路，不断增强丛书案例的代表性、时代性、权威性，丰富案例类型，细化裁判规则，提升分析质量，以更好服务于社会主义法治国家建设、服务于司法审判执行工作、服务于学习研究法律的广大读者。

“中国法院年度案例集成丛书”既是法官、检察官、律师等法律工作者的办案参考和司法人员培训的实用教材，也是社会大众学法用法的经典案例读本，同时是教学科研机构案例研究的良好素材。当然，我们难以一步到位实现初衷，该丛书还存在各种不足甚至错误，欢迎读者批评指正。我们愿听取各方建议，不断拓宽司法案例研究领域，有效发挥类案裁判规则功能，立足新发展阶段，实现中国特色司法案例研究事业的高质量发展。

国家法官学院

最高人民法院司法案例研究院

2023 年 2 月

目　录

Contents

一、行政处罚

二、行政强制

三、行政许可

四、行政登记

五、政府信息公开

六、行政处理

七、行政复议

八、行政协议

九、行政赔偿

十、行政确认

十一、不履行法定职责

十二、其他

（一）行政允诺

（二）行政给付

（三）行政奖励

（四）行政征收

（五）行政批复

（六）其他行政行为

一、行政处罚

001 “是否引人误解”是判断构成虚假宣传的核心要素

——贸易公司诉某县市场监督管理局、某市市场监督管理局行政处罚及行政复议案

【案件基本信息】

1. 裁判书字号

江苏省南通市中级人民法院（2020）苏06行终30号行政判决书

2. 案由：行政处罚及行政复议纠纷

3. 当事人①

原告（上诉人）：贸易公司

被告（被上诉人）：某县市场监督管理局（以下简称某县市场监管局）、某市市场监督管理局（以下简称某市市场监管局）

【基本案情】②

2017年，贸易公司从案外某公司购进空气净化器共200台，进价均为380元/台。此后，贸易公司以6000元/台对外销售，共

① 因涉及机构改革等因素，行政诉讼案件的被告方可能在名称、职能等方面与当下实际的行政机构或单位存在差异（例如，“国家工商行政管理总局”已变为“国家市场监督管理总局”，参见《国务院机构改革方案》）。本书以下不再对此进行提示。

② 对于本书【基本案情】作以下两点提示：第一，案情中出现的各方主体在名称、职能等方面均以案情发生时为准；第二，所引法律法规等条文均为当时有效。本书以下不再对此进行提示。

计销售144台。在销售过程中，贸易公司利用“某公司如东分公司”的名义，采取现场介绍和播放视频的方式进行虚假宣传。同时，以“分享经济”为切入口，称公司分享消费者人脉资源，消费者分享公司利润，分22个月返还“宣传介绍费”。贸易公司逐月向已购买空气净化器的消费者发放介绍宣传费用，合计发放介绍宣传费用3050元/人。后来，贸易公司称资金周转出现困难，暂时停止发放该费用。销售过程中，因生产单位召回29台、消费者退货16台、贸易公司使用4台、抽检使用4台及扣押3台（合计56台）。

某县市场监管局作出《行政处罚决定书》，认定贸易公司销售不符合国家标准的空气净化器，责令贸易公司停止销售不符合国家标准的空气净化器，没收不合格的空气净化器1台。同时，认定贸易公司在经营活动中存在虚假宣传行为，责令贸易公司改正上述违法行为，并处没收违法所得370080元，罚款370080元。

贸易公司不服，向某市市场监管局申请行政复议。某市市场监管局作出《行政复议决定书》，确认某县市场监管局未在规定期限重新作出处理决定行为轻微违法，维持某县市场监管局作出的《行政处罚决定书》，并邮寄送达贸易公司。贸易公司仍不服，诉至法院，请求撤销某县市场监管局作出的《行政处罚决定书》、撤销某市市场监管局作出的《行政复议决定书》。

【案件焦点】

被诉行政处罚决定认定事实是否清楚、贸易公司是否存在虚假宣传行为。

【法院裁判要旨】①

江苏省南通经济技术开发区人民法院经审理认为：贸易公司利用“某公司如东分公司”的名义，采取现场介绍和播放视频的方式，向消费者所作宣传与事实不相符，构成虚假宣传。此外，贸易公司还以“分享经济”为切入口，故意曲解“分享经济”的概念和内涵，向消费者作出引人误解的宣传。故被诉处罚决定认定事实清楚，适用法律正确；对贸易公司的诉讼请求不予支持。

江苏省南通经济技术开发区人民法院依照《中华人民共和国行政诉讼法》第六十九条之规定，判决如下：

驳回贸易公司的诉讼请求。

贸易公司不服，提起上诉。江苏省南通市中级人民法院经审理认为：贸易公司利用“某公司如东分公司”名义，采取现场介绍和播放视频的方式，向消费者宣传“生活馆是某公司的，某公司规模很大，有160多家店，资产规模有20多个亿，在如东、通州、如皋等地都有店”等与事实不相符的内容，构成虚假宣传。此外，贸易公司以“分享经济”为切入口，故意曲解“分享经济”概念和内涵，向消费者承诺发放22个月的“宣传介绍费”，由公司分享消费者人脉资源，消费者分享公司利润等引人误解的宣传，故被诉处罚决定认定事实清楚。依照《中华人民共和国产品质量法》第四十九条、第五十五条，《中华人民共和国消费者权益保护法》第五十六条的规定，责令贸易公司停止销售不符合国家标准的空气净化器，没收不合格的空气净化器1台，依法没收违法所得并处罚款亦符合法

① 本书【法院裁判要旨】适用的法律法规等条文均为案件裁判当时有效，下文不再对此进行提示。

律规定，适用法律正确，量罚亦无明显不当。

江苏省南通市中级人民法院依照《中华人民共和国行政诉讼法》第八十九条第一款第一项之规定，判决如下：

驳回上诉，维持原判。

【法官后语】①

市场经济是法治经济，诚实守信是市场竞争的灵魂与商事主体的基本行为准则。商品或服务的真实信息是消费者决定是否购买商品或者接受服务的重要因素，消费者对商品和服务的选择和判断多依赖于经营者所提供的信息。在信息不对称的情况下，一旦经营者向消费者提供的有关信息不真实、不全面，便会对消费者的知情权及自主选择权产生不利影响，甚至会使消费者因使用不符合标准的产品而遭受人身、财产损害。而就其他经营者而言，以虚假宣传为表现形式的不正当竞争行为还会带来“劣币驱逐良币”的不良效应，最终破坏正常的市场运行秩序。为此，《中华人民共和国消费者权益保护法》第二十条第一款规定：“经营者向消费者提供有关商品或者服务的质量、性能、用途、有效期限等信息，应当真实、全面，不得作虚假或者引人误解的宣传。”司法实践中，消费者往往通过民事诉讼途径维护自身合法权益，但多为事后的点状式补救。相较之下，市场监管部门依法取缔虚假宣传行为，可以实现对侵害消费者合法权益违法行为的源头治理。

从立法表述上看，消费者权益保护法、广告法、反不正当竞争法均采用了“虚假或者引人误解”的表述。从现行立法可见，虚假宣传

① 本书【法官后语】对相关法律问题涉及的法律法规等进行了时效性更新，下文不再对此进行提示。

分为两种情形，一是内容虚假的宣传，二是引人误解的宣传。具体而言，所谓内容虚假的宣传，是指宣传的内容与商品或者服务的客观情况不符。① 例如，宣传某药品包治百病、将国内小作坊生产的产品宣传为国外知名企业产品、将“三无”产品宣传为优质产品等。所谓引人误解的宣传，是指内容中使用含混不清、有多重语义的表述，或者表述虽然真实，但是仅陈述了部分事实，使宣传对象或受宣传影响的人对商品或者服务的真实情况产生错误的理解或者判断。比如，宣传某产品含有珍贵物质，该物质对人体特别有益，但实际上该产品中珍贵物质含量极低，消费者使用该产品不足以获得所宣称的效果等。

“内容虚假”与“引人误解”二者紧密联结又各有侧重。宣传的内容虚假但不符合“引人误解”要件的，则不应一概认定为虚假宣传。例如，《最高人民法院关于审理不正当竞争民事案件应用法律若干问题的解释》第八条第二款规定：“以明显的夸张方式宣传商品，不足以造成相关公众误解的，不属于引人误解的虚假宣传行为。”由此可见，“引人误解”仍是判断是否构成虚假宣传的核心要素。此外，有别于对消费者民事侵权责任的追究，市场监管部门对违法行为一经发现便负有查处职责。因此，经营者对消费者的欺骗、误导只要存在可能性即涉嫌违法，不要求产生具体现实的误导后果。本案中，贸易公司假借免费体验、赠送礼品等形式吸引消费者，对经营规模作出了虚假及引人误解的宣传，以骗取消费者的信任。同时，以“分享经济”为切入口，宣称公司分享消费者人脉资源、消费者分享公司利润、分22个月返还“宣传介绍费”，对销售模式进

---

① 贾东明主编：《中华人民共和国消费者权益保护法解读》，中国法制出版社2013年版，第85页。

行了引人误解的宣传，属于违反消费者权益保护法的行为。

市场经济的健康发展离不开政府干预，特别是在消费者和经营者二者实力不对等、信息不对称问题凸显的情况下，有必要对作为弱势一方的消费者进行倾斜性保护。市场监管部门通过依法规制销售不合格产品、虚假宣传等行为，可以对侵害消费者合法权益的违法行为进行源头治理。本案通过对涉虚假宣传行政处罚行为的合法性审查，依法支持行政机关整治市场经济秩序及维护消费者合法权益的行为，也为辨明和认定虚假宣传行为提供了一定的指引。

编写人：江苏省南通市中级人民法院　张娟娟

002　网络平台交易模式下限时优惠广告虚假宣传的司法审查

——创新公司诉某区市场监督管理局、某市市场监督管理局行政处罚及行政复议案

【案件基本信息】

1. 裁判书字号

北京市第三中级人民法院（2020）京 03 行终 1024 号行政判决书

2. 案由：行政处罚及行政复议纠纷

3. 当事人

原告（上诉人）：创新公司

被告（被上诉人）：某区市场监督管理局（以下简称区市监局）、某市市场监督管理局（以下简称市市监局）

【基本案情】

2019年7月18日，区市监局对创新公司作出行政处罚决定，主要内容为：创新公司于2018年7月18日在其网店销售智能扫地机器人。在该商品的宣传页面上，有“豪礼限时赠送”“送原装配件　仅限今日”“0首付0利息　仅限今日”的宣传内容。经调查发现，创新公司在2018年7月18日至7月24日、2018年7月29日至8月2日均举行了上述活动，并非其宣传的“仅限今日”，与宣传不符。上述宣传的广告费用无法计算。创新公司的上述行为违反了《中华人民共和国广告法》的规定，属于发布虚假广告的行为，责令创新公司在相应的范围内消除影响，决定对创新公司处以罚款200000元。

创新公司于2019年8月22日向市市监局申请行政复议。2019年11月20日，市市监局作出复议维持的决定。遂成讼。

【案件焦点】

1. 商家在网络平台发布限时优惠广告，是否属于虚假广告宣传；2. 网络交易模式中广告费用及处罚幅度如何确定。

【法院裁判要旨】

北京市朝阳区人民法院经审理认为：对于本案第一个争议焦点，创新公司的行为是否构成虚假广告，应从商品或服务在其广告中宣传的各种信息是否存在与实际情况不符情形以及这些信息是否对购买行为有实质影响两个方面进行认定。第一，创新公司于2018年7月18日在其网店中销售涉案商品时，宣传内容中明确优惠活动仅限当日；但区市监局提交的证据均可证实，2018年7月18日至7月24日及2018年7月29日至8月2日期间，创新公司在销售涉案商品的宣传页面中均使用上述宣传内容，存在对涉案商品的宣传信息与实际情况不符合的情形。第二，创新公司是在网店销售涉案商品时发布了上述宣传信息，是通过广告宣传达到让消费者购买涉案商品的目的，从区市监局调取的订单交易信息显示，在上述期间内创新公司多次实际销售涉案商品，已经对购买行为产生实质影响。无论是从主观还是客观的角度来看，创新公司的行为均符合虚假广告的一般认定规制。

对于本案第二个争议焦点，创新公司在调查笔录中陈述网页内容是创新公司技术团队自己制作并上传，没有专门的制作费用，也未就此提交相应证据证明存在实际的广告费用，在本次诉讼程序中提交的证据也不能反映出因本次广告宣传实际支出了相应的广告费用，故区市监局根据调查情况认定本案属于广告费用无法计算的情形并无不当。

北京市朝阳区人民法院依据《中华人民共和国行政诉讼法》第六十九条、第七十九条之规定，作出如下判决：

驳回创新公司的全部诉讼请求。

二审法院同意一审法院裁判意见。

【法官后语】

虚假广告，作为违背市场正常竞争机制的产物，需要依法规范。《中华人民共和国广告法》第四条规定，广告不得含有虚假或者引人误解的内容，不得欺骗、误导消费者。同时，《中华人民共和国广告法》第二十八条第二款第二项的规定对具体认定的虚假广告的情形作出了列举：存在商品的性能、功能、产地、用途、质量、规格、成分、价格、生产者、有效期限、销售状况、曾获荣誉等信息，或者服务的内容、提供者、形式、质量、价格、销售状况、曾获荣誉等信息，以及与商品或者服务有关的允诺等信息与实际情况不符，对购买行为有实质性影响的，为虚假广告。不难看出，只要是对购买行为产生实质性影响的内容，就属于广告法规制的范围。

在广告界，有这么一句话："当消费者没有购买需求的时候，我们就帮其创造购买需求。"① 限时销售就是这样一种促销的方式，它会对消费者的消费心理产生刺激，让消费者感到稀缺，在这种情绪的催促下，更容易采取感性决策模式，从而产生冲动购买的行为。本案中的"限时赠送""仅限今日"等广告词让消费者陷入消费的紧迫感中，超过时间不再享受优惠，产生消费的冲动，同时创新公司发布的"仅限今日"也并非事实，允诺的信息与事实不符，对消费者的购买与否产生了实质性的影响，属于虚假广告。

为了规制虚假广告，净化市场环境，对虚假广告的发布者、经营者进行惩治就显得尤为重要。发布虚假广告的，由工商行政管理部门对广告主，以及明知或者应知广告虚假的广告经营者、广告发布者进行罚款，对于累犯可以吊销营业执照，情节严重的可能会入刑，构成虚假广告罪。对于虚假广告的处罚是按照广告费用来确定处罚幅度的，对于广告费用无法计算或者明显偏低的情况，处二十万元以上一百万元以下的罚款。从其中也可以看出对虚假广告的惩治力度，二十万元以上一百万元以下更是作为该行为处罚的空间，故对虚假广告的处罚数额认定要顺应立法的惩治力度。

广告法中的广告费用指的是经营者或者广告主通过宣传设计、制

---

① 《"双11"你都买了些什么?》，载人民网，http://media.people.com.cn/n/2015/1116/c40606-27817835.html，最后访问时间：2021年12月2日。

作、代理、发布广告信息所支付的费用，而创新公司在自己经营的网店发布广告，属于广告主在自设网站自行发布广告的行为。这种情况下广告费用难以计算，应按广告费用无法计算处理。实质上这种情况下也是有费用的，只是广告主自己设计制作发布，费用支出非常有限，广告费用显然很低，这时如果按照广告主实际产生的费用计算广告费用实施行政处罚，明显不足以惩戒广告违法行为，因此也应纳入广告费用无法计算的情形。从立法的目的来看，将此种广告主在自设网站自行发布广告的行为，认定为广告费用无法计算的情况，符合立法目的，有利于保证类案处罚的相当性。

编写人：北京市朝阳区人民法院　尤振帅

003 交管部门以违法告知方式将自然意义上的一行为处断为法律意义上的多行为未违反“一事不再罚”原则

——李某诉某市公安局公安交通管理局某交通支队某大队、某区人民政府行政处罚及行政复议案

【案件基本信息】

1. 裁判书字号

北京市第三中级人民法院（2020）京03行终393号行政判决书

2. 案由：行政处罚及行政复议纠纷

3. 当事人

原告（上诉人）：李某

被告（被上诉人）：某市公安局公安交通管理局某交通支队某大队（以下简称交通大队）、某区人民政府（以下简称某区政府）

【基本案情】

2019年7月12日，交通大队所属的交通协管员在北京市朝阳区北土城东路育慧南路南口至北土城东路东口段处发现涉案客车停在非停车场、非停车泊位的道路上，违反了停车管理规定。交通协管员对该行为进行了拍照记录，并在该车辆上粘贴《北京市交通协管员道路停车记录告知单》，告知“上述时间、地点该机动车未在道路停车泊位或停车场内停放，根据《北京市实施〈中华人民共和国道路交通安全法〉办法》第七十九条第四款的规定，已对以上事实作了图像记录。此告知单及图像记录将提供给交通大队审核”。2019年7月17日，交通大队所属交通协管员在上述地点发现该车仍违反停车规定停放，遂再次拍照并在车辆上粘贴告知单。

2019年7月30日，原告前往交通大队接受非现场处罚。交警确认了原告存在在前述时间和地点违反停车规定的违法行为，遂当场制作《处理机动车违法记录告知书》，告知拟作出的处罚、依据及“对于非本辖区内的违法行为，如无异议，本机关将一并处理”，原告当场未提出陈述和申辩并在被告知人处签名。交警遂作出《公安交通管理简易程序处罚决定书》并向原告送达，认定2019年7月12日11时53分、2019年7月17日9时52分，原告在北土城东路育慧南路南口至北土城东路东口段处，分别实施机动车违反停车规定的违法行为。根据《中华人民共和国道路交通安全法》第九十条、第九十三条第二款的规定，决定分别给予200元的罚款。根据《道路交通安全违法行为处理程序规定》第四十八条第一款的规定，共处罚款400元。

原告不服，向某区政府申请行政复议，请求撤销该决定书。某区政府于2019年10月30日作出《行政复议决定书》，维持了交通大队作出的处罚决定。原告仍不服，诉至法院，以该处罚决定适用简易程序错误、违反“一事不再罚”原则为由，请求撤销上述处罚决定和复议决定。

【案件焦点】

交通管理部门以违法告知的方式将自然意义的一行为处断为法律评价上的多行为是否违反“一事不二罚”规定及原则。

【法院裁判要旨】

北京市朝阳区人民法院经审理认为：“一事不二罚”原则的确立，旨在防止重复处罚，保护行政相对人的合法权益，体现了行政处罚的实施必须与违法行为的事实、性质、违法情节相当。因此，对“一事”或“同一违法行为”的判定应遵循上述原则确立的宗旨。本案中，现有证据仅能证实该机动车自2019年7月12日至7月17日始终停放在涉案地点，车辆停放的行为处于继续状态，自然意义上的一行为是成立的。本案的关键在于交通管理部门以违法告知的方式将自然意义的一行为处断为法律评价上的多行为是否违反上述规定及处罚原则。对此：第一，原告存在违法停车的故意。第二，原告违法停放车辆的行为具有长期性。原告违法停放车辆的行为长达五天之久，且占用了城市公共道路，该行为是对公共交通管理秩序的破坏。第三，切割处断的处罚方式符合过罚相当原则，其处断的次数并未超出合理限度。交通大队执法方式与原告长期违法停车的主观故意、情节、性质相适应，且避免了因违法成本过低难以实现纠正违法行为的处罚目的，对于最大限度维护交通管理秩序具有一定的积极意义。同时，该执法方式已给予违法行为人合理的矫正期间，但违法行为人并未主动纠正，因此交通大队所作的切割处断的次数并未超出合理限度，亦不构成对违法行为人合法权益的侵害。综上，被诉行政处罚并未违反“一事不二罚”原则及法律规定。交通大队作出的被诉《公安交通管理简易程序处罚决定书》合法，予以支持。某区政府履行复议程序合法，亦予以支持。综上，原告诉讼理由不能成立。

北京市朝阳区人民法院依照《中华人民共和国行政诉讼法》第六十九条、第七十九条之规定，作出判决：

驳回原告的诉讼请求。

二审法院同意一审法院裁判意见。

【法官后语】

随着经济的快速发展，我国人均汽车保有量逐年上升，城市停车设施供给不足是目前面临的现实问题。在违法成本低的情况下，持续违法停车现象日益凸显，既严重影响了交通安全和社会秩序，也让交通管理部门面临着执法困境。本案裁判从以下两个层面对此问题进行了有益的探索。

1. 持续违法停车行为的行为数量之判断

厘清此种持续违法停车行为中的行为数量，是研究该问题的前提。本案中，在案证据能证实车辆停放的行为始终处于继续状态，符合违法行为“在空间上或时间上具有连续性”的特征，应属于“自然一行为”①。但是，从法律拟制的角度看，本案存在两个违法

① 陈清秀：《行政处罚法》，法律出版社2016年版，第195页。“数个动作，具有直接的（在空间上及时间上）关联性，因此其整体的活动由第三人（客观上）自然地加以观察，可认为是一个统一的综合的行为。”

行为：第一个违法行为是行政相对人违法停车至执法机关进行违法告知前；第二个违法行为是行政相对人在受到违法告知后，仍然拒不纠正，继续实施违法停车行为，则产生了新的违法行为，属于第二个违法停车行为，也即交通管理部门以违法告知的方式将“自然一行为”处断为“法律评价上的多行为”，且交通管理部门也是据此给予的两次罚款。

2. 持续违法停车行为的“处断式执法”之合法性评价

本案关键在于，此种以违法告知的方式将“自然一行为”处断为“法律评价上的多行为”从而给予多次处罚的执法模式，是否符合“一事不二罚”相关规定及原则。笔者认为，对此应持肯定性评价。

第一，此种执法模式具有法理基础。不论违法停车告知单的性质是否为具体行政行为、外部行政行为，其应属于行政行为，一经作出，则具有行政行为效力。因此，一旦违法停车告知作出并送达，在法律意义上，该违法停车行为已经中断，行政相对人仍不纠正，导致违法停车行为处于持续状态，应属于新的违法行为。

第二，此种执法模式具有现实必要性与内在合理性。当前，“乱停车”现象频发已经成为困扰我国诸多城市治理的“顽疾”，且因违法成本低，“罚款当停车”的现象更是层出不穷。持续违法停车与短时间违法停车相比，危害性更大，若“一刀切”地仅仅处罚一次，将导致违法行为人停一小时、一天、一周受到的处罚都是相同的，明显有违过罚相当原则和比例原则。而“处断式执法”在合理的切割次数限度内与违法行为人的主观故意性、情节、性质等因素相适应，并未侵害相对人的合法权益，不与“一事不再罚”原则相悖，且有效避免了因违法成本低而导致处罚目的无法实现，最大限度保障了城市公共交通秩序和社会安全。

综上分析，“处断式执法”并未违反法律原则与规定，且是治理“乱停车”现象的有力手段，本案裁判对此给予了肯定性评价，对此类问题的解决具有一定的参考意义。

编写人：北京市朝阳区人民法院 朱军巍 孙雯

004 因行政规划存在冲突而对相对人作出行政处罚的司法认定

——赵某诉某区园林绿化局行政处罚案

【案件基本信息】

1. 裁判书字号

北京市第三中级人民法院（2020）京03行终979号行政判决书

2. 案由：行政处罚纠纷

3. 当事人

原告（上诉人）：赵某

被告（被上诉人）：某区园林绿化局（以下简称某区园林局）

【基本案情】

2012年11月1日，赵某与案外人吴某、刘某签订了《租赁合同》，二人将其与村委会签订的果树承包合同中的90亩土地转租给赵某经营，合同期限为2012年10月21日至2029年10月21日。2013年，赵某开始在上述承包地内建设种植大棚，至2015年建设完成，后赵某在大棚内种植蔬菜、水果，并对外出售。

2018年2月26日，某区园林局接到上级机关移交的案件线索，反映赵某未经林业主管部门同意，在73号图斑内擅自占用集体林地建大棚。某区园林局于同日立案，并到上述地块进行了勘验。此后，某区园林局将此案的办理期限延长了2个月，并对赵某进行了三次询问调查，告知其享有陈述和申辩的权利。赵某在73号图斑内确认了其所建的5个温室大棚部分的对应位置，并认可面积为1265平方米。同日，某区园林局向赵某送达了《行政处罚先行告知书》，告知了赵某拟对其作出行政处罚决定的事实、理由、依据及其享有陈述和申辩的权利。2018年5月25日，某区园林局作出《行政处罚决定书》。赵某不服，向法院提起行政诉讼，后法院以上述《行政处罚决定书》违反法定程序为由，判决依法予以撤销。

2019年7月18日，某区园林局向赵某重新作出并送达了《行政处罚先行告知书》《听证权利告知书》，后根据赵某的申请，于2019年8月9日组织召开了听证会。2019年8月13日，某区园林局作出本案被诉《行政处罚决定书》，对赵某罚款12650元。赵某不服该处罚，遂提起诉讼。

另查明，73号图斑内的土地是3级保护林地（非生态公益林）。赵某所建的5栋大棚的各一部分，即1265平方米在该图斑内，赵某未办理上述大棚的征占用林地的审批手续。根据当地土地利用总体规划（2006—2020年），上述土地规划用途为“一般农地区”，并非林业用地区。

【案件焦点】

在林保规划和土地规划存在冲突的情况下，赵某在涉案土地内建设大棚是否应认定为违法行为。

【法院裁判要旨】

北京市顺义区人民法院经审理认为：虽然赵某所建 5 栋大棚的各一部分位于顺义区林保规划之内，地类性质属于 3 级保护林地（非生态公益林），但是根据当地土地利用总体规划（2006—2020 年），上述大棚所在地的土地规划用途为“一般农地区”，而非“林业用地区”，且在土地利用总体规划中，“一般农地区”与“林业用地区”两种规划用途系并列关系。因此，根据土地利用总体规划，赵某所建大棚并未占用林业用地。在林地保护利用规划和土地利用总体规划存在冲突的情况下，某区园林局仅以林地保护利用规划为准，认定赵某存在非法占用林地的行为，并对赵某作出处罚，其作出的处罚决定属于认定事实不清，依法应予撤销。赵某的诉讼请求应予支持。

北京市顺义区人民法院依照《中华人民共和国行政诉讼法》第七十条第一项之规定，判决如下：

撤销某区园林局于 2019 年 8 月 13 日作出的《行政处罚决定书》。

二审法院同意一审法院裁判意见。

【法官后语】

本案属于行政处罚类案件。行政处罚是指行政机关依法对违反行政管理秩序的公民、法人或者其他组织，以减损权益或者增加义务的方式予以惩戒的行为。《中华人民共和国行政处罚法》既要保障和监督行政机关有效实施行政管理，维护公共利益和社会秩序，又要保护公民、法人或者其他组织的合法权益，二者缺一不可。因行政处罚具有惩罚和制裁的性质，故行政机关作出行政处罚决定之前，必须对相关事实调查清楚，确保法律依据正确、执法程序合法，才能真正做到既维护公共利益和社会秩序，又保护公民、法人和其他组织的合法权益。

本案中，某区园林局对赵某作出行政处罚的理由是，赵某未经其批准，在林地保护利用规划区域内建设大棚，该行为违反了法律规定。由此可见，赵某建设的大棚所在土地的性质是否属于林地系本案的关键所在。根据本案查明的事实可知，涉案大棚所处位置的林地保护利用规划与土地利用总体规划相矛盾，且林地保护利用规划与土地利用总体规划均是合法有效的，而某区园林局或未查明该矛盾的存在，或不顾该矛盾的存在，仅依据林地保护利用规划，便认定赵某存在非法占用林地的违法行为并予以行政处罚。因此，某区园林局实际上对于赵某是否存在违法行为的事实并未查清，即其对赵某作出处罚缺乏事实根据。显而易见，因为不同的行政机关制定不同的规划时存在失误，从而使无辜的行政相对人的合法权益受到了损害，该处罚行为违背了行政处罚法的立法目的。

此外，某区园林局以林地保护利用规划认定涉案大棚所在地为林地，并对赵某作出行政处罚，其依据的仅仅是自己的上级部门制定的规范性文件。但是，规范性文件的效力较低，行政机关应当审慎适用，充分考量规范性文件的合法性、合理性。在确定该规范性文件与法律、法规及规章不存在矛盾、冲突，且适用该文件不侵犯行政相对人合法权益的情况下，才能以此为依据作出行政行为。本案中，某区园林局依据的是北京市园林绿化局制定的规范性文件，涉及的条文没有不妥之处，但并未考虑到林地保护利用规划和土地保护利用规划有可能存在相冲突的情形。而某区园林局在办理案件过程中发现两类规划存在冲突后，仍然机械地以该条文为依据作出处罚，侵害行政相对人的合法权益，明显不妥。

编写人：北京市顺义区人民法院　宋颖

005 存在多个法定处罚档次的，行政机关可以跨档减轻行政处罚

——邵某诉某市公安局某区分局、某市人民政府行政处罚案

【案件基本信息】

1. 裁判书字号

江苏省无锡市中级人民法院（2020）苏 02 行终 210 号行政判决书

2. 案由：行政处罚纠纷

3. 当事人

原告（上诉人）：邵某

被告（被上诉人）：某市公安局某区分局（以下简称某区公安局）、某市人民政府（以下简称某市政府）

第三人：胡某

【基本案情】

2019 年 5 月 11 日上午，邵某与刘某因琐事发生口角。争吵中，邵某使用过激言辞对刘某进行侮辱，刘某气愤之下报警并将该情况电话告知其丈夫胡某。后胡某赶到派出所与邵某发生口角，出于愤怒向邵某后颈部拍了一掌。当日，某区公安局受理胡某殴打邵某一案。邵某到医院就诊，初步诊断为左耳外伤。2019 年 6 月 6 日，某区公安局申请对邵某的伤情进行鉴定，法医要求邵某做 CT 或者核磁共振检查，邵某自愿放弃。6 月 21 日，民警组织调解，胡某向邵某赔礼道歉，邵某拒不接受赔礼道歉，也不同意调解。6 月 26 日，某区公安局作出〔2019〕1277 号《行政处罚决

定书》（以下简称 1277 号《处罚决定》），根据《中华人民共和国治安管理处罚法》第四十三条第一款之规定，决定对胡某罚款五百元。邵某申请行政复议，某市政府认为邵某已满六十周岁，某区公安局适用《中华人民共和国治安管理处罚法》第四十三条第一款，明显不当，遂撤销 1277 号《处罚决定》并责令重作。

2019 年 10 月 15 日，某区公安局作出〔2019〕2075 号《行政处罚决定书》（以下简称 2075 号《处罚决定》），根据《中华人民共和国治安管理处罚法》第四十三条第二款第二项、第十九条第一项之规定，决定对胡某罚款五百元。邵某申请行政复议，某市政府予以维持。因不服前述行政处罚决定和复议决定，邵某向法院提起行政诉讼。

另查明，邵某于 2019 年 7 月 8 日向法院起诉要求胡某赔偿医药费 1017.72 元和营养费 500 元（民事纠纷）。2019 年 8 月 19 日，经双方协商，胡某支付邵某 1400 元后，邵某撤回起诉。

【案件焦点】

存在多个法定处罚档次的，行政机关可否跨档减轻行政处罚。

【法院裁判要旨】

江苏省无锡市滨湖区人民法院经审理认为：邵某虽属于年满六十周岁以上的老人，但其在和他人交往相处的过程中并未做到文明礼貌，这是胡某对其动手的重要起因。胡某拍了邵某一掌后被人劝阻，且事发后认错态度较好，主动向邵某赔礼道歉，足见其主观恶意较轻，可以认定属于情节特别轻微。关于行政处罚量罚是否适当的问题，《中华人民共和国治安管理处罚法》第十九条对于情节特别轻微的，规定可以减轻处罚或者不予处罚。对于与免除处罚并列的减轻处罚情节而言，违法行为人如果达到免除处罚的程度，对其跨档减轻刑罚，自然是顺理成章；相反，一个可能会免除处罚的违法行为人，却不能跨两档予以减轻处罚，反而受递档减轻处罚的限制，这在逻辑上是个悖论。减轻处罚是从宽处罚措施，区别对待减轻处罚的幅度，有利于达到教育违法行为人的目的。因此，某区公安局根据案件发生的起因、经过、结果，坚持以教育和处罚相结合，依法对胡某适用减轻处罚，处以五百元罚款，并无不当。

江苏省无锡市滨湖区人民法院依照《中华人民共和国行政诉讼法》第六十九条、第七十九之规定，作出如下判决：

驳回邵某的诉讼请求。

邵某不服一审判决，提出上诉。江苏省无锡市中级人民法院经审理认为：因邵某对胡某妻子刘某使用侮辱性语言，后胡某就此事与邵某发生口角，根据视频监控显示，胡某当时站立于邵某（坐姿）的侧前方，伸手在邵某后颈部附近拍了一掌，该动作并非邵某所称的“猛击一拳”。从邵某的诊疗及后续恢复情况看，亦未造成较重的损害结果。相关医药费等费用经法院民事诉讼协调后，胡某一方已当庭支付完毕。在此期间，胡某一方也曾主动向邵某赔礼道歉，可见其已意识到自身行为的错误，认错态度较好。因此，某区公安局认定本案中胡某的行为属于情节特别轻微，依法对其适用减轻处罚，符合过罚相当以及教育与处罚相结合的原则，并无不当。

江苏省无锡市中级人民法院依照《中华人民共和国行政诉讼法》第八十九条第一款第一项之规定，判决如下：

驳回上诉，维持原判。

【法官后语】

根据《中华人民共和国治安管理处罚法》第四十三条规定，殴打他人有三档处罚幅度，即“情节较轻的”，处五日以下拘留，或者五百元以下罚款；“一般情节的”，处五日至十日拘留、并处二百元至五百元罚款；“存在加重情节的”，处十日至十五日拘留，并处五百元至一千元罚款。本案违法行为人胡某殴打已年满六十周岁的邵某，具有加重情节，依据《中华人民共和国治安管理处罚法》第四十三条第二款规定应“处十日以上十五日以下拘留，并处五百元以上一千元以下罚款”。同时，胡某又具有《中华人民共和国治安管理处罚法》第十九条第一项“情节特别轻微的”可以减轻或不予处罚的量罚情节。本案如何适用减轻处罚，存在多个法定处罚档次时公安机关能否直接减轻至最低处罚档次即罚款五百元，值得讨论。

减轻处罚，是指行政机关在法定的处罚种类以下和处罚幅度的最低限以下对违法行为人给予行政处罚，包括“处罚幅度”的减轻和“处罚种类”的减轻。在法律明确规定多个处罚档次的情形下，基于法律的授权可在法定处罚档次以下结合案件具体情况和处罚情节予以跨档减轻处罚，且不受递档减轻限制。理由是：第一，从规范目的分析，我国法律规定减轻处罚时有“从轻或者减轻处罚”与“减轻处罚或者不予处罚”两种结构，法条将减轻处罚与不予处罚并列规定，本身就体现了立法者要求执法者减轻处罚直至免罚，因此量罚时应当允许裁判者根据具体案情自由选择跨档（两档、三档）减轻处罚直至不予处罚。如果法条规定的是“从轻或者减轻处罚”，则应当遵从文义解释原则，不得作出超越字面含义的扩大解释，一般应在下一档处罚幅度内量罚，以区分减轻处罚的不同幅度，达到“寓教于惩”的目的。第二，从逻辑角度分析，减轻处罚与免除处罚之间存在逻辑上的递进关系，违法行为人具有单个减轻处罚情节，可以递档减轻；违法行为人具有多个减轻处罚情节或者减轻情节达到接近免除处罚的程度，仍然只能递档减轻或者直接免除处罚，不允许执法者在法定量罚幅度以下跨档量罚，则轻重失衡、逻辑背反，有违过罚相当原则。第三，从适用后果分析，本案被诉公安机关将处罚种类由“拘留并处罚款”减为“罚款”，形式上看似乎是直接减少了主罚、保留了并罚，但是因《中华人民共和国治安管理处罚法》三档量罚幅度的法条结构，故本案并不属于减少罚种情形，本质上仍属于跨档减轻幅度的范畴。如果公安机关仅能递档减轻或者免除处罚，则降一档减轻处罚与免除处罚之间，直接跨越了其他处罚档次，量罚幅度过度跳跃易引发执法公信力危机。

统一减轻处罚适用标准，规范执法裁量权，确保量罚公正均衡是实现社会公平正义的重要方式。不可否认，存在多个处罚档次时允许跨档减轻，赋予了执法机关较大的裁量权，如果允许执法机关任意跨档减轻处罚，不利于量罚的精细化和公平性。可资借鉴的解决方案是规定行政处罚裁量基准或者裁量权幅度，增强规则可操作性和预期性。2021年修订后的《中华人民共和国行政处罚法》增设第三十四条“行政机关可以依法制定行政处罚裁量基准，规范行使行政处罚裁量权。行政处罚裁量基准应当向社会公布”，授权行政机关通过裁量基准为行政处罚设定“标尺”。例如，《江西省市场监督管理领域从轻行政处罚清单、减轻行政处罚清单和少用慎用行政强制措施清单（1.0版）》[①] 规定，具备一种减轻情形适用酌情减轻，

---

① 参见《江西省市场监管局关于印发〈江西省市场监督管理领域从轻行政处罚清单、减轻行政处罚清单和少用慎用行政强制措施清单（1.0版）〉的通知》，载江西省人民政府网站，http：//www.jiangxi.gov.cn/art/2022/11/3/art_ 56749_ 4200186.html？ xxgkhide = 1，最后访问时间：2023年1月11日。

在法定最低罚款限值金额的70%以上确定罚款数额；具备两种减轻情形适用一般减轻，在法定最低罚款限值40%~70%之间确定罚款数额；具备三种及以上减轻情形适用最低减轻，在法定最低罚款限值10%~40%之间确定罚款数额。该裁量基准区分量罚情节规定不同的裁量阶次和裁量幅度，使减轻处罚有据可依、有章可循。

编写人：江苏省无锡市中级人民法院　卢文兵　刘英

006　公司向法院申请破产的情形下如何认定其“无理由拒绝退还服务费用”

——教育公司诉某区市场监督管理局行政处罚案

【案件基本信息】

1. 裁判书字号

北京市第三中级人民法院（2020）京03行终1048号行政判决书

2. 案由：行政处罚纠纷

3. 当事人

原告（上诉人）：教育公司

被告（被上诉人）：某区市场监督管理局（以下简称某区市监局）

【基本案情】

2019年9月12日，某区市监局对教育公司作出《行政处罚决定书》，主要内容为：教育公司主要从事出国留学中介服务。某区市监局陆续接到消费者投诉，反映在与教育公司签订《退款协议书》后，教育公司没有按《退款协议书》的约定退还费用。未退还的费用共计170438元。另，教育公司存在擅自改变企业住所的行为。教育公司未给消费者退款的行为构成对消费者提出退还服务费用的要求无理拒绝行为。某区市监局对教育公司作出如下处罚：1. 没收违法所得170438元；2. 罚款300000元。对其擅自改变企业住所的行为处罚款10000元。合计罚款480438元。教育公司认为其不存在“对消费者提出的请求无理由拒绝”的事实，公司未在规定期限内返还消费者出国留学中介服务费用，系因国际留学政策发生巨大变化，公司业务下滑资不抵债，并非主观故意拖延造成。公司已向法院申请破产清算。按照《中华人民共和国企业破产法》的规定，人民法院受理破产申请前六个月内，债务人有资不抵债的情形，不得对个别债权人进行清偿，故请求撤销被诉行政处罚决定。

某区市监局辩称，其于2019年2月27日对教育公司立案调查，于2019年9月12日作出被诉《行政处罚决定书》，于2019年9月17日向教育公司的委托人予以送达。教育公司至今未缴纳罚没款。某区市监局对教育公司作出的行政处罚决定事实清楚、证据确凿、程序合法，请求法院驳回教育公司的诉讼请求。

【案件焦点】

1. 教育公司的行为是否构成无理由拒绝消费者提出的退还服务费用的要求；2. 教育公司是否能以资不抵债申请破产清算作为其违法阻却事由。

【法院裁判要旨】

北京市朝阳区人民法院经审理认为：某区市监局对于发生在其管辖区域内的经营者侵害消费者权益行为具有监管、查处的法定职责。根据消费者权益保护法的规定，教育公司同意在一定期限内退还消费者相关出国留学中介服务费，但其并未按约定退还消费者相关费用，未退还费用共计 170438 元。教育公司提出其已向法院申请破产的主张并非阻却构成无理拒绝消费者提出的合理要求的法定事由，一审法院对于教育公司的此项诉讼主张不予采信。某区市监局根据违法所得数额并参考相关基准，结合其经营亏损状态非恶意逃避退款等情形，对教育公司从轻作出没收违法所得并处罚款 300000 元的决定，符合法律规定。某区市监局作出的其他处罚内容的亦符合法律规定，程序合法。综上，教育公司要求撤销某区市监局作出的被诉《行政处罚决定书》理由不能成立，对其诉讼请求不予支持。

北京市朝阳区人民法院依据《中华人民共和国行政诉讼法》第六十九条之规定，判决如下：

驳回教育公司的全部诉讼请求。

教育公司不服，提起上诉。北京市第三中级人民法院经审理认为：教育公司在退款期限届满后超过十五日未退款，即应视为构成无理拒绝消费者提出的合理要求的行为，应对其行为按照消费者权益保护法的规定作出相应的处理。教育公司与消费者约定的退款期限早于人民法院受理其破产申请前六个月的期限，故教育公司的该项主张缺乏事实依据，其无理拒绝消费者提出的合理退款要求的行为并不存在违法阻却事由。某区市监局作出本案被诉《行政处罚决定书》职权明确，事实清楚，程序合法，适用法律并无不当。一审法院判决结果正确，二审法院应予维持。

北京市第三中级人民法院依照《中华人民共和国行政诉讼法》第八十九条第一款第一项之规定，判决如下：

驳回上诉，维持一审判决。

【法官后语】

本案系因提供留学服务的经营者未在约定期限内退还消费者留学服务费用，被市场监管部门认定为无理拒绝退还服务费用并给予行政处罚引发的行政诉讼案件。该案例涉及留学服务机构已向法院申请破产情形下未按退款协议约定向消费者退还服务费用的行为是否违法的认定、留学服务机构是否能以其已向法院申请破产为由免除相应的行政处罚以及拒绝退还的服务费用是否构成违法所得。

1. 关于无理拒绝退还消费者服务费用的认定

《侵害消费者权益行为处罚办法》对经营者针对消费者提出的合理退款要求视为故意拖延或者无理拒绝的情形作出了明确的规定。其第八条规定，经营者提供商品或者服务，应当依照法律规定或者当事人约定承担修理、重作、更换、退货、补足商品数量、退还货款和服务费用或者赔偿损失等民事责任，不得故意拖延或者无理拒绝消费者的合法要求。经营者有下列情形之一并超过十五日的，视为故意拖延或者无理拒绝：（一）经有关行政部门依法认定为不合格商品，自消费者提出退货要求之日起未退货的；（二）自国家规定、当事人约定期满之日起或者不符合质量要求的自消费者提出要求之日起，无正当理由拒不履行修理、重作、更换、退货、补足商品数量、退还货款和服务费用或者赔偿损失等义务的。第十条第二款规定，经营者对消费者提出的合理退款要求，明确表示不予退款，或者自约定期满之日起、无约定期限的自消费者提出退款要求之日起超过十五日未退款的，视为故意拖延或者无理拒绝。本案中，教育公司提出，该公司对消费者的退款请求不存在故意拖延、无理由拒绝的事实，公司确实无力支付退款，按照《中华人民共和国企业破产法》第三十二条的规定也不能对客户个别清偿。而根据本案查明的事实，教育公司与涉案提出投诉的消费者均签订了《退款协议书》，其中约定了退款方式及退款日期，教育公司在退款期限届满后超过十五日未退款，即应视为构成无理拒绝消费者提出的合理要求的行为，应对其行为按照消费者权益保护法的规定作出相应的处理。

2. 经营者向法院申请破产是否构成不退还服务费用的违法阻却事由

《中华人民共和国企业破产法》第三十二条规定，人民法院受理破产申请前六个月内，债务人有本法第二条第一款规定的情形，仍对个别债权人进行清偿的，管理人有权请求人民法院予以撤销。但是，个别清偿使债务人财产受益的除外。教育公司据此主张，公司确实无力支付退款，按照《中华人民共和国企业破产法》的上述规定也不能对客户个别清偿。但教育公司在与消费者签订《退款协议书》向消费者作出退款承诺时即应对自身还款计划的执行能力有所预估，退款期限届满后其不能如期还款即应承担相应的法律责任，其自身的经营亏损不应由消费者承担。本案中，教育公司于2019年7月8日以不能清偿到期债务且资产不足以清偿全部债务为由，向法院申请破产清算。2020年3月3日，法院裁定受理教育公司的破产清算申请。按此时间推算，教育公司与涉案消费者约定的退款期限早于人民法院受理其破产申请前六个月的期限，故教育公司的该项主张缺乏事实依据，其无理拒绝消费者提出的合理退款要求的行为并不存在违法阻却事由，法院对于教育公司的该项主张涉及的时间节点予以审查后作出了不予支持的结论。教育公司主张从向法院申请破产的时间倒推六个月不予个别清偿的主张缺乏法律依据。

综上所述，留学服务经营者因国际留学政策变化等原因导致经营状况恶化，消费者对其提供的服务质量不满以及对其后续经营情况不看好，遂要求退还已交纳的留学服务费用并与经营者签订了退款协议。但退款协议到期后商家以资不抵债已申请破产为由，拒绝向消费者进行个别清偿。法院在本案中对无理由拒不退还服务费用的情形予以明确，对经营者以资不抵债已申请破产构成违法阻却事由的抗辩事项予以厘清，明确了公司破产对消费者是否能进行个别清偿应以法院裁定受理破产申请为相应的时间节点。该案的裁判理由对类案的裁判有一定的借鉴意义。

编写人：北京市第三中级人民法院　胡林强

007 拘留处罚在未成年人校园欺凌案件中的适用

——王甲诉某市公安局某区分局行政处罚案

【案件基本信息】

1. 裁判书字号

山东省济南市中级人民法院（2020）鲁01行终376号行政判决书

2. 案由：行政处罚纠纷

3. 当事人

原告（被上诉人）：王甲

被告（上诉人）：某市公安局某区分局（以下简称某区公安分局）

第三人：王乙

【基本案情】

2018年11月，某培训学校在校未成年学生王甲、姜某某两次在学校寝室对其同宿舍同学王乙（未成年）进行殴打。第二次事发后，王乙的母亲报警。某区公安分局接到报警后依法受案，并对涉案治安案件进行调查取证。经调查，某区公安分局认为王甲、姜某某共同殴打王乙的行为构成结伙殴打。考虑到本案违法行为人及受害人均为未成年人，某区公安分局在当事三方均有调解意愿的前提下组织调解，最终姜某某一方取得受害人王乙的谅解，某区公安分局作出《不予行政处罚决定书》，决定对姜某某不予行政处罚；在王甲、王乙双方明确表示无法达成和解，要求公安机关依法处理后，某区公安分局作出《行政处罚决定书》，依据《中华人民共和国治安管理处罚法》第四十三条第二款第一项、第十二条之规定，决定给予王甲行政拘留七日并处罚款贰佰元的行政处罚，同时依据《中华人民共和国治安管理处罚法》第二十一条第二项的规定，对王甲不送拘留所执行。王甲不服某区公安分局作出的《行政处罚决定书》，诉至法院。

【案件焦点】

1. 未成年人能否适用行政拘留处罚；2. 未成年人结伙殴打他人是否可适用调解程序处理；3. 对结伙殴打他人的未成年人作出不同处理，是否存在适用双重认定标准的问题。

【法院裁判要旨】

山东省济南市历下区人民法院经审理认为：某区公安分局在选择治安调解方式对涉案纠纷予以处理时，即已认定涉案违反治安管理的行为属于情节较轻的情形。经调解，姜某某与王乙达成调解协议并实际履行，某区公安分局也作出《不予行政处罚决定书》。而因王甲与王乙调解不成，某区公安分局在进行行政处罚时又作出王甲为结伙实施殴打，属于情节较重的认定。某区公安分局在整个治安案件的处理过程中实行双重认定标准，前后矛盾，适用程序错误，适用法律不当，违反公平公正原则，且其在对王甲作出拘留处罚时并未充分考虑对未成年人的挽救及给予改过自新的机会，具有明显的不合理性，依法应予撤销。

山东省济南市历下区人民法院依照《中华人民共和国行政诉讼法》第七十条第二项之规定，判决如下：

一、撤销某区公安分局作出的《行政处罚决定书》；

二、某区公安分局于法定期限内对原告王甲违反治安管理的行为重新作出处理。

某区公安分局不服，提起上诉。山东省济南市中级人民法院经审理认为：王甲、姜某某两人共同实施殴打王乙的行为，符合结伙殴打他人的情形。至于情节轻重，属于公安机关自由裁量的范畴。王甲与姜某某均系未成年在校学生，其结伙殴打受害人王乙的行为在情节上尚不够刑事处罚，亦不属于排除适用治安调解的违法行为范围，且姜某某实际上能够取得受害人王乙的谅解。故公安机关经双方当事人同意，可以通过治安调解的方式予以处理。经调解，姜某某取得了受害人王乙的谅解，某区公安分局对其作出《不予行政处罚决定书》，并无不当；王甲因未主动消除或者减轻违法后果，未取得受害人王乙的谅解，某区公安分局鉴于其系未成年人，依据《中华人民共和国治安管理处罚法》第四十三条第二款、第十二条之规定对其作出行政拘留七日并处罚款贰佰元的行政处罚，且不送拘留所执行，适用法律正确，程序合法，处罚幅度及执行方式适当，不存在适用双重认定标准的问题。

山东省济南市中级人民法院依照《中华人民共和国行政诉讼法》第八十六条、第八十九条第一款第二项之规定，判决如下：

一、撤销一审判决；

二、驳回王甲的诉讼请求。

【法官后语】

校园欺凌行为具有隐蔽性强、伤害力大等特性，会对未成年人的身心健康造成巨大的影响。现行法律法规对未成年人违法犯罪持教育、感化、挽救的态度，以促进未成年人改过自新为主，尽量避免对未成年人的健康成长造成不良影响。然而，校园欺凌行为若得不到相应的依法惩处，受害人权益就得不到相应的保障。应当看到，校园欺凌的实施主体是未成年在校学生，校园欺凌的受害人亦是未成年在校学生。如果公安机关仅以教育、感化的方式对类似案件中的校园欺凌行为进行处理，而不在法律规定的处罚幅度内对违法行为人作出相应的处罚，将会降低相关人员的违法成本，不利于预防和制止校园欺凌现象。故，公安机关在办理未成年人校园欺凌案件时，既应当坚持教育、感化、挽救的方针，从教育入手，以情感人，以理服人，充分考虑未成年人的心理特点和承受能力，尊重其人格，保障其依法享有的合法权益，又要在查明案件事实的基础上依法决定是否对违法未成年人作出相应处罚，不枉不纵。

《中华人民共和国治安管理处罚法》第四十三条规定将殴打他人、故意伤害他人身体的违法情形分为三种，对一般情形的，处五日以上十日以下拘留，并处二百元以上五百元以下罚款；对情节较轻的，处五日以下拘留或者五百元以下罚款；对具有特殊情形的，如结伙殴打、伤害他人的，殴打、伤害残疾人、孕妇、不满十四周岁的人或者六十周岁以上的人的，多次殴打、伤害他人或者一次殴打、伤害多人的，给予十日以上十五日以下拘留，并处五百元以上一千元以下罚款。情节轻重的认定，属于公安机关依照案件事实予以自由裁量的范畴；而一般与特殊情形的认定，属于法律明定的范畴。公安机关在作出治安处罚时，可以根据治安案件的违法性质、手段、后果、社会危害性等，对违法情节的轻重作出判断和认定；而对于结伙殴打、伤害他人等特殊情形的认定，则需要严格依照法律法规的规定。

对未成年人、在校学生实施的结伙殴打、伤害他人的行为，公安机关有权依照《中华人民共和国治安管理处罚法》第四十三条第二款第一项、第十二条之规定对违法行为人进行处罚。公安机关认为上述违法行为情节较轻尚不够刑事处罚时，可经当事人同意进行调解处理。经调解，违法行为人能够主动消除或者减轻违法后果，并取得被侵害人谅解的，公安机关可不予处罚；违法行为人与受害人无法达成和解，不能取得受害人谅解的，公安机关应依法决定是否作出处罚。公安机关对实施结伙殴打他人行为的违法行为人分别作出处罚决定和不予处罚决定，并不必然存在矛盾。

编写人：山东省济南市中级人民法院　靳颖

008 旅游经营者在旅游活动中擅自变更行程安排严重损害旅游者权益的，应当承担行政责任

——甲旅行社诉某市文化和旅游局行政处罚案

【案件基本信息】

1. 裁判书字号

北京市第三中级人民法院（2020）京03行终409号行政判决书

2. 案由：行政处罚纠纷

3. 当事人

原告（上诉人）：甲旅行社

被告（被上诉人）：某市文化和旅游局（以下简称市文旅局）

【基本案情】

2018年11月14日，多人先后向被告提交《举报信》及相关材料，反映原告、乙旅行社、丙旅行社在共同组织的“9月27日—10月9日欧洲13日游轮之旅”活动中擅自变更旅游行程，严重损害旅游者权益。2018年11月15日，被告决定立案查处。

2018年11月19日，被告对涉案旅游行程的带团领队张某进行询问并制作《询问笔录》，张某在笔录中陈述，其系涉案旅游行程的带团领队，在2018年9月28日到达巴黎以后，原告通知原来的游轮取消；第二天原告向张某说了新的方案，说船方换了一个船，换了一个港口，从6晚7天变成了4晚5天，航线也发生了改变，两晚的住宿是从原来的船上换到了斯特拉斯堡；游客不同意新的方案，经与原告协调，入住了原定的酒店，临时派车安排去了阿姆斯特丹。原告与游客在赔偿数额上未达成一致意见。

2018年11月30日，被告对乙旅行社同业部经理王某某进行询问并制作《询问笔录》，王某某在笔录中陈述，游客林某等8人是与乙旅行社签订的涉案旅游行程合同，由原告实际履行，变更行程这件事直到行程结束都没有收到原告的通知。

2018年12月4日，被告对丙旅行社法定代表人杜某进行询问并制作《询问笔录》，其陈述，游客陈某某与丙旅行社签订合同，由原告实际履行，迄今为止原告也没有给丙旅行社合理的解释说明。

2018年12月14日，被告对原告法定代表人曹某进行询问并制作《询问笔录》，曹某在笔录中陈述，涉案旅游行程成团后是由原告实际出团，原告在2018年9月27日中午收到船方的邮件，当时这个团的签证和机票已经出了，没办法调整，如果取消会有更大的损失，所以原告综合考虑整个行程的完整度和游客的利益，积极协调，最后船方协调更换了另外一艘4晚5天的船，剩下两晚的住宿船方安排了路上的酒店。后因为客人不同意又紧急预订了两晚客人要求的科隆的酒店，从整个成本来看其实原告付出了更多，努力去补救了；原告站在游客和其他旅行社的角度考虑选择制订了最佳的方案安排。

2018年12月28日，被告作出《行政处罚事先告知书》。随后，原告提交《关于市文旅局对我社“行政处罚事先告知书”的申诉》。2019年1月8日，被告作出《听证告知书》。随后，原告向被告提交《听证申请》。2019年1月17日，被告作出《听证通知书》及《听证公告》。2019年1月25日，被告对原告处罚案举行听证会。2019年3月18日，被告作出《行政处罚决定书》（以下简称《处罚决定书》），认定原告在旅游行程中擅自变更旅游行程安排，严重损害旅游者权益的行为，违反了《中华人民共和国旅游法》第六十九条第一款的规定，依据该法第一百条第一项的规定，给予原告罚款十万元并责令停业整顿二个月的行政处罚。原告不服，遂成讼。

【案件焦点】

原告是否在旅游行程中擅自变更了旅游行程安排以及是否严重损害了旅游者的权益。

【法院裁判要旨】

北京市朝阳区人民法院经审理认为：第一，原告是否在旅游行程中擅自变更了旅游行程安排的问题。首先，旅游者与旅游经营者签订旅游合同的决定因素在于该项旅游产品的旅游行程安排是否满足旅游者对此次旅游活动的价值需求。旅行社应当按照旅游合同的约定履行义务，不得擅自变更旅游行程安排。其次，《中华人民共和国旅游法》第六十七条规定，因不可抗力或者旅行社、履行辅助人已尽合理注意义务仍不能避免的事件，影响旅游行程，造成合同不能完全履行的，旅行社经向旅游者作出说明，可以在合理范围内变更合同；旅游者不同意变更的，可以解除合同。本案中，原告在未将不可抗力事由告知旅游者及其他组团社的情况下，私自与船方协商，造成游览活动减少、游览时间缩短。原告直至 2019 年 9 月 28 日即旅游者已到法国、旅游行程已经开始的情况下，才通过旅行团领队向旅游者进行告知，属于超越权限自作主张的行为。最后，即使如原告所述，存在涉案旅游活动的往返机票及当地酒店、用车等费用已全额付款，因不可抗力不可退还的情况，也应由旅游者自行决定是变更旅游行程还是解除旅游合同，旅游经营者无权代替旅游者进行权益判断。

第二，原告擅自变更旅游行程安排的行为是否严重损害了旅游者权益的问题。首先，作为普通消费者，能够选定某项旅游产品，并最终与旅游经营者签订旅游合同，一般取决于该项旅游产品包括旅游目的地的游览地点、游览方式以及相应的交通、住宿等核心内容。上述核心内容如果未经旅游者同意而进行了变更，势必造成旅游活动的品质降低、旅游者的旅游目的和价值无法实现，严重损害了旅游者权益。其次，涉案旅游活动系涉及多个国家、多个旅游地点、多种交通工具的境外旅游活动，旅游行程是否变更了核心内容，造成游览活动减少、游览时间缩短等、是否由此严重损害旅游者权益，具有专业性及复杂性。对此，法院应尊重旅游主管部门在专业领域的首次行政判断权。本案中，被告作为旅游主管部门，结合涉案旅游活动的行程变更内容、造成的后果及旅游者的接受程度等，认定原告的行为严重损害了旅游者权益，并无不妥。

北京市朝阳区人民法院依照《中华人民共和国行政诉讼法》第六十九条之规定，判决如下：

驳回原告的诉讼请求。

二审法院同意一审法院裁判意见。

【法官后语】

本案的核心问题在于如何理解《中华人民共和国旅游法》第一百条第一项——在旅游行程中擅自变更旅游行程安排，严重损害旅游者权益。对此存在两种不同的观点：一种观点即本案判决所采用的观点，认为在旅游行程中擅自变更旅游产品的核心内容，造成了对旅游者权益的严重损害，除应承担民事责任外，还应承担对破坏市场秩序的行政责任；另一种观点认为，本案虽存在擅自变更旅游行程安排的情形，但并未构成严重损害旅游者权益。理由如下：首先，旅游主管部门作为行政监管机关对旅游市场主体违法行为进行处罚的前提是旅游市场主体的违法行为构成了对旅游市场秩序的破坏，因此在判断是否构成严重损害旅游者权益时应当考虑是否同时造成了对旅游市场秩序的破坏；其次，本案原告甲旅行社虽然对旅游产品的核心内容进行了擅自变更，但是并非原告主观故意进行变更，而是存在不可抗力的因素，并且在事后进行了积极补救，因此并未严重损害旅游者权益，也并未造成对旅游市场秩序的破坏，旅游者对于旅游公司未按约定履行的行为应当通过要求承担违约责任进行救济。

针对上述不同观点，笔者同意本案判决所采用的观点。笔者认为，两种观点的分歧在于如何判断在旅游行程中擅自变更旅游行程安排、是否造成旅游者权益的严重损害。对于该条法律规定应当从以下几个方面进行考虑：

一是从旅游法制定的背景及立法目的来看，我国制定专门的旅游法是为治理我国旅游业的快速发展带来的旅游市场的乱象，其立法目的在于保障旅游者和旅游经营者的合法权益、规范旅游市场秩序等。旅游者旅行目的的实现依赖于旅游经营者依约履行义务，旅游经营者在旅游行程中如果利用其优势地位擅自变更旅游行程安排，造成旅游者权益的严重损害，势必会对旅游市场秩序产生不良影响。为平衡旅游者和旅游经营者之间的不平等地位，该法的法律责任部分对旅游经营主体的该类违法行为规定了应当承担的行政责任，以此维护旅游者的合法权益并规范旅游市场秩序。

二是对于是否应当考虑旅游经营者的主观过错程度。首先，《中华人民共和国旅游法》明确规定了出现不可抗力等因素导致旅游合同无法履行时，旅游经营者应当如实说明，由旅游者决定是否进行变更或者解除合同；其次，《中华人民共和国旅游法》第一百条第一项规定的是旅游经营者有“擅自”的行为，“擅自”即超越权限自作主张，主观上属于明知，因此旅游经营者对旅游行程安排擅自变更，使用不可抗力进行主观无过错的抗辩无法成立。

三是旅游者权益是否造成了严重损害的判断应当具体问题具体分析。“严重”属于程度判断，具有一定的裁量空间。因此，在司法审查阶段，司法机关应当在尊重旅游监管部门初步判断的基础上，审查旅游监管部门作出的认定是否具备一定的合理性。

具体到本案，原告虽主张不可抗力因素导致行程改变，但是其自作主张变更行程安排，导致旅游者被迫接受变更后的行程，并且实际造成了游览路线、游览时间等核心要素的变化，被告据此认定属于严重损害旅游者合法权益具有一定的合理性，并且原告的该种行为属于对行政法规范的违反，应当承担行政责任。

编写人：北京市朝阳区人民法院　唐伟伟　李丹丹

009 食品安全添加行为的行政处罚案件中待定事实的证明标准

——科技公司诉某区市场监督管理局、某市市场监督管理局行政处罚及行政复议案

【案件基本信息】

1. 裁判书字号

北京市第一中级人民法院（2020）京01行终332号行政判决书

2. 案由：行政处罚及行政复议纠纷

3. 当事人

原告（上诉人）：科技公司

被告（被上诉人）：某区市场监督管理局（以下简称某区市监局）、某市市场监督管理局（以下简称某市市监局）

第三人：蜂业公司

【基本案情】

2019年3月8日，国家肉类食品质量监督检验中心通过对科技公司在网购平台销售的百花蜜、枇杷蜜（以下简称涉案产品）进行抽样检查，检查结论为：诺氟沙星项目不符合第2292号公告要求，检验结论为不合格。2019年7月3日，某区市监局作出行政处罚决定书（以下简称被诉处罚决定），对科技公司作出没收违法所得319.2元、罚款130000元的行政处罚。科技公司不服被诉处罚决定，向某市市监局提起行政复议。某市市监局于2019年10月16日作出第645号复议决定（以下简称被诉复议决定）。科技公司不服被诉复议决定，认为其没有非法添加之行为。两被告未举证证明存在添加行为，而是以存在违法后果就直接推定上诉人有故意的非法行为；第三人系涉案产品的生产商，作为生产经营的企业没有添加动机。生产经营的蜂蜜是收集而来，涉案产品检出诺氟沙星完全是2017年之前蜜蜂采水或者抗病使用过诺氟沙星形成的自然残留，可能是供货时带入了。原告及第三人主观上没有过错，故提起行政诉讼，请求法院依法判令撤销被诉处罚决定以及被诉复议决定。

二审期间，科技公司提交若干证据，拟证明涉案产品检出诺氟沙星（喹诺酮类药物）不是人为添加而是兽药残留。

【案件焦点】

1. 市场监督部门在生产销售商能否构成《中华人民共和国食品安全法》第三十四条第一项“添加食品添加剂以外的化学物质和其他可能危害人体健康物质的食品”的事实认定上，应遵循何种证明标准；2. 如何看待行政相对人在听证程序中的申辩和反证在认定待证事实中的作用。

【法院裁判要旨】

北京市海淀区人民法院经审理认为：根据《中华人民共和国食品安全法》第三十四条第一项的规定，科技公司销售的涉案产品中含诺氟沙星，诺氟沙星原料药的各种盐、酯及其各种制剂可能对养殖业、人体健康造成危害或者存在潜在风险，已停止用于饲养可食用动物。故某区市监局认为涉案产品属于添加其他可能危害人体健康物质的食品，违反了《中华人民共和国食品安全法》第三十四条第一项的规定，对其违法事实的定性并无不当。科技公司认为其未主观非法添加诺氟沙星，涉案产品中含诺氟沙星系因环境带入，但涉案产品中含有诺氟沙星系客观事实，相关法律法规并未规定行政机关对食品生产经营主体的处罚以其系主观故意为要件，且科技公司未提交相关证据证明涉案产品中含有的诺氟沙星系因环境带入，对科技公司的该项主张亦不予支持。

北京市海淀区人民法院依据《中华人民共和国行政诉讼法》第六十九条、第七十九条之规定，作出如下判决：

驳回科技公司的诉讼请求。

科技公司不服一审判决，提起上诉。北京市第一中级人民法院经审理认为：本案中，科技公司销售的生产日期为 2018 年 6 月 4

日、9 月 16 日的涉案产品中含有诺氟沙星，而食品中禁止添加诺氟沙星。但根据在案证据，存在涉案产品原料中含有诺氟沙星的可能性。某区市监局认定涉案产品含有的诺氟沙星系人为添加缺乏证据支持。其据此作出被诉处罚决定，认定事实不清，依法应予撤销。某市市监局作出的被诉复议决定，亦应一并撤销。一审法院据此作出的一审判决认定事实有误，应予纠正。科技公司的上诉请求于法有据，予以支持。

北京市第一中级人民法院依照《中华人民共和国行政诉讼法》第八十九条第一款第二项之规定，作出如下判决：

一、撤销一审判决；

二、撤销某区市监局作出的被诉处罚决定；

三、撤销某市市监局作出的被诉复议决定。

【法官后语】

本案的争议焦点为涉及食品安全添加行为的行政处罚案件中待定事实的认定标准和反证证明力问题。食品安全添加行为的认定应适用明显优势证明标准，但当相对人提出的反证达到相当证明力时，推定事实应被推翻。

1. 食品安全添加行为的认定应适用明显优势证明标准

证明标准，是指法律规定的运用证据证明待证事实所要达到的程度。我国行政诉讼法并未对证明标准作出明确的规定，但在证据理论中，证明标准被理解为负有举证责任的一方当事人，对其主张的事实予以证明所应达到的水平和程度。

在行政案件中，采用何种证明标准，对于行政执法和司法审查的取向具有决定性作用。行政行为的多样性、复杂性决定了行政诉讼无法确立一个统一的普遍适用的证明标准。通说基本倾向于以明显优势证明标准为原则，以优势证明标准和排除合理怀疑证明标准为补充。明显优势证明标准，是指法院按照证明效力具有明显优势的一方当事人提供的证据认定案件事实；排除合理怀疑证明标准，接近刑事诉讼证明标准，是指案件主要事实均应有证据证明，且证据之间及证据与事实之间没有矛盾，或者虽有矛盾但能够合理排除；优势证明标准，接近民事诉讼证明标准，是指一方当事人提供证据的证明效力及证明的案件事实比另一方更具有可能性和说服力。在食品安全行政处罚案件中，排除合理怀疑证明标准主要适用于责令停产停业和吊销执照等对行政相对人财产权益有重大影响的行政案件；对于适用简易程序作出处罚的案件，一般采用优势证明标准；对于依据一般程序作出的行政处罚案件，需要结合个案情况具体分析适用何种证明标准。

个案中证明标准的选择适用需要关注的因素复杂众多，但其中最主要的取决于行政行为性质、对相对人权益的影响程度、行政机关的调查取证能力。首先，本案系依据普通程序作出的行政处罚，因涉及较大的罚款数额，行政机关在作出行政处罚前，还应适用听证程序，从对相对人的权益影响考虑，应适用较高的证明标准。但是，添加系发生于食品生产制作加工过程中的行为，涉及食品生产加工链条和食品本身的制作工艺，专业性较强，如要求市场监管部门进一步证明生产经营者如何在蜂蜜生产过程中添加或在哪个环节上添加，调查取证到如此程度未免过于苛刻，亦不现实，因此市场监管部门在添加行为上的调查取证能力和行业知识的判断能力均存在一定的有限性，如采取排除合理怀疑标准，市场监督部门对此违法行为将束手无策，不利于维护食品安全秩序和打击违法行为。同时，考虑到本案系食品安全类案件，诺氟沙星系对人体健康造成危害和风险的药物，在食品中添加诺氟沙星属于较为严重的违反食品安全秩序的行为，在价值衡量上应当充分考虑社会公共利益和消费者权益。综合考虑上述因素，本案应适用明显优势证明标准。

2. 相对人提出的反证具有相当证明力时，推定事实得以被推翻

明显优势证明标准中事实推定的心证思路体现为主要证据—推定事实—反证—排除反证或推翻推定事实的过程。当行政机关掌握的主要证据显示添加行为这一待证事实存在的可能性明显大于不存在的可能性时，法官由此对案件事实形成比较牢固的内心确信，但仍存在合理怀疑的空间，不能形成排他唯一的结论。此时，行政机关已尽到初步的证明责任，反驳推定的相对人应对推定事实的不成立承担举证责任。在审理食品安全行政处罚案件时，应当考虑到部分类型的违法行为的特殊性和专业性，在相对人对证据拥有更多支配权的情况下，应适当向相对人转移部分事实的举证义务和证明责任。具体到本案，原告作为委托第三人生产的销售商，与第三人之间签订了委托生产协议，在蜂农的饲养、生产商与蜂农之间的采购、蜂蜜的酿造过程和原料来源方面更加专业，在反驳推定事实时具备相应的举证能力。

对涉及较大的罚款数额的案件，行政处罚法规定了较为严格的事实认定程序，增加了听证程序。听证程序亦为赋予原告提出反证机会的重要救济程序。原告在听证程序中提出涉案产品中检出诺氟沙星系由于蜜蜂喝了含有诺氟沙星兽药的水或者抗病使用过诺氟沙星而形成了自然残留，该申辩存在一定的可能性，但尚需原告提出相关证据加以佐证，如生产厂家与蜂农签订的收购合同、蜂农在饲

养蜂蜜过程中为抗病曾使用农药的事实、蜂蜜的生产保存周期等。原告在听证程序和一审审理过程中均未对此提交任何证据。因原告未提供足以证明其未添加的相反证据，一审法院未采信原告的申辩。但在二审审理中，原告提交了国家市场监督管理总局办公厅的复函、养蜂协会咨询函等新证据，上述证据解释了蜂蜜的生产工艺特点和人为添加兽药的技术难度，分析了在生产经营过程中蜂蜜中含有诺氟沙星的原因，形成了相对合理的证据链条，具有较强的证明力和盖然性，足以推翻诺氟沙星系人为添加的推定事实。因此，二审法院认为反证成立，并否定了诺氟沙星系人为添加的推定结论，撤销了行政处罚决定。分析两审的审判思路，与明显优势证明标准的事实认定思路完全一致，即一审法院依据国家质检部门关于涉案产品含诺氟沙星的抽样检查结论作为主要证据，推定生产商添加了诺氟沙星这一事实；二审法院根据生产商、销售商提供的新证据即反证，认定涉案产品原料中含有诺氟沙星的可能性，进而推翻了诺氟沙星系人为添加的推定事实，因此对一审判决予以改判。

行政诉讼证明标准的适用在司法实践中呈现出多元性和差别适用的特点，法官需要运用逻辑推理和生活经验，注重发挥主体判断作用，根据个案中需要证明的事项和具体情形的不同，充分考虑行业特点和举证能力，才能对待证事实作出全面、客观和公正的分析判断，以最大限度地接近客观真实。

编写人：北京市海淀区人民法院　陈晓　闫行冉

010 违法建设行为人已死亡情形下责令限期拆除决定的内容、形式及合法性审查

——陆甲诉某市综合行政执法局行政处罚案

【案件基本信息】

1. 裁判书字号

江苏省南通市中级人民法院（2020）苏06行终4号行政判决书

2. 案由：行政处罚纠纷

3. 当事人

原告（上诉人）：陆甲

被告（上诉人）：某市综合行政执法局（以下简称某市执法局）

第三人：陆乙、陆丙

【基本案情】

陆甲、陆乙、陆丙的父亲陆某（已故）在2001年以5000元的价格向村集体购买仓库两间，后花费约30000元进行了翻建。2018年8月15日，某市执法局以陆甲等三人为被处罚人，作出《行政处罚决定书》，责令陆甲等三人在三日内自行拆除其父亲擅自搭建的建筑物。陆甲等人不服，申请行政复议，在复议期间，某市执法局主动撤销了上述处罚决定书。因陆甲等人不同意撤回复议申请，某市人民政府作出《行政复议决定书》，认为违反规划管理秩序的行为人陆某已经死亡，陆甲及第三人并未实施违法行为，某市执法局以陆甲及第三人为被处罚人作出行政处罚决定，并不准确，遂确认上述行政处罚决定书违法。

2019年3月21日，某市执法局张贴公告，载明案涉建筑物未

取得建设工程规划许可证，违反了城乡规划法第四十条第一款的规定，属于违法建设，因搭建当事人已经死亡，故公告告知有关利害关系人到某市执法局处主张权利、接受调查或者自行拆除案涉建筑物。同年3月25日，陆甲及陆乙到某市执法局处主张权利，且表示相关材料在原行政处罚决定过程中已经提交，不再重复提交。4月2日，某市执法局作出责令限期拆除公告，并予以了张贴。公告内容为：依据《中华人民共和国城乡规划法》第六十四条及第六十八条的规定，责令该建筑物管理人自公告发布之日起一日内自行拆除上述建筑物，逾期不拆除的，某市执法局将依法拆除。责令该建筑物使用人自该公告发布之日起一日内自行腾退其使用的房屋，逾期不腾退的，所造成的后果自负。

陆甲提起行政诉讼，请求撤销2019年4月2日某市执法局张贴的责令限期拆除公告、消除影响并赔礼道歉。

【案件焦点】

被诉责令限期拆除公告认定事实是否清楚、某市执法局以作出责令限期拆除公告的方式对违法建筑予以处理是否合法。

【法院裁判要旨】

江苏省南通经济技术开发区人民法院经审理认为：某市执法局在作出责令限期拆除公告的过程中未能正确认定案涉房屋的管理人或者使用人，案涉房屋并非无法确定管理人或者使用人。陆某去世后，陆甲及第三人是上述房屋的管理人或者使用人，在行政程序中陆甲及第三人也多次主张权利，某市执法局在作出责令限期拆除公告的过程中并未正确认定陆甲及第三人为案涉房屋的所有权人或者管理人，认定事实不清。某市执法局作出“责令腾退”的决定内容无法律根据。某市执法局撤销原行政处罚决定书后重新作出被诉责令限期拆除公告，超出了法律规定的两个月的履职期限，违反了法定程序。

江苏省南通经济技术开发区人民法院依据《中华人民共和国行政诉讼法》第七十条之规定，作出如下判决：

一、撤销某市执法局 2019 年 4 月 2 日作出的责令限期拆除公告；

二、驳回陆甲的其他诉讼请求。

陆甲和某市执法局均不服，提出上诉。江苏省南通市中级人民法院经审理认为：被诉责令限期拆除公告中对案涉建筑物的状况进行了描述、对房屋性质进行了认定，同时也对陆甲及原审第三人主张的与案涉房屋之间的关系予以载明，该事实认定并无不当。根据相关规定，公民只有对合法财产才依法享有继承权。案涉房屋系违法建筑，因此依法不能作为合法财产予以继承。基于权利与义务相统一原则，既然陆甲及第三人不是法律意义上的权利人或受益人，更不是违法行为人，那么即使他们作为原行为人的子女实际占有该房屋，也不负有限期拆除该房屋的法律责任。陆甲及第三人是否是案涉房屋的管理人或者使用人的事实并不是某市执法局针对案涉违法建设行为作出责令限期拆除必备的事实要件。一审法院认为某市执法局未正确认定陆甲等人为房屋的所有权人或者管理人构成违法，没有法律依据。

原行政处罚被某市执法局自行撤销，且被复议机关确认违法，某市执法局在重新作出决定时选择责令限期拆除的方式消除违法状态，避免了建设行为人已死亡、无被处罚对象的执法困境。以公告形式作出，避免了将上述人员确定为限期拆除的义务主体。选择公告方式具有一定的客观原因。在实际执法过程中，陆甲及第三人进行了陈述、申辩，实体权利并未受到侵害。在公告方式不违反法律的强制性规定，也未明显侵害上诉人陆甲等人权利的情况下，人民法院不应对该方式的合法性轻易予以否定。

江苏省南通市中级人民法院依照《中华人民共和国行政诉讼法》第八十九条第一款第二项、第六十九条之规定，作出如下判决：

一、撤销一审判决；

二、驳回陆甲的诉讼请求。

【法官后语】

在社会生活中，违法搭建现象较为普遍，很多违法建设行为不能得到及时处理，违法状态持续时间较长。因而，当行政机关对违法行为进行查处时，常常出现违法建设行为人已死亡、下落不明，或者违法建筑物已几易其手等特殊情形。在此类情形下，如何确定法律责任承担者以及处理决定如何作出等，成为摆在执法人员面前一道棘手的问题。

对于违法建设行为人已死亡的情形，如果违法建设行为人在生前已经对违法建筑作出处分行为，承继者因自愿接受违法事实，享受违法行为及持续状态所带来的不法利益，自然应当承担拆除违法建筑、消除违法状态的法定责任。如果行为人生前一直占有该违法建筑，行为人死亡后，其子女等法定继承人是否负有法定的拆除义务则需要特别加以讨论。

1. 行为人的子女如未参与建设行为，一般情况下不应列为被处罚人或者责令限期拆除的义务人。根据行政处罚法的规定，被处罚人是实施违反行政管理秩序的行为人，本案中行为人的子女无实施违反规划管理秩序的行为和主观故意，被列为被处罚人显然不符合法律规定。行政处罚法未将责令限期拆除列为行政处罚的种类，但事实上责令限期拆除的决定也属于对违法行为人施加的义务，在行为人死亡的情况下不能当然赋予行为人的子女拆除违法建筑的法定义务。

2. 基于父母子女的身份关系或者生前共同生活的现实，如果子女在父母去世后继承合法财产的同时一并接受并实际居住，则应当作为实际占有、使用的利益享有者，承担拆除义务。

本案还涉及执法局采用公告的方式责令限期拆除这一做法是否合法的问题。通常情况下，行政行为应当向特定的相对人作出并送达，这是行政行为成立的基本条件。以公告方式作出，具有广而告之的特点，不具有直接性、特定性。在公权力行使过程中，应当注重保护相对人的知情权、参与权、陈述权、申辩权，因此行政机关应当审慎采取公告的方式。但本案中，基于以下几点考量因素，可以肯定被诉责令限期拆除公告行为的合法性。

第一，从行政机关的角度而言，执法局先以违法建设行为人的子女为被处罚对象，该做法遭到行为人子女的抗议，也最终被复议机关否定；后采用公告的形式，既宣告了拆除的决定，又避免将行为人子女直接列为拆除的义务主体。执法局采用公告的形式具有客观原因和正当的执法目的。

第二，从法律适用角度而言，城乡规划法并未对本案中出现的这类特殊情形作出特别规定。行政机关在遵守依法行政基本原则的前提下能动执法，保证法律的有效实施，司法机关也不应无视具体案情，否定正当的执法方式。

第三，从保护私权利的角度而言，虽然执法局采用了公告的方式，但事实上并未将行为人的子女排除在执法程序之外，行为人的子女已经充分行使了陈述、申辩等权利。

本案二审的处理并非降低了对行政行为合法性审查的标准，而是充分体现了具体问题具体分析的原则，也通过本案的司法审查肯定了行政机关为破解违法建设查处中的难题而探索的一种解决方案。

编写人：江苏省南通市中级人民法院　刘海燕

011　揭露违法行为应遵循法定方式

——王某诉某市公安局某派出所、某区人民政府行政处罚及行政复议案

【案件基本信息】

1. 裁判书字号

广东省深圳市中级人民法院（2020）粤03行终967号行政判决书

2. 案由：行政处罚及行政复议纠纷

3. 当事人

原告（上诉人）：王某

被告（被上诉人）：某市公安局某派出所（以下简称某派出所）、某区人民政府（以下简称某区政府）

【基本案情】

案外人刘某某与案外人陈某某为夫妻，两人育有一子一女。子女均系未成年人。刘某某在案外人钟某某的手机上下载监控软件查看自己家中情况。钟某某因向刘某某索要被其修改的QQ密码未果，遂猜出刘某某的监控软件密码登录查看其家庭情况。2018

年10月，王某和钟某某多次登录该监控软件查看刘某某家庭情况。王某下载部分视频进行剪辑合成。2018年12月22日，王某给刘某某打电话，要求其归还钟某某的QQ密码，否则将刘某某夫妻虐待女儿的视频发布到网上。因索要未果，王某在某微信公众号上发布视频，被发布的视频为多个视频剪辑合成。后上述视频被广泛转发传播。

2018年12月23日，刘某某报案，某派出所经调查，于2018年12月24日作出行政处罚决定，认定王某、钟某某偷窥、散布他人隐私，根据《中华人民共和国治安管理处罚法》之规定，决定对王某、钟某某罚款五百元。王某不服，申请行政复议，后某区政府维持了某派出所作出的行政处罚决定。王某不服，诉至法院，要求撤销行政处罚决定和行政复议决定。

另查明，陈某某因涉嫌虐待儿童于2018年12月24日被采取刑事强制措施取保候审。

【案件焦点】

王某的行为是否构成偷窥、散布他人隐私。

【法院裁判要旨】

广东省深圳市盐田区人民法院经审理认为：在案的视频资料、询问笔录、王某手机上留存的聊天记录等证据显示，王某多次登录刘某某家庭监控软件，偷窥刘某某的家庭生活；在索要QQ密码未果的情况下，将刘某某夫妻殴打女儿的视频剪辑合成后在网络散布以至于被广泛传播，而未对女童的面部进行保护性处理。因此，某派出所认定王某的行为属于偷窥、散布他人隐私，同时也认定王某具有立功表现，遂对王某作出行政处罚，认定事实清楚、适用法律正确，处罚幅度并无不当。

广东省深圳市盐田区人民法院依照《中华人民共和国行政诉讼法》第六十九条、第七十九条的规定，判决如下：

驳回王某的全部诉讼请求。

二审法院同意一审法院裁判意见。

【法官后语】

审理本案，必须先厘清隐私与未成年人权益保护之间的关系。

1. 偷窥他人隐私的判断

所谓隐私权，指的是自然人享有的私人生活安宁与私人生活信息受到保护，不受他人侵扰、知悉、使用、披露和公开的权利。本案中，王某未经许可，私自登录他人家庭监控软件，通过偷窥他人家庭隐私的方式获得视频，视频的来源不合法。

虽然刘某某在钟某某的手机上下载了监控软件，但该监控软件设置了密码，且并未告知钟某某。钟某某系猜出密码进行登录，而王某作为与刘某某家庭生活无关的人员，更无权登录监控软件查看刘某某的家庭日常生活。王某私自登录他人监控软件查看他人家庭生活情况属于偷窥他人隐私。

2. 揭露违法行为与未成年人权益保护的利益考量

根据《中华人民共和国未成年人保护法》第十七条第一项的规定，未成年人的父母或者其他监护人不得虐待、遗弃、非法送养未成年人或者对未成年人实施家庭暴力。根据该法第十一条第一款的规定，任何组织或者个人发现不利于未成年人身心健康或者侵犯未成年人合法权益的情形，都有权劝阻、制止或者向公安、民政、教育等有关部门提出检举、控告。本案中，刘某某夫妇多次殴打女童的行为侵犯了未成年人的合法权益。王某获知该违法行为，应当按照法律的规定向有关部门提出检举或者控告，而非在网上进行散布。

未成年人保护法旨在保护未成年人身心健康，保护未成年人的合法权益，促进未成年人在品德、智力、体质等方面全面发展。基于该立法宗旨，该法对未成年人有关身心健康的权益设定了全方位、多层次的保护，包括禁止家庭暴力、保护个人隐私等，从民事责任承担到行政处罚直至追究刑事责任，均体现了国家对未成年人各项权利的特别保护。本案王某在网上传播视频时并未对女童面部进行保护处理，以至于涉案女童的个人身份、家庭情况被大众识别，其个人遭遇被广为传播，而该遭遇却正是未成年人重要且尤须保护的个人经历，属于该女童的个人隐私。如果仅仅由于虐待儿童本身属于违法行为，行为人就不考虑保护未成年人隐私权这一法律价值追求，无视法律规定的救济途径及方式而任意散布，则无疑与法律保护的全面性和整体性原则相悖，更何况这种在网络散布其隐私的行为在一定程度上还会加深对未成年人的伤害。

当然，王某公布涉案视频在一定程度上也确实起到了制止虐待儿童违法行为、保护未成年人的积极作用。正因如此，公安机关在作出行政处罚决定时也给予了充分考量，认定王某具有立功情节，从而在处罚幅度上适用了较低的处罚标准。但该积极作用仅影响处罚的幅度，并不改变王某散布他人隐私的违法性。

3. 其他需要说明的问题

（1）王某散布他人隐私源于私人纠纷。其一，王某发布视频前，曾要求刘某某归还钟某某的QQ密码，且明确告知如不归还，则将其殴打女儿的视频发布到网上。其二，王某既明确知晓涉案视频中的殴打女童者是刘某某夫妻，也明确知晓被殴打的儿童是刘某某的女儿。

王某完全有条件按照法律规定的途径和方式向有关部门进行检举、控告以制止该违法行为，但王某仍为了私人目的借由网络传播视频。

(2) 虽然公安机关在事实认定上笼统表述为王某偷窥、散布他人隐私，但被侵害的对象并不相同，王某偷窥的是刘某某的家庭隐私，散布的则是未成年女童的隐私。而王某则是通过强调殴打未成年人属违法行为来模糊偷窥、散布隐私的违法性质。

(3) 保护个人隐私与揭露违法行为均系法律的价值追求。但是，即使是揭露违法行为也应当遵循合法、正当、必要的原则，不应过度暴露他人隐私。如果行为人仅仅是无意间拍摄到了打人的违法行为视频而散布，且不涉及本案所涉的未成年人权益等法律需要特殊保护的利益，笔者认为，则行为人不构成散布他人隐私，因为此时，对于该违法行为人的隐私保护应次于揭露违法行为这一法律价值追求。

编写人：广东省深圳市盐田区人民法院　孙静

012 通过"分段购票—乘车—退部分路段票"的形式逃票构成诈骗行为

——杨某诉××铁路公安局某市公安处、××铁路公安局行政处罚及行政复议案

【案件基本信息】

1. 裁判书字号

广东省广州铁路运输中级法院（2020）粤 71 行终 1395 号行政判决书

2. 案由：行政处罚及行政复议纠纷

3. 当事人

原告（上诉人）：杨某

被告（被上诉人）：××铁路公安局某市公安处（以下简称某市公安处）、××铁路公安局（以下简称铁路公安局）

【基本案情】

杨某在“中国铁路12306”网上订购了2019年7月10日G6032次车票和G1010次车票各三张，分别为两张全票和一张儿童票。据票面信息显示：G6032车次10时53分从韶关站开出，于12时1分到达衡山西站；G1010车次14时16分从衡山西站开出，于14时51分到达长沙南站。2019年7月10日10时53分，杨某及妻儿持购买的车票从韶关站验票一致进站，乘坐G6032次列车。同日12时1分，列车停靠衡山西站时，杨某等三人未下车，继续乘坐该趟G6032次列车前往长沙南站，其间未主动向列车工作人员申明或办理补票手续。同日12时37分，杨某等三人到达长沙南站，并持G1010车次购票信息从该站快捷换乘通道出站，进入长沙南站内。在长沙南站等待换乘期间，杨某出于省钱的目的将G1010次车票办理了网上退票。杨某购买了同日G6034次车票，据票面信息显示：G6034车次15时22分从长沙南站开出，于15时40分到达汨罗东站。同日14时2分，杨某等三人并未乘坐已购买的G6034次列车，而在长沙南站凭G6034次购票信息搭乘了G486次列车，于同日14时45分到达汨罗东站，并出示G6034次的购票信息出站。因与所乘车次不符，杨某等三人被汨罗东站工作人员发现上述购票、退票和乘车情况，遂向车站派出所报案。某市公安处在告知杨某处罚事实、理由、依据及相应陈述申辩权利后，于同日作出《行政处罚决定书》，根据《中华人民共和国治安管理处罚法》第四十九条之规定，决定对杨某处行政拘留五日，并处罚款五百元。

杨某不服，向铁路公安局提出行政复议申请。后铁路公安局决定维持某市公安处作出的《行政处罚决定书》。杨某仍不服，诉至法院。

【案件焦点】

杨某的逃票行为是否属于诈骗行为。

【法院裁判要旨】

广东省广州铁路运输法院经审理认为：《中华人民共和国治安管理处罚法》第四十九条的规定与刑法定义相衔接，其规定的诈骗行为，是指以非法占有为目的，用虚构事实或者隐瞒真相的方法，骗取公私财物，尚未达到刑事立案标准的行为。本案中，杨某在“中国铁路 12306”网上订购了三次列车车票，分别是韶关站至衡山西站、衡山西站至长沙南站、长沙南站至汨罗东站。杨某携妻儿从韶关站上车后，列车经停衡山西站时未下车，越站乘车至长沙南站出站后，将下午才发车的衡山西站至长沙南站车票作退票操作，再换乘列车至汨罗东站。杨某以非法占有为目的，在越站乘车出站后，作退票操作，用隐瞒真相的方法，骗取公私财物的行为，具有主观恶意，属《中华人民共和国治安管理处罚法》所规定的诈骗行为。

广东省广州铁路运输法院依照《中华人民共和国行政诉讼法》第六十九条、第七十九条的规定，判决如下：

驳回杨某的诉讼请求。

杨某不服，提起上诉。广东省广州铁路运输中级法院经审理认为：诈骗是指以非法占有为目的，用虚构事实或者隐瞒真相的方法，骗取公私财物的行为。诈骗行为的突出特点是行为人通过虚构事实、隐瞒真相等手段使被害人在认识上产生错误，以致“自觉地”将自己所有或持有的财物交付行为人或放弃自己的所有权。本案中，杨某在网上订购了 2019 年 7 月 10 日 G6032 次车票（韶关至衡山西）和 G1010 次车票（衡山西至长沙南）各三张，于当日携妻儿从韶关站上车乘坐 G6032 次列车，到达衡山西站后未下车并无票继续乘坐该次列车至长沙南站。到达长沙南站后，杨某隐瞒其已乘坐高铁从衡山西站到达长沙南站的事实，将之前购买的衡山西至长沙南 G1010 次车票在网上办理了退票，非法获利 161 元。之后杨某再次未按所购车票规定与车次搭乘列车到达汨罗东站。杨某故意隐瞒事实，造成其持有的三张 G1010 次车票尚未使用的假象，骗取 161 元退款，杨某的上述行为具有主观恶意，并且侵害了公私财物所有权与铁路正常的运营管理秩序，属于《中华人民共和国治安管理处罚法》第四十九条规定的诈骗行为。

广东省广州铁路运输中级法院依照《中华人民共和国行政诉讼法》第八十九条第一款第一项之规定，判决如下：

驳回上诉，维持原判。

【法官后语】

目前关于“逃票”的实务问题研究较少，现将该违法行为民、行、刑三责任作有效区分、合理衔接，并得出结论，以达到解决这一类问题的目的，对执法、审判实务有一定参考价值。

第一，行为人无其他特殊情节，采取单纯逃避式的逃票，笔者认为，仅需承担民事责任。例如，无票乘火车的，可根据《铁路旅客运输规程》第二十七条第一款规定，除按规定补票，核收手续费以外，加收已乘区间应补票价50%。

第二，行为人采用积极手段虚构式逃票，笔者认为，可以定性为治安管理处罚法第四十九条所规定的诈骗行为。但在具体量处时要作出具体区分。如果金额较小，次数不多，且积极承担民事责任，情节特别轻微，危害不大的，可以考虑结合社会危害程度，坚持处罚与教育相结合，减轻处罚或者不予处罚。如果不属于前者情形，又达不到刑事立案标准，具有一定社会危害性的，则可以根据规定给予行政处罚。

第三，行为人逃票行为存在金额较大以上情节或者其他严重情节，构成刑事诈骗罪立案标准的，根据《中华人民共和国刑法》第二百六十六条的规定定罪处罚。但应当按照《最高人民法院、最高人民检察院关于办理诈骗刑事案件具体应用法律若干问题的解释》考虑是否存在不起诉或免予刑事处罚的情节。

人民法院在审理行政案件的过程中，既要审查行政行为的合法性，也要兼顾行为的合理性。但是，司法的操作过程并非简单的“1+1=2”。案例所引发的思考，实际上是行政机关保护公私财产合法利益和社会秩序引导的价值与公民人身自由权利保护价值的衡量与取舍，同时也是司法权规范行政权行使的秩序与行政机关自由裁量权之间的衡量与取舍，是秩序与自由两个价值之间的冲突与平衡。

无可否认，对于铁路企业而言，常年存在的逃票现象让企业损失不小，公安机关打击违法行为、保护企业合法权益，是其职权亦符合法律的规定。对于逃票行为，公安机关按照治安管理处罚法的规定处以行政处罚，能为诚信社会的构建形成正向影响。

编写人：广东省广州铁路运输法院　罗洁儒

013 除有足以反驳的证据外，监控数据可作为认定环境违法行为的关键性证据

——机动车检测场诉某市生态环境局行政处罚案

【案件基本信息】

1. 裁判书字号

北京市第一中级人民法院（2019）京01行终1008号行政判决书

2. 案由：行政处罚纠纷

3. 当事人

原告（上诉人）：机动车检测场

被告（被上诉人）：某市生态环境局（以下简称市环境局）

【基本案情】

机动车排放定期检测监管系统（以下简称I/M系统）系市环境局用于监控监管机动车排放检测的技术平台系统。机动车检测机构检测人员检测前，需在简易工况法检测设备控制系统软件中手动输入待检车辆车牌号，向I/M系统发送调取车辆基本信息指令，检测数据则共享至I/M系统。根据I/M系统显示，案外某机动车检测公司于2018年3月24日对京N××车辆进行了排放检测，检测结果为不合格。2018年3月27日，机动车检测场对该车辆进行了三次检测，第一次检测：系统时间显示为12：38：27—12：43：32，监控录像时间显示为12：35：29—12：38：48，检测线为09460，测量值不合格，检测结果为中止；第二次检测：系统时间显示为16：53：40—16：58：13，监控录像时间显示为16：59：07—

17：00：03，但监控录像中车辆车牌号为京 G××，检测线为 09461，测量值不合格，检测结果为中止；第三次检测：系统时间显示为 17：02：08—17：03：04，监控录像时间显示为 16：59：07—17：00：03，但监控录像中车辆车牌号为京 G××，检测线为 09461，检测结果为合格。I/M 系统中显示上述三次检测手动录入的车牌号均为京 N××，系统当天没有京 G××车牌的录入记录。另外，I/M 系统的显示时间与监控录像显示时间因未校准而存在误差；在同一条检测线上检测车辆时，如果操作人员未重新登录，前一次的检测监控录像会被后一次检测的监控录像所覆盖。机动车检测场认为上述 I/M 系统中检测数据存在伪造、修改或系统出错，诉讼中申请对检测数据是否存在人为修改进行司法鉴定，法院未予准许。

此外，周某在接受市环境局询问时称，其于 2018 年 3 月 27 日对京 N××车辆进行了两次检测，检测结果均为中止，最后一次系对京 G××车辆进行检测，但其对 I/M 系统显示最后一次检测录入的是京 N××车牌号、I/M 系统中当日并无京 G××车辆的上线检测记录等问题均无法作出解释。机动车检测场主管副场长丰某在接受询问时承认存在替检情况，但称系因工作人员工作疏忽录入错误车牌号，并非故意替车检测。经听证，市环境局作出行政处罚决定书，认定机动车检测场存在替车检测、出具虚假排放检验报告的违法行为，根据《中华人民共和国大气污染防治法》第一百一十二条的规定，决定对机动车检测场没收违法所得九十元，并处二十万元的罚款。机动车检测场不服，遂成讼。

【案件焦点】

1. 机动车检测场是否存在替车检测、出具虚假排放检验报告的违法行为；2. 在线监控手段获取的监控数据能否作为认定违法事实的证据。

【法院裁判要旨】

北京市海淀区人民法院经审理认为：《中华人民共和国大气污染防治法》第五十四条规定，机动车排放检验机构应当依法通过计量认证，使用经依法检定合格的机动车排放检验设备，按照国务院生态环境主管部门制定的规范，对机动车进行排放检验，并与生态环境主管部门联网，实现检验数据实时共享。机动车排放检验机构及其负责人对检验数据的真实性和准确性负责。生态环境主管部门和认证认可监督管理部门应当对机动车排放检验机构的排放检验情况进行监督检查。《环境行政处罚办法》第三十六条规定，环境保护主管部门可以利用在线监控或者其他技术监控手段收集违法行为证据。经环境保护主管部门认定的有效性数据，可以作为认定违法事实的证据。针对环境违法行为的特殊性，环境保护主管部门利用联网在线监控、数据共享等技术监控手段能够更方便、准确、有效地实施监管。除非有足够的证据证明监控数据在形成过程中存在系统漏洞或者人为修改，环境保护主管部门通过联网在线监控手段获取的监控数据应可以作为认定违法事实的证据。

本案中，I/M 系统中的监控数据正源自机动车检测机构检验数据的共享，机动车检测场应对检验数据的真实性和准确性负责。根据 I/M 系统显示，2018 年 3 月 27 日，机动车检测场检测员进行的三次检测手动录入的均系京 N××车牌号，并无京 G××车牌号的录入记录，前两次检测结果均因测量值不合格而中止，第三次检测结果虽为合格，但监控视频显示第三次被检测的车辆实际系京 G××车辆，并非京N××车辆，且第二次和第三次检测系在同一检测线上，两次检测时间间隔不超过五分钟。同时，结合市环境局对周某、丰某所做询问笔录，足以认定机动车检测场存在替车检测、为京N××车辆出具虚假排放检验报告的违法行为。机动车检测场提交的证据不足以否定上述监控数据的真实性，其认为I/M系统监控数据存在伪造、修改及系统出错的情况，从而不能作为认定违法事实证据的主张，不能成立。因此，市环境局认定机动车检测场存在涉案违法行为，能够排除合理怀疑，认定事实清楚。

北京市海淀区人民法院依照《中华人民共和国行政诉讼法》第六十九条之规定，判决如下：

驳回机动车检测场的诉讼请求。

机动车检测场不服，提起上诉。针对机动车检测场的司法鉴定申请，北京市第一中级人民法院经审理认为：启动司法鉴定程序的前提是案件争议的事实需要依据鉴定结论予以认定。但就本案而言，I/M系统数据来源于机动车检测场上传的数据。市环境局提交的检验数据与其他证据相互印证，在无初步证据证明I/M系统数据可能被修改的情况下，一审法院未予准许机动车检测场的鉴定申请并无不当。

北京市第一中级人民法院依照《中华人民共和国行政诉讼法》第八十九条第一款第一项之规定，判决如下：

驳回上诉，维持一审判决。

【法官后语】

随着国家环保力度的不断加大，环境监管领域的制度和技术手段也在不断提升。由于环境违法行为的特殊性，利用在线监控、数据共享等技术监控手段来实施环境监管越来越得到环保主管部门的青睐。本案即环保主管部门利用技术监控系统对机动车尾气检测机构的检测行为进行在线监控、获取监控数据并作出相应处理的典型案例。本案认定机动车检测场存在环境违法行为的主要事实依据就是监控数据，因而监控数据的真实性、完整性成为双方争议的焦点，这也是原告在诉讼程序中一直要求对监控数据是否存在修改进行司法鉴定的原因。监控数据在证据类型中属于电子数据，虽然市环境局向法院提交的是打印版书面文件，但不影响该监控数据的证据类型定性。也即，本案实际上涉及电子数据的审查判断问题。

三大诉讼法在证据类型中均规定了电子数据，但行政诉讼法及其相关司法解释对电子数据的范围、收集提取以及审查判断并无明确规定。对此，电子数据的审查判断可以借鉴民事诉讼的相关规定。《最高人民法院关于民事诉讼证据的若干规定》明确了电子数据的审查判断规则。一是电子数据的完整性、可靠性应遵循无损性原则、专业性原则和完整性原则，其真实性应结合电子数据的生成、存储、传输所依赖的计算机系统的软硬件环境是否完整可靠，是否处于正常运行状态以及是否具备有效的防止出错的监测核查手段。在有必要时，可以通过鉴定、勘验的方法，辅助法官形成心证。二是明确电子数据推定真实规则，针对在正常业务活动中形成的电子数据等五种情形，除有足以反驳的相反证据外，法院可以推定其为真实。

本案中，法院对监控数据的审查结合了监控数据的生成方式、其他辅助证据以及推定真实规则，最终认可了监控数据的真实性和完整性，由此能认定替车检测违法行为的存在，因而对原告的鉴定申请亦未准予。第一，本案监控数据系在联网监控系统中生成，检测机构在对汽车检测时需手动输入车牌号调取信息，检测数据会与监控录像一起共享至该系统，系统自身能够形成证据闭环，且该系统是环保主管部门的日常执法监控系统，能够稳定运行。第二，结合检测员周某和主管副场长丰某的询问笔录以及系统运营维护公司的工作人员何某的证言，能够进一步强化对监控数据真实性的认定。第三，根据推定真实规则，原告提交的所有证据均无法对监控数据被修改提供初步证明，无法反驳监控数据的真实性。原告提交了一份 I/M 系统显示第一次检测也是京 G××牌车辆的证据，但并无手动输入日志和监控视频佐证，故法院未予采信，其实原告恰从反面证明了监控系统的科学有效性。需要指出的是，法院对本案监控数据并未严格按照上述电子数据的审查规则进行，如对监控数据的收集提取并未审查，亦未对监控系统的运作方式进行现场勘验等。对此，行政诉讼亦应尽快引入和完善电子数据的审查判断规则。

编写人：北京市海淀区人民法院　周洋

014　将非有机农产品加贴有机认证标识销售的法律认定

——有机绿色食品公司诉国家市场监督管理总局行政处罚案

【案件基本信息】

1. 裁判书字号

北京市高级人民法院（2019）京行终 4663 号行政判决书

2. 案由：行政处罚纠纷

3. 当事人

原告（上诉人）：有机绿色食品公司

被告（被上诉人）：国家市场监督管理总局（以下简称市场监管总局）

【基本案情】

有机绿色食品公司获得的有机产品认证证书有效期至2019年2月28日，认证类别为植物生产（获证蔬菜包括西红柿等23种）。2018年5月7日，有机绿色食品公司的有机认证证书已经被依法撤销。有机绿色食品公司与某超市为联营关系，由有机绿色食品公司员工负责在超市中销售其产品。

2018年5月11日，原某市质量技术监督局（以下简称原某市质监局）向有机绿色食品公司作出《行政处罚决定书》（以下简称行政处罚决定），认定有机绿色食品公司将普通西红柿加贴有机认证标志后充作“有机西红柿”销售的行为，属于生产、销售以次充好的有机蔬菜的行为，违反了产品质量法第三十二条的规定，依据该法第五十条的规定，责令其停止生产、销售以次充好的有机蔬菜，给予以下行政处罚：1. 罚款17505.09元；2. 没收违法所得4650.6元。罚没合计22155.69元。

2018年7月9日，市场监管总局收到有机绿色食品公司的行政复议申请，复议请求为：撤销行政处罚决定，责令原某市质监局向有机绿色食品公司退还罚没款22155.69元。2018年8月19日，市场监管总局作出《国家市场监督管理总局行政复议决定书》（以下简称被诉复议决定），确认原某市质监局作出的行政处罚适用依据错误，决定撤销行政处罚决定，责令原某市质监局重新作出行政处罚。原告不服，诉至法院，要求撤销被诉复议决定。

庭审中，有机绿色食品公司明确表示对市场监管总局作出被诉复议决定的程序没有异议。另查明，因本市行政机关机构改革，新组建的某市市场监督管理局承继行使原某市质监局的相应职权。

【案件焦点】

1. 本案行政处罚主体是否适格；2. 行政处罚决定认定事实是否清楚；3. 本案行政处罚法律适用是否正确。

【法院裁判要旨】

北京市第一中级人民法院经审理认为：关于焦点问题一，依据《有机产品认证管理办法》第三条、第四条、第三十三条第一款规定，本案原告将普通西红柿加贴有机认证标志后充作“有机西红柿”进行销售的行为，属于未在认证证书限定的产品类别、范围和数量内使用中国有机产品认证标志的情形，原某市质监局有权针对上述行为进行处罚。

关于焦点问题二，法院同意被诉复议决定的相关认定。原告将普通西红柿加贴有机认证标志，充作“有机西红柿”销售的行为确实存在。

关于焦点问题三，法院认为行政处罚的法律适用不正确，本案中西红柿等蔬菜确不属于产品质量法第二条第一款所规定之产品范畴。行政处罚决定依据产品质量法的规定作出处罚适用法律确属不当。

需要指出的是，被诉复议决定认为本案中所涉违法行为也违反了消费者权益保护法第二十三条第二款的规定，根据消费者权益保护法第五十六条第一款第二项的规定，原某市质监局有权作出行政处罚。法院认为被诉复议决定中的该部分认定对法律适用的理解不正确。本案中原告的行为在农产品质量安全法中作出了应当予以处罚的规定。在此情况下，工商行政管理部门或者其他有关行政部门不宜再依据消费者权益保护法第五十六条第一款第二项对上述违法行为作出处罚。

就本案而言，有权针对涉案违法行为作出处罚的行政主体并不相同，故只要在对同一违法行为不重复处罚的前提下，原某市质监局若依据《有机产品认证管理办法》的相关规定针对违法行为进行处罚则并不违反上位法的规定，本案亦不存在应当优先适用何种法律规定的情况。被诉复议决定基于此撤销行政处罚决定书结论正确。关于行政复议程序，原告明确表示无异议。法院经审查，对其合法性予以确认。

综上，被诉复议决定结论正确，程序合法，原告要求撤销被诉复议决定的上诉主张，均缺乏事实及法律依据，其诉讼请求法院不予支持。

北京市第一中级人民法院依据《中华人民共和国行政诉讼法》第六十九条之规定，判决如下：

驳回原告有机绿色食品公司的诉讼请求。

二审法院同意一审法院裁判意见。

【法官后语】

1. 法律规范的选择适用

(1) 本案行政处罚能否依据产品质量法作出

原某市质监局依照产品质量法第五十条的规定作出本案行政处罚，法律适用不正确。因为产品质量法第二条第二款规定，本法所称产品是指经过加工、制作，用于销售的产品。经过“加工、制作”的产品，不包括内在质量主要取决于自然因素的产品。因此，按照本条的规定，各种直接取之于自然界，未经加工、制作的产品，不适用《中华人民共和国产品质量法》的规定。本案中的西红柿等蔬菜确不属于产品质量法第二条第一款所规定之产品范畴，故本案行政处罚决定不能依据产品质量法的规定作出。

(2) 本案行政处罚依据《有机产品认证管理办法》的规定作出

本案中，有机绿色食品公司将普通西红柿加贴该公司有机认证标志后销售的行为属于未在认证证书限定的产品类别、范围和数量内使用的情形，市场监管部门有权依据《有机产品认证管理办法》的规定进行处罚。

(3) 有机绿色食品公司的行为是否违反了农产品质量安全法的规定

农产品质量安全法第三十二条规定，销售农产品必须符合农产品质量安全标准，生产者可以申请使用无公害农产品标准。农产品质量符合国家规定的有关优质农产品标准的，生产者可以申请使用相应的农产品质量标志。禁止冒用前款规定的农产品质量标志。

农产品质量安全法所称农产品质量标志，是指由国家有关部门制定并发布，加于获得特定质量认证的农产品的证明性标识，如无公害农产品、绿色食品、名牌农产品、有机农产品的标志。冒用农产品质量安全标志包括很多情况，本案中有机绿色食品公司将普通西红柿加贴有机认证标志后，充作"有机西红柿"销售的行为属于擅自扩大、改变质量安全标志的使用范围的情形，该行为在农产品质量安全法中作出了应当予以处罚的规定。

从我国的法律位阶来看，法律的位阶和效力高于地方性法规、规章，地方性法规、规章的规定不得与法律相冲突和抵触。需特别说明，法律位阶虽不同，《有机产品认证管理办法》与农产品质量安全法对涉案应予处罚的行为的规定并不存在法律规定相冲突之处，也不存在下位法不符合上位法规定的情形，拥有处罚权的机关不同，所以没有优先适用哪一个法条的问题，但是否能够由两个部门都对当事人进行处罚，还应当注意不能违反“一事不二罚”的原则。

2. “一事不二罚”原则在本案中的体现

在行政法领域，“一事不二罚”是一个重要的原则，是指对违法行为人的同一违法行为，不得以同一事实和同一依据给予两次或者两次以上的处罚，其目的是在于防止重复处罚，体现过罚相当，保护当事人的合法权益。如前所述，本案原告只有一个行为：将非有机农产品加贴有机认证标识销售。但是处罚依据却有两个。对于这个情况，要以行政处罚法中的规定作为依据。我们知道，在行政处罚法规定的处罚种类中，警告是给予当事人严肃告诫的一种行政处罚，主要适用于情节比较轻微，尚未造成严重社会危害的违法行为，对当事人同一违法行为进行两次以上的警告没有意义。而没收、责令停产停业、暂扣或者吊销许可证、行政拘留等处罚则通常意义上只能执行一次，不可能重复进行，只有罚款最有可能被重复使用。对此，行政处罚法明确规定，对当事人的同一违法行为，不得给予两次以上的罚款的行政处罚。也就是说，对于同一违法行为，如果不同法律法规规定了不同种类的行政处罚，则法律并不禁止并用，但是对于罚款的行政处罚只能给予一次。

本案是行政违法行为的法条竞合，所谓法条竞合是指一个行为同时违反了多个法律条文，从而在法律上构成了多个具有可罚性的违法行为，通常而言有权的行政机关可以分别作出处罚决定，只是不能再作两次以上同样类型的行政处罚。农产品质量安全法对本案所涉违法行为作出了由县级以上人民政府农业主管部门予以决定处理、处罚的规定。《有机产品认证管理办法》亦将本案所涉违法行为的处罚权赋予了地方认证监管部门。就本案而言，有权针对涉案违法行为作出处罚的行政主体并不相同，但罚款的处罚只能作出一次。本案中，在农业部门没有针对涉案行为作出过处罚的情况下，工商行政部门依据《有机产品认证管理办法》对当事人进行处罚并无不当。

编写人：北京市第一中级人民法院　徐钟佳

015　过罚相当原则在司法裁判中的具体运用

——龙某诉某市公安局交通警察支队、某市人民政府行政处罚及行政复议案

【案件基本信息】

1. 裁判书字号

山东省济南市中级人民法院（2019）鲁01行终1059号行政判决书

2. 案由：行政处罚及行政复议纠纷

3. 当事人

原告（被上诉人）：龙某

被告（上诉人）：某市公安局交通警察支队（以下简称市交警支队）

被告：某市人民政府（以下简称市政府）

【基本案情】

龙某依法持有准驾车型为大型货车（B2）的机动车驾驶证。2017年12月27日0时20分许，龙某驾驶电动二轮车与一辆小型轿车相撞。经血液检测，龙某血液中乙醇含量为141mg/100mL，涉案电动车经鉴定机构鉴定属于机动车。市交警支队依照《中华

人民共和国道路交通安全法》第九十一条第二款之规定，作出《行政处罚决定书》，决定给予吊销机动车驾驶证，五年内不得重新取得机动车驾驶证的行政处罚。市交警支队作出上述行政处罚决定后，龙某不服并向市政府提起行政复议。市政府经复议对申请人要求撤销被复议行政行为的请求不予支持。

另，龙某提交的国家自行车电动自行车质量监督检验中心作出的《检验报告》载明，生产厂家委托检验的涉案型号电动自行车最高车速≤20km/h，整车质量≤40kg，符合《电动自行车通用技术条件》，结果为合格。在生产销售领域，涉案电动二轮车并未被当作机动车生产和销售。龙某提交的证据足以证明其购买涉案电动车时，索要了正规发票和产品合格证，其作为普通消费者，已尽到一般注意义务。且本案中并无证据证明龙某购买后对涉案电动车进行了改装、提速等。在公安交通行政管理层面，执法机关并未将涉案电动车纳入机动车范畴进行管理；在登记管理层面，交管部门未将涉案电动车作为机动车要求车辆登记、核发牌照、购置交强险、建立档案等；在道路执法层面，交管部门亦未要求涉案电动车须悬挂检验合格标志、上机动车道行驶等。

【案件焦点】

市交警支队对龙某作出的“吊销机动车驾驶证，五年内不得重新取得机动车驾驶证”的行政处罚是否合理。

【法院裁判要旨】

山东省济南市历下区人民法院经审理认为：市交警支队委托第三方鉴定机构进行专业技术鉴定，并以该鉴定结论作为认定案件事实的根据，进而将龙某的行为定性为醉酒驾驶机动车，主要证据充分，适用法律正确。尽管如此，被诉处罚决定仍存在不合理、不适当之处。本案中，龙某没有醉酒驾驶机动车的主观过错，其驾驶行为亦未造成严重社会后果，属于情节轻微，危害程度不大。且如前所述，执法部门对涉案电动车的管理存在缺位。在这种情况下，市交警支队对龙某作出吊销机动车驾驶证，五年内不得重新取得机动车驾驶证的行政处罚，与行政处罚法规定的过罚相当原则不完全符合，具有不合理性，应予撤销，被诉复议决定亦应一并撤销。

山东省济南市历下区人民法院依照《中华人民共和国行政诉讼法》第七十条第六项之规定，判决如下：

一、撤销市交警支队作出的《行政处罚决定书》；

二、撤销市政府作出的《行政复议决定书》。

市交警支队上诉称，一审法院已经认定市交警支队将龙某的行为定性为醉酒驾驶机动车主要证据充分、适用法律正确。在此前提下，又以市交警支队所作处罚具有不合理性，违反过罚相当原则为由，判决撤销，属于适用法律失当。龙某答辩称，一审判决认定事实清楚，证据确实、充分，适用法律准确，请二审法院驳回上诉，维持原判。

山东省济南市中级人民法院经审理认为：《中华人民共和国道路交通安全法》虽对“非机动车”进行了界定，但最高时速、整车质量等技术参数显然无法通过肉眼或者常识直接判断，涉案电动车属于合格电动车而非机动车，更符合一般社会大众的认知。龙某作为一般社会大众，对于涉案电动车属于“机动车”不具备鉴别能力和注意义务，其不具有醉酒驾驶机动车的主观过错。除此之外，市交警支队作出涉案处罚决定时，国家关于电动车管理的相关意见尚未发布，济南市公安交警部门当时并未明确提出电动车需要挂牌才能上路的要求，对超标电动车的相关管理制度亦不完善。结合《关于加强电动自行车国家标准实施监督的意见》相关规定，在对电动车管理制度尚不完善的时期，对行政相对人作出的行政处罚应体现行政法的谦抑性，适度、必要、合理。故一审法院认定市交警支队所作行政处罚，违背过罚相当原则，具有不合理性，应予撤销，并无不当。

山东省济南市中级人民法院依照《中华人民共和国行政诉讼法》第八十六条、第八十九条第一款第一项之规定，判决如下：

驳回上诉，维持原判。

【法官后语】

该案涉及过罚相当原则在司法裁判中的具体运用。《中华人民共和国行政处罚法》第五条第二款规定“设定和实施行政处罚必须以事实为依据，与违法行为的事实、性质、情节以及社会危害程度相当”，这是过罚相当原则在我国法律里的具体表述。《中华人民共和国行政诉讼法》第六条规定：“人民法院审理行政案件，对行政行为是否合法进行审查。”行政机关进行行政处罚具有一定的自由裁量权，即有在法律许可的情况下，在作为、不作为、怎样作为等方面进行权衡确定，并在方法、种类、幅度、结果、程序、适用法律等诸多细节上进行选择的权力。人民法院对其自由裁量权进行适度的审查，是行政诉讼的合法性审查制度的应有之义。

法院在对行政处罚行为进行审查时，需要适用过罚相当原则。这一原则同时也体现了比例原则的要求，二者有着共同的价值导向。比例原则作为行政法的基本原则，体现了对公权力的约束和对公民合法权益的保护。通过梳理二者关系，我们可以得出：过罚相当原则是比例原则的具体体现，比例原则是过罚相当原则的判断标准。运用比例原则的三个子原则进行分析判断——适当性原则可以检验行政机关采取的手段是否符合立法目的，能否达到一定的效果；必要性原则检验采取此种措施能否对相对人造成最小的损害；均衡性原则检验行政行为对相对人造成的损害限度是否超过所要保护的公共利益。行政机关进行行政处罚时，应综合考量相对人的主观过错程度、后果严重程度等因素。作出的行政处罚决定，应以达到行政执法目的为限，尽可能使相对人的权益遭受较小比例的侵害。

本案中，被上诉人作为一般社会公众，对于涉案电动车属于“机动车”更不具备鉴别能力和注意义务，其不具有醉酒驾驶机动车的主观过错。在这种情况下，被上诉人违法行为的事实、性质、情节以及社会危害程度相比于其他驾驶一般机动车的行为较轻，对其处罚应有所区别。同时，行为发生时相关规定亦不完善，对当事人进行处罚显失公平，故生效裁判撤销了案涉行政处罚决定及复议决定。这有利于促进公平正义，符合法治社会的内在要求。该案裁判后产生了较好的社会效果和法律效果。

需要指出，醉酒后驾驶电动车在道路上行驶，亦具有较大危险性，是对自己及公众生命财产安全的一种漠视。对于此类违法行为，人民法院坚决支持公安机关依法严格予以规制。

编写人：山东省济南市中级人民法院　张振明　石璐璐

016 生产商在食药监管部门针对销售商违法行为执法程序中的权利范围

——果酱公司诉某市某区市场监督管理局行政处罚案

【案件基本信息】

1. 裁判书字号

北京市第三中级人民法院（2019）京 03 行终 305 号行政判决书

2. 案由：行政处罚纠纷

3. 当事人

原告（被上诉人）：果酱公司

被告（上诉人）：某市某区市场监督管理局（以下简称原某区食药局）

第三人：北京某超市股份有限公司安贞分公司（以下简称某超市）

【基本案情】

2017 年 4 月 23 日，某举报人举报其在某超市购买的某品牌菠萝果酱混有异物。次日，经批准，原某区食药局对举报事项立案调查。后，原某区食药局对某超市进行现场检查，并对某超市委托代理人进行询问调查。2017 年 6 月 27 日，原某区食药局向某超市送达《听证告知书》，告知其涉嫌的违法行为，依据相关法律有权要求听证。

2017 年 7 月 12 日，原某区食药局作出被诉《行政处罚决定书》，认定某超市于 2017 年 4 月 21 日至 6 月 20 日销售了包括果酱公司生产的某品牌果酱在内的 7 种混有异物的食品，食品货值金额 52. 9 元，违法所得 52. 9 元。有部分混有异物的食品，某超市不能提供该产品的食品出厂检验合格证或者其他合格证明。该超市的上述行为违反了《中华人民共和国食品安全法》第三十四条第六项的规定，依据该法第一百二十四条第一款第四项的规定，对某超市给予如下处罚：没收违法所得 52.9 元；罚款 80000 元。

某超市已履行了缴纳罚款的义务并从经销商的货款中扣除，经销商亦向果酱公司进行了追偿并获得相应款项。

果酱公司不服：首先，违法事实认定错误。原某区食药局未开瓶验证，仅凭经验对是否存在“异物”作出判断，造成误认的可能性非常大，属于滥用自由裁量权。其次，程序违法。该公司作为与被诉行政处罚行为有直接利害关系的当事人，原某区食药局也未给予当事人充分的陈述、申辩和举行、参加听证的权利。

原某区食药局辩称，果酱公司既不是本案所涉举报的举报人，也不是本案所涉行政处罚的相对人，且该局作出的行政处罚决定也未对其合法权益产生实际影响，因此果酱公司不符合法定起诉条件，应予以驳回。该局作出的行政行为认定事实清楚，适用法律正确，程序合法。

【案件焦点】

对“混有异物”的理解和食品安全执法中应采取何种适当程序保障生产商程序权利问题。

【法院裁判要旨】

北京市朝阳区人民法院经审理认为：原某区食药局在被诉行政处罚决定中对果酱公司生产的某品牌果酱所作的“混有异物”的事实违法性的评价势必对生产者的权利义务产生一定实际影响。因此，从充分保证诉讼权利的角度出发，本案应认定果酱公司具有原告主体资格，但其作为原告能主张的权利范围应区别于行政处罚的直接相对人。

综合考察食品安全法的立法本意，“混有异物”应是指食品中混有与食品属性不同、影响食品质量安全且可能对人体健康造成伤害的物质。对于“混有异物”的判断，不能仅凭感官观察，应结合食品配料表中的食品原料属性及食品本身属性、加工工艺流程等因素综合判断，必要时应启动鉴定程序进行深入调查。同时，关于执法程序，行政执法机关应结合案件具体情况，采取合理方式赋予食品生产商就其生产食品涉嫌违法定性的陈述、申辩权利。

本案中，原某区食药局的执法调查既未开瓶排除黑色点状物质可能存在于瓶体的可能性，又没有结合配料的属性及果酱生产加工工艺的国家标准对果酱中出现黑色点状物质是否属于合理范畴进行分析判断，在执法程序中也未以合理方式向果酱公司开展调查，未出于查明案件事实的需要给予果酱公司就涉案食品涉嫌违法的定性陈述、辩解的权利，即径行作出“混有异物”的事实认定。鉴于被诉行政处罚决定中的没收违法所得和罚款的处罚内容具有不可分性，应依法予以整体撤销。

北京市朝阳区人民法院依照《中华人民共和国行政诉讼法》第七十条第一项、第二项之规定，判决如下：

撤销原某区食药局作出的《行政处罚决定书》。

二审法院同意一审法院裁判意见。

【法官后语】

本案系生产商就食药监管部门针对销售商销售环节的违法行为作出的处罚决定不服而提起的诉讼。在该类案件中，生产商可以主张的权利范围，直接影响食药监管部门的执法程序、方式，以及对相关人合法权益的保障。对此，本案形成了以下不同的意见：

第一种意见认为，生产商并非《中华人民共和国行政处罚法》第六十六条第一款和第七十三条第一款规定的“当事人”，处罚决定的相对人是销售商，生产商不应参与行政处罚执法程序，并不享有陈述、申辩、听证的程序性权利。

第二种意见认为，食药监管部门的处罚决定中包含对生产商的食品违法性的评价，对其权利义务产生实际影响，应遵循正当程序原则，告知食品生产商拟认定其产品存在的违法情形及作出该认定所依据的事实及理由，并听取食品生产商的陈述和申辩，使食品生产商与销售商一样真正参与到行政程序中，享有与销售商完全相同的程序性权利。

第三种意见认为，生产商并不享有《中华人民共和国行政处罚法》规定的行政处罚相对人应享有的陈述、申辩等程序性权利。但为查清案件事实，准确适用法律，保证收集的定案证据的完整性、真实性和证明效力，行政执法机关应赋予食品生产商就其生产食品涉嫌违法定性的陈述、申辩权利。该程序的设置并非法定要求，但未给予生产商相应权利，导致事实认定不清的法律后果，应由行政机关承担。

本案采取第三种意见。具体理由为：首先，被诉行政处罚决定涉及直接行政相对人和事实利害关系人，针对两个主体形成不同的处理方式：“违法行为+处罚”“事实违法性评价+未处罚（线索移送或者另案处理）”。针对以上两种处理方式，直接行政相对人应当享有相关程序性权利，但事实利害关系人在被诉处罚决定中缺少处罚结果要件，则不享有相关程序性权利。其次，生产商不享有相关程序性权利，并不意味着生产商完全被排除在针对销售者的行政处罚程序之外。当法律并未对违法行为的界定、判断标准、执法程序和方式作出明确规定时，食药监管部门仅针对销售商的调查无法达到事实清楚、法律适用正确，则需要生产商参与到执法程序中，就其生产的食品从原材料、加工环节、适用国家标准等方面进行特定陈述、申辩。需要强调的是，生产商的陈述、申辩，区别于销售商的程序性权利。最后，尽管生产商参与针对销售商的执法程序并非法定程序，但如果无法通过针对销售商的一般执法程序达到事实清楚、证据充分、适用法律正确的行政执法效果时，那么生产商的参与则成为必要环节。

本案中，在食药监管部门对“混有异物”法律判断标准不明确、认定步骤简单化的情况下，将生产者纳入执法程序具有必要性和合理性。这一方面可以确保食药监管部门全面把握案件事实，准确适用法律；另一方面可以保障相关人的合法权益，规范执法程序，以实现食品安全监管的目的。

值得注意的是，本案涉及生产商在食药监管部门就销售商涉嫌违法执法过程中权利保障的问题，本案的裁判直接影响食药监管部门的执法程序和方式，具有重要的司法指导意义。

编写人：北京市朝阳区人民法院　朱军巍　刘会霞

017 未及时更新广告信息的被动行为不宜认定为虚假广告

——旅游服务公司诉某市某区市场监督管理局行政处罚案

【案件基本信息】

1. 裁判书字号

北京市第三中级人民法院（2019）京03行终922号行政判决书

2. 案由：行政处罚纠纷

3. 当事人

原告（被上诉人）：旅游服务公司

被告（上诉人）：某市某区市场监督管理局（以下简称某区市监局）

【基本案情】

2018 年 4 月 9 日，某区市监局对旅游服务公司作出《行政处罚决定书》（以下简称被诉处罚决定），认定 A 大饭店于 2017 年 3 月 22 日更名为 B 大酒店。但旅游服务公司在 2017 年 3 月 23 日至 3 月 27 日，仍然通过其官网对 A 大饭店进行宣传销售，并且在 2017 年 3 月 24 日通过网络完成了一个订单。直至 2017 年 3 月 27 日 13：01：07，旅游服务公司才在网络系统中将 A 大饭店修改为 B 大酒店。某区市监局认定，旅游服务公司的上述行为违反了《中华人民共和国广告法》第四条和第二十八条第二款第二项的规定。依据《中华人民共和国广告法》第五十五条第一款的规定，决定给予旅游服务公司罚款 300000 元的行政处罚。旅游服务公司不服，向法院提起行政诉讼，请求撤销某区市监局于 2018 年 4 月 9 日作出的被诉处罚决定。

【案件焦点】

1. 旅游服务公司是否为涉案广告广告主的主体性质认定问题；2. 旅游服务公司是否发布了虚假广告的事实认定问题。

【法院裁判要旨】

北京市朝阳区人民法院经审理认为：旅游服务公司在其网站上发布酒店信息的目的是推销其便捷的酒店预订服务，并从中获取利益。旅游服务公司在涉案酒店经营主体变更后，未能及时更新相关信息，这并非旅游服务公司为了欺骗或者误导消费者而故意实施的行为，且在经营主体变更之前，涉案广告并无虚假内容，并非《中华人民共和国广告法》规定的虚假广告行为。某区市监局所作认定缺少相应的事实和法律根据。

北京市朝阳区人民法院依据《中华人民共和国行政诉讼法》第七十条之规定，判决如下：

撤销某区市监局对旅游服务公司作出的被诉处罚决定。

某区市监局上诉称，其作为行政执法机关，在认定虚假广告时，主要评判广告主发布广告虚假的客观后果是否已经存在或是否已潜在对消费者造成对商品或服务的误认，而并非考量广告主的主观故意或过失，此处涉及行政审查与司法审查的分歧，望二审法院重新审查。旅游服务公司同意一审判决，请求法院驳回上诉，维持原判。

北京市第三中级人民法院经审理认为：虽然存在提供的服务信息与实际情况不符的情形，但是不能因此认定旅游服务公司未能及时更新相关信息，存在欺骗或者误导消费者的故意或者重大过失。旅游服务公司的行为，与对外积极主动发布虚假广告、为获取相关利益而欺骗、误导消费者的行为相比，存在实质性不同。旅游服务公司在得知酒店信息变更后，即在相对合理期间内进行了更改。对于在此期间未及时更改信息，且仅有一单预订的情形，某区市监局即给予 300000 元罚款的行政处罚，显属不当。旅游服务公司未能及时更新相关信息，应当在未来加强管理并予以改进，但市场监督管理机关在实施监督管理活动中，亦应对市场主体适度的错误行为予以一定的宽容。同时，某区市监局认定“对购买行为有实质性影响”系其主观判断，其提交的证据并不足以证明上述事实，且考虑到涉案酒店在经营主体变更之前，涉案广告并不存在虚假内容，综合判断旅游服务公司发布涉案广告的行为并不构成发布虚假广告的违法行为。

北京市第三中级人民法院依照《中华人民共和国行政诉讼法》第八十九条第一款第一项之规定，判决如下：

驳回上诉，维持一审判决。

【法官后语】

市场经济是竞争经济，广告已成为市场主体获取竞争优势、扩大销量、树立品牌形象的法宝。“广告创意没有上限，广告宣传要有底线。”这个底线就是法律。本案就是一起关于互联网在线旅游广告是否应当认定为“虚假广告”的案件。

认定虚假广告首先要确认法律法规是否有明确的禁止性规定。根据“法无禁止即自由”的原则，如果内容触犯具体法律规定，当然可以认定为虚假广告；但如果没有触犯具体法律规定，应尽量避免对相关法律规定进行类推、引申或扩大解释。

《中华人民共和国广告法》第二十八条第一款规定：“广告以虚假或者引人误解的内容欺骗、误导消费者的，构成虚假广告”。根据上述法律规定，虚假广告属于违法广告，但并不是所有的违法广告都是虚假广告。被诉处罚决定认定涉案广告违反《中华人民共和国广告法》第二十八条第二款第二项的规定。该条文的表述分两层意思：一是商品或服务在其广告中宣传的各种信息与实际情况不符，二是这些信息对购买行为有实质性影响。因此，构成该款规定的虚假广告需同时具备上述两个要件，即既需要“商品的性能、功能……与实际情况不符”，又需要“对购买行为有实质性影响”。而“对购买行为有实质性影响”的判断，则需要在执法实践中结合前述原则性条款“广告以虚假或者引人误解的内容欺骗、误导消费者的，构成虚假广告”来理解。“欺骗、误导”，含有主观因素的认定。

本案中，2017 年 3 月 23 日至 3 月 27 日，旅游服务公司提供的涉案服务信息显示的酒店为“A 大饭店”，但该酒店对外名称已经变更为“B 大酒店”。旅游服务公司的上述行为虽然存在提供的服务信息与实际情况不符的情形，但是不能因此认定旅游服务公司存在欺骗或者误导消费者的故意或者重大过失。旅游服务公司的行为属于被动的未能及时更新相关信息的行为，与广告法意图打击的那种欺骗、误导消费者的行为相比，存在实质性不同。市场监督管理机关在实施监督管理活动中，对市场主体适度的错误行为予以一定的宽容，能产生良好的社会预期，保障经济平稳健康运行。这也是优化营商环境，解放生产力、提高竞争力的必然要求，也有利于增强企业和群众获得感、推动经济高质量发展。

《中华人民共和国行政诉讼法》第七十条第六项规定，对于明显不当的行政行为，法院可以撤销。行政机关要适当行使自由裁量权。由于法律、法规、规章不可能对行政管理的方方面面作出事无巨细的规定，总会赋予行政机关一定的自由裁量权，行政机关可以在法律、法规、规章规定的范围、幅度内选择适当的方式、手段、数额等。但行政机关在选择的过程中，如果考虑了不应考虑的因素，或者没有考虑应该考虑的因素，或者针对相同的情况作出不同的处理，或者针对不同的情况作出不同的处理，都属于未适当行使自由裁量权，行政机关需承担行政行为被法院撤销或变更的败诉后果。

编写人：北京市第三中级人民法院　韩勇　陈金涛

018 证券从业人员“以化名、借他人名义”买卖股票的认定标准

——林某诉中国证券监督管理委员会证券行政处罚及行政复议案

【案件基本信息】

1. 裁判书字号

北京市高级人民法院（2018）京行终6494号行政判决书

2. 案由：证券行政处罚及行政复议纠纷

3. 当事人

原告（上诉人）：林某

被告（被上诉人）：中国证券监督管理委员会（以下简称中国证监会）

【基本案情】

林某系证券从业人员。2004年7月9日至2009年6月8日，林某操作其朋友姜某的账户进行证券交易，共获利70653391.23元。中国证监会作出〔2017〕72号《行政处罚决定书》（以下简称被诉处罚决定），认定林某的行为违反2005年《中华人民共和国证券法》（以下简称原证券法）第四十三条的规定，构成了原证券法第一百九十九条所述禁止参与股票交易的人员持有、买卖股票的情形，决定没收林某全部违法所得并处以同等数额的罚款。后，中国证监会于2017年12月12日作出〔2017〕169号《行政复议决定书》（以下简称被诉复议决定），决定维持被诉处罚决定。

林某诉至法院，请求撤销被诉处罚决定和被诉复议决定。诉讼中，林某主张：原证券法第一百九十九条的适用应当以股票、资金等财产所有权归属于违法行为人为前提。而本案中，林某使用的是姜某的证券账户。涉案股票、资金的归属并不明确，被告也未进行查明。在事实不清的情况下，将相关交易行为及后果归责于原告，属于认定事实错误。

【案件焦点】

证券从业人员“直接或者以化名、借他人名义持有、买卖股票”的理解与适用问题。

【法院裁判要旨】

北京市第一中级人民法院经审理认为：在行政处罚案件中，执法机关应当对存在违法行为承担证明责任，但对于具体的案件事实还应当遵循举证便利原则，由掌握案件事实并具有举证便利的一方承担一定的证明责任。由于证券从业人员身份的特殊性，“以化名、借他人名义持有、买卖股票”与接受客户委托买卖股票在行为外观上具有一定相似性，二者的核心区别在于交易收益的实际归属。由于资金的归属往往涉及当事人与其他主体之间民事法律关系的确认，如果要求执法机关必须在法律上确认交易收益归属的情况下才能作出处罚，则当事人只需要就此问题提出简单的抗辩就可以导致执法无法正常进行。因此，在此类案件中，如果执法机关已经掌握初步证据证明交易资金由证券从业人员实际控制并处分，而证券从业人员自己又不能提供相反证据证明交易收益归属于他人的，即可认定证券从业人员构成前述规定的“持有、买卖股票”之情形。本案中，姜某账户及其资金由林某控制、占有、使用、处分，且林某在行政处罚程序中自认姜某账户中的资金归其所有，又无相反证据证明交易收益为他人所有，故可以认定林某作为证券从业人员实施了违反原证券法第一百九十九条规定的违法行为。

北京市第一中级人民法院依照《中华人民共和国行政诉讼法》第六十九条、第七十九条之规定，判决：

驳回林某的诉讼请求。

林某不服一审判决，提起上诉。北京市高级人民法院经审理认为：从原证券法第一百九十九条规定的文义理解和立法目的上看，违法行为的构成，并不是以禁止参与股票交易的人员享有涉案股票、资金所有权为前提条件，即不论当事人的资金来源以及是否为其自有资金，只要能够实际控制并利用该资金持有、买卖股票，就符合该条规定的处罚要件。林某认为被诉处罚决定未查清案涉股票资金来源构成事实不清的主张，不能成立。

北京市高级人民法院依照《中华人民共和国行政诉讼法》第八十九条第一款第一项的规定，判决：

驳回上诉，维持一审判决。

【法官后语】

证券法第四十条明确规定，证券从业人员在任职期间内或法定期限内，不得持有、买卖股票。此类违法行为具有高度隐蔽性，查处和认定难度大。生效裁判从违法行为构成要件的角度进行了分析认定，并对举证责任进行了明确。

1. 证券从业人员违法买卖股票行为的构成要件分析

如何认定行为人系“以化名、借他人名义持有、买卖股票”，需要回到该行为的构成要件上进行分析。

(1) 义务违反及其认定

违反行政法上的义务，是应受行政处罚行为的客观要件。[①] 根据证券法第四十条、第一百八十七条规定，证券从业人员负有在任期或者法定期限内，不得买卖股票[②]的法定义务。有观点认为，“以化名、借他人名义持有、买卖股票”，意味着证券从业人员以化名、借用给他人的方式，用自己的资金去买卖股票，资金、股票及收益均应当归属于该证券从业人员。也有观点认为，只要证券从业人员客观上控制了资金和交易，即可认为是“以化名、借他人名义持有、买卖股票”。这两种观点均是对“以化名、借他人名义持有、买卖股票”的误解。禁止证券从业人员买卖股票，禁止的是为己之买卖。因此，判断是否构成“以化名、借他人名义持有、买卖股票”，核心在于股票收益的归属。林某在涉案期间控制、使用并处分姜某的证券账户及资金（包括相关收益），且无相反证据证明交易收益为他人所有，符合上述法条规定的客观要件。

(2) 主观过错及其认定

有观点认为，只要行为人实施了违反证券法第一百八十七条规定的法定义务之行为，即应受到处罚。这种观点失之偏颇。“任何公正合理的制裁都须以被制裁的行为具有可谴责性为基础。”[③] 对某一行为进行处罚，须以行为人具有主观过错为前提。这就涉及举证责任的分配问题。一般而言，证明行为人具有过错的责任在于行政处罚机关。但是否具有过错，很难有直接证据予以证明，反而是行为

---

① 江必新：《论应受行政处罚行为的构成要件》，载《法律适用》1996 年第 6 期。

② 为便于行文，以下将“持有、买卖股票”统称为“买卖股票”。

③ 江必新：《论应受行政处罚行为的构成要件》，载《法律适用》1996 年第 6 期。

人对自己不具有过错更容易举证。因此，主观过错的证明责任，往往采过错推定。当行为人具有违反法定义务的事实，即可以推定行为人具有过错；此时，行为人如果主张自己不应当受到处罚，则应举证证明自己违反义务不具有过错。

在证券从业人员违法买卖股票行为的案件中，资金归属往往被违法行为人用作抗辩理由，尤其在“化名、借他人名义”这一情形下。但是，一方面资金归属往往涉及当事人与其他主体之间的民事法律关系的确认，如果要求行政处罚机关必须在确认资金归属的情况下才能作出处罚，则行政执法将会因当事人一句简单的抗辩即无法正常进行；另一方面对于此类违法行为而言，核心在于股票收益归属的判断。因此，在行政处罚机关经过调查证明交易资金系由证券从业人员所实际控制使用并具有处分权的情况下，证券从业人员应当就自己不享有交易收益、交易收益归属于他人进行举证说明，否则应当认定该证券从业人员的行为构成证券法所规定的禁止买卖股票之情形。本案林某仅以自己与姜某存在未决的民事纠纷，涉案资金归属尚不明确进行抗辩，并不能推翻业已形成的证明其控制、使用及处分涉案账户及资金的证据链条。

2. 延伸思考：为何要禁止证券从业人员买卖股票

关于证券从业人员禁止买卖股票的规定，是从1998年颁行的证券法沿袭下来的。这一规定系基于维护证券市场“三公”秩序的两方面考虑：其一，较普通投资者而言，证券从业人员基于职务便利具有信息优势，有必要防范证券从业人员进行内幕交易。其二，避免证券从业人员与投资者利益发生冲突而损害投资者权益。

此项禁止性规定的正当性与必要性存在争议。[①] 从域外资本市场的治理实践来看，允许证券从业人员买卖股票已经是较为通行的制度安排。[②] 但这样的制度安排，是建立在完备的立法、有力的自律监管基础之上的。立足于我国证券立法尚不完备、相关配套制度尚不健全、行业自律管理乏力、证券中介机构发展还不成熟，证券从业人员整体素质还不够高、证券市场“野蛮生长”的发展现状，尚不宜放开对证券从业人员买卖股票的限制。这或许正是2019年修订的证券法不仅没有对证券从业人员买卖股票的限制予以放宽，反而将“其他具有股权性质的证券”也纳入限制持有买卖之列[③]的缘由。

编写人：北京市第一中级人民法院　张婷婷

019 具有公共特征的私人修建院坝是否属于酒驾中的“道路”

——黄某诉重庆市公安局某区分局行政处罚案

【案件基本信息】

1. 裁判书字号

重庆市第一中级人民法院（2019）渝01行终165号行政判决书

2. 案由：行政处罚纠纷

---

① 梅慎实、张雨骅：《证券从业人员买卖股票：禁止还是放开》，载《中国证券》2015年第2期；白家勇：《证券从业人员买卖股票法律规制研究》，南京大学2018年硕士学位论文；等等。

② 郭文英、丁海筠：《中外证券从业人员买卖股票制度之比较研究》，载《环球法律评论》2012年第3期。

③ 见2019年证券法第四十条第一款。

3. 当事人

原告（上诉人）：黄某

被告（被上诉人）：重庆市公安局某区分局（以下简称某区公安分局）

【基本案情】

2018年6月8日晚，黄某酒后在某院坝内驾驶一辆驾校教练车行驶约十米远。经在场人报案后，警察到现场进行处理。后经酒精测试仪检测，黄某的酒精测试结果为41mg/100mL。2018年6月8日、9日，7月6日、25日，某区公安分局对黄某及相关人员进行了询问；2018年8月9日，某区公安分局告知黄某拟作出的行政处罚及其依法享有的陈述、申辩权。黄某当场提出“某院坝是否属于国家正式公路；本车交强险和商业险性质一栏上显示，此车属非营运车；要求申请行政复议”。同日，某区公安分局作出复核意见书：“一、根据《中华人民共和国道路交通安全法》规定，‘道路’是指公路、城市道路和虽在单位管辖范围但允许社会机动车通行的地方，包括广场、公共停车场等用于公众通行的场所。二、根据《中华人民共和国公共安全行业标准》中机动车类型属于定义中的表3‘机动车使用性质细类表’的规定，显示教练车属于营运车辆。三、根据《中华人民共和国道路交通安全法》第九十一条第三款之规定，拟对你处十五日拘留。如不服本决定，可以在收到处罚决定书之日起六十日内向重庆市公安局或者北碚区人民政府申请行政复议。”2018年10月29日，某区公安分局作出《行政处罚决定书》，给予黄某行政拘留十五日的行政处罚。黄某不服，向法院提起诉讼，请求撤销该《行政处罚决定书》。

【案件焦点】

具有公共特征的私人修建院坝是否属于《中华人民共和国道路交通安全法》规定的“道路”。

【法院裁判要旨】

重庆市北碚区人民法院经审理认为：本案的争议焦点为黄某酒驾的地点是否属于《中华人民共和国道路交通安全法》第一百一十九条第一款规定的“道路”。根据该条规定，“道路”是指公路、城市道路和虽在单位管辖范围但允许社会机动车通行的地方，包括广场、公共停车场等用于公众通行的场所。通常，人们判定道路主要是依据技术标准，如道路的宽度、路基、路形等。从《中华人民共和国道路交通安全法》的立法原意可以看出，该法采取的判定标准是功能标准，即为道路修建单位专用还是用于公众通行。如属后者，则是“道路”。黄某当天酒驾的现场位于某院坝，而该院坝是其所在的某餐馆为方便客人停车修建的，属于针对不特定顾客开放、任何社会车辆及行人均可自由通行其门口的场所，故该地应属于《中华人民共和国道路交通安全法》第一百一十九条第一款规定的“公众通行的场所”。

重庆市北碚区人民法院依照《中华人民共和国行政诉讼法》第六十九条之规定，作出如下判决：

驳回黄某的诉讼请求。

二审法院同意一审法院裁判意见。

【法官后语】

本案对保护人民群众的道路交通安全权益具有典型意义，审查的重点在于道路“公共属性”的司法认定。

1.《中华人民共和国道路交通安全法》中“道路”的含义

道路认定的标准不同，不同的组织和个人对道路有不同的认识。通常人们主要以道路的宽度、路基、路形等外在特征来判定是否属于道路，主要依据的是外在技术标准。从立法的发展来看，“道路”的范围呈不断扩大趋势，且以列举的方式对何谓“道路”进行了明确直观的界定，同时又以“公众通行的场所”这一内在功能标准进行了兜底和补充，这就意味着在法律法规罗列地点以外发生的违法驾车行为，只要是允许社会车辆通行的地方，都应当属于《中华人民共和国道路交通安全法》的调整范畴，以更好地维护这些路段的交通秩序，保护广大人民群众的道路交通权益。

2. 道路“公共属性”的司法认定

因公路、城市道路的标准明确，实践中在适用方面往往并无争议，但对如何理解道路交通安全法规定的“虽在单位管辖范围但允许社会机动车通行的地方”则有不同的声音。例如，机关、企事业单位、厂矿、住宅小区等单位管辖范围内的路段、停车场在何种情况下属于“允许社会机动车通行的地方”。笔者认为，对上述地点是否属于道路的认定关键在于对“公共属性”的理解。“公共属性”最本质的特征就在于通行对象的不特定性。无论上述地点的管理方式如何，只要允许不特定的社会车辆自由通行，就属于道路。如果仅允许与特定单位、人员有业务往来等特定事由的来访者的车辆通行，则不属于允许社会车辆通行。故对上述地方的认定应当与《中华人民共和国道路交通安全法》的规定精神保持一致，采用内在功能标准，即看其是否符合道路的公共性特征。无论修建场所的主体是谁、位置如何、外形怎样、是否收费、登记与否，只要面向公众、允许不特定社会车辆通行，就属于道路。在明确这一立法意图的基础上，将私人修建具有较强公共性的地坝纳入“道路”范畴不仅符合立法的价值取向，而且顺应了司法实践发展的需要。

具体到本案，案发时段前后，有群众开车到餐馆就餐、有不少群众在餐馆院坝跳坝坝舞、院坝内还停放有其他社会车辆用于出入，该院坝已经符合公共性特征，应当认定为道路，受《中华人民共和国道路交通安全法》调整，人民群众的道路安全权益应当受到保护。若该餐馆院坝不受《中华人民共和国道路交通安全法》调整，在面对酒后驾车行为时，人民群众的道路交通安全权益就得不到保障，人民群众的生命财产安全就可能受到酒后驾车的危害。

编写人：重庆市第一中级人民法院　彭英　王健康　李遵礼

020 定作人是否属于《中华人民共和国安全生产法》规定的对生产安全事故负有责任的生产经营单位

——某食府诉珠海市某区应急管理局安全生产监督行政处罚案

【案件基本信息】

1. 裁判书字号

广东省珠海市中级人民法院（2019）粤04行终155号行政判决书

2. 案由：安全生产监督行政处罚纠纷

3. 当事人

原告（被上诉人）：某食府

被告（上诉人）：珠海市某区应急管理局（原珠海市某区安全生产监督管理局）

【基本案情】

某食府与某广告公司签订合同，约定由其负责某食府户外招牌拆改及发光灯管的安装。后某广告公司口头将搭建拆除竹排架的工作发包给自然人林某，林某安排了没有高空作业资质的王某负责搭拆竹排架。2017年3月13日，王某在拆除竹排架时坠落至地面，被送至医院抢救，于29日医治无效身亡。2017年3月23日，珠海市某区城市管理局对某食府颁发户外广告设施和招牌设置许可证。

原珠海市某区安全生产监督管理局在作出行政处罚案件调查报告和行政处罚集体讨论记录后，作出（珠香）安监罚〔2017〕9号《行政处罚决定书》。某食府不服，向珠海市人民政府申请行政复议，珠海市人民政府对《行政处罚决定书》予以维持。某食府不服，依法提起行政诉讼。珠海市金湾区人民法院作出行政判决书，以（珠香）安监罚〔2017〕9号《行政处罚决定书》程序违法为由，判决撤销上述行政处罚决定书和行政复议决定书。

2018年12月3日，原珠海市某区安全生产监督管理局作出（珠香）安监罚〔2018〕6号《行政处罚决定书》（以下简称被诉行政处罚决定）认定某食府未经许可擅自设置户外招牌，将旧的户外招牌拆除和新的户外招牌安装承揽给没有设计、施工等相关资质的某广告公司，导致事故发生，对事故负有责任。根据《生产安全事故报告和调查处理条例罚款处罚暂行规定》第三条规定，认定某食府为事故发生单位。依据《中华人民共和国安全生产法》（2014年修正）第一百零九条第一款第一项和《生产安全事故罚款处罚规定（试行）》第十四条的规定，决定给予其20万元罚款的行政处罚。某食府不服，提起本案诉讼。

【案件焦点】

1. 被诉行政处罚决定认定某食府是事故发生单位是否正确；2. 被诉行政处罚决定适用法律是否正确。

【法院裁判要旨】

广东省珠海市金湾区人民法院经审理认为：住建部《城市户外广告设施技术规范》[①] 发布在《珠海市户外广告设施设置技术规范》之后，应适用住建部《城市户外广告设施技术规范》。被诉行政处罚决定是依据《珠海市户外广告设施设置技术规范》而作出，法律适用错误。假设《珠海市户外广告设施设置技术规范》可以作为被诉行政处罚决定的法律依据，其第 5.1 条规定的是户外广告设施的设计行为应由具备相应资质的单位设计，原珠海市某区安全生产监督管理局拟处罚的是安装行为没有承揽给有相关资质的企业，其适用第 5.1 条亦属错误。

广东省珠海市金湾区人民法院依照《中华人民共和国行政诉讼法》第七十条之规定，判决如下：

撤销原珠海市某区安全生产监督管理局于作出的（珠香）安监罚〔2018〕6 号《行政处罚决定书》。

珠海市某区应急管理局不服，提起上诉。广东省珠海市中级人民法院经审理认为：某食府与某广告公司之间形成的是加工承揽合同关系，组织员工生产、完成工作任务、收取工作报酬的主体是承揽人某广告公司，定作人某食府只是验收工作成果、支付报酬而已，

---

① 依据住房和城乡建设部 2021 年 12 月 13 日发布的行业标准《城市户外广告和招牌设施技术标准》，原行业标准《城市户外广告设施技术规范》自 2022 年 3 月 1 日起废止。参见住房和城乡建设部网站，https://www.mohurd.gov.cn/gongkai/fdzdgknr/zfhcxjsbwj/202112/20211228_763626.html，最后访问时间：2023 年 1 月 10 日。

不是组织本次生产活动的主体单位。本案不属于《中华人民共和国安全生产法》（2014 年修正）第四十六条第一款“生产经营单位不得将生产经营项目、场所、设备发包或者出租给不具备安全生产条件或者相应资质的单位或者个人”规定的情形，某食府不是本案生产安全事故责任单位。一审判决虽没有评述被诉行政处罚决定的处罚对象是否准确，但认定事实无误，且最终处理结果正确，应予维持。

广东省珠海市中级人民法院依照《中华人民共和国行政诉讼法》第八十九条第一款第一项的规定，判决如下：

驳回上诉，维持原判。

【法官后语】

本案以承揽合同关系的本质特征为落脚点，认定定作人某食府不属于《中华人民共和国安全生产法》（2021 年修正）第一百一十四条规定的对生产安全事故负有责任的生产经营单位，对于规范安全生产监督管理部门正确认定生产经营单位的安全生产义务以及生产安全事故责任主体具有典型意义。

当生产经营单位存在违法发包行为时，若发生生产安全事故，行政机关往往不区分该发包行为是承包关系还是承揽关系，均已违反《中华人民共和国安全生产法》（2021 年修正）第四十九条第一款“生产经营单位不得将生产经营项目、场所、设备发包或者出租给不具备安全生产条件或者相应资质的单位或者个人”的规定，对“发包方”和“承包方”采取双罚制。实际上，发包是指法律上的承包合同关系，而非现实生活中所使用的“发包”，尤其并非被称为“发包”实为“承揽”的行为。因此，正确区分承揽关系与承包关系，对于认定生产安全事故责任主体而言，尤为重要。

在承揽合同关系中，承揽人按照定作人的要求以自己的设备、技术和劳力完成工作，对工作成果的完成负全部责任，定作人根据约定验收工作成果、支付工作报酬。在承包合同关系中，发包人将生产经营项目部分或全部发包给承包人，由承包人自行经营管理。两者本质区别在于，承包关系涉及自行经营管理权，而承揽合同的标的物是特定的劳动成果，不涉及经营管理权。本案中，某广告公司只负责某食府户外招牌拆改及发光灯管的安装，不涉及经营管理权，某食府与某广告公司之间形成的是承揽关系，某食府是定作人，不是违法发包人，因此不是涉案生产安全事故责任单位。

本案判决认定定作人不是违法发包人，因此不属于对生产安全事故负有责任的生产经营单位，既有效发挥了行政诉讼的监督职能，督促行政机关正确履行职责、规范此类执法活动；又充分保护了企业的合法权益，让企业放心经营、安心经营，对创造公开、透明、稳定、可预期的营商环境具有积极影响；同时，也为类案的处理提供了一定的参考价值。

编写人：广东省珠海市中级人民法院　王智斌　宋义明

021　安全生产义务不因项目发包或转包而转让或免除

——货运公司诉某市安全生产监督管理局安全生产管理行政处罚案

【案件基本信息】

1. 裁判书字号

江苏省南通市中级人民法院（2018）苏06行终499号行政判决书

2. 案由：安全生产管理行政处罚纠纷

3. 当事人

原告（被上诉人）：货运公司

被告（上诉人）：某市安全生产监督管理局（以下简称某市安监局）

【基本案情】

2017年9月6日，新材料公司机舱罩后处理车间发生一起物体打击事故，因吊带断裂，机舱罩掉下来压在汪某身上，致汪某死亡。事故发生后，某市安监局牵头成立事故调查组及专家组，于同年11月4日形成新材料公司“9·6”物体打击事故调查报告，对事故发生单位概况、发生经过及救援情况、事故损失、事故发生原因和性质、事故责任及处理建议等进行了说明。其中，对劳务发包情况认定为：2017年2月20日，新材料公司与货运公司签订货运合同，货运公司又与驾驶员武某口头约定，由武某负责新材料公司的运输劳务，事发当天武某自带一辆车，聘请驾驶员汪某。

2017年11月18日，如皋市人民政府作出皋政复〔2017〕104号批复，原则同意事故调查组报告对事故原因与事故责任的分析和认定。当月22日，某市安监局对该事故立案处理。经送达行政处罚告知书、组织听证会后，某市安监局于2018年1月10日作出〔2017〕268号行政处罚决定书（以下简称268号处罚决定），货运公司对外包人员安全教育不到位，外包人员安全意识淡薄，在吊装作业过程中，违规进入吊物的下方，对案涉事故发生负有责任，依法决定对货运公司罚款20万元。当日，某市安监局还作出〔2017〕267号处罚决定书（以下简称267号处罚决定），决定对新材料公司罚款23.9万元。

货运公司提起本案诉讼，认为被诉268号处罚决定对案涉车辆车主、武某与车主的关系、汪某为谁工作、汪某报酬由谁支付等事实均未查清，又未能说明“外包人员”定义及明确货运公司与“外包人员”之间的权利义务。实际上汪某不持有驾驶案涉车辆的驾驶证，故该处罚认定汪某系货运公司的外包人员，事实认定错误，请求撤销268号处罚决定。

【案件焦点】

1. 货运公司对外包人员汪某是否具有安全教育的义务；2. 如有，该义务是否履行到位。

【法院裁判要旨】

江苏省海安市人民法院经审理认为：货运公司向某市安监局提供了2017年涉及武某的安全管理台账，某市安监局对该台账予以认可并作为证据向法院提交，证明货运公司对武某已经履行了安全教育义务。案涉事故直接原因是吊运过程中新材料公司吊带断裂，新材料公司对案涉事故负有直接责任。货运公司将机舱罩运输项目进行转包的行为本身并没有过错，故案涉事故与货运公司对汪某的安全生产教育义务之间无必然因果关系。某市安监局认定“货运公司对外包人员安全教育不到位”错误。

江苏省海安市人民法院依照《中华人民共和国行政诉讼法》第七十条第一项之规定，作出如下判决：

撤销某市安监局作出的268号处罚决定。

某市安监局不服，提起上诉。江苏省南通市中级人民法院经审理认为：首先，安全生产义务是生产经营单位必须遵守的法定义务，对从业人员进行安全教育和培训是生产经营单位的安全生产义务之一。如果生产经营单位对外发包其生产经营项目，就要对承包单位的安全生产工作进行统一协调、管理和定期检查。也就是说，发包后仍要承担安全生产义务，包括安全生产教育和培训义务。如果承包单位或个人违反有关法律、行政法规关于安全生产的管理规定的行为，发包单位仍应承担相应的处罚；如果发生了生产安全事故，发包单位同样应承担相应责任。其次，在货运公司安全管理台账及货运公司法定代表人、股东陈述笔录中，均未涉及对包括汪某等外包人员的安全生产教育和培训情况。最后，对负有生产安全事故责任的单位和个人进行调查，是由相关部门组成的事故调查组及专家组实施的。经人民政府批复同意的事故调查报告具有专业性，是有关机关对负有责任的单位和个人进行行政处罚的直接依据。如果没有其他证据足以否定事故调查报告，行政机关在作出行政处罚和人民法院审查时，应当采用其对有关事故发生经过、原因以及事故性质和责任等的认定。故，上诉人某市安监局认定货运公司对外包人员安全教育不到位，证据确凿，于法有据。

江苏省南通市中级人民法院依照《中华人民共和国行政诉讼法》第六十九条、第八十九条第一款第二项之规定，作出如下判决：

一、撤销一审判决；

二、驳回货运公司的诉讼请求。

【法官后语】

安全生产实践中，因生产经营项目发包或转包后造成安全管理工作责任不明甚至脱节，安全生产事故以及相关的诉讼时有发生。

究其原因，主要是安全生产经营单位特别是单位负责人对安全生产义务的法定性和不可转让性认识不清。从现有相关案例裁判观点来看，不同法院对作为法律强制性规定的安全生产义务、违反安全生产义务的责任承担以及非法定事由安全生产义务及其责任的不可转移，均不统一。本案裁判明确了“安全生产义务不因生产经营项目发包或转包而转让或免除”这一基本原则，对生产经营单位抓好发包和转包中的安全生产工作以及行政机关执法、人民法院司法审查都有一定的示范和规则指引意义。

首先，安全生产工作事关人民群众的生命和财产安全，事关公共利益和经济社会持续健康发展。因此，作为生产经营活动主体的生产经营单位，同时也是安全生产工作的义务主体。《中华人民共和国安全生产法》对此作出了规定，并明确生产经营单位应当对从业人员进行安全生产教育和培训，保证从业人员具备必要的安全生产知识，熟悉有关的安全生产规章制度和安全操作规程，掌握本岗位的安全操作技能，了解事故应急处理措施，知悉自身在安全生产方面的权利和义务。未经安全生产教育和培训合格的从业人员，不得上岗作业。

其次，安全生产义务作为一种行政法上的绝对义务，其强制性正是基于其法定性。亦即，在没有法律明确规定的情形下，生产经营单位不得通过协议或其他方式转让或免除其依法应当承担的安全生产义务，否则该相关约定因违反法律法规强制性规定而归于无效。《中华人民共和国安全生产法》第四十九条第二款对此作出了明确规定，即生产经营项目、场所发包或者出租给其他单位的，生产经营单位应当与承包单位、承租单位签订专门的安全生产管理协议，或者在承包合同、租赁合同中约定各自的安全生产管理职责；生产经营单位对承包单位、承租单位的安全生产工作统一协调、管理，定期进行安全检查，发现安全问题的，应当及时督促整改。第一百零三条第二款对违反上述规定进一步设置了处罚措施，其目的就是防止生产经营单位通过发包而减轻自己的安全生产义务，对承包单位的安全生产问题不闻不问，从而导致安全漏洞或安全事故的出现。

最后，安全生产教育和培训是生产经营单位安全生产管理工作的一项重要内容，也是防止安全隐患和安全事故发生、确保生产安全的一项重要的基础性工作。为了督促生产经营单位依法进行安全生产教育和培训，《中华人民共和国安全生产法》第二十八条第四款规定，生产经营单位应当建立安全生产教育和培训档案，如实记录安全生产教育培训的时间、内容、参加人员以及考核结果等情况。

本案判决生效后，当地的安全生产监管部门把该案作为内部业务培训和企业安全生产教育的典型案例，取得了良好的法律效果和社会效果。

编写人：江苏省南通市中级人民法院　杨德华

022　超短时间虚假申报构成操纵证券市场行为

——阮某某诉中国证券监督管理委员会、中国证券监督管理委员会某省监管局金融行政处罚案

【案件基本信息】

1. 裁判书字号

北京市第二中级人民法院（2018）京 02 行终 1755 号行政判决书

2. 案由：金融行政处罚纠纷

3. 当事人

原告（上诉人）：阮某某

被告（被上诉人）：中国证券监督管理委员会（以下简称证监会）、中国证券监督管理委员会某省监管局（以下简称某省证监局）

【基本案情】

2017年5月15日，某省证监局以涉嫌操纵证券市场为由，向阮某某作出《行政处罚事先告知书》。阮某某于2017年5月24日签收了上述告知书，并于2017年5月26日提出了《申辩书》。结合阮某某的申辩意见及相关证据材料，某省证监局对阮某某涉嫌操纵证券市场的违法事实进行了修改，减轻了拟对阮某某的行政处罚，并于2017年8月21日重新作出了《行政处罚事先告知书》，告知了阮某某所认定的违法事实及理由、适用的法律、拟作出的处罚决定以及其所享有的陈述申辩及听证等权利。2017年8月23日，阮某某签收了某省证监局重新作出的《行政处罚事先告知书》，后提出了书面的陈述和申辩意见并要求进行听证。2017年10月26日，某省证监局针对阮某某案举行了听证会。阮某某的委托人参加了听证会，提交了相关材料并陈述了己方观点。2017年11月6日，某省证监局作出被诉处罚决定。2017年11月15日，阮某某签收被诉处罚决定并于2017年12月7日向证监会提起行政复议。因阮某某申请复议材料不齐全，2017年12月8日，证监会向其发出《补正行政复议申请通知书》。收到补正材料后，2018年2月8日，证监会作出被诉复议决定。阮某某不服，提起诉讼。

【案件焦点】

1. 两次作出行政处罚事先告知书，程序是否违法；2. 原告阮某某交易股票方式是否构成操纵证券市场。

【法院裁判要旨】

北京市西城区人民法院经审理认为：某省证监局作出两次《行政处罚事先告知书》，并未侵害原告所享有的陈述、申辩、要求听证等程序权利，因减轻了对原告拟作出的处罚，故亦未对原告的实体权益产生损害。原告仅因某省证监局作出了两次行政处罚事先告知而提出行政程序违法的主张，缺乏法律依据。

虚假申报操纵行为应当具备三个构成要件：1. 不以成交为目的；2. 频繁申报和撤销；3. 影响证券交易价格或者证券交易量。原告阮某某交易股票的方式具有以下特点：1. 在较短的时段内（数十分钟）频繁申报买入和撤销；2. 申报买入和撤销之间间隔时间极短；3. 涉案时段内，涉案的股票价格均有较大幅度的上涨；4. 当日均有反向卖出涉案股票的行为。原告阮某某交易股票的方式满足虚假申报操纵行为的构成要件，被告认定其属于“以其他手段操纵证券市场”并无不当。综上所述，被诉处罚决定认定事实清楚，程序合法，并无不当之处。证监会作出的复议决定程序合法，结论正确。

北京市西城区人民法院依照《中华人民共和国行政诉讼法》第六十九条、第七十九条之规定，判决如下：

驳回原告阮某某的诉讼请求。

阮某某不服一审判决，提起上诉。北京市第二中级人民法院经审理认为：某省证监局在作出第一次《行政处罚事先告知书》后，充分听取并结合阮某某的陈述申辩意见，对涉案行为操纵时段及最终处罚数额进行了调整，并将调整后拟处罚的内容和当事人享有的权利进行了第二次告知，最终作出了一个更有利于阮某某的处罚决定。某省证监局在案件处理中作出了两次告知，充分保障了当事人的陈述、申辩权，没有因为当事人的申辩而加重处罚，程序上并无违法之处。因此，阮某某的上述主张没有法律依据，法院不予支持。

根据当事人提供的账户交易记录、询问笔录等合法有效的证据可知，阮某某在两个涉案时段内分别累计申报买入 18 笔“××集团”股票和 14 笔“××高新”股票，且均在极短时间内全部或部分撤单。同时，阮某某在当天均有反向卖出前期所买涉案股票的行为。结合阮某某申报量的市场占比、所处档位、引起的委比数值变化等多项指标以及该股涉案时段内的涨幅、阮某某获利等情况，可以认定阮某某的行为属于不以成交为目的频繁申报和撤销申报的行为，该行为误导了其他投资者，对涉案股票涉案时段内的交易价格、交易量和市场产生了较为明显的影响。据此，某省证监局根据阮某某实施违法行为的事实、性质、情节以及社会危害程度，认定其构成证券法规定的操纵证券市场行为，并在上述法定处罚种类和幅度范围内，对其作出处以 30 万元罚款的处罚决定，认定事实清楚，适用法律正确，不存在显失公正的情形。某省证监局对阮某某作出被诉处罚决定，履行了立案、调查、告知、听证等程序，程序符合法律规定，法院予以支持。证监会接到阮某某的复议申请后，作出被诉复议决定，复议程序符合法律规定。综上，一审判决认定事实清楚，适用法律正确，程序合法。

北京市第二中级人民法院依照《中华人民共和国行政诉讼法》

第八十九条第一款第一项的规定，判决如下：

驳回上诉，维持原判。

【法官后语】

如何准确认定操纵证券市场行为，一直是证券行政监管中的一大难题。本案中，被告某省证监局认定原告阮某某在三十分钟内存在操纵证券市场的违法行为。原告认为其使用的资金量小，没有能力操纵某个具体股票的走势。股票本身价值、国家政策、市场情绪等多种因素均有可能对短期内股票的价格和交易量产生重要影响。原告股票交易的一贯风格是“追逐热点股票，快速建仓，满仓操作”。鉴于原告涉案当日的资金量以及为达到成交目的频繁申买、快速撤单、追涨买入的操作方式，是为了尽可能控制成本、快速完成对看中股票的建仓甚至满仓，该交易方式并无不当。被告则认为，原告进行的是以影响个股短时走势而获利的虚假申报操纵行为。频繁申买和快速撤单，一方面可以提高资金效率、放大资金量，另一方面给市场造成了瞬时大单申买的假象，误导投资者进行盲目跟买。结合原告后续的方向卖出行为，可以认定其存在虚假申报操纵行为。

股票交易中，频繁申报和撤单行为较为常见。如何区分正常的交易行为与虚假申报操纵行为，是本案审理的关键所在。2019 年修订的《中华人民共和国证券法》第五十五条第一款第四项规定，禁止任何人以下列手段操纵证券市场，影响或者意图影响证券交易价格或者证券交易量……（四）不以成交为目的，频繁或者大量申报并撤销申报。结合本案的案情，提炼出判断虚假申报操纵证券市场行为的三个构成要件：（一）不以成交为目的；（二）频繁申报和撤销；（三）影响证券交易价格或者证券交易量。分别从主观目的、客观行为、行为后果三方面进行考察，本案原告阮某某存在频繁申报买入和撤销行为，且申报买入和撤销之间间隔时间极短，当日均有反向卖出涉案股票，依据其客观行为可以推定其具有不以成交为目的的主观动机。同时其交易的股票涉案时段内，价格均有较大幅度的上涨，影响证券交易价格。因此，原告的行为满足虚假申报操纵行为的三个构成要件。

本案的审理，归纳了认定操纵证券市场行为的一般规则，厘清了执法实践中的模糊地带，对证券投资者的投资行为具有一定指导作用。

编写人：北京市西城区人民法院　冒智桥

023 城乡规划处罚应适用处罚作出时而非违法建设建成时的法律规定

——食品公司诉某市规划局、某市人民政府行政处罚及行政复议案

【案件基本信息】

1. 裁判书字号

江苏省泰州市中级人民法院（2018）苏 12 行终 264 号行政判决书

2. 案由：行政处罚及行政复议纠纷

3. 当事人

原告（上诉人）：食品公司

被告（被上诉人）：某市规划局、某市人民政府

【基本案情】

原某市计划委员会于 1994 年 7 月 15 日对原某市食品公司新建瓜果蔬菜批发市场的申请作出批复，同意其新建瓜果蔬菜批发市场。1995 年 4 月 12 日，原某市城乡建设局向原某市食品公司核发了《建设工程规划许可证》。原、被告一致确认：原告食品公司系原某市食品公司改制而来，原某市食品公司依照上述许可所建造的建筑均登记在原告食品公司名下，且位于食品公司厂区内。

原告食品公司厂区北部自东向西搭建了三间大小不等的披棚。2017 年 1 月，原告对西侧披棚加建隔板。至处罚决定作出时，东侧披棚总建筑面积为 18.18 平方米，中间披棚总建筑面积为 25.39 平方米，西侧披棚建筑面积为 168.36 平方米，建筑面积共计 211.93 平方米。

2017 年 7 月 17 日，被告某市规划局根据投诉举报，对涉案披棚予以立案调查。2017 年 7 月 18 日，被告某市规划局就披棚违建问题开展调查、现场勘查。2017 年 9 月 6 日，被告某市规划局向原告送达行政处罚事先告知书及听证告知书。2017 年 9 月 11 日，原告食品公司提出书面陈述、申辩。2017 年 10 月 18 日，被告某市规划局通知原告参加听证。2017 年 10 月 26 日，被告某市规划局就原告披棚违建一案举行听证。2017 年 11 月 8 日，被告某市规划局作出行政处罚决定，认定原告违建 211.93 平方米的事实，责令原告自行拆除 211.93 平方米的三间披棚。该决定于 2017 年 11 月 10 日送达原告。

原告不服行政处罚决定，于 2018 年 1 月 3 日申请行政复议。被告某市人民政府于 2018 年 1 月 4 日受理复议申请后，向被告某市规划局送达行政复议答复通知书。某市人民政府于2018年3月2日决定延期审查30日。2018年3月26日，被告某市人民政府作出行政复议决定，维持行政处罚决定。

审理中，原、被告一致确认涉案三间披棚南侧紧邻房屋已经变更为居民住宅，且有居民入住。

【案件焦点】

1. 涉案披棚是否为未经规划许可的违法建设；2. 对涉案披棚予以查处有无超出法定追究时效；3. 对涉案披棚采取责令拆除的处理是否合法。

【法院裁判要旨】

江苏省泰州医药高新技术产业开发区人民法院经审理认为：

关于焦点一，根据《中华人民共和国城乡规划法》第四十条第一款规定，原告确认涉案三间披棚未取得相应的规划许可，被告某市规划局经向职权部门查询检索，亦未发现相应的建设许可文件，故被告认定涉案三间披棚构成违法建设并无不当。

关于焦点二，《中华人民共和国行政处罚法》第二十九条规定："违法行为在二年内未被发现的，不再给予行政处罚。法律另有规定的除外。前款规定的期限，从违法行为发生之日起计算；违法行为有连续或者继续状态的，从行为终了之日起计算。"鉴于涉案三间披棚至处罚时仍然存在，故被告某市规划局予以处罚并未超出法定的追究时效。

关于焦点三，涉案披棚是否构成《中华人民共和国城乡规划法》第六十四条所规定的"无法采取改正措施消除影响"之情形。根据被告某市规划局提交的照片、现状平面图等证据，结合原、被告当庭确认的事实，涉案三间披棚南侧紧邻房屋已经变更为居民住宅。由此，披棚的存在对南侧住宅户的通风、采光、通行产生了不拆除披棚就难以恢复的影响，构成《江苏省城乡规划条例》第六十二条第二款所规定的“前款所称无法采取改正措施消除影响应当限期拆除的情形……（五）其他无法采取改正措施消除影响的”之情形。

江苏省泰州医药高新技术产业开发区人民法院依照《中华人民共和国行政诉讼法》第六十九条之规定，判决如下：

驳回原告食品公司的诉讼请求。

一审宣判后，食品公司不服，上诉至江苏省泰州市中级人民法院。二审法院同意一审法院的裁判意见。

【法官后语】

本案的审查对象为某市规划局作出的行政处罚决定，认定原告实施的违法建设有无超过法定的追诉时效、处罚决定适用法律是否正确。

第一，2021 年《中华人民共和国行政处罚法》第三十六条规定：“违法行为在二年内未被发现的，不再给予行政处罚；涉及公民生命健康安全、金融安全且有危害后果的，上述期限延长至五年。法律另有规定的除外。前款规定的期限，从违法行为发生之日起计算；违法行为有连续或者继续状态的，从行为终了之日起计算。”较之于修改前的行政处罚法第二十九条，增加了针对特定重点领域违法行为五年追究时效的特别规定。针对一般违法行为，仍与修改前的行政处罚法第二十九条规定的精神一致。鉴于涉案三间披棚至处罚时仍未被拆除或被采取改正措施，规划违法行为处于持续状态，应认定被告某市规划局实施处罚未超过法定追究时效。

第二，涉案披棚建设于1995年，当时调整违法建设行政管理关系的法律为《中华人民共和国城市规划法》。而本案被告某市规划局实施处罚均系依照《中华人民共和国城乡规划法》之规定，故即使原、被告均未注意到处罚所依据的法律适用问题，基于全面审查的原则，法院仍需对本案应适用原《中华人民共和国城市规划法》还是《中华人民共和国城乡规划法》的问题进行审查。笔者认为：

1. 根据相关立法的精神和本旨，存续状态的违法建设应当视为一种继续性行为。随着时间的推移，现实中的违法建设状态可能不断更新或发生变化，处罚标的显然不应机械地判定为建造行为和当时的违法建设，而是被处罚时仍然存续的违法状态。

2. 对于违反规划许可的建筑物或构筑物，规划部门在审查拟在周边实施建设的规划申请时无需予以考量。从规划实施的影响和相应处罚方式来看，随着依照后续规划许可实施建造的新的规划参照物的形成，既存的违法建设对规划体系所产生的不利影响也将发生变动，此时显然应以产生规划影响的违法现状作为入罚、量罚的评价因素更为妥帖。故对于城乡规划法和城市规划法的适用判断，应当适用作出处罚时或者行政行为违法终了时的法律，而不是非法建造行为实施时的法律。

编写人：江苏省泰州医药高新技术产业开发区人民法院

李剑峰　肖云璐

024 对有责任的“治疗组”而非医院本身作出“停业整顿”的处罚应符合比例原则

——陆乙诉某省卫生和计划生育委员会、原中华人民共和国国家卫生和计划生育委员会行政处罚案

【案件基本信息】

1. 裁判书字号

北京市第二中级人民法院（2018）京02行终630号行政判决书

2. 案由：行政处罚纠纷

3. 当事人

原告（上诉人）：陆乙

被告（被上诉人）：某省卫生和计划生育委员会（以下简称某省卫计委）、原中华人民共和国国家卫生和计划生育委员会（以下简称原国家卫计委）

第三人：某省立医院

【基本案情】

2016年8月16日，某省立医院发生医疗质量安全事件，该院于2016年8月15日在对患者陆甲的抢救过程中，实施心包穿刺术、主动脉球囊反搏术和输血治疗前均未签署知情同意书，事后也未完善相关手续，病历记录不全，造成患者陆甲死亡。2016年11月3日，经某市医学会鉴定，该起事件为一级甲等医疗事故，医方承担主要责任。2017年2月21日，某省卫计委接到该起事件的举报，经初步审查认为符合受理条件，于当日决定予以立案。经过相关法定程序，某省卫计委于2017年4月28日作出〔2017〕

001 号《行政处罚决定》（以下简称被诉 001 号处罚决定），主要内容为："……被处罚人：某省立医院……你单位违反了《医疗事故处理条例》第五条的规定。依据《医疗事故处理条例》第五十五条第一款'医疗机构发生医疗事故的，由卫生行政部门根据医疗事故等级和情节，给予警告；情节严重的，责令限期停业整顿直至由原发证部门吊销执业许可证，对负有责任的医务人员依照刑法关于医疗事故罪的规定，依法追究刑事责任；尚不够刑事处罚的，依法给予行政处分或者纪律处分'的规定……现决定给予你单位冠心病介入诊疗科第 3 治疗组（即冯某治疗组）停业整顿一个月的行政处罚……"陆乙（陆甲之子）不服，于 2017 年 6 月 15 日向原国家卫计委申请行政复议。原国家卫计委收到复议申请材料后，于 2017 年 9 月 15 日作出〔2017〕56 号《行政复议决定书》（以下简称被诉 56 号复议决定），维持某省卫计委作出的被诉 001 号处罚决定。

陆乙向法院起诉，称某省立医院造成患者陆甲死亡系医疗事故，经医疗事故技术鉴定，该事故为一级甲等医疗事故，医方承担主要责任。根据《医疗事故处理条例》第六十条规定，某省立医院是造成该起医疗事故的医疗机构，被诉 001 号处罚决定仅处罚医院的诊疗小组，违反法律规定，应当予以撤销。故诉至法院，请求法院判决撤销被诉 001 号处罚决定和被诉 56 号复议决定。

【案件焦点】

1. 卫生行政机关只针对有责任的治疗组，而非针对责任医院作出停业整顿一个月的行政处罚是否合法；2. 医疗行政处罚中比例原则的适用标准。

【法院裁判要旨】

北京市西城区人民法院经审理认为:《医疗事故处理条例》第五十五条第一款规定，医疗机构发生医疗事故的，由卫生行政部门根据医疗事故等级和情节，给予警告；情节严重的，责令限期停业整顿直至由原发证部门吊销执业许可证，对负有责任的医务人员依照刑法关于医疗事故罪的规定，依法追究刑事责任；尚不够刑事处罚的，依法给予行政处分或者纪律处分。本案中，某省卫计委经调查并结合相关证据，认定该起事故为一级甲等医疗事故，医方应负主要责任，某省立医院作为院方负有管理责任，应追究其法律责任。其中，在对该院进行行政处罚的裁量上，综合考虑了某省立医院的诊疗覆盖范围、门急诊量以及承担的教学、培训任务、社会影响等合理因素，作出的行政处罚结果兼顾了患者权益和社会公共利益，符合比例原则，法院予以认可。据此，某省卫计委对某省立医院作出的决定给予该院心内科冠心病介入诊疗科第 3 治疗组停业整顿一个月的行政处罚决定，事实清楚，法律适用准确，法院予以支持。同时，某省卫计委和原国家卫计委在行政程序上并无不当。

北京市西城区人民法院依照《中华人民共和国行政诉讼法》第六十九条、第七十九条之规定，判决如下:

驳回陆乙的诉讼请求。

陆乙上诉后，北京市第二中级人民法院经审理认为：因为第 3 治疗组并非《医疗机构管理条例》第二条规定的“医疗机构”范畴，所以某省卫计委的被诉 001 号处罚决定的处罚方式实际上对《医疗事故处理条例》第五十五条第一款规定的处罚对象作了扩大理解。尽管上诉人对某省卫计委以第 3 治疗组为处罚对象提出异议，但该种处罚方式敢于直面法律发展的滞后性对行政处罚裁量权造成的限制与挑战，体现了行政处罚的比例原则，符合《中华人民共和国行政处罚法》第四条的规定，法院予以肯定。某省卫计委综合考虑了某省立医院的诊疗覆盖范围、门急诊量以及承担的教学、培训任务、社会影响等合理因素，作出的行政处罚结果兼顾了患者权益和社会公共利益，符合比例原则、适当性原则，处罚幅度适当，适用法律正确，法院予以认可。此外，被上诉人在行政处罚和行政复议的程序上，并无不当。

北京市第二中级人民法院依照《中华人民共和国行政诉讼法》第八十九条第一款第一项之规定，判决如下：

驳回上诉，维持一审判决。

【法官后语】

依据行政处罚法定原则，行政处罚应当具有明确的法律依据。《医疗事故处理条例》自2002年起实施，其中的行政处罚对象及适用条件相对于医疗机构的迅速发展而言具有一定的滞后性。《医疗事故处理条例》第五十五条第一款规定，医疗机构发生医疗事故的，由卫生行政部门根据医疗事故等级和情节，给予警告；情节严重的，责令限期停业整顿直至由原发证部门吊销执业许可证。本案中，医疗事故责任主体某省立医院系一家拥有百年历史的公立三甲医疗机构，每年接待300多万人次。对于已经发生致人死亡后果的严重医疗事故，如果依据《医疗事故处理条例》第五十五条第一款的规定，对医疗机构作出责令限期停业整顿直至吊销执业许可证，将对数百万名患者特别是对已经在院就医的患者的诊疗活动和健康恢复造成严重影响。因此，承办法官在本案中运用行政处罚的比例原则对行政机关处罚有责任的诊疗组的合法性与适当性进行了论述。

行政行为应当遵循比例原则。行政比例原则，是指行政主体实施行政行为应兼顾行政目标的实现和相对人权益的保护，如为实现行政目标可能对相对人权益造成某种不利影响时，应使这种不利影响限制在尽可能小的范围和限度内，保持二者处于适度的比例。《中华人民共和国行政处罚法》第五条第二款规定，“设定和实施行政处罚必须以事实为依据，与违法行为的事实、性质、情节以及社会危害程度相当”，这是行政比例原则在行政处罚领域的具体体现。比例原则要求行政机关的行政行为必须能够实现行政目的，有多种可供选择的手段可以达到行政目的时，应该尽可能采取对相对人损害最小的手段，实施行政行为所能够达到的利益与行政相对人的合法权益的侵害之间应达到平衡。

1. 行政处罚行为应当符合行政立法的目的

这是对行政主体实施行政行为的一种目的上的要求，即行政主体实施行政行为必须能够实现其所宣称的行政目的，至少是有助于该行政目的的实现。如果行政行为与目的相悖，根本无法达到行政目的，则违反了行政比例原则中的目的性原则。《医疗事故处理条例》第一条规定，为了正确处理医疗事故，保护患者和医疗机构及其医务人员的合法权益、维护医疗秩序，保障医疗安全，促进医学科学的发展，制定本条例。由此可见，《医疗事故处理条例》的立法目的不仅在于保护患者的合法利益不受侵害，而且保护医疗机构及医护人员的合法权益、维持医疗秩序亦是该条例所要实现的社会价值之一。对于规模较大的综合性医院发生的医疗事故，情节严重，需要作出停业整顿或者吊销执业许可证处罚的，如果将医院作为行政处罚的相对人，势必对数百万名患者的就医产生不利影响，亦严重影响其他非医疗事故责任医护人员的合法权益，不符合《医疗事故处理条例》的立法目的。

2. 行政处罚行为应当遵循适当性原则

有多种可供选择的手段可以达到行政目的时，行政机关应该尽可能采取对相对人损害最小的手段。医疗行政处罚的主要目的在于保护患者权益及保护医疗机构及医护人员的合法权益，行政机关在作出医疗行政处罚时应当选择能够达到行政处罚目的又对医疗机构与医护人员损害最小的处罚手段。本案中，造成医疗事故的手术系由某省立医院的第3治疗组实施，某省卫计委对该小组作出停业整顿的处罚决定，既达到了医疗行政处罚目的，又对某省立医院的其他医疗工作产生最小的影响，符合行政处罚的适当性原则。

3. 行政处罚的幅度应当符合相当性原则

即行政权力所采取的措施与其所达到的目的之间必须合比例或相称。是指一项行政措施虽然为达到行政目的所必要，但如果其实施的结果会给人民带来超过行政目的的价值的侵害，那么，该项行政权力的行使就违反了比例原则。也就是说，行政主体在行使某项行政权力前，必须将行政目的要达到的利益与给人民造成的后果之间进行权衡，只有在证明行政行为追求的目的重于给人民造成的侵害时才能采取。本案中，某省立医院的第3治疗组发生医疗事故，致使患者陆甲死亡，该违法行为的危害后果仅及于陆甲及其他可能在该治疗组就医的患者，不会对其他科室的患者治疗产生危害后果。行政机关如对某省立医院直接进行停业整顿或者吊销执业许可证处罚，势必会影响到广大人民群众的就医利益，该处罚内容所追求的目的大于给人民造成的侵害后果，则会违反行政处罚的相当性原则。因此，某省卫计委仅对第3治疗组作出停业整顿一个月的处罚，处罚的幅度与医疗事故的社会危害程度相当，亦符合行政处罚的相当性原则。

现代法治以人民权利为本位，而比例原则恰源自人民权利的基本性质，体现公平正义的观念，亦是依法行政的应有之义。司法实践中，行政处罚的比例原则鲜有被直接应用于认定行政处罚合法性的依据，但人民法院在司法审判中恰当地运用比例原则对行政行为进行审查，既有利于防止行政机关对行政裁量权的滥用，又有利于社会高速发展中立法滞后情况下人民权利的保护。本案中，承办人运用行政比例原则论述了行政机关将《医疗事故处理条例》第五十五条第一款中“医疗机构”扩大解释为“诊疗机构”并作出相应行政处罚的合法性与合理性，该案例对于医疗事故行政处罚的法律适用具有一定借鉴意义，对相关司法审判具有一定的积极指导作用。

编写人：北京市第二中级人民法院　王琪

025　非法结汇案件中交易真实性的判断标准

——融资租赁公司诉国家外汇管理局某市分局、国家外汇管理局行政处罚及行政复议案

【案件基本信息】

1. 裁判书字号

北京市第一中级人民法院（2018）京01行终652号行政判决书

2. 案由：行政处罚及行政复议纠纷

3. 当事人

原告（上诉人）：融资租赁公司

被告（被上诉人）：国家外汇管理局某市分局（以下简称某市外汇管理分局）、国家外汇管理局

【基本案情】

2014年6月17日，融资租赁公司与珠海某公司签订《医疗设备购货合同》，约定融资租赁公司向珠海某公司购买19546万元人民币的医疗设备，融资租赁公司于签订合同之日起七个工作日内先预付19000万元，送货安装检测后三十个工作日内支付余款546万元，但并未约定交货时间。2014年6月24日，融资租赁公司以支付货款名义向银行申请办理3000万美元的资本金结汇，并提交验资报告、支付命令函、明细表及25份发票等材料。2014年6月26日，银行核准融资租赁公司的结汇申请，并将结汇所得18677.4万元人民币汇给珠海某公司。2015年7月至12月，某市外汇管理分局通过向珠海市国家税务局、深圳外汇管理分局等单位发函协查、现场调查及询问调查等方式查明，融资租赁公司申请结汇时提交的25份发票系虚假发票；珠海某公司在结汇当日即将全部结汇资金汇付给深圳某公司，而深圳某公司又将资金分别汇给福建某公司及李某、徐某等个人，该笔资金最终汇入四个个人账户；珠海某公司一直未实际履行《医疗设备购货合同》，亦未将资金退还给融资租赁公司；珠海某公司注册地址无人办公，其经营范围不包括经营医疗设备；深圳某公司被列入“经营异常名录”；福建某公司与深圳某公司仅存在民间借贷关系。

2016年1月8日，某市外汇管理分局认为融资租赁公司涉嫌非法结汇，决定立案查处。经调查、听证、审议等程序，2017年5月24日，某市外汇管理分局作出被诉处罚决定，认定融资租赁公司假借合同名义行非法结汇之实，违反了《中华人民共和国外汇管理条例》第二十三条、《外国投资者境内直接投资外汇管理规定》第九条的规定，构成非法结汇行为。根据《中华人民共和国外汇管理条例》第四十一条第二款的规定，决定对融资租赁公司上述非法结汇行为处374万元的罚款。融资租赁公司不服，向国家外汇管理局申请行政复议，国家外汇管理局于2017年10月18日作出被诉复议决定，维持被诉处罚决定。融资租赁公司仍不服，提起本案诉讼，请求撤销被诉处罚决定和被诉复议决定。

【案件焦点】

非法结汇案件中交易真实性的判断标准。具体而言，即融资租赁公司的资本金结汇行为是否属于非法结汇。

【法院裁判要旨】

北京市海淀区人民法院经审理认为：根据《中华人民共和国外汇管理条例》第二十三条、第四十一条第二款规定，外商投资企业资本金结汇所得人民币资金的使用应有真实交易基础，符合真实自用原则，否则即可构成非法结汇。本案中，判断融资租赁公司的资本金结汇行为是否属于非法结汇，关键即在于确定融资租赁公司资本金结汇所得人民币资金是否真的用于货款支付，亦即融资租赁公司与珠海某公司之间签订的《医疗设备购货合同》是否为真实交易。结合本案证据及庭审查明的情况，某市外汇管理分局认定融资租赁公司与珠海某公司之间系虚假合同，并无医疗设备购货真实交易，事实清楚，证据确凿。第一，《医疗设备购货合同》的内容、交易主体资质及实际履行等情况均不符合常理。该合同所涉标的额近两亿元人民币，但合同中并未规定产品的具体型号、品牌、交货时间、违约情况等重大内容，而合同相对方珠海某公司的注册、实缴资本及经营范围等情况均显示其并无履约能力。且从 2014 年合同签订至今，并无证据证明珠海某公司向融资租赁公司交付任何医疗设备。第二，在珠海某公司一直未履行合同义务的情况下，融资租赁公司并无任何积极主张权利的行为。第三，融资租赁公司申请资本金结汇时提交的 25 份发票均为虚假发票。第四，融资租赁公司结汇所得人民币资金最终流入个人账户，并未用于购买医疗设备。第五，在某市外汇管理分局调查过程中，融资租赁公司始终无法说明合同的真实情况。

北京市海淀区人民法院依照《中华人民共和国行政诉讼法》第六十九条之规定，判决如下：

驳回融资租赁公司的全部诉讼请求。

融资租赁公司不服，提起上诉。北京市第一中级人民法院经审理认为：认定当事人存在违法行为应当满足客观和主观两个要件，即一方面存在违反行政法律规范的客观行为，另一方面主观上应当存在过错。虽然原则上应当由处罚机关证明存在违法行为，但主观要件往往只能通过客观事实予以反映，因此如果能够证明存在违法的客观行为，又没有相反证据能够排除当事人的主观过错，即应当推定当事人存在主观过错。

1. 本案中，融资租赁公司明显存在违反《中华人民共和国外汇管理条例》第二十三条规定的违法行为。《中华人民共和国外汇管理条例》第二十三条规定，资本项目外汇及结汇资金，应当按照有关主管部门及外汇管理机关批准的用途使用。所谓未按用途使用，包括两种情况：一是虽然交易真实，但实际用途与批准的用途不符；二是交易本身不真实，则所谓按批准的用途使用无从谈起。北京市第一中级人民法院认可一审法院关于交易真实性的认定，认为基于业已查明的事实可以认定融资租赁公司与珠海某公司的交易实际上是虚假交易，而非单纯的交易对方不履行合同的问题。

2. 基于本案查明的事实可以认定上诉人存在实施违法行为的主观故意。融资租赁公司主张是珠海某公司不履行合同，而非融资租赁公司存在违法故意，这一主张显然不能成立。第一，购货合同欠缺明确的合同标的和交货时间等内容，是融资租赁公司应当明知的。融资租赁公司称涉案交易是融资租赁，但其作为专业的融资租赁公司，既无法提供融资租赁合同，又无法说明承租方的情况等信息，融资租赁公司无法证明其存在真实的交易意图。第二，关于发票的真实性问题。仅就发票虚假一节，融资租赁公司是否存在恶意并不影响本案的认定。且税务机关的核验结论并没有确认发票本身的真实性，融资租赁公司迄今为止仍不能提供发票的原件，因此也不足以作为融资租赁公司抗辩的理由。第三，购货合同的标的额为 1.95 亿元，约定的预付款就达到 1.9 亿元，且无任何担保。在融资租赁公司向珠海某公司支付预付款约 1.87 亿元以后，珠海某公司一直没有履行合同。而融资租赁公司除在听证程序中提供了一份《购货合同终止协议》外，没有提供其他证据证明其为保障交易安全采取过任何实质性措施，上述情节均有悖一般商业交易活动的常理，足以佐证融资租赁公司在本案中存在主观故意。

主观故意的认定应当结合全案的事实予以综合分析，而非就某个具体事实进行孤立判断。融资租赁公司就资金流入个人账户一节是否存在直接的主观故意，不影响对其行为性质的认定。

综上，北京市第一中级人民法院依照《中华人民共和国行政诉讼法》第八十九条第一款第一项之规定，判决如下：

驳回上诉，维持一审判决。

【法官后语】

《中华人民共和国外汇管理条例》第十二条明确规定，经常项目外汇收支应当具有真实、合法的交易基础。资本项目外汇及结汇资金，则应当按照有关主管部门及外汇管理机关批准的用途使用。虽然《中华人民共和国外汇管理条例》对于资本项目结汇没有像经常项目结汇那样表述为应当具有真实、合法的交易基础，但是，如果没有真实的交易基础，实际上所谓“按照批准的用途使用”自然也无从谈起。因此，在资本项目结汇上，逻辑上仍然应当以真实的交易作为基础。而本案的核心就在于，如何判断上诉人所称的交易是否真实。

交易真实性的判断往往存在较大的难度，因为在这种案件中，交易双方通常都会存在合谋，交易协议、资金的划转都是真实的，在这些表面真实的交易证据之下，如何认定交易实质上是虚假的，就尤其需要执法机关和司法机关对市场交易方式有基本的了解。既要能够发现掩藏于交易行为背后的真实意图，也要避免因为主观臆断而造成冤案。

1. 证明责任的分配原则

在这种案件中，证明责任的分配尤为重要。一般认为，行政处罚应当由行政机关承担证明责任，即由行政机关来证明交易是虚假的，但这种证明责任的分配方式其实并不符合证明责任分配的规律。在证明责任的分配原则中，一个非常重要的原则就是“生活范围原则”，即由了解和掌握案件事实的一方来承担证明责任。对于交易的真实性而言，虽然主张交易不真实的是行政机关，但交易本身是否真实发生，却是当事人最为了解的事实。因此，行政机关应当就交易真实性存在合理怀疑提出主张，再由当事人对这些疑点提供证据予以合理说明。在这种案件中对交易是否真实承担证明责任的，其实是被处罚的当事人。

就本案而言，原告所主张的交易确实存在诸多疑点，无论是行政处罚决定还是一、二审判决均予以了详细的列举。从证明责任的角度而言，并不是基于这些疑点就能够当然证明交易不真实，而是在存在这些疑点的情况下，如果被处罚人不能提供证据予以合理说明，则由被处罚人来承担不利的法律后果，这就是证明责任分配的核心要义所在。如果对这一证明责任分配把握不当，就极有可能导致案件的处理结果产生偏差，如认为行政机关只是提出了合理的怀疑，还没有充分证据证明交易是虚假的，从而认为处罚决定事实不清等。

2. 证据的综合判断原则

原告的诉讼技巧之一，就是将整个交易当中存在的诸多疑点切割为一个又一个孤立的疑点，从而让每一个疑点所反映出来的问题都显得不是太严重。但是，如果从综合判断的角度来分析，当一个交易同时存在许多有悖常理的疑点时，这个交易的真实性就值得高度怀疑。

本案中，从交易合同开始就存在疑点，包括合同缺少基本的合同条款，标的物、交易时间等均未予以约定，如此巨额的交易合同，欠缺这些基本的合同条款显然是有悖常理的。进一步而言，一个标的额近 2 亿元的合同，预付款就达到 1.9 亿元，这也不符合常理，而且当原告将预付款转给合同对方之后，一直没有要求对方履行交货义务，且直到行政机关立案，合同仍未实际履行。对于交易对方根本不具备履约能力等问题，原告也从来没有进行过必要的审查，对于一个能够签订如此巨额标的合同的公司来说，也是不符合常理的。预付款转给对方之后，对方出具的发票是虚假的，而原告自己甚至没有保留发票的原件，资金迅速转到了个人账户，所有这些疑点综合起来，足以让人对此次交易的真实性产生合理怀疑。而原告并未提供证据证明交易真实发生，也不能合理说明存在的诸多疑点。因此，综合全案证据，可以认定交易是不真实的，原告的真实目的在于逃避监管，非法结汇。

编写人：北京市第一中级人民法院　张婷婷

026　行政相对人对行政权力的正当合理信赖应予以保护

——投资公司诉深圳市某区城市管理行政执法局行政处罚案

【案件基本信息】

1. 裁判书字号

广东省深圳市中级人民法院（2018）粤 03 行终 854 号行政判决书

2. 案由：行政处罚纠纷

3. 当事人

原告（被上诉人）：投资公司

被告（上诉人）：深圳市某区城市管理行政执法局

【基本案情】

2003 年 11 月 28 日、2004 年 10 月 26 日，深圳市规划与国土资源局分别发出深规土告〔2003〕37 号、深国房告〔2004〕10 号《深圳市土地使用权拍卖公告》，公开拍卖五宗地块的建设用地使用权。投资公司拍得上述地块，与深圳市规划与国土资源局签订了《深圳市土地使用权出让合同书》，约定土地使用权出让金、开发金、市政配套设施金合计人民币22.68亿元。后又分别取得上述地块的《权利证书》《建设用地规划许可证》《建设工程规划许可证》，其中《权利证书》记载土地用途为居住用地，土地性质均为商品房。

2005年5月，深圳市某区绿化委员会办公室发现投资公司正在动工的某居住区涉及占用林地，要求其停工并办理征占林地手续。投资公司致函某区人民政府、深圳市国土资源和房产管理局宝安分局等相关部门协调处理此事。后某区人民政府常务会议重大问题纪要明确："在国土资金收支计划安排的预留专项经费中安排156.46万元，作为某居住区森林植被恢复费和使用林地可行性报告编制经费。"后深圳市某区绿化委员会办公室至2014年一直向某区土地中心催缴森林植被恢复费，但因种种原因，该林地的使用手续一直没有办理下来。

2015年3月11日，国家林业局驻广州森林资源监督专员办事处对涉案房地产项目非法占用林地案进行挂牌督办，要求深圳市人民政府积极查处和整改。2016年6月23日，深圳市某区城市管理行政执法局立案查处，勘察发现涉案被占用林地上已建成别墅群、高层住宅等商品房共计两千多户，商品房业主均已办理产权登记。林地内原有植被不复存在，林业种植条件严重破坏，生态平衡功能丧失。2016年11月10日，深圳市某区城市管理行政执法局作出〔2016〕深宝监城行罚决字第2003号《行政处罚决定书》，对投资公司非法占用林地的行为处以"1. 责令限期三个月恢复原状；2. 对非法改变用途林地245773平方米处以每平方米10元的罚款，共处罚款2457730元"。

【案件焦点】

1. 擅自改变林地用途的主体问题；2. 投资公司是否实施了改变林地用途的行为；3. 处罚决定内容在客观上是否具备可执行性。

【法院裁判要旨】

广东省深圳市盐田区人民法院经审理认为：涉案的五宗地块未经林业主管部门审核同意，在公开拍卖之前已被深圳市土地行政主管部门擅自改变了土地用途。投资公司作为行政相对人，基于国土部门的公信力，严格按照建设用地使用权出让的相关法律、法规，通过拍卖的方式合法取得涉案五宗地块的土地使用权，且在此后办理的一切产权登记及城市规划许可等严格的审批手续中未遇到障碍。

投资公司在知晓所建设项目涉嫌占用林地后没有置之不理、放任不管，而是及时与某区人民政府及国土部门协调处理，某区人民政府通过区政府常务会议重大问题纪要的形式提出了解决方案，明确了责任主体，投资公司作为房地产开发企业，在支付了高额的建设用地地价后，取得了全部合法的行政许可审批，得到了政府部门的明确书面承诺，故出于商业经济效益的考虑继续建设施工，该行为符合商业公司的行为逻辑。

行政相对人基于行政机关的公信力对行政行为产生了合理信赖，并且基于该信赖衍生了相关利益，该信赖保护利益在法律上应当得到确认。涉案的五宗地块系公开拍卖取得，投资公司信赖土地行政主管部门的公示公信力，此后在发现涉嫌占用林地时也信赖某区人民政府承诺妥善处理解决。土地行政主管部门擅自改变林地用途，由此造成了植被和生态功能的破坏，相关部门应当启动追责机制，而不能仅将一切责任归咎于行政相对人，这有悖于行政行为的公信力原则和对行政相对人的信赖保护原则。

涉案地块上的商品房业主均已取得产权证书，业主所有的物业经不动产登记部门确权，深圳市某区城市管理行政执法局无权也不可能擅自撤销业主的产权证书，更无权擅自拆除，处罚决定在客观上不具备可执行性。

广东省深圳市盐田区人民法院依照《中华人民共和国行政诉讼法》第七十条第一项、第六项规定，判决：

撤销深圳市某区城市管理行政执法局于 2016 年 11 月 10 日作出的《行政处罚决定书》。

二审法院同意一审法院的裁判意见。

【法官后语】

本案涉及的焦点为行政相对人基于行政机关的公信力对行政行为产生了合理信赖，并且基于该信赖衍生了相关利益，该信赖保护利益在行政法上是否应得到确认的问题。所谓信赖利益保护原则，是指当个人对行政机关作出的行政处分已产生信赖利益，并且这种信赖利益因其具有正当性而得到保护时，行政机关不得撤销这种信赖利益，而如果撤销就必须补偿其信赖利益损失。信赖利益保护原则最基本的要义就是政府实施行政行为必须遵守诚实信用原则。

自 2004 年 7 月 1 日起开始实施的《中华人民共和国行政许可法》以法律形式确立了信赖利益保护原则，这一原则在我国的确立有利于依法规范行政许可行为、防止行政权的滥用、保护行政相对人的正当信赖利益，对于行政机关树立诚信观念、建设诚信政府，具有重要意义。信赖利益保护原则源于民法中的诚实信用原则，它要求“保护人民对国家之信赖，即不容许国家之行为使人民值得保护之信赖利益丧失，或是使人民因此无法预估到负担之增加或丧失之利益”。也就是说，行政相对人对行政权正当合理的信赖应当给予保护，行政机关不得擅自撤销、变更已生效的行政行为，确需撤销或变更的，对无过错的相对人应给予合理的赔偿或补偿。信赖利益保护原则的基础是公众对自己国家及国家权力的信任，这种信任是公众安定性和其他工作、生活能有明确预期的基本前提。这种信任如果没有得到很好的保护，甚至受到损害，公众权利、公众利益乃至整个经济和社会发展都将处于不稳定、不连续的状态之中。

导致本案非法改变林地用途的根源在于国土部门的违法行政。国土部门违反《中华人民共和国土地管理法》及《中华人民共和国森林法实施条例》的相关规定，擅自改变土地用途，将林地改变为建设用地，并通过公开拍卖方式获取了巨额的经济利益。买受人按照建设用地的标准支付了土地使用权出让金，取得《房地产证》《建设工程规划许可证》《建设用地规划许可证》，其不可能怀疑也无从判断公开拍卖的土地性质存在问题。土地行政主管部门作为重要的政府职能部门，具有非同一般的公信力，每年会通过公开招标、拍卖或者挂牌出让方式出售大量建设用地的使用权，房地产开发企业必然基于相信行政权力的正当合理而产生信赖利益。如果这种信赖利益受到损害，将危害整个房地产开发行业的稳定性，严重破坏土地行政主管部门的公信力。

综观本案，信赖利益保护原则体现在多个方面。投资公司通过公开拍卖方式取得建设用地使用权，而土地行政主管部门在拍卖之前擅自改变林地用途损害了投资公司的信赖利益；在发现土地用途存在瑕疵时，某区人民政府提出的解决方案未能落实，再次损害了投资公司的信赖利益；深圳市某区城市管理行政执法局作出的“限期恢复原状”处罚，不但让投资公司在该地块项目上取得的所有行政许可均归于无效，还会损害所有取得产权登记的业主的物权利益。行政相对人基于行政机关的公信力对行政行为产生了合理信赖，并且基于该信赖衍生了相关利益，该信赖保护利益在法律上应当得到确认。适用信赖利益保护原则，对于防止行政权的滥用，保护行政相对人的正当信赖利益，具有重要意义。

编写人：广东省深圳市盐田区人民法院　张婷

027 盐业体制改革中对于企业跨区域销售食盐模式应当作从宽认定

——物流公司诉某市盐务管理局、某市人民政府盐务行政处罚案

【案件基本信息】

1. 裁判书字号

江苏省南通市中级人民法院（2018）苏06行终609号行政判决书

2. 案由：盐务行政处罚纠纷

3. 当事人

原告（上诉人）：物流公司

被告（被上诉人）：某市盐务管理局（以下简称市盐务局）、某市人民政府（以下简称市政府）

第三人：盐业公司

【基本案情】

郭某、冯某、刘某、徐某、章某五人系盐业公司职工。2017年1月3日，郭某等五人在南通市注册成立物流公司，该公司经营范围为道路普通货物运输、普通货物仓储等。2017年1月6日，物流公司与盐业公司签订《仓储物流配送合同》，约定物流公司将盐业公司食盐配送至南通市的终端各销售网点，盐业公司产品配送到终端商业网点前，货物所有权归盐业公司。后盐业公司向物流公司发送食盐62.4吨。同年3月16日，市盐务局执法人员发现郭某等人租用的仓库内存有数十吨盐业公司生产的食用盐，市盐务局遂对其涉嫌无食盐批发许可证批发食盐的行为予以立案查处，并对食盐先后两次先行登记保存。市盐务局经调查并履行处罚程序后，认定物流公司表面上按照盐政政策设立了第三方物流企业进行食盐配送，但从物流公司的设立、运营成本分担、配送费用的结算、利益的分配等方面看都不符合国家盐政政策，物流公司属虚假公司，其与盐业公司签订的配送协议虚假，其实质是以获取非法利益为目的开展无证批发食盐业务，根据《食盐专营办法》第十条、第二十一条及《关于加强改革过渡期间食盐专营管理有关工作的通知》（以下简称211号文）、《关于进一步落实盐业体制改革有关工作的通知》（以下简称604号文）的规定，责令物流公司改正，并对其作出没收食盐55.56吨，并处罚款人民币212160元的处罚。物流公司不服向市政府申请行政复议。2018年1月11日，市政府作出〔2017〕通行复第283号《行政复议决定书》，维持市盐务局作出的行政处罚决定。物流公司仍不服，向法院提起行政诉讼。

【案件焦点】

1. 被诉行政处罚决定认定物流公司未取得食盐批发许可证经营食盐批发业务事实是否清楚；2. 市盐务局实施的证据先行登记保存行为是否违反法定程序。

【法院裁判要旨】

江苏省南通市港闸区人民法院经审理认为：盐业公司具有跨省自主经营食盐的资质，物流公司是合法成立的具有道路运营资格的物流企业。物流公司与盐业公司签订的仓储物流配送合同系双方自愿协商订立，郭某等五人确系物流公司的股东，但同时系盐业公司职工，由盐业公司安排到南通地区具体从事食盐销售工作不存在违法情形，市盐务局认定物流公司无证销售食盐的事实不清，证据不足。

江苏省南通市港闸区人民法院根据《中华人民共和国行政诉讼法》第七十条第一项、第二项、第三项，第七十九条之规定，作出如下判决：

撤销市盐务局作出的行政处罚决定及市政府作出的行政复议决定。

市盐务局不服，提起上诉。江苏省南通市中级人民法院经审理认为：关于被诉行政处罚决定认定物流公司未取得食盐批发许可证经营食盐批发业务事实是否清楚的问题。211 号文、604 号文均明确，食盐批发企业可以通过自建物流系统或与第三方物流企业签订配送合同并委托其将食盐配送到食盐零售网点及食盐终端用户。本案中，首先，盐业公司与物流公司依照盐业体制改革文件的要求建立了物流配送关系。盐业公司有跨省自主销售食盐资格，物流公司系依法成立的物流企业，其受托将盐业公司产品配送至南通市的终端各销售网点，符合604号文的要求。其次，郭某等五人具有双重身份不违反法律规定。无论食盐生产企业采取何种方式销售食盐，势必涉及工作人员与终端用户的交流过程，郭某等五人作为盐业公司在南通地区的营销人员，在南通从事食盐销售业务并无不当。最后，案涉销售食盐的行为系以盐业公司的名义作出。《食盐配送单》、增值税普通发票等均可以证明食盐销售行为的主体是盐业公司。虽然市盐务局为证明物流公司实施未取得食盐批发许可证经营食盐批发业务的行为，调查收集了大量证据，但是在物流公司及盐业公司对销售行为作出了合理说明及提交了相应证据的情况下，市盐务局作出行政处罚所依据的证据，达不到排除合理怀疑的证明标准，因而属于事实不清，证据不足。

关于市盐务局实施的证据先行登记保存行为是否违反法定程序的问题。行政执法主体证据先行登记保存应当受到在七日内及时作出处理决定的限制，行政机关应尽快将登记保存的物品，制作成证据的形式，并在七日内根据调查取证的情况对被先行登记保存的证据以处理决定的方式作出处置。本案中，市盐务局既未在法律规定的七日内针对被先行登记保存的食盐作出处理决定，其对食盐连续进行先行登记保存，实际上也是一种变相的扣押行为，违反法定程序。

综上，江苏省南通市中级人民法院依照《中华人民共和国行政诉讼法》第八十九条第一款第一项之规定，作出如下判决：

驳回上诉，维持原判。

【法官后语】

2016年，国务院发布《盐业体制改革方案》，施行食盐生产企业进入流通和销售领域、产销企业开展跨区域经营等一系列改革措施，这是中国盐业史上里程碑式的改革。虽然盐业主管部门有权对盐改期间产生的各类违法经营现象进行辨别、惩处，以达到稳定市场、依法顺畅推进盐改的目的，但有的地方盐业主管部门出于“地方保护”主义，对跨区域经营的外地盐企施加阻力，通过查扣食盐等行政处罚方式破坏市场公平竞争。食盐是人类赖以生存的必需品，在对涉食盐案件的行政处罚行为进行司法审查的过程中，既要充分考虑到食盐作为食品的安全性要求，对行政机关适度的从严执法予以尊重，也要依法保护食盐定点生产企业经营自主权，优化盐业营商环境，及时制止地方盐业主管部门滥用行政权力，排除、限制竞争等垄断行为。

首先，行政处罚应当有充分的事实根据。事实的存在及其正确认定，是行政行为能够成立的基本要件，是行政行为合法性的前提和基础。行政机关在行政管理过程中，具有自由裁量权，司法机关在一定程度上应当予以尊重，但是，自由裁量不是无限制的，需要通过司法审查的强度、行政机关的举证责任、说明理由等义务来予以修正。行政诉讼由被告承担举证责任是基本原则。就证明标准而言，由于本案系行政处罚，且涉及被处罚人较大数额的财产，因此市盐务局对处罚决定的合法性，应当适用排除合理怀疑标准，即对案件事实的证明结论是唯一的，排除其他可能性。但市盐务局作出行政处罚所依据的证据，达不到排除合理怀疑的证明标准，因而属于事实不清，证据不足。

其次，公共政策可以作为认定食盐销售行为的依据。相较政策而言，法律具有原则性强、可操作性弱、稳定性强、及时性弱的特点，而政策具有明确的针对性，通常是为了解决某些特定问题而制定，在没有法律规范或法律规范缺乏具体可操作性指引的情况下，通过政策进行弥补，不违反依法行政的原则和精神。在盐业体制改革过渡期中，国务院、工信部、国家发改委先后制定了相关政策性文件，以确保盐业体制改革顺利实施。这些文件的主要精神在于坚持推进供给侧结构性改革，对不利于释放市场活力的规定予以革除，明确食盐定点批发企业在国家规定的范围内销售食盐，任何单位或者个人不得阻止或者限制。盐业主管部门在执法中应当顺应国家释放市场活力、鼓励企业自主经营、产销一体的盐改趋势，防止执法“一刀切”，对企业的销售模式作从宽掌握，以促进行业健康可持续发展。

最后，裁判结果应当体现法律效果和社会效果的统一。食盐的本质属性是食品，同时其又是一种商品。因此，在审理涉及食盐的案件时，食品安全、商品流通等也是不可忽视的要素。对于盐业主管部门在诉讼过程中提出的“放松对跨区域销售食盐行为的监管，将导致食盐价格无序、盐品质量下降甚至出现假冒伪劣商品”的问题，法院通过调研，了解到目前我国食盐市场的总体情况是供过于求，食盐如同味精、酱油等其他调味品一样，市场放开并不会导致其价格的上升，反而给予了消费者更多的选择。同时，对食盐流通环节与食盐质量的监管，二者并不冲突，新修改的《食盐专营办法》在允许产销企业开展跨区域经营的同时，不仅没有放松和削弱对食盐质量的监管，反而加强和完善了食盐安全监管体制。

编写人：江苏省南通市中级人民法院　张祺炜　金保阳

028 以营利为目的并非认定非法出版物的必备要件

——企业管理公司诉某市文化市场行政执法总队、某市人民政府行政处罚案

【案件基本信息】

1. 裁判书字号

北京市第二中级人民法院（2018）京02行终1241号行政判决书

2. 案由：行政处罚纠纷

3. 当事人

原告（上诉人）：企业管理公司

被告（被上诉人）：某市文化市场行政执法总队（以下简称市文化执法总队）、某市人民政府（以下简称市政府）

【基本案情】

2017年6月8日，市文化执法总队执法人员根据群众举报，对企业管理公司经营场所进行检查，发现了多册同种刊物，该刊物名称为“××特刊”，出版日期为2017年4月，刊物内容分为××介绍、2017年年会、××文化、专家论坛等。企业管理公司现场无法提供该刊物合法的出版手续，涉嫌未经批准从事出版物出版的行为。当日，执法人员扣押了现场发现的《××特刊》280册。2017年6月21日，某市新闻出版局出版物鉴定中心作出《出版物审查鉴定书》，鉴定结论为《××特刊》为非法出版物。2017年7月24日，企业管理公司代理人接受市文化执法总队的调查询问，并提供了河北增值税普通发票发票联、销售明细、销售情况截屏等材料。在调查过程中，企业管理公司代理人陈述该公司没有出版

资质，于2017年4月8日至4月16日印制《××特刊》共3000册，印刷费75000元。其中，2249册作为会务资料发放给参会人员；471册在网上以红旗券的形式销售（红旗券不是现金，是网上商城赠送给会员的消费积分）；280册被扣押，出版《××特刊》没有获利。当日，市文化执法总队作出《责令改正通知书》，责令企业管理公司立即改正上述违法行为，并作出《行政处罚事先告知书》，告知企业管理公司拟作出行政处罚的事实、理由、依据、处罚内容，并告知该公司有陈述、申辩和要求举行听证的权利。2017年8月4日，市文化执法总队举行听证。听证过程中，企业管理公司代理人陈述，虽然公司使用他人书号制作了涉案刊物，违反了相关法律规定，但公司对涉案刊物的使用并非《出版管理条例》中所定义的出版，而是仅用于宣传和内部交流，没有对外销售，希望从轻处罚。市文化执法总队听取了企业管理公司的陈述、申辩，但认为企业管理公司的意见不影响对案件违法事实的认定。2017年8月7日，市文化执法总队作出《行政处罚决定书》，内容如前所述。企业管理公司不服该处罚决定，向市政府申请行政复议。2017年11月24日，市政府作出《行政复议决定书》，对上述行政处罚决定予以维持。企业管理公司不服，向法院提起行政诉讼，请求撤销市文化执法总队作出的《行政处罚决定书》以及市政府作出的《行政复议决定书》。

【案件焦点】

企业管理公司未出售涉案刊物，仅以免费或积分兑换的形式发放，是否构成《出版管理条例》第六十一条规定的擅自从事出版物的出版、印刷行为。

【法院裁判要旨】

北京市丰台区人民法院经审理认为：根据《出版管理条例》第六条第二款之规定，县级以上地方各级人民政府负责出版管理的部门负责本行政区域内出版活动的监督管理工作。县级以上地方各级人民政府其他有关部门在各自的职责范围内，负责有关的出版活动的监督管理工作。据此，市文化执法总队具有对非法出版行为的行政处罚权。

出版是指将作品通过任何方式公之于众的一种行为，拥有大量复制或同等规模的传播力的公开发表都统称为出版。出版或称发表，其界定的关键在于公之于众，而不拘泥于形式。本案中，企业管理公司将涉案刊物作为会务资料发放、在网上以红旗券的形式销售，都是将涉案刊物公之于众，其行为应定义为出版。大多数国家都对出版活动实施监管，出版须有相应资质或经行政部门审批。根据《出版管理条例》的相关规定，国家对报纸、期刊、图书、音像制品和电子出版物的出版实行严格的管理制度。从事出版业务，应由国家行政机关审批设立的出版单位，在领取出版许可证，并领取事业单位法人证书或营业执照后，方可出版。《出版管理条例》第六十一条规定，未经批准，擅自设立出版物的出版、印刷或者复制、进口单位，或者擅自从事出版物的出版、印刷或者复制、进口、发行业务，假冒出版单位名称或者伪造、假冒报纸、期刊名称出版出版物的，由出版行政主管部门、工商行政管理部门依照法定职权予以取缔；依照刑法关于非法经营罪的规定，依法追究刑事责任；尚不够刑事处罚的，没收出版物、违法所得和从事违法活动的专用工具、设备，违法经营额 1 万元以上的，并处违法经营额 5 倍以上 10 倍以下的罚款，违法经营额不足 1 万元的，可以处 5 万元以下的罚款。

根据该条规定，当事人未经批准，擅自从事出版物的出版、印刷，即构成违法。以营利为目的，并非涉案行为违法的必备要件。本案中，企业管理公司虽未出售涉案刊物，仅以免费或积分兑换的形式发放，但其不具有相应资质，未经国家行政机关批准，使用他人刊号，将涉案刊物公开传播，仍然构成《出版管理条例》第六十一条规定的违法行为。市文化执法总队根据某市新闻出版局出版物鉴定中心的鉴定结论认定涉案刊物为非法出版物，综合考虑企业管理公司的违法情节，参照《北京市文化市场综合执法行政处罚裁量基准》所确定的裁量幅度范围内的最低额度确定罚款数额，认定事实清楚，适用法律法规正确，处罚幅度适当。市文化执法总队亦履行了立案、告知权利义务、调查取证、听证、作出决定、送达等法定程序。市政府接到企业管理公司的复议申请后，履行了调查、送达等程序，作出维持被诉行政处罚决定的复议决定，程序合法。企业管理公司提出被诉行政行为违法的理由不能成立，对其诉讼请求，法院不予支持。

综上，北京市丰台区人民法院根据《中华人民共和国行政诉讼法》第六十九条之规定，判决如下：

驳回企业管理公司的诉讼请求。

二审法院同意一审法院裁判意见。

【法官后语】

本案中，企业管理公司制作刊物《××特刊》后，并没有以货币标价的方式进行出售，而是作为会务资料发放给参会人员，同时在网上以红旗券的形式换购，整个过程企业管理公司没有获利。故本案争议焦点为：企业管理公司未出售涉案刊物，仅以免费或积分兑换的形式发放，是否构成《出版管理条例》第六十一条规定的擅自从事出版物的出版、印刷行为。

首先，出版是指将作品通过任何方式公之于众的一种行为。根据上述定义可知，界定出版的关键在于公之于众，而不拘泥于形式。本案中，虽然企业管理公司主张其只是将自行制作的刊物作为会务资料发放、在网上以红旗券的形式换购，但是这种发放和换购的形式仍是将刊物公之于众，向不特定对象进行推广和传播。因此，企业管理公司制作刊物，并以免费或积分兑换的形式发放属于出版行为。

其次，根据《内部资料性出版物管理办法》的有关规定，内部资料性出版物，是指在本行业、本系统、本单位内部，用于指导工作、交流信息的非卖性单本成册或连续性折页、散页印刷品，不包括机关公文性的简报等信息资料。因此，内部资料性出版物的认定需具备三个要件：一是发行的范围，即在本行业、本系统、本单位内部；二是发行的目的，即用于指导工作、交流信息；三是发行的限制，即非卖性。本案中，企业管理公司主张其制作的刊物仅用于宣传和内部交流，即使属于出版物，也应属于内部资料性出版物，对其处罚应按照《内部资料性出版物管理办法》的相关规定。但是在案证据表明，部分涉案刊物是在网上以红旗券的形式换购，其发行范围并非本行业、本系统、本单位内部，而是面向社会公众，不符合内部资料性出版物的构成要件。

最后，是否以营利为目的并非认定涉案行为违法的必备要件。根据《出版管理条例》第六十一条的规定，当事人只要未经批准，擅自从事出版物的出版、印刷，即构成违法，无需具备以营利为目的的条件。本案中，企业管理公司虽未出售涉案刊物，仅以免费或积分兑换的形式发放，但其不具有相应资质，未经国家行政机关批准，使用他人刊号，将涉案刊物公开传播，仍然构成《出版管理条例》第六十一条规定的违法行为。

实践中，部分企业或组织对出版的认识存在偏差，认为只要自身不以营利为目的，自行制作宣传册等刊物，通过线上或线下方式向他人发放，都是合法的。但是根据《出版管理条例》的相关规定，国家对各类出版物的出版实行严格的管理制度。从事出版业务，应由国家行政机关审批设立的出版单位，在领取出版许可证，并领取事业单位法人证书或营业执照后，方可出版。未经批准，擅自从事出版物的出版、印刷，即构成违法。因此，是否以营利为目的，并不影响非法出版物的认定。

编写人：北京市丰台区人民法院　冯黎明

029 政府采购投标人对产品供应商提交资料未尽实质审查义务的责任认定

——数码公司诉某市财政局、某市人民政府行政处罚及行政复议案

【案件基本信息】

1. 裁判书字号

重庆市第一中级人民法院（2018）渝01行终490号行政判决书

2. 案由：行政处罚及行政复议纠纷

3. 当事人

原告（上诉人）：数码公司

被告（被上诉人）：某市财政局（以下简称市财政局）、某市人民政府（以下简称市政府）

【基本案情】

2016年11月，数码公司以某品牌执法记录仪参加政府采购项目，提交了该投标产品的《检验报告》，成为中标候选人，该投标产品系某品牌科技有限公司生产。采购单位经与公安部官方检验报告比对，发现数码公司提供的检验报告存在13处改动，遂要求数码公司作出相关说明。后数码公司放弃中标候选人资格，该政府采购项目因此废标。市财政局认为数码公司存在提供虚假材料谋取中标的违法行为，对其作出罚款3万元与1年内禁止参加政府采购的行政处罚。数码公司对市财政局的行政处罚决定不服，向市政府申请行政复议，市政府复议维持了市财政局作出的行政处罚决定。数码公司主张其并非投标产品的生产商，对虚假检验报告不知情，该报告来源于代理商，且已放弃中标候选人资格，未造成危害后果，遂申请行政复议，但行政处罚决定被维持。数码公司诉至法院，请求撤销行政处罚决定及行政复议决定。

【案件焦点】

投标人数码公司并非投标产品的生产商，因对生产商提交的虚假材料未尽到实质审查义务，造成政府采购项目废标的，投标人应否承担行政处罚责任。

【法院裁判要旨】

重庆市渝北区人民法院经审理认为：数码公司并非投标产品的生产商，其投标的产品来源于其他市场主体，但作为政府采购的供应商，其应全面了解投标产品并审慎审查产品所涉材料的真实性。数码公司在提交投标文件时未尽合理查验义务，在采购人提出核实要求时仍未审慎核查，被质疑时仍回复产品满足招标要求，直至因无法提供《检验报告》原件，放弃成为第一中标候选人的资格。其对投标产品本身的性能和相关技术参数并不熟悉，亦未在投标前认真审慎地审查投标产品所涉文件的真实性，导致虚假《检验报告》进入招投标环节，从而造成本案采购项目被废标，相应后果应由政府采购供应商的数码公司承担。

重庆市渝北区人民法院依照《中华人民共和国行政诉讼法》第六十九条、第七十九条之规定，判决如下：

驳回原告数码公司的诉讼请求。

数码公司不服一审判决，提起上诉。重庆市第一中级人民法院经审理认为：数码公司在参与政府采购招投标活动过程中，提交含有人为造假内容的投标文件，客观事实上已符合提供虚假材料的违法情形。数码公司在市采购中心要求其对市安监局核实投标产品技术参数进行回应时，仅出具了一份承诺书，承诺所投产品技术参数符合招标要求，但未出示任何证据证明其对有关参数进行了核实审查。且针对政府采购质疑，数码公司亦仅是答复其提供的产品符合招标要求，未举证或作出合理说明以证明其对相关技术参数文件进行核查，表明数码公司在提交招标文件过程中疏于审核，对于客观上提供虚假材料存在明显的过失。数码公司作为涉案政府采购项目投标人是参与采购的投标主体，应对投标活动中存在的违法行为承担主体责任。市财政局作出的行政处罚决定，事实清楚、程序合法。一审判决认定事实清楚，适用法律正确，审判程序合法。

重庆市第一中级人民法院依照《中华人民共和国行政诉讼法》

第八十九条第一款第一项之规定，判决如下：

驳回上诉，维持原判。

【法官后语】

本案明确了政府采购中投标人对提交的投标材料的合理审查义务，以及因其未履行相应义务应承担的责任，对于规范政府采购中的投标行为，引导投标人树立诚信理念具有正面导向意义。

1. 政府采购中投标人应遵守诚信原则

诚信原则是政府采购活动中应遵循的基本原则，该原则要求政府采购的当事人本着诚实守信的态度，依法履行各自权利和义务，讲信誉、守承诺，不得有欺诈、隐瞒、串通、滥用权力等不当行为，不得规避法律、法规或损害第三人合法利益，以确保采购行为指向的国家利益与社会公共利益得以实现。诚信原则不仅约束政府招标行为，投标人参与政府采购同样应遵循。诚信原则对供应商的基本要求在政府采购法及其实施条例中体现为：采购过程中满足采购人的正当要求，按要求填写投标文件并保证投标文件内容真实，针对招标人提出的质疑，按照招标人的要求对投标文件进行答疑等。供应商的上述行为应接受政府的监督与管理等。

2. 投标人应对提交的投标材料尽合理审查义务

政府采购活动中，投标人应提交符合招标要求的材料，并保障材料的真实性与完整性，是遵循诚实信用原则的应有之义，也是政府采购法及其实施条例对供应商设定的法定义务。实践中，投标人提供虚假材料谋取中标资格的情况不在少数，为规制上述行为，投标人应按照法律法规之规定对其提交的投标材料尽合理审查义务。投标人提交的投标材料无论是来自代理商或是生产商还是自己，均应全面了解投标产品并审慎审查产品所涉材料的真实性，投标人的审查义务具体包括：一是审查标准。结合政府采购法的立法目的和诚信原则要求，投标人应对其提交资料尽到实质审查义务，即投标人应确保资料涉及的采购产品符合政府招标的要求、性能和用途，确保政府采购的目的能够实现。二是审查内容。投标人应对其提交资料的审查内容包括法律、法规规定的证明材料、投标产品达到相关行业规范或政府规章要求、符合采购项目的特定要求与用途等。本案中，数码公司作为中标候选人应对提交投标材料的真实性负责，履行实质审查义务，其未尽审查义务，直接将投标产品生产商提交的资料提交招标人以谋取中标资格，其以材料系第三方提供进行抗辩的理由不能成立。

3. 投标人对投标材料未尽审查义务的责任承担

政府采购法严禁提供虚假材料谋取中标，否则将承担相应的责任。数码公司提交虚假材料的不正当行为实则排挤了其他投标人的中标机会，最终导致该项目废标，不仅扰乱了政府采购的公平竞争秩序，也造成了公共资源的浪费，即使中途主动放弃中标资格，其行为也已扰乱政府采购秩序，产生了危害后果，应予行政处罚。政府采购不同于一般民事主体间的采购行为，其运用的是社会管理资源，涉及社会公共利益，扰乱政府采购秩序，会造成社会公共资源的浪费。投标人虽放弃中标资格，但并未消除提供虚假投标材料违法行为之危害后果。投标人放弃中标资格，仅属于依法从轻或减轻行政处罚的情形。本案被告市财政局在作出行政处罚时，已依法减轻处罚幅度，符合行政处罚比例原则和处罚与教育相结合之目的。

编写人：重庆市第一中级人民法院　吴贤奔　黄晨　刘婷婷

030 重大行政处罚案件应当适用“排除合理怀疑”的证明标准

——燃料公司诉北京市工商行政管理局某区分局工商行政处罚案

【案件基本信息】

1. 裁判书字号

北京市第二中级人民法院（2018）京02行终字第902号行政判决书

2. 案由：工商行政处罚纠纷

3. 当事人

原告（上诉人）：燃料公司

被告（被上诉人）：北京市工商行政管理局某区分局（以下简称某区工商局）

【基本案情】

2016年3月31日，燃料公司与某加油站订立《特许经营合同》，其中约定“……某加油站销售燃料公司或燃料公司授权配送企业供应的油品，不得销售第三方油品”。2016年4月1日，燃料公司与某集团公司签订《成品油买卖框架合同》，约定某集团公司旗下的石化公司按此合同执行，向燃料公司提供的油品应符合国家标准。2016年6月22日，燃料公司与某加油站签订购销合同，约定燃料公司向某加油站销售0#柴油32.48吨。2016年6月23日，某加油站至石化公司自提，并使用燃料公司指定的油罐车运输。2016年6月28日，唐山市丰南区市场监督管理局（以下简称丰南监管局）对某加油站销售的0#车用柴油抽样检测，经检测机构检验，结论为：该样品所检项目中硫含量不符合国家标准要求，质量不合格，并对某加油站进行了处罚。丰南监管局认定某加油站销售的该批次柴油的上级供货商为注册地在北京市某区的燃料公司，并于2016年11月22日以行政告知函的形式将案件线索移送至某区工商局。某区工商局经过前述调查，认为燃料公司向某加油站销售不合格柴油的事实成立，作出了被诉行政处罚："燃料公司与某加油站签订购销合同，以4460元/吨的价格向某加油站销售0#柴油32.48吨，销售额共计144860.80元……燃料公司的行为违反了《中华人民共和国大气污染防治法》第六十五条、第一百零三条第三项的规定。依据上述规定，决定作出行政处罚如下：1. 没收违法所得832.82元；2. 罚款434582.40元……"2017年6月26日，某区工商局致函东营港经济开发区市场监督管理局，将案件线索移送。东营港经济开发区市场监督管理局认为未发现该公司的产品质量存在问题，未对某集团公司进行处罚。

【案件焦点】

1. 某区工商局对本案是否具有管辖权；2. 某区工商局提供的证据能否充分证明燃料公司存在违法行为。

【法院裁判要旨】

北京市西城区人民法院经审理认为：依照《中华人民共和国大气污染防治法》第五条、第一百零三条的规定，某区工商局具有对所辖区域内企事业单位违反大气污染防治规定的行为实施监督管理。本案中，某区工商局在接到丰南监管局移送的案件线索后，对燃料公司所涉销售行为及某加油站等单位的采购、销售涉案车用柴油进行了调查核实。其依据相关调查结论、检验报告所显示的检验结论作出了被诉决定书。其间，某区工商局亦通过听证形式听取了燃料公司的陈述与申辩。某区工商局作出的被诉决定书认定事实清楚、适用法律正确、程序合法。燃料公司的证据材料不足以支持其诉讼请求。

综上，北京市西城区人民法院依据《中华人民共和国行政诉讼法》第六十九条规定，判决：

驳回燃料公司的诉讼请求。

燃料公司不服一审判决，提起上诉，理由如下：1. 一审以《中华人民共和国大气污染防治法》认定某区工商局有管辖权错误，某区工商局从职权到地域均对本案无管辖权；2. 某区工商局对其的处罚，缺乏充分证据，认定事实错误。

北京市第二中级人民法院经审理认为：根据《中华人民共和国大气污染防治法》第一百零三条第三项及《中华人民共和国行政处罚法》（2017 年修正）第二十条之规定，某区工商局对于本案具有管辖权。本案中，某区工商局认定燃料公司行为违法的主要依据为，某加油站与燃料公司存在购销的事实，丰南监管局认定对某加油站抽检结果不合格的 0#车用柴油系从燃料公司购进，故燃料公司存在向某加油站销售不合格 0#车用柴油的违法事实。但燃料公司在整个交易环节中并未经手涉案柴油，现根据东营港监管局的回函，亦未发现石化公司有生产不合格柴油的线索和证据，故燃料公司是否向某加油站销售了不合格的柴油，证据之间存在矛盾，事实不清。某区工商局对燃料公司作出的被诉行政处罚书，证据不充分，认定的事实不清，不符合《中华人民共和国行政处罚法》（2017 年修正）第三十条“公民、法人或者其他组织违反行政管理秩序的行为，依法应当给予行政处罚的，行政机关必须查明事实；违法事实不清的，不得给予行政处罚”之规定，依法应予撤销。

北京市第二中级人民法院依照《中华人民共和国行政诉讼法》第八十九条第一款第二项之规定，作出如下判决：

一、撤销一审判决；

二、撤销某区工商局作出的被诉行政处罚书。

【法官后语】

关于证据的证明标准，目前我国在刑事诉讼和民事诉讼领域都有足够的法律和理论支持，形成了比较统一的标准，但在行政诉讼领域，相关法律、法规尚无明确规定。证明标准与案件所涉利益及当事人地位息息相关。刑事案件往往涉及较大的公共利益，且当事人之间完全处于不对等的地位，为了保护人身权、财产权，防止滥用刑罚，刑事诉讼采取了较为严格的“排除合理怀疑证明标准”；民事诉讼是平等主体之间的利益纠纷，因此适用的是较为宽松的“优势证明标准”。行政诉讼的客体是具体行政行为，由于行政管理活动的广泛性和多样性，它对于行政相对人的利益和公共利益的影响是复杂的。既存在公权力性质强，行政机关处于明显优势地位的行政行为，如行政处罚；也存在行政职权性弱，行政机关与相对人地位较为平等的行政行为，如行政协议。因此，行政诉讼证明标准应当与行政案件的具体性质和严重程度呈比例关系，在不同案件中应采用不同的证明标准：行政行为对当事人的影响越重大，证明标准越高；在同一案件中说服责任的证明标准也要高于推进责任的证明标准。

行政处罚是典型的损益性行政行为，为相对人设定义务或剥夺、限制其权益，与刑事处罚有一定相似性，但又不同于刑事处罚。刑事处罚的目的是惩罚犯罪和维护社会安全，追求正义价值；行政处罚以维护社会秩序为目的，追求公正与效率的统一。如果要求行政机关在行政处罚程序中与刑事诉讼一样排除每一个合理怀疑，将会消耗大量的公共资源，严重影响行政机关的工作效率。且行政处罚形式多样，故对不同程度的行政处罚不宜适用同一证明标准。进言之，在适用排除合理怀疑的证明标准时应当有所限制，必须是对行政相对人的人身或财产权益有重大影响且主要适用在非当场性行政处罚中。对于其他影响小、程度轻的行政处罚，则可根据程度适用明显优势证明标准和优势证明标准。

本案中，某区工商局对燃料公司处以43万余元的处罚，属于较大数额处罚，对当事人财产权有较大影响，因此举行了听证程序。该案是对经销领域进行环保类工商行政处罚的新类型案例，对此后同类型案件具有一定的指导性意义，应当适用“排除合理怀疑”的证明标准。根据在案证据，某加油站所销柴油是从石化公司自提的，燃料公司在整个交易环节中并未经手涉案柴油，仅指定了油罐车。结合丰南监管局在抽样时是从某加油站的油枪中而非从油罐车中取样，某加油站结算卡账务交易明细清单中显示加油站有从其他公司购油的记录，以及二审法院依职权调取的证据中东营港监管局回函称未发现石化公司有生产不合格柴油的线索和证据的事实，无法排除某加油站销售的不合格柴油不一定是从燃料公司购入的合理怀疑。某区工商局提供的证据无法形成完整的证据链，不能证明燃料公司销售了不合格柴油，因此某区工商局所作行政处罚证据不足，应予撤销。

编写人：北京市第二中级人民法院　孙轶松　徐蕾

031 自行撤销后重新作出处罚决定的程序要求

——杨某诉北京市公安局某区分局行政处罚案

【案件基本信息】

1. 裁判书字号

北京市第三中级人民法院（2018）京03行再4号行政判决书

2. 案由：行政处罚纠纷

3. 当事人

原告（上诉人、再审申请人）：杨某

被告（被上诉人、再审被申请人）：北京市公安局某区分局（以下简称某区公安分局）

【基本案情】

2015年12月27日2时许，杨某驾驶机动车行至××检查站时，因等待时间较长、心情焦急，不配合民警检查，并企图驾车闯卡，后与执法民警和辅警撕扯，造成××检查站高××站长左手小指受伤。

某区公安分局受理该案后于2015年12月27日3时、13时对杨某进行讯问并制作《讯问笔录》，同日对高××、事发当日执勤辅警付××及魏××进行询问并制作《询问笔录》，均证实杨某有妨害公务的行为。同日，某区公安分局制发《拘留证》，对杨某进行刑事拘留。经鉴定高××未构成轻微伤，某区公安分局于2016年1月14日撤销刑事案件，作出并送达〔2016〕012626号行政处罚决定（以下简称66号《决定书》），以阻碍执行职务为由给予杨某行政拘留十日处罚。66号《决定书》作出后，杨某不服，诉至法院要求撤销该决定。诉讼过程中，某区公安分局以文书内容表述不明为由，于2016年6月29日撤销了66号《决定书》，改为作出本案被诉《处罚决定》，根据《中华人民共和国治安管理处罚法》第五十条第一款第二项、第二款，第九十二条之规定，决定给予杨某行政拘留十日处罚。

杨某不服《处罚决定》，诉至法院请求撤销。理由是：1. 某区公安分局提交的视频资料没有显示杨某闯卡的影像，其也没有实施闯卡行为，法医出具的伤情鉴定也证实高××未构成轻微伤，无法证明杨某与辅警、民警发生撕扯。2. 某区公安分局无论是作出66号《决定书》，还是作出被诉《处罚决定》，均没有听取其陈述、申辩，且隐瞒了诉权，诉权告知内容不全面，被诉《处罚决定》应依法认定无效。3. 如果66号《决定书》属于笔误，某区公安分局应该作出补正而非撤销决定。某区公安分局既然已经撤销了66号《决定书》，就不应该在没有新的事实和证据的情形下违法作出被诉《处罚决定》。

【案件焦点】

1. 被诉《处罚决定》认定杨某存在妨碍人民警察执行公务的证据是否充分；2. 被诉《处罚决定》是否违反法定程序。

【法院裁判要旨】

北京市通州区人民法院经审理认为：本案中，杨某开车行驶到××检查站后，未按照检查站执法人员的要求接受检查，其在被执法民警阻拦后，反而以危险方式强行驾车闯卡。在执法民警和辅警的要求下，杨某下车后情绪激动，拒绝配合检查，并与执法民警撕扯，造成执法民警高××左手小指受伤。该行为构成阻碍执法人员依法执行职务，且情节严重，依法应当受到处罚。

杨某的行为不是一般的违反治安管理行为，而是阻碍人民警察依法执行职务的行为，应当属于《中华人民共和国治安管理处罚法》第五十条第二款所界定的范畴。将66号《决定书》与本案《处罚决定》进行对比，两者认定杨某违法行为的事实一致、决定拘留的内容一致，有所不同的是，66号《决定书》适用的法律是《中华人民共和国治安管理处罚法》第五十条第二款、第九十二条的规定，而本案《处罚决定》增加了《中华人民共和国治安管理处罚法》第五十条第一款第二项的内容。《中华人民共和国治安管理处罚法》第五十条第一款第二项所界定的行为人阻碍的是国家机关工作人员依法执行职务，这里的国家机关工作人员既包括人民警察也包括其他行政管理领域的行政执法人员，两者不同的是，对于阻碍人民警察依法执行职务的，要从重处罚。由于杨某的违法行为属于阻碍人民警察依法执行职务，本应予以从重处罚。但是，某区公安分局在撤销66号《决定书》后，作出的《处罚决定》既没有增加新的违法事实，也没有增加新的证据，更没有加重对杨某的处罚，其增加适用《中华人民共和国治安管理处罚法》第五十条第一款第二项与66号《决定书》的处罚决定“行政拘留十日”处罚幅度没有差别，并不需要进行听证。因此，某区公安分局对杨某作出的被诉处罚决定未违反法定程序。

综上，北京市通州区人民法院依据《中华人民共和国行政诉讼法》第六十九条之规定，判决如下：

驳回杨某的诉讼请求。

二审法院、再审法院同意一审法院裁判意见。

【法官后语】

1. 配合接受检查是公民的法定义务

人民警察执行检查是法律赋予的权力，公民接受检查是法律规定的义务。在路面、高速收费卡口、火车站、长途汽车站、港口、码头、机场等场所，人民警察身着制式警服、佩戴人民警察标志或出示执法证件表明身份后，检查人身、物品、车辆等行为属于履行法定职责的执法行为，受法律保护，公民应当给予支持和协助，配合并服从执法人员的检查，不应阻碍、拒绝检查，亦不应采取带有挑衅性的反复发问或故意滋事、谩骂等影响到人民警察正常履职的恶意行为。

2. 自行撤销后重新作出处罚决定的程序要求

本案中，某区公安分局作出66号《决定书》前向杨某告知了作出行政处罚决定的事实、理由、依据以及当事人依法享有的权利，杨某不语并拒绝签字按手印，未进行陈述、申辩。后某区公安分局以文书内容表述不明为由，撤销了66号《决定书》并作出本案被诉《处罚决定》，作出前未再履行告知和听取陈述、申辩程序。

对此，存在两种观点。一种观点认为，某区公安分局的行为存在程序违法。严格依照《中华人民共和国行政处罚法》第四十一条和《中华人民共和国治安管理处罚法》第九十四条规定，行政机关及其执法人员在作出行政处罚决定之前，未依照规定向当事人告知给予行政处罚的事实、理由和依据，或者拒绝听取当事人的陈述、申辩的，行政处罚决定不能成立，当事人放弃陈述或者申辩权利的除外。本案中，某区公安分局重新作出的被诉《处罚决定》，属于新成立的行政行为，仍需完整履行相关法定程序，且作为行政处罚，系对当事人权利的限制和剥夺，应当告知其给予处罚的事实、理由和依据，给予其陈述、申辩的机会，并听取意见，充分保障当事人的合法权益。

另一种观点认为，某区公安分局作出被诉《处罚决定》的程序并无不当。某区公安分局作出66号《决定书》前已经向杨某履行了告知义务，保障了杨某陈述、申辩等相关权益，杨某不语并拒绝签字按手印。后重新作出的被诉《处罚决定》，认定的事实、理由、决定拘留的内容与作出66号《决定书》前向杨某告知的内容一致，没有增加新的违法事实和新的证据。虽增加了新的法律适用，但没有加重处罚，没有改变处罚的依据、种类和处罚幅度。因此，基于提高行政效率、方便相对人的考虑，未重新听取被处罚人陈述和申辩，不构成程序违法。合议庭最终采纳了第二种意见。

根据《中华人民共和国行政处罚法》第五十四条第二款规定，行政机关应当认真审查，发现行政处罚有错误的，应当主动改正，可以依法定程序自行撤销并依法重新作出处罚决定。关于行政机关自行撤销后重新作出的行政处罚决定，是否需要重新履行处罚告知程序，应当区分情形予以对待：如果重作的处罚决定仅是对先前处罚决定中的编号、文字、日期、印章等错误的补正，不必重新履行处罚告知程序；如果重作的处罚决定对先前处罚决定中的法律适用错误、认定事实或证据、处罚种类或处罚幅度进行了更改，由于改变了处罚的依据、种类或处罚幅度，重作处罚决定前必须重新履行处罚告知程序；如果先前的处罚决定存在程序错误，重作处罚决定前亦应重新履行处罚告知手续。

编写人：北京市第三中级人民法院　饶亚东　宋垚

032 不予行政处罚案件的证明义务

——徐某诉北京市公安局某区分局某街道派出所、北京市某区人民政府行政处罚及行政复议案

【案件基本信息】

1. 裁判书字号

北京市第一中级人民法院（2018）京01行终378号行政判决书

2. 案由：行政处罚及行政复议纠纷

3. 当事人

原告（被上诉人）：徐某

被告（上诉人）：北京市公安局某区分局某街道派出所（以下简称某街道派出所）、北京市某区人民政府（以下简称区政府）

第三人（上诉人）：廖某

【基本案情】

2016年8月22日，某街道派出所制作《受案登记表》，其中“简要案情或者报案记录”一栏记载：2016年8月22日11时许，事主徐某报警称，2016年8月22日5时许，徐某发现其停放在小区门口的小轿车左车头处被人为划伤。某街道派出所根据其调取的小区监控录像及徐某提供的小区监控录像、徐某及廖某的询问笔录、车辆被划照片、价格评估结论书等证据材料，于2017年3月10日作出《不予行政处罚决定书》。徐某不服，向北京市公安局门头沟分局申请行政复议，北京市公安局门头沟分局复议决定撤销该不予处罚决定并责令其重新处理。2017年6月9日，某街

道派出所作出本案被诉的《不予行政处罚决定书》。徐某仍不服，向区政府申请行政复议。区政府复议决定维持该《不予行政处罚决定书》。

【案件焦点】

1. 行政处罚案件的证明标准是否统一；2. 当违法事实的认定达不到证明标准时，行政机关应当如何履行证明义务。

【法院裁判要旨】

北京市门头沟区人民法院经审理认为：根据《中华人民共和国治安管理处罚法》第九十五条第二项之规定，治安案件调查结束后，依法不予处罚的，或者违法事实不能成立的，公安机关作出不予处罚决定。本案中，被告某街道派出所作出不予处罚决定的主要依据是询问笔录与监控视频。从时间上看，本案的监控视频并未反映从原告停车到发现划痕的全部过程；从清晰度上看，本案的监控视频并不能直观清晰地还原案件事实。应当认为，某街道派出所在监控视频存疑、不完整且在没有其他证据佐证的情况下便否认第三人的违法事实确有不妥。某街道派出所应当全面及时调取从停车到发现划痕这一时间段内该处摄像头拍摄到的全部视频以查明案件事实。故某街道派出所并未尽到审慎调查取证义务，不符合全面及时收集证据的规则。被告区政府作出的被诉复议决定程序合法，但对某街道派出所作出的被诉《不予行政处罚决定书》事实不清、主要证据不足的问题未予以纠正。

北京市门头沟区人民法院依照《中华人民共和国行政诉讼法》第七十条第一项、第七十九条之规定，判决如下：

一、撤销某街道派出所于 2017 年 6 月 9 日作出的《不予行政处罚决定书》；

二、撤销区政府于2017年8月28日作出的《行政复议决定书》。

二审法院同意一审法院裁判意见。

【法官后语】

1. 证明标准对行政执法活动的反射作用

证明标准是指当事人运用证据对负有举证责任的待证事实进行证明所应达到的程度标准。具体到行政处罚领域，是指法院要求当事人对负有举证责任的案件事实，特别是被诉行政行为的合法性进行证明所应达到的程度标准。

证明标准对诉讼过程中的事实认定具有重要作用，同时也会对行政机关的执法活动产生一定的反射作用。行政机关在执法过程中要全面调查、收集证据，在调查取证的基础上作出相应的行政决定，遵循“先取证后裁决”的原则。因此，行政机关执法人员在作出行政处罚过程中，也须对收集的证据进行判断与权衡，形成一定的“内心确信”，而证明标准恰恰构成规范心证的标尺，为执法人员认定事实、作出决定提供标准，从而使收集的证据在诉讼过程中能达到说服法官认定事实存在的证明程度。本案中，被告某街道派出所通过询问、调取监控录像、委托评估等手段进行调查取证，并以一定的证明标准来衡量案件是否“事实清楚”。

2. 行政处罚案件的证明标准不一

通说认为，行政处罚案件的证明标准具有一定的灵活性、层次性，以明显优势证明标准为主，以排除合理怀疑标准和优势证明标准为补充，即要根据行政处罚的类型及对当事人权益影响大小等因素，具体确定处罚案件的证明标准。“排除合理怀疑标准”来源于刑事诉讼，对行政机关提出了更高的证明要求，而“明显优势证明标准”相较于“优势证明标准”而言，具有高度盖然性，即若法官确信某案件事实具有高度的概率，则认定该案件事实的存在。

本案中，划车行为属于故意损毁私人财物的行为。根据《中华人民共和国治安管理处罚法》第四十九条规定，划车的违法行为人可能会面临人身罚、财产罚，对其权益会产生重大影响，因此应适用相对严格的证明标准，即最低适用“明显优势证明标准”。而本案认定第三人是否实施了划车行为，最主要的证据就是小区监控录像，由于录像中的第三人经过涉案车辆时虽有抬手行为，但没有停留，仅依此证据无法直接认定划车行为系第三人所为。故本案收集的现有证据无法达到“明显优势证明标准”这一较高的证明标准，无法达到“清楚而有说服力”的程度，无法证明违法事实的成立。

3. 未达到证明标准时的审慎调查义务

根据《中华人民共和国行政处罚法》第四十条的规定，违法事实不清、证据不足的，不得给予行政处罚。换言之，当证明违法事实的证据未达到一定的证明程度时，属于违法事实不清，不能给予行政处罚，但在此情形下也不能径直作出不予处罚决定，而应尽到审慎调查义务，排除主要疑点。

本案中，被告某街道派出所将监控录像作为查证违法行为的主要证据，但只调取了一小部分监控录像，而没有对涉案小轿车从停放小区到车主发现划痕这一时间段内的全部视频进行及时全面的核查，从而没有将视频中的主要疑点进行排除。比如，在监控录像中，当第三人经过涉案小轿车时，第三人有一个抬手的动作，同时手里拿着一个黑色的小物件，这些动作足以让人产生一定的合理怀疑：第三人手里拿的是什么物件？那样的抬手动作是否会划伤车？抬手的弧度是否与车上的划痕大体一致？这些都是社会大众根据一般观念与普遍常识就能提出来的异议，而被告只调取了部分监控视频，没有进一步调查以排除主要疑点，属于认定事实不清。基于本案现有的主要疑点，再加上行政机关可采取其他可行的调查手段，可以认定被告某街道派出所没有尽到审慎调查义务。

综上所述，行政机关作出处罚决定时要全面调查，根据处罚类型及对当事人权益影响大小等因素适用一定的证明标准。当证明违法事实的证据未达到一定的证明程度时，不能苛求行政机关对不存在违法情形做到事实清楚、证据确凿，但行政机关亦不能径直作出不予处罚决定，而要尽到审慎调查义务，排除主要疑点，否则就有进一步调查的必要性。

编写人：北京市门头沟区人民法院　龚浩鸣　王晶

033 行政机关自设听证程序而未履行亦属于违反法定程序

——付某、王某诉某市城市管理综合行政执法局、某省住房和城乡建设厅城建行政处罚及行政复议案

【案件基本信息】

1. 裁判书字号

陕西省西安铁路运输中级法院（2018）陕71行终732号行政判决书

2. 案由：城建行政处罚及行政复议纠纷

3. 当事人

原告（上诉人）：付某、王某

被告（被上诉人）：某市城市管理综合行政执法局（以下简称某市城管执法局）、某省住房和城乡建设厅（以下简称某省住建厅）

【基本案情】

2017年9月22日，某市城管执法局经立案、询问、现场勘验后，作出〔2017〕008号行政处罚决定（以下简称008号处罚决定），内容如下：依据《中华人民共和国城乡规划法》第六十四条、第六十八条之规定，本行政机关对你户121平方米建筑物免予处罚，其余431平方米违法建筑作出拆除的行政决定。责令你户自收到本决定书之日起5日内自行拆除431平方米违法建筑。逾期，本行政机关将依法拆除。付某、王某不服008号处罚决定，向某省住建厅申请行政复议，某省住建厅作出〔2017〕11号行政复议决定（以下简称11号复议决定），维持008号处罚决定，并邮寄送达付某、王某。另查明，某市城管执法局在向付某、王某送达的《行政处罚告知书》中，明确告知其具有要求听证的权利。2017年4月19日，付某、王某以国内挂号信函向某市城管执法局邮寄听证申请。2017年9月29日，付某、王某向某市城管执法局提交材料，反映其于2017年4月19日向某市城管执法局提交了陈述书和听证申请。

付某、王某起诉称，某市城管执法局在作出008号处罚决定时赋予了付某、王某听证的权利，且二人在规定期限内提交了听证申请，但某市城管执法局未组织听证，违反了程序正当原则，请求法院撤销008号处罚决定和11号复议决定。

【案件焦点】

008号处罚决定程序是否违法。

【法院裁判要旨】

陕西省西安铁路运输法院经审理认为：根据《某市城市管理综合行政执法暂行办法》的相关规定，某市城管执法局具有监管职权。付某、王某修建房屋行为违反了《中华人民共和国城乡规划法》的规定，某市城管执法局认定其修建的部分房屋系违法建筑，并无不当。虽然某市城管执法局在向付某、王某送达的《行政处罚告知书》中，明确告知其具有要求听证的权利，但是法律、法规、规章等并未强制性规定行政机关在作出涉案行政行为时赋予当事人听证的权利，即使本案付某、王某向某市城管执法局提交了听证申请，某市城管执法局不组织听证活动，也不违背法律、法规、规章的强制性规定。因此，008 号处罚决定合法有效。11 号复议决定证据确凿，适用法律、法规正确，程序合法。

陕西省西安铁路运输法院依照《中华人民共和国行政诉讼法》第六十九条之规定，作出如下判决：

驳回付某、王某的诉讼请求。

付某、王某不服一审判决，提起上诉。陕西省西安铁路运输中级法院经审理认为：依现有证据可以证明某市城管执法局收到了付某、王某提交的听证申请，但未组织听证。虽然法律、法规、规章并未规定行政机关根据《中华人民共和国城乡规划法》作出限期拆除行政行为时当事人具有申请听证的权利，但某市城管执法局书面告知付某、王某有申请听证的权利。某市城管执法局告知听证的行为属于其自设义务，该自设义务不违反法律、法规、规章的强制性规定，且有利于保护行政相对人的合法权利，某市城管执法局应当遵守。某市城管执法局收到听证申请后未组织听证即作出 008 号处罚决定，属程序违法，依照《中华人民共和国行政诉讼法》第七十条规定，008 号处罚决定依法应予撤销。根据《最高人民法院关于适用〈中华人民共和国行政诉讼法〉的解释》第一百三十六条第一款规定，在某市城管执法局作出 008 号处罚决定存在程序违法的情形下，某省住建厅作出的 11 号复议决定显属错误，依法亦应予撤销。

陕西省西安铁路运输中级法院依照《中华人民共和国行政诉讼法》第七十条、第八十九条第一款第二项，《最高人民法院关于适用〈中华人民共和国行政诉讼法〉的解释》第一百三十六条第一款之规定，作出如下判决：

一、撤销一审判决；

二、撤销某市城管执法局 2017 年 9 月 22 日作出的 008 号处罚决定；

三、撤销某省住建厅 2017 年 12 月 1 日作出的 11 号复议决定。

【法官后语】

听证是指行政机关在作出涉及公民、法人或其他组织利益的重大事项或重大决定之前，依照公平、公正、公开的原则充分听取公民、法人或其他组织的意见并据以作出行政行为的活动。为了保障相对人的合法权益、保证行政权力合法和合理行使、减少行政纠纷，听证制度作为一项程序性规定，被明确写入《中华人民共和国行政处罚法》《中华人民共和国行政许可法》等基本行政法律规范之中。对于行政法律规范中明确规定听证程序的，属于强制性规范；对于行政法律规范中没有明确规定听证程序的，行政机关认为需要听证的，也可以基于良好行政要求为相对人提供听证机会，属于任意性规范。

本案中，某市城管执法局自设听证义务，符合依法行政要求和正当程序原则，是十分值得提倡的。遗憾的是，某市城管执法局收到听证申请后并未组织听证即作出008号处罚决定。这是否构成程序违法呢？一审法院将“违反法定程序”理解为违反法律、法规、规章明文规定的程序：因《中华人民共和国城乡规划法》未明确规定听证程序，故某市城管执法局未经听证作出008号处罚决定不构成程序违法。二审法院则认为，某市城管执法局告知付某、王某听证权利，属于自设义务，并不违反法律、法规、规章的强制性规定，且有利于保护相对人的合法权利，其应当遵守。某市城管执法局收到听证申请后未组织听证即作出008号处罚决定，亦属程序违法。笔者同意二审法院的观点，理由如下。

《中华人民共和国行政诉讼法》第七十条第三项规定，行政行为违反法定程序的，人民法院判决撤销。行政程序是指行政主体实施行政行为时在时间和空间上所遵循的方式、步骤和顺序。违反法定行政程序是指行政主体没有按照法律、法规、规章规定的方式、方法、步骤、次序或期限作出行政行为。这里的“法定程序”不仅包括法律、法规、规章明文规定的程序，也包括一般行政法原则所确定的程序，还应当包括行政机关选择的程序。本案就属于最后一种情况。

将行政机关选择的程序纳入“法定程序”应当满足三个前提条件：一是该程序不违反法律、法规、规章的禁止性规定；二是该程序符合行政法上的正当程序原则；三是该程序有利于保障相对人的合法权益。本案中，008号处罚决定对于付某、王某来说是极为不利的，为了避免实体处理出现错误和偏差，最大限度地保护付某、王某的合法权益，在作出008号处罚决定前，应当听取付某、王某的陈述和申辩意见。虽然《中华人民共和国城乡规划法》未明确规定听证程序，但是某市城管执法局认为应当听证的，也可以为付某、王某提供听证程序。某市城管执法局选择为付某、王某提供听证程序，符合行政法上的正当程序原则，且不违反法律、法规、规章的禁止性规定，具有行政允诺的性质，某市城管执法局应当履行。某市城管执法局向付某、王某发出书面通知之时，听证程序即成为作出008号处罚决定应当履行的法定程序。

付某、王某是基于对某市城管执法局的信赖，向其提出听证申请。某市城管执法局在收到申请后，未按照其书面通知的允诺事项履行听证程序，侵犯了王某、付某的信赖保护利益。一审法院以听证并非《中华人民共和国城乡规划法》明确规定的程序为由，认定008号处罚决定程序合法，失之偏颇。

随着社会法治的发展，依法行政的要求越来越严格，程序正当、诚实守信是依法行政的基本要求，也是法治政府建设的重要指标，行政机关的行为对其他社会主体有着重要的表率和导向作用，人民法院应当监督和引导行政机关依法诚信行政。本案二审法院确立的审判规则，有助于完善行政机关行为的合法性和合理性，充分发挥司法对行政的倒推效应，进一步推进法治政府建设。

编写人：陕西省高级人民法院　张慧颖

034　医疗卫生行政管理中投诉人原告资格的判断标准

——冯某诉北京市某区卫生和计划生育委员会、北京市某区人民政府行政处罚及行政复议案

【案件基本信息】

1. 裁判书字号

北京市第三中级人民法院（2018）京03行终919号行政裁定书

2. 案由：行政处罚及行政复议纠纷

3. 当事人

原告（上诉人）：冯某

被告（被上诉人）：北京市某区卫生和计划生育委员会（以下简称某区卫计委）、北京市某区人民政府（以下简称某区政府）

【基本案情】

原告称，其自发现怀孕后，整个怀孕周期都在北京市某区妇幼保健院进行围产期保健，孕晚期（孕40周+）时，主任医生要求提前入院，准备待产，其也按照医生的要求办理入院手续，入院后院方给予催产素引产等相关治疗，于2016年4月3日17时分娩一男婴（窒息），并于当天转入另一家医院。经医生抢救，诊断为新生儿窒息、新生儿肺炎、新生儿缺血缺氧性脑病、缺氧缺血性心肌损伤、锁骨骨折、呼吸性碱中毒等，后因新生男婴无法自主呼吸，于2016年4月16日因呼吸衰竭死亡。

后原告向某区卫计委投诉“北京市某区妇幼保健院存在伪造、篡改、销毁病历资料的严重违法行为”，某区卫计委向原告作出书面答复，认定北京市某区妇幼保健院伪造、篡改病历内容，替换了原有文书，有伪造、篡改、销毁病历资料的违法行为。某区卫计委对北京市某区妇幼保健院及涉案医生分别作出《行政处罚决定书》，决定对北京市某区妇幼保健院作出警告的行政处罚，对涉事医生聂某某作出暂停执业活动六个月的行政处罚。原告对此行政处罚结果不认可，向某区政府申请行政复议，某区政府作出维持某区卫计委所作行政处罚决定的《行政复议决定书》，遂成讼。

【案件焦点】

冯某作为投诉人就行政机关对被投诉人作出的行政处罚决定是否具有利害关系。

【法院裁判要旨】

北京市朝阳区人民法院经审理认为：公民、法人或者其他组织向人民法院提起诉讼应当符合法定起诉条件。有权提起行政诉讼的主体为行政行为的相对人以及其他与行政行为有利害关系的公民、法人或者其他组织。本案原告作为接受医疗机构及其医务人员提供的医疗服务的个人，因医疗行为与医疗机构和医护人员产生纠纷，依法享有为维护自身合法权益就医疗机构及其医务人员在医疗活动中的违法行为向卫生行政主管部门进行投诉的权利，并由此享有对行政主管部门作出的相应行政行为或拒绝履行职责的行为提起诉讼的权利。需要指出的是，原告诉讼权利的享有仅针对特定事项，即其作为主张自身权益受损害的投诉者，行政主管部门针对其投诉作出的投诉主张成立与否的处理行为或相应不作为，且该行政处理行为或相应不作为增加或减损了原告主张的合法权益，导致其因投诉与行政主管部门建立的行政法律关系发生变化。而本案被诉的行政行为系被告基于原告所投诉事项针对违法医疗机构及其医务人员作出的行政处罚决定。原告的投诉系被告作出行政处罚的案件来源，行政处罚决定本身并未改变原告与被告形成的行政法律关系。就行政处罚决定而言，原告既不是被诉行政处罚决定的相对人，同时行政机关决定对被处罚人科以何种类的处罚，也未改变原告的权利义务关系。故原告与该行政处罚决定不具有行政法上的利害关系，原告不具有提起本次行政诉讼的主体资格，其起诉不符合法定起诉条件，法院应予驳回，其针对复议机关作出的行政复议决定的起诉也应一并驳回。

北京市朝阳区人民法院依照《最高人民法院关于适用〈中华人民共和国行政诉讼法〉的解释》第六十九条之规定，裁定：

驳回原告冯某的起诉。

冯某不服，提起上诉，后申请撤回上诉。北京市第三中级人民法院依照《中华人民共和国行政诉讼法》第六十二条之规定，裁定：

准许上诉人冯某撤回上诉。

【法官后语】

社会公众的投诉是行政机关获得违法线索的重要渠道，有助于有效行政管理，但也引起了大量行政纠纷。投诉人的原告资格问题成为司法实践中必须予以重视和统一的难题。

1. 关于投诉人原告资格的法律规定

《最高人民法院关于适用〈中华人民共和国行政诉讼法〉的解释》第十二条第五项对投诉人的原告资格予以规定。投诉人的原告资格问题，一直备受争议，该司法解释将投诉人的原告资格予以明确，对司法统一具有重要意义。

2. 投诉人原告资格的判断标准

根据《最高人民法院关于适用〈中华人民共和国行政诉讼法〉的解释》规定，投诉人符合原告资格必须满足三个条件：一是投诉的目的在于维护投诉人的合法权益；二是具有处理投诉职责的行政机关作出或者未作出处理；三是作出处理的相应行政行为或者未作出处理的行政不作为致使投诉者所主张的合法权益增加或者减损。需要指出的是，因投诉人的投诉，产生了两种行政法律关系，即投诉人与具有处理投诉职责行政机关之间的投诉处理法律关系和被投诉人与具有处理投诉职责行政机关之间的调查处理法律关系。这两种法律关系都有处理行为，但并不具有同一性，这就决定了投诉人的原告资格是有条件限制的，并非因投诉线索，行政机关的所有行为都可诉，必须同时具备上述三个条件才属于利害关系人。

在本案中，冯某作为接受医疗机构及医务人员提供医疗服务的个人，因医疗行为与医疗机构和医务人员产生纠纷，其作为主张自身权益受害的投诉者，为维护自身合法权益进行投诉，符合原告资格的第一个条件。针对冯某的投诉，某区卫计委具有作出处理的法定职责，且经调查对医疗机构和医务人员的违法行为作出行政处罚，并将该情况向其书面答复告知，故该情形符合上述第二个条件。而针对某区卫计委对医疗机构及其医务人员作出的行政处罚决定，冯某是否具有利害关系是本案的焦点。冯某的投诉系被告作出行政处罚的案件来源，行政处罚决定本身并未改变其投诉与某区卫计委间形成的投诉处理关系，亦未增加或者减损其主张的医疗行为中其享有的权利义务，故其不符合原告资格的第三个条件，不具有提起本次行政诉讼的主体资格。

3. 投诉处理过程中的原告资格问题

行政机关针对当事人的投诉具有阶段性，即行政机关的履责过程是分阶段的，该过程可以分为四个阶段：受理阶段、调查阶段、处罚阶段、答复阶段。

在投诉处理四个阶段中，投诉人的原告资格审查标准侧重是不同的。具体来说，受理阶段，投诉人就行政机关的不予受理通知或者决定提起诉讼，投诉人是不是为维护自身合法权益提起诉讼成为审查其原告资格的核心；调查阶段，投诉人针对行政机关因疑难复杂等特殊情况下不能在法定期限内作出是否处罚处理情况的答复告知，也即对过程性的答复告知提起诉讼，因系非终局性的答复，并未对投诉人权利义务产生影响，也即上述判断标准中的第三个条件未成熟，不具有可诉性；处罚阶段，投诉人针对行政机关作出的处罚决定提起诉讼，投诉人并非处罚决定的相对人，行政机关决定对被投诉人科以何种类的处罚，并未改变投诉人的权利义务，即本案中的情形，不具有可诉性；答复阶段，投诉人针对行政机关作出的投诉答复提起诉讼，应对上述判断标准中的三个条件均予以认定，司法实践中，一般对投诉人的原告资格予以肯定，进入实体审查，依法作出判决。

综上所述，投诉人的原告资格在《最高人民法院关于适用〈中华人民共和国行政诉讼法〉的解释》中予以明确，该规定遵循行政诉讼法的立法旨趣，有效平衡了投诉人个人利益、行政秩序和效率、司法审判职能发挥三者之间的关系。本案对新司法解释规定的投诉人原告资格条件的理解和适用，深入浅出地分析了投诉人原告资格的判断标准，有助于法律适用的统一。

编写人：北京市朝阳区人民法院　朱军巍　刘会霞

035 独立董事应当对上市公司信息披露违法行为承担法律责任

——陈某诉中国证券监督管理委员会、中国证券监督管理委员会某省监管局证券管理行政处罚及行政复议案

【案件基本信息】

1. 裁判书字号

北京市第二中级人民法院（2017）京02行终1461号行政判决书

2. 案由：证券管理行政处罚及行政复议纠纷

3. 当事人

原告（上诉人）：陈某

被告（被上诉人）：中国证券监督管理委员会（以下简称证监会）、中国证券监督管理委员会某省监管局（以下简称某省证监局）

【基本案情】

陈某原系甲股份公司独立董事。2015年7月21日，某省证监局对甲股份公司涉嫌信息披露违法行为予以立案调查。经查，某省证监局认定甲股份公司存在未依法披露重大诉讼和重大担保事件的违法行为。具体为：2010年12月9日，乙证券公司破产清算组起诉甲股份公司要求履行8700万元出资义务，涉诉金额巨大，占上市公司净资产比例高，属于应予披露的重大诉讼事项。2011年至2015年，甲股份公司控股子公司甲商贸公司以其名下定期存单为时任董事兼总经理的朱某控制的企业提供22次担保，共计3.72亿元，涉及交易次数众多、交易金额巨大，属于应予披露的重大担保事项。某省证监局认为陈某作为甲股份公司的独立董事，依法对上市公司信息披露事项负有法定保证责任。甲股份公司未依法披露相关重大诉讼及担保事项，陈某在上市公司存在重大遗漏的相关定期报告上签署确认意见，且未能提供证据证明已采取必要、有效措施监督上市公司履行相关信息披露义务。2016年7月7日，某省证监局对甲股份公司、陈某等人员作出《行政处罚事先告知书》，告知拟作出的行政处罚及该行政处罚所根据的违法事实、理由、法律依据，同时告知了陈某享有陈述、申辩的权利。2016年7月21日，陈某向某省证监局提交了书面《申辩意见》，但未提交相关证据。依据《中华人民共和国证券法》的有关规定，某省证监局在履行了立案调查、集体讨论决策、行政处罚事先告知、听取当事人陈述申辩等程序后，认定陈某为甲股份公司信息披露违法行为的“其他直接责任人员”，于2016年9月6日作出被诉处罚决定，其中对陈某处以警告并罚款3万元的行政处罚。陈某对此不服，于2016年10月31日向证监会提出行政复议申请。2016年11月10日，证监会书面通知陈某补充提交身份证明文件。2017年1月10日，陈某向证监会补充提交了身份证明文件。2017年1月24日，证监会作出被诉复议决定。

【案件焦点】

独立董事是否应当对上市公司信息披露违法行为承担法律责任。

【法院裁判要旨】

北京市西城区人民法院经审理认为：董事、监事、高级管理人员应当遵守法律、行政法规和公司章程，对公司负有忠实义务和勤勉义务。董事应当对董事会的决议承担责任。董事会的决议违反法律、行政法规或者公司章程、股东大会决议，致使公司遭受严重损失的，参与决议的董事对公司负赔偿责任。但经证明在表决时曾表明异议并记载于会议记录的，该董事可以免除责任。本案原告陈某作为甲股份公司的独立董事，对公司负有勤勉义务，对其签字的董事会决议承担法律责任。本案甲股份公司存在未依法披露发生的重大诉讼及重大担保事件的违法行为，原告作为独立董事在未披露重大诉讼及担保事件的年度报告上签字，应当承担相应的法律责任。综上所述，被诉处罚决定认定事实清楚，程序合法，并无不当之处。证监会作出的复议决定程序合法，结论正确。

北京市西城区人民法院依照《中华人民共和国行政诉讼法》第

六十九条、第七十九条之规定，判决如下：

驳回原告陈某的诉讼请求。

陈某不服一审判决，提起上诉。北京市第二中级人民法院经审理认为：发行人、上市公司依法披露的信息，必须真实、准确、完整，不得有虚假记载、误导性陈述或者重大遗漏。根据《上市公司信息披露管理办法》第三十八条、第四十二条、第五十八条第一款的规定，上市公司董事、监事、高级管理人员应当勤勉尽责，关注信息披露文件的编制情况，保证定期报告、临时报告在规定期限内披露，配合上市公司及其他信息披露义务人履行信息披露义务；董事应当了解并持续关注公司生产经营情况、财务状况和公司已经发生的或者可能发生的重大事件及其影响，主动调查、获取决策所需要的资料；上市公司的董事、监事、高级管理人员应当对公司信息披露的真实性、准确性、完整性、及时性、公平性负责，但有充分证据表明其已经履行勤勉尽责义务的除外。由此可见，陈某作为时任甲股份公司独立董事，对该公司信息披露的真实性、准确性、完整性、及时性、公平性负有勤勉尽责义务。根据在案证据，陈某在某省证监局对其作出《行政处罚事先告知书》后，未能提出相应证据证明其作为公司独立董事已经履行勤勉尽责义务而可以不承担相应责任。因此，某省证监局所作关于其没有提供证据显示其勤勉尽责，对甲股份公司相关信息披露违法事项实施了必要的、有效的监督，其为甲股份公司涉案违法行为的其他直接责任人员的认定，事实清楚。一审判决认定事实清楚，适用法律正确，程序合法。

北京市第二中级人民法院依照《中华人民共和国行政诉讼法》第八十九条第一款第一项的规定，判决如下：

驳回上诉，维持原判。

【法官后语】

本案值得探讨的法律问题是独立董事是否应当为上市公司信息披露违法行为承担法律责任。具体来讲，分为三个小问题：第一，独立董事是否属于《中华人民共和国证券法》规定的可以追责的“其他直接责任人员”；第二，董事勤勉义务的主要内容；第三，谁来承担已尽勤勉义务的举证责任。

关于第一个问题。我们认为独立董事属于《中华人民共和国证券法》规定的“其他直接责任人员”，应当为上市公司信息披露违法行为承担相应法律责任。上市公司的独立董事是指不在公司担任除董事外的其他职务，并与其所受聘的上市公司及其主要股东不存在可能妨碍其进行独立客观判断的关系的董事。上市公司设立独立董事制度的目的在于独立董事可以独立履行职责，不受上市公司主要股东、实际控制人或者其他与上市公司存在利害关系的单位或个人的影响，以维护公司整体利益，尤其是中小股东的合法权益不受损害。独立董事比其他普通董事更加强调对上市公司及全体股东负有诚信与勤勉义务。上市公司董事、监事、高级管理人员应当保证上市公司所披露的信息真实、准确、完整。上市公司因信息披露违法，独立董事应当属于《中华人民共和国证券法》规定的“其他直接责任人员”。

关于第二个问题。有人认为《中华人民共和国公司法》及《中华人民共和国证券法》对董事勤勉义务的内涵没有具体列明，因此不能以违反勤勉义务对董事追究责任。我们认为，《中华人民共和国公司法》明确规定了董事对公司负有忠实义务和勤勉义务。勤勉义务的具体内容在《上市公司信息披露管理办法》中有具体规定，“勤勉义务”包含“了解并持续关注公司生产经营情况、财务状况和公司已经发生的或者可能发生的重大事件及其影响，主动调查、获取决策所需要的资料”“关注信息披露文件的编制情况……配合上市公司及其信息披露义务人履行信息披露义务”。原告陈某对涉案上市公司历时四年的重大诉讼，持续五年、涉案金额3.72亿元的重大担保事件，应当积极了解并持续关注，这是董事勤勉义务的题中应有之义。

关于第三个问题。原告陈某认为，依据“谁主张，谁举证”原则，被告既然认为原告未尽到“勤勉义务”，其应当举证予以证明。关于勤勉义务的举证问题，监管机构结合上市公司董事、监事、高级管理人员与信息披露违法行为之间履行职责的关联程度，认定其为直接负责的主管人员或者其他直接责任人员并给予处罚，被处罚人不服提起诉讼的，应当提供其对该信息披露行为已尽忠实、勤勉义务等证据。可见，对信息披露行为是否尽忠实、勤勉义务的证明责任应当由被处罚人即本案原告承担。

编写人：北京市西城区人民法院　冒智桥

036　行刑衔接过程中“二罚”的正当性分析

——周某诉中国证券监督管理委员会行政处罚案

【案件基本信息】

1. 裁判书字号

最高人民法院（2017）最高法行申8678号行政裁定书

2. 案由：行政处罚纠纷

3. 当事人

原告（上诉人、再审申请人）：周某

被告（被上诉人、再审被申请人）：中国证券监督管理委员会（以下简称证监会）

【基本案情】

2016 年 8 月 16 日，证监会作出《行政处罚决定书》（以下简称被诉决定），认定：周某从张某处获悉内幕信息，并于涉案期间内控制“周某”“赖某”“李某”账户买入“××实业”，于 2014 年 5 月 12 日至 10 月 8 日卖出获利。周某的行为违反了《中华人民共和国证券法》第七十三条和第七十六条第一款的规定，构成《中华人民共和国证券法》第二百零二条所述内幕交易行为，违法所得为 12640120.03 元。被告根据周某违法行为的事实、性质、情节与社会危害程度，依据《中华人民共和国证券法》第二百零二条的规定，决定对周某没收违法所得 12640120.03 元，并处以 12640120.03 元罚款。

北京市第一中级人民法院经审理查明：原告于内幕信息敏感期内控制“周某”等账户买入“××实业”，后卖出获利。2014 年 4 月至 6 月 12 日，原告与张某存在频繁通信联系。

2014 年 7 月 7 日，被告接到上海证券交易所反映“××实业”因筹划重大资产重组停牌前，“赖某”“李某”等账户交易异常的情况后，决定对张某等人进行调查。后被告向原告依法开展调查，向原告出示了执法证件和调查通知书，依法制作了询问笔录并收集了其他相关证据材料。在调查过程中，因发现张某等人行为涉嫌犯罪，被告于同年 10 月 14 日将该案移送公安机关。

2015 年 7 月 15 日，四川省公安厅对原告作出《终止侦查决定书》，查明原告涉嫌内幕交易证据不足，决定终止对原告的侦查。

2015 年 7 月 28 日，公安部将原告交易“××实业”案移送被告依法处理，并将有关证据材料移送被告。2016 年 1 月 4 日，被告向原告作出《行政处罚事先告知书》，告知拟对原告作出行政处罚的事实、理由、依据，并告知其相关权利。1 月 25 日，原告收到该告知书并申请举行听证会。1 月 29 日及 2 月 1 日，原告及其委托代理人前往被告处查阅案件材料；2 月 22 日，被告向原告送达听证通知书，告知原告听证时间、地点及相关权利。3 月 4 日，被告举行听证，听取原告陈述申辩意见。8 月 16 日，被告作出被诉决定。9 月 5 日，原告签收。

【案件焦点】

1. 原告是否知悉内幕信息并利用内幕信息进行内幕交易行为；2. 公安机关以“证据不足”对原告所作终结侦查决定是否成为被告作出行政处罚的阻却事由。

【法院裁判要旨】

北京市第一中级人民法院经审理认为：

关于第一个争议焦点：被告在综合分析原告交易行为特征的基础上，认定原告知悉内幕信息并利用内幕信息实施内幕交易行为并无不当。

关于第二个争议焦点：公安机关以“证据不足”对原告作出终止侦查决定并不构成被告对其进行行政处罚的阻却事由。对于经过侦查发现共同犯罪案件中部分犯罪嫌疑人不够刑事处罚的，应当对有关犯罪嫌疑人终止侦查，并对该案件继续侦查。四川省公安厅根据上述规定作出终止侦查决定书，以“证据不足”决定终止对原告的侦查程序，系刑事侦查机关对犯罪嫌疑人是否符合刑事追诉标准作出的独立判断，并不影响之后行政处罚程序的进行，不能成为被告作出被诉决定的程序阻却事由。被告有权在接受公安机关移送案件后，对刑事侦查程序中所获取的证据进行审查，并依据《中华人民共和国证券法》有关规定进行行政处罚。原告有关该问题的主张缺乏法律依据，不予支持。原告称大额罚款的行政处罚应当适用排除合理怀疑证明标准的相关主张，亦缺乏法律依据，法院亦不予支持。

北京市第一中级人民法院依照《中华人民共和国行政诉讼法》第六十九条之规定，判决如下：

驳回原告周某的诉讼请求。

二审法院、再审法院同意一审法院裁判意见。

【法官后语】

原告的内幕交易行为经过刑事司法程序被公安机关作终止侦查处理后，再由证券监管部门依据行政法律规范追究行政责任。对原告而言，实际上对其同一违法行为分别由不同的国家机关依据不同的法律规范进行了两次评价，这是否属于“重复评价”？是否有违“一事不二罚”的原则？单独基于刑事追诉证明标准与行政处罚证明标准实践层面的差异导致的同一行为出现不同法律评价的结果是否会侵害民众对公权力的信赖？在行刑衔接的语境下，“一事二罚”是否具有正当性基础？

对此，我们认为，刑事司法程序和行政处罚程序是两个独立的程序，两者在证明标准、法律适用方面均存在区别。但在行刑衔接的情况下，公安机关以“证据不足”对行为人所作的终结侦查决定不能成为行政机关作出行政处罚的阻却事由。反向移送过程中刑事司法机关获取的证据经过审查可以作为行政处罚的证据使用。行刑衔接语境下对同一违法行为进行“一事二罚”具有其正当性基础。

1. 国家权力分工的精细化

随着社会生活的发展以及社会分工的精细化，国家权力从最初的行政与司法不分演化为行政权与司法权的日渐剥离。行政权自身也因顺应社会管理的需要而不断地细化。行政权的权能涵盖了各种管理领域，并且成为垄断性的权力。例如，行政许可权就是专属于行政机关的权力，对违反行政许可管理的行为进行的部分资格罚、行为罚天然地由行政机关垄断。与此相反，司法权的权能日渐局限于裁判领域，其对社会关系的调整乃是通过终局性的裁判权来实现的。对于司法权保留的涉及公民人身自由与财产权事项均属基本权利范畴，司法权具有初次的调整权；而对于由行政权专属的事项范畴，司法权仅具有二次的判断权，其只能通过司法审查的方式监督行政权以间接达到对此类权利义务关系调整的效果。在这种情况下，由不同的权力机关分别对公民个人行为进行适法性评价便具有权力来源的正当性。尤其是在涉及不同质的处罚类别时，分别由行政机关行使专属其享有的权力、刑事司法机关行使刑事追诉权，即对“一事”分别进行“二罚”并不违反“一事不二罚”原则。在这种情况下，行政法上“一事不二罚”中的“二罚”可以包含刑罚，广义上刑事强制措施亦应当包含在内。因为刑事强制措施亦是对当事人行为进行违法性评价的后果。

2. 法律责任的体系化

现代国家尤其是大陆法系国家的法律责任可明确区分为四种：民事责任、行政责任、刑事责任及违宪责任。民法责任是私法责任，行政责任、刑事责任及违宪责任均为公法责任。四种责任共同构成了法律责任体系。而法律责任体系化的重要目的在于对不法行为进行全面而无漏洞的追究。对此，国内多数刑法学者亦持肯定态度。行刑衔接过程中行政处罚与刑罚竞合的情境下，作为承担行政责任重要方式的行政处罚与承担刑事责任重要方式的刑罚，其适用目的、证明标准、构成要件均不相同，且各成独立的责任体系。由于行政犯具有双重违法性，在适用刑法责任进行评价后，仍旧可以进行行政责任评价，这并不违反“一事不二罚”原则。在涉及同质处罚竞合的情况下，尤其是在刑事司法程序因证明标准严格而未进行刑事责任追究时，行政监管机关在接受移送后应当以行政处罚的证明标准、构成要件对违法行为进行评价，亦不违反“禁止重复评价”原则，因为其对违法行为进行评价所依据的法律规范不同。

3. 制度正当性——行政犯的特殊立法模式

行政犯是与刑事犯相对的概念，指违反以达到特定的行政目的而制定的法规的行为即违反派生性生活秩序的行为。行政犯的特殊性在于其是对基于特定行政性目的或政策需要而制定的禁止或命令性规定的违反。我国刑法中存在大量的规定某类违反行政法律规范的行为在情节达到一定的严重程度时构成犯罪的条文。在行政法的各部门法中，上述类型的规定也并不鲜见。上述刑法或其他行政法规的规定是行刑衔接问题产生的立法原因，也是我们探讨处罚竞合时“一事二罚”正当性的制度基础。

上述行政犯的立法模式可以称为定性与定量相结合的立法模式。刑法作为惩治犯罪的法律，具有对其他部门法的补充性。一行为构成犯罪既需要在行为类型上符合构成要件，亦需要在社会危害性上达到刑事制裁的程度，因为刑法是社会关系调整的最后一道屏障。定性规定指的就是对行为类型的规定，定量规定指的是关于社会危害性程度的规定。我国刑法对行政犯采取定性与定量相结合的立法模式。这就不可避免地会产生同一违法行为仅因社会危害程度的不同，有的构成行政违法，有的构成刑事犯罪的现象。尤其在构成刑事犯罪的场合，违法行为已然是行政违法，只不过在社会危害性程度上达到了犯罪标准，在处罚上选择了刑事制裁而已。实质上仍是对同一行为的行为性质进行了两次评价。可见，上述立法模式必然会导致行政法评价与刑事司法评价的竞合，即行政犯具有双重违法性。

在处罚上，行刑衔接情境下同质罚相互折抵的立法现状仍旧说明我国立法在考虑违法行为人所负的责任上采取的是“一事不二罚”原则，避免对违法行为人进行二次追责。但笔者认为这种“一事不二罚”实际上并非纯粹意义上“一事不二罚”原则所要禁止的“二罚”，只不过是行政机关在进行行政处罚时基于比例原则的要求进行行政自由裁量的结果，行政机关本身是有职权进行处罚的。在这种情形下，“二罚”涵盖了刑事制裁，要求行政机关在进行行政处罚时，应考虑违法行为人所受刑事制裁的情况，即在启动行政权对违法行为人进行追责时，必须将违法行为人是否受到刑事制裁以及受到何种刑事制裁的情况均考虑在裁量范围之内，并且要与违法行为人的主观恶意、社会危害性相适应。笔者认为，这种考虑是必需的。行政机关进行行政处罚时必须受到行政法上比例原则的约束，如果不考虑行为人所受刑事制裁的情况，则可能会导致对比例原则的违反。可见，在行刑衔接同质罚相互折抵的立法现状并不能当然得出“一事”不能“二罚”的结论，并不能否认行政机关与刑事司法机关均具有各自作出相应处罚的职权。这与纯粹意义上行政处罚领域的“一事不二罚”原则及刑事司法程序中的“一事不再理”原则并不相同，因为这两个原则在各自领域中均构成对职权来源正当性的限制，而在行刑衔接语境下讨论行政处罚领域的“一事不二罚”原则涉及的主要是行政自由裁量权行使的问题。

如果我们将“二罚”理解为行政自由裁量权问题，即将刑事制裁作为行政裁量的因素进行考虑，而不是以“一事不二罚”原则去否定行政机关行使处罚权的合理性，那么在行刑衔接语境下经刑事司法程序未作刑事制裁后，行政机关再进行行政处罚的正当性问题便容易理解。只不过我国行政处罚法并未将比例原则作为处罚的原则性条款加以规定，在此情况下，如何以比例原则指导具体的行政处罚实践，则是需要理论界与实务界共同关注的。

编写人：北京市第一中级人民法院　魏浩锋

037 行政机关根据未经过告知和听证的新证据作出行政处罚决定构成违反法定程序

——混凝土公司诉天津市国土资源和房屋管理局某区国土资源分局、天津市某区人民政府土地管理行政处罚案

【案件基本信息】

1. 裁判书字号

天津市第一中级人民法院（2017）津01行终348号行政判决书

2. 案由：土地管理行政处罚纠纷

3. 当事人

原告（被上诉人）：混凝土公司

被告（上诉人）：天津市国土资源和房屋管理局某区国土资源分局（以下简称某区国土分局）、天津市某区人民政府（以下简称某区政府）

【基本案情】

某区国土分局经调查认定混凝土公司未经批准自2011年年底，在京沪高速东侧、滨保高速北侧占地建搅拌站。2012年7月18日，某区国土分局为混凝土公司颁发了《临时建设用地批准书》，用地单位名称为混凝土公司，批准用地面积为39763.1平方米，土地用途为临时用地，批准期限为2012年7月至2014年7月。但混凝土公司在临时用地期满后一直未办理涉案地块的合法手续。某区国土分局对混凝土公司先后作出《责令停止违法行为通知书》《责令限期整改通知书》。2014年12月15日，某区国土分局作出《行政处罚告知书》，载明：1. 退还非法占用的土地；2. 限期15日内自行拆除在非法占用的42885.2平方米土地上新建的建筑物和其他设施，并恢复土地原貌；3. 处以罚款428852元。

混凝土公司在收到《行政处罚告知书》后申请听证，某区国土分局于2015年1月21日组织了听证。某区国土分局因需要具有耕地破坏鉴定资质的组织对原告造成的耕地破坏程度进行鉴定，于2015年1月27日中止调查，于2015年9月1日决定恢复调查。2015年9月10日，某司法鉴定中心出具司法鉴定书，其中载明“原告混凝土公司在占用的土地中修建道路（水泥面）、房屋（水泥地坪）、堆料场地等硬化地面共计为44597.2平方米”。2015年9月10日，某区国土分局再次中止调查。2016年6月8日，以完善了证据为由决定恢复调查。2016年6月13日，作出了《行政处罚决定书》，行政处罚内容为：1. 退还非法占用的土地；2. 限期15日内自行拆除在非法占用的44597.2平方米土地上新建的建筑物和其他设施，并恢复土地原状；3. 处以每平方米10元的罚款，共计 44597.2 平方米×10 元 = 445972 元。混凝土公司对该处罚决定不服，向某区政府提起行政复议，某区政府作出维持某区国土分局行政处罚决定的复议决定，并已送达。混凝土公司不服上述行政处罚决定和行政复议决定，诉至法院。

【案件焦点】

某区国土分局以未经过告知和听证的新证据认定违法事实并作出行政处罚决定，是否属于违反法定程序。

【法院裁判要旨】

天津市武清区人民法院经审理认为：被告某区国土分局对原告事先处罚告知书中载明的非法占地的平方米数与处罚决定书中载明的非法占地的平方米数不一致，且处罚决定认定的非法占地的平方米数大于处罚前告知的平方米数，对于超出部分未告知被处罚人陈述、申辩权利，导致被告某区国土分局对原告作出的行政处罚决定事实不清，主要证据不足，违反法定程序。某区政府所作行政复议决定，维持了被诉行政处罚决定，亦存在事实不清、证据不足的问题，复议结果错误。

天津市武清区人民法院依照《中华人民共和国行政诉讼法》第七十条第一项、第二项、第三项，第七十九条的规定，作出如下判决：

一、撤销某区国土分局于 2016 年 6 月 13 日作出的《行政处罚决定书》；

二、撤销某区政府 2016 年 10 月 25 日作出的《行政复议决定书》；

三、判令某区国土分局于本判决生效后 60 日内对原告占用涉案土地行为重新作出处理。

某区国土分局、某区政府不服一审判决，提起上诉。天津市第一中级人民法院经审理认为：上诉人某区国土分局虽然在作出行政处罚告知书后举行了听证程序，但此后又进行了司法鉴定，上诉人在举行听证后又发现并考虑了新的重要证据和事实，行政处罚将使被上诉人承担比听证时更为不利的后果。上诉人某区国土分局就此新增证据、认定事实和罚款金额，没有告知被上诉人，也没有给予其陈述、申辩的机会，违反法定程序。主管部门应当根据听证笔录，依法作出行政处罚决定。因此，上诉人不能根据听证中没有涉及的事实和证据作出处罚决定。本案听证之后上诉人根据新的证据对被上诉人违法事实作出新的认定，并对罚款金额作出新的决定，对此应当给予被上诉人再次听证的机会。

综上，被诉行政处罚决定依照《中华人民共和国行政诉讼法》第七十条第三项的规定应予撤销，某区政府所作行政复议决定亦应予撤销。一审判决结果正确，但适用《中华人民共和国行政诉讼法》第七十条第一项和第二项不妥，二审予以纠正。

天津市第一中级人民法院依照《中华人民共和国行政诉讼法》第八十九条第一款第一项的规定，作出如下判决：

驳回上诉，维持原判。

【法官后语】

1. 关于告知与陈述申辩权的实现问题

行政处罚是典型的负担性行政行为，对于行政相对人程序权利的保障应当更加严密。告知与听取陈述申辩是行政处罚法确立的基本程序制度，贯穿行政处罚全过程，也是行政机关办理行政处罚案件时必须履行的法定程序性义务。

行政相对人获得告知是其陈述申辩权得以实现的前提。行政机关的告知应当及时、全面、真实、充分，实际作出的处罚决定应当与告知内容一致，不能根据未经告知的事实、理由、依据作出处罚决定。本案中，上诉人在作出处罚告知后，又根据鉴定结论这一新的证据认定了新的事实，据此作出的处罚决定书中认定的非法占地面积与罚款金额均大于处罚告知的内容。对于新增的重要证据、认定事实和罚款数额，上诉人并未告知被上诉人，也未听取其陈述、申辩，违反了行政处罚法的基本制度，实质影响了行政相对人重要程序权利的实现，应认定为违反法定程序。

2. 关于针对新证据的再次听证问题

正当程序原则要求“任何人在行政机关作出对他权益有实质影响的决定前，都有机会获得充分的告知和有效的被听取意见的机会”①。听证是在行政程序中以公开对等的方式听取意见的法定制度，行政相对人可以通过举证、质证、辩论等，充分发表意见，提出有针对性的抗辩理由，更有利于查明案件事实和保护行政相对人的合法权益。行政处罚经过听证程序后，如果出现新的证据，行政机关将根据该证据认定新的事实，导致原处罚告知中认定的违法事实改变、处罚幅度加重的，应当及时告知被处罚人，听取其陈述、申辩并组织再次听证。

本案中，上诉人某区国土分局虽然在作出行政处罚告知书后举行了听证程序，但此后又进行了司法鉴定，该司法鉴定结论认定的被上诉人非法占地面积大于行政处罚告知书、听证笔录记载金额的面积，由此罚款金额也将大于行政处罚告知书、听证笔录记载的金额。至此，上诉人在举行听证后又发现并考虑了新的证据，根据新的证据认定事实所作出

---

① ［美］恩斯特·盖尔霍恩、罗纳德·M. 莱文：《行政法》，法律出版社2011年版，第5页。

的行政处罚决定，将使被上诉人承担比听证时更为不利的后果。在这种情况下，应当将新增内容重新告知被上诉人，并给予其再次听证的机会。

3. 关于处罚决定与听证笔录记载不一致的问题

在听证制度的发展过程中，一些国家在行政程序法中形成了听证笔录具有“案卷排他”效力的规则。具体是指：“全部听证的记录和文件构成案卷的一部分，行政机关的裁决只能以案卷作为依据，不能在案卷以外，以当事人所谓知悉的和未论证的事实作为依据。”① 如果在相应行政管理领域的法律法规中明确规定行政机关应当根据听证笔录作出行政处罚决定的，行政机关应当从其规定，不能根据听证笔录中没有涉及的事实和证据作出处罚决定。本案中，上诉人某区国土分局以超出听证笔录所记载的违法事实和处罚金额作出行政处罚决定，违反了上述规章的规定，属于违反法定程序。

编写人：天津市第一中级人民法院　芦一峰

038 违反合意顺序及费用平摊方式的拼车行为构成擅自从事非法客运活动

——谢某诉上海市某区建设和交通委员会交通执法大队交通行政处罚案

【案件基本信息】

1. 裁判书字号

上海市第二中级人民法院（2017）沪02行终29号行政判决书

① 王名扬：《美国行政法（上册）》，北京大学出版社2016年版，第369页。

2. 案由：交通行政处罚纠纷

3. 当事人

原告（上诉人）：谢某

被告（被上诉人）：上海市某区建设和交通委员会交通执法大队

【基本案情】

2016年7月18日，原告谢某通过某拼车平台看到乘客发布的出行需求并响应接单。经与乘客相互确认，原告驾驶小客车接载乘客，在驶往乘客目的地嘉定区江桥万达广场的过程中，被被告上海市某区建设和交通委员会交通执法大队查获。经查，该车辆无上海市出租汽车营运证，乘客曾于上车后通过某拼车平台支付车费45元，后因原告被查获，无法到达目的地，车费退还乘客。另查明，截至被查获时，原告已通过某拼车平台承接载客业务600余次，其中于2016年7月11日至18日载客40次，每次的行程都不相同，且原告曾于2015年2月3日因擅自从事非法客运活动被被告查处。2016年9月22日，被告作出行政处罚决定，认定原告擅自从事非法客运活动被查获且未有安全隐患（第2次），依据《上海市出租汽车管理条例》（本案以下简称《条例》）第四十九条第一款的规定，对原告处以3万元罚款。原告不服，认为根据《国务院办公厅关于深化改革推进出租汽车行业健康发展的指导意见》（国办发〔2016〕58号，以下简称58号文）第四条第十项的规定，其行为属于私人小客车合乘（也称为拼车、顺风车）。被诉行政处罚决定错误，请求法院依法判决撤销。

【案件焦点】

1. 原告通过某拼车平台承接业务载客的行为是否属于私人小客

车合乘；2. 被告以原告擅自从事出租汽车经营进行处罚是否正确。

【法院裁判要旨】

上海市宝山区人民法院经审理认为：根据《条例》第四条第二款的规定，被告具有负责具体实施本行政区域内出租汽车客运监督检查并实施行政处罚的法定职权，其执法主体适格。被告依法立案调查，在履行了听证告知义务后，作出被诉行政处罚决定并送达原告，其执法程序合法。被告提供的乘客情况说明、询问笔录及原告的庭审陈述，可以证明原告于2016年7月18日驾驶非本市车辆，通过某拼车平台承接业务，并按照乘客的意愿驶往本市嘉定区江桥万达广场。上车后，乘客曾按照某拼车平台的计费方式支付了车费人民币45元，虽然车费最终退还乘客，但是系原告意志以外的原因所导致的。原告的上述行为属于按照乘客意愿提供运送服务并收取费用，构成擅自从事出租汽车经营活动，违反了《条例》第十四条第四款的规定，因原告此前曾因擅自从事非法客运活动被查获而受到行政处罚，故被告依据《条例》第四十九条第一款的规定，对原告作出罚款3万元的行政处罚，认定事实清楚，适用法律正确，量罚适当。关于原告认为其行为属于58号文规定的私人小客车合乘（拼车、顺风车）的诉称意见，一审法院认为，本案系由乘客率先发布出行需求，原告再根据出行线路等选择承接载客业务，并非58号文规定的私人小客车合乘，故对原告的该诉称意见不予采纳。

上海市宝山区人民法院依照《中华人民共和国行政诉讼法》第六十九条的规定，判决如下：

驳回原告谢某的诉讼请求。

二审法院同意一审法院裁判意见。

【法官后语】

1. 原告通过某拼车平台承接业务载客的行为是否属于私人小客车合乘

2016年7月26日，国务院办公厅下发58号文，该文第四条第十项对私人小客车合乘的行为进行了规定：私人小客车合乘，也称为拼车、顺风车，是由合乘服务提供者事先发布出行信息，出行线路相同的人选择乘坐合乘服务提供者的小客车、分摊部分出行成本或者免费互助的共享出行方式。因此，私人小客车合乘应当具备遵循合乘合意达成先后顺序及不具有营利性质两个条件：

（1）合乘双方达成合意应遵循严格的先后顺序

合乘合意的达成方式应当由合乘服务提供者（以下简称车主）先行发布出行信息，再由合乘者（以下简称乘客）选择驾驶员车辆合乘出行，反之则不可。本案中，不论是某拼车合乘协议、乘客询问笔录等证据，还是当事人在庭审中的陈述，均可以证明是乘客先行通过某拼车平台发布出行需求，原告再通过该平台上根据乘客的目的地选择承接业务，上述行为方式不符合58号文的规定，不构成私人小客车合乘。

（2）合乘出行不存在明显的营利性质

乘客承担费用的上限为参与平摊部分出行成本，若载客行为明显具有营利性质，则不属于私人小客车合乘。本案中，从乘客上车地点至目的地，途中距离约为29千米，而原告驾驶小客车的型号为雪佛兰赛欧，根据厂商官网显示，该车型标准油耗约为5.1L/100km，当日92号汽油报价约为6.1元/L，按照上述数据计算，原告驾驶车辆所产生的油费约为9元，且没有过路及过桥费用。而乘客上车后已经按照某拼车平台的计费标准支付费用45元，明显超过平摊费用的合理范围，故而原告的载客行为存在营利性质。

2. 原告是否属于未经许可擅自从事出租汽车经营

（1）是否适用《条例》

本案中，被告作出被诉处罚决定的法律依据为《条例》的规定，而原告认为其行为并不属于出租汽车经营活动，不应当适用该《条例》。笔者认为，根据《条例》第二条前两款的规定，出租汽车是指按照乘客和用户意愿提供客运服务或者车辆租赁服务的客车，客运服务是指按照乘客意愿提供运送服务，并且按照里程和时间收费的出租汽车经营活动。本案中，原告根据乘客的需求提供运送服务，其计费方式为某拼车平台根据里程自动计费，符合《条例》所规范的出租汽车。因此，被告适用《条例》对原告的违法行为作出认定并进行处罚并无不当。

（2）是否属于擅自从事非法客运活动

根据《条例》第十四条第四款的规定，非本市车辆不得用于起点和终点在本市行政区域内的出租汽车经营活动，原告驾驶的小客车悬挂浙江牌照，并非本市车辆，且其起点及终点均位于本市范围内，考虑到原告曾于2015年2月3日因擅自从事非法客运活动被被告查处，故被告认定原告擅自从事非法客运活动被查获且未有安全隐患（第2次），根据《条例》第四十九条第一款的规定，对原告罚款3万元适用法律正确，裁量适当。

编写人：上海市宝山区人民法院　王秀岩

039 “非法聘用外国人”的认定

——汽车科技公司诉上海市公安局某区分局行政处罚案

【案件基本信息】

1. 裁判书字号

上海市第二中级人民法院（2015）沪二中行终字第628号行政判决书

2. 案由：行政处罚纠纷

3. 当事人

原告（上诉人）：汽车科技公司

被告（被上诉人）：上海市公安局某区分局

【基本案情】

上海市人力资源和社会保障局于2013年7月至12月间向6名印度籍人分别签发了《外国人就业证》，就业证注明工作单位为信息咨询公司，职业为信息科技咨询项目工程师。信息咨询公司于2014年6月至12月期间分别与上述6名印度籍人签订了劳动合同，职务为信息科技咨询项目工程师。

2013年6月至2015年5月，6名印度籍人根据信息咨询公司的指派先后至原告公司工作，从事汽车技术工程等方面的技术支持和服务，具体工作内容由原告公司安排，工资由信息咨询公司支付。2015年5月13日，被告根据上海市公安局指定管辖决定对本案立案，经调查取证，于同月27日向原告进行行政处罚事先告知，于同年6月4日举行听证，后于同月8日作出行政处罚决定：

原告于2013年6月至2015年5月13日有非法聘用外国人的违法行为，根据《中华人民共和国出境入境管理法》第四十一条第一款、第八十条第三款的规定，决定对原告罚款人民币六万元。原告不服，向法院提起行政诉讼，要求判令撤销被诉处罚决定。

原告诉称，这6名印度籍人的就业证所载用人单位为信息咨询公司，经信息咨询公司及其境外关联公司×公司指派至原告公司处提供技术服务，且工作内容向×公司汇报，故上述人员属驻点外包人员。原告既未直接支付报酬，又未进行实质劳动管理，故原告并非上述人员雇主，不存在非法聘用行为，被诉行政处罚认定事实不清、适用法律错误，请求法院依法予以撤销。

被告辩称，6名印度籍人的就业证所载工作单位为信息咨询公司，但实际在原告处工作，已经超出工作许可限定范围，构成非法就业，被告聘用非法就业的外国人，就属于非法聘用。即使6名印度籍人系境外×公司指派，按现行外国人就业法律规定，也应由原告办理就业许可证及就业证，故被告所作的行政处罚决定认定事实清楚，证据确凿，程序合法，适用法律正确，处罚适当，符合法定权限，请求法院驳回原告的诉请。

【案件焦点】

原告是否存在“非法聘用外国人”的违法行为。

【法院裁判要旨】

上海市宝山区人民法院经审理认为：依据《中华人民共和国出境入境管理法》第七十条、《公安机关办理行政案件程序规定》第十一条第二款，被告对本案具有执法主体资格。被告在受理本案后，依法进行了调查，在作出被诉行政处罚决定前依法进行了事先告知，举行了听证，后作出被诉行政处罚决定并送达，其执法程序合法。本案的争议焦点是原告是否存在非法聘用 6 名印度籍人的行为。《中华人民共和国出境入境管理法》第四十一条第一款规定，外国人在中国境内工作，应当按照规定取得工作许可和工作类居留证件。任何单位和个人不得聘用未取得工作许可和工作类居留证件的外国人。由此可见，外国人非法就业和非法聘用外国人是相辅相成关系。该法第四十三条第二项又规定，外国人超出工作许可限定范围在中国境内工作的属于非法就业。本案中，6 名印度籍人与信息咨询公司签订了劳动合同，其《外国人就业证》亦载明工作单位为信息咨询公司，按照规定，他们只能在信息咨询公司工作，但他们先后于 2013 年 6 月起至 2015 年 5 月到原告公司工作，很显然，这 6 人的工作服务超出了其就业证许可的工作单位区域，原告聘用此 6 名印度籍人，其行为违反了《中华人民共和国出境入境管理法》第四十一条第一款的规定，被告根据该法第八十条第三款的规定，对原告作出处罚认定事实清楚，证据确凿，适用法律正确，量罚适当。至于原告诉称的该 6 名印度籍人是受信息咨询公司及信息咨询公司的境外关联公司指派至原告处提供服务的，系业务外包人员。首先，如果是信息咨询公司指派的，则原告未能举证其与信息咨询公司订立了相关合作协议；其次，如果是受境外公司指派的，根据《上海市劳动局关于贯彻〈外国人在中国就业管理规定〉的若干意见》等相关规定，受境外派遣至本市工作三个月以上的外国人也应当在本市实际工作单位申请办理《外国人就业许可证》，故原告的诉称意见法院不予采信，原告的诉讼请求缺乏事实根据和法律依据，法院不予支持。

上海市宝山区人民法院根据《中华人民共和国行政诉讼法》第六十九条的规定，判决如下：

驳回原告汽车科技公司的诉讼请求。

一审宣判后，汽车科技公司提起上诉。上海市第二中级人民法院经审理认为：根据被上诉人提供的上诉人及信息咨询公司接受询问人员的委托书及身份证复印件，能证明被询问人的身份及代理权限，相关询问笔录上均有被询问人本人的签名及捺印；提供的外籍工作人员询问笔录能证明询问调查时，符合《公安机关办理行政案件程序规定》第六十二条、第六十三条、第二百一十五条的规定。上述笔录真实合法，与本案有关联性，本院予以采信。根据被上诉人提供的事实证据及当事人庭审陈述，可以证明以下事实：1.6 名涉案印度籍人员于 2014 年先后与信息咨询公司分别签订劳动合同，在该公司担任信息科技咨询项目工程师工作，由信息咨询公司支付工资，6 名印度籍人员的相关《外国人就业证》由信息咨询公司予以办理，相关劳动合同上未对 6 人的具体工作内容进行详细约定；2. 上述印度籍人员入境签订劳动合同后直接前往上诉人公司，于 2013 年 6 月至 2015 年 5 月间在上诉人公司处实际从事汽车技术工程等方面的技术支持与服务工作，在此期间由上诉人公司制定具体工作内容，并由该公司对其工作进展情况进行考核；3. 上诉人明确其与信息咨询公司之间未签订服务外包性质的协议，其在公安机关受案调查前，也并不知晓外籍工作人员与信息咨询公司之间曾签订劳动合同及办理相关就业许可的情况，其对外籍工作人员的就业许可亦未进行过审查。

根据《中华人民共和国出境入境管理法》第四十一条第一款规定，外国人在中国境内工作，应当按照规定取得工作许可和工作类居留证件。任何单位和个人不得聘用未取得工作许可和工作类居留证件的外国人。同时，《外国人在中国就业管理规定》第二十三条第一款规定，外国人在中国就业的用人单位必须与其就业证所注明的单位相一致，故根据上述规定可知，我国法律对外国人在中国就业有严格的形式和实质要求。而从本案查明事实看，首先，6名印度籍人员与信息咨询公司签订劳动合同并由该公司支付工资，相关外国人在中国就业许可手续亦由信息咨询公司办理，故上述外籍工作人员应根据就业许可的相关要求为信息咨询公司工作。但实际情况是，与信息咨询公司签订的相关劳动合同上并未约定6人的具体工作内容，6人签约后即直接至上诉人处工作，由上诉人安排其具体工作内容并进行实际工作绩效考核，故与6名印度籍人员之间构成事实上的聘用关系的用人单位实为上诉人公司。上诉人称涉案外籍工作人员是基于服务外包关系而在上诉人处工作，既未提供其与信息咨询公司之间存在直接的服务外包关系的事实证据，亦与其关于相关服务外包协议系与境外合作公司签订的陈述相悖，本院不予采信。上诉人作为6名印度籍人员的实际用人单位，在没有为涉案外国人办理在其公司就业许可手续情况下实际聘用上述人员工作，构成非法聘用外国人的违法行为。其次，上诉人在本案审理中陈述，其主观认为6名印度籍人员系由境外合作公司指派至其公司处工作，对信息咨询公司聘用6名印度籍人员客观情况并不知晓，其亦未对外籍人员的就业许可情况进行核验，上述陈述与相关规定不符，亦构成非法聘用外国人的事实。综上，被上诉人认定上诉人实施了非法聘用外国人的违法行为，认定事实清楚。

《中华人民共和国出境入境管理法》第八十条第三款规定，“非法聘用外国人的，处每非法聘用一人一万元，总额不超过十万元的罚款；有违法所得的，没收违法所得”。被上诉人据此对上诉人作出罚款人民币6万元的处罚，适用法律正确，处罚幅度亦符合法律规定。上诉人的上诉请求和理由，缺乏事实证据和法律依据，本院不予支持。原审判决驳回上诉人的诉讼请求并无不当。

上海市第二中级人民法院依照《中华人民共和国行政诉讼法》第八十九条第一款第一项之规定，判决如下：

驳回上诉，维持原判。

【法官后语】

近年来，来华就业的外国人逐渐增多，我国对外国人就业实施许可制度，主要表现为用人单位须取得《外国人就业许可证》，外国人须取得《外国人就业证》，且不能超出工作许可限定范围在中国境内工作。

本案的争议焦点是原告是否存在"非法聘用外国人"的违法行为。现有法律对于何谓"非法聘用外国人"并没有明确规定或列举。在该情况下，需法官综合运用多种法律解释方法作出判断。

首先，从体系解释看，外国人非法就业和非法聘用外国人系相辅相成关系，聘用非法就业的外国人就构成非法聘用外国人。虽然《中华人民共和国出境入境管理法》对于"非法聘用外国人"没有进行明确界定或列举，但从该法条文前后关系可以推断其含义。该法第四十一条第一款规定，外国人在中国境内工作，应当按照规定取得工作许可和工作类居留证件。任何单位和个人不得聘用未取得工作许可和工作类居留证件的外国人。第四十三条明确规定了外国人非法就业的三种情形。第八十条则对外国人非法就业、介绍外国人非法就业和非法聘用外国人的法律责任依次进行了规定。可见外国人非法就业和非法聘用外国人是相辅相成关系，就像一个硬币的两面，企业如聘用了"非法就业的外国人"，就构成非法聘用外国人。

其次，本案6名印度籍人属非法就业。《中华人民共和国出境入境管理法》第四十三条第二项规定，超出工作许可限定范围在中国境内工作的，属于非法就业。关于超出工作许可限定范围的理解，需结合《外国人在中国就业管理规定》第二十三条判断。该条第一款、第二款规定，外国人在中国就业的用人单位必须与其就业证所注明的单位相一致。外国人在发证机关规定的区域内变更用人单位但仍从事原职业的，须经原发证机关批准，并办理就业证变更手续。本案中，6名印度籍人的就业证工作单位系信息咨询公司，他们先后于2013年6月起至2015年5月到原告公司工作，很显然，这6人的工作服务超出了其就业证许可的工作单位区域，属于非法就业。

最后，原告聘用6名印度籍人事实的成立不取决于双方劳动关系的合意。关于条文中的“聘用”是否需要企业与外国人之间存在劳动关系的合意，需结合立法渊源和立法目的考虑。为规范外国人在华工作管理，出于维护国家安全、公共安全的需要，“就业”与“聘用”的概念并不需要考虑企业与外国人之间劳动关系的合意。本案中，6名印度籍人自与信息咨询公司签约并办理就业证后，就进入了原告公司工作，工作内容由原告安排，即使系受信息咨询公司的境外母公司×公司外派，根据我国外国人就业的相关法律规定，同样应由原告办理就业证。综上，6名印度籍人虽与原告没有劳动关系的合意，但超出就业许可范围在原告处工作，已构成非法就业，原告则构成非法聘用外国人的违法行为，被告依法对原告进行处罚，认定事实清楚，适用法律正确。为此，法院作出驳回原告诉请的判决。

编写人：上海市宝山区人民法院　武顺华

040 行政处罚案件中行政机关对回函中认定事实的审查
——拍卖公司诉北京市工商行政管理局某区分局工商行政处罚案

【案件基本信息】

1. 裁判书字号

北京市第三中级人民法院（2016）京03行终284号行政判决书

2. 案由：工商行政处罚纠纷

3. 当事人

原告（被上诉人）：拍卖公司

被告（上诉人）：北京市工商行政管理局某区分局（以下简称某区工商分局）

【基本案情】

2015年1月15日，北京市文物局向北京市工商行政管理局合同监督管理处发送《协助调查函》，请求北京市工商行政管理局合同监督管理处协助调查。2015年2月2日，北京市工商行政管理局将案件移送被告。同日，被告制作《案件来源登记表》并到原告住所地进行现场检查。2015年2月10日，被告对原告涉嫌经营文物拍卖进行立案调查。同日，被告制作《委托鉴定书》发送北京市文物局，委托鉴定事项为拍品是否为文物。《委托鉴定书》中载明"请你单位在出具的鉴定书中载明鉴定的内容、本局向你单位提交的相关材料、鉴定的依据和使用的科学技术手段、鉴定的过程、明确的鉴定结论、鉴定部门和鉴定人鉴定资格的说明及鉴定人和鉴定部门的签名盖章"。2015年3月12日，北京市文物局向被告回函，称委托北京市文物鉴定委员会初步鉴定后，鉴定意见认为前述图录中均存在“属于文物监管范围”或“疑似出土文物”的拍品，但无说明鉴定依据和使用的科学技术手段、鉴定的过程、鉴定部门和鉴定人鉴定资格等问题的内容，且无鉴定部门和鉴定人的签名盖章，仅加盖了北京市文物局文物市场管理处的印章。该回函亦未以鉴定结论的形式向原告送达。2015 年 3 月 23 日，被告制作《询问通知书》并向原告邮寄。2015 年 4 月 29 日，被告再次制发《询问通知书》，次日原告委托代理人田某至被告处进行说明，被告制发《首次询问告知书》并再次制发《询问通知书》。2015 年 5 月 8 日，被告将办案期限延长 30 日。2015 年 5 月 11 日，被告工作人员对原告委托代理人王某某进行询问并制作《询问笔录》，王某某对北京市文物局鉴定意见回函以口头和提交书面《情况说明》的形式提出异议，被告告知其可以提供拍品原件由被告向北京市文物局申请实物鉴定，原告称因拍卖会结束后拍品已退回，故无法提供实物。当日，原告还提交了《企业法人营业执照（副本）》复印件等材料。2015 年 5 月 20 日，经被告将案件延期 90 天结案。2015 年 5 月 27 日及 6 月 9 日，被告工作人员两次对原告委托代理人田某进行询问，对涉案五件拍品的实际成交情况进行核实并认定涉案上述五件拍品实际均流拍。结合调查情况，被告形成书面《案件调查终结报告》，认定原告存在无文物拍卖经营资质拍卖文物的行为。2015 年 6 月 8 日，被告作出《行政处罚告知书》并送达。2015 年 6 月 11 日，原告提交书面申辩意见，被告于 2015 年 6 月 24 日作出被诉《处罚决定》。次日，被告将《处罚决定》送达原告并制发《工商行政管理行政处罚信息公示告知单》。原告履行了缴纳罚款的义务后，被告于2015年8月17日制作《行政处罚案件结案报告》。后原告不服，提起本次诉讼。

【案件焦点】

被告作出行政处罚的事实认定是否准确、证据是否充足。

【法院裁判要旨】

北京市朝阳区人民法院经审理认为：文物的认定系具有严谨性和专业性的事项，且应当由规定的专门机关通过一定的程序依法作出，亦赋予了当事人在认定结论形成后提出异议和寻求救济的权利。本案中，被告在作出行政处罚前，出具《委托鉴定书》委托北京市文物局进行鉴定，并在《委托鉴定书》中对鉴定结论明确提出“载明鉴定的内容、鉴定的依据和使用的科学技术手段、鉴定部门和鉴定人鉴定资格的说明、鉴定人和鉴定部门的签名盖章”等要求，虽北京市文物局向被告制发的函件中明确了被告委托鉴定图录中的拍品部分“属于文物监管范围”的结论，但该函件明显不符合被告《委托鉴定书》中提出的内容和形式要求。此外，该“鉴定意见回函”仅向原告出示并未实施有效送达。在原告针对前述结论分别以口头和书面的方式向被告表示有异议的情况下，被告仅简单地询问原告是否能提供实物进行鉴定，并未通过有效方式依法保障原告对“鉴定意见回函”存有质疑的情况下的救济权利。被告在“鉴定意见回函”存在上述实体及程序性问题的情况下并未进行审慎、全面的审查，就径行作出了原告涉案拍品中存在文物的事实认定，属于主要证据不足。

北京市朝阳区人民法院依据《中华人民共和国行政诉讼法》第

七十条第一款之规定，判决：

撤销某区工商分局行政处罚决定书。

某区工商分局提出上诉。北京市第三中级人民法院经审理认为：《中华人民共和国文物保护法》第七十二条规定，未经许可，擅自设立文物商店、经营文物拍卖的拍卖企业，或者擅自从事文物的商业经营活动，尚不构成犯罪的，由工商行政管理部门依法予以制止，没收违法所得、非法经营的文物，违法经营额五万元以上的，并处违法经营额二倍以上五倍以下的罚款；违法经营额不足五万元的，并处二万元以上十万元以下的罚款。根据上述规定，某区工商分局具有对其辖区范围内未经许可擅自经营文物拍卖的拍卖企业进行调查处理的法定职权。

“以事实为依据，以法律为准绳”既是人民法院审理案件所必须遵守的原则，也是行政执法的一条基本原则。《中华人民共和国行政处罚法》第三十条亦明确规定行政机关给予公民、法人或者其他组织行政处罚，必须查明事实，实施行政处罚必须以事实为依据。因此，行政处罚过程中，行政机关应通过对证据的收集、审查、判断，查明案件事实，以确保作出的行政处罚决定事实清楚，证据确凿、充分。本案中，某区工商分局作出被诉行政处罚决定认定拍卖公司的违法事实是拍卖企业经营文物拍卖，未取得许可证。鉴于拍卖公司无《文物拍卖许可证》这一事实并无争议，故某区工商分局应就拍卖公司经营文物拍卖这一事实提供确凿、充分的证据予以证明。就本案而言，证明争议违法事实的核心证据是名称及落款均为“北京市文物局”、加盖“北京市文物局文物市场管理处”公章的鉴定意见回函，虽然从鉴定意见回函的内容看，明确了经北京市文物鉴定委员会初步鉴定图录，拍卖公司 2014 年秋季大型艺术品拍卖会上的三个专场均存在“属于文物监管范围”或“疑似出土文物”的拍品，但该鉴定意见回函与某区工商分局1号委托鉴定书提出的内容和形式要求均不相对应，无说明鉴定依据和使用的科学技术手段、鉴定的过程、鉴定部门和鉴定人鉴定资格等问题的内容，且无鉴定部门和鉴定人的签名盖章，回函本身的落款及所加盖公章亦不一致，上述问题的存在导致回函的证据能力和作证资格受到影响，其证明拍卖公司经营文物拍卖这一事实不够确实、充分，即被诉行政处罚决定主要证据不足。某区工商分局作出被诉行政处罚决定的程序并未违反有关规定，予以认可。

北京市第三中级人民法院依照《中华人民共和国行政诉讼法》第八十九条第一款第一项之规定，判决如下：

驳回上诉，维持一审判决。

【法官后语】

行政机关在作出某项决定前委托其他部门对专业领域内的事项作出认定或进行调查的情况并不罕见。对于受委托机关所作回函、复函中认定的事实，行政机关是否能直接采纳并作为行政处罚的主要依据，这需要明确以下几个问题：

1. 回函等函件中记载事实的效力来源。一般而言，行政行为应具有既定力、公信力的特点，相关文书作为行政行为所作认定客观描述的有效载体，在文书符合法定形式、记载内容非经法定程序予以撤销的情形下，其记载的事实亦应具有行政行为同样的性质。

2. 行政处罚类案件查明事实的义务来源。依据《中华人民共和国行政处罚法》第五条和第四十条的规定，行政机关作出行政处罚应当建立在认定事实清楚准确、证据充分确凿的基础上。行政机关对于主要事实认定存疑的情形下，应尽到审慎、合理、严谨的调查核实义务。

3. 处罚类案件调查核实义务的合理范畴。行政处罚类案件因直接处分相对人的权益，故对事实方面的认定应掌握更加严格的标准。行政机关在处罚类案件中对于函件中认定事实仍负有合理的调查核实义务。调查核实义务包括实体和程序两个方面，实体性审查应限于形式审查，如：形式要件的审查、内容的合法性审查等；程序性审查应包括是否有效送达，是否保障了相对人救济权利等。

本案中，函件明显不符合被告《委托鉴定书》中提出的内容和形式要求，被告也未提交证据证明其对此进行过审查核实。此外，“鉴定意见回函”仅向原告出示并未实施有效送达，对于鉴定事项原告并不知晓。因此，被告在回函存在实体及程序瑕疵的情况下并未进行审慎、合理的审查就径行作出原告拍品中存在文物的事实认定，属于主要证据不足。

编写人：北京市朝阳区人民法院　徐翔

041　未充分说明理由的行政处罚决定构成违法

——液化气公司诉某市住房和城乡建设局、某市人民政府城建行政处罚案

【案件基本信息】

1. 裁判书字号

江苏省南通市中级人民法院（2016）苏06行终602号行政判决书

2. 案由：城建行政处罚纠纷

3. 当事人

原告（上诉人）：液化气公司

被告（被上诉人）：某市住房和城乡建设局（以下简称某市住建局）、某市人民政府

【基本案情】

2015年7月25日晚，某村5号楼310室发生瓶装液化气泄漏爆炸事故，造成人员伤亡。经公安机关调查，涉事故液化气钢瓶系案外人吴某当日至液化气公司充装后，送至用户处。吴某至液化气公司充装价为75元，向用户收取价格为87元，所用钢瓶为用户提供。9月23日，某市住建局立案后进行调查，查明吴某未取得瓶装燃气经营许可，也非液化气公司培训上岗的送气服务人员，认定液化气公司行为违反《江苏省燃气管理条例》第二十条第二款，“禁止向无瓶装燃气经营许可证或者瓶装燃气供应许可证的单位和个人供应用于销售的燃气”的规定。9月30日，作出行政处罚决定书。认定液化气公司向无瓶装经营许可证人员销售燃气，2015年7月至9月23日期间，液化气公司以批发价的形式向自然人吴某出售瓶装液化气，吴某未取得瓶装燃气经营许可证和供应许可证违法销售燃气。据此，某市住建局作出责令液化气公司改正，并处罚款人民币10000元的行政处罚决定。液化气公司不服，申请行政复议，某市人民政府于2016年2月22日作出行政复议决定，维持被诉处罚决定。液化气公司仍不服，向法院提起行政诉讼，请求撤销某市住建局所作行政处罚决定书和某市人民政府所作行政复议决定书。

【案件焦点】

吴某将瓶装燃气提供给用户的行为是否构成销售。

【法院裁判要旨】

江苏省海门市人民法院经审理认为：吴某自液化气公司以批发价75元充装液化气后，再到用户处按液化气公司公布的瓶装液化气价格收取87元，其交易过程符合销售定义，属赚取差价的销售经营行为。吴某未取得瓶装燃气经营许可证或者瓶装燃气供应许可证，也不是瓶装燃气经营企业或瓶装燃气供应站点的送气服务人员，向用户提供瓶装燃气并赚取差价，属于违法经营销售行为。液化气公司明知吴某无瓶装燃气经营许可证或者瓶装燃气供应许可证，仍向其供应用于销售的燃气，违反了《江苏省燃气管理条例》第二十条第二款之规定，某市住建局作出的行政处罚具有事实依据。液化气公司主张吴某与用户间系代充服务关系，缺乏事实依据，不予采纳。

江苏省海门市人民法院依照《中华人民共和国行政诉讼法》第六十九条之规定，作出如下判决：

驳回原告液化气公司的诉讼请求。

液化气公司持原审起诉意见提起上诉。江苏省南通市中级人民法院经审理认为：某市住建局作出处罚决定前，未向吴某及燃气用户调查取证，所举公安机关调查笔录等证据不能满足销售行为的成立要件，由于直接当事人调查程序的缺失，被诉处罚决定证据明显不足。处罚决定未充分说明理由且调查取证存在缺失，导致被诉处罚决定据以成立的主要事实未能查清。被诉处罚决定成立的前提建立在对吴某行为性质定性的基础上，且势必对吴某的后续权利产生直接影响，某市住建局在吴某没有参与行政程序，未作陈述、申辩的情形下，直接认定其行为构成销售，违反法定程序。

同时根据《中华人民共和国行政诉讼法》第二十九条的规定，本案的处理结果明显与吴某存在利害关系，一审法院未追加吴某参加诉讼明显不当。但二审以被诉处罚决定认定事实不清，程序违法为由否定被诉处罚决定的效力，从诉讼经济以及当事人实体权利保护的角度，对本案不作发回重审处理。

江苏省南通市中级人民法院依照《中华人民共和国行政诉讼法》第八十九条第一款第二项，第七十条第一项、第三项之规定，作出如下判决：

一、撤销江苏省海门市人民法院（2016）苏 0684 行初 66 号行政判决；

二、撤销某市住建局作出的涉案行政处罚决定书；

三、撤销某市人民政府作出的涉案行政复议决定书。

【法官后语】

本案争议的焦点是吴某将瓶装燃气提供给用户使用的行为是否构成销售，即被诉处罚决定成立的前提需建立在第三人行为性质的定性基础之上。

人民法院对行政处罚的合法性审查是法律赋予的职责，与促进行政机关依法行政并不矛盾。液化气属于危险品，代充气行为的普遍存在具有明显的安全隐患，需要通过日常监管保证经营和使用安全，但监管手段不能限于行政处罚，更不能在未查清违法行为基本事实的情况下进行处罚。在法律规范对代充气行为的应受处罚性缺乏明确规定的情形下，将代充气认定为销售必须遵循“先取证、后处罚”的原则，对直接当事人进行调查核实，对销售的构成要件进行充分论证，同时根据正当程序的要求，通知直接利害关系人参与行政程序，并保证陈述申辩权的行使。当然，对被诉处罚决定的否定并不意味着对职能部门履行正常监管职能的否定，相反，是要求行政机关依法切实履行监管职责，而不是简单采取“以罚代管”“一罚了之”。

行政主体作出对行政相对人合法权益产生不利影响的行政行为需建立在第三人行为性质的基础上时，必须向行政相对人说明作出该行政行为的理由。《中华人民共和国行政处罚法》第四十四条规定，行政机关在作出行政处罚决定之前，应当告知当事人拟作出的行政处罚内容及事实、理由、依据，并告知当事人依法享有的陈述、申辩、要求听证等权利。该条区分了行政处罚的事实、依据及理由，实质上明确了理由说明的独立价值。《中华人民共和国行政处罚法》第五十九条虽未明确规定行政处罚决定书中应当载明理由，但根据“无理由则不行政”以及行政处罚法的立法体例可知，行政处罚决定书中附具理由说明是行政处罚的应然之意。

首先，按照行政处罚的一般程序，立案—调查核实—作出拟处罚决定并告知相对人—听取陈述申辩、听证—作出最终的处罚决定，从举轻以明重的角度看，处罚决定前需要告知拟处罚的理由，正式处罚决定也势必要求作出理由说明，这才符合直接影响当事人基本权利的行为需要理由说明的基本要求；其次，告知相对人拟处罚的理由，便于当事人了解案件事实、参与行政程序、陈述申辩，行政处罚决定只有说明理由才能回应相对人意见表达，否则相对人的参与权以及陈述申辩将流于形式；最后，说明理由系事实认定与法律适用之逻辑纽带，尤其出现如本案需要建立在民事法律事实的判断等基础上时，只有在处罚决定中主动说明理由，才能有效抑制行政恣意，提升处罚决定的接受度。

编写人：江苏省南通市中级人民法院　金保阳　张祺炜

042　物业公司定价收取电费构成独占经营

——物业公司诉某市市场监督管理局行政处罚案

【案件基本信息】

1. 裁判书字号

江苏省泰州市中级人民法院（2015）泰中行终字第00059号行政裁定书

2. 案由：行政处罚纠纷

3. 当事人

原告（上诉人）：物业公司

被告（被上诉人）：某市市场监督管理局

【基本案情】

物业公司系某小区的物业服务单位，该小区采取专变供电方式（专变户名为置业公司），各商铺无法自行向供电部门缴纳电费，而是由物业公司负责收取。各商铺缴纳电费有到物业公司缴费和预先充值购买用电量两种方式，物业公司向各商铺收取电费的标准是0.9元/度或1元/度，而供电部门所收取的上述地块的电费标准是0.867元/度。在收取电费过程中，若商铺不按物业公司制定的标准缴费或出现缴费不及时、充电余额不足时，将会被物业公司停止供电。2013年4月3日，某市市场监督管理局接到关于物业公司超标准向商铺收取电费等问题的举报，并于2013年4月8日立案调查。在调查核实的基础上，2014年3月27日某市市场监督管理局作出了《行政处罚听证告知书》，经物业公司申请，于2014年5月6日进行了听证，后于2014年10月17日作出行政处罚决定，责令物业公司停止违法行为，处以罚款200000元。物业公司不服该行政处罚决定，遂提起诉讼。

诉讼中，某市市场监督管理局提交了物业公司的委托代理人张某松的询问笔录、市供电公司的调查答复及缴费记录、高压供电合同、物业公司的收缴电费记录、举报记录、涉案商铺的询问笔录及缴费记录等证据；物业公司提交了置业公司出具的情况说明。

【案件焦点】

1. 某市市场监督管理局以物业公司为被处罚人是否适格；2. 物业公司收取电费的行为是否属于独占经营；3. 某市市场监督管理局作出的行政处罚决定是否合法。

【法院裁判要旨】

江苏省兴化市人民法院经审理认为：某市市场监督管理局是本行政区域内的市场经营秩序的主管机关，具有对不正当竞争行为进行监督检查的法定职责。某市市场监督管理局的调查取证能够证明物业公司存在加价收取电费的事实，且在电费收取过程中通过停电等手段对商户施加压力，商户为避免停电带来的商业损失，只能按物业公司的要求进行“交易”。而物业公司所称的电损等费用，不应由业主分摊，其作为物业服务单位擅自提高电费标准，属于利用优势地位超标准收费，擅自抬高电价显然属于滥收费用，构成限制竞争行为。某市市场监督管理局依法立案，在作出涉案行政处罚决定前进行了合法调查，告知了物业公司存在的违法事实、理由、依据及享有的陈述与申辩的权利，依法组织听证，并作出涉案行政处罚决定的程序合法。同时，某市市场监督管理局认定物业公司的行为属于《江苏省实施〈中华人民共和国反不正当竞争法〉办法》第十五条第一项规定的“胁迫他人同自己交易”情形，故而依据该办法第二十五条之规定作出行政处罚决定，适用法律正确，且其处罚幅度在自由裁量范围内。

江苏省兴化市人民法院依照《最高人民法院关于执行〈中华人民共和国行政诉讼法〉若干问题的解释》第五十六条第四项的规定，判决如下：

驳回物业公司的诉讼请求。

一审宣判后，物业公司提起上诉，后在二审过程中撤回上诉。江苏省泰州市中级人民法院依照《中华人民共和国行政诉讼法》第六十二条之规定，裁定如下：

准予物业公司撤回上诉。

【法官后语】

本案属于物业管理纠纷引发的工商行政处罚，既涉及普通业主的依法维权，又牵扯公权力对正常市场经营管理秩序的维护。对于小区业主的物业问题举报如何查处，对于物业公司定价收费等行为如何定性，对于物业公司的行为由哪个行政机关进行查处，行政机关如何适用法律法规、适用何种法律法规进行处罚，都成为亟须解决的问题。

实践中，很多小区都以开发商的名义申请办理供电设备，物业公司并非供电设备的户主，从供电部门出具的统一发票来看，户名并非物业公司。那么能否对物业公司进行处罚，即物业公司是否成为行政处罚的适格主体是行政执法过程中需要明确的第一个问题。具体到本案，涉案地块商铺采用的是专变供电方式，专变户名为置业公司。但物业公司是置业公司经过物业管理招标后确定的物管公司，负责电费收取，物业公司向商铺收取电费并开具自己名义的收据，其以行为表明自己是对商铺用电进行管理的实际经营者，故其属于适格的被处罚人。

关于物业公司收取电费的行为是否属于独占经营的问题。一般认为，独占地位，是指经营者的市场准入受到特别限制，该经营者在相关市场上独家经营没有充分的竞争以及用户或者消费者对其提供的商品具有较强的依赖性的经营地位。根据《物业管理条例》第三十二条、第三十四条、第四十五条的规定，物业公司必须具备专业资质、依法设立，在一个物业区域内赋予其独家经营的权利，用户对其代行的公用企业管理服务职能具有明显的依赖性。而本案的涉案地块商铺采用的是专变供电方式，各商铺无法自行向供电部门缴纳电费，只能由物业公司收取，各商铺对物业公司的供电和售电行为具有明显的依赖性，故可以认定物业公司属于具有独占地位的经营者。物业公司以平衡电损为由加价收取电费，通过停电等手段对商户施加压力，致使商户只能按物业公司的要求进行“交易”，属于利用优势地位滥收费用，构成限制竞争的独占经营。

关于本案的处罚幅度是否恰当，即行政机关行使自由裁量权是否妥当的问题。行政处罚所适用的处罚种类和处罚幅度要与违法行为的性质、情节及社会危害程度相适应。过罚相当、处罚与教育相结合是行政机关作出行政处罚的基本原则。行政机关在行使行政处罚自由裁量权时，应当根据过罚相当原则，综合考虑当事人的主观过错程度、违法行为的情节、性质、后果及危害程度等因素，对相对人作出恰当的处罚方式。本案中，物业公司实施不正当竞争行为，违反相关法律规定，破坏市场秩序。基于物业公司既无法定从轻、减轻处罚情节，也无可酌定从轻、减轻处罚情节，且涉案小区位于市中心，涉案用户众多，涉案金额高达 90 多万元，社会影响恶劣，某市市场监督管理局可以通过从严从重处罚的方式予以惩戒，达到纠正违法行为、维护市场秩序的目的，也能起到教育违法者及其他同类市场主体自觉守法的作用。

应当指出的是，法治是最好的营商环境。作为推进法治化营商环境建设的主力军，人民法院应当充分发挥司法裁判的规范、引领和保障作用。近年国家层面连续出台关于深入优化营商环境以及支持民营企业改革发展的意见，要求各级政府对各类市场主体实施公平统一的市场监管制度，营造公平良好的投资营商环境，进一步规范执法自由裁量权，既要严格执法，又要加强法治保障，尽可能保护市场主体的合法权益。

编写人：江苏省泰州市中级人民法院　王玮

043　司法审查中对“法定程序”的理解与适用

——商贸公司诉天津市某区国家税务局税务行政处罚案

【案件基本信息】

1. 裁判书字号

天津市第一中级人民法院（2015）一中行终字第 0457 号行政判决书

2. 案由：税务行政处罚纠纷

3. 当事人

原告（被上诉人）：商贸公司

被告（上诉人）：天津市某区国家税务局（以下简称某区国税局）

【基本案情】

2012年8月8日，某区国税局接到对商贸公司的举报，对其进行了调查，并于2013年1月28日立案受理。某区国税局依法向商贸公司下发了《税务检查通知书》《调取账簿资料通知书》《询问通知书》，同时，对商贸公司工作人员进行了调查询问。2014年3月25日，某区国税局依法向商贸公司下发了《税务行政处罚事项告知书》。商贸公司于2014年3月31日递交了《听证申请书》，提出听证申请。2014年4月3日，某区国税局下发了《税务行政处罚听证通知书》，并于2014年4月15日进行了听证。商贸公司于当日向某区国税局递交了《鉴别发票真伪申请书》，请求某区国税局对调取的《天津市增值税专用发票》的发票联和抵扣联原件，委托天津市国家税务局对该票所列密文解译后与明文代码或号码是否一致予以鉴别，并委托具有司法鉴定资质的单位，对该票是否存在篡改或涂改予以司法鉴定。2014年12月31日，某区国税局依法向商贸公司下发了《税务行政处罚事项告知书》。商贸公司于2015年1月6日再次递交了《听证申请书》，提出听证申请。2015年1月20日，某区国税局举行了第二次听证。2015年2月3日，某区国税局作出《税务行政处罚决定书》，并于2015年2月4日送达了商贸公司。

商贸公司不服，认为某区国税局未依照申请和《中华人民共和国发票管理办法实施细则》第三十三条的规定对发票进行鉴别，作出的处罚决定违反法定程序，证据不足，在法定期限内起诉，请求法院判决撤销《税务行政处罚决定书》。某区国税局在法定期限内向法院提交了作出处罚决定的证据和依据，主张其对原告虚开发票违法行为的查处，事实清楚、证据确凿，适用依据正确、程序合法、处理决定准确，请求法院依法驳回原告的诉讼请求。

【案件焦点】

某区国税局未依照商贸公司申请对发票进行鉴别，是否构成违反法定程序。

【法院裁判要旨】

天津市北辰区人民法院经审理认为：依据《中华人民共和国税收征收管理法》第二条、第十四条，《中华人民共和国税收征收管理法实施细则》第九条等规定，被告具有作出税务行政处罚的主体资格和法定职权。被告受理案件后，依法进行了调查、取证，并依当事人申请举行了听证。在听证程序中，原告否认上述涉案的 7 份增值税专用发票的发票联和抵扣联是其开出，并提出申请对上述发票联和抵扣联原件的真伪以及是否存在篡改或涂改进行鉴定，符合《中华人民共和国发票管理办法实施细则》第三十三条的规定，被告应当受理原告申请并负责鉴定。被告在未进行鉴定的情况下即作出《税务行政处罚决定书》，违反法定程序，认定原告违法的主要证据不足，依法应予撤销。原告的诉讼请求，本院予以支持。同时应当指出，被告在调查、取证过程中存在检查超出法定期限且在超出法定调取期限后调取原告以前年度会计账簿和记账凭证等程序性瑕疵。被告以上述票据均进行了相关认证、比对，无须再对发票进行鉴定的主张，不予支持。

天津市北辰区人民法院依照《中华人民共和国行政诉讼法》第七十条第一项、第三项之规定，作出如下判决：

撤销被告于2015年2月3日作出的《税务行政处罚决定书》。

某区国税局不服一审判决，提起上诉。天津市第一中级人民法院经审理认为：行政机关作出行政行为应符合法定程序。根据《中华人民共和国发票管理办法实施细则》第三十三条第一款“用票单位和个人有权申请税务机关对发票的真伪进行鉴别。收到申请的税务机关应当受理并负责鉴别发票的真伪；鉴别有困难的，可以提请发票监制税务机关协助鉴别”的规定，被上诉人在听证程序中提出对发票真伪进行鉴别的申请，上诉人应当受理并负责鉴别，上诉人未履行该程序不符合规章规定。上诉人主张其已通过增值税防伪税控系统对涉案增值税专用发票进行了鉴别，但其未在法定期限内就受理了被上诉人的申请并进行鉴别向人民法院提供证据，上诉人的上诉主张法院不予支持。一审法院以“某区国税局在未进行鉴别的情况下即作出《税务行政处罚决定书》，违反法定程序，认定商贸公司违法的主要证据不足”为由判决撤销《税务行政处罚决定书》，认定事实清楚，适用法律正确，依法应予维持。

天津市第一中级人民法院依照《中华人民共和国行政诉讼法》第八十九条第一款第一项的规定，作出如下判决：

驳回上诉，维持原判。

【法官后语】

1. 司法审查中的“法定程序”应作广义解释，规章设定的程序属于法定程序

行政行为应当履行的“法定程序”，是指由法律、法规、规章及

其他合法有效的规范性文件设定的行政程序。①

具体到本案，国家税务总局发布的《中华人民共和国发票管理办法实施细则》第三十三条第一款规定了“用票单位和个人有权申请税务机关对发票的真伪进行鉴别。收到申请的税务机关应当受理并负责鉴别发票的真伪；鉴别有困难的，可以提请发票监制税务机关协助鉴别”，设定了税务机关在认定发票真伪事实时应当履行的法定程序，税务机关未能提供证据证明依照此上述规章的规定履行了该发票鉴别程序，应认定为违反法定程序。

2. 对行政法律规范统一性的理解

（1）行政法律规范是实体法规范与程序法规范的统一

行政机关在行政管理活动中所依据的行政法律规范，存在和民事、刑事法律规范所不同的特点，即“实体性法律规范和程序性法律规范一般交织在一起，共存于一个法律文件中，行政法律规范往往不易清晰分辨程序法和实体法”。② 因此，行政法律规范是实体法规范和程序法规范的统一。本案中，税务机关既然按照相关行政法规和规章的实体性规范行使发票监管职权，就应当同时受到该行政法规和规章中程序性规范的约束，在作出处罚决定前应当履行前述鉴别程序。

（2）行政法律规范是一般法规范与特别法规范的统一

在行政管理实践和司法实践中，由于缺乏统一的行政程序法

---

① 江必新、邵长茂：《新行政诉讼法修改条文理解与适用》，中国法制出版社 2015 年版。

② 杨海坤、黄学贤：《中国行政程序法典化》，法律出版社 1999 年版，第 7 页。转引自朱维究：《对我国行政法法典化的思考——兼论行政法实体规范与程序规范的统一》，载《岳麓法学评论》2003 年第 2 期。

典，程序性规范存在多层级、分散性立法的特点。因此，为了促进依法行政和最大限度地保护行政相对人程序权利，行政机关在作出行政行为时不仅应当依据行政程序的一般法规范，在该行政管理事项还有合法有效的特别法规范的情况下，还应当依据该特别法规范。

具体到本案，税务机关作出行政处罚决定履行程序所适用的《中华人民共和国行政处罚法》是行政处罚领域的一般法，同时还适用《中华人民共和国税收征收管理法》《中华人民共和国税收征收管理法实施细则》等，它们是税务行政处罚领域的特别法，应当适用于本案。同时，本案涉及的税务处罚事项是发票监管领域，还应当适用发票监管领域的特别法规范，并且税务机关也是依据《中华人民共和国发票管理办法》的实体规范作为处罚的法律依据，因此在程序上，也应当同时适用发票监管领域特别法规范中的程序性规范。基于上述分析，税务机关在认定事实时，应当履行《中华人民共和国发票管理办法实施细则》这一特别法规范所规定的鉴别程序。

3. 对行政处罚案件中程序审查整体性的理解

行政行为的作出，是行政主体认定事实、适用法律（广义）的过程，各阶段均应受到法律（广义）的规范。行政程序是行政行为在时空维度所展现出的样态，无论行政行为以何种方式表现，这种规则、要素连同行政行为本身都可以成为司法审查的对象。法律（广义）对行政的控制，是对行政活动全过程的控制；法院对行政行为的司法审查，是对行政过程及其结论的合法性审查。行政机关作出行政处罚决定时，认定事实的过程和作出决定的过程均应符合法定程序的规定，认定事实的程序和作出处罚决定的程序整体上均应接受司法审查，不能割裂开来。

具体到本案，商贸公司按照规章规定提出鉴别发票真伪的申请，实质上是行使陈述申辩权的一种表现形式，也是税务机关查清事实的必经程序。某区国税局虽然依法履行了调查、听证、告知等程序，但在事实认定阶段，对商贸公司提出的发票真伪鉴别申请置之不理，未予回应，没有保障商贸公司这一程序权利有效行使，并未能向法院提供证明其作出处罚决定前已经进行过鉴别的证据，违反了法定程序，并由此导致人民法院审查后认为其处罚决定事实不清、证据不足，因此应当撤销其作出的行政处罚决定。

编写人：天津市第一中级人民法院　李柏翠　芦一峰

044　行政法上“生产”的含义应如何界定

——电气公司诉苏州市某区质量技术监督局质量监督管理行政处罚案

【案件基本信息】

1. 裁判书字号

江苏省苏州市中级人民法院（2014）苏中行终字第0086号行政判决书

2. 案由：质量监督管理行政处罚纠纷

3. 当事人

原告（上诉人）：电气公司

被告（被上诉人）：苏州市某区质量技术监督局（以下简称某区质监局）

【基本案情】

2012年9月12日，电气公司委托唐某虎就某大楼母线槽项目投标事宜，全权处理一切与之有关的事务。2013年3月8日，电气公司与设备安装公司签订加工定作合同，约定生产符合国标的母线槽。2013年5月21日，某区质监局根据举报对某大楼工程中使用的母线槽情况进行了检查，在工地材料仓库中，发现标注电气公司生产的母线槽涉嫌未经3C认证，随即进行扣押。经对涉案产品进行检验，某区质监局于2013年7月12日作出行政处罚告知书，并向电气公司进行送达。电气公司于2013年7月22日作出申辩书，2013年9月6日，某区质监局作出行政处罚告知书，并向电气公司进行送达。某区质监局于2013年9月22日作出行政处罚决定，以电气公司销售不符合国标的母线槽为由，责令电气公司停止销售不符合国标的母线槽，没收违法生产销售的母线槽44节（套）（含接头器44套），并处违法生产销售商品货值金额1.5倍罚款294525元。电气公司不服，向法院提起行政诉讼，认为某区质监局作出的行政处罚程序违法，没有相应的事实和法律依据，应依法予以撤销。

【案件焦点】

1. 电气公司是否为涉案产品的生产者；2. 被诉行政处罚是否合法。

【法院裁判要旨】

江苏省苏州市吴江区人民法院经审理认为：第一，关于被告作出行政处罚决定是否具有法定职权问题。根据《江苏省惩治生产销售假冒伪劣商品行为条例》第三条第二款的规定，被告作为负责打假工作的行政管理部门，具有对本行政区域内的假冒伪劣商品违法行为进行打击的行政职权。第二，关于被告作出的具体行政行为是否有事实依据问题。一方面，原告生产和销售了涉案的母线槽，委托加工协议、生产工艺单、生产通知单、标签和出厂检测报告、原告的报价单及对原告法定代表人的调查笔录足以证实，原告后提出异议，但不能提供证据予以证实。原告申请调取的公安和检察机关在刑事侦查中所作的笔录等证据，都是当事人的陈述，并没有相应的证据予以证实，不足以推翻其在行政程序中对被告所作的陈述和其他相应证据。另一方面，原告生产和销售的涉案母线槽产品不符合国标，国家中低压配电设备质量监督检验中心检验作出的检验报告足以证实。第三，关于被告作出的具体行政行为适用法律是否正确问题，原告销售不符合国标的母线槽违反了《江苏省打假条例》第六条第一项的规定，被告据此根据该条例第十九条第一款作出行政处罚决定符合法律规定。第四，关于被告作出的具体行政行为是否符合法定程序问题。根据查明的事实被告履行了相关的程序义务，作出的行政处罚决定并不违反相关法定程序。综上，被告作出的具体行政行为认定事实清楚、证据确实充分、适用法律正确、不违反法定程序。

江苏省苏州市吴江区人民法院依照《最高人民法院关于执行〈中华人民共和国行政诉讼法〉若干问题的解释》第五十六条第四项的规定，判决：

驳回原告的诉讼请求。

原告不服，提起上诉。江苏省苏州市中级人民法院经审理认为：关于行政处罚对象是否合法的问题。本案中，某大楼水电工程中的母线槽是从电气公司订购，并且在行政处罚调查程序中，唐某虎和电气公司法定代表人也均认可涉案产品母线槽是由上诉人公司生产。该事实有钱某贵签名并加盖电气公司公章的法定代表人授权委托书、加工定作合同、委托加工协议、调查笔录、由原告法定代表人签字确认的生产工艺单、发货清单等证据材料予以证实。虽然唐某虎在刑事侦查过程中作相反陈述，但电气公司并未提供其他有效证据予以佐证。某区质监局将电气公司作为行政处罚的对象符合法律规定。因此，某区质监局作出的被诉行政处罚决定证据确实充分，程序合法，适用法律正确，责罚相当，本院予以支持。原审判决认定事实清楚，适用法律正确，审判程序合法，依法应予维持。

江苏省苏州市中级人民法院依照《中华人民共和国行政诉讼法》第六十一条第一项之规定，判决：

驳回上诉，维持原判。

【法官后语】

广义上说，生产是指人类从事创造社会财富的活动和过程，包括物质财富、精神财富的创造和人自身的生育，也被称为社会生产。而狭义生产一般仅指创造物质财富的活动和过程，法律意义上的生产也是狭义上的。本案审理过程中，争议的焦点就是事实方面，也就是原告是不是涉案产品的生产者。针对本案的争议焦点，合议庭有两种不同意见：一种意见认为本案的原告不是生产者，生产者另有其人，原告只是提供了标签、商标、许可证等材料，不是实际的生产者，应当严格限制生产者的内涵，只有实际生产的才是产品质量法上规定的生产者；另外一种意见认为被告的行政处罚没有问题，原告就是产品质量法规定的生产者，因为原告将自己的商标和其他标识体现在产品上，表明其为该产品的生产者。

笔者倾向于第二种意见，因为在质量技术监督行政处罚中要考虑到保护消费者合法权益和社会经济秩序的维护，也要考虑到对行政相对人合法权益的保护和对行政机关依法行使行政执法权的监督，法院的司法审查也是在公共利益和个人利益之间寻找平衡。因此，笔者认为行政法中的生产不宜规定得过严，应当采取民事标准来认定生产和生产者。具体而言，主要有以下几个理由：

首先，采用民事标准定性生产和生产者符合行政处罚法的立法精神。《中华人民共和国行政处罚法》第一条明确了该法的立法目的，生产和销售伪劣产品属于扰乱和侵害公共利益和社会秩序的违法行为，会对公民、法人和其他组织的合法权益造成不利影响，应当予以打击，才能更好地实现行政处罚法的立法目的。

其次，采用民事标准定性生产和生产者符合我国现行法律规定。《中华人民共和国产品质量法》第二十七条规定，产品或者包装上应当标注生产者的名称；产品标识应当有生产者的名称和地址，生产者的名称和地址应当是依法登记注册的、能承担产品质量责任的生产者名称和地址。本案中，法院最终以民事标准定性生产和生产者符合我国现行法律规定。

再次，采用民事标准定性生产和生产者是考虑了生产者的主观恶性。本案中，原告明知不是自己生产而出借所有的许可证、标签、商标等表明生产者的材料，并对实际生产者的产品质量持放任态度；原告在行政程序中对自己生产予以认可，并提供相应流程单等材料，足以证实其是生产者，有相当的主观恶性。如果采取严格标准来进行行政处罚，那么对原告的违法行为就无法进行追究，有失法律公平；由原告承担责任并不意味着实际生产者不承担相应的法律责任，对实际生产者也应由所在地行政主管部门进行查处。

最后，适用刑事标准不利于对造假行为的惩处。相对而言，刑法上的生产界定是最严格的。只处罚直接的生产者，因为刑事责任是最严重的法律责任；且刑事诉讼的证明标准是排除合理怀疑标准，不追究刑事责任不意味着不能承担行政责任，将严格刑事标准适用于产品质量案件进行行政处罚将使得大量生产销售伪劣商品的违法行为无法得到惩罚。

编写人：江苏省苏州市吴江区人民法院　秦绪栋

045　房屋登记机构能否以行政处罚形式撤销房产证

——李某诉某县住房和城乡建设局房屋登记行政处罚案

【案件基本信息】

1. 裁判书字号

江苏省淮安市中级人民法院（2012）淮中行终字第0028号行政判决书

2. 案由：房屋登记行政处罚纠纷

3. 当事人

原告（被上诉人）：李某

被告：某县住房和城乡建设局（以下简称某县住建局）

第三人（上诉人）：段某

【基本案情】

2003年9月3日，第三人段某以个人名义与王某签订房屋转让契约，购买由王某已缴纳定金的商贸中心×室和×车库，并于2003年9月7日缴纳购房款。原告李某与第三人段某于2004年1

月6日办理结婚登记手续。2004年，开发商在办房产证时，将房屋所有权登记为段某和李某共有。后因夫妻双方婚姻出现问题，段某于2010年11月17日起诉离婚，段某称其在决定离婚之时才得知房屋登记之内容；其父于2011年8月24日向某县住建局举报，要求撤销涉案房屋所有权证。某县住建局在接到举报后，进行立案审批、调查取证后，于同年9月1日终结调查，并于当日向李某作出《行政处罚事先告知书》，同年9月2日送达给李某。李某在法定期限内未作出有效申辩。某县住建局于2011年9月13日作出《行政处罚决定书》，决定撤销房屋所有权证。李某不服，向法院提起诉讼，请求撤销《行政处罚决定书》。

【案件焦点】

1. 某县住建局作出行政处罚撤销房产证的行为是否具有事实和法律依据；2. 某县住建局是否有权对李某进行行政处罚；3. 被上诉人李某是否在法定期限内提起行政诉讼。

【法院裁判要旨】

江苏省淮安市盱眙县人民法院经审理认为：某县住建局作为房屋登记主管部门，在实际操作、办理撤销房产证过程中，依据第三人段某父亲的举报及嗣后的相关调查，并未依据当时有效的《房屋登记办法》第八十一条“司法机关、行政机关、仲裁委员会发生法律效力的文件”的规定来证明当事人是否有隐瞒真实情况之情形，故某县住建局作出的撤销房产证行为超越职权，主要依据不足。撤销房产证行为是针对错发房产证的行为而采取的纠正措施，不能将这种纠错行为定性为行政处罚，故本案依据《中华人民共和国行政处罚法》相关程序的规定作出的撤销房产证行为属程序违法。某县住建局作出的《行政处罚决定书》，超越职权，主要依据不足，程序违法。

江苏省盱眙县人民法院依照《中华人民共和国行政诉讼法》第五十四条第二项的规定，判决：

撤销被告某县住建局于 2011 年 9 月 13 日作出的《行政处罚决定书》。

段某不服，提出上诉。江苏省淮安市中级人民法院经审理认为：《房屋登记办法》第八十一条规定："司法机关、行政机关、仲裁委员会发生法律效力的文件证明当事人以隐瞒真实情况、提交虚假材料等非法手段获取房屋登记的，房屋登记机构可以撤销原房屋登记，收回房屋权属证书、登记证明或者公告作废，但房屋权利为他人善意取得的除外。"该条撤销的前提是"司法机关、行政机关、仲裁委员会发生法律效力的文件"，且这些文件能够证明"当事人以隐瞒真实情况、提交虚假材料等非法手段获取房屋登记"。本案中，某县住建局撤销房产证并没有依据发生法律效力的文件，而是根据上诉人段某父亲的举报及后续的调查，法律、法规并没有赋予原审被告对此类案件的调查权，其调查的结果也不是发生法律效力的文件，故其撤销行为没有事实根据，也没有法律依据。

《房屋登记办法》第八十一条规定的是房屋登记机构自行纠错行为，而非行政处罚行为，即便符合第八十一条的规定可以撤销原房屋登记，原审被告也不能以行政处罚的方式撤销房产证。根据《中华人民共和国行政处罚法》第九条、第十条规定，只有法律、行政法规才可以设定吊销许可证或执照的行政处罚的种类。《房屋登记办法》及相关的法律、行政法规均没有就本案情形赋予房屋登记机关以行政处罚权。因此，原审被告对被上诉人作出行政处罚的行为没有法律依据，其依据行政处罚法的相关程序对被上诉人李某作出行政处罚，属于程序违法。

上诉人主张一审法院于2012年2月29日受理该案，超过3个月的起诉期限，法院存在违法受理案件的情形。江苏省淮安市中级人民法院经审理认为，起诉时间应以诉状寄出时间即邮局收到并加盖邮戳的日期为准，被上诉人提供的证据能够证明其在法定期限内起诉。

综上，原审被告某县住建局作出《行政处罚决定书》超越法定职权，没有事实根据且程序违法。上诉人的上诉理由不能成立，对于其上诉请求不予支持。原审判决认定事实清楚，适用法律正确，程序合法。

江苏省淮安市中级人民法院依据《中华人民共和国行政诉讼法》第八十九条第一款第一项的规定，判决如下：

驳回上诉，维持原判。

【法官后语】

行政处罚是一种行政法律制裁措施，对行政相对人的权益有重大影响，因此，法律、法规对行政处罚的规定是严格的，对于行政处罚的设定以及处罚方式、处罚程序等都有严格的要求。本案的争议焦点就在于房屋登记机构作出撤销房产证的行为是否有法律依据，是否能够以行政处罚的形式撤销当事人的房产证。

一方面，房屋登记部门依法具有自我纠错权，但是自我纠错权的行使应当严格限定。参照本案行政行为发生时有效的《房屋登记办法》，撤销房产证的前提和依据是生效的法律文件，而不能仅依据当事人的申请、由房屋登记机构调查后撤销。对于认为房屋登记中他人采取提交虚假材料等非法手段获得房屋登记的，当事人的救济途径中并没有规定可以直接向房屋登记部门申请撤销或注销房产证，这与原来的《城市房屋权属登记管理办法》规定有所不同，从依法行政的角度看，这也是为了保护房屋现有权利人的合法权益。对于权属有争议的房屋，可以通过民事、行政诉讼来确定权利的归属，之后再以生效的法律文书为依据向房屋登记部门申请撤销。取消房屋登记部门自行调查、自行撤销的权利，避免了让房屋登记部门“既当运动员又当裁判员”，具有相对的公平性；起到了促使登记部门做到审慎审查的作用，经过法院诉讼后、公证机关公证后作出的生效法律文书，登记部门的登记依据将更为充分，法院站在中立的角度处理房屋登记案件，也有利于对事实的认定。由于不动产统一登记后《房屋登记办法》已经失效，目前的相关规定关于不动产登记部门自我纠错方面没有延续《房屋登记办法》第八十一条的规定，但是并不意味着其自我纠错权没有限制，基于行政行为的公定力以及法的安定性要求，行政机关都不能随意撤销行政行为。因此，不动产登记部门的自我纠错亦应有充分的理由，亦不能随意行使调查权自我撤销。

另一方面，房屋登记部门以行政处罚方式撤销房产证没有法律依据。相关法律、法规没有赋予其行政处罚权。即使其依据生效的法律文书撤销原共有人的房产证，也无权以行政处罚决定的形式予以撤销。且在本案中，其没有生效法律文书，更没有证据证明是本案原审原告李某采取虚报事实、隐瞒真相的手段骗取房屋产权登记，某县住建局作出的行政处罚决定认定事实不清，且没有法律依据。现行有效的《不动产登记暂行条例》第二十九条规定，不动产登记机构登记错误给他人造成损害，或者当事人提供虚假材料申请登记给他人造成损害的，依照《中华人民共和国物权法》（现对应《中华人民共和国民法典》物权编）的规定承担赔偿责任。《不动产登记暂行条例实施细则》第一百零四条第一项进一步规定，采用提供虚假材料等欺骗手段申请登记，构成违反治安管理行为的，依法给予治安管理处罚；给他人造成损失的，依法承担赔偿责任；构成犯罪的，依法追究刑事责任。上述规定进一步完善了提供虚假材料等欺骗手段申请登记的民事责任、行政责任、刑事责任，但对相应责任的追究依法应由具有法定职权的主体行使。

此外，本案房屋权属的问题是因离婚引起，盱眙县人民法院已判决准予段某和李某离婚，在财产分配问题上，将该争议房屋判给女方，要求女方给男方装潢款，在该份判决书中，将本案争议的行政行为作为判决的依据之一，认定房屋所有权归属女方，且离婚案件一审判决后双方均未上诉，已经生效。李某可依法针对该民事案件申请再审，待法院重新审理财产的归属后，再依据相关的判决书进行财产分配。原审第三人段某认为房屋初始登记错误，希望通过行政诉讼要求房屋登记部门撤销房产证，该途径并不利于案件的彻底解决，且由于第三人的房屋登记在 2003 年，9 年后称是离婚时才知道房产证登记在两人名下，没有充分的证据证明，也不符合常理，故其提起行政诉讼已经超过了起诉期限。且李某申请民事再审，就能够将财产归属查清，再提起行政诉讼也没有意义。

编写人：江苏省淮安市中级人民法院　牛延佳

二、行政强制

046 国有土地上房屋棚户区改造中强制拆除主体的认定

——朱某诉某区人民政府行政强制执行案

【案件基本信息】

1. 裁判书字号

北京市第四中级人民法院（2020）京04行初466号行政判决书

2. 案由：行政强制执行纠纷

3. 当事人

原告：朱某

被告：某区人民政府（以下简称区政府）

【基本案情】

据案涉房屋所有权证书记载，案涉房屋坐落于北京市，为案外人朱甲所有。2004年8月15日，朱甲订立遗嘱，指定涉案房屋的产权继承人为原告朱某。朱甲去世后，朱某取得涉案房屋的所有权。2015年7月30日，投资建设公司作出《通知》，该通知显示，受城市快轨建设管理公司、区政府的委托，投资建设公司负责承担地铁16号线海淀区段地铁苏州街站周边住宅的拆迁工作。

原告对搬迁性质、搬迁主体及补偿方案等有异议，一直未能达成补偿协议。2019年5月10日，大批不法人员强行破坏原告家防盗门，非法进入住宅后限制原告人身自由，并将原告及家人强制迁出案涉房屋，之后对原告家的门窗进行拆除、封堵单元楼门。

原告就房屋被强拆毁损一事报警后得知，原告所报警情系区政府组织的政府强拆行为。2019 年 8 月 7 日，原告发现整栋楼被夷为平地。原告再次报警，辖区民警仍告知此系政府组织的强拆活动。遂成讼。

【案件焦点】

1. 强制拆除行为性质；2. 强制拆除行为的主体应当如何认定；3. 拆除程序是否合法。

【法院裁判要旨】

北京市第四中级人民法院经审理认为：《北京市人民政府关于加快棚户区改造和环境整治工作的实施意见》规定，各区县政府是棚户区改造和环境整治的责任主体。各区县政府可通过公开招投标、邀请招标、竞争性谈判等公开方式确定具备相应资金实力、资信和资质等级的企业作为改造实施主体。各区县政府要按照国家和本市国有土地上房屋征收与补偿的相关规定，组织实施房屋征收。根据上述规定，对国有土地上棚户区改造和环境整治项目中房屋拆除应通过房屋征收补偿协议或房屋征收补偿决定等方式，由主管行政机关作出决定，并通过法定程序强制执行。任何组织在没有行政权力的前提下，不能单独实施国有土地上棚户区改造项目中房屋的拆除行为。本案中，作为民事主体的投资建设公司无行政权力实施行政行为，亦不能承担行政责任。投资建设公司的行为应当认定为接受行政机关委托而实施的，由委托的行政机关承担责任。本案中，被告区政府作出了涉案项目授权前期工作主体的批复，批准国土海淀分局进行前期工作及招标工作，因此投资建设公司实施的拆除房屋的行为，应认定为归属于行政委托人的行为，其相应的行政责任应由委托人被告区政府承担。同时根据《北京市人民政府关于加快棚户区改造和环境整治工作的实施意见》，各区县政府是棚户区改造和环境整治的责任主体，作为棚户区改造和环境整治的责任主体，被告区政府应当对投资建设公司实施的拆除房屋的行为后果承担相应的法律责任。原告未与投资建设公司达成补偿协议，也未明确同意将涉案房屋腾空并交付拆除。由投资建设公司实施的强制拆除行为既无法律法规规章的授权亦未履行相应的法定程序，应属违法，在此情况下，被告区政府将涉案房屋拆除的行为应确认违法。

北京市第四中级人民法院依照《中华人民共和国行政诉讼法》第七十四条第二款第一项之规定，判决如下：

确认区政府强制拆除朱某涉案房屋的行为违法。

判决后，双方当事人均未上诉，本判决现已生效。

【法官后语】

该案例涉及对国有土地上房屋棚户区改造过程中企业实施强制拆除行为责任主体和适格被告确定的问题。为了公共利益的需要，对于国有土地上的房屋实行征收，可采取棚户区改造等项目形式。而部分行政机关为追求效率，衍生出一系列规避法律的新举措，如由民事主体组织实施协议搬迁，然后再进行征地改造的行为。如何认定民事主体实施的强制清除行为的性质是此类案件的关键点，本案从国有土地上房屋征收的权力来源入手，遵循职权法定的原则，同时考虑行政机关事实上参与组织实施的程度，就该类行为的责任主体认定进行了分析，对国有土地上房屋征收中的新形式所引发的强制拆除行为的司法审查具有一定指导意义。

关于强拆的性质目前有两种观点：一种观点认为由民事主体进

行的强制拆除房屋行为应该通过民事途径进行解决，因为在项目中没有发布征收公告等程序，当事人不具有行政法意义上的权利和义务。另一种观点则认为根据职权法定原则，实施国有土地征收和地上物拆除行为的主体应有法律法规的授权。《国有土地上房屋征收与补偿条例》第四条第一款、第二款规定，市、县级人民政府负责本行政区域的房屋征收与补偿工作。市、县级人民政府确定的房屋征收部门组织实施本行政区域的房屋征收与补偿工作。根据上述规定，国有土地上房屋的征收主体是法定的，即地方人民政府。

企业并非实施强制清除行为的法定职权主体，而在履行征收和补偿安置的职权主体不自认的情况下，如何确定由谁承担相应的法律责任，是此类案件需要明确的地方。在征地实践中，地方政府可能利用民事主体或者其他组织采取协议拆迁等方式，规避《国有土地上房屋征收与补偿条例》规定的土地征收流程。但并不能认为此类主体因此即取得了独立实施征地补偿安置的行政主体资格，更不能认为此类主体因此还取得了以自己的名义实施强制拆除的法定职权。按照职权法定原则，在国有土地上房屋征收过程中，区县级政府应当首先被推定为适格被告；除非有相反证据或者生效裁判足以推翻上述认定。因企业并无实施强制拆除的权力，如果其作为民事主体擅自以自己的名义违法强拆，侵害物权的，除承担民事责任外，违反行政管理规定的，依法承担行政责任；构成犯罪的，依法追究刑事责任。

结合本案而言，涉案土地为国有土地，虽然采取了棚户区改造的形式，但是无法规避征收土地的本质。因此，根据本案情况，在没有法律授权依据，双方当事人未就房屋腾退达成一致意见的情况下，涉案公司实施的被诉强拆行为应认定为行政机关行使行政职权，委托其他主体实施的行政行为。拆除行为的责任应当由委托的行政机关承担，而非被委托的其他组织。本案强制拆除原告房屋的行为主体应当认定为区政府。

编写人：北京市第四中级人民法院　吴薇　王同鑫

047 当事人针对无主车辆行政强制措施提起诉讼仅需承担初步证明责任

——李某诉北京市某区城市管理综合行政执法监察局等行政强制措施案

【案件基本信息】

1. 裁判书字号

北京市第三中级人民法院（2019）京03行终539号行政判决书

2. 案由：行政强制措施纠纷

3. 当事人

原告（被上诉人）：李某

被告（上诉人）：北京市某区城市管理综合行政执法监察局（以下简称某区城管局）、北京市公安局公安交通管理局某区交通支队××大队（以下简称××交通大队）、北京市某区人民政府某街道办事处（以下简称某街道办）

【基本案情】

在原告居住房屋所在楼栋南侧的小区外公共道路上，长期停放着一辆改装后的无牌照三轮摩托车，该三轮摩托车玻璃上印着

“××牌电动防暴窗”字样，还印有客服加盟热线及邮件地址，其中热线电话与原告在法院留存的手机号码一致。2013年6月12日，原告取得国家知识产权局核发的《发明专利证书》，发明名称为“一种多功能窗户结构”。

2015年4月，某街道办对“僵尸车”进行清理，其中包括涉案三轮摩托车。2015年6月7日，某街道办的工作人员在涉案三轮摩托车上张贴一份《告知书》，告知车主根据《中华人民共和国道路交通安全法》《北京市市容环境卫生条例》，于2015年6月17日前将三轮车自行移走，或携带相关合法手续到某区城管局主张权利，逾期不自行移走的将由三被告依法对该车辆进行处理，由此造成的后果由车主本人承担。《告知书》落款处有某区城管局、某街道办及××交通大队的名称，但均未加盖公章。2015年7月1日，涉案三轮摩托车被强制拖走至指定停车场停放。

2016年4月7日，原告向某区城管局反映三轮车被查扣及物品丢失赔偿问题。2016年5月26日，某区城管局作出《行政答复意见书》，告知原告城管执法队未参与。经原告申请行政复议，北京市某区人民政府（以下简称某区政府）决定撤销某区城管局作出的《行政答复意见书》，某区城管局对原告提出的赔偿申请重新作出答复。2016年12月1日，某区城管局再次作出《行政处理意见书》，答复原告某区城管局未实施查扣行为，原告未提供证据证明损失是由某区城管局的行政行为造成，故决定不予赔偿。经原告再次行政复议，某区政府决定驳回原告的行政复议申请。

另查，某街道办曾于2016年11月8日出具一份《情况说明》，其中载明：“2015年7月1日，在某街道综治办组织下，由

××交通大队牵头，城管、社区等部门配合，对辖区违法停车问题进行集中整治。按照职责分工，道路僵尸车及违法停车由交通部门负责，交通部门将查扣的车辆拖至指定停车场停放并负责后续处理。2015年7月5日，李某到某街道城管队认领涉案三轮车，城管人员告知其清理僵尸车是交通所为，但为帮助其找车，城管队让其出示车辆的驾驶证、行驶证及购车手续，但其均无法提供。”

【案件焦点】

当事人就行政机关针对无主车辆实施的行政强制措施提起行政诉讼，需提供何种证据材料证明其起诉符合法定条件，应承担何种程度的证明责任。

【法院裁判要旨】

北京市朝阳区人民法院经审理认为：《中华人民共和国行政诉讼法》第二十五条第一款规定，行政行为的相对人以及其他与行政行为有利害关系的公民、法人或者其他组织，有权提起诉讼。本案中，原告提交的照片显示被查扣三轮摩托车的窗户上有“××牌电动防暴窗”字样及手机号码，原告同时提交了其为发明人的《发明专利证书》，结合原告居住、拍摄张贴《告知书》的照片、事后去停车场找寻车辆和到相关部门反映等因素综合判断，原告已完成初步举证责任，证明其与被查扣三轮摩托车有直接的关联性，故应具有提起本次行政诉讼的原告主体资格。

三被告均不认可直接实施了查扣涉案三轮摩托车的行为，但三被告曾共同下发《告知书》，可以证明三被告共同参与了行政执法过程，某街道办出具的《情况说明》也载明三被告分别实施了相应行为，故应认定三被告共同实施了涉案行政事实行为，在三被告均未提交有效证据证明实施涉案强制查扣行为合法性的情况下，应共同承担相应的法律后果。

北京市朝阳区人民法院依据《中华人民共和国行政诉讼法》第七十四条第二款第一项之规定，判决如下：

确认某区城管局、××交通大队、某街道办对李某的三轮摩托车共同实施的强制查扣行为违法。

某区城管局、××交通大队、某街道办不服一审判决，提起上诉。北京市第三中级人民法院经审理认为：本案中，三上诉人均不认可直接实施了查扣涉案三轮摩托车的行为，但根据三上诉人共同下发的《告知书》，可以证实三上诉人共同参与了行政执法过程，同时结合某街道办出具的《情况说明》，可以确认三上诉人共同实施了涉案行政行为。三上诉人并未提供证据证明其实施的涉案强制查扣行为具有合法性，故一审法院认定由三上诉人共同承担相应的法律后果，并判决确认三上诉人于2015年7月1日对李某的三轮摩托车共同实施的强制查扣行为违法并无不当。

综上，北京市第三中级人民法院依照《中华人民共和国行政诉讼法》第八十九条第一款第一项的规定，判决如下：

驳回上诉，维持一审判决。

【法官后语】

停放在公共区域内的无主车辆长期占用社会公共资源，影响到公共秩序、交通出行及城市形象，存在较大的交通安全和消防安全隐患，也被形象地称为“僵尸车”。由于无主车辆一般闲置时间较长，缺乏车辆有效登记信息，车辆的所有人和实际使用人难以有效查找，对于无主车辆的社会治理存在较大的执法困难。从行政诉讼的法定起诉条件角度来看，针对无主车辆行政强制措施提起诉讼的原告应承担何种程度的举证责任，直接关系到是否能启动司法救济程序，对此司法实践中存在两种不同意见：

第一种意见认为原告应承担初步的举证责任，即原告提交的证据能够反映出与其无主车辆之间的关联性，便具备提起行政诉讼的原告主体资格。具体理由是：从司法审查的角度看，无主车辆的所有权或实际控制人的问题主要涉及原告起诉是否符合法定起诉条件，对此不应让原告承担过多的举证责任。如在本案中，原告提交了照片，显示被查扣三轮摩托车的窗户上印有“××牌电动防暴窗”字样及手机号码，并提交了其为发明人的《发明专利证书》，结合原告居住、拍摄张贴《告知书》的照片、事后去停车场找寻车辆和到相关部门反映等因素，虽不能直接体现出原告是车辆的所有人，但原告从证据角度完成了初步举证责任，体现出原告与被查扣无主车辆的关联性，故应具有原告主体资格。

第二种意见认为原告应承担优势证据的举证责任，即原告提交的证据应达到证明原告为无主车辆所有人的程度，才具备提起行政诉讼的原告主体资格。具体理由是：行政机关对于无主车辆进行行政执法的前提是车辆长期处于无人实际管理状态，车辆的实际所有和控制问题是此类案件的核心问题，应采取相对严格的证明标准。具体到本案，原告提交的《发明专利证书》中仅载明“一种多功能窗户结构”，其提交的照片中窗户上显示“××牌电动防暴窗”，二者并不能对应，原告提交的执法现场照片中仅是一辆车窗上贴满小广告的三轮摩托车。因此，原告提交的均为辅助性证据，不具有直接证明其为车辆所有人的证据效力。从社会效果上看，无主车辆多为私自改装和未上牌照的车辆，长期放置在公共场所和公共道路上占用共用资源，行政机关对于无主车辆实际执法成本较高、难度较大，对于无主车辆信息和车辆所有人的情况难以实际掌握，如果对于原告的主体资格采取过于宽松的标准，则会将大量举证义务转移给行政机关，不仅会对行政执法造成实际困难，也会引发更多的纠纷和诉讼。

合议庭最终采纳了第一种意见，即认为针对无主车辆行政强制措施提起诉讼的原告，仅需承担初步证明责任证明其起诉具有相应的事实根据，具体理由是：第一，符合行政诉讼举证责任的一般规制。行政诉讼中强调被告的举证责任，并不意味着排除原告在特定情况下承担举证责任，但行政诉讼原告的证明责任系初步证明责任，这在行政诉讼证据规则中有明确体现。与被告举证责任指向与案件实体裁判有关事实不同，原告的证明责任系从起诉条件的角度进行判断，对原告赋予过重的举证义务不利于司法救济的有效实现。第二，无主车辆的社会危害性不应体现在原告主体资格的限制方面。从执法难度和社会现状的角度看，对于无主车辆的行政执法工作具有较大的执法难度和耗费较多的执法成本，无主车辆对于社会公共资源确实会造成较大的浪费，但行政执法现状并不能决定司法审查的标准，也不能因此对当事人赋予更多的限制条件。第三，原告承担初步证明责任兼顾了原告举证能力和行政执法实践。“证明责任应当包括行为与后果两个方面，即行为意义上的证明责任与结果意义上的证明责任。前者指当事人对所主张的事实负有提供证据证明的责任；后者指在事实处于真伪不明状态时，主张该事实的人承担不利的诉讼后果。”因此，原告的初步举证责任更多是行为意义上的证明责任，对此采取相对宽松的初步证明责任，并不意味着行政机关当然承担结果意义上的不利后果，反而可以更好地通过司法审查实现原告正当权益的有效维护和行政执法行为的有效监督的兼顾，促进对于无主车辆社会治理的法治化。

编写人：北京市朝阳区人民法院　郑瑞涛

048　“无主”坟墓被强拆后原、被告主体资格认定及举证责任承担问题

——庄某诉某县某镇人民政府、某县人民政府行政强制执行案

【案件基本信息】

1. 裁判书字号

福建省高级人民法院（2019）闽行终992号行政判决书

2. 案由：行政强制执行纠纷

3. 当事人

原告（被上诉人）：庄某

被告（上诉人）：某县某镇人民政府（以下简称某镇政府）、某县人民政府（以下简称某县政府）

【基本案情】

2005年12月27日，福建省人民政府作出《关于2005年度第十批次城市建设（工业）农用地转用和土地征收的批复》，征收包括某镇某山在内的集体土地。2018年6月5日，被告某镇政府在湄洲日报社刊登《迁墓公告》，告知相关权利人应在2018年6月12日前到所在社区进行登记和核实，逾期将按照无主墓进行处理。2018年

11月6日，原告庄某位于某镇某山的祖坟被强制拆除。原告以其祖坟坐落于该征地范围内被两被告强制拆除为由，于2019年5月5日提起该案诉讼。原告庄某曾于2018年8月23日以某镇政府为被告向莆田市涵江区人民法院提起行政诉讼，要求确认某镇政府于2018年7月27日挖掘毁坏其位于某镇某山祖坟的行为违法。涵江区人民法院于2018年12月13日作出行政裁定，驳回原告的起诉。

【案件焦点】

1. 原告庄某是否具备原告主体资格；2. 两被告主体是否适格，即被告某县政府、某镇政府是否于2018年11月6日强制拆除原告所诉的祖坟；3. 两被告实施涉案行为是否有事实和法律依据。

【法院裁判要旨】

福建省宁德市中级人民法院经审理认为：1. 该案原告主张其祖坟位于涉案征地范围，两被告实施强制拆迁行为。分析原告举证并结合案件实际情况，可以认定原告确有祖坟在征地范围。2. 在两被告无法明确被诉行为具体实施主体的情况下，确定拆迁坟墓行为应由被告某县政府、某镇政府共同承担法律责任，两被告均为该案适格被告。因两被告实施强制拆除行为未举证证明其已依法履行必要程序，且该案强制拆除行为已实施完毕，不再具有可撤销内容，故原告主张确认被告实施强制拆除行为违法有事实和法律依据，依法予以支持。

福建省宁德市中级人民法院依照《中华人民共和国行政诉讼法》第七十四条第二款第一项的规定，判决如下：

确认被告某县政府、某镇政府2018年11月6日强制拆除原告位于某镇某山祖坟的行为违法。

二审法院同意一审法院裁判意见。

【法官后语】

1. “无主”坟墓的原告主体资格认定

《最高人民法院关于行政诉讼证据若干问题的规定》第四条第一款规定，公民起诉时应当提供其符合起诉条件的相应的证据材料。从举证责任角度来看，原告就其与坟墓之间的利害关系负有举证义务。此时，应结合实际情况，综合判断原告是否已穷尽其举证。在没有充分证据反证的情况下，只要原告已对其祖坟情况尽到了初步举证责任，可以证明原告为涉案被拆坟墓的权利人之一，即可确认原告与被诉行政行为存在利害关系，具备原告主体资格。坟墓这类构筑物的权利主体，权利人众多，增加全部利害关系人进行诉讼既无必要，也不现实。

就案件本身而言，首先，从原告举证情况看，原告提供了墓地契文、族谱及户口簿、照片、视频等证据，且被告对于视频所载地点系征地范围无异议，上述证据能相互印证，证明原告曾祖父母、祖母的坟墓在涉案征地范围内。从举证角度看，原告已尽到相应的举证义务，坟墓这类构筑物的权利主体，不应苛求原告提交其他证据材料，而且也不现实。在没有充分证据反证的情况下，原告已对其祖坟情况尽到了初步举证责任，即可以确认其曾祖父母、祖母的坟墓已被拆除。其次，从两被告履行征地职责的情况看，被告某县政府确认其系涉案土地征收的组织实施主体，被告某镇政府确认其受某县政府委托实施征地过程的登记、丈量、迁坟公告等工作。而被告某镇政府对征地范围内的坟墓未进行具体核查，无法反证原告的上述举证。最后，从情理分析，认祖归宗是中国的传统，也是一项极为严肃的问题，按常理来说，一般人亦不可能去确认与己无关的坟墓为祖坟。综上，在原告已经初步举证，而被告又无法提供充分证据反证的情况下，可以确认原告确有祖坟在涉案征地范围并已被拆除，也即原告与被诉行政行为存在利害关系。

2. 实施拆除“无主”坟墓主体不明时的被告主体资格认定

根据《中华人民共和国行政诉讼法》第二十六条第一款规定，公民、法人或者其他组织直接向人民法院提起诉讼的，作出行政行为的行政机关是被告。《中华人民共和国土地管理法》第四十六条第一款规定，国家征收土地的，依照法定程序批准后，由县级以上地方人民政府予以公告并组织实施。实践中，行政机关往往否认自己实施了强制拆除行为，拒不提供证据，又不告知具体实施机关，导致无法查清坟墓何时被拆、被何行政机关拆除，也即具体实施拆除主体不明。此时，被告主体资格认定，应从行政职权角度分析，并结合已有的证据进行综合判断，从而确定适格被告。就案件本身而言，该案涉案征收土地坐落于某镇某山。被告某县政府确系涉案征收土地的组织实施机关，某镇政府又实际实施了土地征收的前期登记、丈量、发布迁坟公告等工作。在涉案坟墓确有被强制拆除的情况下，两被告否认其应对该强制拆除行为承担责任，则应当对强制拆除行为由其他主体实施或承担法律责任的问题进行相应举证，但两被告既没有明确合理地说明，也没有在举证期限内提供相应证据予以证明。因此，法院综合在案证据，结合案件具体情况，确定拆迁坟墓行为应由被告某县政府、某镇政府共同承担法律责任，两被告均为适格被告。

3. 强制拆除“坟墓”行为的举证责任分配

《中华人民共和国行政诉讼法》第三十四条第一款规定，被告对作出的行政行为负有举证责任，应当提供作出该行政行为的证据和所依据的规范性文件。《中华人民共和国行政强制法》第三十四条规定，行政机关依法作出行政决定后，当事人在行政机关决定的期限内不履行义务的，具有行政强制执行权的行政机关依照本章规定强制执行。该法第三十五条，第三十七条第一款、第二款以及第四十四条规定了行政机关作出行政强制行为的具体程序。而该案两被告均未举证证明其实施强制拆除坟墓行为的合法性。因此，法院依法确认两被告实施强制拆除行为违法。

编写人：福建省宁德市中级人民法院　缪义文　林玉芳

049　对正在修建的违法建设可依法定程序“快速拆除”

——蒋某诉南通市某区城市管理行政执法局城管行政强制执行及行政赔偿案

【案件基本信息】

1. 裁判书字号

江苏省南通市中级人民法院（2018）苏06行终192号行政判决书

2. 案由：城管行政强制执行及行政赔偿纠纷

3. 当事人

原告（上诉人）：蒋某

被告（被上诉人）：南通市某区城市管理行政执法局（以下简称某区城管局）

【基本案情】

某区城管局于2017年8月29日、9月29日在某小区5号楼张贴《城市规划管理提示书》，友情提示居住户禁止从事：1. 房屋未批先建；2. 擅自改变住宅外立面；3. 擅自在建筑物楼顶、退层平台、住宅底层院内以及配建的停车场进行建设；4. 擅自在设备平台、通风井等部位进行工程建设；5. 其他违反城市规划的建设活动。蒋某系某小区5号楼某室的房屋所有权人。2017年10月4日，蒋某未经批准，在自家南侧设备平台上安装铝合金窗户。同年10月15日，某区城管局进行现场勘查，发现包括蒋某在内的81户在设备平台上安装了铝合金窗户。10月31日，某区城管局将蒋某在设备平台上安装的铝合金窗户予以拆卸。经法院现场勘查，拆卸后的铝合金外框及四块玻璃完好，有九根嵌条略有变形，其中四根嵌条上有切割的痕迹。

【案件焦点】

1. 某区城管局认定蒋某封闭设备平台的行为违法，是否具有事实和法律依据；2. 某区城管局强制拆除蒋某封闭的设备平台，程序是否合法；3. 蒋某的赔偿请求能否得到支持。

【法院裁判要旨】

江苏省南通市港闸区人民法院经审理认为：蒋某未经批准擅自封闭设备平台的行为违反《中华人民共和国城乡规划法》第六十四条规定，依法应受到相应处理。某区城管局未作出任何责令停止建设或限期拆除行政决定，径行对案涉铝合金窗户进行拆卸，程序违法。某区城管局未违法处置蒋某的建筑材料，蒋某要求某区城管局赔偿损失的主张不能成立。

综上，江苏省南通市港闸区人民法院根据《中华人民共和国行政诉讼法》第七十四条第二款第一项、《最高人民法院关于审理行政赔偿案件若干问题的规定》第三十三条之规定，判决如下：

一、确认某区城管局强制拆除蒋某铝合金窗户的行为违法；

二、驳回蒋某的行政赔偿请求。

蒋某不服，提起上诉。江苏省南通市中级人民法院经审理认为：关于某区城管局认定蒋某封闭设备平台的行为违法，是否具有事实和法律依据的问题。蒋某的建设行为实质是未经规划许可擅自在中空天井外安装铝合金窗户，从而借助合法建筑的墙体，共同围成封闭空间。设备平台属于业主共有部分，封闭后的设备平台与蒋某的住宅合为一体，不仅客观上增加了私有部分面积，改变了小区原有设计规划及建筑物原有外立面，还可能造成安全隐患，属于违法建设行为。蒋某的建设行为不属于尚可采取改正措施消除影响的情形，故依法应予拆除。综上，某区城管局认定蒋某封闭设备平台的行为违法具有事实和法律依据。

关于某区城管局强制拆除蒋某封闭的设备平台，程序是否合法的问题。《中华人民共和国城乡规划法》第六十八条规定，城乡规划主管部门作出责令停止建设或者限期拆除的决定后，当事人不停止建设或者逾期不拆除的，建设工程所在地县级以上地方人民政府可以责成有关部门采取查封施工现场、强制拆除等措施。从“责令停止建设”的规定内容看，该条针对的主要是正在进行中的违法建设行为，根据特别法优先普通法的原则，在建建筑的处理应当依照《中华人民共和国城乡规划法》第六十八条规定，对不听制止而继续建设的行为要进行及时处理，采取查封施工现场或者强制拆除等即时措施，不受《中华人民共和国行政强制法》规定的强制执行程序的限制。本案中，蒋某无视城管部门的宣传提示及监管，继续实施违法建设行为，应当以正在进行的违法建设行为视之。某区城管局既未对蒋某的行为作出书面限期拆除决定，亦未由南通市某区人民政府责成拆除，在此情况下，某区城管局直接对蒋某封闭的设备平台进行拆除，违反法定程序，依法应当确认违法。

关于蒋某的赔偿请求能否得到支持的问题。违法建筑不受法律保护，但组成建筑物的原材料属于公民合法财产，如果行政机关采用不合理的方式强制拆除违法建筑，造成不当损害的，应当承担赔偿责任。虽然某区城管局的强制拆除行为程序违法，但未改变蒋某建设行为违法的定性，在对建筑物、构筑物的拆除过程中，不可能将建筑材料完全恢复到原有状态，无论采取何种保护性措施，嵌条变形、建筑材料价值减损等情况均不可避免。因此，应当认为某区城管局拆除手段合理合法，与蒋某的损失之间不存在因果关系，对蒋某主张的损失，某区城管局不承担赔偿责任。

综上，江苏省南通市中级人民法院依照《中华人民共和国行政诉讼法》第八十九条第一款第一项之规定，作出如下判决：

驳回上诉，维持原判。

【法官后语】

1. 治理违法建设的立法与执法现状

违法建设一直是我国城乡治理中面临的一个痼疾，由于成因复杂、利益交叠等原因，违法建设的查处既是广大群众关心的热点问题，也成为行政执法与司法实践中面临的难点问题。行政强制法实施后，行政机关对违法建筑从发现到最终拆除，除应当符合城乡规划相关法律、法规规定外，还应遵循行政强制法的规定。行政机关对违法建筑从发现到最终拆除，要履行的主要程序往往需要数个月甚至更长时间，如果相对人再对相关行政行为申请复议或提起诉讼，经历的时间将更加难以预期。

2. 违法建设所涉基本理论与利益衡量

行政机关查处违法建设过程中之所以出现前述有意识的分类执法行为，根本原因在于违法建设的认定缺乏类型化标准，由此引发了财产保护、行政效率以及公共利益之间的失衡与失范。因此，有必要充分考虑并衡量违建所关涉的行政管理、公共利益以及私人权利之间的相互关系，从而对查处违法建设的程序作出合理的选择。

首先，从促进行政效率的角度而言，违法建筑往往建设速度极快，如不及时处理，易形成迅速蔓延的趋势。实践中，有的行为人采取突击的形式搭建违法建设，待造成之后，再采取各种方式阻碍行政机关执法，或者即使被行政机关发现，行为人也采取诉讼等方式拖延时间，继续搭建。正在进行的违法建设是最好的拆除时机，一旦不能及时拆除，将增加行政机关后续拆违工作的成本。因此，对于正在进行的违法建设，最有效的办法就是行政机关及时发现、及时制止，制止不成的，及时拆除。其次，从维护公共利益的角度而言，或者从终极意义上来说，保障特定社会秩序的实现才是行政强制执行的价值所在。有的违法建筑可能占用了小区公共空间或破坏了建筑物整体的环境与美观，有的违法建筑可能对邻居的通风采光、通行等相邻权造成影响，有的违法建筑甚至会引发环境污染，滋生安全隐患。如果所有的违法建设行为，均不加区分地依照法定程序实施查处和拆除，势必导致社会公共利益及他人正当权利长期处于受损害、受威胁的状态，这显然有悖《中华人民共和国行政强制法》第一条规定的维护公共利益和社会秩序的立法目的。最后，从平衡个人权益的角度而言，个人利益并非决定正当法律程序适用与否的唯一条件。个人权利的实现程度、权利的位阶与其保障和救济制度呈正向关系，个人权益越重要，法律赋予的程序保障力度也就越大。有的违法建筑由于成本低、建设快、长期得不到查处等原因，容易产生示范效应，导致一个范围内的人群出现法不责众的心理而共同实施违法建设行为。违法建设的户外广告如果历经较长时间得不到拆除，相对人设置广告的目的早已达到，最终即使拆除，对行为人的惩戒功能也早已丧失。

综上分析，在多元的行政管理实践中，对违法建设不能“一刀切”地采取同样的行政强制执行程序和方式。对于正在进行的违法建设等特定情况，应当强调对违法建设的快速处理，以达到尽快减少或者消除违法建筑对社会秩序和公共利益所造成的损害之目的。

3. 正在进行的违法建设的判断标准

违法建设正在进行是行政机关能否直接适用《中华人民共和国城乡规划法》第六十八条的核心要素。因此，其认定应当尤为慎重，自由裁量亦应限缩在最低限度内。在建建筑一般是指尚未完工、还不具备居住、使用功能的建筑物、构筑物。实践中，有的建筑物、构筑物成本较低、面积较小、结构简单，数日甚至数小时即可完成，此类建设行为隐蔽性强、周期短，往往未被发现即已竣工。此时，如果仍然拘泥于违法建设“正在进行”的一般标准，可能导致对此类行为的纵容。因此，行政机关在行为人实施违法建设前，已经通过适当方式提示告知，但行为人拒不听从、坚持完成建设的，或者行政机关在合理时间内即发现了行为人已实施完毕的违法建设行为，均可视为正在进行的违法建设。

编写人：江苏省南通市中级人民法院　张祺炜

050 行政行为明显不当标准的判断与审查

——刘某诉北京市某区城市管理综合行政执法监察局、北京市某区人民政府行政强制执行及行政复议案

【案件基本信息】

1. 裁判书字号

北京市第一中级人民法院（2018）京01行终367号行政判决书

2. 案由：行政强制执行及行政复议纠纷

3. 当事人

原告（被上诉人）：刘某

被告（上诉人）：北京市某区城市管理综合行政执法监察局（以下简称某区城管局）、北京市某区人民政府（以下简称某区政府）

【基本案情】

2017年4月28日，被告某区城管局作出京海城管罚字〔2017〕000174号限期拆除决定书（以下简称被诉限期拆除决定），查明刘某未依法取得规划许可，擅自于2016年3月在北京市海淀区香山××号建设砖混结构房屋一处（以下简称涉案房屋），该房屋东西长16.10米，南北宽11.00米，建筑面积177.10平方米。某区城管局认为刘某的行为违反了《北京市城乡规划条例》第二十三条第一款之规定，所建房屋属违法建设，遂依据上述条例

第六十六条第一款之规定，责令刘某自接到本决定之日起15日内自行拆除上述建设，并接受复查。逾期不拆除的，依据《北京市城乡规划条例》第六十六条第二款之规定，将报经某区政府责成有关部门予以强制拆除。刘某不服，向某区政府申请复议。某区政府于2017年7月31日作出海政复决字〔2017〕127号行政复议决定书（以下简称被诉复议决定），决定维持被诉限期拆除决定。刘某亦不服，认为其涉案房屋系合法建设，且房屋一旦被拆除，其全家人将流浪街头，遂向法院提起诉讼。

【案件焦点】

1. 某区城管局作出的被诉限期拆除决定是否具有合理性；2. 本案是否适用明显不当标准进行审查。

【法院裁判要旨】

北京市海淀区人民法院经审理认为：依据《中华人民共和国行政诉讼法》第七十条第六项规定，人民法院审理行政案件，不仅要对被诉行政行为是否合法进行审查，还要对行政行为裁量是否明显不当进行审查。

根据《中华人民共和国城乡规划法》第六十四条、《北京市城乡规划条例》第六十六条第一款规定，针对本市范围内未取得建设工程规划许可证的城镇违建，尚可采取改正措施消除对规划实施的影响的，应限期改正；无法采取改正措施消除影响的，方可限期拆除或没收。本案中，刘某所建房屋虽确属未批先建，但刘某系在原有宅基地上翻建，房屋用途系自住，房屋也未超过原有面积，更未加盖。且需强调的是，该房屋系刘某及其子的唯一居所。如有权机关在确认该房屋为违建后直接作出限期拆除决定并最终履行，则刘某及其家人必将面临流离失所的可预见结局。法律的最终目的是维护人民的权益，保障社会的正常运行。针对刘某所面临的困境，某区城管局应先选择采取责令限期补办规划手续等改正措施后，再针对相应改正的情况酌情作出决定。现直接作出限期拆除决定必然将对刘某的权益造成过度损害，应属明显不当。

综上，北京市海淀区人民法院依据《中华人民共和国行政诉讼法》第七十条第六项、第七十九条，《最高人民法院关于适用〈中华人民共和国行政诉讼法〉若干问题的解释》第十条第一款的规定，作出如下判决：

一、撤销被告某区城管局于 2017 年 4 月 28 日作出的被诉限期拆除决定；

二、撤销被告某区政府于 2017 年 7 月 31 日作出的被诉复议决定。

二审法院同意一审法院裁判意见。

【法官后语】

本案涉及行政行为“明显不当”的审查与判断问题。

1. 本案是否应适用明显不当标准进行审查

1989 年《中华人民共和国行政诉讼法》采用的是“显失公正”标准，其第五十四条第四项明确“行政处罚显失公正的，可以判决变更”。2014 年修改后的《中华人民共和国行政诉讼法》第七十条第六项[①]、第七十七条[②]则以“明显不当”标准取而代之，进一步明

---

① 《中华人民共和国行政诉讼法》第七十条第六项规定，行政行为明显不当的，人民法院判决撤销或者部分撤销，并可以判决被告重新作出行政行为。

② 《中华人民共和国行政诉讼法》第七十七条第一款规定，行政处罚明显不当，或者其他行政行为涉及对款额的确定、认定确有错误的，人民法院可以判决变更。

确了对行政行为的全面审查原则，审查范围也从行政处罚扩大到所有行政行为。由此可见，人民法院审理行政案件，不仅要对被诉行政行为是否合法进行审查，还要对行政行为裁量是否明显不当进行审查。

2. “明显不当”标准的判断强度与审查因素

实践中，人民法院适用《中华人民共和国行政诉讼法》规定的“明显不当”标准审理案件应考察哪些条件和因素，目前还需要进一步明确。立法在规定人民法院可以对被诉行政行为进行合理性审查的同时，强调了只有行政行为“明显不当”的才可以予以撤销或变更，由此也可以看出法律对行政裁量进行司法审查的定位，即人民法院既要履行对行政裁量的审查职责，不能怠于履行，也要秉持谦抑态度行使自己的审查权力，给予行政裁量必要的尊重。这就涉及“明显不当”标准适用时应当审查的因素。

有学者认为，若没有充分证据，法官就无需追问行政的真实意图或动机是否正当，而只要判断裁量是否考虑相关因素、是否与立法目的和精神一致、是否遵守正当程序、是否符合比例要求、是否保障信赖利益、是否平等对待各方利益主体等。[①] 由此，结合本案，法官在适用“明显不当”标准审查案件时，首先，不需要考虑行政机关的主观动机是否正当，排除主观考虑因素（实际上这也是原有的“显失公正”标准适用非常少的主要原因之一）；其次，可结合行政机关是否存在如下情形来判断是否适用“明显不当”标准：(1) 未考虑相关因素。本案中被告未考虑到涉案房屋系原告唯一住房，如果拆除则直接导致原告一家人流离失所。(2) 不符合比例原

---

① 沈岿：《行政诉讼确立“裁量明显不当”标准之议》，载《法商研究》2004 年第 4 期。

则。比例原则要求行政行为的作出应兼顾行政目的实现与相对人权益的保护。如果行政目标的实现可能对相对人的权益造成不利影响，则这种不利影响应被限制在尽可能小的范围和限度内。行政裁量行为应充分考虑手段与后果的关系。(3) 未遵守正当程序。(4) 违背立法精神和目的等。

具体到本案，城乡规划建设以及执法机关相应的执法行为均应贯彻"以人为本"的理念，保障人民群众有所居、安于所居，彰显的是人的基本权利与尊严，亦是依法行政的应有之义。城市管理综合执法部门的执法活动均须以此为依归，方能体现其正当性。

编写人：北京市海淀区人民法院　赵云

051 规划土地监察部门查处未定级不可移动文物的修缮行为是否属于超越行政职权

——叶某诉深圳市某区规划土地监察局行政强制执行案

【案件基本信息】

1. 裁判书字号

广东省深圳市中级人民法院（2018）粤 03 行终 856 号行政判决书

2. 案由：行政强制执行纠纷

3. 当事人

原告（被上诉人）：叶某

被告（上诉人）：深圳市某区规划土地监察局（以下简称某区规土监察局）

【基本案情】

"××世居"客家围屋建于1794年，占地面积为6485平方米，整体结构和布局保存较为完好。2012年第三次全国文物普查时，"××世居"被公布为未定级不可移动文物。原告的祖屋为"××世居"客家围屋的一角，仅占一小部分。原告的祖屋年久失修，仅剩外墙四壁，内墙坍塌仅剩一米多高。

2016年3月15日，原告向某区公共事业局申请维修加固祖屋。2016年3月29日，某区公共事业局作出回复，内容为：一、根据《广东省实施〈中华人民共和国文物保护法〉办法》第二十一条的规定，原则同意原告出资对其自己所属物业进行加固、保养、维护，对不可移动文物进行修缮、保养、迁移，必须遵守不改变文物原状的原则，且必须遵守相关其他国家法律、法规，且施工中不得乱建、超建，同时设计施工图纸需报备。但原告没有进行图纸报备。

原告向被告申请对祖屋进行修缮，被告于2016年5月27日作出回复，告知原告其没有相关审批职责。

2016年8月24日，被告发出《责令停止（改正）违法行为通知书》，内容为：原告没有取得《建设工程规划许可证》，于2016年8月24日被发现在"××世居"施工建设（老屋修缮）。根据《中华人民共和国行政处罚法》第二十三条及《中华人民共和国城乡规划法》第六十四条规定，责令原告立即停止违法行为，并于2016年8月29日前自行拆除新建砖墙，逾期不拆除的将根据有关法律规定实施行政处罚，并可根据需要采取行政强制措施。被告将《责令停止（改正）违法行为通知书》交给现场工人。后原告未自行拆除，被告于2017年1月17日，将原告新建的五面内墙拆除。

另查明：1. 针对法院就原告“××世居”祖屋的施工是否需要取得《建设工程规划许可证》的询问，深圳市规划和国土资源委员会某区管理局回复称：（1）根据《中华人民共和国文物保护法》第二十一条规定，若对该文物进行修缮或保养，相关事项需报文物保护主管部门批准；（2）根据《中华人民共和国文物保护法》第二十二条规定，若文物已经全部损坏，需进行重建，相关事项需由文物保护主管部门报区或市政府批准。相关规划审批事宜需遵守《中华人民共和国城乡规划法》和《深圳市城市规划条例》的有关规定。2. 深圳市某区文体旅游局承接某区公共事业局文物保护的管理职能。深圳市某区文体旅游局针对法院就原告的建设行为属于修缮还是重建的询问，回复称：“××世居”整体作为未定级不可移动文物，占地面积6485平方米，整体结构和布局保存较为完好，原告自有权属部分的祖屋为“××世居”整体围屋的其中一小部分。根据原告提交的申请资料显示，其对自有权属部分祖屋维修加固属局部维修。

【案件焦点】

被告是否具有对原告“××世居”祖屋的施工行为进行查处的职权。

【法院裁判要旨】

广东省深圳市盐田区人民法院经审理认为：《中华人民共和国城乡规划法》第十一条第二款规定，县级以上地方人民政府城乡规划主管部门负责本行政区域内的城乡规划管理工作。第三十一条第二款规定，历史文化名城、名镇、名村的保护以及受保护建筑物的维护和使用，应当遵守有关法律、行政法规和国务院的规定。根据《中华人民共和国立法法》所确立的法律适用原则，相对于城乡规划主管部门具有的对城乡规划的监督管理职权而言，文物主管部门对受保护建筑物的维护、使用的管理权属于特别权限。对受保护建筑物的维护、使用应当优先适用文物保护方面的法律规定。文物保护法没有要求未定级不可移动文物的修缮应当报规划部门批准，并且，对于违法擅自修缮不可移动文物的行为，也应由文物主管部门负责查处，某区规土监察局不具有对叶某祖屋的建设行为进行查处的职权。

广东省深圳市盐田区人民法院依据《中华人民共和国行政诉讼法》第七十条第四项、第七十四条第二款第一项之规定，判决：

确认某区规土监察局拆除叶某祖屋内墙的行为违法。

二审法院同意一审法院裁判意见。

【法官后语】

目前法律对于行政机关的职权范围的规定已较为明确，行政机关故意违背法律的明确规定而越权行政的情况较少，但在个别领域，当行政职权存在交叉时，行政职权的判断则涉及法律适用问题，较为复杂，本案即一例。

1. 本案审理之困境

本案涉及的建筑为有两百多年历史的“××世居”，该建筑在2008年全国文物普查时被登记为不可移动文物。原告主张其修缮已经征得辖区文物主管部门同意，依据文物保护法，被告无权进行查处。被告认为，原告没有取得《建设工程规划许可证》，是擅自毁损文物后实施的违法建设行为，依据《深圳经济特区规划土地监察条例》，被告具有对原告规划违法行为进行查处的职责。因此，应当依照哪部法律来确定被告是否具有对原告建设行为进行查处的职责是双方争议的核心。

《中华人民共和国立法法》第一百零三条规定，同一机关制定的法律、行政法规、地方性法规、自治条例和单行条例、规章，特别规定与一般规定不一致的，适用特别规定；新的规定与旧的规定不一致的，适用新的规定。一般认为，同一法律、行政法规、地方性法规、自治条例和单行条例、规章内的不同条文对相同事项有一般规定和特别规定的，优先适用特别规定。因此，法律适用的一般规则为：同一部法律或法规中，特别条款优于一般条款；同一位阶的不同法律或法规中，特别法优于一般法。本案特殊之处在于，《中华人民共和国文物保护法》是全国人民代表大会常务委员会制定的，《深圳经济特区规划土地监察条例》是经济特区法规，并不能简单运用上述规则确定应当适用的法律。因此，只有把本案转化成能适用上述规则的情形才能解决被告是否具有职权的问题。

2. 案件破解之出路

《深圳经济特区规划土地监察条例》是经济特区法规，是对深圳经济特区范围内规划土地监察工作的规定。其第二条第二款明确规定，本条例所称规划土地监察，是指规划土地监察机构对公民、法人和其他组织遵守、执行城市规划和土地管理法律、法规、规章的情况进行监督检查，并依法对违反城市规划法律、法规、规章的行为和违反土地管理法律、法规、规章的行为进行查处的行政执法活动。综观全文，该条例仅仅对主管部门、执法程序等结合深圳实际作出了变通规定，对于违反城市规划法律、法规的情形并未作出特殊规定。因此，判断原告的建设行为是否合法的依据仍是城市规划法律、法规，即包括城乡规划法。据此，原告的建设行为是否违反了城乡规划法成为厘清被告职权的关键。

《中华人民共和国城乡规划法》第十一条第二款规定，县级以上地方人民政府城乡规划主管部门负责本行政区域内的城乡规划管理工作。第三十一条第二款规定，历史文化名城、名镇、名村的保护以及受保护建筑物的维护和使用，应当遵守有关法律、行政法规和国务院的规定。根据同一部法律中，特别条款优于普通条款的法律适用规则，本案的“××世居”作为未定级不可移动文物，对其监督管理应当优先适用文物保护方面的法律规定。

那么，《中华人民共和国文物保护法》有没有规定本案建设行为需要办理《建设工程规划许可证》，以及违反规定相应的查处职责由谁负责呢？《中华人民共和国文物保护法》中相关条款为第二十一条和第二十二条。根据第二十一条第二款规定，对未核定为文物保护单位的不可移动文物进行修缮，应当报登记的县级人民政府文物行政部门批准。根据第二十二条规定，不可移动文物已经全部毁坏的，需要在原址重建的，按照文物级别，报省、自治区、直辖市人民政府批准或者报国务院批准。本案原告祖屋虽然内墙坍塌，但外墙完好，且其仅占“××世居”6485平方米建筑群的一小部分，故原告的建设行为应当认定为修缮而不是重建，原告修缮“××世居”祖屋并不需要取得建设工程规划审批手续，事实上，原告的修缮行为已经经过文物主管部门批准。并且，根据《中华人民共和国文物保护法》第六十六条规定，对于违法擅自修缮不可移动文物的行为，也是由文物主管部门按照违法行为的情节作出责令改正、罚款等行政处罚。因此，被告并没有对原告的修缮行为进行查处的行政职权。

3. 本案其他需要说明的问题

(1) 在涉及行政管理专业领域的问题，法院的司法权应当保持适当的谦抑。为审慎认定原告行为的性质，合议庭曾向“××世居”所在辖区的文物主管部门发函询问，最终，法院在案件整体事实的基础上采纳了文物主管部门的意见，认定原告对其祖屋的施工行为属修缮。

(2) 由于本案较为新颖，合议庭曾查阅中国裁判文书网，并未查到相同案件，仅有一宗类似案件即黄某诉北京市规划和国土资源委员会不履行法定职责案①。该案中，黄某举报某寺庙无证施工，法院认为，某寺庙属于在册文物，对其进行迁移、拆除应由文物部门审批，并非由北京市规划和国土资源委员会监管、查处。该案在一定程度上能反映出法院对于不可移动文物的修缮、迁移是否需要规划审批所持的观点。

(3) 事实上，“××世居”已存在两百多年，有关城市规划的法律、法规近几十年才颁布实施，要求对早已存在的不可移动文物按照现代法律进行规划审批，似有本末倒置之嫌。本案涉及的是未定级不可移动文物，文物作为不可再生资源，全社会均负有保护义务。因此，在依法查处违反规划行为和依法保护文物两种价值的选择中，法院最终选择了依法保护文物的价值取向。

编写人：广东省深圳市盐田区人民法院　孙静

---

① 参见北京市第二中级人民法院（2017）京02行终1694号行政判决书。

052 安置补助争议不影响行政机关地质灾害搬迁避让行为的合法性

——罗某、谭某诉某自治县人民政府、某自治县某镇人民政府地质灾害行政强制措施案

【案件基本信息】

1. 裁判书字号

重庆市第四中级人民法院（2018）渝04行初84号行政判决书

2. 案由：地质灾害行政强制措施纠纷

3. 当事人

原告：罗某、谭某

被告：某自治县人民政府（以下简称某县政府）、某自治县某镇人民政府（以下简称某镇政府）

【基本案情】

原某乡（现为某镇）政府驻地地处两山夹一槽斜坡地带，为“斜坡变形体”，在雨季整体处于欠稳定状态。2009年，川东南地质队向有关部门发出尽快治理或搬迁避让的函。为此，某县国土房管局委托某地质公司进行地质调查，调查结论为：斜坡变形体Ⅰ区基本稳定，斜坡变形体Ⅱ区在暴雨或持续降雨状态下处于不稳定状态，严重威胁该乡112户约28918平方米房屋及一公路；根据比选防治方案，以搬迁避让的方式优先。2010年4月，某县政府常务会议同意某乡老场镇实施搬迁避让。2010年12月10日，某县人大常委会审议同意某乡政府驻地由“双河口”搬迁至“苦草湾”。2011年6月，某县政府批准《搬迁避让工作实施方案》，

该方案对搬迁避让的工作步骤、搬迁人口界定、安置方式等进行了规定。

本案涉案房屋三楼一底，位于本案搬迁避让范围内，无产权登记。其中，该房屋的物理一层、三层实际占有人系丁甲，物理二层的实际占有人为丁乙，物理四层为原告修建。原告谭某、罗某系夫妻关系，是丁甲的岳父母。原某乡政府工作人员于2010年4月23日对丁甲、丁乙进行了调查，调查笔录反映涉案房屋450平方米系丁甲修建，丁甲家在该房屋内长期居住有丁甲、陈某、丁小一共三人；丁甲还将该房屋中的一层出售给了丁乙，丁乙家有丁乙、李某、丁小二共三人。2013年7月16日及2014年3月26日，原某乡政府分别与丁甲、丁乙签订了《搬迁安置协议书》，对丁甲户三人和丁乙户二人进行集中安置，并给予相应的补助资金。

2015年11月11日，某县政府办公室下发通知，确定搬迁户房屋拆除主体为某镇政府。2017年2月19日，丁甲同意拆除房屋，并于2017年3月21日领取了全部补助款。2017年3月底4月初，某镇政府将涉案房屋全部予以拆除。原告认为，某镇政府拆除的上述房屋中包含了其二人所有的部分，某镇政府在未对其二人进行搬迁安置且未征得二人同意的情况下，将其所有的房屋一并拆除违法，故提起本案诉讼。

【案件焦点】

某镇政府拆除罗某、谭某房屋的行为是否合法。

【法院裁判要旨】

重庆市第四中级人民法院经审理认为：本案现有证据证明原告修建了涉案房屋的物理四层并享有权属，某镇政府拆除涉案房屋的行为与原告间存在利害关系，根据《中华人民共和国行政诉讼法》第二十五条第一款的规定，原告有权提起本案诉讼。

根据《重庆市地质灾害防治条例》等相关规定，二被告对其辖区内的地质灾害负有防治或参与防治的职责。某乡（镇）斜坡变形体在暴雨或持续降雨状态下将处于不稳定状态，严重威胁人民群众的生命财产安全，属于地质灾害。某县政府为保障人民群众安全，根据防治建议，决定实施搬迁避让，符合《重庆市地质灾害防治条例》第四十八条规定。虽然该条例规定搬迁避让的具体办法由市人民政府制定，但在尚无具体规定的情况下，二被告为保障受灾群众的合法权益，制定搬迁避让方案、搬迁人口界定办法等，并与受灾户签订安置协议，保障了受害群众的生产生活权利，其行为正当，符合立法目的。

本案中，原告在丁甲修建的涉案房屋上增建的第四层房屋与丁甲、丁乙的房屋系一整体。因无产权登记，丁甲陈述涉案房屋出售了一层给丁乙，其余房屋属其所有，房屋内长期居住人口为丁甲、丁乙两家人。且与丁甲、丁乙签订的安置协议中应拆除房屋面积与涉案房屋整体面积相当。某镇政府据此界定了涉案房屋内的受灾人口，并与经确定住户丁甲、丁乙签订安置协议，完成了安置补助，之后拆除涉案房屋。虽现有证据证明涉案房屋第四层系原告修建，但考虑到涉案房屋无产权证明且具有一体性、丁甲与原告的人身关系、地质灾害搬迁避让安置补助性质以及地质灾害搬迁避让的紧迫性等因素，本着搁置争议、切实保护人民群众生命财产安全的原则，某镇政府及时拆除涉案房屋符合法律规定。至于原告是否属于安置对象，可申请被告进行界定处理，考虑到地质灾害搬迁避让的特殊性，该争议不影响对灾区房屋的拆除。

重庆市第四中级人民法院依据《中华人民共和国行政诉讼法》第六十九条规定，作出如下判决：

驳回原告罗某、谭某的诉讼请求。

判决后，双方当事人均未上诉，本判决现已生效。

【法官后语】

本案系因地质灾害搬迁避让引发的行政诉讼案件。目前，关于地质灾害搬迁避让的相关规定尚不完善，缺乏统一标准和程序规范。但根据《中华人民共和国行政强制法》《地质灾害防治条例》《重庆市地质灾害防治条例》等法律法规的规定，地质灾害搬迁避让的具体操作程序与一般的征地拆迁、强制执行程序存在区别。实践中，搬迁避让行为是否合法，应当结合立法目的与地质灾害搬迁避让的特点进行审查判断。

首先，地质灾害防治立法的目的在于避免和减轻地质灾害造成的损失，维护人民生命和财产安全，促进经济社会可持续发展。本案中，地质灾害威胁客观存在，实施搬迁避让具有必要性。某县政府及某镇政府在重庆市尚未制定地质灾害搬迁避让具体办法的情况下，自行制定搬迁避让实施方案及相关操作办法，及时完成当地群众的转移及房屋拆除工作，使人民群众的生命财产安全免受地质灾害威胁，有效保障了人民群众的生命财产安全，符合立法目的。

其次，地质灾害搬迁避让具有现实紧迫性。本案原告的涉案房屋位于地质灾害搬迁避让区域内，其生命财产安全时刻面临着地质灾害的威胁，若不及时完成搬迁，一旦发生地质灾害，可能造成难以挽回的严重后果。因此，对地质灾害搬迁避让及强制拆除房屋的合法性审查标准不能与征地拆迁等行为等同，在地质灾害威胁实际存在且随时可能发生的情况下，政府可以先行强制拆除相关房屋，而不必等到安置补助完成之后才进行，而且拆除程序也可根据突发事件应对法等相关规定予以适度简化。若受灾群众对安置补助等事宜有争议的，可以事后通过协商或者法律途径解决。

据了解，某镇驻地是典型的“两山夹一槽”的斜坡变形体地带，在雨季雨水冲刷下，经常发生滑坡等地质灾害，严重威胁当地人民群众的生命财产安全。但在搬迁避让过程中，由于政策宣传不到位、群众对地质灾害的危险性认识不足等因素，当地群众对安置补助、房屋拆除等问题存在较大争议，潜在诉讼较多。本案的判决结果，一方面解答了群众对地质灾害搬迁避让过程中存在的疑问，起到了宣传普法的作用，有利于当地政府相关工作的推进；另一方面也为当地群众解决安置补助争议指明了路径，有利于受灾群众及时有效地解决实际问题，减轻诉累。

编写人：重庆市第四中级人民法院　蒲开明　周余

053 复议机关以不符合受理条件为由驳回复议申请时诉讼途径的选择

——金某诉北京市某区某镇人民政府、北京市某区人民政府行政强制执行及行政复议案

【案件基本信息】

1. 裁判书字号

北京市第三中级人民法院（2018）京03行终272号行政裁定书

2. 案由：行政强制执行及行政复议纠纷

3. 当事人

原告（上诉人）：金某

被告（被上诉人）：北京市某区某镇人民政府（以下简称某镇政府）、北京市某区人民政府（以下简称某区政府）

【基本案情】

2014年2月28日，甲方北京市某区某镇×股份经济合作社与乙方金某签订承包土地合同书，承包期限为三年，自2014年2月28日起至2017年2月28日止。

2016年12月3日，某区某镇×棚户区改造项目拆迁现场指挥部向×棚户区改造项目的被拆迁人作出《某区某镇×棚户区改造项目非住宅一期（回迁安置地块）拆迁腾退公告》，主要内容为：某镇×棚户区改造项目已纳入北京市棚户区改造范围。根据《关于授权北京×投资开发有限公司为某镇×棚户区改造项目实施主体的批复》规定，北京×投资开发有限公司为本项目实施主体。拆迁范围：某镇×棚户区改造回迁安置房地块范围内（详细四至见附图）。搬迁期限：2016年12月3日至2016年12月17日（搬迁期限届满前签订拆迁补偿协议并按约定期限搬迁交房的，享受提前搬迁奖励和履行合同奖励）。金某承包的上述土地在某镇×棚户区改造项目的拆迁范围内，其未在搬迁期限内签订拆迁补偿协议。

因某镇×棚户区改造建设需要，北京市某区某镇×股份经济合作社在原告承包土地合同到期后，于2017年3月29日委托北京市×公证处对金某承包的土地地上物现状及北京市×房地产咨询评估有限公司的测量、清点、登记过程进行保全证据公证；于2017年4月10日对金某作出告知书，通知金某于2017年4月11日前将承包的土地自行恢复原貌交给该社，否则该社将对承包土地范围内的地上物进行清除。

2017 年 4 月 12 日，金某承包土地范围内的地上物被拆除。

2017 年 5 月 27 日，金某以某镇政府为被申请人向某区政府申请行政复议，请求确认某镇政府于 2017 年 4 月 12 日拆除其果园的具体行政行为违法。2017 年 8 月 24 日，某区政府作出密政复决字〔2017〕8 号行政复议决定，认为金某提交的视频及照片等证据材料不足以证明某镇政府实施了涉案土地地上物的拆除工作，故金某以某镇政府为被申请人提出行政复议申请没有事实依据。据此，依据《中华人民共和国行政复议法实施条例》第四十八条第一款第二项规定，决定驳回金某的行政复议申请。

【案件焦点】

1. 本案复议机关是否应为共同被告；2. 复议机关以不符合受理条件为由驳回复议申请的，当事人如何选择救济途径。

【法院裁判要旨】

北京市密云区人民法院经审理认为：公民、法人或者其他组织向人民法院提起行政诉讼，应当符合法定起诉条件；起诉不符合法定条件，已经立案的，应当裁定驳回起诉。《中华人民共和国行政诉讼法》第二十六条第二款规定，经复议的案件，复议机关决定维持原行政行为的，作出原行政行为的行政机关和复议机关是共同被告；复议机关改变原行政行为的，复议机关是被告。《最高人民法院关于适用〈中华人民共和国行政诉讼法〉若干问题的解释》第六条第一款规定，行政诉讼法第二十六条第二款规定的“复议机关决定维持原行政行为”，包括复议机关驳回复议申请或者复议请求的情形，但以复议申请不符合受理条件为由驳回的除外。本案中，被告某区政府是依据《中华人民共和国行政复议法实施条例》第四十八条第一款第二项“受理行政复议申请后，发现该行政复议申请不符合行政复议法和本条例规定的受理条件的”之规定，驳回金某的行政复议申请的，不属于“复议机关决定维持原行政行为”之情形。原告金某不应以某区政府为共同被告提起行政诉讼。其可以选择以复议机关某区政府为被告，针对行政复议行为提起行政诉讼；亦可以选择作为复议被申请人的某镇政府为被告，针对其认为侵犯其合法权益的行政行为提起行政诉讼。经法院向原告金某释明，原告金某表示其起诉是否符合法定条件需要由法院作出判断，并坚持同时起诉二被告。鉴于原告金某的起诉没有法律依据，不符合提起行政诉讼的法定条件，故法院对其起诉依法应予驳回。

北京市密云区人民法院依据《最高人民法院关于适用〈中华人民共和国行政诉讼法〉若干问题的解释》第三条第一款第十项之规定，裁定：

驳回原告金某的起诉。

金某提起上诉，后申请撤回上诉。北京市第三中级人民法院依照《中华人民共和国行政诉讼法》第六十二条之规定，裁定如下：

准予金某撤回上诉。

【法官后语】

在行政诉讼法修改后规定了“复议机关决定维持原行政行为”的情况下，自复议机关作为共同被告参加诉讼的法律制度以来，复议机关是否属于共同被告就成为当事人提起行政诉讼时首先要考虑的一个新的法律问题。事实上，并非经过复议的案件就必然属于复议共同被告的情形，但是对于普通当事人来说，这个问题并不好区分。本案首先要解决的就是复议机关是否应当作为共同被告的程序问题。尽管本案裁定中引用的《最高人民法院关于适用〈中华人民共和国行政诉讼法〉若干问题的解释》已被《最高人民法院关于适用〈中华人民共和国行政诉讼法〉的解释》取代，但后者第一百三十三条对“复议机关决定维持原行政行为”作出了相同的规定，即“复议机关决定维持原行政行为”，包括复议机关驳回复议申请或者复议请求的情形，但以复议申请不符合受理条件为由驳回的除外。这是因为，如果复议机关受理行政复议申请后驳回复议申请或者复议请求，属于一种实体处理决定，在性质上与维持原行政行为并无不同；而以复议申请不符合受理条件为由驳回，在性质上属于对行政复议申请的程序性驳回，既不属于维持原行政行为，也不属于改变原行政行为，因为行政机关并没有对被申请行政行为的合法性作出实体认定和处理。

司法解释已经明确了“复议机关决定维持原行政行为”的含义。因此，对于是否列复议机关为共同被告并非疑难法律问题。本案的难点在于，在明确了不属于复议机关共同被告的情况下，当事人的救济途径如何选择的问题：是应当先行起诉复议不予受理行为，还是可以在原行政行为和复议行为之间选择其一，或者可以同时对原行政行为和复议行为起诉？笔者认为，在复议机关不予受理复议申请的情况下，当事人有两种法律救济手段可以选择：一种是直接起诉原行政行为。因为可能对当事人合法权益造成侵害的，实质上仍是原行政机关的行政行为或者不作为。复议机关尽管没有受理行政复议申请，但在法律没有规定行政复议必须是前置程序的情况下，并不影响当事人直接对原行政行为提起行政诉讼，并且直接起诉原行政行为还有利于从根本上解决行政争议。另一种是起诉复议机关不作为。如果当事人坚持认为复议机关应当受理其复议申请，也可以以复议机关不作为为由提起诉讼。但是，无论是直接起诉原行政行为还是起诉复议机关不作为，都不涉及另一机关作为共同被告的问题。虽然法律规定了上述两种救济手段，但却不可以同时进行，也不能先后进行，而应当选择其一。这是因为，直接起诉原行政行为，目的是要求人民法院对原行政行为的合法性作出认定和处理；起诉复议机关不作为，直接的诉求虽然是要求人民法院撤销不予受理复议申请的决定，但撤销不予受理复议申请决定的效果，则必然导致复议机关同样要对原行政行为的合法性作出认定和处理。如果同时起诉原行政行为和复议机关不作为，就会违反一事不再理原则，造成人民法院和复议机关的重复劳动。更为重要的是，这样做还违反了司法最终原则。因此，法院在审查出起诉不符合复议共同被告的情况下，应当告知当事人两种救济途径，由当事人进行选择，不能并行。本案原告在法院释明后，坚持将复议机关列为共同被告，不符合起诉条件，故裁定驳回其起诉。

编写人：北京市密云区人民法院　李慧杰

054 道路交通管理中扣押机动车的法定程序要求

——连某诉厦门市公安局交通警察支队××大队交通管理行政强制措施案

【案件基本信息】

1. 裁判书字号

福建省厦门市中级人民法院（2017）闽02行终153号行政判决书

2. 案由：交通管理行政强制措施纠纷

3. 当事人

原告（被上诉人）：连某

被告（上诉人）：厦门市公安局交通警察支队××大队

【基本案情】

原告连某系车牌号为闽 D×××1 的车辆所有人。2016 年 6 月 6 日，被告对原告涉嫌擅自改变已登记的机动车结构的违法行为进行受理。同日，被告根据《厦门经济特区道路交通安全若干规定》第四十九条第八项之规定决定对原告名下车牌号为闽 D×××1 的车辆采取扣留的行政强制措施。2016 年 6 月 7 日，被告工作人员前往某小区地下停车场对案涉车辆进行锁车。

2016 年 6 月 29 日 10 时许，被告工作人员前往某小区地下停车场对案涉车辆开锁，并将车开至车库出口处停留。2016 年 6 月 29 日 11 时许，被告在某小区车库出口向原告出具《公安交通管理行政强制措施凭证》（该凭证同时作为现场笔录），其主要内容如下：当事人（即原告连某）于 2016 年 6 月 29 日 11 时 1 分在双涵路厦禾路口至湖滨南路口段实施擅自改变已登记的机动车结构的违法行为，根据《厦门经济特区道路交通安全若干规定》第四十九条第八项的规定，采取行政强制措施即扣留机动车。原告在该行政强制措施凭证上签字表示对记载内容有异议。随后，被告工作人员将案涉车辆从某小区地下车库出口处开离该小区。原告不服被告扣车的行政强制措施，向法院提起行政诉讼。

另查明，案涉车辆经鉴定在外观、行驶系与原厂设计参数不一致；原告及其家人 2016 年 6 月 6 日至 6 月 15 日在国外。

【案件焦点】

被告对案涉车辆采取扣押行政强制措施的一系列行为是否符合法律规定。

【法院裁判要旨】

福建省厦门市思明区人民法院经审理认为:《厦门经济特区道路交通安全若干规定》第四十九条第八项规定,对于擅自改变已登记机动车的结构或者构造的,公安机关交通管理部门可以扣留车辆,故被告作为公安机关交通管理部门具有对改装车辆行为采取强制措施的职权。

被告工作人员在案涉行政强制措施实施前向行政机关负责人做了报告并获批准。被告作出案涉行政强制措施时,由其工作人员卢××、李××当场向原告告知采取行政强制措施的理由、依据以及其依法享有的权利、救济途径,听取了原告的意见,书面行政强制措施凭证上记录了原告的异议并由其签名。至此,被告作出案涉行政强制行为符合法定程序,并无不当。

被告陈述案涉行政强制措施针对的是2016年6月5日21时许案涉车辆在湖滨东路南湖公园路段存在的擅自改变已登记的机动车结构的违法行为,由于警务通设备将开具文书的时间默认为违法时间,故案涉凭证记载的违法时间为“2016年6月29日11时1分”。从案件查明的事实可知,案涉凭证记载“2016年6月29日11时1分”案涉车辆“在双涵路厦禾路口至湖滨南路口段”实施擅自改变已登记的机动车结构的违法行为,实际上2016年6月29日11时许案涉车辆在某小区地下车库出口处,而非案涉凭证所载路段。本案中,案涉车辆于2016年6月7日由被告工作人员进行锁车,截至2016年

6 月 29 日被告完全有时间和条件制作行政强制措施凭证，而非用警务通设备以现场的时间地点为此前的行为开具强制凭证，由于案涉凭证记录的违法时间及违法地点均与客观事实不符，在此基础上作出的行政强制措施主要证据不足、认定事实不清，应予撤销。

需要指出的是，车辆驾驶人、车主等与道路交通活动有关的单位和个人应当严格遵守道路交通安全法律法规，不得实施擅自改变已登记的机动车外形和机动车特征、有关技术数据等行为。本案对于案涉行政强制措施的撤销，并不意味着对案涉车辆实施擅自改变已登记的机动车结构行为的肯定评价。被告作出的案涉行政强制措施程序合法，但认定事实不清，应予撤销。

福建省厦门市思明区人民法院依照《中华人民共和国行政诉讼法》第七十条第一项的规定，判决如下：

撤销被告厦门市公安局交通警察支队××大队于 2016 年 6 月 29 日作出的公安交通管理行政强制措施凭证。

厦门市公安局交通警察支队××大队不服，提起上诉。福建省厦门市中级人民法院经审理认为：本案被上诉人所有的闽 D×××1 小型汽车因涉嫌改装，行政机关为避免危害发生，对该车辆实施强制扣押的行为，属于《中华人民共和国行政强制法》第二条第二款规定的行政机关在行政管理过程中实施的行政强制措施。但是，行政机关采取行政强制措施应当遵守《中华人民共和国行政强制法》对行政强制措施实施程序的相关规定。从本案查明的事实可以认定，上诉人于 2016 年 6 月 5 日发现了案涉车辆涉嫌改装，于 2016 年 6 月 6 日追踪至案涉车辆停放的位置，并于 2016 年 6 月 7 日对案涉车辆实施了锁车的强制措施，至此，上诉人已对案涉车辆采取了行政强制措施，但并未按照法律规定的程序要求予以操作，上述实施锁车的行政强制措施的执法程序不符合法定要求。2016 年 6 月 29 日，上诉人出具对案涉车辆的行政强制措施凭证，只是对 2016 年 6 月 7 日所采取的扣押车辆行为的事后凭证，且该行政强制措施凭证在认定违法时间和违法地点又与事实不符，因此，该行政强制措施凭证明显认定事实不清。

根据《中华人民共和国行政强制法》第十七条、《中华人民共和国道路交通安全法》第五条、《厦门经济特区道路交通安全若干规定》第四条的规定，本案系诉道路交通管理行政强制措施，该行政强制措施系由厦门市公安局交通警察支队××大队作出的，但本院查明，厦门市公安局交通警察支队××大队只是厦门市交通警察支队的内设机构，其所作出的行政行为的法律后果应由厦门市交通警察支队承担。原审判决在本案被告的确定上存有不妥。

鉴于案涉车辆确实存在涉嫌改装以及上道路行驶的事实，上诉人作为执法部门，根据法律规定有权对被上诉人的上述行为采取行政强制措施；原审判决对上诉人在行政强制措施凭证上事实认定方面存在的不当已经作出了分析，本院予以认可，但原审判决认定上诉人采取的行政强制措施程序合法，与法不符，本院予以更正。由于原审法院对本案采用的判决方式不够准确，本院予以更正。

福建省厦门市中级人民法院依照《中华人民共和国行政诉讼法》第八十九条第二项、第七十四条第二款第一项之规定，判决如下：

一、撤销厦门市思明区人民法院（2016）闽 0203 行初 299 号行政判决；

二、确认厦门市交通警察支队××大队对闽 D×××1 小型汽车采取的行政强制措施违法。

【法官后语】

本案着重对被告采取行政强制措施的程序是否合法、事后开具的行政强制措施凭证的合法性的审查问题以及人民法院应如何根据案件情况适用判决方式等进行分析。

行政强制措施的实施程序，指的是行政机关采取行政强制措施时应当遵循的方式、步骤、时限和顺序等要素构成的行为的连续过程。行政强制措施实施程序的基本要求，既包括对行政执法主体的要求，也包括保障当事人程序权利的程序要求等。本案涉及行政强制措施的采用是否符合法定程序要求。根据《中华人民共和国行政强制法》第十八条的规定，行政强制措施的采取需要符合法定的十项基本要求。本案执勤民警发现案涉车辆涉嫌改装的违法行为，追踪至案涉车辆停放的小区私家车位，在当事人未能到场或邀请见证人到场的情况下，也未出具任何凭证，径行对案涉车辆采取锁车的行政强制措施，至此，该行政强制措施明显不符合法律规定。之后，在与当事人的不断接触中，亦未补充出具相关的强制措施凭证。直至2016年6月29日，执勤民警准备对案涉车辆转移扣押场所时，与当事人发生正面冲突，并在当天出具行政强制措施凭证，但该事后凭证上对案涉车辆涉嫌改装上路的时间、地点的认定也与事实不符。因此，虽然案涉车辆存在涉嫌改装上路的事实，但是厦门市交通警察支队××大队对案涉车辆采取行政强制措施的过程明显与法不符。

行政诉讼判决方式是行政诉讼法制度中重要、关键的部分。我国行政诉讼法规定了行政诉讼案件的多种判决方式，确认判决方式是其中之一，是指法院通过对被诉行政行为的审查，确认行政行为合法性状态或者原被告之间是否存在行政法律关系的判决。它针对的是被诉行政行为合法、有效或者违法、无效的情形的确认。当然，确认判决作为一种变通判决，旨在体现法律效果与社会效果的平衡，为维护法律的权威性与严肃性，应从严把握此种判决方式的标准与适用。本案采用确认判决的主要理由在于：一是案涉车辆涉嫌改装的事实可以认定，该改装行为属于违法行为，应接受处罚；二是本案因扣车的强制措施所引发，扣车行为已经发生，并不具有可逆转性。因此，本案应采用确认的判决方式更为准确。

编写人：福建省厦门市中级人民法院　林琼弘

055　拆违案件中被告的确定和赔偿责任的承担

——吴某诉某经济技术开发区管理委员会城建行政强制执行案

【案件基本信息】

1. 裁判书字号

江苏省苏州市中级人民法院（2017）苏 05 行终 404 号行政裁定书

2. 案由：城建行政强制执行纠纷

3. 当事人

原告（被上诉人）：吴某

被告（被上诉人）：某经济技术开发区管理委员会（以下简称开发区管委会）

第三人（上诉人）：张某

【基本案情】

2012 年 5 月 26 日，原告和第三人签订租地协议；2015 年 5 月 12 日，双方签订协议对涉案土地出租进行约定。2015 年 10 月，被告下属城市管理行政执法大队（以下简称城管大队）与第三人签订协议书，约定对涉案地块上的建筑物、设施、堆积物进行清场，工作期间第三人应当配合城管大队工作；约定在被告确定全部清理工作完成后，一次性补偿第三人人民币 150 万元；工作内容及范围包括该地块内所有建筑物、围墙及设施，租房户清场由第三人负责，城管大队可以适当参与，配合工作，但不承担任何经济补偿。2016 年 9 月 9 日，原告向被告申请国家赔偿，称 2016 年 1 月 22 日被告在没有向原告送达任何手续的情况下组织相关单位将其房屋进行拆除，但被告没有进行赔偿，因此请求法院依法判令被告赔偿原告财产损失 65 万元。

【案件焦点】

1. 谁是本案的适格被告；2. 举证责任如何分配；3. 赔偿数额如何确定。

【法院裁判要旨】

江苏省苏州市吴江区人民法院经审理认为：第一，被告根据《中华人民共和国城乡规划法》第六十五条和《苏州市城乡规划条例》第六条第三款关于“镇人民政府依法做好城乡规划管理的相关工作”的规定，有对城乡进行规划管理的行政职权。第二，即使没有发现被告工作人员身穿制服，也不能排除其是在参加执法活动的可能性，故采信原告的主张即拆除原告所建构筑物的行为应由被告承担责任。第三，本案被告对原告的违法建筑尚未作出行政决定，在此情况下即实施拆除行为，属于程序违法。本案中，原告被拆除的建筑物等为违法建筑，依照《中华人民共和国国家赔偿法》的规定，对违法建筑损害部分不予赔偿，但因在本案中被告因违反行政程序进行的违法拆除，故不宜将整个违法建筑认定为违法利益。被告在实施拆除行为前未通知原告，客观上剥夺了原告自行小心拆除、尽量保留建材使用价值的机会，故被告应当对其强制拆除引起的建筑材料及其辅料的损失与原告自行小心拆除而引起的损失之间的差额进行赔偿。第四，本案中，原告对被告拆除的建筑物主张行政赔偿，并进行了一定的举证，而被告违反法定程序对违法建筑进行拆除，没有履行证据保全的义务，导致现场损失的具体数额无法得到有效确定。因此，法院不能将损失无法确定的举证责任简单归于原告或者被告，而应根据原告举证情况以及被告在证据保全方面的过错进行重新分配。

江苏省苏州市吴江区人民法院依照《中华人民共和国行政诉讼法》第七十四条第二款第一项、《最高人民法院关于适用〈中华人民共和国行政诉讼法〉若干问题的解释》第十条第五款、《中华人民共和国国家赔偿法》第三十六条的规定，判决如下：

一、确认开发区管委会作出的行政强制行为违法；

二、开发区管委会赔偿原告人民币 14 万元。

张某不服，提起上诉。江苏省苏州市中级人民法院经审理认为：原审判决确认开发区管委会作出的行政强制行为违法，并由开发区管委会赔偿吴某人民币 14 万元，这一判决结果既未要求原审第三人承担义务，也没有减损其权益，故张某无权就本案提起上诉。

江苏省苏州市中级人民法院依照《中华人民共和国行政诉讼法》

第二十九条第二款、《最高人民法院关于适用〈中华人民共和国行政诉讼法〉若干问题的解释》第三条第一款第十项之规定，裁定：

驳回张某的上诉请求。

【法官后语】

违法建筑拆除是一个困扰行政机关和法院很久的问题，一个基本的共识是：拆违不能违拆。涉违法建筑拆除所涉的行政诉讼案件常遇到以下几个问题：第一，拆除主体是谁；第二，举证责任如何分配；第三，赔偿数额如何认定。本案虽然不复杂，但以上三个问题都涉及了。具体而言，争议主要如下：

1. 关于谁是本案的适格被告

原告认为是被告拆的，被告和第三人则认为是案外人所为。笔者认为根据本案的具体情况，应当推定开发区管委会是本案的适格被告。具体理由有：（1）开发区管委会具有拆除涉案构筑物的法定职权。根据《中华人民共和国城乡规划法》第六十五条和《苏州市城乡规划条例》第六条第三款关于“镇人民政府依法做好城乡规划管理的相关工作”的规定，被告与同里镇人民政府实行“区镇合一”，有对域内城乡进行规划管理的行政职权。（2）原告提供了被告实施涉案行为的初步证据。原告提供了被告下属城市管理行政执法大队与第三人签订的协议书以及原告申请作证证人的证言，且原告提到曾向公安机关报警。（3）被告为涉案行为的受益者。被告本来就要对涉案构筑物进行拆除，对涉案构筑物进行拆除符合公共利益，也符合开发区管委会进行行政管理的本意。（4）被告虽提出应由案外人承担，但未能提供任何证据，应当承担举证不能的法律后果。

2. 关于举证责任分配问题

笔者认为应当根据案件的实际情况在原告和被告之间合理分配举证责任。本案中，原告对被告拆除的建筑物主张行政赔偿，并进行了一定的举证，而被告违反法定程序对违法建筑进行拆除，没有履行证据保全的义务，导致现场损失的具体数额无法得到有效确定。因此，法院不能将损失无法确定的举证责任简单归于原告或者被告，而应根据原告举证情况以及被告在证据保全方面的过错进行重新分配。

3. 赔偿数额如何认定

本案中，被告因违反行政程序进行违法拆除，不宜将整个违法建筑认定为违法利益。被告在实施拆除行为前未通知原告，而客观上剥夺了原告自行小心拆除、尽量保留建材使用价值的机会，故被告应当对其强制拆除引起的建筑材料及其辅料的损失与原告自行小心拆除而引起的损失之间的差额进行赔偿。另外，涉案行为导致相对人存放于违建内的物品毁损，行政机关应承担相应赔偿责任。如果当事人对物品价值存在争议，行政机关未依法通知相对人到场、未依法履行制作室内存放物品财物清单等证据固定义务，导致违建内的物品毁损情况事实不清的，如相对人可以提供初步证据证明违建内的物品情况，行政机关无相反证据的，法院将酌情确定赔偿数额、判决行政机关承担相应的赔偿责任。即便是违法建筑，建筑材料仍然是有价值的物品。当事人对这些材料仍然享有所有权，可以自行拆除，挪作他用。本案中，法院到住建局和工程造价单位，就涉案建筑的材料费等进行了核定，并酌情判决赔偿 14 万元。判决后，原、被告均未提起上诉，第三人的上诉已经被驳回，被告也已经履行了相关法律义务，本案实现了案结事了。

编写人：江苏省苏州市吴江区人民法院　秦绪栋

056 公安机关对不在案发现场的当事人作出的口头传唤行为违法

——陈某诉重庆市某县公安局行政强制措施案

【案件基本信息】

1. 裁判书字号

重庆市第三中级人民法院（2017）渝03行终22号行政判决书

2. 案由：行政强制措施纠纷

3. 当事人

原告（被上诉人）：陈某

被告（上诉人）：重庆市某县公安局（以下简称某县公安局）

【基本案情】

陈某系某县双路镇人民政府工作人员。2016年5月30日中午，陈某因工作琐事与同事曾某发生纠纷。某县公安局下辖的派出所接警后，派一名民警和三名辅警前往纠纷现场进行调查。民警到达纠纷现场后，因陈某已离开，经调查得知陈某已下乡扶贫。办案民警经电话请示派出所负责人后，决定将陈某口头传唤至派出所接受调查。办案民警遂驾车下乡寻找陈某，在乡村道路上与陈某乘坐的车辆相遇。民警与辅警下车走到陈某车外，向陈某表明身份，并告知陈某现在是口头传唤，如其不配合，将采取强制传唤。陈某下车后有转身的行为，办案民警遂对陈某使用手铐约束并强制传唤至派出所进行调查。调查时，某县公安局告知了陈某依法享有的权利义务，并对陈某随身携带的物品进行了安全检查、登记和保管。陈某于2016年5月31日0时许回家。陈某不服，提起诉讼。

【案件焦点】

重庆市某县公安局对陈某作出的口头传唤行为是否合法。

【法院裁判要旨】

重庆市涪陵区人民法院经审理认为：某县公安局是适格被告，其接到报案，经初步走访了解后，认为需要传唤陈某接受调查，因在乡村道路上与陈某相遇，遂对陈某进行口头传唤。但某县公安局在执行强制传唤的过程中，仅有一名民警和三名辅警在场实施执行，不符合《中华人民共和国行政强制法》第十七条第三款“行政强制措施应当由行政机关具备资格的行政执法人员实施，其他人员不得实施”和第十八条“行政机关实施行政强制措施应当遵守下列规定……（二）由两名以上行政执法人员实施……”的规定。某县公安局对陈某实施强制传唤措施的程序不合法，依法应当确认违法。

重庆市涪陵区人民法院依照《中华人民共和国行政诉讼法》第七十四条第二款第一项之规定，判决如下：

确认被告某县公安局于2016年5月30日对原告陈某实施的强制传唤措施违法。

重庆市某县公安局不服一审判决，提起上诉。重庆市第三中级人民法院经审理认为：本案强制传唤系某县公安局在作出行政处罚前，对违法行为人采取的程序性调查取证措施，陈某对该传唤措施不服，以某县公安局作为被告提起诉讼，亦无不当。原审判决认定某县公安局一名民警和三名辅警实施强制传唤的事实与本院审理查明的事实不符，本院予以纠正。根据《中华人民共和国治安管理处罚法》第八十二条第一款的规定，需要传唤违反治安管理行为人接受调查的，经公安机关办案部门负责人批准，使用传唤证传唤。对现场发现的违反治安管理行为人，人民警察经出示工作证件，可以口头传唤。该条第二款规定，对无正当理由不接受传唤或者逃避传唤的人，可以强制传唤。本案中，办案民警在对案件进行调查时，所涉纠纷已经结束，陈某已下乡扶贫不在案发现场，某县公安局需要传唤陈某接受调查，应按照上述法律规定，经负责人批准使用传唤证传唤。本案不属于可适用口头传唤的情形，故缺乏强制传唤的前提。因此，某县公安局实施的强制传唤措施不合法，应予撤销，但因该传唤措施已经实施完毕，不具有可撤销内容，一审判决确认违法的裁判结果正确，本院予以维持。

重庆市第三中级人民法院依据《中华人民共和国行政诉讼法》第八十九条第一款第一项之规定，判决如下：

驳回上诉，维持原判。

【法官后语】

根据《中华人民共和国行政强制法》的规定，我国将行政强制分为行政强制措施和行政强制执行，本案被诉行政行为是公安机关作出的强制传唤行为，是一种强制措施，通过对行政强制措施的司法识别，可以认定本案公安机关作出的口头传唤行为与行政强制措施的限制性不符。

1. 强制传唤行为的性质

根据《中华人民共和国治安管理处罚法》第八十二条“需要传唤违反治安管理行为人接受调查的，经公安机关办案部门负责人批准，使用传唤证传唤。对现场发现的违反治安管理行为人，人民警察经出示工作证件，可以口头传唤……对无正当理由不接受传唤或者逃避传唤的人，可以强制传唤”的规定，强制传唤行为是当被传唤人无正当理由不接受传唤或者逃避传唤时而作出的具体行政行为。因此，强制传唤行为本身存在两层含义：第一，传唤决定；第二，对传唤决定的强制实施行为，即强制传唤行为可以分为传唤决定的“基础行为”和实施该行政决定的“执行行为”。

传唤决定这一“基础行为”可以分为两种方式：传唤证和口头传唤。实施行为这一“执行行为”也可以分为两种：行政相对人配合履行“容忍”或“不作为”的义务而使得该行为得以执行；行政相对人不履行“容忍”或“不作为”的义务而使得该行为需由行政主体强制执行。从行政相对人的“容忍”或“不作为”的义务来看，无论是行政相对人配合实施，还是行政主体强制执行，都与行政强制执行中强制行政相对人履行的“作为”义务有明显区别。因此，强制传唤行为是一种行政强制措施。

2. 从行政强制措施的司法识别角度来看，“案发现场”是公安机关作出口头传唤的合法性前提

根据《中华人民共和国行政强制法》第二条第二款的规定，行政强制措施是指行政主体在行政管理过程中，为制止违法行为、防止证据损毁、避免危害发生、控制危险扩大等情形，依法对公民的人身自由实施暂时性限制，或者对公民、法人或者其他组织的财物实施暂时性控制的行为。因此，从文义解释来看，合法的行政强制措施至少有以下四个特点：第一，行政性，即行政强制措施是有权的行政主体以法定程序作出的行政行为；第二，控制性，即具有强制性，能够对行政相对人的人身或财产权益进行一定的强制控制；第三，暂时性，即该措施并非对行政相对人相关权利的最终处分；第四，限制性，即采取行政强制措施应当进行限制，其适用条件必须是“为制止违法行为、防止证据损毁、避免危害发生、控制危险

扩大等情形”。因此，从本案来看，公安机关的口头传唤行为虽然符合上述行政性、控制性和暂时性特点，但由于口头传唤并非在案发现场作出，与限制性特点相悖，既不符合《中华人民共和国治安管理处罚法》第八十二条第一款的规定，又不符合《中华人民共和国行政强制法》第二条第二款的规定，应被认定为违法。

编写人：重庆市第三中级人民法院　李昊　袁钦明

057　未在限期拆除决定法定诉讼期限届满后对违法建筑作出的强制拆除决定应予以撤销

——赖某诉某市城市管理行政执法局城建行政强制执行案

【案件基本信息】

1. 裁判书字号

江西省高级人民法院（2013）赣行终字第24号行政判决书

2. 案由：城建行政强制执行纠纷

3. 当事人

原告（上诉人）：赖某

被告（被上诉人）：某市城市管理行政执法局（以下简称某市城管局）

【基本案情】

原告于2011年购买了三层商品房一栋，该栋房屋建成于2002年，建筑面积为374.75平方米，并于2011年9月30日取得房屋所有权证，11月取得该房屋的国有土地使用权证。2012年6月1日，某司法鉴定中心接受原告的委托就该房屋的工程主体结构的安全性作出鉴定书，鉴定结论为：该房屋危险性鉴定等级为 C 级（局部危房），并建议对房屋作拆除处理。原告赖某于 2012 年 8 月对该房屋进行拆除重建。2013 年 2 月 21 日，被告某市城管局对原告拆除重建行为进行立案调查，并向原告作出责令停止违法（章）行为通知书，责令原告自收到通知书之日立即停止重建行为，并注明在二十个工作日补办手续。2013 年 5 月 22 日，被告向原告作出违法违章建筑限期拆除通知书，认为原告重建的建筑物未办理规划许可手续，属违法违章建筑，要求原告在三日内自行拆除，并告知在期限内未自行拆除将依法予以强制拆除，以及告知陈述、申辩或听证相关权利。2013 年 6 月 5 日，被告应原告的听证申请召开听证。2013 年 6 月 6 日，被告向原告作出违法违章建筑拆除催告通知书，催告原告于 2013 年 6 月 9 日前自行履行拆除义务，并告知到期未履行将依法作出强制拆除决定。原告未在催告期限内履行拆除违法违章建筑。2013 年 6 月 14 日，被告向原告作出强制拆除决定书。

另查明，原告赖某重建建筑主体已封顶，总建筑面积约 1100 平方米，其中地上四层建筑面积约 840 平方米，地下室面积约 260 平方米，且该建筑边线严重超出建筑退让红线。原告赖某的建设行为已严重影响城市规划实施。

【案件焦点】

违法建筑实施强制拆除是否需要等限期拆除决定法定诉讼期限届满后才能实施。

【法院裁判要旨】

江西省赣州市中级人民法院经审理认为：原告重建房屋建筑面

积已严重超过原房屋面积 460 多平方米，增建了约 260 平方米地下室，且重建房屋边线严重超出建筑退让红线，严重影响规划实施，属于无法采取改正措施消除影响情形。在原告未在期限内自行履行拆除义务的情况下，被告作出强制拆除决定，事实清楚，适用法律正确，程序合法。

江西省赣州市中级人民法院依照《中华人民共和国行政诉讼法》第五十四条第一项之规定，判决如下：

维持被告某市城管局于 2013 年 6 月 14 日向原告赖某作出的强制拆除决定。

赖某不服，提起上诉。江西省高级人民法院经审理认为：某市城管局对未取得建设工程规划许可证建设的违章建筑需要采取强制拆除措施时，应当经赣州市人民政府责成，因该局不能向法庭提交经赣州市人民政府责成其强制拆除赖某重建房屋的有关证据，故其作出的强制拆除决定违反法律及赣州市人民政府的相关规定。同时，根据《中华人民共和国行政强制法》第四十四条规定，当事人对行政机关作出的违法建筑物限期拆除决定，未在法定期限内申请行政复议或者提起行政诉讼，是行政机关采取强制拆除行政措施的必备条件之一，也就是说，行政机关采取强制拆除措施必须等作为其执行依据的限期拆除决定的申请行政复议或提起行政诉讼法定期限届满后才能进行。上诉人赖某申请行政复议、提起行政诉讼的期限尚未届满，某市城管局向赖某作出的强制拆除决定违反法律规定。综上，某市城管局向赖某作出涉案强制拆除决定违反法定程序，应予撤销。

江西省高级人民法院依照《中华人民共和国行政诉讼法》第五十四条第二项之规定，判决如下：

一、撤销一审判决；

二、撤销某市城管局2013年6月14日作出的强制拆除决定。

【法官后语】

违法建筑主要体现在未取得建设工程规划许可证或未按照建设工程规划许可证的规定，擅自建筑的建筑物、构筑物。违法建筑的认定及限期拆除决定应由城乡规划主管部门作出，当事人不履行才依据《中华人民共和国行政强制法》进入强制拆除程序。司法实践中，很多地方根据行政处罚法有关授权的规定，对违法建筑的拆除都实施相对集中行政处罚权，授权给城乡规划主管部门或城市管理行政部门等其他职能部门。因《中华人民共和国行政强制法》第四十四条对违法建筑强制拆除的规定不尽详细，特别是城乡规划主管部门之外的职能部门集中实施对违法建筑强制拆除职能后，对违法建筑作出限期拆除决定、强制拆除违法建筑过程中，存在程序不规范，对法律理解存在分歧等问题亟待理顺。

对于违法建筑，是否需要等限期拆除决定在法定诉讼期限届满后才能实施强制拆除，有观点认为，根据《中华人民共和国行政诉讼法》第五十六条规定，诉讼期间，不停止行政行为的执行。行政诉讼不停止执行原则是《中华人民共和国行政复议法》和《中华人民共和国行政诉讼法》规定的基本原则，也是行政行为效力先定理论在复议、诉讼方面的具体体现。行政机关依法享有自行强制执行权，并不因为当事人申请行政复议、提起行政诉讼而停止被诉具体行政行为的执行，除非行政机关自行决定，或者行政复议机关决定、人民法院裁定，可以中止。本案中，某市城管局作出限期拆除决定后，行政相对人未在限定期限内履行限期拆除的义务，某市城管局就可以直接进入强制执行程序，行政相对人对限期拆除决定是否申请复议或提起行政诉讼，并不影响有权行政机关进入行政强制程序，即使限期拆除决定已处于复议或诉讼期间，行政机关有权继续强制执行。

上述观点仅适用于通常的行政行为，并不适用于违法建筑强制拆除程序，主要理由有：一是违法建筑强制拆除应适用特别程序。《中华人民共和国行政强制法》第四十四条规定，当事人在法定期限内不申请行政复议或者提起行政诉讼，又不拆除的，行政机关可以依法强制拆除。由此可知，行政机关对违法建筑采取强制拆除行政措施应在限期拆除决定法定诉讼期限后实施。二是限期拆除决定是强制拆除行为的基础。强制拆除违法建筑行为对应的基础行为应当是限期拆除违法建筑的决定。有权机关只有在作出限期拆除违法建筑决定，明确违法建筑的所有人或者搭建人赋予拆除违法建筑的义务，又不自行拆除的情况下，才有实施强制拆除违法建筑的可能性。行政强制执行中基础行为与执行行为分离，行政强制执行的目的终究是为了基础行为所确定的义务得以履行，基础行为若不合法，执行行为也将无法展开。三是行政强制执行在限期拆除决定法定诉讼期满后实施有利于保障相对人的合法权益。司法实践表明，拆除违法建筑并非需要立即执行，且有些违法建筑已存在多年，拆除行为直接影响到相对人重大财产权利。行政机关充分保障相对人的申请复议或提起行政诉讼的权利，且在行政复议和诉讼期间停止执行，有利于缓解行政强制执行机关与违法行为人之间的紧张关系。

编写人：江西省赣州市中级人民法院　曾照旭

三、行政许可

058 行政机关不得以增设许可条件的方式实现其他行政管理之目的

——丁某诉甲市行政审批局、乙市行政审批局行政许可案

【案件基本信息】

1. 裁判书字号

江苏省南通市中级人民法院（2020）苏 06 行终 496 号行政裁定书

2. 案由：行政许可纠纷

3. 当事人

原告（被上诉人）：丁某

被告（上诉人）：甲市行政审批局（以下简称甲市审批局）

被告：乙市行政审批局（以下简称乙市审批局）

【基本案情】

2018 年 8 月，某小区 27 号楼二单元丁某等业主向甲市审批局申请办理老小区增设电梯施工许可手续。同年 12 月，甲市审批局向该单元业主核发了《建设工程规划许可证》和《既有住宅增设电梯施工许可》。2019 年 4 月 12 日，甲市审批局作出《撤销登记决定书》，以案涉小区存在违章建筑，不符合《某市既有多层住宅增设电梯指导意见（试行）》（本案以下简称《指导意见》）第五条的规定，以申请人提供的“无违章建筑”的证明内容虚假为由

撤销了前述许可证。丁某等业主不服，向乙市审批局申请行政复议，乙市审批局复议维持了《撤销登记决定书》。丁某仍不服，诉至法院，要求撤销《撤销登记决定书》。

【案件焦点】

1. 甲市审批局能否仅以存在违章建筑为由撤销已经作出的行政许可；2.《指导意见》能否作为案涉撤销行为的规范性依据。

【法院裁判要旨】

江苏省南通经济技术开发区人民法院经审理认为：甲市审批局作出《撤销登记决定书》所依据的《指导意见》将有关“无违章建筑”证明或承诺书作为许可条件，增设了法外的其他许可条件，依法不应当作为撤销涉案许可行为的规范性依据。是否存在违章建筑以及对违章建筑的查处，属于甲市综合行政执法局的职责范围，甲市审批局将小区无违章建筑作为实施许可的条件之一，属于行政行为的不当牵连，有综合执法部门借行政许可“搭便车”之嫌，以增设许可条件的方式实施城市综合行政执法管理，目的不正当。

江苏省南通经济技术开发区人民法院根据《中华人民共和国行政诉讼法》第七十条第二项、第七十九条之规定，判决如下：

一、撤销甲市审批局2019年4月12日作出的《撤销登记决定书》；

二、撤销乙市审批局2019年9月11日作出的《行政复议决定书》。

甲市审批局不服一审判决，提出上诉，后申请撤回上诉。江苏省南通市中级人民法院依照《中华人民共和国行政诉讼法》第六十二条、《最高人民法院关于适用〈中华人民共和国行政诉讼法〉的解释》第一百零一条第一款第十项之规定，裁定如下：

准许甲市审批局撤回上诉。

【法官后语】

甲市审批局撤销案涉行政许可的主要理由是依据《指导意见》第五条规定，认为申请人所在小区存在违章建筑，申请人办理许可证时提交了物业公司出具的“无违章建筑”证明，构成提交虚假材料，以欺骗手段取得行政许可。甲市审批局的该撤销理由不能成立。

第一，规范性文件不得设定行政许可，亦不得法外增设许可条件。《中华人民共和国行政许可法》规定了许可法定原则，根据《中华人民共和国行政许可法》第十二条、第十四条、第十五条、第十七条的规定，法律、行政法规、地方性法规可以设定行政许可，地方政府规章可以设定临时性的行政许可，临时性许可期限届满需要继续实施的，应当通过地方人大制定地方性法规，其他规范性文件一律不得设定行政许可。这意味着市、县级行政主管部门制定的规范性文件，依法不得增设行政许可，对行政许可条件作出的具体规定，不得增设违反上位法的其他条件。《江苏省规范性文件制定和备案规定》第九条规定，行政机关制定规范性文件以实施法律、法规、规章的相关规定为主，并不得创设行政许可。规范性文件为实施法律、法规、规章作出具体规定的，不得违法增加公民、法人或者其他组织的义务或者限制公民、法人或者其他组织的权利。对于既有多层住宅增设电梯事项而言，尚没有现行法律、法规或地方性法规作出具体的规定。《指导意见》明确规定了既有多层住宅增设电梯需要办理建设工程规划许可证和施工许可证，则许可机关应当按照相应法律、法规规定的许可条件办理。《中华人民共和国城乡规划法》《江苏省城乡规划条例》对办理建设工程规划许可证、施工许可证的条件作出了明确规定，并没有要求申请人提交无违章建筑的证明或承诺书。甲市审批局将“无违章建筑”证明作为许可条件之一，显然属于在法律规定的行政许可条件以外另行增设新的行政许可条件，增加了申请人的法外义务，不应作为行政行为的依据。

第二，实施行政许可不得“以批代管”或不当牵连。随着我国老年人口比例逐年提高，各级人民政府及行政机关应当在日常行政管理活动中加以关切，并付之以行动。既有多层住宅增设电梯就是各地人民政府为提高老年人生活质量的有益举措，而《指导意见》是地方政府为民办实事的具体措施，一般会得到老百姓特别是老年人群的赞同。根据职权法定原则，行政机关实施行政管理的权力来源于法律法规的授权，各行政机关应当在法律法规授权的权限范围内实施行政行为，不得越权实施。行政许可机关应当按照《中华人民共和国行政许可法》的规定，按照法定的许可条件依法实施许可，对于许可违法行为，应加强监督管理，依法处罚，不能“以批代管”。同时，实施许可时不应允许其他行政机关借行政许可“搭便车”，以增设许可条件的方式实现其他行政管理之目的。《指导意见》将“无违章建筑”与实施增设电梯许可的条件捆绑在一起，即属于考虑了依法不应当考虑的因素，存在“以批代管”和“搭便车”之嫌。目前，该市关于违反规划管理方面的行政处罚权相对集中由综合执法局行使，而行政许可则相对集中由审批局依法实施，两者属于不同的行政管理机关，依据不同的法律规范，履行不同的行政管理职责。因此，将存量违章建筑的处理与规划许可捆绑在一起，属于行政行为的不当牵连，有违依法行政的基本原则。

第三，撤销行政许可应具备法定撤销理由且不违反信赖保护原则。行政行为一经作出，即具有确定力、拘束力、执行力。但对于违法或不当的行政行为以及由于事实和法律变迁而不宜存续的行政行为，行政机关同时也具有自我纠错的权利和职责。自我纠错的价值在于减少或者避免行政争议的产生，尽早结束行政行为效力的不确定状态，维持行政法律关系的稳定，增强公众对行政机关的认同和信赖。从严格依法行政的角度而言，对于确有瑕疵的行政行为，都可以通过撤销的方式予以纠正。但是从行政效率和效益的角度考虑，基于保护行政相对人的信赖利益和减少行政争议产生的考量，行政机关应当采取足够审慎的态度，只有在该行政行为的瑕疵足以影响到实质处理结果时，才采用撤销的方式进行纠错。同时还要结合行政行为在法律效果上是科以行政相对人义务抑或授予行政相对人利益，区别对待。行为仅存在轻微瑕疵但并不影响实质处理结果，或者通过补正等事后补救方式可以“治愈”，或者撤销可能会给国家利益、社会公共利益造成重大损失的，则应当考虑采取其他方式进行纠错。《指导意见》规定的申请条件之一是小区物业管理单位提供无拖欠物业管理费、无小区毁绿种菜、无楼道堆积物、无违章建筑的证明及承诺书。这说明《指导意见》授权小区物业管理单位认定小区内是否存在违章建筑。事实上，小区物业管理单位既非规划行政管理部门，亦非法律授权对违反规划管理法律法规行为的有权处罚机关，既没有认定违章建筑的法定职权，也不具备相应的规划专业技术能力去判断建筑物是否属于违章建筑。即使违章建筑确实存在，甲市审批局也可以通过告知当事人自行拆除或者有权行政机关给予行政处罚的方式进行补救，并非只有通过撤销的唯一方式来纠正。更何况，在甲市审批局作出案涉撤销决定时，增设电梯施工已接近尾声，申请人投入几十万元，更应当考虑有无其他可以采取补救的措施处理更为适宜，而不是简单地一撤了之。

编写人：江苏省南通经济技术开发区人民法院　齐海生

059　撤销行政许可应遵守正当程序原则

——甲公司诉中国银行保险监督管理委员会行政许可案

【案件基本信息】

1. 裁判书字号

北京市第一中级人民法院（2018）京 01 行初 1165 号行政判决书

2. 案由：行政许可纠纷

3. 当事人

原告：甲公司

被告：中国银行保险监督管理委员会（原中国保险监督管理委员会，以下简称原保监会）

第三人：保险丙公司

【基本案情】

2012 年 12 月 28 日，保险乙公司向原保监会申请变更注册资本，其中原告甲公司在已出资 2 亿元的基础上，增资 2 亿元，增资后出资额为 4 亿元，持股 4 亿股。同月 31 日，原保监会作出《关于保险乙公司变更注册资本的批复》（以下简称变更批复）同意上述申请。2015 年，原保监会同意保险乙公司的名称变更为保险丙公司。2017 年，原保监会在对保险丙公司进行公司治理检查过程中，发现原告甲公司以非自有资金对保险丙公司增资的问题，原保监会依职权对此进行了调查，并告知保险丙公司。2018 年 2 月 5 日，原保监会作出撤销行政许可决定书（以下简称被诉决定书），内容为："保险丙公司，经查，你公司股东甲公司在 2012 年的增资申请中，使用非自有资金出资。根据《中华人民共和国行政许可法》第六十九条第二款规定，决定撤销 2012 年 12 月 31 日作出的变更批复中甲公司增资你公司 2 亿股的许可。自本决定下发之日起 3 个月内，你公司应抓紧引入合规股东，确保公司偿付能力充足，在引资完成前不得向违规股东退还入股资金，其间限制违规股东参会权、提案权、表决权等相关股东权利。逾期未完成的，监管部门将视情况采取进一步监管措施。"同月 8 日，原保监会向保险丙公司送达该决定书，于同日在其官网公布。

【案件焦点】

原保监会撤销变更批复中涉案内容时，是否应当适用正当程序原则，即是否应当告知原告其撤销的内容，并听取原告的陈述和申辩。

【法院裁判要旨】

北京市第一中级人民法院经审理认为：正当程序原则的要义之一在于，行政机关作出任何对行政相对人或利害关系人不利的行政行为，都必须说明理由并听取行政相对人或利害关系人的意见。本案中，虽然被诉决定书是针对保险丙公司作出的，但原告是保险丙公司的股东，被诉决定书的内容会限制原告作为保险丙公司股东的权利，直接影响到原告享有的股东权益。虽然行政许可法及原保监会有关行政许可的规定未明确要求原保监会在撤销许可时应通知利害关系人，但原保监会亦应遵循正当程序原则的要求，在作出被诉决定书前，应当告知原告撤销行政许可的理由并听取原告的陈述和申辩，使原告真正参与到行政程序中，以确保原保监会全面把握案件事实，准确适用法律。原保监会既未告知原告撤销行政许可的理由，又未听取原告的陈述和申辩，有违正当程序原则，构成违反法定程序，故原保监会作出的被诉决定书中涉及原告的内容应予撤销。被告关于被诉决定书程序合法的主张，法院不予支持。

北京市第一中级人民法院依照《中华人民共和国行政诉讼法》第七十条第三项之规定，判决：

撤销被诉决定书中涉及甲公司的部分。

判决后，双方当事人均未上诉，本判决现已生效。

【法官后语】

根据《中华人民共和国行政许可法》第六十九条第二款的规定，被许可人以欺骗、贿赂等不正当手段取得行政许可的，应当予以撤销。原保监会具有对保险行业的监管职责，在少数保险公司可能演变为资本逐利工具，给公司治理带来巨大风险的形势下，原保监会开展公司治理检查并作出相应处理是其依法履行职权的表现。原保监会撤销其作出的变更注册资本的批复中增资许可的决定，不仅涉及被监管保险公司的权利义务，而且会对原出资股东造成不利影响，故原保监会应遵守正当程序原则，履行通知利害关系人、听取其陈述和申辩之程序。

1. 行政许可撤销程序缺失之现状

根据《中华人民共和国行政许可法》的相关规定，行政许可行为是赋予或认可相对人某项权利、资格，准许其从事特定活动的授益性的行为。行政许可的撤销，则是行政机关对其作出行政许可的一种纠错行为，是指已作出的行政许可存在违反法律规定的情形，由行政机关予以撤销而使已生效的行政许可失去法律效力的行为。《中华人民共和国行政许可法》第六十九条对行政许可撤销的规定仅限于实体规范，未对撤销程序作出明确规定。行政许可撤销涉及当事人权益之重大、后果之严重与程序之缺失形成了极大落差。因此，为防止行政机关因缺乏程序控制导致的恣意和专断，要求其在撤销行政许可时履行必要的行政程序极为重要。

2. 正当程序原则在撤销行政许可中的适用

（1）正当程序原则的理解和适用

正当程序原则起源于“自然正义”法则，一般来说，有三个方面基本要求：第一，行政公开，即行政机关作出行政行为特别是对行政相对人不利的行政行为必须说明理由；第二，行政参与，即行政机关在作出不利行政决定时，必须听取行政相对人的陈述和申辩；第三，保持中立。随着学界及实务界程序意识的增强，相关理论研究、司法判例不断涌现，正当程序原则是裁决争端的基本原则及最低公平标准已经逐渐成为一种共识。

正当程序原则的适用主要有三种情形：一是作为原理的正当程序原则被成文法规则所吸收，这时须直接适用法定条款。二是现有法律规范较为模糊，但仍存在从法定规范探讨正当程序原则的解释空间，这时须运用法律解释等方法推导出行政行为必须遵守的规则意义上的正当程序要求。三是缺乏法律规范，直接援引原理意义上的正当程序原则，如最高人民法院第38号指导性案例的裁判理由写道：“退学处理决定涉及原告的受教育权利，为充分保障当事人权益，从正当程序原则出发，被告应将此决定向当事人送达、宣布，允许当事人提出申辩意见。”

(2) 正当程序原则在撤销行政许可中的适用

在撤销行政许可案件中如何适用正当程序原则，首先要厘清一个问题：是否存在规则意义上的正当程序要求以及能否直接或通过间接推导予以适用。从行政许可法的内容可见，撤销行政许可直接适用的程序性规定并不存在。那么能否通过法律解释的方法进行推导适用呢？有的法院认为，行政许可法第五条、第七条体现正当程序原则的规定位于总则位置，在分则中应当适用，故撤销行政程序亦应予以直接适用。但总则中的“设定和实施行政许可”能否涵盖“使行政许可失去效力的撤销行为”，这两种性质上完全不同的行政行为应否遵守同样的程序，都是值得商榷的问题。在这种情况下，法院应对正当程序原则的适用予以解释，援引作为“最低限度的程序公正标准”的正当程序原则。

正当程序原则的核心思想之一是公平听证，要求行政机关在作出不利于当事人的行政决定时必须听取对方的意见，当事人有为自己辩护的权利。该原则可结构化为“行政行为不利于当事人→应适用正当程序原则”。行政处罚作为一种行政主体对违反行政法规范但尚未构成犯罪的相对人，运用行政权追究行政法律责任的行政行为，充分体现了上述结构，《中华人民共和国行政处罚法》也吸收了正当程序原则。比较行政许可的撤销与行政处罚（如行政许可的吊销），虽然前者是对行政许可颁发前违法行为的纠正，后者是对行政许可颁发后违法行为的惩处，但本质上都使得当事人处于损益状态，都符合“行政行为不利于当事人→应适用正当程序原则”的结构，故行政机关在作出撤销行政许可决定时，亦应遵循正当程序原则的要求，全面、充分、切实保证当事人的程序参与权。

本案中，虽然被诉决定书是针对保险丙公司作出的，但撤销内容直接针对甲公司出资的2亿股，撤销后果为退还该公司入股资金，限制其股东参会权、提案权、表决权等相关股东权利，直接影响其享有的股东权益。虽然相关法律法规未明确要求原保监会在撤销许可时应通知利害关系人，但原保监会亦应遵循正当程序原则的要求，在作出被诉决定书前，应当告知原告撤销行政许可的理由并听取其陈述和申辩，使其真正参与到行政程序中，以确保原保监会全面把握案件事实，准确适用法律。原保监会既未告知原告撤销行政许可的理由，又未听取原告的陈述和申辩，有违正当程序原则，构成违反法定程序。

编写人：北京市第一中级人民法院　范术伟　闵雪

060　行政协议与法律法规“冲突”的效力认定

——海产公司诉盐城市某区人民政府、盐城市某区自然资源和规划局海域使用权行政许可案

【案件基本信息】

1. 裁判书字号

上海海事法院（2019）沪72行初19号行政判决书

2. 案由：海域使用权行政许可纠纷

3. 当事人

原告：海产公司

被告：盐城市某区人民政府（以下简称某区政府）、盐城市某区自然资源和规划局（以下简称某区自然资源局）

【基本案情】

2015年8月，原告通过投标与被告某区自然资源局签订东沙紫菜养殖海域使用权出让合同，期限为三年，合同写明："合同期满，海域使用权终止，本海域使用权不予续期。"2018年5月，原告收到某区自然资源局向原告发出的"关于海域使用权不予续期的答复"，写明原告申请海域使用权续期的报告已收悉，答复称海域使用权合同明确约定，海域使用权到期后不续期。2018年8月，某区自然资源局向东沙海域的各紫菜养殖业主发出"关于清理东沙紫菜养殖的通知"，要求东沙海域使用权期满的业主立即停止紫菜养殖行为，拆除全部人工设施设备，清除海洋漂浮垃圾及生产生活垃圾。

原告等十五家公司将被告某区政府和某区自然资源局一并诉至法院，认为原告与某区自然资源局签订的海域使用权出让合同违反了《中华人民共和国海域使用管理法》第二十六条的规定，该条规定海域使用权人到期前有权申请续期，除根据公共利益或者国家安全需要收回海域使用权的外，应当批准续期。遂起诉请求判决：1. 撤销某区自然资源局向原告发出的"关于海域使用权不予续期的答复"；2. 某区自然资源局和某区政府履行法定职责，对原告海域使用权依法予以续期。

两被告辩称，涉案的海域使用权出让合同和海域使用权证书上均写明了到期后不再续期。东沙紫菜养殖海域部分与盐城湿地珍禽国家级自然保护区范围重合或邻近，当前国家对海洋采取更为严格的督察措施，对海洋生态环境的保护力度空前，相关海域能否持续进行养殖开发难以确定。因此，某区政府以招投标方式，以三年为一期进行海域使用权的出让，在招投标公告方案中都对到期不予续期进行了明确的说明。

【案件焦点】

1. 涉案海域使用权出让合同中“到期不予续期”的约定是否属于有效约定；2. 在存在前述约定的情况下，原告是否有权依据《中华人民共和国海域使用管理法》第二十六条的规定申请续期。

【法院裁判要旨】

上海海事法院经审理认为：涉案海域使用权出让合同第十条明确写明“合同期满，海域使用权终止，本海域使用权不予续期”，意思清晰明确并无歧义。相关合同的签订并无欺诈、胁迫行为存在，原告对合同相关条款应当是明知且理解其含义的，参加投标并签订合同，即意味着接受招标方案和合同条款的限定条件。《中华人民共和国海域使用管理法》第二十六条是对于一般情况下海域使用权人申请续期权利的规定，并非强制性的规定，其并不排除政府机关与海域使用权人对于使用权到期后是否续期通过明确约定的方式进行变更。由于海域使用权这一国家自然资源具有稀缺性特点，政府机关通过定期招投标的方式进行海域使用权出让，系以市场化手段促进自然资源的优化配置，以竞争性方式最大化保障和体现国有资产的价值，是政府更公开透明行使海域使用权出让管理职权的体现。考虑到涉案海域毗邻国家级自然保护区、盐城黄海湿地以及江苏省海洋生态红线，对于是否能够持续地进行养殖开发，具有一定的不确定性，政府以该条款对相关海域的使用权出让作出一定的限定，具有合理性，也并未违反法律法规的强制性规定。综上，法院认定涉案海域使用权出让合同中“到期不予续期”的约定为有效约定，对原告具有拘束力，在对于续期问题已有明确特别约定的情况下，原告无权再按照法律规定的一般条款申请续期。

上海海事法院依照《中华人民共和国海域使用管理法》第七条第一款、第十七条第一款、第二十条、第二十六条，《中华人民共和国行政诉讼法》第六十九条，《最高人民法院关于适用〈中华人民共和国行政诉讼法〉的解释》第六十四条之规定，判决如下：

驳回原告的诉讼请求。

判决后，双方当事人均未上诉，本判决现已生效。

【法官后语】

海域使用权出让合同系海域行政机关依法行使海域使用管理职权，与公民、法人或者其他组织协商订立的具有行政法上权利义务内容的协议，属于典型的行政协议。它兼具行政性与协议性的特征，其中的协议性决定了其具有一定的私法性特征，与民事协议一样要求行政机关与行政相对人协商自由，意思自治。倘若一切依照法律法规规定调整双方行为，则不需要签订行政协议。换言之，行政协议的特性和价值决定其产生之初就具有补充、变更甚至排除法律法规规定的功能特征。根据《最高人民法院关于审理行政协议案件若干问题的规定》（发布于本案判决之后）第十二条的规定，人民法院认定行政协议是否无效主要从两个方面着手：一是审查行政协议是否存在“实施主体不具有行政主体资格或者没有依据等重大且明显违法”的情形；二是是否存在依照民法规定应认定无效的情形。

海域使用权出让合同订立双方的意思自治应当在司法审判中予以尊重和保护。订约双方可以有限度地对法律法规的一般内容进行变更，除非协议内容违反法律强制性规定，明显侵害相对人合法权益或者国家、集体、第三人利益，否则不应轻易认定无效。本案中，《中华人民共和国海域使用管理法》第二十六条虽规定了海域使用权人申请续期的权利，但这一权利可以通过约定的方式放弃。原告根据招投标方案签订合同，对合同条款知情同意，既无欺诈、胁迫情节，也无重大误解、显失公平等可撤销合同的理由。“到期不予续期”的约定应认定为有效。

本案裁判可归纳出以下理念，具有典型示范意义：

1. 行政相对人有权在行政协议中处分自己的部分实体或程序性权利。法院只需审查其处分的权利是否为其合法享有的权利，以及处分权利本身是否触犯法律的强制性规定或违背社会公序良俗、权利处分的意思表示真实与否等。

2. 政府机关有权以合法方式提升国家自然资源管理的效率和收益。自然资源使用价格逐年增高，采用分期出让、到期再行招投标的方式更符合市场化要求，而三年一期也已经兼顾了海域使用的稳定性。近海海域使用常受到国家海洋环境保护、海域区划规划等政策、法律法规变化的影响，具有一定的不确定性，限定海域使用期限有助于提升行政管理的效率，减少因政策法律变化而带来的管理难度提高、成本增加等一系列问题，具有合理性。

3. 尊重行政协议约定有助于维护政府公信力，也是诚信原则在行政协议中的体现。对于行政协议约定的尊重，不仅是对行政相对人，也是对行政机关的约束。对于海域资源的管理，既可以使用传统的职权式的方式，也可以采用行政协议的方式。但一旦采用契约方式，则应当在契约框架下寻求救济，而不能动辄以协议约定与法律规定不符而主张无效。涉案海域使用权的招投标方案已向社会大众公示，在当地已经形成共同认识。轻易否定协议效力，既是对政府公信力的打击，也是对社会诚信的伤害。

编写人：上海海事法院　张健　鲍海跃

061 环境影响评价审批的司法审查方式及听证权利保护

——马某某等诉上海市某区生态环境局环保行政许可案

【案件基本信息】

1. 裁判书字号

上海市第二中级人民法院（2019）沪02行终84号行政判决书

2. 案由：环保行政许可纠纷

3. 当事人

原告（上诉人）：马某某等29人

被告（被上诉人）：上海市某区生态环境局

第三人：工程建设公司

【基本案情】

第三人系某道路快速化改建工程项目（以下简称涉案工程项目）建设单位。29名原告系该项目施工沿线小区居民。2017年12月6日，第三人向被告提交《建设项目环境影响评价审批申请表》及所附《环境影响报告表》等材料，被告于同日依法受理、公示。被告委托上海市环境科学研究院（以下简称上海环科院）开展技术评估，结论为《环境影响报告表》质量合格，基本符合环评导则要求，从环境保护角度工程建设可行。同月25日，被告对涉案工程项目进行拟审批公示。同月27日，位于涉案工程项目沿线的部分居民向被告提交《环评听证会申请书》。2018年1月9日，被告向申请人中的8名居民发出《环境保护行政许可听证通知书》，告知听证会的时间及地点等事项。同月17日，环评审批部门组织召开听证会并制作听证笔录，审批人员介绍申请程序及内容等事项，上述 8 名居民、环境影响评价机构以及第三人发表意见，部分原告旁听。同年 2 月 12 日，被告作出被诉《环评审批意见》，送达第三人并网上公示。

原告不服，理由如下：第一，基础数据不实，《环境影响报告表》噪声监测点设置错误，现状数据与原告自行委托监测结果不符，建筑物与道路边界线距离失实。第二，听证程序违法，被告未作听证事先告知及通知，未出示拟作许可的证据及理由，侵害原告听证权利。请求法院依法判决撤销被诉《环评审批意见》。

被告辩称，《环境影响报告表》由具有环境影响评价技术服务资质的中海公司编制，经上海环科院技术评估，评价结论总体可信，认定事实清楚，证据确实充分。被告根据涉案工程项目利害关系人的申请召开听证会，在法定期限内作出被诉《环评审批意见》，执法程序合法。故请求法院判决驳回原告的诉讼请求。

第三人述称，中海公司具有编制《环境影响报告表》的资质，其数据来源于基于测绘数据制作的设计方案图纸，通过将数据完整导入国家环境保护总局认证的噪声模拟软件系统，得出环境影响评价结论，基础数据真实权威。《环境影响报告表》中载明的建筑物至道路边界线的距离等数据，是为了便于记录所作的概括性描述，并非导入噪声模拟系统直接使用的数据。原告认为应实地测量的意见不具有现实可能性且不具权威性。被诉《环评审批意见》合法，请求法院判决驳回原告的诉讼请求。

【案件焦点】

1.《环境影响报告表》基础数据是否失实；2. 听证程序是否合法。

【法院裁判要旨】

上海市静安区人民法院经审理认为：第一，关于《环境影响报告表》基础数据的审查问题。《环境影响报告表》经具备专业资质的机构进行技术评估，认为评价结论总体可信，被告根据评估结论，从涉案工程项目环境可行性、环境影响分析预测评估的可靠性、环境保护措施的有效性及环境影响评价结论的科学性等方面进行审查，作出被诉《环评审批意见》，认定事实清楚。关于原告主张的噪声现状数据失实问题，原告自行委托监测公司测得数据与《环境影响报告表》中数据存在的差异，系监测时间、监测地点不同所造成，不能据此否定《环境影响报告表》记载数据的真实性。且《环境影响报告表》所载声环境数据为现状评估数据，意在与建设项目施工期及完工后各项声环境指标进行比较，落实环保要求，并非对涉案工程项目建成后声环境数据的预估。关于原告主张的建筑物与道路边界线距离与实际不符问题，该距离表述是对小区位置与涉案工程项目距离的概括性描述，环评基础数据采集来源于测绘部门的测绘数据，而测绘数据包含了不同的相邻建筑物与涉案工程项目之间详细的空间关系，因此该概括描述距离并非环评过程中所采用的基础数据，并不影响环评的科学性与合法性。故原告认为《环境影响报告表》中基础资料数据不真实的主张缺乏事实根据。

第二，关于听证程序是否符合法定要求的问题。被告依申请组织召开听证会，但未依法送达《环境保护行政许可听证告知书》，告知行政许可申请人、利害关系人享有要求听证的权利。首先，听证程序本质上是一种事中救济程序，其目的在于通过参与人对拟处行政决定的证据、依据进行质辩，揭示争议内容，帮助行政机关正确作出行政决定，体现了行政的公正性和衡平性。听证告知的功能不仅在于启动听证程序，更重要的是事先告知行政许可的初步审查意见、证据和理由，便于听证参加主体充分行使质辩权利。而本案被告在组织听证过程中未向行政相对人发送听证告知书，客观上影响了听证参与人充分行使质辩权利的可能，同时，听证笔录也反映出执法人员未在听证程序伊始就开示拟处决定的相关证据和理由，使得听证参与人未能围绕行政机关的初步审查意见和相关证据展开质证和辩论，显著影响到听证参与人程序权利的实现。其次，法律规定环保行政许可申请人、利害关系人人数众多或者其他必要情形时，可以通过报纸、网络或者布告等适当方式，将《环境保护行政许可听证告知书》向社会公告。环保许可涉及的利害关系人可能范围广众，无法让每个人都发表意见，但可以通过委托代表等方式实现其权利主张。由于本案被告未制发听证告知书，更未向社会公告，造成原告未参与听证，实质上克减了原告程序参与权利，因此被诉许可程序违法。

综上，被诉《环评审批意见》实体内容合法而行政程序违法，原应撤销，责令其重新作出，但鉴于原告在庭审过程中已充分发表质辩意见，也未提出足以撤销或改变被诉许可实体认定的事实证据；第三人作为建设单位基于对被诉许可的信赖，已经开展实施相关建设工作，其信赖利益应当依法予以保障；且系争建设项目属于市政重要工程，撤销重作被诉行政行为可能对社会公共利益造成损害。因此，应当确认被诉《环评审批意见》违法。

上海市静安区人民法院依照《中华人民共和国行政诉讼法》第七十四条第一款第一项的规定，判决如下：

确认被告于 2018 年 2 月 12 日作出《环评审批意见》的行政行为违法。

二审法院同意一审法院裁判意见。

【法官后语】

本案的意义在于明确了法院对于专业技术性事实的审查方式：

一是对于单纯技术性事实的认定方式。在证据和事实审查上，行政诉讼有别于民事诉讼、刑事诉讼之处在于，行政诉讼中的证据与事实往往是经行政机关先行认定之后，再呈现于诉讼程序中的。因此，行政诉讼中的证据与事实认定涉及行政权与审判权的关系。对于单纯的技术性事实，法院一般应当尊重行政机关对于技术问题的首次判断，除非存在明显的相反证据或否定性事实。如确实存在相反证据且能够成立的，法院可以对个别技术性问题通过鉴定、专家咨询或专家证人作证等方式进行审查，但并不适宜对所有技术性问题进行全面审查。

二是对于技术性事实形成程序的审查标准。正因为法院尊重行政机关对于单纯技术性事实的首次判断权，法院应当更为严格地通过对行政程序加以审查，以实现司法对于行政行为合法性及行政裁量合理性的认定。一般而言，法律规定已经从程序上保障了当事人实体权利的实现路径。本案中，被告的行政行为违反了正当程序原则，显著侵害了原告作为许可事项利害关系人的实体权利，具体体现在以下两个方面：首先，由于被告在组织听证过程中未制发听证告知书，也未向社会公告，造成原告未能参与或者委托代表参与听证，实质上克减了原告程序参与权利告知行政许可申请人、利害关系人享有要求听证的权利，使其丧失发表意见、陈述观点的可能性。其次，听证的本质在于质辩，属于一种事中救济程序，本案被告在组织听证过程中，未在听证程序伊始就开示拟处决定的相关证据和理由，使得听证参与人未能围绕行政许可初步审查意见和相关证据展开质证和辩论，实质上剥夺了听证参与人程序权利的实现。

在本案判决方式的选择上，鉴于被诉许可事实认定而执法程序违法，法院本应判决予以撤销。但是，诉讼双方已就被诉《环评审批意见》的证据及依据进行了质辩，原告未能提供足以撤销本案事实认定的证据和依据，且第三人也已基于被诉《环评审批意见》开展了工程建设工作，撤销被诉行政行为可能会对社会公共利益造成损害，故法院最终依法判决确认作出被诉《环评审批意见》的行政行为违法。

编写人：上海市静安区人民法院　王秀岩　葛翔

062 工商行政许可案件中的主体认定及“行民交叉”的处理

——邹某诉北京市工商行政管理局某区工商分局工商行政许可案

【案件基本信息】

1. 裁判书字号

北京市第一中级人民法院（2018）京01行终550号行政裁定书

2. 案由：工商行政许可纠纷

3. 当事人

原告（上诉人）：邹某

被告（被上诉人）：北京市工商行政管理局某区工商分局（以下简称某区工商分局）

【基本案情】

原告邹某诉称，其系某科技发展有限公司的股东。原告于2018年8月7日在网上查询才得知某科技发展有限公司被注销一事。原告随即与该公司的实际控制人维权交涉，但对方均置之不理。此后，原告将某科技发展有限公司的大股东使用过期的清税证明、伪造其他股东签名骗取注销登记的情况投诉到某区工商分局的相关科室，但某区工商分局的相关科室均以“公司被注销后法律实体消失”为由拒绝受理。此后原告将上述问题反映给北京市工商行政管理局（以下简称市工商局）。市工商局指定本市另外一区工商分局（即被告）受理。

原告认为，申请注销登记的申请材料中包含的股东会决议等材料中原告的签名均系伪造，某区工商分局在审核注销登记过程中管理混乱、审核不严，存在过错，给国家税收征管带来损失，甚至涉嫌犯罪。因此，原告诉至法院。诉讼请求为：1. 撤销被告某区工商分局于2017年7月21日对某科技发展有限公司作出的注销登记行为；2. 被告承担本案诉讼费用；3. 判令被告承担本案的鉴定费用、复印费、打印费、邮费；4. 确认某科技发展有限公司的清算负责人和申请人存在伪造股东签名，故意隐瞒真实情况且提供虚假材料导致行政机关登记错误的行为违法。

【案件焦点】

1. 公司注销登记类工商行政许可案件中的原告主体资格；2. 案件基础争议的类型。

【法院裁判要旨】

北京市石景山区人民法院经审理认为：《中华人民共和国行政诉

讼法》第四十九条第一项规定，提起行政诉讼的原告是符合本法第二十五条规定的公民、法人或者其他组织。该法第二十五条第一款规定，行政行为的相对人以及其他与行政行为有利害关系的公民、法人或者其他组织，有权提起行政诉讼。本案中，被告某区工商分局对某科技发展有限公司作出的注销登记行为的行政相对人系某科技发展有限公司，并非邹某。此外，邹某在本案被诉的注销登记行为作出前系某科技发展有限公司的股东而非该公司的法定代表人，其与本案被诉的注销登记行为并无行政法律上的利害关系。因此，邹某不具有提起本案行政诉讼的原告主体资格。对于邹某提起的本案行政诉讼，不予支持。一审法院遂作出裁定：

驳回原告邹某的诉讼请求。

邹某不服，提起上诉。北京市第一中级人民法院经审理认为：邹某在《最高人民法院关于适用〈中华人民共和国行政诉讼法〉的解释》施行之后提起本案诉讼，本案应当适用现行行政诉讼法及其司法解释进行审理。《中华人民共和国行政诉讼法》第二十五条第一款规定："行政行为的相对人以及其他与行政行为有利害关系的公民、法人或者其他组织，有权提起诉讼。"《最高人民法院关于适用〈中华人民共和国行政诉讼法〉的解释》第十六条第三款规定："非国有企业被行政机关注销、撤销、合并、强令兼并、出售、分立或者改变企业隶属关系的，该企业或者其法定代表人可以提起诉讼。"本案中，某科技发展有限公司是由某电力公司和自然人共同投资成立的其他有限责任公司，邹某作为某科技发展有限公司的股东，针对某区工商分局依据申请作出的核准公司注销登记行为，向一审法院提起行政诉讼，不符合上述司法解释的规定。邹某与被诉注销登记行为不具有行政法律上的利害关系，不具备提起本案诉讼的原告主体资格，一审法院裁定驳回邹某的起诉正确，应予维持。二审法院遂作出裁定：

驳回上诉，维持一审裁定。

【法官后语】

1. 本案中主体资格的认定

本案焦点之一在于原告邹某与本案被诉行政行为是否具有利害关系。任何一项行政行为都会对多方主体产生或多或少的影响，那么产生多大的影响才算是有利害关系呢？这个问题涉及多方面的利益权衡，一方面要考虑到当事人利益的保护，另一方面也要考虑到行政行为的稳定与权威。从相关法条来看，《中华人民共和国行政诉讼法》第四十九条第一项规定，提起行政诉讼的原告是符合本法第二十五条规定的公民、法人或者其他组织。该法第二十五条第一款规定，行政行为的相对人以及其他与行政行为有利害关系的公民、法人或者其他组织，有权提起行政诉讼。本案中，被告某区工商分局对某科技发展有限公司作出的注销登记行为的行政相对人系某科技发展有限公司，并非邹某。此外，邹某在本案被诉的注销登记行为作出前系某科技发展有限公司的股东而非该公司的法定代表人，其与本案被诉的注销登记行为并无行政法律上的利害关系。因此，邹某不具有提起本案行政诉讼的原告主体资格。

首先，法律上的利害关系是对特定人所产生的特别的利害关系。一个公司的注销登记行为发生后，会对一系列的法人和自然人产生影响，如该公司本身、法定代表人、股东、债权债务人等。这些人同公司法人人格消灭的利害关系并不是完全相同的。法定代表人是指依法代表法人行使民事权利，履行民事义务的主要负责人。法定代表人制度的建立解决了法人的意志如何通过自然人实施的问题。法定代表人与法人是同步的，如果法人不复存在，法定代表人也将失去其存在的意义，因此法定代表人就成为公司工商登记行为的利害关系人。至于其他相关人员有无法律上的利害关系，则决定了他们对这一具体行政行为有无诉权，也决定了行政机关在作出该具体行政行为时有无对这些关系的审查义务。很显然，行政机关不可能对一个公司的所有股东和债权债务人做一个全面的审查，再去决定是否注销这个公司，这样的审查流程在现有条件下是无法完成的，因此法律上的利害关系也不能完全等同于现实中的利害关系，要运用法律逻辑找到利害关系的边缘，才能准确判断该类案件中原告是否具有相应的主体资格。

其次，法律上的利害关系必须是现实可得的，而不是一种期待利益。一个已经完成清算的公司，它的注销并不会给股东带来现实的损失。股东之所以觉得其利益受到了侵害，是因为他对这个公司有所期待，而期待中的利益并不能产生法律上的利害关系。本案中，原告邹某就是一个认为自己权益受到行政机关注销登记行为侵害的公司股东，但是这一行政行为并没有给邹某的利益带来现实的直接影响，真正有可能侵害邹某个人权益的是在这一行政行为之前的民事行为。这就引起了本案的另一争议焦点，即在“行民交叉”案件中，应如何处理行政争议和民事争议的关系。

2. 本案审理过程中的“行民交叉”问题

当在案件审理过程中发现原告不具备主体资格时，如何引导其解决问题是一个值得探讨的问题，其中主要包含对“行民交叉”问题的讨论。工商登记是工商行政管理部门代表国家对企业和个体商户的筹建、开业、变更、歇业等生产经营活动进行的一种具有法律效力的登记。对于企业来说，无论是注册登记、变更登记还是注销登记，都是企业商业活动不可或缺的部分，在登记事项中难以分别对待。笔者调查发现，关于工商登记的“行民交叉”案件中涉及的行政行为多为颁发营业执照等设立登记行为，包括股东、公司性质、住所地等事项的变更登记行为等。工商登记类的“行民交叉”案件研究的首要问题就是当事人应该如何选择诉讼程序，从而更有效率地解决问题。本案中的原告邹某由于先选择了行政诉讼，结果以不具备主体资格为由被一审法院裁定驳回起诉。如果原告选择通过民事诉讼来确认合同效力，事情的解决效果或许会比现在好很多。因为在当事人追究具体行政行为合法性的背后，还有一连串诸如伪造股东签名等效力待定的民事行为，而该民事行为效力的有无将对该具体性行政行为产生极大的影响。很多以民事争议为前提的“行民交叉”案件皆是如此，由于选择了不同的诉讼程序而得到了截然不同的结果。在行政案件中经常会出现“行民交叉”的问题，何种情形下应采取民事先决模式是一个需要审慎考量的问题。在“行民交叉”类案件中，通常对行政案件的判定需要依赖案件中民事行为的效力，民事案件的裁量又需先解决案件中具体行政行为的合法性问题。因此，在该类案件中应否采取民事先决模式，就要先判定该案中的基础性争议是民事争议还是行政争议。如何判断基础性争议不能只看诉讼中当事人之间的争议，而应当在了解案情的基础上进行专业的逻辑性分析，进而确定。

在注销登记类案件中，原告的诉讼请求通常是要求恢复公司的法人人格，而不是直接主张要求恢复自己的股东或者法定代表人的身份。原告虽然对申请材料中包括股东会决议、清算材料等相关文件在内的签名真伪提出疑问，但其实质仍然是质疑相关股东会决议、清算行为等民事行为的合法性。该行政许可行为直接消灭了该公司的法人人格，而非该股东会决议等民事行为直接消灭该公司的法人人格。原告取得或者丧失股东或法定代表人的身份是基于前述民事行为而取得或者丧失的，而非基于变更登记所取得或者丧失。所以上述民事行为不仅是公司变更登记的合法性基础，同时也是原告直接取得或者丧失股东身份或者法定代表人身份的依据。通过上述分析可见，在本类案件中民事争议才是案件的基础性争议，若有原告主体资格的当事人提出应先解决民事争议，人民法院应当准予。由于司法的被动性，在当事人提起诉讼予以立案之前，法官不应当介入双方的争议。但进入立案阶段后，只要给予法官适当的庭前释明权，向双方当事人尤其是原告告知双方主要争议，就有可能帮助其选择正确的诉讼程序。

正如“行民交叉”案件的成因纷繁复杂，行政诉讼中的“行民交叉”问题的解决也将是一个系统化发展的过程，需要法官在实践中不断探索，以更加完善的解决方式最大限度地保障公民诉权和审判效力。

3. 本案处理结果评析

《中华人民共和国行政诉讼法》第二十五条第一款规定：“行政行为的相对人以及其他与行政行为有利害关系的公民、法人或者其他组织，有权提起诉讼。”《最高人民法院关于适用〈中华人民共和国行政诉讼法〉的解释》第十六条第三款规定：“非国有企业被行政机关注销、撤销、合并、强令兼并、出售、分立或者改变企业隶属关系的，该企业或者其法定代表人可以提起诉讼。”

本案中，某科技发展有限公司是由某电力公司和自然人共同投资成立的其他有限责任公司，邹某作为某科技发展有限公司的股东，对某区工商分局依据申请作出的核准公司注销登记行为，根据上述规定，邹某与该被诉行为不具有行政法律上的利害关系。另外，被告某区工商分局对某科技发展有限公司作出的注销登记行为的行政相对人系某科技发展有限公司，并非邹某。且邹某在本案被诉的注销登记行为作出前系某科技发展有限公司的股东而非该公司的法定代表人，其与本案被诉的注销登记行为并无行政法律上的利害关系。综上所述，邹某不具有提起本案行政诉讼的原告主体资格。

编写人：北京市石景山区人民法院　王婧

063 行政许可中利害关系人的认定

——陈某诉某市住房和城乡建设规划局行政许可案

【案件基本信息】

1. 裁判书字号

浙江省台州市中级人民法院（2018）行终字第232号行政裁定书

2. 案由：行政许可纠纷

3. 当事人

原告（上诉人）：陈某

被告（被上诉人）：某市住房和城乡建设规划局

【基本案情】

涉案房屋位于某中老年活动中心综合楼三单元某室。被告某市住房和城乡建设规划局于2002年7月17日向第三人某房地产公司核发了《商品房预售证》，载明第三人开发建设的石井村中老年活动中心综合楼为商品房屋，具备公开预售条件。原告陈某的前夫王某在婚姻关系存续期间，于2002年7月22日与第三人某房地产公司签订了《商品房买卖合同》，购买了涉案房屋。2007年8月13日，原告与王某离婚，取得涉案房屋所有权，并办理了房屋所有权登记手续，但一直无法办理涉案土地使用证。现原告认为被告违法核发了涉案的《商品房预售证》，侵犯了其权益，故提起诉讼。

【案件焦点】

原告是否有诉讼资格、是否和被诉行政行为有利害关系。

【法院裁判要旨】

浙江省玉环市人民法院经审理认为：根据《中华人民共和国行政诉讼法》第二十五条第一款“行政行为的相对人以及其他与行政行为有利害关系的公民、法人或者其他组织，有权提起诉讼”之规定，原告必须是与行政行为具有法律上的利害关系，而该法律上的利害关系一般是以行政行为时所依据的行政实体法和所适用的行政实体法律规范体系，是否要求行政机关考虑、尊重和保护公民、法人或者其他组织所诉请保护的权利或法律上的利益。行政行为是否合法，主要依据行政行为作出时的事实和法律状态，一般不受事后因素的影响。因而公民、法人或者其他组织主张的权益，应当是行政机关在作出行政行为时需要考虑的权益，对事后形成的权益或者已经消失的权益，公民、法人或者其他组织无权提起行政诉讼。本案原告是在被告核发《商品房预售证》后才签订房屋买卖合同的，且根据2001年修改实施的《城市商品房预售管理办法》第七条“开发企业申请办理《商品房预售许可证》应当提交下列证件（复印件）及资料：（一）本办法第五条第（一）项至第（三）项规定的证明材料；（二）开发企业的《营业执照》和资质等级证书；（三）工程施工合同；（四）商品房预售方案。预售方案应当说明商品房的位置、装修标准、竣工交付日期、预售总面积、交付使用后的物业管理等内容，并应当附商品房预售总平面图、分层平面图”之规定，未设定潜在商品房购买者行政法上的权利和义务，并未要求被告考虑原告的权利和义务。综上，原告与被诉的《商品房预售证》不具有法律上的利害关系，不具有本案的诉讼主体资格。

浙江省玉环市人民法院依照《最高人民法院关于适用〈中华人民共和国行政诉讼法〉的解释》第六十九条第一款第一项之规定，裁定如下：

驳回陈某的起诉。

二审法院同意一审法院裁判意见。

【法官后语】

1. 行政法上利害关系人的认定

《中华人民共和国行政诉讼法》第二十五条第一款规定，行政行为的相对人以及其他与行政行为有利害关系的公民、法人或者其他组织，有权提起诉讼。《最高人民法院关于适用〈中华人民共和国行政诉讼法〉的解释》第十二条规定，有下列情形之一的，属于行政诉讼法第二十五条第一款规定的“与行政行为有利害关系”：（一）被诉的行政行为涉及其相邻权或者公平竞争权的；（二）在行政复议等行政程序中被追加为第三人的；（三）要求行政机关依法追究加害人法律责任的；（四）撤销或者变更行政行为涉及其合法权益的；（五）为维护自身合法权益向行政机关投诉，具有处理投诉职责的行政机关作出或者未作出处理的；（六）其他与行政行为有利害关系的情形。第十三条规定，债权人以行政机关对债务人所作的行政行为损害债权实现为由提起行政诉讼的，人民法院应当告知其就民事争议提起民事诉讼，但行政机关作出行政行为时依法应予保护或者应予考虑的除外。从上述条文中可以看出，行政案件的受理范围必须是行政法上的利害关系。

2. 直接利害关系人和间接利害关系人

从上述的法律条文中可以看出利害关系人从学理上可以分为直接利害关系人和间接利害关系人，直接和间接的区分标准是法律关系和因果标准。直接利害关系人是直接的行政相对人，是行政主体行政行为的直接对象，其权益受到行政行为的直接影响，如行政许可、行政给付的申请人，行政征收的被征收人，行政处罚的被处罚人等，他们是行政行为的直接利害人，在行政行为上有着主动作为性，认定简单。而与之相对应的间接利害关系人则是实际案件中认定的疑难点，他们往往具有被动性和隐性，是行政主体行政行为的间接对象，其权益受到行政行为的间接影响，如治安处罚关系中受到被处罚人行为侵害的人、行政许可关系中权益可能受到许可行为不利影响的与申请人有利害关系的人（公平竞争人或相邻权人）、行政给付关系中依靠给付对象抚养或扶养的直系亲属等。

3. 因果关系是区分标准

因果关系分为事实上的因果关系和法律上的因果关系。事实上的因果关系是指只要结果的发生与行为之间存在有逻辑关系的事实，就为有因果关系。法律上的因果关系则是在法律规定的范围内法律关系指向的侵犯法律关系的构成要素，就是直接因果关系，主张违法行为在必然引起损害结果时，则为有因果关系。但在现实案例中必然原因不仅仅是必然，往往是必然性、偶然性交织在一起。这给案件审判增加了一定的难度。在行政法上采用的都是直接因果关系。也就是说，行政行为会给当事人带来直接的、必然的权利影响。

4. 利害关系的实质影响

判断利害关系的另一标准是行政行为有无对当事人的合法权益产生实质性的影响。行政法的目的是对公权力的约束，对相对人合法权益的保护。行政行为的不对等性导致了行政相对人处于弱势地位。同时行政行为是管理社会的有效手段，行政行为可以分为主动性和被动性，主动的行政行为是政府依职权而主动采取的，被动的行政行为是依行政相对人向政府申请而实施。法律上的因果关系是判断行政行为是否对当事人权益产生实质影响的标准，但是依旧需要结合权益的可保护性、行政行为的可诉性，以及行为和权益受损之间的法律意义等关联性来进行综合判断。总之，实质影响必须是直接因果关系导致的达到法律意义上的不利影响或者不法侵害的程度，才能确认为存在实质影响。行政行为产生的实质影响必须具有可预估性，即必然的预估性而非偶然或者可能的预估性。

5. 行政行为的时间性

行政行为的作出具有时间性，行政主体在作出该行政行为时所依据的行政实体法和所适用的行政实体法律规定是否正确，是否充分考虑和尊重、保护公民或者其他组织所诉请的权利或者法律上的利益，该行政行为作出时的事实和法律状态一般不受事后因素的影响。公民受到实际影响则是在作出的时间节点上能预估到的必然发生的影响，而不是偶然的影响，对于事后可能形成的权益或者已经消失的权益，不属于利害关系的实质影响之列。

编写人：浙江省玉环市人民法院　戴晨曦

064 自纠行政行为亦应遵循正当程序

——某石化公司诉某县国土资源局行政许可案

【案件基本信息】

1. 裁判书字号

江苏省盐城市中级人民法院（2018）苏 09 行终 129 号行政裁定书

2. 案由：行政许可纠纷

3. 当事人

原告：某石化公司（以下简称石化公司）

被告（被上诉人）：某县国土资源局（原某县住建局，以下简称某县国土局）

第三人（上诉人）：某汽车服务公司

【基本案情】

2013 年，原告石化公司下辖某加油站经有关部门审核同意实施油气回收改造工程，在改造过程中，原告将加油站原罩棚拆除。2013 年 9 月 28 日，原告未经城乡规划主管部门批准，擅自重建罩棚。2014 年 1 月 17 日，某县住建局对原告作出《行政处罚决定书》，认定其重建违反了《中华人民共和国城乡规划法》第四十条的规定，对其作出限十五日内自行改正，并按工程造价 6%的标准处罚款 8560 元的行政处罚。2016 年 11 月 12 日，原告向某县住建局提出书面请示，请求对其罩棚实施改建，并于 2016 年 12 月 29 日提交《建筑工程规划许可证申请书》。2017 年 6 月 2 日，某县住建局向原告发放了《城市临时建设许可证》，对罩棚维修改建的规格及范围作了明确规定，原告迅即筹备维修改建。2017 年 6 月 9 日，某县住建局对原告作出《撤销行政许可决定书》，在决定书中，某县住建局以原告申请加油站罩棚维修改建时隐瞒真实情况为由，根据《中华人民共和国行政许可法》第七十条第四项的规定，决定撤销行政许可的同时一并撤销《城市临时建设许可证》，并要求原告交回该证。原告不服，遂向法院提起行政诉讼。

2017 年 8 月 18 日，某县作出“关于调整县规划局机构设置的通知”，将某县住建局的规划及规划监管等相关职能整体划转到某县国土局。

【案件焦点】

作出涉案《撤销行政许可决定书》的行政程序是否合法。

【法院裁判要旨】

江苏省建湖县人民法院经审理认为：根据《中华人民共和国行政诉讼法》第二十六条第六款的规定，行政机关被撤销或者职权变更的，继续行使其职权的行政机关是被告。本案原告以某县住建局为被告提起行政诉讼后，某县住建局规划及规划监管等职能整体划转到某县国土局，故原告将被告变更为某县国土局符合法律规定，某县国土局为本案适格被告。

某县住建局依原告的申请于 2017 年 6 月 2 日向其发放了《城市临时建设许可证》，仅仅相隔七日后，于 2017 年 6 月 9 日，又向其作出了《撤销行政许可决定书》，对此，《中华人民共和国行政许可法》虽然没有规定撤销行政许可的具体程序，但该法第一章总则中第五条、第七条规定了设定和实施行政许可所应遵守的原则、程序和利害关系人享有的法定程序权利。没有设定行政机关撤销行政许可所要遵循的具体程序性义务，并不意味着其就可以不要程序，程序合法的底线在于正当程序原则，行政机关在此情况下应当遵循这一法律原则。根据这一法律原则的要求，行政机关作出影响当事人权益的行政行为时，应当履行事先告知、说明根据和理由、听取相对人的陈述和申辩、事后为相对人提供相应的救济途径等正当法律程序。本案某县住建局在对原告作出《撤销行政许可决定书》时，对原告已积极着手筹备建设的罩棚维修改建工程造成了非常不利的影响，其作出该行政行为时应当遵循公开、公平、公正的原则，应当听取行政相对人即本案原告就其在申请改建加油站罩棚维修改建时是否隐瞒真实情况进行陈述和申辩，即应受正当程序的控制。某县住建局仅根据第三人法定代表人姜某的举报，结合调查的情况作出该行政行为，在向原告颁发临时规划许可证七日后即予以撤销，并未听取原告的陈述和申辩，故本案被诉行政行为即《撤销行政许可决定书》违背公开、公平、公正的正当程序原则，不具有合法性，依法应予撤销。

综上，江苏省建湖县人民法院根据《中华人民共和国行政诉讼法》第七十条第三项的规定，判决如下：

撤销某县住建局于 2017 年 6 月 9 日作出的《撤销行政许可决定书》。

一审判决后，第三人某汽车服务公司不服，向江苏省盐城市中级人民法院提起上诉，在案件审理过程中，第三人某汽车服务公司主动撤回上诉。据此，江苏省盐城市中级人民法院依照《中华人民共和国行政诉讼法》第六十二条之规定，裁定如下：

准予某汽车服务公司撤回上诉。

【法官后语】

在我国，正当程序原则的基本含义是指行政机关作出影响行政相对人权益的行政行为，必须遵循正当的程序，包括事先告知行政相对人，向行政相对人说明作出行政行为的根据、理由，听取行政相对人的陈述、申辩，事后告知行政相对人相应的救济途径等。行政行为一经作出即具有公定力，公定力是一种对世力，表现为行政主体及其他组织或个人对行政行为都要给予必要的尊重。行政机关自行撤销已具有公定力的行政行为，如对行政相对人产生不利影响，该自行撤销行为应当受到严格限制。

行政行为可以分为授益性行政行为和负担性行政行为。授益性行政行为是指给予行政相对人某种权益的行政行为，如提供社会补助金、实施许可、减免税金等。负担性行政行为是指剥夺、限制行政相对人权益的行政行为，如税收、行政处罚、行政强制等。从法理来看，授益性行政行为可以相对淡化行政相对人的程序参与权，而负担性行政行为应当强化行政相对人的程序参与权。本案中，某县住建局为石化公司发放行政许可证属于授益性行政行为，后自行撤销该行政许可本质上是消灭石化公司权利的一种行政行为，会导致石化公司丧失临时规划许可，已经对石化公司的权益产生不利影响，属于负担性行政行为，故应当强化石化公司的程序参与权。

《中华人民共和国行政许可法》第八条第一款明确规定："公民、法人或者其他组织依法取得的行政许可受法律保护，行政机关不得擅自改变已经生效的行政许可。"虽然《中华人民共和国行政许可法》没有规定自行撤销行政许可的具体程序，但正当程序是行政法的基本原则，也是看得见的正义，行政机关自行撤销行政许可也应遵循正当程序原则，否则构成程序违法。本案中，某县住建局在对石化公司作出《撤销行政许可决定书》时，未履行告知义务，也未听取行政相对人即石化公司的陈述和申辩，严重损害了石化公司的程序参与权，违反正当程序原则，依法应予撤销。

如果石化公司向某县住建局申请时，提交的确实是虚假材料，某县住建局自纠行政许可行为的实体结果是正确的，那么这种实体结果正确、程序违法的行政案件，人民法院应当如何裁判？《中华人民共和国行政诉讼法》的立法目的很明确：保护公民、法人和其他组织的合法权益，监督行政机关依法行使行政职权。人民法院在行政诉讼中的司法审查是全面审查，既包括实体，也包括程序。自纠行政行为实体正确但程序违法，如该程序对行政相对人的权利义务不产生实际影响，可以判决确认自纠行政行为违法；如该程序对行政相对人的权利义务产生实际影响，则应判决撤销自纠行政行为，以保护行政相对人的合法权益。至于行政效率问题，正确的做法是在保证公正的前提下，兼顾效率。

编写人：江苏省盐城市中级人民法院　李星星

065　债权人的行政诉讼原告主体资格认定

——屈某诉重庆市某区国土资源管理分局行政许可案

【案件基本信息】

1. 裁判书字号

重庆市第一中级人民法院（2018）渝01行终435号行政裁定书

2. 案由：行政许可纠纷

3. 当事人

原告（上诉人）：屈某

被告（被上诉人）：重庆市某区国土资源管理分局（以下简称某区国土局）

第三人：建筑材料公司

【基本案情】

2014 年 10 月 10 日，黄某以甲公司名义与乙公司签订《采矿权转让合同》，约定乙公司将茶叶坡水泥配料用砂岩矿采矿权转让给甲公司。依据乙公司申请，某区国土局于 2014 年 10 月 21 日批复准予转让。2015 年 3 月 24 日，甲公司因超出名称保留期，未在工商部门注册营业执照。2016 年 7 月 26 日，某区国土局向乙公司和甲公司发出限期办理采矿权登记手续的通知。

2016 年 6 月 14 日，重庆市北碚区人民法院依本案原告屈某申请作出执行裁定，查封黄某以甲公司名下受让的乙公司茶叶坡砂岩矿采矿权受让合同权益、砂岩矿矿产资源采矿权及设备，查封期限两年。某区国土局认可已收到北碚区人民法院送达的执行裁定书及协助执行通知书。2016 年 7 月，本案第三人建筑材料公司向某区国土局提交《采矿权变更登记申请书》，该申请书记载的变更类型为"矿山企业名称变更"，变更内容栏中载明采矿权人由甲公司变更为建筑材料公司，后某区国土局向建筑材料公司颁发了被诉采矿许可证。经审理查明，乙公司原持有的采矿许可证与被诉采矿许可证上记载的矿区范围拐点坐标均一致。

屈某认为，其为实现对黄某的债权，已申请诉讼保全甲公司名下茶叶坡砂岩矿的采矿权，某区国土局将该采矿权登记给建筑材料公司的行为侵犯其合法权益，故起诉要求确认某区国土局将采矿许可证颁发给建筑材料公司的行政行为违法。被告某区国土局认为，2014 年 10 月 10 日，原权利人乙公司与黄某拟设立的甲公司签订采矿权转让合同，将采矿权转让给甲公司，被告于同月核发了采矿权。因甲公司超出名称保留期未完成设立，黄某另设立本案第三人，申请将采矿权登记在本案第三人名下。某区国土局根据黄某申请，将采矿权变更在第三人名下的行为是 2014 年 10 月采矿权变更行为的延续，不存在违反法律、法规规定的情形。

【案件焦点】

屈某的起诉是否符合法定起诉条件。

【法院裁判要旨】

重庆市合川区人民法院经审理认为：屈某以甲公司名下的案涉采矿权已被查封为由，认为被诉行政行为侵犯其合法权益，但甲公司一直未成立，某区国土局未将该采矿权登记在该公司名下，也从未向该公司颁发过茶叶坡砂岩矿采矿许可证，故屈某申请的查封行为与被诉行政行为无任何利害关系，其不具有本案的原告主体资格。

重庆市合川区人民法院根据《最高人民法院关于适用〈中华人民共和国行政诉讼法〉的解释》第六十九条第一款第一项之规定，裁定：

驳回原告屈某的起诉。

屈某不服一审裁定，提起上诉。重庆市第一中级人民法院经审理认为：屈某基于涉案采矿权已因其申请被人民法院予以查封，被诉颁证行为影响了其债权实现而提起诉讼。债权是一种相对权，通常而言不属公法上规范保护的权益，但在特定情形下，因法律、法规的特别规定，或某一法律事实的发生，则可能要求行政机关在作出行政行为时对此予以考虑和保护。

本案中，黄某为设立甲公司签订《采矿权转让合同》，虽甲公司未能设立，但该合同所涉的权利义务应由设立人黄某承受。屈某基于其对黄某享有的债权，向北碚区人民法院申请财产保全，北碚区人民法院依法查封黄某以甲公司名下茶叶坡砂岩矿采矿权受让合同权益、砂岩矿矿产资源采矿权及设备，并向某区国土局送达了相关法律文书。该司法执行行为系保障屈某对黄某的债权得以实现，故对涉案采矿权进行变更的行政行为可能影响屈某的合法权益。某区国土局在作出该行政行为时，理应对此进行考虑和保护，故屈某与被诉行政行为之间具有利害关系，其提起本案行政诉讼符合法律规定。

重庆市第一中级人民法院依照《中华人民共和国行政诉讼法》第八十九条第一款第二项，《最高人民法院关于适用〈中华人民共和国行政诉讼法〉的解释》第十三条、第一百零九条第一款规定，作出如下裁定：

一、撤销一审裁定；

二、本案指令重庆市合川区人民法院继续审理。

【法官后语】

本案审理的重点与难点在于债权人的行政诉讼原告主体资格认定。

1. 行政诉讼中“利害关系”的判定原则

依据《中华人民共和国行政诉讼法》第二条之规定，公民、法人或者其他组织认为行政行为侵犯其合法权益，有权提起行政诉讼。但《中华人民共和国行政诉讼法》所保护的并非所有主体一般的、宽泛的合法权益，仅以主观意愿为标准，显然无法对起诉人是否符合原告主体资格的审查起到指引作用，需要更为明确的客观审查标准。由于行政行为类别众多、行政管理领域广泛、监管手段多样，大量值得行政诉讼法保护的利益，无法与公法权利义务关系一一对应，行政机关、人民法院也难以以公法意义上的权利义务关系对上述利益进行界定。因此，我国行政诉讼法采取“与行政行为有利害关系”作为确定原告起诉资格的客观认定标准，在该标准下，需审查被诉行政行为与起诉人权益之间是否存在特定的联系，该权益能否通过特定联系成为法律规范保护的权益，从而使起诉人与被诉行政行为建立起行政法意义上的而非事实上的利害关系，取得原告主体资格。

具体到本案，屈某作为黄某的债权人，基于其对黄某享有的债权，向北碚区人民法院申请对黄某的财产进行保全，北碚区人民法院依法作出执行裁定，查封黄某以甲公司名下受让的乙公司茶叶坡砂岩矿采矿权受让合同权益、砂岩矿矿产资源采矿权及设备。该司法执行行为并不直接导致屈某取得采矿权，其目的是保障屈某对黄某的债权得以实现，至此，屈某债权实现的利益与本案所涉采矿权，通过查封行为产生特定联系，继而与被诉行政行为之间建立关联。

2. 债权人的原告主体资格认定

《最高人民法院关于适用〈中华人民共和国行政诉讼法〉的解释》第十三条规定：“债权人以行政机关对债务人所作的行政行为损害债权实现为由提起行政诉讼的，人民法院应当告知其就民事争议提起民事诉讼，但行政机关作出行政行为时依法应予保护或者应予考虑的除外。”对于被人民法院查封的财产，在被查封期间处于冻结状态，行政机关不应随意办理变更登记。而我国对矿产资源权属的变更管理实行审批和登记制度，上述制度体现了行政机关对采矿权的确认、监管，故在此情况下，行政机关作出矿产权属变更登记时，应保护因查封行为而与变更登记行为产生关联的债权人利益。

本案中，重庆市北碚区人民法院根据屈某申请对案涉采矿权予以查封，某区国土局在查封期间不应办理转让等权属变更登记。某区国土局将该采矿权登记在建筑材料公司名下，并颁发采矿许可证，建筑材料公司作为独立法人，与黄某显然不属同一主体，该行政行为可能影响屈某的合法权益，某区国土局在作出该行政行为时，理应对此进行考虑和保护。因此，屈某与本案被诉行政行为之间具有利害关系，其作为本案原告提起行政诉讼符合法律规定。

编写人：重庆市第一中级人民法院　张力　黄琦　李俊冰

066　行政案件处理也要适用诚实信用原则

——王甲诉苏州市吴江区某镇人民政府土地行政许可案

【案件基本信息】

1. 裁判书字号

江苏省苏州市中级人民法院（2017）苏05行终424号行政判决书

2. 案由：土地行政许可纠纷

3. 当事人

原告（上诉人）：王甲

被告（被上诉人）：苏州市吴江区某镇人民政府（以下简称某镇政府）

第三人：苏州市吴江区某镇某村村民委员会（以下简称某村委会）、沈某、王乙（系王甲同一户籍内的亲属）

【基本案情】

1995年10月24日，王甲与某镇政府下属村镇建设办公室签订协议书，约定由于某镇政府实施动迁，乙方（王甲）自建房屋，由甲方（某镇政府下属村镇建设办公室）按照建设规划和规定住宅面积帮助划地；在增补页中第2款“乙方（王甲）另行自购住房、营业用房，甲方（某镇政府下属村镇建设办公室）一次性奖励112556.23元”。2016年9月29日，某村委会向某镇政府出具证明，请政府根据原房屋已拆迁和实际居住情况给予考虑和照顾。2017年1月10日，某镇政府下属农村住房建设管理领导小组经集体讨论，认为王甲户不再符合申请宅基地建房的条件。王甲不服，遂提起行政诉讼。

【案件焦点】

对协议书行政法上的效力的理解和适用。

【法院裁判要旨】

江苏省苏州市吴江区人民法院经审理认为：依据《中华人民共和国土地管理法》第六十二条第三款关于“农村村民住宅用地，经乡（镇）人民政府审核，由县级人民政府批准；其中，涉及占用农用地的，依照本法第四十四条的规定办理审批手续”的规定，某镇政府作为乡镇人民政府，依法具有对农村村民住宅用地进行审核的法定职权。根据《苏州市吴江区农村住房建设管理实施意见（试行）》的规定，村民自愿退出宅基地并已签订补偿协议的，国土资源部门不予批准宅基地。

本案中，王甲户在1995年签订的拆迁协议书中虽约定了“乙方（王甲）自建房屋，由甲方（某镇政府）按照建设规划和规定住宅面积帮助划地”，但增补条款明确约定“乙方（王甲）另行自购住房、营业用房，甲方（某镇政府下属村镇建设办公室）一次性奖励112556.23元”，显示王甲户系自愿退出宅基地并已签署补偿协议，属于不予批准宅基地的情形，某镇政府据此作出的答复并无不当。

江苏省苏州市吴江区人民法院依照《中华人民共和国行政诉讼法》第六十九条和《最高人民法院关于执行〈中华人民共和国行政诉讼法〉若干问题的解释》第四十九条第三款的规定，判决：

驳回王甲要求撤销某镇政府于2017年1月10日对王甲的申请作出的审核回复并责令某镇政府重新作出审核的诉讼请求。

王甲不服，提起上诉。江苏省苏州市中级人民法院经审理认为：王甲于1995年与某镇政府下属村镇建设办公室就王甲户位于某镇某村的宅基地上房屋拆迁签订了拆迁协议并且已履行完毕。因王甲在1995年涉案拆迁中选择了自愿退出宅基地另行自购住房的拆迁方式，也实际取得了另行自购住房的一次性奖励款，故王甲户不符合申请宅基地的条件，某镇政府作出的答复并无不当。

江苏省苏州市中级人民法院依照《中华人民共和国行政诉讼法》第八十九条第一款第一项之规定，判决：

驳回上诉，维持一审判决。

【法官后语】

诚实信用原则虽然最早出现在私法之中，但在公法领域也逐渐得到学界和实务界的认可。很多学者着眼于行政主体的诚实信用，但行政相对人的诚实信用很少得到应有的重视。本案中，各方当事人对案件的基本事实都没有争议，争议的焦点问题在于各方对协议书行政法上效力的理解和适用的看法不同。一种意见认为不管当事人如何约定，只要法律不禁止，就应当允许当事人申请宅基地，因此，应当判令某镇政府履行法定职责；另一种意见认为当事人之间的协议对双方都有约束力，对于当事人因不诚信而可能获得的额外利益不应支持，因为这样不仅对于遵守规则的当事人不公平，也不利于整个社会良好风气的构建。笔者同意第二种意见，理由如下：

一是诚实信用原则事实上已经成为行政法的一项基本原则。虽然我国还没有行政法典，也没有行政程序法，但我国行政许可法第八条明确规定了行政许可领域的合法信赖保护原则，它要求政府实施行政许可行为时必须遵循诚信原则，不得任意变更已生效的行政行为，否则需赔偿给行政行为相对人所造成的损失。诚实守信既是一项道德原则，也是一项法律原则。虽然该法只规定了行政机关必须讲诚信，但行政相对人讲诚信也是应有之义。随着行政法治的不断推进，行政各方当事人都应当遵守诚信原则也必将成为行政程序法的基本原则。

二是如果当事人能通过不遵守诚信原则获得额外的利益，那么这对遵守诚信原则的当事人不公平。本案中，与涉案情形类似的有上百户，除王甲户外，其他户均按照两种方式处理：要么放弃宅基地领取自购住房的一次性奖励款，要么选择宅基地放弃领取自购住房的一次性奖励款。如果王甲户既能获得宅基地又能获得自购住房的一次性奖励款，那么对于其他遵守规则的当事人不公平，也将引起不必要的纠纷。

三是对王甲户的诉请不予支持也符合民法的相关规定。当事人行使权利、履行义务应当遵循诚实信用原则。依法成立的合同，对当事人具有法律约束力。当事人应当按照约定履行自己的义务，不得擅自变更或者解除合同。依法成立的合同，受法律保护。本案中双方达成的协议是双方合意形成的对双方权利义务关系进行约定的文件，如支持王甲的诉请，将和生效的合同发生冲突。

四是王甲户的合法权益已经得到有效保障。本案中，王甲户在1995年获得的112556.23元足够其在当地自购住房。王甲户在1995年获得了自购住房的一次性奖励款，其在2016年以土地管理法没有规定此种不予安排宅基地的情形为由来申请宅基地，不应得到支持。这是因为诚信原则是诉讼程序的底线，也是法治建设的生命线。

编写人：江苏省苏州市吴江区人民法院　秦绪栋

067 颁发林木采伐许可时，行政机关应当听取利害关系人的意见

——王甲等诉北京市某区园林绿化局林木采伐行政许可案

【案件基本信息】

1. 裁判书字号

北京市第三中级人民法院（2016）京03行终735号行政判决书

2. 案由：林木采伐行政许可纠纷

3. 当事人

原告（被上诉人）：王甲、王乙、梁某

被告（上诉人）：北京市某区园林绿化局（以下简称某区园林局）

第三人：北京市密云县溪翁庄镇某村民委员会（以下简称某村委会）

【基本案情】

王甲、王乙系梁某及其夫王某（已去世）之子女。2004年，王某承包了某村的土地20.4亩（承包期一年），并在地边的泄洪渠道栽种树木，其中包括本案被诉采伐许可证所涉135棵杨树。2013年7月1日，某村委会向密云县溪翁庄镇林业工作站提出申请，内容为：为保障某村村民汛期生命财产的安全，经实地考察，有135棵树影响了雨季泄洪，危及百姓生命安全。危树地点在南大坑及叠水坑。为保障泄洪道内的畅通，经会议研究决定，向林业站申请将135棵树进行砍伐，以此来确保汛期内广大村民的生命财产安全。望主管领导审阅后给予批复。同日，密云县溪翁庄镇林业工作站填写了采伐（移植）林木申请表，该表主要内容为：树权人（单位）：某村；采伐（移植）树木详细地址：溪翁庄镇某村叠水坑处，东至道、西至地、南至小道、北至地；林木权属：个人；土地类型：非规划林地；树种：用材林；林木用途：自用；申请采伐（移植）原因及意见：因在排水沟边，影响排洪，需砍伐树木135棵。2013年7月2日，某区园林局林政资源科在上述申请表的审核意见栏中“区（县）林政部门意见”处填写了“同意”并加盖了公章。2013年7月3日，某区园林局在上述申请表的审核意见栏中“区（县）园林绿化局意见”处填写了“同意”并加盖了公章。2013年7月4日，某区园林局作出被诉采伐许可证。涉案杨树已被某村委会采伐完毕。

【案件焦点】

某区园林局向某村委会作出林木采伐许可行为是否合法、是否应该听取利害关系人的意见。

【法院裁判要旨】

北京市密云区人民法院经审理认为：某区园林局具有颁发林木采伐许可证的法定职责。根据《中华人民共和国森林法实施条例》第三十条第一款之规定，申请林木采伐许可证，应当提交申请采伐林木的所有权证书或者使用权证书。本案中，某区园林局收到林木采伐申请后，应当审查某村委会是否提交了申请采伐林木的所有权证书、使用权证书，或者其他有关申请采伐林木权属的证明材料。现某区园林局在举证期限内提供并当庭出示的证据中缺乏上述权属证明材料，故应认定某区园林局作出被诉采伐许可证的主要证据不足。某区园林局提出的为了紧急避险而采取预先审批程序作出被诉采伐许可证之主张，不符合《中华人民共和国森林法实施条例》第三十条第二款中有关因防洪抢险之紧急情况需要采伐林木的规定，一审法院不予采纳。鉴于涉案杨树已被采伐，被诉采伐许可证不具有可撤销内容，故对于被诉采伐许可证应予确认违法。

北京市密云区人民法院依据《中华人民共和国行政诉讼法》第七十四条第二款第一项之规定，判决如下：

确认某区园林局于2013年7月4日作出的被诉采伐许可证违法。

某区园林局不服，提起上诉。北京市第三中级人民法院经审理认为：根据《中华人民共和国森林法实施条例》第三十条第一款的规定，申请林木采伐许可证，除应当提交申请采伐林木的所有权证书或者使用权证书外，还应当提交包括采伐林木的目的、地点、林种、林况、面积、蓄积量、方式和更新措施等内容的文件。本案中，一审第三人某村委会申请被诉采伐许可证时，并未提交申请采伐林木的所有权证书或者使用权证书。

《中华人民共和国行政许可法》第三十六条规定，行政机关对行政许可申请进行审查时，发现行政许可事项直接关系他人重大利益的，应当告知该利害关系人。申请人、利害关系人有权进行陈述和申辩。行政机关应当听取申请人、利害关系人的意见。本案中，某村委会认可涉案林木系个人所有，却并未向某区园林局提交事先征求王甲等三人意见的相关材料。某区园林局在审查环节中，也未能依照上述法律规定，告知王甲等三人该行政许可事项，未听取其三人陈述和申辩意见，即核发被诉采伐许可证。该行政许可行为应属事实认定不清、程序违法。

此外，鉴于涉案林木已被采伐，林木采伐许可行为系一事一申请，故被诉采伐许可证不具有可撤销内容，一审法院判决确认违法，符合法律规定，并无不当，二审法院应予维持。上诉人某区园林局主张王甲等三人的起诉超过法定起诉期限的上诉意见，缺乏事实和法律依据，二审法院不予支持。

北京市第三中级人民法院依照《中华人民共和国行政诉讼法》第八十九条第一款第一项之规定，判决如下：

驳回上诉，维持原判。

【法官后语】

1. 申请采伐林木许可应以取得行政许可为前提

行政许可是行政机关依法对社会、经济事务实行事前监督管理的一种有效手段。其具有三个特征：第一，行政许可是一种依申请的行政行为。行政相对人提起申请是颁发行政许可的前提条件。第二，行政许可的内容是国家一般禁止的活动。行政许可以一般禁止为前提，以个别解禁为内容，即在一般禁止的前提下，对符合特定条件的行政相对方解除禁止，使其享有特定的资格和权利，能够实施某项特定的行为。第三，行政许可具有法定性，即设定和实施行政许可，均应当依照法定的权限、范围、条件和程序。

出于对森林资源的保护、培育和合理利用，采伐林木的行为需要取得行政许可。《中华人民共和国森林法》第五十六条第一款规定，采伐林地上的林木应当申请采伐许可证，并按照采伐许可证的规定进行采伐；采伐自然保护区以外的竹林，不需要申请采伐许可证，但应当符合林木采伐技术规程。《中华人民共和国森林法实施条例》第三十条第一款则进一步规定，申请林木采伐许可证，除应当提交申请采伐林木的所有权证书或者使用权证书外，还应当按照下列规定提交其他有关证明文件：（一）国有林业企业事业单位还应当提交采伐区调查设计文件和上年度采伐更新验收证明；（二）其他单位还应当提交包括采伐林木的目的、地点、林种、林况、面积、蓄积量、方式和更新措施等内容的文件；（三）个人还应当提交包括采伐林木的地点、面积、树种、株数、蓄积量、更新时间等内容的文件。本案中，某村委会申请被诉采伐许可证时，并未提交申请采伐林木的所有权证书或者使用权证书，某区园林局在此情形下作出被诉采伐许可证应属主要证据不足。

2. 行政许可中的正当程序原则

随着社会民主法治进程的不断推进，行政程序中正当程序的理念得以进一步深化和落实。正当程序原则的基本含义是，行政机关实施行政行为，可能影响公民、法人或者其他组织合法权益的，应当在作出行政行为之前向当事人和利害关系人告知事实，并说明理由，听取公民、法人或者其他组织的意见。

《中华人民共和国行政许可法》第三十六条规定，行政机关对行政许可申请进行审查时，发现行政许可事项直接关系他人重大利益的，应当告知该利害关系人。申请人、利害关系人有权进行陈述和申辩。行政机关应当听取申请人、利害关系人的意见。可以说，该条规定是正当程序原则在行政许可法领域法定化的体现之一。如果行政机关作出对利害关系人产生不利影响的行政行为前，没有给该利害关系人申辩机会的，就不符合正当程序原则，由此可能损害利害关系人的合法权益，人民法院应认定被诉行政行为违反法定程序。林木采伐许可作为一种行政许可行为，不仅应当符合森林法的规定，还应当受到行政许可法的一般约束。

本案中，某区园林局主张，没有任何证据证明涉案林木系散生树，且采伐林木申请表内容已经明确写明了林木权属为个人，林业站和某村委会以及王甲等三人都确认林木权属为个人，故涉案林木权属证明清晰。对此，法院认为，某村委会既然认可涉案林木系个人所有，却并未向某区园林局提交事先征求王甲等三人意见的相关材料，故提交的审查材料并不齐全。某区园林局在审查环节中，通过审查采伐林木申请表也显然应当知晓林木权属为个人，却未依照行政许可法的规定，告知利害关系人王甲等三人该行政许可事项，也未听取该三人陈述和申辩意见，即核发被诉采伐许可证。因此，该行政许可行为应属事实认定不清、程序违法。

3.《中华人民共和国森林法实施条例》第三十条第二款规定的适用情形

《中华人民共和国森林法实施条例》第三十条第二款规定，因扑救森林火灾、防洪抢险等紧急情况需要采伐林木的，组织抢险的单位或者部门应当自紧急情况结束之日起30日内，将采伐林木的情况报告当地县级以上人民政府林业主管部门。该条适用的前提条件是扑救森林火灾、防洪抢险等紧急情况，申请主体为组织抢险的单位或部门，申请时限为自紧急情况结束之日起30日内。本案中，某区园林局未能向法院提交认定某村委会申请被诉采伐许可证是出于防洪抢险等紧急情况需要的相关证据材料，并且从程序上来看，某村委会取得许可在前，砍伐行为在后，也不属于紧急避险“先采伐后申请”的审批程序情形。故法院对某区园林局的该项答辩主张未予采信。

编写人：北京市第三中级人民法院　杨旸

068　建设工程规划许可的先行行政行为审查

——张某诉某市规划委员会建设工程规划行政许可案

【案件基本信息】

1. 裁判书字号

北京市第三中级人民法院（2016）京03行终564号行政判决书

2. 案由：建设工程规划行政许可纠纷

3. 当事人

原告（上诉人）：张某

被告（被上诉人）：某市规划委员会

第三人（被上诉人）：建设集团公司

【基本案情】

2013年1月25日，第三人建设集团公司填报《建设项目规划许可及其他事项申报表》并提交建设项目及用地批准等相关文件，向被告提出“定向安置房”项目的建设工程规划许可申请。原告所有并居住的房屋坐落于涉案建设项目A1#楼的北侧。

被告某市规划委员会于当日收取申请材料并出具《行政许可事项接收材料凭证》。被告根据第三人提交的材料认定：第三人于2011年10月10日申报，拟建设“定向安置房”项目。被告于2011年11月7日作出《建设项目规划条件》，对该项目提出用地规划要求、建设规划要求、绿化环境规划要求等规划条件。同时，被告在其他相关要求中指出：本项目按规定需要建设人防工程，应在办理《建设工程规划许可证》前取得人防主管部门的审查意见；本项目按规定应在办理《建设工程规划许可证》前，取得园林绿化主管部门对建设方案绿化用地的审查意见。2011年12月29日，某市发展和改革委员会（以下简称市发改委）作出《关于某定向安置房项目核准的批复》，同意第三人实施该项目建设。2012年3月13日，第三人取得被告核发的《建设用地规划许可证》，建设用地的用地性质为“二类居住用地”，用地面积为29492.828平方米。此后，被告于2012年7月23日作出《关于定向安置房项目设计方案的审查意见》，就第三人申报的设计方案进行了审定并就经济技术指标等事项提出审查意见。2012年11月19日，第三人与某市国土资源局（以下简称市国土局）就该项目建设占用宗地中出让部分宗地3174.556平方米订立《国有建设用地使用权出让合同》及补充协议，并在合同中明确了“出让用途具体部位”。2012年12月11日，市国土局某区分局签发《国有建设用地划拨决定书》，就该项目占用宗地中划拨部分宗地26318平方米作出划拨决定。2012年12月28日，某市某区人民政府核发《国有土地使用证》，就上述划拨用地土地使用权进行了登记。2012年8月15日，某市民防局（以下简称市民防局）出具《人防工程建设规划设计条件意见书》，对该定向安置房项目中涉及人防工程部分提出标准要求。2013 年 1 月 6 日，市民防局作出《人防工程初步设计审查意见书》，再次提出人防工程的要求。同年 1 月 7 日，市民防局向被告出具《人防工程初步设计审核批准通知单》，通知该定向安置房项目涉及的人防工程初步设计图纸经该局审查合格。2012 年 9 月 20 日，某市某区园林绿化局（以下简称区园林局）作出《关于某定向安置房项目园林审核意见复函》，同意第三人报审的绿地规划方案。另外，就该定向安置房项目应建设的公共服务配套设施和市政公用基础设施，第三人与区建设综合开发和危旧房改造办公室亦签订了《项目建设方案》，就相关事项进行了约定。经对上述材料进行审查，被告于 2013 年 3 月 4 日作出被诉建设工程规划行政许可行为并向第三人核发《建设工程规划许可证》。

另查，第三人在申报本案项目建设工程规划许可之前，委托专业公司运用日照测算软件对本案项目建设对包括原告居住建筑在内的周边建筑的日照影响进行了分析测算，结果为该项目建设符合国家日照标准。且在第三人向被告申报建设工程规划许可时提交的设计图纸上，进行了“本项目的设计方案符合国家有关日照的标准，按照本方案建成后，本项目对周边现状建筑国家规范规定的日照标准未产生不利影响”的文字说明。原告认为被告的行为侵犯其合法权益，诉至法院请求撤销被告于 2013 年 3 月 4 日核发的《建设工程规划许可证》。

【案件焦点】

本案原告请求撤销建设工程规划许可，但规划许可作出要以相关城乡规划批准或核准文件等先行行为为要件，法院在对其合法性进行司法审查时，对先行行政行为能否进行审查或如何进行审查是解决本案争议的关键。

【法院裁判要旨】

北京市朝阳区人民法院经审理认为：关于原告诉请要求撤销被诉建设工程规划许可证的理由，第一，尚无证据证实涉案建设项目在建设工程规划许可阶段发生过许可事项的变更，因此，原告关于被告进行了变更但未经过公示的主张不能成立。第二，原告主张有关行政主管部门对建设工程规划许可程序中申报的建设项目设计图纸的审查，是实施建设工程规划许可的前置要求，该主张缺乏法律、法规依据，不予支持。第三，被告在实施本案 A1#楼建设项目许可时，规划审定 A1#楼与原告居住建筑之间的建筑间距系数为 1.7，被告对该事项的规划许可符合关于生活居住建筑间距的要求；被告提交的 A1#楼《建设工程规划许可证》附件中建筑高度确实从“40.1”手写改为“39.5”，但结合该证件所附图纸并综合本案全部证据可以认定，被告许可 A1#楼的建筑高度为 39.5 米，证件上的更改是打印错误并非许可事项的变更，被告以此数据作为计算 A1#楼与原告居住建筑之间的间距依据是正确的。第四，原告关于被告在缺乏选址意见书的情况下作出许可违法的主张没有法律依据。第五，原告对 A1#楼设计长度的质疑没有法律依据。第六，关于原告主张该项目存在“先建后批”的问题与本案被诉建设工程规划许可行为的审查并不同属一个法律关系，不能成为撤销被诉建设工程规划许可行为的理由。同时需要指出的是，本案是对建设工程规划许可行政行为的审查。日照测算并不是实施建设工程规划许可的法定条件。

北京市朝阳区人民法院依照《最高人民法院关于执行〈中华人民共和国行政诉讼法〉若干问题的解释》第五十六条第四项之规定，判决如下：

驳回原告张某要求撤销被告某市规划委员会于2013年3月4日向第三人建设集团公司核发的《建设工程规划许可证》的诉讼请求。

张某提起上诉。北京市第三中级人民法院经审理认为：某市规划委员会作为本市城市规划的行政主管部门，有根据建设单位的申请及提供的文件向其核发建设工程规划许可证的行政职权。

《中华人民共和国城乡规划法》和《北京市城乡规划条例》是城市规划许可工作应遵循的依据，某市规划委员会应根据上述规定，审核建设单位申报的建设工程手续是否齐备，同时，由于建设项目涉及人防、绿化等多方面因素，规划行政主管部门在进行建设工程规划许可审批时，还应根据申报项目的具体情况，审核建设单位是否向有关行政主管部门办理了相关批准手续，在符合规定条件的情况下核发建设工程规划许可证。本案中，建设集团公司作为申请人向原市规委提交了建设用地规划许可证、国有建设用地划拨决定书、国有土地使用证、国有建设用地使用权出让合同等使用土地证明文件；市发改委作出的项目核准批复等建设项目核准文件；建设项目设计方案的审查意见等建设工程设计方案；市民防局、区园林局针对人防工程、园林设计方案等相关事项的审核材料等，原市规委依法履行审查职责，在建设集团公司申请符合相关规定的情况下，依法向其核发被诉许可证符合法律法规的相关规定。

关于张某主张设计方案变更不公示的问题，因目前无相关证据证明建设项目存在许可事项变更的情形，故张某的上述主张二审法院不予支持。因施工图设计文件及选址意见书并非申请建设工程规划许可的法定文件，故张某主张原市规委未审查上述文件即向建设集团公司核发被诉许可证违法及设计单位违法设计，缺乏事实及法律依据。关于张某主张被诉规划许可附件中建筑高度更改问题、设计长度问题、先建后批的问题以及日照测算的问题，二审法院同意一审法院的相关认定。

综上，一审法院判决驳回张某的诉讼请求正确，二审法院应予维持。张某的上诉请求和理由不成立，二审法院不予支持。

北京市第三中级人民法院依照《中华人民共和国行政诉讼法》第八十九条第一款第一项的规定，判决如下：

驳回上诉，维持一审判决。

【法官后语】

伴随经济高速发展和社会关系日趋复杂，行政争议远非一个行政行为即可解决。实践中，行政争议的解决往往要通过数个行政行为的前后相连，先行行政行为构成后续行政行为的适用条件和基础事实。本案涉及的建设工程规划许可，其作出往往要以相关城乡规划批准或核准文件等先行行为为要件，法院在对其合法性进行司法审查时，对于先行行政行为能否进行审查或如何进行审查是解决本案类似争议的关键所在。

对于先行行政行为的可审查性，实务中有三种意见：第一种为否定说，主张先行行为与后续行政行为相对独立，先行行为即便存在实体或程序方面的违法，只要该行政行为具备生效的形式要件，后续行政行为的作出机关就要受该行为效力的拘束，无权审查先行行为合法性；第二种为肯定说，主张先行行为作为后续行政行为的要件时，后续行政行为的作出机关必然要对先行行为的合法性作出全面的考量，若先行行政行为存在实体或程序方面的违法，即便后续行政行为已经具备法定的形式要件，也会因该要件自身的违法而否定其合法性；第三种为折中说，主张当先行行为作为后续行政行为的要件，原则上不能被审查，只有先行行政行为存在重大明显违法情形时，方能进行审查。《最高人民法院关于审理行政许可案件若干问题的规定》第七条规定，行政许可行为基础的其他行政决定或者文书存在重大明显违法情形的，人民法院不予认可。

笔者同意折中说观点。原因有三：(1) 根据越权无效原则，后续行政行为作出机关对于先行行为原则上仅有形式审查的义务，无实质审查之权力。若先行行为存有重大明显违法情形，例如计划部门在项目未经环评情况下作出的相应批准、相关批准文件已罹其时效等，后续机关有能力对其法律效力予以辨别，此应属形式审查的范畴。若未辨别，则属未尽审慎审查之义务，法院在诉讼过程中则应对先行行为进行审查。(2) 行政活动中前后相连的行政行为虽共同作用于当事人，但行政相对人对于先行行为不具备相应起诉条件。先行行为存有重大明显违法的情形下，对当事人权利的间接影响不可小觑，易造成“有侵害、无救济”的局面，故法院需通过审查先行行为以对权利之侵害予以救济。(3) 从成本收益的角度分析，后续机关对先行行为是否存有重大明显违法情形的辨别成本远低于据此作出的行为所产生之成本，若后续机关未先行辨别，法院审查发现先行行为存有重大明显违法情形的，应撤销后续行为，消除其所带来的成本，以实现成本最小化。

综上，处理先行行政行为审查问题的路径为：首先，对先行行政行为的可诉性进行审查，划定后续审查范围。其次，对具有可诉性的先行行政行为进行审查，限度为有无重大明显违法情形，若有，则其违法性应由后续行政行为承继，结合案情选择判决方式；若无，则不再对其进行审查。

编写人：北京市朝阳区人民法院　鞠仁

069 利害关系和法律保护权益双重视野下行政诉讼原告资格的判定

——唐某等诉重庆某区管理委员会建筑工程施工行政许可案

【案件基本信息】

1. 裁判书字号

重庆市第一中级人民法院（2015）渝一中法行终字第 00409 号行政裁定书

2. 案由：建筑工程施工行政许可纠纷

3. 当事人

原告（上诉人）：唐某、张甲、张乙、张丙、张丁

被告（被上诉人）：重庆某区管理委员会

第三人（被上诉人）：重庆某区土地储备整治中心

【基本案情】

2005 年 12 月，重庆市人民政府作出关于某建设用地的批复，主要内容为：同意相应的农用地转用方案、补充耕地方案、征收土地方案，将某村 1 社、7 社、12 社、13 社集体农用地 37.0347 公顷连同未利用地 16.1218 公顷转为建设用地并予以征收，另征收

集体建设用地 8.9365 公顷。土地征收后，根据该片区控制性详规要求，对土地进行统一整治，由土地行政主管部门按照国家和重庆市的有关规定办理具体建设项目的用地手续。并同意将某村1社140人、7社167人、12社116人、13社184人（共计571人）农村居民转为城镇居民，并由重庆某区管理委员会依法予以妥善安置。鉴于某村1社、7社、12社、13社土地被全部征收，人员全部由农村居民转为城镇居民，同意撤销上述四个社建制，纳入城镇管理。同时，对本次征收土地的土地补偿、安置补助等事宜，该批复回复由土地行政主管部门按照有关规定组织实施。2012年5月25日，重庆市规划局向重庆某区土地储备整治中心颁发《建设工程规划许可证》，明确建设项目、建设位置、建设规模。2012年8月8日，重庆某区土地储备整治中心发布工程建设招标投标情况确认书。2012年9月17日，重庆某区土地储备整治中心向重庆某区管理委员会申请建设工程施工许可，并提交了重庆市建设工程质量监督登记表、安全生产许可证、建设工程开工前安全生产条件审查表、建设工程安全管理报监书等材料，重庆某区管理委员会向其颁发了《建筑工程施工许可证》。

唐某等人认为，其位于某村12社的私房遭强拆，重庆某区管理委员会作出的《建筑工程施工许可证》系越权作出。唐某等人提供粮本和户口簿，以证实该许可证与唐某等存在利害关系，据此向重庆市人民政府申请行政复议。市政府于2013年9月5日作出《行政复议决定书》，维持了被告作出的《建筑工程施工许可证》。唐某等仍不服，向法院提起行政诉讼。

【案件焦点】

唐某等人的农用地转为国有土地被征收，对重庆市某区管理委员会将前述被征收的土地向第三人颁证的具体行政行为提起的诉讼，唐某等人是否为适格原告。

【法院裁判要旨】

重庆市渝北区人民法院经审理认为：重庆市某区管理委员会具有作出建筑工程施工许可的主体资格，是本案的适格被告。被告作出的《中华人民共和国建筑工程施工许可证》其施工的部分范围在原告所在社被征收的集体土地上，原告对此有权提起行政诉讼。被告根据第三人的申请并审查其提供的资料而颁发的《中华人民共和国建筑工程施工许可证》并不违反《中华人民共和国建筑法》第八条第一款关于申领施工许可证应具备的条件，故对原告的诉讼请求不予支持。

重庆市渝北区人民法院依照《最高人民法院关于执行〈中华人民共和国行政诉讼法〉若干问题的解释》第五十六条第四项的规定，作出如下判决：

驳回原告唐某、张甲、张乙、张丙、张丁的诉讼请求。

唐某等人持原审起诉意见提起上诉。重庆市第一中级人民法院经审理认为：当事人向人民法院提起行政诉讼，应该具有诉讼主体资格。与具体行政行为有法律上利害关系的公民、法人或其他组织对该行政行为不服的，可以依法提起行政诉讼。本案中，上诉人所在社的集体土地已于2005年经批准征收，征地安置补偿完毕后该土地的性质已经转为国有。本案被诉的《中华人民共和国建筑工程施工许可证》系被上诉人对原审第三人提出的建筑工程施工许可申请是否符合《中华人民共和国建筑法》的要求依法进行审核后作出的行政行为，就其内容而言，涉及对原审第三人的建设地址、建设规模、开工及竣工日期等的审核，并未对上诉人唐某等人的权利义务产生实际影响。因此，上诉人与被诉行政行为无法律上的利害关系，不具有提起本案诉讼的原告资格，依法应当驳回其起诉。一审法院对该案进行了实体审理，并作出实体判决不当，应予撤销。

重庆市第一中级人民法院依照《最高人民法院关于执行〈中华人民共和国行政诉讼法〉若干问题的解释》第一条第二款第六项和第四十四条第一款第二项、第七十九条第一项的规定，作出如下裁定：

一、撤销一审判决；

二、驳回唐某、张甲、张乙、张丙、张丁对重庆某区管理委员会的起诉。

【法官后语】

本案的争议焦点即唐某等是否具有行政诉讼原告主体资格。一审认为唐某等是适格原告，因为施工许可证中涉及的施工范围在唐某等人所在村社被征收的集体土地上，其与涉案土地具有利害关系，应依法作出判决。二审主张唐某等人非适格原告，认为农用地转为国有土地被征收，被征收人获得安置补偿，身份转为城镇居民后，不再是相关土地权利人，颁发建筑工程施工许可证的具体行政行为对唐某等人的权利义务不产生实际影响，应依法裁驳。

通过对争议核心“利害关系”的判定，并经“因果关系”与“利益保护”标准的双重检视，笔者认为，唐某等人非适格原告。具体阐述如下：

1. 行政诉讼原告资格的认定

《中华人民共和国行政诉讼法》第二十五条、第四十九条明确，提起行政诉讼时，原告必须是行政行为的相对人以及其他与行政行为有利害关系的公民、法人或其他组织，从而确定了行政诉讼原告资格之“利害关系人”标准。“利害关系”的判定成为原告资格确认的核心要素。

2. “利害关系”的具体判定

对于是否具有“利害关系”，各地法院有不同的态度，不同的承办法官也有各自不同的认识，从而导致同样的案情在不同地方不同法院产生不同的结果，无法给当事人以法律上的安定性和可预见性，以致有损法律的权威和司法的公信力。

司法实务中主要有两种观点：一是从因果关系角度出发认定。将权益受到了行政行为的实际影响，认为法律上利害关系的本质是存在因果关系，即原告的权益受损与被诉行政行为存在因果关系，作为判定原告资格的标准。二是从规范保护目的角度来认定。以原告的合法权益是否为被诉行政行为相关的法律明确予以保护的权益来判定。

3. “因果关系”与“利益保护”的双重检视

从因果关系角度出发，本案涉案农用地转为国有土地被征收，唐某等人作为集体经济组织成员转为城镇居民并获得补偿在前，行政机关根据建筑法颁发建筑工程施工许可证允许第三人进行建筑施工的具体行政行为在后。唐某等人既不是具体行政行为相对人或相关人，其主张的权益也与该涉诉具体行政行为无因果关系，故非“利害关系”人。

从规范保护目的出发，随着唐某等人的农用地转为国有土地被征收，获得征收补偿，身份转为城镇居民，不再对涉案土地享有相关权益，遑论行政机关依法向第三人办许可证的行为对其土地权益的损害，故也不具备行政诉讼原告主体资格。

当下，随着城市化的推进，因农用地、农用房屋的征收及后续问题引发的行政纠纷不断增加，如何判定相关权益人是否具有原告资格对类似纠纷的处理至关重要。农用地转为国有土地被征收，被征收人获得安置补偿，身份转为城镇居民后，不再是相关土地权利人。行政机关依法将征收的土地向第三人颁证的具体行政行为，对被征收人的权利义务不产生实际影响。被征收人与前述具体行政行为无利害关系，不是适格原告。人民法院对当事人类似起诉行为应当裁定不予立案，已经立案的，应裁定驳回起诉。

编写人：重庆市第一中级人民法院　叶长华　王坤

070　口头答复亦可构成可诉行政行为

——徐甲等诉苏州市吴江区某镇人民政府土地行政许可案

【案件基本信息】

1. 裁判书字号

江苏省苏州市中级人民法院（2015）苏中行终字第323号行政判决书

2. 案由：土地行政许可纠纷

3. 当事人

原告（上诉人）：徐甲、顾某、徐乙

被告（被上诉人）：苏州市吴江区某镇人民政府（以下简称某镇政府）

【基本案情】

1999年4月，徐甲的户口迁至昆山市周庄镇龙亭村。1999年7月，徐甲父亲顾某户进行拆迁，将其面积110平方米宅基地收回，安排面积180平方米宅基地，并对顾某户作分户处理，新户主分别为徐丙和徐丁，顾某和徐乙分别挂靠在徐丙和徐丁户进行安置。2012年5月，当地多个部门经过联合审批，对徐甲离婚单身无房户给予面积63.94平方米的安置房。2014年2月，徐甲将户口回迁至苏州市吴江区某镇。2014年5月，徐甲、顾某、徐乙称到某镇政府处申请宅基地，某镇政府于2014年5月13日口头回复“经查你不符合安置与申请宅基地的要求”。2014年6月3日，徐甲等向苏州市吴江区人民政府申请行政复议，区政府于2014年6月18日作出维持某镇政府审核意见的行政复议决定。徐甲等不服，于2014年7月28日向吴江区人民法院提起行政诉讼，要求撤销区政府作出的行政复议决定并确认违法、撤销某镇政府于2014年5月13日作出的口头决定并确认违法、依法责令某镇政府补发相应决定书、判令区政府批准徐甲等的宅基地使用权、确认某镇政府20世纪90年代的拆迁补偿违法。吴江区人民法院于2014年10月14日作出（2014）吴江行初字第0054号行政裁定书，裁定驳回徐甲等的起诉，江苏省苏州市中级人民法院于2015年1月19日作出（2014）苏中行终字第00258号裁定，维持原裁定。徐甲等于2015年2月22日再次提起本案诉讼，请求撤销某镇政府于2014年5月13日作出的口头决定并责令某镇政府履行法定职责，确认某镇政府行为违法。

【案件焦点】

某镇政府于2014年5月13日作出的口头决定是否属于行政诉讼法上规定的可诉行政行为。

【法院裁判要旨】

江苏省苏州市吴江区人民法院经审理认为：依据《中华人民共和国土地管理法》第六十二条第三款关于“农村村民住宅用地，经乡（镇）人民政府审核，由县级人民政府批准；其中，涉及占用农用地的，依照本法第四十四条的规定办理审批手续”的规定，被告作为乡镇人民政府，依法对农村村民住宅用地进行审核的法定职权；同时依据《中华人民共和国土地管理法》第六十二条第一款关于“农村村民一户只能拥有一处宅基地，其宅基地的面积不得超过省、自治区、直辖市规定的标准”的规定，农村村民一户只能拥有一处宅基地。在本案中，1999年7月，徐甲父亲顾某户进行拆迁，将其面积110平方米宅基地收回，安排面积180平方米宅基地，并对顾某户作分户处理，新户主分别为徐丙和徐丁，顾某和徐乙分别挂靠在徐丙和徐丁户进行安置。2012年5月，经过周庄镇龙亭村村委会、国土分局和建管所等部门联合审批，对徐甲离婚单身无房户给予面积63.94平方米的安置房。三原告均已经享受宅基地的安置，被告经审查出具的审核意见并无不当。原告认为被告未作出书面的决定不符合程序要求，法院认为鉴于原告和被告双方都对该口头决定的形式和内容予以认可，虽不够严谨，存在程序上的瑕疵，但该瑕疵对原告的实体权利没有实质性的影响。

江苏省苏州市吴江区人民法院依照《中华人民共和国行政诉讼

法》第六十九条的规定，判决：

驳回原告要求撤销被告苏州市吴江区某镇人民政府于2014年5月13日作出的口头审核意见和责令被告履行法定职责的诉讼请求。

二审法院同意一审法院裁判意见。

【法官后语】

关于行政机关在行政程序中针对当事人的请求作出的口头答复是否属于行政诉讼法上规定的可诉行政行为，合议庭存在两种不同意见。一种意见认为某镇政府的口头答复属于咨询行为，是对现行法律规定的告知及解释，不具有可诉性，不是具体行政行为。另一种意见认为该口头答复是某镇政府依职权作出的，符合行政行为的构成要件，对原告的权利义务产生一定影响，应属于行政诉讼法规定的可诉行为，具有可诉性。

笔者同意第二种意见，理由如下：

1. 该口头答复意见系某镇政府对外实施的职权行为。办理宅基地审批属于某镇政府的法定职责，徐甲等人向某镇政府提出办理宅基地审批的申请，即使实体或程序上不符合法定要件，但那是受理之后要审查的内容。某镇政府行政工作人员在职权范围内进行答复，明显该答复并非行政机关工作人员的个人行为，而是一种对外的职权行为，依据职权对外作出的行为本应受到司法审查，而该行为的后果也应由其所在机关承担。

2. 该口头答复意见具有单行性和特定性，不是咨询和解释行为。本案所涉的口头答复系某镇政府针对徐甲这一特定当事人和其提出宅基地审批这一特定事项作出的特定的行政行为，不同于一般的咨询行为。如果徐甲只是针对自己的情况向镇政府进行咨询是否可以办理，镇政府对这种咨询作出的答复应属于咨询或者解释行为，但本案中徐甲持相关申请材料到行政机关提出请求，对此请求作出的答复就不是咨询或者解释行为，而是法律规定的可诉行政行为。

3. 该口头答复意见对徐甲的权利义务确实产生了实质性的影响，应对这种影响进行救济。无救济无权利，如果一个行为无法救济，那这个行为所要实现的权利就是一纸空文。本案中，某镇政府针对徐甲的请求口头作出不予办理的答复，使得徐甲无法获得宅基地，不能享受相关权益，事实上承担了某镇政府作出该行政行为的法律后果。这种法律后果是由于某镇政府的行政行为所致，对这种权力上的减损应当获得救济，但这并不意味着徐甲就能获得宅基地，不能因为徐甲的申请不可能实现就否认其诉权。

4. 口头答复并非规范的行政行为表达方式，行政机关应当进行改进。由于双方对该口头决定的形式和内容予以认可，应对该行政行为予以确认。法院在法律文书生效后将对行政机关提出司法建议，促进其依法规范行政。

5. 不将口头答复纳入行政诉讼受案范围不利于加强对行政机关行政行为的监督，否则将使得行政机关工作人员倾向于对相对人的请求敷衍了事，不作书面答复，企图摆脱司法审查的监督。

编写人：江苏省苏州市吴江区人民法院　秦绪栋

071 重大环评行政许可未告知听证权利属于程序违法

——夏某等诉某市环保局环评行政许可案

【案件基本信息】

1. 裁判书字号

江苏省盐城市中级人民法院（2014）盐环行终字第0002号行政判决书

2. 案由：环评行政许可纠纷

3. 当事人

原告（被上诉人）：夏某等

被告（被上诉人）：某市环保局

第三人（上诉人）：某洗浴中心

【基本案情】

原告夏某等系某村的住户，其住宅与第三人某洗浴中心上下相邻。第三人为新建洗浴服务项目，在涉案地段承租了营业用房作为经营场地，项目投资250万元，其中环保投资25万元，先后于2013年2月25日就涉案建设项目报当地人民政府审批，于2013年3月12日向被告某市环保局提交了《建设项目环境影响申报（登记）表》，并根据该局有关须委托有资质的环评单位编制环境影响报告表的意见，委托某环境科学研究所编制相关报告表，其后送至该局进行审批。2013年4月1日，被告某市环保局作出《关于对某洗浴中心洗浴服务项目环境影响报告表的审批意见》（以下简称《审批意见》），同意第三人某洗浴中心新建洗浴服务项目，并对该项目在运营过程中产生的废、污水的处理、场界噪声对邻近声环境质量的影响及各类固体废物处置等提出了具体要求。夏某等认为，某市环保局在没有召开座谈会、论证会以及征询公众意见的情况下即作出《审批意见》，侵犯了其合法权益，故提起行政诉讼，请求法院撤销该《审批意见》。

【案件焦点】

1. 环境影响评价法与行政许可法的适用问题；2. 环评行政许可中的“重大利益关系”的认定问题。

【法院裁判要旨】

江苏省东台市人民法院经审理认为：《中华人民共和国行政许可法》第四十七条第一款规定：“行政许可直接涉及申请人与他人之间重大利益关系的，行政机关在作出行政许可决定前，应当告知申请人、利害关系人享有要求听证的权利……”对何谓“重大利益关系”，我国现行法律、法规、规章以及司法解释虽无具体规定，但涉及民生利益的问题，不应排除在“重大利益关系”之外。本案原告夏某等的住宅与第三人某洗浴中心相邻。第三人新建的洗浴项目投入运营后所产生的潮湿及热、噪声污染等，不能排除对原告的生活造成重大影响的可能，被告在作出《审批意见》前应当告知四名原告享有听证的权利，其未告知即径行作出被诉《审批意见》，违反了法定程序。

江苏省东台市人民法院依照《中华人民共和国行政许可法》第四十七条第一款、《中华人民共和国行政诉讼法》第五十四条第二项的规定，判决如下：

撤销某市环保局作出的《审批意见》。

某洗浴中心提起上诉。江苏省盐城市中级人民法院经审理认为：

《中华人民共和国环境影响评价法》第二十二条对建设项目环境影响评价文件的审批部门、审批权限和审批决定时限等问题作了明确规定，对审批部门行政许可的具体程序没有作出规定。但是，行政许可法对行政许可的设定和实施程序提出明确要求。本案被诉行政行为属于涉及建设项目环境影响评价的行政许可行为，应当按照法定的程序进行审批。夏某等作为与本案审批项目直接相邻的利害关系人，应当认定与审批项目存在重大利益关系。环保机关在审查和作出这类事关民生权益的行政许可时，应当告知夏某等享有陈述、申辩和听证的权利，并听取其意见。原审法院认定某市环保局未履行告知听证义务，违反法定程序并无不当。

江苏省盐城市中级人民法院依据《中华人民共和国行政诉讼法》第六十一条第一项之规定，判决如下：

驳回上诉，维持原判。

【法官后语】

关于《中华人民共和国环境影响评价法》与《中华人民共和国行政许可法》的适用问题。上诉人认为该案应当适用《中华人民共和国环境影响评价法》，不应适用《中华人民共和国行政许可法》，前者是特别法，后者是一般法，该案应当适用特别法。法院认为，《中华人民共和国立法法》第一百零三条规定："同一机关制定的法律、行政法规、地方性法规、自治条例和单行条例、规章，特别规定与一般规定不一致的，适用特别规定；新的规定与旧的规定不一致的，适用新的规定。"即同一位阶的法律法规发生冲突时，应当遵循特别法优于一般法，新法优于旧法的基本原则。该案中，《中华人民共和国环境影响评价法》与《中华人民共和国行政许可法》均由全国人大常委会制定，属于同一位阶的法律。其中，《中华人民共和国环境影响评价法》第二十二条对建设项目环境影响评价文件的审批部门、审批权限和审批决定时限等问题作了明确规定，但对审批部门按照什么程序进行行政许可没有作出规定。而《中华人民共和国行政许可法》主要规范行政许可的设定和实施程序，其中第四十七条对行政机关在作出涉及申请人与他人之间重大利益关系的行政许可决定前，应告知申请人、利害关系人享有要求听证的权利作了明确规定。因此，上述两个法律的相关规定内容并不冲突，不是特别法与一般法的关系。而且，本案被诉行政行为是涉及建设项目环境影响评价的一种行政许可行为，在《中华人民共和国环境影响评价法》没有对审批机关审批程序作出明确规定的情况下，应当按照《中华人民共和国行政许可法》规定的程序进行审批，即本案既要适用《中华人民共和国环境影响评价法》，又要适用《中华人民共和国行政许可法》。另外，从立法时间来看，《中华人民共和国环境影响评价法》实施于2003年，《中华人民共和国行政许可法》实施于2004年，按照新法优于旧法的一般原则，也应优先适用行政许可法。故原审法院适用《中华人民共和国行政许可法》并无不当。

关于环评行政许可中“重大利益关系”的认定问题。从环境角度来看，权利人利用自己的不动产从事经营活动或日常生活时，产生废水、废气、废渣、噪声等侵害，危害到相邻人财产、人身以及生活环境的，如果侵害超出社会允许的限度，则是侵害了环境相邻权。本案中，某洗浴中心新建项目显然侵害了原告的环境相邻权，应当认定具有“重大利益关系”。从法律角度来看，《中华人民共和国行政许可法》对何为“重大利益关系”没有具体规定。但依据民法的相关规定，某洗浴中心新建项目将会损害四名原告的相邻权，应当认定具有“重大利益关系”。从事实角度来看，某洗浴中心的浴池、噪声设备间、水泵房等位于夏某等人房屋的楼下，某洗浴中心的洗浴项目投入运营后所产生的潮湿、热气、噪声、污水等，对居住在该洗浴项目上方的夏某等四个家庭的生活环境肯定有较大影响，而且这种影响将是长期的、持续的。综上，夏某等四个家庭作为与本案审批项目直接相邻的利害关系人，应当认定存在重大利益关系。

该案针对环保许可实践中对如何适用《中华人民共和国环境影响评价法》与《中华人民共和国行政许可法》存在较大争议的问题，明确两者作为全国人大常委会制定的同一位阶的法律均应适用，从而厘清了部分行政执法人员在法律适用中的认识误区。同时，该案从理论上分析阐述了“重大利益关系”的构成要件，填补了现行相关法律规定的空白，对于今后审判工作具有一定的指导意义。该案还是一件典型的民生案件，法院通过查明事实，依法撤销环保机关作出的审批意见，既维护了老百姓的合法权益，又规范了行政机关同类执法行为。

编写人：江苏省盐城市中级人民法院　许成华　李星星

072　公共利益的认定及证据审查标准

——应某诉上海市工商行政管理局某分局行政许可案

【案件基本信息】

1. 裁判书字号

上海市第二中级人民法院（2013）沪二中行终字第211号行政判决书

2. 案由：行政许可纠纷

3. 当事人

原告（上诉人）：应某

被告（被上诉人）：上海市工商行政管理局某分局（以下简称某工商分局）

第三人：某会计师事务所

【基本案情】

2000年1月，某会计师事务所注册登记为有限责任公司，应某出资人民币2.8万元，占有5.6%股权。同年4月，应某被上海市某区财政局录用，同年9月办理了注册会计师转非执业会员的手续，离开某会计师事务所。2004年10月10日，某工商分局根据某会计师事务所的申请，作出了核准该公司变更股东的行政许可（以下简称案涉行政许可），王某成为该公司的法定代表人。2010年11月，应某向上海市虹口区人民法院提起民事诉讼，要求确认2004年9月26日包括其在内的11人与王某等8人签订的股权转让协议涉及应某股权转让部分无效，并确认其享有某会计师事务所的股东资格。2010年12月15日，上海市虹口区人民法院作出民事判决，确认该股权转让协议涉及应某股权转让部分无效，但是对于应某要求确认其为某会计师事务所股东的请求未予支持。2011年6月17日，应某向某工商分局提出申请，要求撤销案涉行政许可。某工商分局经调查认为，2004年10月10日至2012年8月20日期间，某会计师事务所参与审计、验资、年检户数共计为25248户。如果撤销案涉行政许可，有可能对公共利益造成重大损害，故于2012年10月10日作出不予撤销行政许可决定（以下简称被诉不予撤销决定)，根据《中华人民共和国行政许可法》第六十九条第三款的规定，决定不予撤销案涉行政许可。

应某认为，某工商分局没有认定撤销案涉行政许可可能造成公共利益重大损害的事实，故被诉不予撤销决定认定事实不清，证据不足，违反法定程序，适用法律错误，请求法院撤销。某工商分局认为，法院虽已确认某会计师事务所冒用应某名义与其签订股权转让协议涉及应某股权转让部分无效，但自2004年10月10日起，王某成为某会计师事务所股东并担任法定代表人，截至2012年8月20日，王某依规签字对外出具的验资报告、审计报告等共计25248份，具有重大公共利益，故其作出的被诉不予撤销决定适用法律正确，请求驳回应某诉请。某会计师事务所同意某工商分局的意见。

【案件焦点】

某工商分局撤销案涉行政许可，是否可能对公共利益造成重大损害。

【法院裁判要旨】

上海市虹口区人民法院经审理认为：根据《中华人民共和国行政许可法》第六十九条第三款等规定，某工商分局有权作出被诉不予撤销决定。尽管法院判决已确认某会计师事务所以应某名义与其签订的股权转让协议涉及应某股权转让部分无效，但是对应某要求确认其为某会计师事务所股东的诉讼请求也未予支持。某工商分局经调查，自2004年10月10日至2012年8月20日某会计师事务所审计、验资、年检户数共计25248户，如果撤销案涉行政许可，将会影响到某会计师事务所法定代表人的身份及主任会计师的资格，从而导致某会计师事务所出具的报告效力存疑。由于报告涉及的单位较多，进而可能对公共利益造成重大损害。

上海市虹口区人民法院依据《中华人民共和国行政许可法》第六十九条第三款、《最高人民法院关于执行〈中华人民共和国行政诉讼法〉若干问题的解释》第五十六条第四项之规定，判决：

驳回应某的诉讼请求。

应某不服一审判决，提起上诉。上海市第二中级人民法院经审理认为：某工商分局具有作出本案被诉不予撤销决定的法定职责。应某于2011年6月17日向某工商分局提出申请，要求撤销该局于2004年10月10日作出的案涉行政许可，并提供了生效的民事判决书。而该生效民事判决虽确认2004年9月26日某会计师事务所以应某名义与其签订的股权转让协议涉及应某股权转让部分无效，但同时也认为应某要求确认其公司股东资格于法无据，对要求确认其为某会计师事务所股东的请求不予支持。2004年10月10日，某工商分局根据某会计师事务所的申请作出了案涉行政许可，王某成为公司的法定代表人。至应某2011年6月申请撤销案涉行政许可前，该行政许可已存在六年多。其间，某会计师事务所处于正常经营状态，且依照某会计师事务所的职能向相关的委托单位出具相应的审计、年检、验资报告2万余份，王某作为主任会计师亦依规在报告上签名，这些报告在各自的范围具有法律效力。某工商分局据此认为撤销案涉行政许可，可能对公共利益造成重大损害，根据《中华人民共和国行政许可法》第六十九条第三款的规定作出被诉不予撤销决定，认定事实清楚，适用法律正确。因某会计师事务所出具的审计、年检、验资报告涉及委托单位的商业秘密，某工商分局将其作为证据提交原审法院审查，法院不在庭审时公开质证，符合《最高人民法院关于行政诉讼证据若干问题的规定》的相关规定。原审法院判决驳回应某的诉讼请求，并无不当，应某的上诉请求和理由不能成立。

上海市第二中级人民法院依照《中华人民共和国行政诉讼法》第六十一条第一项之规定，判决如下：

驳回上诉，维持原判。

【法官后语】

依据《中华人民共和国行政许可法》第六十九条第二款、第三款之规定，被许可人以欺骗、贿赂等不正当手段取得行政许可的，应当予以撤销，但可能对公共利益造成重大损害的，不予撤销。适用上述规定，关键在于对公共利益的认定、审查以及对“可能”造成重大损害的判断。

1. 对公共利益的认定

以特征归纳的方式解读公共利益，如果某一利益主体上涉及不确定的多数人，内容上具有共需性、性质上具有正当性，则可以认定为公共利益。本案中，某会计师事务所为企事业单位出具验资、审计、年检报告等，而这些报告作为有效的法律文件，在相应的范围内产生法律效力，继而对不确定多数人的利益产生影响，这种利益属于公共利益。

2. 对公共利益存在的证据审查标准

采用清楚而有说服力的证明标准来审查是否存在公共利益，即要求当事人提供的证据具有明显优势（如果一方的证据相对于另一方的证据，其可信度只占51%，则不具有明显优势），足以使法院确信其主张的公共利益存在，且证据之间具有清楚的逻辑关系。本案中，应某未提供有效证据证明不存在公共利益，而某工商分局提交了验资、审计等报告数份证明公共利益存在，其证据具有明显优势，达到了清楚而有说服力的证明标准，法院应予确认。

3. 对“可能”造成重大损害的判断

“可能”需要依靠法官的主观判断，依从现有的法律及案情等客观情况进行断定，以达到主客观统一。本案中，如果撤销案涉行政许可，王某即失去某会计师事务所法定代表人的资格，其同时失去了主任会计师身份。有限责任会计师事务所出具的审计报告应当由会计师事务所主任会计师和一名负责该项目的注册会计师签名盖章方为有效，故王某失去主任会计师身份致其作为主任会计师签章的各类报告归于无效。而各类报告具有确定效力恰好涉及公共利益，故撤销案涉行政许可，确有可能对公共利益造成重大损害。

编写人：上海市第二中级人民法院　李健

上海市虹口区人民法院　童娅琼

四、行政登记

073 协助行政行为是否可诉

——酒店投资公司诉某市住房和城乡建设局行政登记案

【案件基本信息】

1. 裁判书字号

广西壮族自治区防城港市中级人民法院（2020）桂06行终25号行政裁定书

2. 案由：行政登记纠纷

3. 当事人

原告（上诉人）：酒店投资公司

被告（被上诉人）：某市住房和城乡建设局（以下简称某市住建局）

【基本案情】

2019年10月16日，广西壮族自治区东兴市人民法院向被告某市住建局送达《协助执行通知书》[（2019）桂0681执926号和（2019）桂0681执949号]，载明“（2019）桂06民终462号民事判决已发生法律效力，兹因该判决的执行，请协助：将某广场架空层C6号商铺（面积31.87平方米）办理产权登记至申请执行人陈甲、陈乙名下”。同年10月31日，被告召开办公会议，研究关于协助执行C6号商铺过户问题，会议要求由被告下属规划股将C6号商铺坐标与最新的房屋平面图进行对照整合，还原C6号商铺的具体位置。11 月 28 日，被告分别向陈甲、陈乙、某城建公司、市不动产登记局及原告酒店投资公司送达告知函，某城建公司、市不动产登记局回函称无异议。陈甲、陈乙、原告酒店投资公司均回函有异议。酒店投资公司认为，C6 号商铺位置的分割方案是对整个广场规划的变更，未经法定程序，是无效的。且分割方案的作出太过随意，未明确 31.87 平方米是否包括公摊面积。

2020 年 1 月 3 日，被告某市住建局函告法院，称建议按现在的分割方案重新下达裁定书。庭审中，被告称协助执行通知书的内容尚未执行完毕。

【案件焦点】

某市住建局协助变更登记行为是否具有可诉性。

【法院裁判要旨】

广西壮族自治区东兴市人民法院经审理认为：本案的争议焦点是被告向原告送达的告知函及随函的分割方案是否具有可诉性。《最高人民法院关于行政机关根据法院的协助执行通知书实施的行政行为是否属于人民法院行政诉讼受案范围的批复》指出，行政机关根据人民法院的协助执行通知书实施的行为，是行政机关必须履行的法定协助义务，不属于人民法院行政诉讼受案范围。但如果当事人认为行政机关在协助执行时扩大了范围或违法采取措施造成其损害，提起行政诉讼的，人民法院应当受理。本案中，被告某市住建局根据送达的协助执行通知书的内容，在法定职权的范围内，协助执行法院的生效判决，不是自主行政行为，不具有可诉性。

广西壮族自治区东兴市人民法院依照《最高人民法院关于适用〈中华人民共和国行政诉讼法〉的解释》第六十九条第一款第九项

之规定，裁定如下：

驳回酒店投资公司的起诉。

酒店投资公司不服，提起上诉。广西壮族自治区防城港市中级人民法院经审理认为：某市住建局依据人民法院生效判决协助执行，是其必须履行的法定义务。本案协助执行的内容是物权变更登记，协助的结果仅是物权变动，不会导致原设计方案的任何更改，协助行为合法。酒店投资公司认为某市住建局改变了原设计方案与事实不符，其上诉理由不成立，不予采纳。

广西壮族自治区防城港市中级人民法院依照《中华人民共和国行政诉讼法》第八十九条第一款第一项的规定，裁定如下：

驳回上诉，维持原裁定。

【法官后语】

在实践中，行政机关在协助过程中扩大或者缩小范围实施或者拒绝履行造成损害、采取违法方式实施以及擅自撤销、变更已经作出的协助行为的，属于行政行为，可以提起行政诉讼；行政机关完全按照生效司法决定确定的范围且采取合法方式实施的协助行为则不可诉，在性质上可被认定为司法行为或者不产生实际影响的行为。就认定结果而言，无非是三种观点——“司法行为说”“行政行为说”“两可行为说”。

“司法行为说”认为，行政机关协助司法机关的行为，不论是否合法，对当事人权利、义务有何影响，在性质上都属于司法行为，因为它是司法权力和司法行为的延伸，它反映的是司法机关的意志，而不是行政机关本身的意志。某市住建局送达《关于协助执行某广场 C6 商铺分割方案的告知函》及所作出 C6 号商铺位置分割方案的行为在性质上属于执行人民法院已生效裁判的司法行为，酒店投资公司要求对某市住建局协助执行人民法院生效判决的行为进行合法性审查，事实上就是要求人民法院对已被生效裁判羁束的争议进行审查。如果酒店投资公司认为某市住建局的协助执行行为侵犯其合法权益，应当针对人民法院生效裁判通过审判监督程序寻求救济。

“行政行为说”认为，行政机关协助司法机关的行为，是由行政机关作出的行为。基于行政职权的独立性，无论在什么状态下，都属于行政行为。某市住建局还原C6号商铺的具体位置等是其实施协助变更登记行为的管理职能、依据行政法律规范独立履行法定职责的表现，形式上是否依据民事判决等作出并不影响其行政行为性质。故某市住建局依据生效的裁判文书作出的行为是可诉的具体行政行为。

“两可行为说”认为，行政机关协助司法机关的行为性质不能一概而论，它可能是行政行为，也可能是司法行为，须依一定标准针对不同情况作不同判断。即依据的标准是该协助行为“是否合法”，包括“是否超越权限”。行政机关对司法的协助行为没有超越协助权限，也无其他违法现象的，该行为是司法行为的延伸，属司法行为；相反，行政机关超越协助权限或有其他违法情形的，超越协助权限部分，或有其他违法部分的行为，属于代表行政机关自身意志的行政行为。最高人民法院诸多司法解释均表明了这一观点，如《最高人民法院关于适用〈中华人民共和国行政诉讼法〉的解释》第一条第二款第七项规定，行政机关根据人民法院的生效裁判、协助执行通知书作出的执行行为不属于可诉的行政行为，但行政机关扩大执行范围或者采取违法方式实施的，则属于可诉的行政行为。这是以协助行为“是否合法”作为区别司法行为与行政行为的标准。

笔者同意“两可行为说”，某市住建局依据协助执行通知作出的

C6 商铺分割方案及告知函，属于协助变更登记行为，是行政机关必须履行的法定协助义务，协助执行的内容是物权变更登记，协助的结果仅是物权变动，不会导致原设计方案的任何更改，而酒店投资公司认为某市住建局改变了原设计方案与事实不符，其未提供证据证明协助变更登记行为超出了执行通知要求协助执行的范围或违法采取了其他措施并造成其损失，协助行为合法，不属于人民法院行政诉讼受案范围。因此，某市住建局的协助执行行为不具有可诉性。

实际上，以协助行为对当事人权利义务是否产生实际影响为标准认定协助行为的法律属性，和以协助行为是否违法作为区分司法行为与行政行为的标准，在理论上是相通的，仅仅是表述的不同。本案中，某市住建局所实施的行为合法，未对酒店投资公司等权利义务产生影响，则该协助行为定性为司法行为。

编写人：广西壮族自治区东兴市人民法院　徐丽廷

074　工商登记机关对错误的公司登记负有自我纠错义务

——王某诉某市某区行政审批局行政登记案

【案件基本信息】

1. 裁判书字号

江苏省南通市中级人民法院（2020）苏 06 行终 34 号行政判决书

2. 案由：行政登记纠纷

3. 当事人

原告（被上诉人）：王某

被告（上诉人）：某市某区行政审批局（以下简称某区审批局）

第三人：袁某、商务咨询公司

【基本案情】

2015 年 9 月 14 日，袁某持签署有“王某”字样的公司登记（备案）申请书、指定代表或者共同委托代理人授权委托书、股东决定、公司章程等申请材料向某区市场监管局申请设立登记商务咨询公司。某区市场监管局于 2015 年 9 月 21 日作出《公司准予设立登记通知书》，准予公司设立登记，公司名称为商务咨询公司，法定代表人姓名为王某，注册资本为 100 万元人民币，公司类型为有限责任公司（自然人独资），经营范围为商务咨询、财务咨询、税务咨询、会计咨询、企业管理咨询。

2017 年 4 月，某区市场监管局原有关公司设立登记的行政许可职能划入某区审批局。2019 年 5 月 9 日，王某申请对申请材料中公司登记（备案）申请书、指定代表或者共同委托代理人授权委托书、股东决定中“王某”签名是否系其本人书写进行司法鉴定。经依法委托司法鉴定机构进行司法鉴定，2019 年 8 月 13 日，司法鉴定机构作出《司法鉴定意见书》，意见为根据现有样本材料检验，日期均为 2015 年 9 月 14 日的公司登记（备案）申请书、指定代表或者共同委托代理人授权委托书、股东决定中“王某”签名字迹与比对材料字迹不是同一人书写。

【案件焦点】

某区审批局是否存在因申请人隐瞒有关情况或者提供虚假材料导致登记错误，在诉讼中未依法予以更正的行为。

【法院裁判要旨】

江苏省南通经济技术开发区人民法院经审理认为：袁某向工商登记管理机关申请设立登记时提供了虚假材料，王某对于公司设立登记并不知情，也未在申请材料上签过字，此前从未来过南通。2013 年 9 月，王某因身份证遗失重新办理过身份证，而办理公司登记所使用的王某的身份证却是 2012 年办理的，进一步说明公司设立登记并非王某的真实意思表示，故案涉登记应予撤销。

江苏省南通经济技术开发区人民法院依照《中华人民共和国行政诉讼法》第七十条第一项、《最高人民法院关于适用〈中华人民共和国行政诉讼法〉的解释》第七十九条第二款之规定，判决如下：

撤销某区审批局作出的《公司准予设立登记通知书》。

某区审批局不服，提出上诉。江苏省南通市中级人民法院经审理认为：《最高人民法院关于审理公司登记行政案件若干问题的座谈会纪要》第一条明确规定，因申请人隐瞒有关情况或者提供虚假材料导致登记错误的，登记机关可以在诉讼中依法予以更正……登记机关拒不更正的，人民法院可以根据具体情况判决撤销登记行为、确认登记行为违法或者判决登记机关履行更正职责。《市场监管总局关于撤销冒用他人身份信息取得公司登记的指导意见》第三条第四款明确，人民法院生效判决或裁定已认定冒名登记事实的，登记机关应作出撤销登记决定。最高人民法院会议纪要针对的是审理公司登记行政案件这一特定情形中登记机关的更正行为，而国家市场监督管理总局的指导意见中的“人民法院生效判决或裁定”，则不限于起诉公司登记行政行为的案件，还可以包括其他相关案件，故二者在适用上并不存在冲突之处。在法院对公司登记行政案件尚未作出判决前，登记机关应当根据诉讼中形成的证据和事实，作出是否予以更正的处理决定，而不是由法院作出通知或者判决是否予以更正。本案中，2015 年 9 月 14 日，袁某持签署有“王某”字样的公司登记申请材料向某区审批局申请设立登记商务咨询公司，经司法鉴定机构进行司法鉴定，公司登记申请材料中“王某”签名字迹与比对材料字迹不是同一人书写，王某否认其委托袁某进行公司登记，并提交了其 2013 年 9 月因身份证遗失重新办理身份证的证据。各方当事人也没有提交其他证据证明王某存在委托他人进行公司登记、明知公司登记事实或者在公司登记后从事过经营管理活动的行为。由于某区审批局并未撤销案涉公司登记，一审法院认为本案属于申请人袁某提供虚假材料导致公司登记错误的情形，判决撤销某区审批局作出的《公司准予设立登记通知书》，并无不当。

江苏省南通市中级人民法院依照《中华人民共和国行政诉讼法》第八十九条第一款第一项之规定，作出如下判决：

驳回上诉，维持原判。

【法官后语】

市场监管部门着力提高市场准入便利化程度，为公司登记提供便利之时，也给少数人提供了可乘之机，“被公司”“被老板”等冒用他人身份注册公司引发的纠纷时有发生，干扰了正常的公司登记注册秩序。公司登记机关对于错误的公司登记，有自我纠错的权力和职责。明确错误公司登记行为的自我纠错和司法审查标准以及登记错误与赔偿责任之间的衔接和区别，对促进公司登记机关依法自我纠错、维护利害关系人的合法权益、维护正常的商业秩序均有重要意义。

1. 公司登记机关对公司登记的审查义务

公司登记机关对公司设立登记负审慎审查义务，即介于形式审查和实质审查之间的一种义务。是否尽到了审慎审查义务，一般可从以下行为进行判断。一是是否依照法律规定的流程履行了登记程序。登记机关依照法律规定或者行政机关自行公示的登记流程履行了登记程序是认定审慎审查义务的基本要件，如要求申请人提交了符合法定形式的所有材料，履行了问询、身份核对等程序。二是是否尽到了符合常理的注意义务。登记机关对于申请人提交的材料，具有初步识别判断义务，此种义务是基于一般人的理性、经验、常识等就可以作出正确判断的义务。例如，对于很明显的虚假签名，一般人皆能看出与真签名不一致的，或者对于比较容易辨别的、伪造的印章，登记机关应当具有基本的分辨、比对的审核常识。

2. 公司登记错误时登记机关自我纠错义务

要求登记机关对每一个申请登记行为都进行实质审查，探究申请人的真实意思表示，既不利于行政效率的实现，也与转变政府职能、深化行政审批制度改革精神相悖。因此，应当完善对登记错误的嗣后“纠错机制”，及时撤销或者变更登记，以维护正常的行政法律关系。

(1) 行政程序中的自我纠错

《市场监管总局关于撤销冒用他人身份信息取得公司登记的指导意见》明确规定了冒用身份信息取得公司登记的受理、核查以及撤销程序。登记机关调查认定冒名登记基本事实清楚，或者公司和相关人员无法取得联系或不配合调查且公示期内无利害关系人提出异议，登记机关认为冒名登记成立的，应依法作出撤销登记决定。有证据证明被冒用人对该次登记知情或事后曾予追认，或者公示期内利害关系人提出异议经调查属实，登记机关认为冒名登记不成立的，应依法作出不予撤销登记决定。人民法院生效判决或裁定已认定冒名登记事实的，登记机关应作出撤销登记决定。

(2) 诉讼程序中的自我纠错

《最高人民法院关于审理公司登记行政案件若干问题的座谈会纪要》第一条明确规定，因申请人隐瞒有关情况或者提供虚假材料导致登记错误的，登记机关可以在诉讼中依法予以更正。上述条文是关于登记机关在诉讼过程中，对错误的公司登记予以自我纠错的规定。实践中，登记机关在行政程序中并未发现登记错误，或者利害关系人未向登记机关提出申请，而是直接提起诉讼。在此情况下，应当允许登记机关自我纠错。《中华人民共和国行政诉讼法》第七十四条第二款第二项规定，被告改变原违法行政行为，原告仍要求确认原行政行为违法的，人民法院判决确认违法，但不撤销行政行为。而上述会议纪要则规定驳回诉讼请求，主要是考虑到，如果登记机关已尽到审慎审查义务，在登记过程中并无过错，不宜认定行为的违法性。

(3) 法院判决纠错

《最高人民法院关于审理公司登记行政案件若干问题的座谈会纪要》明确规定，登记机关拒不更正的，人民法院可以根据具体情况判决撤销登记行为、确认登记行为违法或者判决登记机关履行更正职责。实践中，如果行政机关不同意更正，法院可以作出撤销或者变更判决；如果登记行为依法应当撤销，但撤销会给国家利益、社会公共利益造成重大损害的，可以作出确认违法判决。

3. 公司登记错误时登记机关的赔偿责任

错误的公司登记，有时可能会损害利害关系人的合法权益。在此情况下，应当根据具体情形判断登记机关的赔偿责任。行政赔偿通常适用的是“违法归责原则”，即行政行为违法才产生赔偿责任。但严格适用违法归责原则有时并不能有效保护当事人的合法权益，因为违法归责原则混淆了对行政行为进行违法性评价和责令其负担损失这两项不同阶段的任务，是否违法和能够赔偿是两个完全不同的概念，也具有不同的构成要件和救济程序。如果登记机关已尽到审慎审查义务但拒不更正的，原登记行为的合法性将会受到否定性评价。但《最高人民法院关于审理公司登记行政案件若干问题的座谈会纪要》第一条明确规定，因申请人隐瞒有关情况或者提供虚假材料导致登记错误引起行政赔偿诉讼，登记机关与申请人恶意串通的，与申请人承担连带责任；登记机关未尽审慎审查义务的，应当根据其过错程度及其在损害发生中所起作用承担相应的赔偿责任；登记机关已尽审慎审查义务的，不承担赔偿责任。由此可见，登记机关是否赔偿，与登记行为是否违法无关，而与登记机关是否尽到审慎审查义务有关。因此，登记机关的赔偿责任不适用违法归责原则，而应适用过错推定原则，登记机关应举证证明其在登记过程中尽到了审慎审查义务或者不存在与申请人恶意串通的情形，如果未能证明其尽到了审慎审查义务，则应当就其过错程度及其在损害中发生的作用承担举证责任。

编写人：江苏省南通市中级人民法院　张祺炜

075　收养登记行为的司法审查应以实质审查为标准

——周某、王某诉某市民政局行政登记案

【案件基本信息】

1. 裁判书字号

江苏省南通市中级人民法院（2020）苏 06 行终 171 号行政判决书

2. 案由：行政登记纠纷

3. 当事人

原告（被上诉人）：周某、王某

被告：某市民政局

第三人（上诉人）：包某、郑某

第三人：包小甲（化名，下略）

【基本案情】

2016年4月21日，周某、王某经法院调解离婚，婚生子随周某生活。周某将其子委托给其朋友金某的母亲崔某代为照顾。此后，因无法联系到周某，2017年2月14日，金某报警称其母亲在家门口捡到一男婴。派出所将该男婴交由某市社会福利院代养，该福利院在当地晚报刊登寻找弃婴生父母公告，期满无人认领。后派出所向某市民政局出具捡拾弃婴（儿童）报案证明，在查找弃婴（儿）生父母经过及结果一栏记载“经调查未找到弃婴亲生父母”。同年5月31日，某市社会福利院为被捡拾婴儿取名包小甲，并为其申报户口。6月12日，派出所为包小甲办理了户口登记。6月30日，包某、郑某向某市民政局提出申请，要求收养包小甲。同日，某市民政局为收养人包某、郑某，被收养人包小甲办理了收养登记。周某从外地打工回来后，得知其子已被他人收养，遂向某市民政局申请撤销案涉收养登记，但未获支持。周某、王某提起行政诉讼，请求撤销某市民政局作出的案涉收养登记。

【案件焦点】

1. 包小甲是否符合被收养的法定条件；2. 被诉收养登记行为是否符合法定程序；3. 某市民政局在办理收养登记时是否依法履行了审查义务。

【法院裁判要旨】

江苏省南通经济技术开发区人民法院经审理认为：金某所称包小甲系被捡拾的说法存在疑点，包小甲并非父母不详的婴儿，包小甲不符合法定的收养条件。在知晓包小甲父亲姓名的情况下，行政机关应穷尽可以找到包小甲生父母或其他监护人的一切手段，不宜径行公告，亦不宜以生父母未在公告期内认领而将包小甲视为查找不到生父母的弃婴。

江苏省南通经济技术开发区人民法院依照《中华人民共和国行政诉讼法》第七十条第一项之规定，判决如下：

撤销某市民政局发放的收养登记证。

包某、郑某不服，上诉称周某、王某在长达数月的时间内对仅有数月大的婴儿不闻不问，构成遗弃罪。弃婴（儿童）报案证明、当地晚报寻亲公告等证据材料形成了完整的证据链，能够证明包小甲属于弃婴，符合法定的收养条件。请求二审法院撤销一审判决，依法改判。

江苏省南通市中级人民法院经审理认为：本案所涉收养关系建立的基础事实源于金某报警的内容，因报警内容虚假，故包小甲不属于查找不到生父母的弃婴，不符合收养的条件。包某、郑某提出收养申请的当日，某市民政局未办理公告即发放了收养登记证，违反了法定程序。某市民政局在办理收养登记时未依法履行审查义务，对公安机关提供的捡拾弃婴（儿童）报案证明等材料审查流于形式，未能对申请材料存在的疑点进行核实，当属怠于履行审查职责。

江苏省南通市中级人民法院依照《中华人民共和国行政诉讼法》第八十九条第一款第一项之规定，判决如下：

驳回上诉，维持原判。

【法官后语】

父母子女之间这种天然的身份关系是当事人的固有性权利，非因合法事由，非经法定程序，不可剥夺。就本案而言，在法律适用层面需要对以下问题加以明确：一是收养登记行为的法律属性；二是收养登记行为的司法审查标准；三是收养登记行为的司法审查路径。

1. 收养登记行为的法律属性

通说认为，收养登记行为属于行政确认。具体而言，收养法律关系中，存在民事和行政双重法律关系：一是当事人之间的民事法律关系；二是收养登记机关与收养当事人之间的行政法律关系。前者是后者的基础，后者是对前者合法性的审查与确认。行政机关作出收养登记行为必须以能够反映真实权利和身份关系的事实为依据，否则便会造成对基础事实的扭曲与背离。

2. 收养登记行为的司法审查标准

我国现有规定并未明确收养登记采用形式审查还是实质审查，此种规则上的语焉不详致使收养登记机关常常在“效率”与“真相”之间左右徘徊。需要澄清的是，收养关系的确立关乎未成年人的实体权益，关乎家庭关系的和睦稳定，也关乎整个社会秩序的和谐安宁。基于此，收养登记机关应尽审慎职责，通过实质审查剔除危害伦理秩序稳定、侵害未成年人利益的行为。此外，民法典第一千零四十四条将最有利于被收养人的原则确立为收养法律规范的基本原则，不仅体现出立法者对未成年权益保护的高度关注，也为行政登记机关履行职责提供了规则指引，即对直接引起身份关系变动的行为，行政机关应倾注更高的注意义务。

3. 收养登记行为的司法审查路径

主要集中于两个方面：一是实体上判断收养登记机关是否依法

履行了审查职责；二是收养登记程序是否符合法律规定。

实体方面，首先，应当主要审查各主体是否适格，如被收养人是否为“查找不到生父母的弃婴”、是否符合被收养的条件、收养人是否符合法定条件等。其次，应审查当事人是否达成了收养合意。对于年满特定年龄的未成年人，还应核实未成年人本人的真实意愿。对此，收养登记机关可以通过调查询问等方式予以核查。最后，综合判断收养登记机关是否履行了法定职责，包括收养登记机关对申请材料是否进行了实质审查、是否符合法律规定的收养条件，将审查触角尽可能伸至原始证据层面。对申请材料中存在的疑点，应充分发挥主观能动性，结合日常生活经验及执法办案经验，从细枝末节中去发现可能存在的疑点，并围绕有效线索开展调查，最大限度地揭开事实真相，以查明各方当事人是否符合收养的法定条件。本案中，某市民政局错误地将周某寄养的婴儿认定为查找不到生父母的弃婴，并确认了收养关系，属于未依法履行审查职责。

程序方面，行政程序包括行政机关作出行政行为的方式、步骤、顺序和时限。我国关于收养登记流程的规范性文件有《中国公民收养子女登记办法》《收养登记工作规范》等，其中就审查期限、公告程序、解除程序等作出了明确规定，行政机关应当严格遵守，不得随意变通和逾越。如《中国公民收养子女登记办法》第七条第二款规定，收养查找不到生父母的弃婴、儿童的，收养登记机关应当在登记前公告查找其生父母；自公告之日起满60日，弃婴、儿童的生父母或者其他监护人未认领的，视为查找不到生父母的弃婴、儿童。本案中，发出公告的主体是社会福利院而非某市民政局，显然，办理公告主体不符合法律规定，违反了法定程序。

编写人：江苏省南通市中级人民法院　高鸿　张娟娟

076 行政登记行为的作出必须符合正当程序

——金某诉苏州市某区国土资源局房屋行政登记案

【案件基本信息】

1. 裁判书字号

江苏省苏州市中级人民法院（2019）苏 05 行终 34 号行政判决书

2. 案由：房屋行政登记纠纷

3. 当事人

原告（上诉人）：金某

被告（被上诉人）：苏州市某区国土资源局（以下简称某区国土局）

第三人：任某、某银行股份有限公司吴江支行（以下简称某银行）

【基本案情】

2000 年 12 月，任某持房屋买卖审批表、私有房屋（出售）申请登记表和私有房屋（购买）申请登记表、房产出让契约、房屋（出售）调查情况表、城镇房屋所有权私房申报登记表、房地产分户勘丈草图、面积计算表和房屋所有权分户调查勘丈表、房屋所有权审核表、房屋产价评估单、身份证、结婚证、江苏省契税完税证等材料向原某市人民政府（现职能已划归至某区国土局）申请变更登记，将房主由金某变更为任某。现无证据显示金某本人也到现场进行办理。原某市人民政府经审查于 2000 年 12 月 22 日为任某办理了房屋所有权登记。金某不服，向法院提起行政诉讼。

2017年11月13日，江苏省苏州市吴江区人民法院在审理某银行与任某等金融借款合同纠纷一案［案号：（2017）苏0509民初12874号］中，基于某银行的诉讼保全申请，查封了登记在任某名下的案涉房屋。2018年1月24日，金某以案外人身份对此提出执行异议。2018年1月26日，苏州市吴江区人民法院作出（2018）苏0509执异24号执行裁定书，裁定驳回金某的异议请求。金某对该裁定不服，故提起执行异议之诉。苏州市吴江区人民法院于2018年5月29日作出（2018）苏0509民初2246号民事判决书，认为“金某与任某就案涉房屋签订的《房产出让契约》依法成立并有效，金某对案涉房屋不享有所有权，不足以排除强制执行”。金某不服提起上诉后，江苏省苏州市中级人民法院于2018年10月23日作出（2018）苏05民终6642号民事判决书，判决驳回上诉，维持一审判决。

【案件焦点】

金某没有到现场申请办理是否对行政登记行为的合法性产生影响。

【法院裁判要旨】

江苏省苏州市吴江区人民法院经审理认为：1. 依据《不动产登记暂行条例》第七条第一款关于“不动产登记由不动产所在地的县级人民政府不动产登记机构办理；直辖市、设区的市人民政府可以确定本级不动产登记机构统一办理所属各区的不动产登记”的规定，本案被告作为县级人民政府不动产登记机构，依法具有对本行政区域内房屋进行权属登记的法定职责。2.《城市房屋权属登记管理办法》第十一条第一款规定，房屋权属登记由权利人（申请人）申请；第十二条规定，权利人（申请人）可以委托代理人申请房屋权属登记；第十三条规定，权利人（申请人）申请登记时，应当向登记机关交验单位或者相关人的有效证件，代理人申请登记时，除向登记机关交验代理人的有效证件外，还应当向登记机关提交权利人（申请人）的书面委托书；第二十七条规定，登记机关应当对权利人（申请人）的申请进行审查。凡权属清楚、产权来源资料齐全的，初始登记、转移登记、变更登记、他项权利登记应当在受理登记后的30日内核准登记，并颁发房屋权属证书；注销登记应当在受理登记后的15日内核准注销，并注销房屋权属证书。因此，登记机关应当对权利人的申请进行审查。本案中，被告无法提供本案原告到现场申请的证据，也无其书面委托他人代为申请的证据，被告在没有原告申请的情况下将其房屋登记给第三人不符合一般的程序要求，依法应当予以撤销。3.（2018）苏0509民初2246号民事判决书和（2018）苏05民终6642号民事判决书认定，金某与任某就案涉房屋签订的《房产出让契约》依法成立并有效，金某对案涉房屋不享有所有权。因此，本案所涉的房屋登记行为违法，但不具有可撤销内容。综上，原某市人民政府于2000年12月22日作出房屋所有权登记行为违法，但不具有可撤销内容。

江苏省苏州市吴江区人民法院依照《中华人民共和国行政诉讼法》第七十四条第二款第一项、《最高人民法院关于适用〈中华人民共和国行政诉讼法〉的解释》第二十八条的规定，判决如下：

确认原某市人民政府作出的涉案房屋所有权登记行为违法。

二审法院同意一审法院裁判意见。

【法官后语】

正当法律程序最初是一个法理学概念，很早就被引入公法领域。公法领域中的正当法律程序一般是指公法主体在作出涉及相对人权益的行为时，应当告知相对人、说明根据和理由、听取其陈述和申辩、告知其享有相应救济权利等。这些程序即使没有被实体法律所规定，公法主体仍应遵循。本案中，各方当事人对案件的基本事实没有争议，争议的主要焦点在于金某没有到现场申请办理是否对行政登记行为的合法性产生影响。一种意见认为，当时的法律没有规定相关法律程序，因此不能科以行政机关过高的义务，本案原告的实体权利不能得到支持，法院应当驳回其诉讼请求；另一种意见认为，虽然法律没有规定登记程序，但并不意味着行政机关可以肆意妄为，行政登记的作出必须符合正当法律程序，必须履行告知、听取陈述和申辩以及对当事人进行核查等程序，行政机关未履行此义务的，在金某的实体权利不能得到支持的情况下，法院也不能对行政登记程序不进行审查，本案法院应当确认登记行为违法，但保留登记的效力。

合议庭倾向于同意第二种意见，认为行政登记行为的作出必须符合正当法律程序，对本案所涉的登记行为应当确认违法。主要理由如下：

第一，正当法律程序是法律的一般原则，行政机关在进行行政执法时必须遵循。法律的一般原则在很多国家都作为行政法的重要渊源，对行政机关有一定的约束力。在相关法律规定欠缺的前提下，正当法律程序更应得到尊重。

第二，正当法律程序是行政法治的内在要求。“程序正当”为依法行政的基本要求，其中包括公开听取意见，保障知情权、参与权、救济权和回避制度。这是对行政机关依法行政的具体要求，因此不管相关法律是否规定了相关程序，行政机关在作出相关行政行为时都必须遵循这些基本程序。

第三，不适用正当法律程序，就无法让每个公民在司法程序中感受到公平正义。行政机关在作出对相对人不利的行政行为时，应当让当事人到场，对其公开相关事实和法律依据，听取其陈述和申辩，这能使得当事人口服心服，增加行政行为的可接受性。如果不能做到这一点，当事人不到现场就直接作出对其不利的行政行为，很可能使其难以接受行政行为，即使是依据法律作出的决定也无法使其信服，从而影响登记行为的公信力。

第四，在行政登记中适用正当法律程序可以充分保护当事人的合法权益，对登记机关也是一种保护。登记机关在当事人未到场就相关事项进行确定的情况下径行作出行政登记行为，无法做到对基础法律事实的审查，使得行政登记行为有非常大的不确定性。同时，根据《中华人民共和国民法典》第二百二十二条第二款的规定，因登记错误，造成他人损害的，登记机构应当承担赔偿责任。登记机构赔偿后，可以向造成登记错误的人追偿。在当事人不在场的情况下登记行为非常容易发生错误，从而使得登记机关可能承担不必要的赔偿责任，增加登记机关的履职风险。

编写人：江苏省苏州市吴江区人民法院　秦绪栋

077 申请人亲自办理抵押登记又以抵押合同非本人所签为由要求撤销抵押登记的，不予支持

——王某诉某市国土资源局房屋行政登记案

【案件基本信息】

1. 裁判书字号

江苏省南通市中级人民法院（2018）苏06行终571号行政判决书

2. 案由：房屋行政登记纠纷

3. 当事人

原告（上诉人）：王某

被告（被上诉人）：某市国土资源局（以下简称某市国土局）

第三人（被上诉人）：某银行股份有限公司海门支行（以下简称海门支行）、资产管理公司

【基本案情】

2013年5月17日，王某与海门支行共同向原房屋登记机构某市住房保障和房产管理局（以下简称某市房管局）下属的某市房屋产权监理登记中心（以下简称房屋登记中心）就某小区7幢0504室房屋申请最高额抵押登记，并提交《抵押登记申请书》《最高额抵押合同》《人民币流动资金贷款合同》《房屋所有权证》《情况说明》和居民身份证复印件、结婚证等材料。同日，房屋登记中心出具《房屋权属登记收件收据》，告知王某已受理其抵押登记申请。王某在《房屋权属登记收件收据》下方“登记申请人”处签名。王某及其丈夫许某在办理窗口由房屋登记中心工作人员予

以摄像。同年5月21日，某市房管局作出《房屋他项权证》，并于5月22日向海门支行颁发。2018年1月19日，王某向法院提起行政诉讼，请求撤销上述《房屋他项权证》。

2017年3月22日，投资公司以王某等人为被告向海门市人民法院提起债权转让合同纠纷民事诉讼。在该案审理过程中，王某提出《最高额抵押合同》中的签名非其本人所签，经司法鉴定，《最高额抵押合同》中“王某”的签名字迹非王某书写。同年12月15日，海门市人民法院作出（2017）苏0684民初2032号民事判决，认定《最高额抵押合同》非王某本人与海门支行订立，事后也未得到王某的追认，该合同的效力不及于王某，但王某向海门支行提供抵押担保的意思表示真实明确，投资公司有权以《房屋他项权证》记载的王某名下的房屋折价或者以拍卖、变卖所得价款在125万元限额内优先受偿等。后该案所涉债权转让给本案第三人资产管理公司。另查明，某市不动产登记局为某市国土局内设机构，负责该区的不动产登记工作，某市房管局不再承担房屋登记职责。

【案件焦点】

某市国土局作出的案涉房屋抵押登记行为是否合法。

【法院裁判要旨】

江苏省南通市港闸区人民法院经审理认为：某市国土局提供了《抵押登记申请书》《最高额抵押合同》《人民币流动资金贷款合同》等材料，符合法律规定的申请人应当提交的申请登记材料的形式要求。王某在抵押登记申请之日到过某市国土局办理抵押登记的办公现场，某市国土局对王某的头像予以拍摄采集。王某也提供了由其本人签字的关于案涉房产归其个人所有的《情况说明》，王某的居民身份证、结婚证、婚姻状况声明书、案涉房产的国有土地使用权证等，并在《房屋登记询问记录》上予以填写并签字。以上事实足以表明王某办理案涉抵押登记的意思表示。尽管《最高额抵押合同》中“王某”的签字不是王某本人所签，但王某亲自到房屋登记办理现场，将该合同作为申请材料提交，应当视为其对该合同的真实性予以认可。综上，某市国土局作出被诉抵押登记行为符合法律规定。

江苏省南通市港闸区人民法院依照《中华人民共和国行政诉讼法》第六十九条之规定，作出如下判决：

驳回王某的诉讼请求。

王某不服，提起上诉。江苏省南通市中级人民法院经审理认为：《最高人民法院关于审理房屋登记案件若干问题的规定》第十二条规定，申请人提供虚假材料办理房屋登记，给原告造成损害，房屋登记机构未尽合理审慎职责的，应当根据其过错程度及其在损害发生中所起作用承担相应的赔偿责任。登记机关对于申请人办理房屋登记提交的材料，应尽到力所能及的审查义务。本案中，首先，某市国土局据以作出最高额抵押权登记的材料包括抵押登记申请书、王某的身份证、结婚证、房屋所有权证、最高额抵押合同等，符合申请办理最高额抵押权登记的形式要件。其次，在办理最高额抵押权登记的当天，王某亲自前往办理现场，其提交最高额抵押合同在先，某市国土局履行办理流程在后，且某市国土局对王某进行了人像采集，足以认定王某具有办理最高额抵押权登记的意思表示。最后，王某作为一个完全民事行为能力人，理应知道提交相关申请材料以及进行人像采集的法律后果，王某既未向某市国土局明确主张终止办理登记，也未取回自己的申请材料，明显与常理不符。

综上，江苏省南通市中级人民法院依照《中华人民共和国行政诉讼法》第八十九条第一款第一项之规定，作出如下判决：

驳回上诉，维持原判。

【法官后语】

“无恒产者无恒心”，不动产历来关涉公民之重大权益。如何科学建立一套符合我国实际的登记审查机制，一直是社会各界热议的焦点，也是我国不动产登记制度立法的重要内容之一。根据《不动产登记暂行条例》《不动产登记暂行条例实施细则》关于办理不动产登记的规定，办理不动产抵押登记至少应当符合以下要求：(1) 应当由当事人双方共同申请。(2) 申请人应当填写登记申请书并提供符合法律规定形式要件的申请材料，且申请人对申请材料的真实性负责。(3) 不动产登记机构按照法律规定的内容进行查验。实践中，确实存在因申请人恶意提供虚假登记材料，欺骗不动产登记机构而取得不动产登记的情形。在此情况下，如果申请人是冒用他人身份提交虚假材料的，法院应当根据是否存在善意第三人而对登记行为撤销或者确认违法。如果申请人本人提交了虚假材料且参与了登记流程，则应当承担由此引发的不利后果，登记机关一般不承担责任，理由如下所述。

第一，登记机关尽到了审慎审查的义务。《最高人民法院关于审理房屋登记案件若干问题的规定》第十二条规定了房屋登记机构负有“合理审慎职责”。房屋登记机构在审查登记行为时，主要对申请材料是否完整和齐备、是否符合法定形式进行审查，对于相关材料的实质真实性、合法有效性，房屋登记机构只能在职责范围内尽审慎的审查义务。对于登记机构是否尽到了力所能及的审查义务，可以采取以下标准予以判断：(1) 对于只要履行正常审核程序完全可以判断其真伪的材料，如房产证及登记机构有原始档案的信息材料，登记机构应保证其查验结果的真实性，一旦出现错误登记，登记机构存在过错；(2) 对于不属于登记机构职责负责范围内的材料，如当事人之间的合同，只要登记机构尽到合理注意义务，即使没有发现其虚伪，也不应认定过错的存在。本案中，最高额抵押合同由王某本人亲自提交，某市国土局无法判断其签名非本人所签，不属于未尽审慎审查的义务。

第二，申请人参与了行政程序。当事人参与原则是行政程序的重要原则之一。一方面，如果行政程序缺乏相对人的参与，必然导致最终的行政处分存在瑕疵甚至违法；另一方面，如果相对人参与了行政程序，意味着其清楚行政程序的起因、经过和结果，嗣后却否认参与行为的效力，则不应得到支持。本案中，王某亲自提交材料并全程参与抵押登记的流程，其对抵押登记的经过、结果已有了充分的认知，应当视为办理抵押登记是其真实意思表示。王某的主张如果得到支持，则意味着任何申请办理房屋登记的申请人，均可以亲自到房屋登记机关提交一份非本人签名的相关合同，事后再以合同非本人签字为由否认登记行为的合法性，不仅导致交易关系长期处于不稳定状态，还浪费了有限的行政与司法资源，更会诱发申请人办理不动产登记中的道德风险。

第三，申请人对登记行为具有撤回权。《不动产登记暂行条例实施细则》第十三条规定，申请登记的事项记载于不动产登记簿前，全体申请人提出撤回登记申请的，登记机构应当将登记申请书以及相关材料退还申请人。由于申请登记是建立在申请人自愿基础上的，因此申请人自然有权撤回申请，一旦登记完成，就说明申请已经达到目的，登记程序也因此终结。撤回申请制度充分保障了申请人的选择权，对于撤回申请，申请人无需阐明理由，但应当足以向登记机关表明其否定已经提出的申请。本案中，王某曾主张尽管其到达现场被拍照，但经了解抵押登记担保的债务与其初衷相悖而终止，但王某既未向某市国土局明确主张终止办理登记，也未取回自己的申请材料，不符合撤回申请的规定，也明显与常理不符。

编写人：江苏省南通市中级人民法院　张祺炜

078　行政案件程序审查是实体审查的必要前提

——张某诉厦门市某区市场监督管理局股东变更行政登记案

【案件基本信息】

1. 裁判书字号

福建省厦门市中级人民法院（2018）闽02行终180号行政裁定书

2. 案由：股东变更行政登记纠纷

3. 当事人

原告（上诉人）：张某

被告（被上诉人）：厦门市某区市场监督管理局（以下简称某区市监局）

第三人：纸制品公司、许某

【基本案情】

2012 年 7 月 15 日，第三人纸制品公司向被告某区市监局申请变更该公司的法定代表人蔡某为林某，变更该公司的股东蔡某、许某为林某、张某，并提交相关材料。被告某区市监局于 2012 年 7 月 27 日作出《准予变更登记通知书》，第三人纸制品公司法定代表人林某于 2012 年 8 月 2 日领取上述《准予变更登记通知书》。

原告认为，第三人纸制品公司或第三人许某提供的变更登记其为股东的身份证复印件、个人签名资料、股权转让协议书等材料均是虚假的，被告没有依法履行审查的法定职责，行为违法。故请求：撤销被告某区市监局于 2012 年 7 月 27 日为第三人纸制品公司办理原告张某股东（投资人）的变更登记。

【案件焦点】

1. 原告是否属于《最高人民法院关于审理公司登记行政案件若干问题的座谈会纪要》规定的例外情形，即原告是否系此前已明知股东变更情况却未提出异议，并在此基础上从事过相关管理和经营活动；2. 本案原告的起诉是否超过起诉期限。

【法院裁判要旨】

福建省厦门市集美区人民法院经审理认为：在日期为 2014 年 3 月 19 日的股东会决议书中，“股东：张某”处“张某”的签名虽非原告张某本人所签，但其在该处加盖手印，可视为其认可该股东会决议书中的内容，亦认可其纸制品公司的股东身份，故原告陈述其不知悉许某与其的股东变更情况，不知悉自己的股东身份情况，未参与纸制品公司相关管理经营与事实不符，法院不予采信。且结合该股东会决议书所载明的内容：原法人为林某的纸制品公司搬迁到长泰县，现有厂房、厂房用地、厂内设备属林某、张某、娄某三人共同所有，法人变更为娄某，股东和股份不变，足以证实原告张某至迟于 2014 年 3 月 19 日即已知其为纸制品公司股东之事实，并参与纸制品公司的相关管理经营活动。原告张某于 2017 年 6 月 6 日提起本行政诉讼，且其未提供证据证明其有耽误起诉期限的正当事由，故其已超过起诉期限。退一步而言，即便如原告张某主张的其于 2017 年 6 月 2 日才知道案涉变更登记行为，但其确有参与纸制品公司的管理经营，依据《最高人民法院关于审理公司登记行政案件若干问题的座谈会纪要》第一条第二款“公司法定代表人、股东等以申请材料不是其本人签字或者盖章为由，请求确认登记行为违法或者撤销登记行为的，人民法院原则上应按照本条第一款规定处理，但能够证明原告此前已明知该情况却未提出异议，并在此基础上从事过相关管理和经营活动的，人民法院对原告的诉讼请求一般不予支持”之规定，原告张某诉请撤销被告某区市监局作出的案涉变更登记行为能否成立，亦值得商榷。

福建省厦门市集美区人民法院依照《最高人民法院关于适用〈中华人民共和国行政诉讼法〉的解释》第六十九条第一款第二项之规定，裁定如下：

驳回原告张某的起诉。

宣判后，原告上诉。福建省厦门市中级人民法院经审理认为：根据本案查明的事实，张某于 2013 年 11 月 11 日与纸制品公司的法定代表人林某签订有《交接凭据》，该《交接凭据》上的内容均系对企业重要凭证的交接，只有作为该企业的主要管理人员方有可能与之接触并持有，且系由纸制品公司的法定代表人林某作为移交人、张某作为接收人。由此，可以推定纸制品公司的主要管理人员即林某与张某二人；2014 年 3 月 19 日，林某、张某、娄某三人签订的《股东会决议书》，进一步证实了林某、张某共同对纸制品公司进行处置的事实。因此，张某现主张其不是纸制品公司的股东，对纸制品公司的情况不了解、不清楚的理由，明显不能够成立。

福建省厦门市中级人民法院依照《中华人民共和国行政诉讼法》第八十九条第一款第一项的规定，裁定如下：

驳回上诉，维持原裁定。

【法官后语】

商事登记改革后，市场监督管理工作领域集中出现诉请撤销工商设立、变更登记行为的案件。本案是较为典型的申请工商登记材料签字非本人所签，但当事人此前已明知工商变更情况而未提出异议，并从事相关管理和经营活动的案件。其所具有的典型意义在于，在实质判断当事人是否明知并从事相关公司管理经营活动的同时，还应注意当事人知晓工商变更情况的时间节点。

本案审理过程中，通过司法鉴定已明确第三人纸制品公司申请工商变更登记所提交的股东会决议、股权转让协议、张某身份证复印件、任职合法性声明当中的股东及监事处“张某”的签名字迹并非原告张某本人所书写。但 2013 年 11 月 11 日，原告张某从案外人林某处交接获得包括纸制品公司企业法人营业执照正副本、税务登记证、公章、财务章等在内的材料。2014 年 3 月 19 日，原告张某与林某、娄某签订股东会决议书，约定搬厂、法人变更等事宜。因此，可推断纸制品公司的主要管理人员为原告张某和林某，原告张某确有从事纸制品公司相关管理和经营活动。

本案合议庭在合议过程中，有两种裁判意见：一种意见认为，参照《最高人民法院关于审理公司登记行政案件若干问题的座谈会纪要》的规定，公司法定代表人、股东等以申请材料不是其本人签字或者盖章为由，请求确认登记行为违法或者撤销登记行为的，若能够证明原告此前已明知该情况却未提出异议，并在此基础上从事过相关管理和经营活动的，人民法院对原告的诉讼请求一般不予支持，在案证据足以证明原告张某以纸制品公司股东身份从事管理经营活动，故应当驳回原告张某的诉讼请求。另一种意见认为，行政案件在进入案件实体处理前，法院应先依职权审查案件是否超过起诉期限。据以认定原告从事纸制品公司管理经营活动的证据表明，后张某于 2013 年、2014 年即知晓其纸制品公司股东身份，其于 2017 年 6 月 6 日提起本案诉讼，且未提供证据证明其有耽误起诉期限的正当事由，故其已超过起诉期限。

法院采纳后一种意见，原因如下：行政案件程序审查和实体审查并行，且以程序审查作为实体审查的必要前提。起诉期限是行政案件程序审查中极其重要的一环，无正当理由超过起诉期限则该行政行为不具有可诉性。虽然本案中，原告张某主张其在 2017 年前并不知晓其为纸制品公司股东，但在案件进入实体审查过程中，有相关证据表明原告至迟于 2014 年 3 月 19 日知晓股东变更登记事宜，其至 2017 年 6 月 6 日才提起本案诉讼，且未提供证据证明其有耽误起诉期限的正当事由，因此在案件进入实体审查后发现起诉期限的问题，应裁定驳回，以此体现行政诉讼中设置起诉期限的法律期待，维持行政行为的稳定性。

编写人：福建省厦门市集美区人民法院　李夏菲

079 平衡理论下起诉期限扣除的认定

——制糖公司诉某县人民政府、某县房产管理局房屋行政登记案

【案件基本信息】

1. 裁判书字号

广西壮族自治区高级人民法院（2018）桂行终 1048 号行政裁定书

2. 案由：房屋行政登记纠纷

3. 当事人

原告（上诉人）：制糖公司

被告（被上诉人）：某县人民政府（以下简称某县政府）、某县房产管理局（以下简称某县房管局）

第三人：开发公司

【基本案情】

2011 年 9 月 16 日，制糖公司与开发公司订立《旧城改造合作建设协议书》，约定双方合作建设××楼，项目完成后，第一层至第三层商铺和第四层 3 间（后第四层 3 间调整为第十层 3 间）产权归制糖公司所有，办理产权证所产生的税费由开发公司负责。此合作方案经某县政府审批，该项目已经建设完成，未竣工验收。2013 年 11 月 26 日，开发公司向某县房管局申请将××楼第三层 301 商铺登记为开发公司所有，该公司取得房产证后，于 2014 年 1 月 21 日将上述房产作为抵押物担保第三方贷款 480 万元。2015 年 1 月 30 日前，制糖公司得知某县房管局将涉案房产证颁给开发

公司，遂于2015年3月向法院提起民事诉讼，2015年5月12日，法院作出民事调解书，由开发公司于2015年9月30日前将涉案房屋产权登记到制糖公司名下，但开发公司未履行该调解书。2016年1月19日，制糖公司向某县房管局提出申请，要求撤销涉案房产证，将该房产证涉及的房产登记为制糖公司所有。某县房管局于2016年2月2日、2017年3月17日分别作出《答复意见》和《回复》，答复制糖公司：因房产权涉及房产抵押，需要开发公司解押房产后方能撤销上述房产证，明确表示该局无权单方撤销房产权证，制糖公司可以和开发公司两方协商一致，共同前来办理上述商铺产权证的撤销手续和办理权证转移登记。

制糖公司认为，某县房管局拒绝撤销错误的房产登记，无事实和法律依据，于2017年5月3日向田阳县人民法院起诉，请求判决撤销房产权证。田阳县人民法院判决撤销前述房产证后，某县房管局不服，提起上诉。百色市中级人民法院作出（2017）桂10行终94号行政裁定，将案件发回重审。在田阳县人民法院重审期间，制糖公司申请撤诉，田阳县人民法院裁定准予撤诉。2018年4月12日，制糖公司变更被告，以某县政府和某县房管局为共同被告向百色市中级人民法院提起本案诉讼，要求撤销前述房产证。一审庭审中，制糖公司自认知道2015年1月涉案房产证颁给了开发公司。

【案件焦点】

制糖公司提起的本案诉讼是否超过起诉期限。

【法院裁判要旨】

广西壮族自治区百色市中级人民法院经审理认为：行政相对方

主张行政机关的行政行为侵害其合法权利，向人民法院提起行政诉讼，应在法定的起诉期限内提出，超过法定的起诉期限，人民法院不予受理或在受理后驳回起诉。2015 年 1 月 30 日前，制糖公司知道某县房管局将涉案房权证颁发给开发公司，应当自知道作出行政行为之日起六个月内提起行政诉讼，即 2015 年 7 月 30 日前起诉。本案制糖公司于 2017 年 5 月 3 日向田阳县人民法院起诉，田阳县人民法院判决后，某县房管局不服判决提起上诉，百色市中级人民法院裁定发回重审。重审期间，制糖公司申请撤诉，之后其于 2018 年 4 月 12 日又以某县政府和某县房管局为被告向百色市中级人民法院起诉。制糖公司两次向两级人民法院起诉均超过法定的起诉期限，其诉权已丧失。

广西壮族自治区百色市中级人民法院依照《中华人民共和国行政诉讼法》第四十六条的规定，裁定如下：

驳回制糖公司的起诉。

制糖公司不服，提起上诉。广西壮族自治区高级人民法院经审理认为：制糖公司的起诉期限本应从 2015 年 1 月该公司自认知道涉案房产证之日起计至 2017 年 1 月结束。但根据《中华人民共和国行政诉讼法》第四十八条第一款规定，制糖公司提起民事诉讼及等待政府作出答复的期间，不属于制糖公司自身原因耽误起诉期限，应予以扣除。2015 年 3 月 13 日，制糖公司在法律规定的起诉期限内向法院提起民事诉讼主张涉案商铺的权属；后制糖公司向某县房管局申请撤证，某县房管局答复制糖公司该局无权单方撤证；之后制糖公司又向田阳县人民法院起诉撤证，百色市中级人民法院于 2017 年 11 月 21 日作出（2017）桂 10 行终 94 号行政裁定，撤销田阳县人民法院（2017）桂 1021 行初 216 号行政判决，并将案件发回田阳县人民法院重审。制糖公司于 2018 年 3 月 21 日申请撤诉，田阳县人民法院作出准予撤诉裁定。除制糖公司申请撤诉系该公司行使诉权放弃主张外，2015 年 3 月 13 日至 2017 年 11 月 21 日的期间应予扣除，即扣除一年零八个月时间，从 2015 年 1 月该公司自认知道涉案房产证之日起计至 2018 年 4 月 12 日提起本案诉讼时间止，共三年零三个月，扣除一年零八个月，还余一年零五个月时间，故制糖公司于 2018 年 4 月 12 日提起本案诉讼，未超过法定的两年起诉期限。另，本案制糖公司起诉某县政府、某县房管局属于被告主体不适格。某县政府、某县房管局均不是本案适格被告。百色市中级人民法院未对适格被告主体进行释明，不适用《最高人民法院关于适用〈中华人民共和国行政诉讼法〉的解释》第六十九条第一款第三项的规定。综上，一审法院未予释明关于适格被告主体，以超过六个月起诉期限驳回起诉，属于适用法律不当。

广西壮族自治区高级人民法院依照《中华人民共和国行政诉讼法》第八十九条第一款第二项、《最高人民法院关于适用〈中华人民共和国行政诉讼法〉的解释》第一百零九条第一款之规定，裁定如下：

一、撤销一审裁定；

二、指令一审法院对制糖公司的起诉重新进行审查，并对制糖公司进行指导、释明。经释明后，制糖公司的起诉符合法定条件的，应当继续审理。

【法官后语】

行政诉讼起诉期限是指公民、法人或者其他组织对行政主体的行政行为不服向人民法院提起行政诉讼，人民法院受理并对行政行为进行合法性审查的法定期限。行政诉讼法定起诉期限本质上是社会利益维护与权利主体权利救济相均衡的结果，其理论基础是行政诉讼法上的平衡理论：一方面，行政行为不仅影响相对人，而且涉及多数的利害关系人以及相关行政机关，如果随时都可以挑战行政行为的效力，将使多数人利益及行政机关管理置于法律的不安定状态之下，进而影响社会秩序稳定。因此，起诉期限使得行政行为效力尽快稳定，从而达到行政法律关系安定的目的，进而使行政管理有序运行，保障国民的利益。另一方面，虽然行政活动是执法活动，但执法活动如果引起人民的不满或者行政管理相对人遭受违法行政侵害，在一般救济被穷尽的情况下，司法是最后的途径。但考虑到行政管理的社会成本以及行政行为的效力稳定性，司法并不能进行无限期的保护，司法保护应是有限期的保护。上述平衡理论体现着诉权保障与司法对行政活动谦抑、尊让的价值权衡。

起诉期限在行政诉讼中发挥着重要的功能和意义。一是有利于保护权利人的权益。行政诉讼的起诉期限表面上看是限制了权利人保护其合法权益的时间，但是从本质上看，设置行政诉讼起诉期限最终目的是敦促权利人及时行使权利，积极维护其合法权益。通过这一制度警示权利人，在法定起诉期限内不依法提起诉讼，人民法院将不予保护。二是有利于提高行政主体的公信力，进而促进社会的安定。行政诉讼是针对侵害行政相对人利益的行为提起的，而行政诉讼的提起期限即行政相对人提起行政诉讼的时间限制。如果没有该制度对于行政相对人的约束，可能会导致行政相对人在面对自己权益受到侵犯后拖延行使权利，使得代表国家权威的行政主体作出的行政行为处于一种不稳定状态。而行政主体作出的行政行为常常事关一系列的社会关系；这样势必导致社会关系出现不稳定性。

三是有利于加强对行政行为真相的查明。行政诉讼起诉期限的设立要求权利人在规定的时限内提起行政诉讼，这不仅有利于当事人及时提供充分的证据保护自身的合法权益，也有助于法院对于行政行为的真相的查明，减少行政诉讼的审理阻力。

作为行政诉讼起诉期限恒定的例外，行政诉讼起诉期限扣除制度亦是基于平衡理论而孕育的，其是指在法定的起诉期限内，因特殊情况致使起诉期限经过，在障碍消除后的法定时间内，依当事人之申请，人民法院决定将被耽误时间予以扣除的制度。行政诉讼起诉期限扣除制度体现着对处于弱势地位的当事人在诉讼程序启动上的人文关怀。在司法实务界，人民法院支持的起诉期限扣除案例中，耽误事由大致有如下几种情形：一是行政案件交叉管辖致使起诉材料在途期限；二是原告主体资格变更，如以企业清算组名义提起诉讼被驳回后又以企业名义起诉的；三是当事人基于信赖利益向行政机关职能部门寻求权利救济，行政机关职能部门答复其将处理但未果的；四是当事人一直向人民法院主张权利所耽误的时间；五是当事人基于对法律的认识错误未能恰当行使诉权的，如本应属于行政诉讼的受案范围，当事人一直选择民事诉讼途径进行权利救济，其提起民事诉讼的时间应予以扣除。

具体到本案，根据法不溯及既往的原则，制糖公司于2015年就知道了案涉颁证行为，故本案应适用《最高人民法院关于执行〈中华人民共和国行政诉讼法〉若干问题的解释》第四十一条规定的两年起诉期限，而不适用2018年2月8日起施行的《最高人民法院关于适用〈中华人民共和国行政诉讼法〉的解释》第六十四条规定的一年起诉期限。由案情可知，制糖公司一直都在向法院、政府部门积极主张自己权益受到侵害，并没有怠于行使自己的权利，并非自身原因致使本案起诉期限出现了延误，人民法院正是基于当事人诉权保障与司法对行政活动谦抑、尊让的权衡，最终对本案起诉期限中非因当事人自身原因耽误的部分时间进行扣除。本案二审法院作出裁定撤销一审裁定，指令一审法院重新进行审查审理后，经广西壮族自治区百色市中级人民法院的释明，制糖公司自行撤诉①，以适格的被告某不动产登记局为被告向广西壮族自治区百色市田阳区人民法院起诉，该院最终作出撤销案涉颁证行为的判决②。至此，当事人的诉权最终得以充分保护，且实体权利亦得到了救济。本案裁判为正确计算起诉期限、依法保护当事人诉权，继而实现实体权利保护在一定程度上起到了指导裁判、统一适用的作用。

编写人：广西壮族自治区高级人民法院　贺利研　杨钉

080　行政机关超过法定时限作出行政决定不能一概撤销

——唐某诉苏州市某区国土资源局土地行政登记案

【案件基本信息】

1. 裁判书字号

江苏省苏州市中级人民法院（2013）苏中行终字第0042号行政判决书

2. 案由：土地行政登记纠纷

---

① 参见广西壮族自治区百色市中级人民法院（2019）桂10行初19号行政裁定书。

② 参见广西壮族自治区百色市田阳区人民法院（2020）桂1021行初116号行政判决书。

3. 当事人

原告（上诉人）：唐某

被告（被上诉人）：苏州市某区国土资源局（以下简称某区国土局）

【基本案情】

2009 年 10 月 9 日，某区国土局作出《国有土地使用证注销决定》，对唐某申领的国有土地使用证予以注销。唐某不服，向原吴江市人民政府提出行政复议，原吴江市人民政府经审查认定，2005 年 5 月，经唐某申请，某区国土局向其颁发了《国有土地使用证》，后因《地籍调查表》上邻宗地签章处“顾某”的签名经司法鉴定不是同一人所写，某区国土局作出上述注销决定。原吴江市人民政府于 2010 年 1 月 18 日就唐某的复议申请作出复议决定，维持某区国土局上述《国有土地使用证注销决定》的行政行为。唐某在规定期限内未提起行政诉讼。2012 年 12 月 6 日，原告唐某向被告发出特快专递，将土地登记申请书、公房买卖协议复印件等材料寄给被告。被告于 2012 年 12 月 21 日向原告发出通知书称“你寄的办证材料我所已收到，按照土地登记有关规定，办理土地证需本人带原件到场或请委托人前来办理”，并告知需要的相关材料。原告认为被告没有按照《土地登记办法》的相关规定，当场或在五日内一次告知原告需要补正的内容，依法应视为已受理了原告的申请，应当按规定颁发土地使用权证。

【案件焦点】

被告未在规定时间告知原告需要补正的内容，是否应当以违反法定程序中的时效制度而予以撤销。

【法院裁判要旨】

江苏省苏州市吴江区人民法院经审理认为：《土地登记办法》第十二条规定，对当事人提出的土地登记申请，国土资源行政主管部门应当根据下列情况分别作出处理，其中第三项“申请材料不齐全或者不符合法定形式的，应当当场或者在五日内一次告知申请人需要补正的全部内容”。据此，某区国土局收到申请后，如果材料不齐全或者不符合法定形式的，应当当场或者在五日内一次告知申请人需要补正的全部内容，而某区国土局于2012年12月7日收到唐某的申请，至2012年12月21日方作出通知，超过规定期限，不符合《土地登记办法》的相关规定；但某区国土局在2012年12月21日的通知中明确告知办理土地证需要的材料及相关注意事项，而唐某至今没有到某区国土局提供相关资料，某区国土局的行为对唐某的实体权利没有实质性的影响。综上，唐某起诉某区国土局不作为的理由不能成立。

江苏省苏州市吴江区人民法院依照《最高人民法院关于执行〈中华人民共和国行政诉讼法〉若干问题的解释》第五十六条第一项的规定，判决：

驳回的诉讼请求。

唐某不服，提起上诉。江苏省苏州市中级人民法院经审理认为：根据国土资源部《土地登记办法》第三条的规定，被上诉人某区国土局作为国土资源行政主管部门，为本行政区域内的土地登记申请机关。该办法第九条规定了申请人申请土地登记，应当提交七项材料，其中第三项为土地权属来源证明、第四项为地籍调查表、宗地图及宗地界址坐标。该条第二款明确，第四项材料可以委托有资质的专业技术单位进行地籍调查获得。上诉人唐某申请土地登记，既未完整提供土地登记材料，也未申请委托专业技术单位进行地籍调查而获得相关材料，不符合相关法律规定。被上诉人对上诉人要求重新登记土地的申请不予受理，于法有据，并无不当。

《土地登记办法》第九条第三款规定，“申请人申请土地登记，应当如实向国土资源行政主管部门提交有关材料和反映真实情况，并对申请材料实质内容的真实性负责”。第十三条、第十四条又明确，国土资源行政主管部门受理土地登记申请后应当进行审查，认为必要的，可以就有关登记事项向申请人询问和实地查看。由此可见，为确保申请人申请登记的真实意思及提交的登记材料真实性、合法性，申请人不仅应当亲自或委托他人前往办理并如实反映真实情况，还应接受土地管理部门的审核和询问，因此，上诉人认为无需到现场办理相关登记手续的观点不能成立。

上诉人认为，被上诉人没有按照《土地登记办法》第十二条第三项的规定，当场或在五日内一次告知上诉人需要补正的全部内容，应视为已受理了上诉人的申请，应当按规定颁发土地使用权证。本院认为，上诉人于2012年12月6日邮寄申请，被上诉人于12月21日作出书面告知，超过上述规定期限，属程序上存在瑕疵，但被上诉人专程上门送达通知并对登记事项作了告知和指导，应视为已对前述瑕疵进行了弥补，未影响唐某再次申请土地登记。申请、颁发土地使用权证应符合相关规定。

综上所述，上诉人唐某的上诉理由缺乏事实和法律依据，本院不予支持。原审判决认定事实清楚，程序合法，依法应予维持。

江苏省苏州市中级人民法院依照《中华人民共和国行政诉讼法》第六十一条第一项之规定，判决如下：

驳回上诉，维持原判。

【法官后语】

在本案的审理过程中，争议的焦点不是原告的实体权利如何实现，而是被告国土部门的行政程序是否合法。在本案中，被告在收到原告的申请后，过了十五日才告知原告，超过了法律法规的明确规定。对这种情形是否应当以违反法定程序中的时效制度而予以撤销呢？合议庭有三种意见：第一种意见认为，既然《中华人民共和国行政许可法》明确规定了时效，行政机关就应当严格遵循，如果没有法定的原因导致其超过法定时限，应当以违反法定程序予以撤销，否则行政许可法规定的时限制度将成为一纸空文；第二种意见认为，《中华人民共和国行政许可法》规定了行政时限就应当执行，如果其他方面没有问题，不宜仅因为时限问题撤销，因为许可本身没有问题，但不能因此放弃对行政行为的司法审查，应当对该许可行为判决确认违法；第三种意见认为，行政许可法规定时限的目的在于提高工作效率，避免久拖不决，只要根据法定的条件作出相应的行为，即使超过法定时限，法院也不应予以撤销，如果其他方面没有问题，可以判决驳回诉讼请求。

笔者认为，行政许可的时限制度作为一种行政程序是行政机关必须严格遵循的，违反时限制度属于违反法定程序，但并不是所有违反法定程序的行为都要撤销或者确认违法。对于那些严重违反法定程序，特别是违反法定程序中的基本的主要程序，如没有给予陈述和申辩权、没有依法举行听证、没有送达等，这种要坚决予以撤销或者确认违法。对于那些违反一般程序的，如超过一两天办理的，如果法院一概予以撤销，其法律效果和社会效果不一定理想。

本案中，原告要求被告办理土地登记，被告超过规定期限，属程序上存在瑕疵，但被告专程上门送达通知并对登记事项作了告知和指导，应视为已对前述瑕疵进行了弥补，未影响原告再次申请土地登记。原告至今仍未向被告提供相应的材料并提出申请，说明被告超过规定期限告知对其实体权益并无实质性的影响。

另外，如果法院径行予以撤销并不利于当事人合法权益的保护。即使因超过时限以程序违法为由予以撤销，由于行政许可是依申请的行为，当事人还要重新提出申请，行政许可机关在法定的时限内再行作出行政许可，反而加长了期限。这样反而不利于当事人合法权益的保护。至于被告存在的行政程序问题，法院可以通过向行政许可机关发出司法建议，指出其违反法定时限等问题，责令其改进工作的方式，达到政治效果、法律效果和社会效果的统一。

编写人：江苏省苏州市吴江区人民法院　秦绪栋

五、政府信息公开

081 投诉人直接或间接公开投诉信息的，可免除信息公开义务机关的保密义务

——邱某诉北京市某区市场监督管理局政府信息公开案

【案件基本信息】

1. 裁判书字号

北京市第三中级人民法院（2019）京03行终600号行政判决书

2. 案由：政府信息公开纠纷

3. 当事人

原告（上诉人）：邱某

被告（被上诉人）：北京市某区市场监督管理局（以下简称某区市场监管局）

【基本案情】

邱某从某超市购买某食品公司生产的某品牌发酵乳。邱某认为某品牌发酵乳不符合食品安全标准，向某区市场监管局进行投诉举报，某区市场监管局于2017年12月8日作出《举报办理结果告知书》（以下简称《告知书》），决定不予立案。2018年1月25日，某食品公司向某区市场监管局提交申请，要求公开邱某举报某超市销售某品牌发酵乳的处理结果。同日，某区市场监管局将《告知书》复印件送达给某食品公司，未对邱某姓名作遮挡处理，未征询邱某是否同意公开的意见。邱某认为，某区市场监管局

侵犯其个人隐私权，提起反信息公开之诉。

在案件审理中查明，邱某曾举报某超市其他门店，并提起民事诉讼，法院均判决某食品公司赔偿邱某1000元，其中一民事案件的被举报产品与本案一致，均为某品牌发酵乳。

【案件焦点】

某区市场监管局向某食品公司公开《告知书》时未遮挡邱某姓名，是否侵犯了邱某的个人隐私，即邱某的在先民事救济活动能否视为对投诉举报中个人信息的公开披露，从而免除某区市场监管局的保密义务。

【法院裁判要旨】

北京市通州区人民法院经审理认为：个人隐私的内涵和外延在现行法律法规中没有明确界定，但一般而言，个人隐私是指公民个人生活中不愿为他人公开或知悉的秘密，个人的意愿是判断相关信息是否属于个人隐私的最重要标准之一。如若通过个人明示或者行为可推定其并非不愿为他人公开或者知悉的，且已直接或者间接将信息公开的，可不视为个人隐私，负责政府信息公开的行政机关亦无需对该信息按照个人隐私予以保护。本案中，邱某作为投诉人，投诉某超市销售的某品牌发酵乳不符合食品安全标准，利益相关人直接涉及某超市和某食品公司，邱某和某区市场监管局理应向某超市和某食品公司保密。但从法院查明的情况可知，邱某针对举报产品曾提起民事诉讼主张赔偿，法院亦已将生效判决公开。邱某通过民事诉讼的形式向某超市公开了其个人信息，而基于某超市和某食品公司之间的供销关系，某食品公司亦能够知晓邱某投诉举报人的身份。尽管邱某认为在民事诉讼中并未说明举报事实，但结合邱某的多次举报、诉讼情况，某超市或者某食品公司将其提起民事赔偿的主张与投诉举报进行关联具有合理性，这一点在某食品公司提交的调档申请书中亦能够得到印证，即某食品公司在提出政府信息公开申请之前已经知晓邱某举报之事实。此时，某区市场监管局并无不予公开告知书或者隐去邱某姓名之必要，某区市场监管局向某食品公司公开告知书的行为并未侵犯邱某的个人隐私，故对于邱某的诉讼请求不予支持。

北京市通州区人民法院依据《最高人民法院关于审理政府信息公开行政案件若干问题的规定》第十二条第四项之规定，判决如下：

驳回邱某的诉讼请求。

二审法院同意一审法院裁判意见。

【法官后语】

本案系投诉举报领域内的反信息公开案件，涉及投诉人的个人隐私保护以及行政机关在政府信息公开中的保密义务及豁免的问题。需要明确的是，投诉举报中的投诉人信息并不完全等同于个人隐私，对于其中属于个人隐私的部分，在政府信息公开程序中才应当按照个人隐私予以保护。笔者仅结合本案案情从政府信息公开视角讨论投诉人的个人隐私保护及行政机关的保密义务。

1. 投诉人的个人隐私界定

《中华人民共和国民法典》第一千零三十二条第二款规定，隐私是自然人的私人生活安宁和不愿为他人知晓的私密空间、私密活动、私密信息。这是我国立法上关于个人隐私的明确定义。可以明确的是，个人信息的范围大于个人隐私。在实践中，个人隐私的保护需要通过保护个人信息来实现，在法律上体现为隐私权。一般而言，对于个人隐私的保护，主要通过对其姓名、出生日期、身份证号码、电话号码、住址、健康、家庭、财产状况等个人信息的保护实现。而投诉人的个人隐私与普通人的个人隐私并无本质区别，本案中的邱某作为投诉人，其姓名应属于个人隐私范畴。

2. 个人隐私权的可支配属性

个人隐私权属于人格权范畴，指自然人享有的私人生活安宁与私人信息秘密依法受到保护，不被他人非法侵扰、知悉、收集、利用和公开的权利。公民系自身隐私权的主体，对自己的隐私是否公开以及公开的范围和程度等具有决定权，而这种决定权则全凭权利主体的“个人意愿”，具有可支配性。个人隐私经过权利人自行或者授权进入公共领域，即视为权利人放弃了其对隐私的控制权，该信息可被视为公共信息，不纳入法律的保密范围。但需要注意的是，权利人放弃的前提系不得损害国家、集体和其他公共利益以及第三人的合法权益。本案中，邱某在本诉之前实施了民事诉讼等救济活动，人民法院均判决支持了其获得赔偿的诉讼请求，基于某食品公司与某超市的供销合作关系，某食品公司知晓邱某的姓名及投诉事实应属合理甚至是必然，故可认定邱某已通过民事诉讼等救济活动放弃对其姓名及投诉事实的信息保护。

3. 信息公开义务机关的保密义务豁免

政府信息公开条例第十五条和第三十二条对于行政机关的公开及保密义务作出明确规定，实践中行政机关一般需要履行如下义务：首先，准确判断是否属于个人隐私的义务；其次，经判断认定属于个人隐私的，履行征求意见义务；再次，权利人不同意公开的，还要履行合理裁量义务，即裁量不公开是否会侵害公共利益等；最后，作出是否公开的决定。但权利人对相关信息已公开或通过行为已明示可公开，行政机关能够对该个人信息保护的必要性进行裁量，如果行政机关认为对该个人信息的保护已无现实意义的，其保密义务得以豁免，这也符合行政效率原则。本案中，某食品公司提交的申请直接指向邱某投诉举报之事实，结合邱某的投诉次数、民事诉讼救济活动等，邱某已公开且某食品公司已知晓邱某姓名及投诉事实，对其姓名信息进行保护欠缺现实意义，故行政机关不再履行政府信息公开程序中的保密义务应予支持，其向某食品公司公开《告知书》时未遮挡邱某姓名并未侵犯邱某的个人隐私权。

编写人：北京市通州区人民法院　佟艳艳　郭伟娜　章志豪

082　“政府信息不存在”案件中行政机关履行充分合理检索义务的认定

——何某诉重庆市某区人民政府政府信息公开案

【案件基本信息】

1. 裁判书字号

重庆市高级人民法院（2019）渝行终 100 号行政裁定书

2. 案由：政府信息公开纠纷

3. 当事人

原告（被上诉人）：何某

被告（上诉人）：重庆市某区人民政府（以下简称某区政府）

【基本案情】

2018 年 9 月 23 日，原告何某向被告某区政府邮寄《政府信息公开的申请表》，要求被告依法公开“出售××水泥厂的批复，包括某街道办事处的报批件”，获取信息的方式为行政机关书面回复。2018年9月25日，某区政府收到该申请表。针对何某申请公开的信息内容，某区政府认为该信息公开申请事项应由某区经济和信息化委员会承办。某区经济和信息化委员会于2018年9月29日向某区档案馆出具《介绍信》《重庆市某区档案馆档案利用申请表》，申请查询何某要求公开的“出售××水泥厂的批复”，某区档案馆经查询并未找到该批复。

2018年10月11日，某区政府向何某作出《答复》，主要内容为：经查，××水泥厂改制前系集体企业，某街道根据有关文件精神决定对该企业实施改制，当地人民政府未作出有关批复，何某所申请的信息不存在。根据原《中华人民共和国政府信息公开条例》第二十一条第三项的规定，请何某向某街道办事处申请公开有关信息。同日，某区政府向何某邮寄送达了该《答复》。

何某收到《答复》后认为其所申请的信息是某区政府应当主动公开的信息范围，请求法院确认被告作出的《答复》违法，责令被告在一定期限内重新答复。审理期间，某区档案馆于2018年10月31日补充提交《证明》1份，证明查询结果只有《某街道办事处关于同意××水泥厂改制的批复》，并没有“出售××水泥厂的批复”。

【案件焦点】

被告某区政府针对何某申请公开信息是否履行了充分、合理的查找和检索义务。

【法院裁判要旨】

重庆市第一中级人民法院经审理认为：某区政府依法具有受理公民政府信息的公开申请，并作出相应处理答复的法定职责。因

“政府信息不存在”为答复内容而引发的行政案件，应重点审查行政机关是否已经尽到合理的查找和检索义务。受“先取证、后裁决”规则的约束，证明行政行为合法的证据只能限于行政机关作出行政行为时已经收集的证据，法院不能为了证明行政行为的合法性调取被告作出行政行为时未收集的证据。被告举示的某区经济和信息化委员会于2018年9月29日向某区档案馆出具的《介绍信》《重庆市某区档案馆档案利用申请表》不能证明被告就原告申请公开的事项进行了全面查询；其所举示的某区档案馆和某区政府办公室于2018年10月31日出具的《证明》，是作出被诉《答复》后收集的，违反了“先取证、后裁决”的规则，不能作为证明被诉《答复》合法性的证据。

重庆市第一中级人民法院依照《中华人民共和国政府信息公开条例》第二条、第三十六条第四项，《中华人民共和国行政诉讼法》第七十条第一项之规定，作出如下判决：

一、撤销被告重庆市某区政府于2018年10月11日作出的《答复》；

二、责令被告重庆市某区政府在本判决生效后十五个工作日内对原告何某的申请事项重新作出答复。

某区政府提起上诉，后于二审审理期间申请撤回上诉。重庆市高级人民法院经审查认为：某区政府撤回上诉申请系其真实意思表示，不损害国家利益、社会公共利益和他人的合法权益。

重庆市高级人民法院根据《中华人民共和国行政诉讼法》第一百零一条、《中华人民共和国民事诉讼法》第一百七十三条之规定，裁定如下：

准许某区政府撤回上诉。

【法官后语】

因政府信息公开引发的行政纠纷中，行政机关以当事人申请的“政府信息不存在”为由进行答复的案件占有一定比例。在确认行政机关具有制作或获取涉案政府信息相关职责的情况下，判断政府信息是否存在本质上是对行政机关掌握的政府信息逐一查找、对比。实践中“政府信息不存在”既可能是因信息客观不存在，也可能是因未尽到合理检索义务而没有查找到。因此，如何认定行政机关的信息检索程度是此类案件审查的重点。

最高人民法院指导案例101号虽然明确了行政机关对被申请公开信息应当尽到“充分、合理”的检索程度，但“充分、合理”系主观判断，缺乏具体细化的操作指引，司法实践中可能因法官对该主观标准掌握尺度不一，而导致案件裁判结果存在差异，损害行政相对人合法权利。为此，有必要具化行政机关检索行为的参考指标，以判断行政机关是否尽到了充分、合理的检索义务。具体包括：第一，检索范围的全面性，即用以检索载体所包含的信息是否全面，行政机关制作和保管的履职信息是否完整，如信息检索范围越广、信息资源越丰富，那么检索结果准确性也就越高。第二，检索方法的妥当性，信息检索方法包括调阅申请信息相关资料、关键词或目录检索、询问有关工作人员等，检索方法不同有可能导致信息检索结果存在差异，因此选择恰当和必要的检索方法是准确查找信息的重要条件。第三，检索流程是否尽到了相应的注意义务，包括检索过程是否符合行政机关工作流程要求、工作人员是否尽到充分的注意义务等，查询信息的工作流程越完备，工作人员越能够对检索过程作出详细说明，则检索结果的可信度就越高。

需要注意的是，尽管“政府信息不存在”是消极事实，但基于行政机关对政府信息制作保管负有法定职责，应由行政机关举示查询过程的相应证据，但行政机关提交的上述证据应严格遵循案卷主义和法定举证期限的要求。法官应在行政机关提交证据的基础上，形成政府信息存在或不存在的内心判断。

具体到本案，某区政府对申请信息负有查询、公开的义务，但在庭审过程中仅提交了到某区档案馆查询信息所用的《介绍信》和《重庆市某区档案馆档案利用申请表》，以上证据并不能证明某区政府所采用的查询方式和信息查询流程达到了充分合理的程度，且其庭审中补充提交的某区档案馆出具的信息查询《证明》系事后形成，违反了“先取证、后裁决”的规则，综上评判可以认定某区政府并未尽到充分合理的信息检索义务。

明确行政机关政府信息检索程度的判断因素，对解决司法实践中的审理困境能够发挥一定积极作用，但要使信息检索更加简易可行，还需行政机关进一步规范政府信息登记与保管制度，完整保存履职过程中形成的信息、文件，便于法院在政府信息公开案件中进行充分审查。

编写人：重庆市第一中级人民法院　彭英　王健康　黄晨

083 政府信息公开条例新旧衔接时的法律适用应以对申请人最有利为判断标准

——方某诉北京市大兴区某镇人民政府政府信息公开案

【案件基本信息】

1. 裁判书字号

北京市第二中级人民法院（2019）京 02 行终 1782 号行政裁定书

2. 案由：政府信息公开纠纷

3. 当事人

原告（被上诉人）：方某

被告（上诉人）：北京市大兴区某镇人民政府（以下简称某镇政府）

【基本案情】

2019年4月23日，方某当面向某镇政府提交信息公开申请，申请获取“某居住区土地一级开发项目建设单位某镇政府《房屋拆迁许可证》的延期拆迁申请书、延长房屋拆迁期限许可证及拆迁公告内容”。某镇政府当日作出《登记回执》并直接送达方某。

2019年4月25日，某镇政府办公室向拆迁办去函，核实是否制作、保存了相关信息。4月29日，拆迁办回函称关于该拆迁许可证办理续证的相关手续，因当时负责此事的工作人员已经离职，未查找到相关材料，部分材料可能已归档，建议去档案室查找，拆迁公告非拆迁人制作、张贴，故未获取、保存过该资料。

2019年4月30日，某镇政府办公室向档案室去函，询问核实上述政府信息。5月8日，档案室复函称未查找到相关信息，因镇政府办公楼装修、档案室迁移，相关材料可能已丢失。

2019年5月15日，某镇政府作出（2019）第5号—答《政府信息答复告知书》（以下简称被诉《告知书》），内容为：一、关于“某居住区土地一级开发项目建设单位某镇政府《房屋拆迁许可证》的延期拆迁申请书、延长房屋拆迁期限许可证”。经查，本机关为该项目拆迁人。如我镇制作、获取过该信息，则依据《中华人民共和国政府信息公开条例》（国务院令第492号，本案以下简称原《条例》）第二十一条第一项之规定，你向本机关申请获取该类信息，属于公开范围。经本机关查询，因负责该项目的工作人员已调离，镇政府办公场所也因装修进行过搬迁，相关资料信息可能已丢失，目前未查找到。二、关于某居住区土地一级开发项目拆迁公告内容。根据当时施行的《北京市城市房屋拆迁管理办法》第十条的规定，拆迁公告由区、县国土房管局在核发房屋拆迁许可证后，在拆迁范围内发布拆迁公告，故该信息不属于本机关公开范围。依据原《条例》第十七条、第二十一条第三项之规定，现告知你该信息不属于本机关公开范围，建议你向其他主管部门咨询。方某不服，提起诉讼。

【案件焦点】

被诉《告知书》以原《条例》为依据是否属于适用法律错误。

【法院裁判要旨】

北京市大兴区人民法院经审理认为：依据《中华人民共和国政府信息公开条例》（国务院令第 711 号，本案以下简称新修订《条例》）第五十六条的规定，本条例自 2019 年 5 月 15 日起施行。据此，自 2019 年 5 月 15 日起，行政机关公开政府信息应以该法规为法律依据。本案中，某镇政府于 2019 年 5 月 15 日向方某作出被诉《告知书》的法律依据为原《条例》的相关规定，属适用法规错误，依法应予撤销。

北京市大兴区人民法院依照《中华人民共和国行政诉讼法》第七十条第二项之规定，判决如下：

一、撤销某镇政府作出的《告知书》；

二、责令某镇政府在本判决生效之日起，在法定期限内对方某的政府信息公开申请重新作出答复。

某镇政府不服，提起上诉。在二审审理过程中，某镇政府自愿撤回上诉。北京市第二中级人民法院经审理认为：某镇政府请求撤回上诉，不影响社会公共利益和他人合法权益，与有关法律规定无相悖之处，应予准许。

北京市第二中级人民法院依照《中华人民共和国行政诉讼法》第六十二条之规定，裁定如下：

准许某镇政府撤回上诉。

【法官后语】

本案涉及原《条例》与新修订《条例》的衔接问题，具有一定的典型意义。本案虽以某镇政府撤回上诉告终，二审法院未在裁判文书中明确对争议焦点问题的意见，但相关问题值得探讨。

首先，法律衔接的基本原则是“实体从旧、程序从新，更有利于保护相对人合法权益”。《中华人民共和国立法法》第一百零四条规定，法律、行政法规、地方性法规、自治条例和单行条例、规章不溯及既往，但为了更好地保护公民、法人和其他组织的权利和利益而作的特别规定除外。根据该条规定，处理法律衔接问题时以“法不溯及既往”为原则，但同时存在“有利溯及既往”的例外。《最高人民法院关于审理行政案件适用法律规范问题的座谈会纪要》明确，“行政相对人的行为发生在新法施行以前，具体行政行为作出在新法施行以后，人民法院审查具体行政行为的合法性时，实体问题适用旧法规定，程序问题适用新法规定，但下列情形除外：（一）法律、法规或规章另有规定的；（二）适用新法对保护行政相对人的合法权益更为有利的；（三）按照具体行政行为的性质应当适用新法的实体规定的”。该规定更为具体，体现的原则即为“实体从旧、程序从新，更有利于保护相对人合法权益”。

就原《条例》与新修订《条例》的衔接而言，2019 年 5 月 14 日之前行政机关收到信息公开申请并作出答复的，原则上适用原《条例》的规定；2019 年 5 月 15 日（含当天）收到申请的，适用新修订《条例》的规定。而 2019 年 5 月 14 日之前收到申请，5 月 15 日（含当天）作出答复的，应当按照“实体从旧、程序从新，更有利于保护相对人的合法权益”的原则处理，即实体问题原则上适用原《条例》，除非新修订《条例》对申请人更有利；程序问题原则上适用新修订《条例》，除非原《条例》对申请人更有利。从这个角度看，北京市政务服务管理局的函仅以信息公开申请时间作为判断法律适用的依据，并进行了“一刀切”的处理，确有不妥。

其次，本案适用新修订《条例》对申请人更为有利。原《条例》第十七条规定，行政机关制作的政府信息，由制作该政府信息的行政机关负责公开；行政机关从公民、法人或者其他组织获取的政府信息，由保存该政府信息的行政机关负责公开。法律、法规对政府信息的权限另有规定的，从其规定。新修订《条例》第十条在上述规定的基础上，增加了“行政机关获取的其他行政机关的政府信息，由制作或者最初获取该政府信息的行政机关负责公开”的规定，拓宽了信息公开义务主体。本案中，方某申请的第二项信息“某居住区土地一级开发项目拆迁公告内容”的制作主体是区国土房管局，但结合某镇政府涉案项目拆迁人的身份、在拆迁中的作用及拆迁公告的内容要素，可以推定其为最初获取机关，根据新修订《条例》的规定，某镇政府为信息公开义务主体。可见，适用新修订

《条例》对于保障方某的知情权更为有利。被诉《告知书》以原《条例》为依据，属于适用法律错误。

编写人：北京市第二中级人民法院　严勇

084　政府信息公开中个人隐私保护应适当让渡于公共利益

——韩某诉扬州市生态科技新城某镇人民政府政府信息公开案

【案件基本信息】

1. 裁判书字号

江苏省扬州市中级人民法院（2019）苏10行终226号行政判决书

2. 案由：政府信息公开纠纷

3. 当事人

原告（被上诉人）：韩某

被告（上诉人）：扬州市生态科技新城某镇人民政府（以下简称镇政府）

【基本案情】

韩某为某镇×村×组村民，2017年7月15日其以邮寄方式向镇政府提出政府信息公开申请，要求书面公开下列信息："（一）公开分户调查结果：经确认的房屋权属、用途、建筑面积、初步评估结果等；（二）公开分户补偿安置情况：安置房地点、面积、套数、补偿金额、困难照顾、拆迁最低住房保障情况等；（三）公开征收或者征用土地、房屋拆迁及其补偿、补助费用的发放、使用情况。”镇政府于2017年7月25日作出《信息公开申请延期答复告知书》后，于2017年8月14日作出《信息公开告知书》，主要内容为“你要求公开的信息属于信息公开范围，本机关将以你指定的方式提供所申请的信息。具体信息内容见附件（共79页）。另，你所申请公开的×组分户房屋拆迁补偿金额，该信息目前不存在”。原告不服该告知，于2017年8月27日向扬州市广陵区人民政府申请行政复议，区政府于2018年9月10日作出第64号复议决定书，认为镇政府作出的《信息公开告知书》存在内容认定事实不清，程序不当的情形，决定予以撤销并责令在法定期限内依法重新作出答复。2018年10月10日，镇政府向韩某邮寄发出《政府信息公开申请补正通知书》，要求其就申请获取的信息内容范围进行明确。该邮件于10月16日退回，11月19日向韩某送达。11月14日，韩某向镇政府提交《对某镇政府补正通知书的复函》，明确其申请获取的信息内容范围。11月19日，镇政府向×村各被拆迁户发出《征求意见函（公告）》，就韩某所申请公开的信息征求各被拆迁户的意见。该《征求意见函（公告）》的主要内容为：“根据《中华人民共和国政府信息公开条例》第二十三条的规定，征求你们的意见。请你们自本征求意见函发布之日起10日内书面告知我政府你们的意见。如果你们未在征求意见函发布之日起10日内书面通知政府你们的意见，从保护你们个人隐私的方面考虑，你们的行为将被视为不同意公开涉及你们个人隐私的政府信息。”2018年12月10日，镇政府向韩某作出《关于韩某申请政府信息公开的答复》并于当日以邮寄方式送达，主要内容如下：“根据《中华人民共和国政府信息公开条例》第二十三条的规定，本机关征求了第三方意见，第三方不同意公开。现本机关依照《中华人民共和国政府信息公开条例》第二十一条的规定，对你答复如下：你所申请的政府信息涉及第三方个人隐私，公开后可能损害第三方合法权益，经征询第三方意见，第三方不同意公开，故本机关对你所申请的政府信息不予公开。”原告不服该答复，诉至法院，请求确认答复违法并撤销，责令镇政府依法重新答复。

【案件焦点】

镇政府以政府信息涉及第三人隐私，第三人不同意公开为由，拒绝政府信息公开而作出的答复是否具有合法性。

【法院裁判要旨】

江苏省扬州市江都区人民法院经审理认为：根据修改前的《中华人民共和国政府信息公开条例》第十三条规定，公民、法人或者其他组织可以依法向国务院部门、地方各级人民政府及县级以上地方人民政府部门申请获取相关政府信息。故镇政府具有受理其职责范围内的政府信息公开申请并依法作出处理的法定职责。该条例第十二条第四项规定，乡（镇）人民政府应当依照本条例第九条的规定，在其职责范围内确定主动公开的政府信息的具体内容，并重点公开下列政府信息：征收或者征用土地、房屋拆迁及其补偿、补助费用的发放、使用情况。根据上述规定可知，韩某向镇政府申请公开×村村民在被安置过程中的相关政府信息，涉及土地征收、房屋征收等方面的信息，属于政府应当主动公开的范畴，现韩某以申请公开的方式申请上述信息，镇政府理应依法向韩某公开，即使韩某所申请的政府信息涉及其他被拆迁人的隐私，镇政府也应该在对涉及婚姻状况、宗教信仰等个人隐私的内容予以删减后依法公开，而不能以涉及个人隐私且被拆迁人拒绝公开为由一律不予公开，因此，镇政府以第三方不同意公开为由，对韩某申请的信息不予公开，明显不符合法律规定，所作出的《关于韩某申请政府信息公开的答复》应予撤销。

江苏省扬州市江都区人民法院根据《中华人民共和国行政诉讼法》第七十条第一项、《最高人民法院关于审理政府信息公开行政案件若干问题的规定》第九条之规定，判决如下：

一、撤销镇政府于2018年12月10日作出的《关于韩某申请政府信息公开的答复》；

二、镇政府于本判决生效之日起十五个工作日内向韩某依法重新作出答复。

镇政府不服，提起上诉。江苏省扬州市中级人民法院经审理认为：本案中，韩某向镇政府申请书面公开×村村民在被安置过程中的相关政府信息，涉及征用土地、房屋拆迁及分户补偿安置情况等方面。镇政府应当对照上述《中华人民共和国政府信息公开条例》的规定，根据其是否制作或保存相关信息等不同情况分别进行处理，并依法向申请人公开作出答复。如果属于公开范围，即使韩某所申请的政府信息涉及其他被拆迁人的隐私，镇政府也应在将涉及其他被拆迁人的个人隐私的有关内容进行删减后依法公开，而不能以韩某所申请的政府信息涉及第三方个人隐私，公开后可能损害第三方合法权益为由一律不予公开。因此，镇政府以第三方不同意公开为由，对韩某申请的政府信息不予公开，其理由不符合法律规定，所作出的《关于韩某申请政府信息公开的答复》依法应予撤销。综上，镇政府的上诉理由不能成立，不予采纳。原审判决认定事实清楚，适用法律正确，处理恰当，应予维持。

江苏省扬州市中级人民法院依照《中华人民共和国行政诉讼法》第八十九条第一款第一项之规定，判决如下：

驳回上诉，维持原判。

【法官后语】

因各地城镇化进程的推进，因拆迁引发的政府信息公开案件呈增长之势。被拆迁人往往通过申请政府信息公开的方式弥补掌握信息的不对等，比如通过申请公开征收土地批文来界定土地征收的合法性，通过申请公开安置、补偿明细来衡量自身获得的安置、补偿是否公平等。在一定程度上讲，政府信息公开既成为被拆迁人维护自身合法权益的有效途径，也起到了监督行政机关依法行政，防止房屋征收部门滥用权力、暗箱操作的客观效果。

《国有土地上房屋征收与补偿条例》第十五条规定："房屋征收部门应当对房屋征收范围内房屋的权属、区位、用途、建筑面积等情况组织调查登记，被征收人应当予以配合。调查结果应当在房屋征收范围内向被征收人公布。"第二十九条第一款规定："房屋征收部门应当依法建立房屋征收补偿档案，并将分户补偿情况在房屋征收范围内向被征收人公布。"尽管上述两条规定了向被征收人公布，但对于此处的"被征收人"是指申请政府信息公开的被拆迁人个人还是所有被拆迁人，以及"公布"的信息是单向的与申请人相关的信息还是所有被拆迁人的信息，均存在语义上的不同理解。2008 年 5 月 1 日起施行的原《中华人民共和国政府信息公开条例》第十四条第四款规定，"行政机关不得公开涉及国家秘密、商业秘密、个人隐私的政府信息。但是，经权利人同意公开或者行政机关认为不公开可能对公共利益造成重大影响的涉及商业秘密、个人隐私的政府信息，可以予以公开”。由于上述规定“行政机关认为”“可以”公开而不是应当公开，留给行政机关一定的判断权和自由裁量空间。实践中，政府或者拆迁部门基于拆迁工作的推进考量，倾向性、习惯性解读为不公开。其理由往往为：其他被拆迁人相关的信息涉及第三人隐私，而第三人未明确表示同意公开，且不公开不会给公共利益造成重大影响，故不予公开。2019年新修订的《中华人民共和国政府信息公开条例》第十五条规定，“涉及商业秘密、个人隐私等公开会对第三方合法权益造成损害的政府信息，行政机关不得公开。但是，第三方同意公开或者行政机关认为不公开会对公共利益造成重大影响的，予以公开”。该条规定虽然去掉了“可以”，但依然保留了“行政机关认为”的规定。行政机关上述对法律规定的解释方式及不公开相关信息的做法，也是拆迁领域政府信息公开案件大量成诉的主要原因之一。

本案中，镇政府以发布《征求意见函（公告）》的形式，征求第三人意见，并最终以信息涉及第三人隐私、第三人不同意公开为由，作出不予公开答复。对此，两审法院均认为，从《中华人民共和国政府信息公开条例》等相关规定及立法本意出发，对个人隐私的保护应当适度让渡于公共利益。对于征收或者征用土地、房屋拆迁及其补偿、补助费用的发放、使用情况等，属于政府部门应当主动公开的政府信息，当被拆迁人申请公开该部分信息时，政府部门应当以公开为原则，且不公开会对公共利益造成重大影响。对于其中可能涉及个人隐私的部分，比如婚姻状况、身份证号码、手机号码等，可以通过隐名或者删减的方式予以处理，使其符合政府信息公开的标准和公开的目的。个人隐私及第三人未同意公开不应该成为政府部门依法公开应当主动公开相关政府信息的借口。最终，法院判决镇政府在法定期限内依法公开相应的政府信息。

编写人：江苏省扬州市江都区人民法院　靳有强　赵峰

085 请求一并解决民事纠纷必须符合法定要件

——王某诉某经济技术开发区管理委员会、苏州市某区人民政府政府信息公开及行政复议案

【案件基本信息】

1. 裁判书字号

江苏省苏州市中级人民法院（2018）苏 05 行终 53 号行政裁定书

2. 案由：政府信息公开及行政复议纠纷

3. 当事人

原告（上诉人）：王某

被告（被上诉人）：某经济技术开发区管理委员会（以下简称开发区管委会）、苏州市某区人民政府（以下简称某区政府）

【基本案情】

2017 年 6 月 30 日，开发区管委会收到王某的信息公开申请，申请内容为：全村每户安置房的总面积、每户安置人口（其中农业人口多少人、非农村农业人口多少人）、每户的分户情况等内容的汇总表。开发区管委会于 2017 年 7 月 18 日作出政府信息公开申请延长答复期限告知书，并向王某进行送达。2017 年 8 月 8 日，开发区管委会作出政府信息公开申请答复告知书，告知王某其申请

的信息不属于《中华人民共和国政府信息公开条例》所指的政府信息。王某向某区政府申请复议，复议机关于2017年9月11日作出行政复议决定书，决定维持开发区管委会作出的政府信息公开申请答复告知书。王某不服，向法院提起行政诉讼，同时要求判令开发区管委会给予王某妻子沈甲分户资格，对沈乙进行分户安置。

【案件焦点】

1. 原告提出的请求是否属于《中华人民共和国行政诉讼法》第六十一条规定的一并解决民事纠纷；2. 原告提起行政诉讼是否符合起诉的条件。

【法院裁判要旨】

江苏省苏州市吴江区人民法院经审理认为：根据《中华人民共和国行政诉讼法》第四十九条第三项的规定，提起行政诉讼必须有具体的诉讼请求和事实依据。王某提起诉讼要求撤销某区政府行政复议决定书、确认开发区管委会信息不公开违法，同时要求开发区管委会给予其妻子沈甲分户资格，对沈乙进行分户安置。经释明，王某坚持其起诉状中的诉讼请求。综上，王某同时起诉多个行为，且不明确，不符合起诉的法定要件，经法院多次释明，原告仍坚持起诉。

江苏省苏州市吴江区人民法院依照《最高人民法院关于适用〈中华人民共和国行政诉讼法〉若干问题的解释》第三条第一款第一项、《中华人民共和国行政诉讼法》第四十九条第三项规定，作出裁定：

驳回王某的起诉。

裁判后，王某提起上诉。江苏省苏州市中级人民法院经审理认为：王某提起诉讼要求一是撤销某区政府的行政复议决定书，确认开发区管委会不公开政府信息违法；二是要求开发区管委会给予其妻子沈甲分户资格，对沈乙进行分户安置。上诉人王某的起诉不符合提起行政诉讼应当有具体的诉讼请求这一条件，亦不属于《中华人民共和国行政诉讼法》第六十一条规定的可以一并审理相关民事争议的情形。经原审法院释明后，其仍然坚持不作变更。因此，原审法院依法裁定驳回王某的起诉，并无不当。

江苏省苏州市中级人民法院依照《中华人民共和国行政诉讼法》第八十六条、第八十九条第一款第一项之规定，裁定：

驳回上诉，维持一审裁定。

【法官后语】

本案在审理中，各方对事实都没有异议，分歧的关键点在于王某提出的请求是否属于《中华人民共和国行政诉讼法》第六十一条规定的一并解决的相关民事争议，法院是否应一并解决。一种意见认为王某整个诉讼都是围绕其妻子沈甲分户资格问题所引起的，无论是信息公开还是要求履行法定职责都是紧密联系的，因此为了诉讼便利的考虑，可以按照《中华人民共和国行政诉讼法》第六十一条规定的一并解决民事争议处理。另一种意见认为本案所涉的情形不符合一并解决民事争议的情形，王某的诉讼请求不明确，不符合行政起诉的法定要件，本案应当驳回起诉和上诉。笔者同意第二种意见，理由如下。

第一，在行政诉讼中一并解决相关民事争议，应当具备一定的条件。首先，要有一个已经成立的行政诉讼，而且这个行政诉讼符合起诉条件的相关规定；其次，该行政诉讼是涉及行政许可、登记、征收、征用和行政机关对民事争议所作的裁决的行政行为；再次，当事人在行政诉讼中申请一并解决相关民事争议；最后，提起的民事诉讼和之前的行政诉讼具有一定的相关性。也就是说，行政诉讼和相关的民事诉讼都涉及同一行政行为的合法性问题。王某在诉讼中要求政府信息公开，并根据公开的内容要求解决其妻子的拆迁安置问题，其妻子的拆迁安置问题和案件所涉的信息公开是两个不同种类的行为，信息公开行为的合法性与否与其妻子拆迁安置行为的合法性不具有相关性，而且都属于行政纠纷，因此不属于在行政诉讼中一并解决相关民事争议的情形。

第二，通过行政诉讼进行救济必须符合行政诉讼的起诉条件。根据《中华人民共和国行政诉讼法》第四十九条第三项的规定，提起行政诉讼必须有具体的诉讼请求和事实依据。行政诉讼作为一种救济方式，当事人要行使必须符合法定的要求。当事人要求在一个案件中解决多个不同性质的诉讼请求，针对的是不同的法律关系，有的涉及知情权保护，有的涉及财产权保护，要求在一个案件中予以处理属于没有具体的诉讼请求，如果当事人坚持起诉，法院对其起诉应当予以驳回。

第三，当事人提起一并解决相关民事争议必须在一审程序中提出。《最高人民法院关于适用〈中华人民共和国行政诉讼法〉的解释》第一百三十七条规定，公民、法人或者其他组织请求一并审理行政诉讼法第六十一条规定的相关民事争议，应当在第一审开庭审理前提出；有正当理由的，也可以在法庭调查中提出。也就是说，当事人提起一并解决相关民事争议的申请，应当在第一审中提出，法院准许后就相关民事争议单独立案，由同一审判组织审理，而不能在二审和申请再审中提出。如果当事人在二审程序中提出申请，法院可以对民事部分进行调解，调解不成的，告知当事人另行起诉。

因为如果法院在二审中就一并相关民事争议进行裁判事实上剥夺了民事争议当事人的上诉权。

第四，不能一并解决相关民事争议并不影响当事人合法权利的行使。当事人如认为开发区管委会的行为侵犯了其民事或者行政方面的权利，完全可以另行提起行政或者民事诉讼，本案所涉的纠纷没有一并解决对原告实体权利不造成实际影响。要求政府履行法定职责是公民的法定权利，但必须依照法律规定、依据法律程序进行。笼统地将相关诉求提交政府处理进而提起行政诉讼请求法院判决政府履行法定职责并非最佳救济方式。

编写人：江苏省苏州市吴江区人民法院　秦绪栋

086 行政机关主张“政府信息不存在”时的合理检索义务应当从主客观两方面证据综合认定

——曲某诉北京市某区某镇人民政府、北京市某区人民政府政府信息公开案

【案件基本信息】

1. 裁判书字号

北京市第三中级人民法院（2018）京03行终133号行政判决书

2. 案由：政府信息公开纠纷

3. 当事人

原告（被上诉人）：曲某

被告（上诉人）：北京市某区某镇人民政府（以下简称某镇政府）

被告：北京市某区人民政府（以下简称某区政府）

【基本案情】

2017 年 5 月 23 日，曲某向某镇政府提交政府信息公开申请表，申请某镇政府公开“某镇×××村 2006 年至 2016 年每年的负贷表和利润表”。2017 年 6 月 8 日，某镇政府就曲某申请公开的负贷表向其征求意见，曲某明确要求公开的负贷表实际上是资产负债表。2017 年 6 月 9 日，某镇政府对其下属职能科室村级财务服务中心进行调查，工作人员陈述如下：“曲某申请公开的 2006 年到 2016 年的负债表和利润表，我们科只是代理各村记账，记完账后负债表和利润表就让各村领走了，我们这儿没有保存，电脑里也没有保存。镇里面没有这些材料，曲某想要的话还是向村里咨询吧。”2017 年 6 月 9 日，某镇政府对某镇×××村村委会进行调查，工作人员陈述如下：“曲某要求公开的 2006 年到 2016 年的资产负债表和利润表，村里每年都从镇里领取，然后村里按时公开。具体流程是镇里的村财代理记账，他们负责代理制作这两个表格，做完以后由村会计领取，各村都是这个程序。”2017 年 6 月 12 日，某镇政府作出并向曲某送达《政府信息不存在告知书》，主要内容是：“经查，您申请获取的政府信息，本机关已经移交到北京市顺义区某镇×××村村委会，因此本机关未以一定形式记录或保存，根据《中华人民共和国政府信息公开条例》第二十一条第三项规定，该政府信息不存在。建议您向北京市顺义区某镇×××村村委会咨询，咨询电话为××××。”

曲某不服该《政府信息不存在告知书》，于 2017 年 8 月 14 日向某区政府申请行政复议。2017 年 11 月 2 日，某区政府作出行政复议决定书，对该不存在告知书予以维持。

【案件焦点】

1. 某镇政府主张“政府信息不存在”时的合理检索义务的认定；2. 某镇政府能否以已通过村务公开为由免除政府信息公开义务；3. 某镇政府是否还有继续公开的裁量余地。

【法院裁判要旨】

北京市顺义区人民法院经审理认为：某镇政府作为涉诉政府信息的制作者，依法负有公开的法律义务，其所称其已将涉诉政府信息移交到某镇×××村村委会，因此其未以一定形式记录或保存，从而该政府信息不存在的意见，缺乏法律依据。故某镇政府作出的被诉《政府信息不存在告知书》依法应予撤销。

北京市顺义区人民法院依照《中华人民共和国行政诉讼法》第七十条第二项、第七十二条，《最高人民法院关于适用〈中华人民共和国行政诉讼法〉若干问题的解释》第十条第一款、第二款之规定，判决如下：

一、撤销某镇政府作出的被诉《政府信息不存在告知书》；

二、撤销某区政府作出的行政复议决定书；

三、责令某镇政府于本判决生效之日起在法定期限内针对曲某提出的政府信息公开申请重新作出处理。

某镇政府上诉称，其答复完全符合法律、法规的要求，答复意见有充分的法律依据。曲某申请的政府信息客观上确实未保存于某镇政府处，若遵照一审判决对其提出的政府信息公开申请重新作出处理，某镇政府也只能按照上述规定的要求再次作出不存在的答复。曲某申请公开的内容，某镇政府无法定义务进行备份、保存。被上诉人曲某同意一审判决，请求二审法院维持原判。原审被告某区政府未提起上诉，其同意某镇政府的意见。

北京市第三中级人民法院经审理认为：行政机关应当对“政府信息不存在”承担举证责任，行政机关要提供证据证明其已经尽到了合理检索、查找义务而未能发现信息存在。一般而言，衡量检索、查找是否合理需要综合考虑检索的载体选择是否合适、检索方法是否妥当、检索人员的工作态度是否认真等因素后进行判断。本案中，某镇政府仅提交了向该镇村财服务中心科长的调查笔录即欲证明其尽到了合理的检索义务。某镇政府在检索信息上选择了主观询问方式，放弃了查阅档案材料、进入电脑查询核实等客观检索方式，对此并未提供合理的解释及相应的证据。某镇政府提交的向×××村村委会的调查笔录、财务公开领取申请表可以证明该政府信息的确在该镇政府存在过，曲某提交的财务公开领取申请表也指明了该信息现有的可能保存线索。对于某镇×××村 2006 年到 2016 年这十一年的资产负债表和利润表目前是否已全部查找不到且已灭失、曲某提交的存在线索是否可循，某镇政府应当重新审查核实，进一步调查、裁量。因此，某镇政府目前仍具有提供该信息的可能性，一审法院判决并无不当。

北京市第三中级人民法院依照《中华人民共和国行政诉讼法》第八十九条第一款第一项的规定，判决如下：

驳回上诉，维持原判。

【法官后语】

向政府申请资讯公开被拒绝，拒绝决定本身是一个行政决定，不服可以提起行政诉讼。对此，《最高人民法院关于审理政府信息公开行政案件若干问题的规定》第一条第一款明确规定，人民法院应当受理。行政机关制作政府信息后却不积极留存备份或归档登记，或者出于各种因素考虑拒绝公开是拒绝性信息公开答复中的典型。因此，明确司法机关的审查范围，准确界定行政机关对“政府信息不存在”应当承担举证责任及应采用的合理检索方式，对于推动基层民主、指引各级政府积极履行信息公开职责具有一定的指导意义。

最高人民法院在裁判实务中倾向于认为“行政机关未制作、未获取、未保存相关信息以及因保管不善造成信息灭失等问题，一般不属于政府信息公开行政案件审查范围”，法院“并不审查行政机关不制作或者不保存相关政府信息是否违法问题”，“至于行政机关应当主动公开而不主动公开的法律责任，并非政府信息公开诉讼所要解决的问题”①。

可以认为，出于司法审查强度的有限性和法院依职权调取证据的现实局限性考虑，最高人民法院放弃了对行政机关“是否应当主动公开而不主动公开的法律责任”的司法审查，主动限缩了司法审查的范围，转而倾向于将否定性答复的信息公开的审理核心集中于行政机关的合理说明尤其是合理搜索义务的认定上。质言之，基于审理的便捷性、可操作性与司法权的谦抑性，将前者的审查也隐秘、间接地置于后者的审查过程中。因此，对行政机关的合理说明尤其是合理搜索义务的认定承载着司法机关对“政府信息不存在”这一行政行为的整体态度与评价，故对合理检索义务的履行完成应当从严掌握。在审理行政机关作出的政府信息不存在告知书的行政行为

---

① 最高人民法院（2017）最高法行申9250号、2638号，（2018）最高法行申541号行政裁定书。

中，如何判断行政机关提交的证据材料达到了能够证明其进行了合理检索的程度即成为审理的关键。

解决这个问题首先需要明确的是检索的合理性不等同于客观正确性，法律上的应然结果并不必然是事实上的实然结果。对是否进行了合理检索的判断，更多是法官在综合考虑多种因素以后的内心确认或主观性认知，是法官自由裁量权的集中体现，体现的是一种法律真实。一般而言，衡量判断行政机关检索、查找是否合理需要综合考虑以下因素：检索的载体（如数据库、信息目录）选择是否合适齐全、检索方法是否妥当（如关键字是否选择准确合理、是否对关键字进行了拆分而非整段输入当事人描述信息查询）、检索人员的工作态度是否认真、检索不全面时或未进行检索时是否有合理的解释、当事人提供初步线索后是否予以了回应等。在实践审理中，司法机关应当从主客观两方面证据综合认定行政机关是否已完成了合理的检索、查找义务。仅仅进行主观询问，不进行查阅档案材料、进入电脑查询核实等客观检索方式且无合理解释说明的，在申请人提出了该信息现有的可能保存的线索的情况下，行政机关应当重新审查核实，进一步调查、裁量。就本案而言，结合以上需要考量的因素，法院倾向于认定某镇政府的检索方式并不合理，其所履行的查找、检索义务并不够充分，存在合理性瑕疵。

编写人：北京市第三中级人民法院　陈金涛

087　证券类特殊政府信息不受政府信息公开条例的调整

——甲公司诉中国证券监督管理委员会某市监管局政府信息公开案

【案件基本信息】

1. 裁判书字号

福建省厦门市中级人民法院（2018）闽02行终58号行政裁定书

2. 案由：政府信息公开纠纷

3. 当事人

原告（上诉人）：甲公司

被告（被上诉人）：中国证券监督管理委员会某市监管局（以下简称某市证监局）

【基本案情】

甲公司向某市证监局递交一份落款日期为2017年4月27日的《控告书暨要求履行法定职责的申请》，针对乙公司董事会秘书王某等人故意隐瞒重大涉诉信息不予依法披露等违法行为提出控告并要求某市证监局履行监管、查处等法定职责。2017年6月1日，某市证监局就甲公司举报的“有关乙公司诉讼相关事项”向乙公司董事会秘书王某进行调查询问并制作笔录。2017年7月18日，某市证监局审查后就甲公司的上述申请作出举报事项办理回复单，告知甲公司相关处理结果。2017年9月11日，甲公司向某市证监局提交证券期货监督管理信息公开申请表，申请公开某市证监局在履行上述监管、查处法定职责过程中于2017年6月1日对被控告人王某所作的询问笔录。该申请表还载明甲公司申请公开监管信息的用途为维权举证，申请人与所申请信息相关性的描述为上述笔录内容与甲公司控告内容相关。2017年9月20日，某市证监局作出监管信息公开告知书，答复如下：某市证监局对甲公司举报乙公司的有关问题进行了核查，并于2017年7月18日将处理结果向甲公司进行了回复；某市证监局在上述举报事项核查过程中所作的询问笔录对原告没有约束力，亦不对甲公司的权利义务产生直接影响，属于行政机关在日常工作中制作或获取的内部管理信息以及处于讨论、研究或者审查中的过程性信息，不属于应公开的政府信息。甲公司不服该告知书，于2017年10月20日提起行政诉讼。

【案件焦点】

申请证券类政府信息的公开是否属于《中华人民共和国政府信息公开条例》的调整范畴。

【法院裁判要旨】

福建省厦门市思明区人民法院经审理认为：就政府信息公开而言，《中华人民共和国政府信息公开条例》作出了一般性规定，若其他法律、法规对于信息公开范围、方式及途径等有特别规定的，基于特别法优于一般法的原则，应适用特别法的规定。就证券行政管理领域而言，《中华人民共和国证券法》设立了信息披露制度，对于依法必须披露的证券信息公开范围、方式及途径进行了规定。证券法虽规定信息披露的主体为公司，但是政府信息公开涉及证券法调整项下公司相关信息的，亦应当契合证券法的立法目的。基于此，对于与证券法调整项下的公司有关信息的公开，应循证券法的公开途径获悉，不属于《中华人民共和国政府信息公开条例》依申请公开制度的调整范畴。具言之，甲公司申请公开的询问笔录，不可避免地包含与案涉非上市公众公司有关的内容。若允许投诉举报人提出投诉举报，后又申请公开证券监管机关调查过程中形成的信息，会导致举报成为个人单独获取非上市公众公司信息的渠道，与证券法规定的公平公开原则显然相悖。可见，案涉信息属于证券法项下的证券类特殊政府信息，其应遵守该法设立的信息披露制度，不属于《中华人民共和国政府信息公开条例》依申请公开制度的调整范畴。

福建省厦门市思明区人民法院依照当时有效的《最高人民法院关于适用〈中华人民共和国行政诉讼法〉若干问题的解释》第三条第一款第八项规定，裁定如下：

驳回原告甲公司的起诉。

一审裁定后，甲公司提起上诉。福建省厦门市中级人民法院经审理认为：同意一审法院对于案涉信息性质的认定意见。另外，某市证监局对案涉举报事项调查处理后将结果告知了甲公司，甲公司申请公开的询问笔录属于某市证监局在案件调查中的执法调查内容，具有“内部性”或“非终极性”的特点，不属于信息公开的范畴，不属于行政诉讼受案范围。某市证监局作出的监管信息公开告知书，对甲公司的合法权益不产生实际影响。对于甲公司的上诉理由，不予支持。

福建省厦门市中级人民法院依照《中华人民共和国行政诉讼法》第八十九条第一款第一项规定，裁定如下：

驳回上诉，维持原裁定。

【法官后语】

证券类政府信息虽属于政府信息范畴，但同时亦具备证券信息的特殊性。证券法确立的证券市场信息披露制度，有利于建构公平公开的信息获取渠道，保障全体投资者获取信息的对称性与一致性。个别人员企图通过申请上市公司或非上市公众公司证券类政府信息公开的渠道，以优先于其他投资者获得相关证券信息，破坏证券市场秩序，显然与政府信息公开的立法要旨相悖。本案系涉非上市公众公司有关证券类政府信息公开答复案，对于特殊领域政府信息公开裁判基准的确立具有参考意义。

1. 确定法律适用的标准

根据《中华人民共和国证券法》第八十条的规定，上市公司和公司债券上市交易的公司应当就涉及公司的重大诉讼事项、公司财务会计报告和经营情况等内容向国务院证券监督管理机构和证券交易所报送报告，并予公告。同时第八十六条规定，依法披露的信息，应当在证券交易场所的网站和符合国务院证券监督管理机构规定条件的媒体发布，同时将其置备于公司住所、证券交易场所，供社会公众查阅。可见，证券法对于证券类信息的公开范围、方式及途径等进行了特别规定。反观，政府信息公开条例仅对行政机关在履行职责过程中制作或者获取的信息的公开作出了一般性安排。基于特别法优于一般法的原则，涉及证券类政府信息的公开问题应当适用证券法的特别法规定，从而将该部分特殊领域政府信息排除在政府信息公开条例调整范围之外。

2. 确立公开本意的导向

政府信息公开条例旨在保障公民、法人和其他组织依法获取政府信息，其本意在于提高政府工作的透明度，促进依法行政。但，若对政府机关制作或保存的全部政府信息均不加区分地一律公开，可能会造成对国家、社会、集体的利益以及其他公民的合法权利的侵害。诚如本案申请证券类政府信息的公开，由于证券类信息对于全体证券投资人的投资权益及选择有特殊引导作用，对该类信息予以公开，势必会造成个别人员对于证券信息获取的不平等性。证券行政管理领域的信息披露制度的设置意旨即在于公平、公正、公开，确保全体证券投资人获取信息的对称性与一致性。可见，在保障申请人行使政府信息公开申请权的同时，亦应当遵循立法对于特定领域信息受众法益保护的意旨。

3. 遵循合理申请的原则

权利的行使应当在合理的边界范围内，当事人申请政府信息公开亦应遵循合理申请的原则。任何人均不得以绝对公开为名，行滥用申请权以达不当目的之实。具言之，涉及上市公司或非上市公众公司有关证券类政府信息，应当按照证券市场信息披露的途径进行公开。对于个别人员利用政府信息公开的外衣，来谋取个人优于其他证券投资者获得证券信息的特权，破坏证券市场的正常秩序的行为，本案遵循规范意旨对其是否具有政府信息公开条例项下的申请权进行司法判定，并作出排除适用政府信息公开条例的结论。

综上，本案从确定法律适用的标准出发，遵循政府信息公开制度的立法本意，并以合理申请原则作为衡量信息公开申请的边界，层层剖析特殊政府信息公开的价值衡量及裁判基准。因此，该案确定的裁判规则对于此后其他特定领域政府信息公开尺度的把握具有一定的参鉴价值。

编写人：福建省厦门市思明区人民法院　曹玲

088 政府信息公开判决要促进当事人进行平等友善的沟通
——张某诉某市规划和国土资源管理局政府信息公开案

【案件基本信息】

1. 裁判书字号

上海市高级人民法院（2018）沪行再1号行政判决书

2. 案由：政府信息公开纠纷

3. 当事人

原告（上诉人、再审申请人）：张某

被告（被上诉人、再审被申请人）：某市规划和国土资源管理局（以下简称市规土局）

【基本案情】

张某于2015年2月8日以邮寄方式向市规土局提出政府信息公开申请，要求获取：贵局制作或者保存的针对上海市房地产登记处于2012年6月28日作出的上海市房地产登记信息中“该处已批准建设用地”所对应的建设用地批准书及附图的内容信息材料。张某在申请时提交了从上海市房地产登记处获取的《上海市房地产登记信息》，该信息显示某片土地状况的下方注明“该处已批准建设用地”。市规土局经延期后，于3月13日作出政府信息公开补正申请告知书，以张某申请内容不明确为由，要求张某在十日内补正，市规土局就补正的内容进行指导：“包括能够据以指向特定政府信息的文件名称、文号或者其他特征描述”；市规土局另作提示：“经向房地产登记机构了解，‘该处已批准建设用地’的备案文件为沪府土（2004）768号（以下简称768号文），请明确您是否需要768号文”。张某于2015年3月21日提交了补正申请，但补正内容与原申请内容完全一致，市规土局认为张某的申请内容仍不明确，遂于2015年3月27日作出政府信息公开申请告知书（以下简称被诉告知），认为张某提交的材料不符合政府信息公开的申请要求，不再按照政府信息公开的制度规定作出答复。同时，市规土局在被诉告知的尾部告知张某：“经向房地产登记机构了解，‘该处已批准建设用地’的备案文件为768号文，该文一并邮寄给您。”张某不服，提起行政诉讼，要求撤销被诉告知。

【案件焦点】

1. 张某申请公开“某建设用地批准书及附图的内容信息材料”是否明确；2. 申请人提出的申请具有不同理解的可能性时，申请人拒绝沟通补正的，法院该如何裁判。

【法院裁判要旨】

上海市黄浦区人民法院经审理认为：市规土局具有受理和处理政府信息公开申请的职权。本案中，市规土局收到张某的政府信息公开申请后，以张某申请内容不明确为由要求其补正，并作了补正的指导，以及相关文件的提示。在张某坚持原申请内容未作实际补正的情况下，市规土局在扣除补正期间的法定延长期限内作出被诉答复，其认定事实清楚，执法程序合法，适用法律正确。市规土局的便民措施，于法并无不当。张某虽认为其申请的内容已经明确，但从其表述来看，对申请信息的描述缺乏直接指向的明确特征，对申请信息的定义以“内容信息材料”所作的泛指不具针对性，张某以补正的形式提出与原来申请一致的内容来拒绝市规土局所作的补正指导和提示，不具补正的实质。张某完全可以用直接明白的表述，而非用相关材料要求市规土局推导相关信息的内容，来向有关行政机关提出正当的政府信息公开请求。故张某的诉讼请求缺乏事实根据和法律依据，难以支持。

上海市黄浦区人民法院依照《中华人民共和国行政诉讼法》第六十九条之规定，判决：

驳回张某的诉讼请求。

二审法院同意一审法院裁判意见。

后检察机关根据张某的申请，对本案提起抗诉。上海市高级人民法院经审理认为：政府信息公开是公民获取相关信息的法定途径，在申请内容具有不同理解的可能性之时，行政机关和申请者应当保持平等友善的沟通，共同确定申请的内容。及时沟通既是行政机关履行政府信息公开职责的必然要求，也是申请者知情权得以有效实现的保障。本案中，张某要求公开的是作为“该处已批准建设用地”注记依据的“建设用地批准书及附图的内容信息材料”。“建设用地批准书及附图”之外加上“内容信息材料”的表述，使得原本清晰的概念具有不同理解的可能性，张某在本案再审开庭时对“内容信息材料”的解释亦证明该表述内容存在不确定性。市规土局收到申请并经查询后发现“该处已批准建设用地”注记的依据是 768 号文，而相关的土地批文又是建设用地批准的内容之一，在此情况下，市规土局要求张某对其申请内容进行补正说明，并询问张某是否需要作为注记依据的 768 号文，有其合理性。但张某在收到补正告知以后未选择与行政机关沟通，未对其申请内容进行解释说明，而是通过抄录原申请内容的方式予以补正，实质是拒绝补正。张某在再审开庭审理时表述行政机关在作出补正告知时披露 768 号文涉嫌误导系对行政机关正常履职行为的无根据揣测，此不信任市规土局的态度与其向市规土局申请信息公开的行为相悖，亦损害了其自身本享有的补正权利，系对其本次信息公开申请目的的实现自设障碍。市规土局在张某拒绝补正以后，作出被诉告知，同时便民提供768号文，并无不当。市规土局对于作为“该处已批准建设用地”依据的768号文的披露以及便民提供，足以说明该局在处理张某所提本次政府信息公开申请中系积极履职，而非以申请不明确为由故意为难申请者，推脱其应当履行的政府信息公开职责。

上海市高级人民法院依照《中华人民共和国行政诉讼法》第八十九条第一款第一项、第一百零一条，《中华人民共和国民事诉讼法》第二百零七条第一款之规定，判决如下：

维持原二审判决。

【法官后语】

1.“促进沟通”是涉“申请不明确”政府信息公开案件中的裁判出发点

行政判决的作出应当以有利于实现政府信息公开制度的价值为遵循。政府信息公开制度的目的在于保障公民、法人和其他组织依法获取政府信息。当申请内容不明确时，唯有沟通，方能更好确定申请内容，确保公民获取其想要获得的信息，政府信息公开应当成为公民和政府机关沟通的渠道。但近年来，在信息公开制度实践中，有公民将信息公开作为向政府施加压力的渠道，通过反复提起政府信息公开申请和诉讼，无谓消耗行政和司法资源，影响了政府信息公开积极作用的发挥。对于行政审判而言，要通过判决，引导公民理性使用政府信息公开的权利，鼓励政府和个人进行沟通。本案再审判决正是基于这样的理念，明确指出：“在申请内容具有不同理解的可能性之时，行政机关和申请者应当保持平等友善的沟通，共同确定申请的内容。及时沟通既是行政机关履行政府信息公开职责的必然要求，也是申请者知情权得以有效实现的保障。”将“促进沟通”作为政府信息公开案件的裁判出发点，是有效发挥政府信息公开制度价值的重要保障。

2. 如何看待行政机关所作补正行为的合法性问题

按照《中华人民共和国政府信息公开条例》第三十条的规定，政府信息公开申请内容不明确的，行政机关应当给予指导和释明，并自收到申请之日起7个工作日内一次性告知申请人作出补正，说明需要补正的事项和合理的补正期限。在案件审理中，申请人和行政机关双方常就申请内容的明确与否产生争议。本案的争议焦点是建设用地批准书附图后面加上“内容信息材料”的表述是否会导致申请的不明确，申请人、行政机关、一二审法院、检察机关对此有不同的理解，从文义上看，对此也很难作出一个清晰的判断。再审判决并没有将审查论证的重点限定在申请内容文义表述是否明确这一点上，而是从补正制度的定位出发，指出张某提出申请时在“建设用地批准书及附图”之外加上“内容信息材料”的表述，使得原本清晰的概念具有不同理解的可能性。进而指出，基于这种不明确的可能性，行政机关作出补正有其合理性。据此，提出了判断行政机关要求补正行为合法与否的角度，即行政机关要求申请人补正并非出于故意为难申请者并且有一定理由的，法院可予以支持。

3. 政府信息公开判决要引导申请人理性行使政府信息公开权利

政府信息公开判决会对申请人和行政机关的行为产生影响。政府信息公开判决应当有利于将政府信息公开打造成一个申请人和行政机关相互沟通的平台，不鼓励申请人将信息公开作为向行政机关施加压力的渠道。再审判决将“促进沟通”作为审理“涉申请不明确”案件的出发点，并经过综合分析支持了积极履职的行政机关，对拒绝沟通的申请人的诉讼请求不予支持。再审判决展现的指引性在于：对行政机关而言，履行法定答复义务的同时多作提示和便民告知，既有助于申请人了解更多相关信息，也有助于表明积极履职的态度，相关答复更容易得到法院的认同；对申请者而言，要珍惜补正等与行政机关进行沟通的机会，拒绝沟通不利于及时获得政府信息。同时也向申请者传达，行政救济并非获取信息的第一选择，及时沟通才是有效获得政府信息的最优选项。本案再审判决的目的在于引导行政机关更好地履行政府信息公开职责，同时也引导申请人理性行使申请权和诉讼权利。

编写人：上海市高级人民法院　陈振宇

089 政府信息记录不准确与政府信息内容不合法不是同一概念

——纺织公司诉南通市某区财政局政府信息公开案

【案件基本信息】

1. 裁判书字号

江苏省南通市中级人民法院（2018）苏 06 行终 209 号行政判决书

2. 案由：政府信息公开纠纷

3. 当事人

原告（上诉人）：纺织公司

被告（被上诉人）：南通市某区财政局（以下简称某区财政局）

【基本案情】

2017年11月3日，纺织公司向某区财政局申请公开纺织公司所在地块的房屋征收项目补偿资金到位证明。11月22日，某区财政局作出《政府信息公开申请答复书》，将该信息复印件提供给纺织公司。复印件载明“某房屋征收项目补偿资金已足额到位”。11月28日，纺织公司再次向某区财政局提出政府信息公开申请，认为某区财政局作出的资金到位证明不准确，要求某区财政局予以更正。12月15日，某区财政局作出《政府信息公开申请答复书》，认为案涉信息已经在前一份答复书中提供，不再重复公开，其提供的某房屋征收项目补偿资金到位证明真实准确，不属于《中华人民共和国政府信息公开条例》第二十五条所述需要更正的信息。纺织公司不服提起行政诉讼，要求撤销某区财政局作出的《政府信息公开申请答复书》，责令某区财政局准确公开某房屋征收项目补偿资金到位证明信息。

【案件焦点】

某区财政局未按纺织公司的要求对案涉信息予以更正是否符合法律规定。

【法院裁判要旨】

江苏省如皋市人民法院经审理认为：纺织公司申请公开“某房屋征收项目补偿资金到位证明”，对此某区财政局作出书面答复并附有该项目征收补偿资金证明，纺织公司的知情权得到了满足。某区财政局对拒绝更正的理由进行了合理说明。

江苏省如皋市人民法院依照《中华人民共和国行政诉讼法》第六十九条之规定，作出如下判决：

驳回纺织公司的诉讼请求。

纺织公司不服，提起上诉称，某区财政局向纺织公司提供的资金到位证明中，只有存款银行和账户，没有具体准确的数额。为此纺织公司请求某区财政局更正该信息，某区财政局不予更正错误。综上，请求二审法院撤销一审判决，依法改判。

江苏省南通市中级人民法院经审理认为：《最高人民法院关于审理政府信息公开行政案件若干问题的规定》第五条第三款规定，被告拒绝更正与原告相关的政府信息记录的，应当对拒绝的理由进行举证和说明。本案中，某区财政局向纺织公司提供了《房屋征收资金证明》后，纺织公司认为该资金证明不明确，向某区财政局申请更正，为此，某区财政局进行了合理说明，即该证据是原始记载，就是某区财政局向动迁办出具的资金证明，而非因纺织公司申请而特意制作，同时，纺织公司也没有提交证据证明该信息记录不准确，故应当认定某区财政局履行了法定的答复义务。政府信息记录不准确与政府信息内容不符合法律规定并不相同。政府信息记录不准确，主要是指信息内容与客观事实不符，而政府信息内容不符合法律规定，则是政府信息所指向的行政行为是否合法的问题。本案中，某区财政局向纺织公司提供的房屋征收资金证明内容本身并无与客观事实不符之处，纺织公司主张的没有具体准确的数额，也没有金融机构出具的存款凭证作证等理由，系制作房屋征收资金证明这一行政行为是否合法的问题，非政府信息公开行为需要审查的内容。

综上，江苏省南通市中级人民法院依照《中华人民共和国行政诉讼法》第八十九条第一款第一项之规定，作出如下判决：

驳回上诉，维持原判。

【法官后语】

2019 年修订的《中华人民共和国政府信息公开条例》第四十一条规定，公民、法人或者其他组织有证据证明行政机关提供的与其自身相关的政府信息记录不准确的，可以要求行政机关更正。修改前的《中华人民共和国政府信息公开条例》第二十五条第二款也有类似规定。该条款涉及政府信息的更正问题。要求行政机关更正与自身相关且记录不准确的信息，是公民、法人或者其他组织的合法权利。所谓“更正”，根据《现代汉语词典》，是指改正已发表的谈话或文章中有关内容或字句上的错误。[①] 从“更正”的字面意思来看，更正只是一个事实行为，是对内容或字句的错误予以改正，而非设立、变更、消灭行政法律关系。因此，申请人要求行政机关更正政府信息，只是对信息内容客观性的调整，而不涉及其合法性。

1. 信息需与申请人自身相关

修改前的《中华人民共和国政府信息公开条例》第十三条规定了“公民、法人或者其他组织还可以根据自身生产、生活、科研等特殊需要”向行政机关申请公开信息，2019 年修订的《中华人民共和国政府信息公开条例》第二十七条取消了前述“三需要”条款，其意旨在于申请人的知情权一般不应受到限制。对于更正信息，新旧政府信息公开条例则均规定了必须“与其自身相关”，这意味着申请人即使对政府信息享有知情权，也并不当然享有对信息内容的处分权，申请人欲对政府信息予以更正，必须与信息存在一定的利害关系。

---

① 中国社会科学院语言研究所词典编辑室编：《现代汉语词典》，商务印书馆 2016 年版，第 446 页。

2. 申请人需提交相应证据

申请人认为行政机关保存之信息内容不准确，要求行政机关予以更正的，应当提交相应的证据予以证明，此乃当然之义。否则，对申请人更正政府信息不加任何限制，既可能出现申请人滥用更正权之虞，也不利于行政机关对变更与否及时予以审核。当然，这里的证据，既可以是书面证据，也可以是证据线索，还可以是合理说明，只要能达到便于行政机关审查核实，从而决定是否更正信息的目的即可。

3. 政府信息记录不准确

政府信息记录不准确，主要是指信息内容与客观事实不符，而政府信息内容不符合法律规定，则是政府信息所指向的行政行为是否合法的问题，二者不可混为一谈。本案中，根据《国有土地上房屋征收与补偿条例》第十二条第二款规定，征收补偿费用应当足额到位、专户存储、专款专用。《国有土地上房屋征收与补偿条例》未明确规定征收补偿费用足额到位的相关证明的具体表现形式，实践中，多体现为财政部门、项目主管部门或银行出具的征收补偿资金到位证明。对于某区财政局向纺织公司公开的资金到位证明，某区财政局予以了合理说明，即该证明是原始记载，就是某区财政局向动迁办出具的资金证明，纺织公司认为没有具体准确的数额而要求某区财政局对相关内容予以补充，属于对资金到位证明制作过程合法性的质疑，不是对政府信息内容的更正。

另外，需要说明的是，政府信息存在与否是一个客观事实，政府信息公开诉讼，本质上解决的是政府信息有与无的问题。行政机关公开某项信息的前提必须是其制作或者保存了该项信息，否则公开便无从谈起。因此，即便是在法律对某项政府信息存在与否作出了明确规定的情形下，如果行政机关提交了充分证据或者作出了合理说明，以证明其并未制作该项信息，法院便不能在政府信息公开诉讼中强人所难，要求行政机关必须公开某项信息。对于行政机关在信息公开工作中不规范、不到位的做法，则可以通过司法建议等方式向行政机关指出。

编写人：江苏省南通市中级人民法院　张祺炜

090　重复申请政府信息公开的认定标准

——胡某诉北京市某区住房和城乡建设委员会政府信息公开案

【案件基本信息】

1. 裁判书字号

北京市第三中级人民法院（2018）京03行终209号行政判决书

2. 案由：政府信息公开纠纷

3. 当事人

原告（上诉人）：胡某

被告（被上诉人）：北京市某区住房和城乡建设委员会（以下简称区住建委）

【基本案情】

2016年9月21日，胡某向区住建委邮寄材料，要求提供施工图纸作为〔2016〕81号《信访事项答复意见书》（以下简称81号意见书）的证据依据。区住建委收到上述材料后，于10月12日作出〔2016〕193号《信访事项答复意见书》（以下简称193号意见书），称接到胡某的信访诉求后，找相关单位联系，取到工程的施工图纸复印件。2017年1月6日，区住建委将193号意见书及施工图纸复印件送达胡某。

2016年10月27日，胡某向区住建委提交《北京市政府信息公开申请表》，要求公开81号意见书中所称的施工图。2016年11月16日，区住建委作出〔2016〕第170号《告知书》（以下简称170号告知书），载明区住建委并未将图纸留存，无法公开。胡某不服，向法院提起诉讼。后法院审理认为，胡某申请的信息为区住建委在处理胡某其他相关投诉、申请中获取的信息，区住建委在193号意见书中载明已经取得了施工图纸，但170号告知书却作出了相反的表述，故170号告知书认定事实错误，应予撤销，鉴于胡某已经于2017年1月6日实际取得了其申请的施工图纸，判决区住建委重新作出行政行为没有意义，故判令撤销170号告知书。现该案判决已经发生法律效力。

2017年4月26日，胡某再次向区住建委提交《北京市政府信息公开申请表》，申请获取81号意见书中所称的施工图纸，称该图纸属于贵委在处理信访事项过程中获取的施工图，应属于公开范围。同时附有说明一份，指出区住建委给付的193号意见书所附施工图不具备真实性、合法性。2017年5月19日，区住建委作出〔2017〕第33号《告知书》（以下简称33号告知书），称胡某已经实际取得申请的施工图纸复印件，本次申请系重复申请，区住建委不再予以办理。

【案件焦点】

胡某此次信息公开申请是否构成重复申请。

【法院裁判要旨】

北京市通州区人民法院经审理认为：首先，从申请内容来看，前后两次信息公开申请所述内容一致，所附说明也仅系胡某认为区住建委提供信息不符合相关要求，并未附带新的信息内容；其次，从履行行政管理职能来看，区住建委并没有对施工图纸进行审查的法定职责，仅系对图纸审查部门进行监督和管理，不必然获取施工图纸，且城建档案由专门单位而非区住建委负责；再次，从两次申请时间间隔来看，区住建委未再对涉案小区建设事项进行调查处理，不存在再次获取施工图纸的可能性；最后，从信息检索义务来看，所申请的信息非区住建委履行行政管理职能中制作或获取的信息，且区住建委未再次对涉案小区监管核查，其没有对信息再次查询的可行性和义务。由上，胡某的申请系重复申请政府信息公开，区住建委的答复符合法律规定，事实清楚，证据充分，程序合法。

北京市通州区人民法院依据当时有效的《最高人民法院关于执行〈中华人民共和国行政诉讼法〉若干问题的解释》第五十六条第四项之规定，判决：

驳回原告胡某的诉讼请求。

胡某不服原审判决，提起上诉。北京市第三中级人民法院经审理认为：因胡某已经获取申请的信息，且从其申请内容来看，前后两次申请要求公开的信息一致，其在本次申请中所附的说明，也是认为该信息不符合相关规定而再次申请政府信息公开，其意在要求区住建委对其认为的“三无图纸”予以更正，要求区住建委向其提供符合相关规定的图纸，其实质是质疑已经公开的政府信息的合法性，该要求不属于政府信息公开案件的审理范畴。因此，区住建委作出 33 号告知书并无不当，对于胡某要求撤销并重新作出答复的请求，法院不予支持。一审法院判决驳回胡某的诉讼请求，结果正确，应予以维持。

北京市第三中级人民法院依照《中华人民共和国行政诉讼法》第八十九条第一款第一项规定，判决：

驳回上诉，维持一审判决。

【法官后语】

对于是否构成重复申请，除了考虑典型的申请内容之外，还需要考虑申请的信息是否系行政机关必然在履职过程中制作或获取、两次申请的答复及信息获取情况等因素。

关于以申请内容视角进行判断的标准。从申请主体来看，前后信息公开行为中为同一申请人和同一答复行政机关主体；从申请行为来看，特殊表现就是对已经申请过的信息再次进行重复申请，前后信息实质内容一致；从申请目的来看，特殊表现是不单纯为获取申请的政府信息，而是通过获取的信息达到获取证据、逼迫行政机关作为等其他目的。本案中，胡某前后两次向区住建委提出政府信息公开申请，两次内容表述存在差别，但核心意思是一致的。对于胡某所附说明，也仅系其认为区住建委提供信息不符合相关要求，实质系要求审查区住建委是否依法合规履行法定职责，显然不属于本案审查范围。因此，从内容角度来看，所附说明并未附带新的信息内容，两次申请内容一致。

关于以行政机关履职视角进行判断的标准。政府信息是政府在履行行政管理职能过程中形成的信息，一般包括两种：一是必然获取的信息，通常为法律明确规定政府机关必须履行此类职责，必然制作或者获取该类信息；二是依申请履行法律职责获取的信息，此类信息通常没有法律规定由行政机关进行制作或者获取，但是法律赋予了行政机关依照公民申请履行相应职责的职权，在此过程中行政机关会要求行政相对人提供或者自行制作该类信息。通常来讲，对于第一种信息，公民在申请时只要行政机关不予提供即可以视为其未履行政府信息公开的法定职责；第二种信息，则需要审查行政机关是否履行了法定职责，在履行职责过程中是否必然需要获取该类信息。本案涉及的就是第二种信息。根据《房屋建筑和市政基础设施工程施工图设计文件审查管理办法》第四条、第五条规定，区住建委仅系对图纸审查部门进行监督和管理，图纸审查部门为独立法人，因此从行政职权角度来看，区住建委并非在履职过程中必然获取施工图纸，只能在履行公民依照申请履行监管职责中进行获取。区住建委根据胡某之前的举报对涉案小区进行查处，并且有开发商提供了相应的图纸，该图纸也由区住建委提供给了胡某。

关于以两次申请情况视角进行判断的标准。首先，第一次申请是否得到了相关政府信息。如果公民在此前政府信息申请中没有获取到相关信息，或者行政机关没有给予具体的说明，那么，该申请即使前后两次一致，也不能直接不予答复，而应该履行法定查询义务，行政机关就其履行了查询义务承担举证责任，重新予以答复。其次，两次申请之间是否存在政府部门再次获取相关信息的情形。如果行政机关存在多次履职，履职过程中存在政府信息再次获取、信息更迭等情形，且公民的第二次申请在此履职行为之后，行政机关应该以最新获取的政府信息予以答复，而不能以此前曾经答复过为由拒绝答复。本案中，胡某在第一次申请中已经获取信息，第二次信息公开申请时间间隔仅半年，其间胡某未再进行信访投诉，区住建委未再对该小区内建设事项进行调查，因此也不存在期间内区住建委再次获取施工图纸的可能。

编写人：北京市通州区人民法院　李炎铎　魏文风

091 不动产信息的公开应适用“特别法”

——周某诉某市国土资源局政府信息公开案

【案件基本信息】

1. 裁判书字号

江苏省南通市中级人民法院（2017）苏06行终104号行政判决书

2. 案由：政府信息公开纠纷

3. 当事人

原告（上诉人）：周某

被告（被上诉人）：某市国土资源局（以下简称某市国土局）

【基本案情】

2016年9月20日，周某向某市国土局申请政府信息公开，信息内容描述为“申请人房屋所在地块国有建设用地使用权出让合同”。

某市国土局收悉后于2016年10月8日作出186号答复，主要内容为：“经了解，周某申请‘房屋所在地块国有土地使用权出让合同’信息，属于《不动产登记暂行条例》所规定的不动产登记信息。根据上述条例第二十七条的规定，建议根据上述规定持相关证明材料到某市国土局依法进行查询、复制。周某申请的土地出让合同受让人为某投资公司、某民生住房开发公司，该地块土地出让结果属于主动公开的信息，公开的土地出让结果网址为……”

周某不服，以某市国土局未按照《中华人民共和国政府信息公开条例》的规定履行政府信息公开的法定职责为由，诉至法院，请求撤销186号答复并责令被告重新答复。

【案件焦点】

某市国土局以周某所申请公开的信息属于《不动产登记暂行条例》所规定的不动产登记信息为由未直接予以公开，是否合法。

【法院裁判要旨】

江苏省海安县人民法院经审理认为：《不动产登记暂行条例》第二十七条第一款规定，权利人、利害关系人可以依法查询、复制不动产登记资料，不动产登记机构应当提供。周某要求某市国土局公开的政府信息为国有土地使用权出让合同，该合同属于不动产登记资料。某市国土局依照《不动产登记暂行条例》审查周某申请的案涉信息后，作出186号答复，建议周某根据上述规定持相关证明材料到某市国土局依法进行查询和复制。该答复事实清楚，适用法律法规正确。

江苏省海安县人民法院依照《中华人民共和国行政诉讼法》第六十九条的规定，作出如下判决：

驳回原告周某的诉讼请求。

二审法院同意一审法院裁判意见。

【法官后语】

国有土地使用权出让合同系土地管理部门在履行土地管理职责过程中制作和保存的信息，依法属于《中华人民共和国政府信息公开条例》第二条规定的政府信息。但是，《不动产登记暂行条例》《不动产登记暂行条例实施细则》对不动产登记机构公开不动产登记资料的条件、程序等作出了专门规定。

根据《不动产登记暂行条例》第十六条第一款的规定，申请人申请不动产登记的，应当提交相关的不动产权属来源证明材料、登记原因证明文件、不动产权属证书等。国有土地使用权出让合同作为不动产权属来源证明材料属于不动产登记资料。在《中华人民共和国政府信息公开条例》《不动产登记暂行条例》对不动产登记资料公开事项作出不同规定的情形下，根据特别法优于普通法的法律适用原则，对不动产登记资料的公开应当适用《不动产登记暂行条例》及其相关规定。

一般认为，不动产登记资料查询，以及户籍信息查询、工商登记资料查询等，属于特定行政管理领域的业务查询事项，其法律依据、办理程序、法律后果等，与《中华人民共和国政府信息公开条例》所调整的政府信息公开行为存在根本性差别。当事人依据《中华人民共和国政府信息公开条例》申请这类业务查询的，告知其依据相应的法律法规办理。

本案中，某市国土局收到周某公开国有土地使用权出让合同的申请后，不仅告知周某应根据《不动产登记暂行条例》的规定进行查询，同时还向周某提供了土地出让结果的网址以及案涉地块的受让人。某市国土局所作被诉答复符合上述规定，周某认为某市国土局应当依照《中华人民共和国政府信息公开条例》的规定向其公开国有土地使用权出让合同的主张不能成立。

编写人：江苏省海安县人民法院　刘昌海

092 刑事转行政处罚案中直接影响相对人行政处罚结果的刑事侦查信息应予公开

——郭某诉北京市公安局某区分局政府信息公开案

【案件基本信息】

1. 裁判书字号

北京市第二中级人民法院（2017）京02行终1105号行政判决书

2. 案由：政府信息公开纠纷

3. 当事人

原告（上诉人）：郭某

被告（被上诉人）：北京市公安局某区分局（以下简称某区公安分局）

【基本案情】

2016年8月16日，某区公安分局收到郭某邮寄的《政府信息公开申请表》。郭某要求获取的信息为“某区公安分局对郭某作出行政处罚决定的全卷以及目录”。同日，某区公安分局出具《登记回执》，并于2016年8月19日向郭某邮寄送达。2016年9月1日，某区公安分局作出《政府信息延长答复期限告知书》，并于当日向郭某邮寄送达。因郭某长期不接电话，该信件于2016年9月5日退回某区公安分局。2016年9月23日，某区公安分局再次向郭某邮寄送达《政府信息延长答复期限告知书》。2016年9月20日，某区公安分局作出被诉政府信息答复告知书，公开了对郭某作出行政处罚决定所依据的全部卷宗材料，并于当日将该答复告知书与公开的政府信息内容一并向郭某邮寄送达。郭某对该答复告知书不服，遂直接提起本诉讼。另查明，某区公安分局未公开的卷宗材料为作出行政处罚前的刑事程序卷宗材料。

【案件焦点】

公安机关作出行政处罚前的刑事程序卷宗材料是否应当公开。

【法院裁判要旨】

北京市丰台区人民法院经审理认为：根据《中华人民共和国政府信息公开条例》（本案以下简称《政府信息公开条例》）第二条、第六条、第十三条的规定，政府信息是指行政机关在履行职责过程中制作或者获取的，以一定形式记录、保存的信息；行政机关应当及时、准确地公开政府信息；公民可以根据自身生产、生活、科研等特殊需要向相关政府部门申请获取政府信息。根据《政府信息公开条例》第二十一条第一项、第三项的规定，对申请公开的政府信息，属于公开范围的，应当告知申请人获取该政府信息的方式和途径；该政府信息不存在的，应当告知申请人。本案中，原告郭某申请公开的内容为“行政处罚决定书的全卷以及目录”。关于行政处罚决定书的全卷，某区公安分局已及时予以公开。对于郭某认为某区公安分局未依法公开的案卷内容，经审查属于某区公安分局依照《中华人民共和国刑事诉讼法》的相关规定，在履行其刑事侦查职责过程中制作的材料，不属于行政机关在履行行政职责过程中制作的信息，某区公安分局未予公开，并无不当。关于目录，某区公安分局在查明该政府信息不存在后依法答复郭某信息不存在。综上，某区公安分局作出的被诉政府信息答复告知书认定事实清楚，适用法规正确，符合法定程序。原告郭某的诉讼请求，缺乏事实和法律依据，不予支持。

北京市丰台区人民法院根据《中华人民共和国行政诉讼法》第六十九条之规定，判决如下：

驳回原告郭某的诉讼请求。

郭某不服一审判决，提出上诉。北京市第二中级人民法院经审理认为：《政府信息公开条例》第二条、第六条、第十三条规定，政府信息是指行政机关在履行职责过程中制作或者获取的，以一定形式记录、保存的信息；行政机关应当及时、准确地公开政府信息；公民可以根据自身生产、生活、科研等特殊需要向相关政府部门申请获取政府信息。《政府信息公开条例》第二十一条第一项、第三项规定，对申请公开的政府信息，属于公开范围的，应当告知申请人获取该政府信息的方式和途径；该政府信息不存在的，应当告知申请人。本案中，郭某申请公开的内容为“行政处罚决定书的全卷以及目录”。对于行政处罚决定书的全卷，某区公安分局已及时向郭某公开。对于郭某认为某区公安分局未依法公开的案卷内容，本院经审查认为，属于某区公安分局依照《中华人民共和国刑事诉讼法》的相关规定，在履行其刑事侦查职责过程中制作的材料，不属于行政机关在履行行政职责过程中制作的信息，不属于《政府信息公开条例》的调整范围，某区公安分局未予公开，并无违法之处。关于郭某申请公开的行政处罚决定书的目录，某区公安分局在查明该政府信息不存在后依法答复郭某信息不存在，亦符合法律规定。综上，某区公安分局作出的被诉政府信息答复告知书认定事实清楚，适用法规正确，程序合法。郭某的诉讼请求，缺乏事实和法律依据，应当予以驳回。一审法院根据《中华人民共和国行政诉讼法》第六十九条之规定，判决驳回郭某的诉讼请求正确，本院予以维持。郭某的上诉请求，没有事实和法律依据，本院不予支持。

北京市第二中级人民法院依照《中华人民共和国行政诉讼法》第八十九条第一款第一项之规定，判决如下：

驳回上诉，维持一审判决。

【法官后语】

根据《政府信息公开条例》第二条的规定，本条例所称政府信息，是指行政机关在履行职责过程中制作或者获取的，以一定形式记录、保存的信息。根据《中华人民共和国人民警察法》第二条第一款、第六条[①]的规定，公安机关承担刑事侦查和行政管理双重职责，那么，公安机关在履行这两种职责时制作或者获得的信息是否不加区分一律予以公开？这一问题在刑事转行政处罚案件中体现得更为突出。

本案中，2015 年 6 月 18 日至 6 月 28 日，某区公安分局对郭某作出行政处罚决定的相关卷宗中，既有某区公安分局作出行政处罚决定的相关信息，也有其履行刑事侦查职责时制作或者获得的相关信息。原告（上诉人）郭某要求公开全卷。被告（被上诉人）某区

---

① 《中华人民共和国人民警察法》第二条第一款规定："人民警察的任务是维护国家安全，维护社会治安秩序，保护公民的人身安全、人身自由和合法财产，保护公共财产，预防、制止和惩治违法犯罪活动。"第六条规定："公安机关的人民警察按照职责分工，依法履行下列职责：（一）预防、制止和侦查违法犯罪活动；（二）维护社会治安秩序，制止危害社会治安秩序的行为；（三）维护交通安全和交通秩序，处理交通事故；（四）组织、实施消防工作，实行消防监督；（五）管理枪支弹药、管制刀具和易燃易爆、剧毒、放射性等危险物品；（六）对法律、法规规定的特种行业进行管理；（七）警卫国家规定的特定人员，守卫重要的场所和设施；（八）管理集会、游行、示威活动；（九）管理户政、国籍、入境出境事务和外国人在中国境内居留、旅行的有关事务；（十）维护国（边）境地区的治安秩序；（十一）对被判处拘役、剥夺政治权利的罪犯执行刑罚；（十二）监督管理计算机信息系统的安全保护工作；（十三）指导和监督国家机关、社会团体、企业事业组织和重点建设工程的治安保卫工作，指导治安保卫委员会等群众性组织的治安防范工作；（十四）法律、法规规定的其他职责。"

公安分局则认为，其中属于行政处罚前的刑事程序卷宗材料不属于信息公开范围，不应予以公开。对于双方争议的焦点问题，法官的观点见仁见智，主要有以下三种观点：

第一种观点认为，刑事侦查信息不属于信息公开范围，公安机关不予公开合法有据。

第二种观点认为，刑事侦查信息与行政程序信息应一体对待，应该公开所有案卷，公安机关仅公开行政程序信息，而不公开刑事侦查信息，行政行为不合法。

第三种观点认为，刑事转行政处罚的案卷中，刑事侦查信息具有独立性，不属于政府信息，但是，刑事侦查信息与行政信息具有关联性，作为行政处罚依据的询问笔录应当予以公开。

本案最终采取了第三种观点，理由如下：

一方面，公安机关履行刑事侦查职责过程中制作的材料不属于政府信息。如前所述，政府信息指行政机关在履行职责过程中制作或者获取的，以一定形式记录、保存的信息，“行政机关”这一主体范围的限定决定了“履行职责”特指履行行政管理职责。这一点可以从《政府信息公开条例》第二章“公开的主体和范围”中列举的具体内容中得到印证。而根据《中华人民共和国人民警察法》等相关法律法规的规定，公安机关承担着刑事侦查和行政管理双重职责，相应地，公安机关也具有双重属性：既属于司法机关，也属于行政机关。因此，公安机关的信息公开也应该加以区分：如果是作为行政机关，在履行行政管理职责过程中制作或者获取的，以一定形式记录、保存的信息，属于信息公开范围，应当予以公开；如果是作为司法机关，在履行司法侦查职责过程中制作或者获取的信息，不属于《政府信息公开条例》信息公开的范围，不予公开。

另一方面，刑事转行政处罚的案件具有特殊性。司法实践中，存在一部分先以刑事案件立案，公安机关侦查后发现嫌疑人的行为不构成犯罪，将案件转为行政处罚案件的情况。刑事转行政处罚的案件具有一定的特殊性，因为公安机关的调查询问、收集证据等基础性工作集中在刑事侦查阶段，是后续作出行政处罚行为的事实基础。这部分司法侦查信息既具有独立性，又和后续行政处罚信息密切相关。因此，为保护被处罚人的知情权，应当把这一部分司法侦查信息作为特殊情况予以公开。本案中，被告（被上诉人）某区公安分局已经将刑事侦查阶段的询问笔录等直接影响原告（上诉人）郭某行政处罚结果的实质性内容予以公开，未公开的仅是依据《中华人民共和国刑事诉讼法》进行的程序性案卷，其信息公开行为合法合理，应当予以支持。

综上，两审法院的判决，既监督了行政机关依法行政，又保护了行政相对人的知情权，合法合理。

编写人：北京市丰台区人民法院　李威娜　王悦

093　政府信息公开权利外表下重复救济行为的诉权认定

——张某、郭某诉某市某区人民政府、某市人民政府政府信息公开案

【案件基本信息】

1. 裁判书字号

天津市高级人民法院（2017）津行终124号行政裁定书

2. 案由：政府信息公开纠纷

3. 当事人

原告（上诉人）：张某、郭某

被告（被上诉人）：某市某区人民政府（以下简称某区政府）、某市人民政府

【基本案情】

二原告向某镇政府申请政府信息公开，所需信息内容为“2011年5月某镇政府实行《示范镇建设》中，对郭某、王某两户‘房屋价值补偿’的分户评估报告”。2015年8月10日，某镇政府作出《信息公开答复书》，向其提供了分户估价结果报告，并告知原告所需原件可现场查阅，复印件可自取。同日，二原告在现场查阅并领取了复印件后，不服该《信息公开答复书》，以公开的原始评估报告本身不合法，复印件也不合法为由，向某镇政府提交《信息公开更正申请书》，某镇政府于2015年8月27日向二原告作出《不予重复答复告知书》，告知该申请为同一申请人向同一行政机关就同一内容反复提出的申请，不再重复答复。2015年8月31日，原告郭某、案外人王某（委托代理人为其子即本案原告张某）向天津市武清区人民法院提起诉讼，请求确认某镇政府《信息公开答复书》违法并判令某镇政府履行合法分户评估报告的法定告知义务。天津市武清区人民法院一审判决驳回二原告的诉讼请求。二原告不服，提起上诉，二审法院于2016年3月24日判决驳回上诉，维持原判。2016年5月11日，原告郭某、张某又向被告某区政府举报，要求某区政府依法查处某镇政府对二原告《信息公开更正申请书》不依法履行信息公开义务的行政行为，责令其改正并依法依规重新答复。2016年5月27日，被告某区政府作出《关于郭某、张某反映

问题的回复》，回复称某镇政府对二原告申请作出的答复行为的合法性已经一、二审两级法院判决认定，请依法依规执行法院判决。二原告不服，就该回复向被告某市人民政府申请复议。被告某市人民政府于2016年9月28日作出《行政复议决定书》，驳回二原告的行政复议申请。二原告仍不服，提起本案行政诉讼。

【案件焦点】

1. 政府信息公开案件中，政府信息内容本身是否合法、是否属于人民法院审查范围；2. 行政机关层级监督行为是否属于行政诉讼受案范围；3. 原告在行政机关信息公开答复已受生效裁判羁束的情况下，转而向上级政府举报、申请复议，并借书面回应再次提起政府信息公开行政诉讼，是否属于重复救济。

【法院裁判要旨】

天津市第一中级人民法院经审理认为：本案二原告就“分户评估报告”提出政府信息公开申请、政府信息公开更正申请，并提起政府信息公开行政诉讼，此后又就政府信息公开问题进行举报、申请行政复议，进而再次提起行政诉讼。综而观之，二原告的诉求主张核心是“分户评估报告”的知情权，实质则是主张“分户评估报告”不合法。政府信息公开制度解决的是政府信息公开与否的问题，在政府信息公开中，政府没有义务对于政府信息本身的合法性作出分析或评判；层级监督不属于行政诉讼受案范围，当事人请求上级政府行使层级监督职责，无诉讼权利保护之必要性；原告在行政机关信息公开答复已受生效裁判羁束的情况下，转而向上级政府举报、申请复议，并借书面回应再次提起政府信息公开行政诉讼，其起诉已无应受司法保护的现实利益，属于重复救济，应予以驳回。

天津市第一中级人民法院依照《最高人民法院关于适用〈中华人民共和国行政诉讼法〉若干问题的解释》第三条第一款第一项、第八项及第二款之规定，裁定如下：

驳回原告郭某、张某的起诉。

张某、郭某不服一审裁定，提起上诉。天津市高级人民法院经审理认为：当事人向人民法院提起行政诉讼，应当符合法律规定的起诉条件，且属于《中华人民共和国行政诉讼法》规定的受案范围。人民法院受理行政案件的范围，是由法律设定的，而非由行政机关或者行政机关的法律文书设定的；行政机关法律文书错误告知当事人可以提起行政诉讼，当事人因此提起诉讼的，人民法院经依法审查，不符合法律规定起诉条件的应作出不予立案的裁定，已经立案的应裁定驳回起诉。本案被上诉人某区政府针对上诉人的举报作出的回复行为既未侵犯二上诉人的人身权、财产权，也未侵犯其知情权，对二上诉人权益明显不产生实际影响，不论二上诉人是否满意，均不属于可诉的行政行为。一审法院裁定驳回郭某、张某对二被上诉人的起诉认定事实清楚，适用法律正确，审理程序合法。

天津市高级人民法院依照《中华人民共和国行政诉讼法》第八十九条第一款第一项的规定，裁定如下：

驳回上诉，维持原裁定。

【法官后语】

“以公开为原则，以限制为例外”，这已是当下世界范围内政府信息公开立法的基本原则。[①] 但在司法实践领域，缠诉、滥诉行为亦

① 章剑生：《知情权及其保障——以政府信息公开条例为例》，载《中国法学》2008 年第 4 期。

对司法权威产生了一定的不良影响。在政府信息公开诉讼中，当事人利用低廉的经济成本，频繁启动政府信息公开诉讼，滥用信息公开申请权、滥用诉权的现象仍较为突出。

1. 政府信息内容本身的合法性不属于法院审查范围

有诉的利益是提起政府信息更正申请诉讼的一个实质要件，利益是衡量诉权的尺度，无利益即无诉权。政府信息公开制度的设计在于解决政府信息存在与否、记载是否准确的问题。《中华人民共和国政府信息公开条例》旨在保护公民知情权，而非信息内容本身的合法性，尤其在政府信息已被公开且被生效判决确认的情况下，当事人再行通过政府信息更正申请的方式提起行政诉讼，缺乏诉的利益，政府信息“不准确”不应与政府信息内容不合法画上等号，法院应仅就政府信息记载的准确性而非合法性作出审查。

2. 层级监督不属于行政诉讼受案范围

“判令被告某区政府依法依规履行查处某镇政府在信息公开工作中拒绝更正信息的违法行为并责令某镇政府依法依规更正信息，重新依法依规作出书面答复”是否属于行政诉讼受案范围是本案的另一个争议焦点。笔者认为，原告的该诉求属于要求上级机关对下级机关行使监督职责，不属于行政诉讼受案范围。

层级监督行为是基于行政机关内部的上下级关系而产生的内部监管行为，是行政机关内部纵向的、自上而下的权力运行过程，也是行政机关体系内的自我纠错行为。上级政府监督职责行使的结果不会对当事人直接产生法律上的羁束效力，若上级政府基于层级监督职责发现问题后，作出撤销或改变下级政府决定的行政行为，当事人可直接就改变决定的行政行为提起行政诉讼或申请行政复议。当事人对下级政府所作出的行政行为不服，可以直接针对该行政行为提起诉讼，亦可就该行为申请行政复议以实现权利救济。在具有更便捷的纠纷解决方式的情况下，二原告坚持诉上级政府不履行层级监督职责，既不利于纠纷的及时解决，也容易形成诉累，无应受司法保护的现实利益。

回顾整个案件，二原告就“分户评估报告”提出政府信息公开申请，某镇政府遂作出《信息公开答复书》并向其提供了分户估价结果报告，二原告现场查阅原件并获取了复印件，至此，二原告的知情权已经得到保障。此后，二原告对该《信息公开答复书》提起政府信息公开行政诉讼，案经人民法院两审裁判确认该信息公开答复的合法性。至此，二原告的诉权亦得到了充分保障。二原告在行政机关信息公开答复已经由司法审查并受生效裁判羁束的情况下，转而向上级政府举报、申请复议，并借行政机关的书面回应再次提起行政诉讼，仍然要求人民法院责令行政机关重新作出答复，其起诉已无应受司法保护的现实利益，其诉的基础已经丧失，应裁定驳回起诉。

编写人：天津市第一中级人民法院　张全　闫树超

094　政府信息不存在时的司法审查标准

——朱某诉南通市崇川区某街道办事处政府信息公开案

【案件基本信息】

1. 裁判书字号

江苏省南通市中级人民法院（2017）苏06行终719号行政判决书

2. 案由：政府信息公开纠纷

3. 当事人

原告（被上诉人）：朱某

被告（上诉人）：南通市崇川区某街道办事处（以下简称某街道办）

【基本案情】

2017年6月21日，朱某向某街道办邮寄11份政府信息公开申请表，要求根据某街道办2017年6月5日召开的“房屋征收扫尾动员会”会议记录内容，分别公开动员会的：1. 详细工作部署及会议纪要；2. 40户居民的名单；3. 10户非居名称；4. 组织框架；5. 实施方案；6. 推进模式；7. 任务分工和考核办法；8. 职权依据；9. 项目的标段及标段长的姓名；10. 工作组成员名单；11. 与服务公司签订的协议。

针对朱某的11份申请，某街道办于同年7月10日作出《政府信息公开告知书》，主要内容为：1. 关于40户居民的名单、10户非居名称、项目的标段及标段长的姓名、工作组成员名单的信息，见提供的《2017年度第二轮征收任务分解表》打印件；2.《2017年度扫尾清盘考核办法》属于内部信息，依法不属于公开范围；3. 某街道办为行政机关，相关职权来源于法律授权，但法律条文不属于政府信息；4. 某街道办虽确定了相应的征收服务单位，但至今暂未与征收服务单位签订协议书，该信息不存在；5. 关于组织框架、推进模式、工作部署、实施方案、任务分工，是对某街道办领导在会议上所宣读的《2017年度第二轮征收任务分解表》的解读，该解读并无有形载体予以记载，不属于《中华人民共和国政府信息公开条例》（本案以下简称《政府信息公开案例》）第二条所指的政府信息；6. 没有制作会议纪要，该信息不存在。告知书特别说明，新闻报道一般是对会议发言人员口头陈述的整理加工，该报道内容并不一定与发言人员的原话内容完全一致。此外，发言人员的陈述也并非与会议准备的书面内容完全一致。7 月 10 日，某街道办将《政府信息公开告知书》《2017 年度第二轮征收任务分解表》邮寄送达给朱某。朱某不服，遂成讼。

【案件焦点】

某街道办在政府信息公开告知书中对服务协议等信息所作的“不存在”答复能否成立。

【法院裁判要旨】

江苏省南通市港闸区人民法院经审理认为：某街道办主张朱某申请公开的某街道办与服务单位签订的协议、会议纪要等信息暂不存在和没有有形载体予以记载，应当对其是否尽到合理的检索义务负举证责任，而不能笼统地以特别说明的形式予以答复。某街道办提交的证据，无法证明其在收到朱某的申请后，履行了合理检索义务，因此，相关信息不存在的答复，缺乏证据支持。

江苏省南通市港闸区人民法院依照《中华人民共和国行政诉讼法》第七十条第一项，《最高人民法院关于审理政府信息公开行政案件若干问题的规定》第九条第一款之规定，作出如下判决：

一、撤销某街道办作出的政府信息公开告知书中有关某街道办与服务单位签订的协议、案涉征收任务的组织框架、推进模式、工作部署、实施方案、任务分工及会议纪要的信息的答复；

二、责令某街道办于判决书生效之日起十五日内重新作出行政行为；

三、驳回朱某的其他诉讼请求。

某街道办不服一审判决，提出上诉。江苏省南通市中级人民法院经审理认为：在通常情况下，行政机关对自己在行政程序中提出的主张必须承担举证责任，但是，在原告要求行政机关履行法定职责之诉、行政机关提出了一个消极事实等情形下，不能认为行政机关仍然需要承担全部的举证责任。在申请人所申请的政府信息不存在的情形下，行政机关并不承担举证责任，只需要承担对政府信息不存在进行告知和说明理由的义务。说明理由义务的完成只需要基于一个是否符合常理的解释，它要求行政机关所作出的说明具有充分、可信的理由即可。本案中，某街道办对协议不存在作出的解释是：虽确定了服务单位，但并没有签订协议书，而是按照惯例在收尾结算时才正式签订。对于任务的组织构架、推进模式等的说明是：虽然相关媒体报道中涉及了上述内容，但是上述信息并没有形成有形的载体予以记载。某街道办召开的是征收扫尾动员会，按照惯例无须形成专门的会议纪要。综上，某街道办对不存在的信息已经履行了告知和合理说明理由义务。

江苏省南通市中级人民法院依照《政府信息公开条例》第二条、第二十一条第三项，《中华人民共和国行政诉讼法》第八十九条第一款第二项、第六十九条，《最高人民法院关于审理政府信息公开行政案件若干问题的规定》第十二条第一项之规定，作出如下判决：

一、撤销南通市港闸区人民法院（2017）苏0611行初261号行政判决；

二、驳回被上诉人朱某的诉讼请求。

【法官后语】

政府信息公开在满足公众知情权、监督行政机关依法行政等方面发挥了作用，但有的行政机关频频采用信息不存在的答复，引发争议。同时，政府信息不存在一旦进入诉讼程序常常会陷入证明责任的困境：一方面让被告承担信息不存在的消极事实的证明责任，明显违反“肯定者应证明，否定者不应证明”这一举证责任的基本法则，让主张消极事实的一方当事人举证本身也是强人所难；另一方面让处于弱势地位的原告承担举证责任，更是一个几乎不可能完成的任务。原告申请政府信息公开，但被告认为其所申请的政府信息并不存在，由此引发的政府信息公开案件中如何分配举证责任，在行政诉讼法律框架下是一个需要解决的问题。

本案的裁判进一步明确了在行政诉讼中“谁主张，谁举证”依然是举证责任分配的基本原则。举证责任可分为客观举证责任与主观举证责任。客观举证责任又称实质举证责任，指案件终结时，如果出现法律要件事实真伪不明，由该法律要件成立能够得到有利结果的当事人承担不利后果。主观举证责任又称形式举证责任，指当事人为支持自己的主张，避免不利后果，向法院提出证明自己主张成立的证据。关于举证责任的分配，《中华人民共和国行政诉讼法》第三十四条第一款规定，被告对作出的行政行为负有举证责任，虽然第三十八条也规定了特殊情形下原告承担举证责任的情形，但不能囊括行政诉讼的全部情形，尤其是在管理型行政向服务型行政转变的当下，粗放型的举证责任分配不能适应行政诉讼的实际。

在政府信息不存在诉讼中，行政机关可以提出证据证明信息不存在的主张，但因行政机关主张的是一个消极事实，其不必然存在比原告更多的证据，依据“谁主张，谁举证”的基本原则，无需承担客观意义上的举证责任，也就是说当法律要件事实真伪不明时，行政机关不应因未举证而承担不利的后果。申请人是信息获取的发起者，为了证明其主张成立，需要积极举证，并且要承担客观意义上的举证责任。但是鉴于行政诉讼的特点以及行政机关的相对优势的地位，同时为避免行政机关滥用信息不存在的答复，相关法律规范赋予行政机关在信息不存在情形下的说明理由义务，当行政机关作出相关理由说明后，申请人仍未能提供充分的证据或者反驳理由的，应承担不利的法律后果。

说明理由是指行政主体在作出对行政相对人合法权益产生不利影响的行政行为时，除法律特别规定外，必须向行政相对人说明作出该行政行为的事实因素、法律依据以及进行自由裁量时所考虑的政策、公益等因素。通过信息不存在时的理由说明，一方面可以防止信息不存在答复的滥用，实现对行政机关的有效监督，当行政机关所作出的说明存在严重缺陷，或者申请人提供了充分的证据、作出了有力的反驳，使行政机关的说明理由无法达到合理的程度时，行政机关仍需要承担不利的后果；另一方面只要行政机关对信息不存在能够作出合理、有说服力的说明，就可以证实答复的合理性，摆脱了举证责任带来的僵局。

说明理由义务的内容及程度需要根据具体案情确定。法律规定行政机关具有某种法定职责，或者信息属于行政机关主动公开的，行政机关应当说明信息不存在的具体原因，说明应达到充分、确信的程度。对于其他情形，行政机关只需给申请人一个合理的解释即可。在对行政机关是否履行了说明理由义务进行判断时，也应当坚持有限审查的原则，只要行政机关的理由说明合理、可信，就应予以尊重，法院非要以自己的判断否定行政机关的判断，无疑会形成强人所难的局面，据此作出的判决将处于尴尬的境地，因为对于一个客观不存在的信息，行政机关根本无法履行公开的义务。

还需要说明的问题是，尽管不少观点主张行政机关应当对履行检索义务举证，但是姑且不论检索的主观性及相关检索人员的责任心，有的信息本身就不存在一个可供检索的平台。因此，履行检索义务是行政机关答复合法性的必要条件，而不是充分条件，不能仅因其未履行检索义务而得出否定被诉答复的结论，检索义务的履行也完全可以在说明理由环节中实现。

编写人：江苏省南通市中级人民法院　金保阳　张祺炜

095　公共企事业信息公开行为不属于行政诉讼受案范围

——罗某诉成都市某区统一建设办公室、成都市某区人民政府政府信息公开案

【案件基本信息】

1. 裁判书字号

四川省成都市中级人民法院（2016）川 01 行终 654 号行政裁定书

2. 案由：政府信息公开纠纷

3. 当事人

原告（上诉人）：罗某

被告（被上诉人）：成都市某区统一建设办公室（以下简称某区统建办）、成都市某区人民政府（以下简称某区政府）

【基本案情】

罗某向某区统建办申请政府信息公开，要求公开“某棚户区拆迁安置及农户迁建工程项目《建设用地的批复》”。某区统建办针对罗某的申请，于2016年2月26日向罗某作出回复，主要内容为：1. 某区统建办工作从未涉及过农村土地的拆迁事宜；2. 某区统建办涉及的、所保管的某棚户区拆迁安置档案资料中无罗某提及的“建设用地的批复”，并建议罗某核实所需公开资料的名称，待核实正确后，某区统建办再查找。罗某不服，向被告某区政府申请行政复议。某区政府受理罗某的行政复议申请后，于2016年5月23日作出行政复议决定，维持某区统建办2016年2月26日作出的关于罗某政府信息公开申请事项的回复。罗某仍不服，提起诉讼。

【案件焦点】

公共企事业单位信息公开的行为是否属于行政诉讼受案范围。

【法院裁判要旨】

四川省成都市锦江区人民法院经审理认为：行政机关、法律法规授权的具有管理公共事务职能的组织和公共企事业单位具有信息公开义务。依据《中华人民共和国行政诉讼法》第二条的规定，只有行政机关和法律法规授权的具有管理公共事务职能的组织的行政行为属于行政诉讼受案范围，虽然公共企事业单位具有信息公开义务，但公共企事业单位的信息公开行为不在行政诉讼受案范围之内。本案中，罗某请求撤销某区统建办针对罗某的政府信息公开申请作出的回复，根据某区统建办提交的营业执照，某区统建办系全民所有制企业，某区统建办不是行政机关，也不是法律法规授权的具有管理公共事务职能的组织。某区统建办针对罗某的政府信息公开申请作出的回复，不属于人民法院行政诉讼的受案范围，罗某的起诉依法应当被驳回。因罗某要求撤销某区统建办作出的回复的诉讼请求不属于人民法院行政诉讼的受案范围，其起诉应当被驳回，本案不对某区政府作出的行政复议决定程序的合法性单独进行审理。

四川省成都市锦江区人民法院依照《最高人民法院关于适用〈中华人民共和国行政诉讼法〉若干问题的解释》第三条第一款第一项、第三条第二款之规定，作出如下裁定：

驳回原告罗某的起诉。

罗某不服，提起上诉。四川省成都市中级人民法院经审理认为：《中华人民共和国政府信息公开条例》第二条、第三十六条、第三十七条分别规定了行政机关、法律法规授权的具有管理公共事务职能的组织和与人民群众利益密切相关的公共企事业单位三类主体具有信息公开义务。某区统建办作为与人民群众利益密切相关的全民所有制企业，其具有参照《中华人民共和国政府信息公开条例》履行信息公开之法定义务。根据《中华人民共和国行政诉讼法》第二条之规定，行政机关和法律、法规授权的具有管理公共事务职能的组织作出的行政行为属于行政诉讼的受案范围。本案中某区统建办系全民所有制企业，并不属于行政机关和法律、法规授权的具有管理公共事务职能的组织。故，某区统建办虽有参照《中华人民共和国政府信息公开条例》履行信息公开之义务，但其作出的信息公开回复不应属于人民法院行政诉讼的受案范围。罗某请求法院撤销某区统建办作出回复的诉讼请求不属于行政诉讼的受案范围，因此法院亦不对相应复议决定单独进行审理。原审裁定驳回罗某起诉正确。罗某的上诉理由不能成立，对其主张不予支持。

四川省成都市中级人民法院依照《中华人民共和国行政诉讼法》

第八十九条第一款第一项的规定，作出如下裁定：

裁定驳回上诉，维持原裁定。

【法官后语】

教育、医疗卫生、计划生育、供水、供电、供气、供热、环保、公共交通等公共企事业单位，其职能即是向社会公众提供公共服务，且其提供的服务均与人民群众日常生活紧密相关。在公共管理社会化不断发展进程中，上述公共事业单位提供社会服务的过程，实际上或多或少地涉及了公共事务的管理层面，掌握了大量与人民群众利益息息相关的信息。《中华人民共和国政府信息公开条例》第五十五条第一款规定了公共企事业单位信息公开的义务，即在提供社会公共服务过程中制作、获取的信息，依照相关法律、法规和国务院有关主管部门或者机构的规定执行。这有利于将人民群众关心、需要了解的事项予以公开，也有利于不断规范和完善社会服务，提高服务水平。但公共企事业单位和行政机关在社会属性和职能方面存在明显区别，它的信息公开行为不属于行政诉讼受案范围。

1. 公共企事业单位一般不具备行政主体资格

行政主体是指依法拥有国家行政职权，代表国家能以自己名义独立实施行政活动以及参加相关行政争议活动，并独立承担由此产生的法律后果的机关或者组织，根据该定义，行政主体应当具备以下三个特征：第一，行政主体必须是享有并行使行政职权的机关或组织；第二，行政主体必须是能以自己的名义实施行政活动的组织；第三，行政主体必须是能够独立承担行政责任的组织，具体而言，我国的行政主体主要包括行政机关和法律法规授权的具有管理公共事务职能的组织。公共企事业单位虽然可能涉及行政管理活动，但其并不承担行政管理职责，不行使行政职权，其主要是通过民事合同的方式向社会公共提供服务，一般情况下，公共企事业单位不是行政法意义上的行政主体。

2. 公共企事业单位的信息公开行为不是行政行为

如前文所述，公共企事业单位不是行政主体，其作出的行为相应不是行政行为。而《中华人民共和国行政诉讼法》第二条、第十二条，《最高人民法院关于审理政府信息公开行政案件若干问题的规定》第四条的规定，都明确可以提起诉讼的是行政机关或法律、法规、规章授权的组织作出的行政行为。

3. 《中华人民共和国政府信息公开条例》第五十四条、第五十五条在强制性上有所区别

《中华人民共和国政府信息公开条例》第五十四条规定："法律、法规授权的具有管理公共事务职能的组织公开政府信息的活动，适用本条例。"而依据该条例第五十五条第一款的规定，公共企事业单位是"公开在提供社会公共服务过程中制作、获取的信息，依照相关法律、法规和国务院有关主管部门或者机构的规定执行"。从上述表述也可以看出，公共企事业单位的信息公开行为与行政机关、法律、法规授权的具有管理公共事务职能的组织的信息公开行为有明显区别。

虽然公共企事业单位信息公开行为不是行政行为，不是行政诉讼受案范围，但鉴于该类公共企事业单位越多越深地涉及民生相关领域，且《中华人民共和国政府信息公开条例》第五十五条第一款也规定了"全国政府信息公开工作主管部门根据实际需要可以制定专门的规定"，因此建议在制定相关具体规定时，完善对公共企事业单位信息公开的监督，畅通当事人维护自身合法权益的救济渠道。

编写人：四川省成都市锦江区人民法院　马琳

096 过程性信息的审查判断

——余某诉中国证券监督管理委员会政府信息公开案

【案件基本信息】

1. 裁判书字号

北京市高级人民法院（2016）京行终1575号行政判决书

2. 案由：政府信息公开纠纷

3. 当事人

原告（被上诉人）：余某

被告（上诉人）：中国证券监督管理委员会（以下简称证监会）

【基本案情】

2015年8月7日，证监会收到余某提出的政府信息公开申请。余某申请公开证监会给某股份公司发布的《行政许可项目审查一次反馈意见通知书》（以下简称《反馈意见通知》）。证监会收到上述申请后，于同年8月27日作出《监管信息公开延期答复通知书》，告知余某“您申请的事项需要进一步审查，按照《中华人民共和国政府信息公开条例》（本案以下简称《政府信息公开条例》）第二十四条的有关规定，我会将延期答复，延长时间为十五个工作日”。证监会将该《监管信息公开延期答复通知书》通过邮寄送达余某，余某于2015年8月29日收到。之后，证监会经审查作出《监管信息告知书》（以下简称被诉告知书），告知余某所申请公开的信息为审查中的过程性信息，根据《政府信息公开条例》等相关规定，不属于应公开的政府信息。余某不服，诉至法院，请求法院判决撤销被诉告知书，判令证监会公开其所申请公开的政府信息。

本案庭审中，证监会认可，余某申请公开的信息所涉及的行政许可程序已经结束。同时证监会陈述，2014 年 12 月 29 日起，其受理的并购重组申请，在公开审核流程公示表的同时，在证监会网站上市部专区“并购重组反馈意见”子栏目中公开向申请人出具的反馈意见。

【案件焦点】

余某申请公开的政府信息是否属于过程性信息、应否公开。

【法院裁判要旨】

北京市第一中级人民法院经审理认为：《政府信息公开条例》第二条规定，本条例所称政府信息，是指行政机关在履行职责过程中制作或者获取的，以一定形式记录、保存的信息。本案中，余某向证监会申请公开证监会给某股份公司发布的《反馈意见通知》的信息。《中国证券监督管理委员会行政许可实施程序规定》（以下简称《程序规定》）第十七条第一款规定，审查部门在审查申请材料过程中，认为需要申请人作出书面说明、解释的，原则上应当将问题一次汇总成书面反馈意见，申请人应当在审查部门规定的期限内提交书面回复意见。《上市公司重大资产重组管理办法》第二十七条第二款规定，证监会在审核期间提出反馈意见要求上市公司作出书面解释、说明的，上市公司应当自收到反馈意见之日起 30 日内提供书面回复意见。因此，余某申请公开的信息是证监会在履行对某股份公司提出的行政许可申请进行审查的职责过程中制作的信息，系向行政许可申请人出具的正式审查反馈意见，属于政府信息。且余某向证监会提出信息公开申请时，涉案信息所涉及的行政许可程序已经结束。故涉案信息并非处于证监会讨论、研究或者审查过程中的信息，证监会以涉案信息属于过程性信息为由，未予公开缺乏事实及法律依据，应予纠正。因证监会仅对涉案信息的性质进行了判断，并未对相关信息的内容能否予以全部公开或者部分公开进行审查，故本案仅审查证监会认定涉案信息属于“审查中的过程性信息”这一理由是否具有事实及法律依据，至于涉案信息能否予以全部公开尚需证监会进行调查、裁量。

北京市第一中级人民法院依照《中华人民共和国行政诉讼法》第七十条第一项、第二项，《最高人民法院关于审理政府信息公开行政案件若干问题的规定》第九条第一款，《最高人民法院关于执行〈中华人民共和国行政诉讼法〉若干问题的解释》第五十六条第四项之规定，作出判决：

撤销证监会作出的被诉告知书，责令证监会于法定期限内重新作出处理，驳回余某的其他诉讼请求。

证监会不服，提起上诉。北京市高级人民法院经审理认为：《反馈意见通知》系证监会在实施行政许可过程中制作的信息。本案中，余某申请公开《反馈意见通知》时，该信息所涉及的行政许可程序已经结束。依据上述法律、司法解释并参照上述其他规范性文件的规定，余某在行政许可程序终结后，向证监会申请公开《反馈意见通知》，属于《政府信息公开条例》所调整的对象。证监会主张涉案反馈意见通知书属于过程性信息而不予公开，并无法律依据。证监会主张其从 2014 年 12 月 29 日起开始实施反馈意见和回复意见公开制度、涉案反馈意见通知书不应属于公开对象等。但按照《政府信息公开条例》的相关规定，行政主体既可以主动公开政府信息，亦可依申请公开政府信息。不属于行政主体主动公开的信息，并不能成为行政主体对申请人提出的政府信息公开申请予以拒绝的必然理由。本案中，证监会对余某所申请的信息定性错误。故对于被诉告知书应予撤销，证监会应在正确定性余某所申请公开信息性质的基础上，依照《政府信息公开条例》的相关规定重新履行政府信息公开职责。

北京市高级人民法院依照《中华人民共和国行政诉讼法》第八十九条第一款第一项的规定，作出如下判决：

驳回上诉，维持一审判决。

【法官后语】

本案处理重点主要在于对过程性信息的判断。过程性信息是指行政机关在做决定之前的准备过程中形成的文件，即行政机关在审议、讨论过程中形成的政府信息，或者正处于调查、讨论、处理中的政府信息。过程性信息能否公开在《政府信息公开条例》中并未明确规定，对此实践中争议较多。

《国务院办公厅关于做好政府信息依申请公开工作的意见》中规定，行政机关在日常工作中制作或者获取的内部管理信息以及处于讨论、研究或者审查中的过程性信息，一般不属于《政府信息公开条例》所指应公开的政府信息。这是因为行政机关在履行职责过程中，行政机关之间或者行政机关内部的研究、讨论、审查的信息，以及执法过程中产生的执法性信息，仅体现行政机关履责、执法的进展情况，不具有结果性，公开会影响行政程序的进行及决策的过程，或者造成公众的混乱。但从《政府信息公开条例》第一条规定看，该条例的立法目的在于保障公民、法人或者其他组织依法获取政府信息，提高政府工作的透明度，促进依法行政，充分发挥政府信息对人民群众生产、生活和经济社会活动的服务作用。因此，过程性信息的公开问题涉及政府工作的透明度，并直接影响到依法行政的真正实现。在此思考下，将过程性信息绝对地排除公开范围，不符合《政府信息公开条例》第一条规定的立法本意。

过程性信息应如何认定如今在审判实践中存在不同的认识，认定标准尚未统一。过程性信息并非《政府信息公开条例》中规定的法律概念，如何判断确实存在保护公民知情权和保障行政权力的行使之间的利益冲突问题，需要衡量作出判断，故应当本着整体利益最大和牺牲最小的原则，并在个案中具体分析讨论。过程性信息并非绝对排除，尤其在相关行政程序已经完成，此前形成的信息不再处于过程中，该信息予以公开不会妨碍行政机关履行职责、执法决策过程的完整性时，应予公开。

本案涉及过程性信息的判断问题。涉案信息系行政许可程序中证监会向申请人出具的正式审查反馈意见，应当属于证监会在履行实施证券行政许可职责过程中制作的信息。行政许可程序结束后，该信息已非处于审查过程中，应予公开。本案裁判不但确定了对过程性信息审查判断的基本标准之一，同时亦符合《政府信息公开条例》对知情权的保障，更有利于把监督功能、服务功能的立法本意予以体现。

编写人：北京市第一中级人民法院　梁菲

097 征求第三方意见的方式及知情权和隐私权保护的利益衡量

——肖某诉某市某区审计局、某市审计局政府信息公开案

【案件基本信息】

1. 裁判书字号

北京市第二中级人民法院（2016）京 02 行终 1663 号行政判决书

2. 案由：政府信息公开纠纷

3. 当事人

原告（上诉人）：肖某

被告（被上诉人）：某市某区审计局（以下简称某区审计局）、某市审计局（以下简称市审计局）

【基本案情】

2015 年 5 月 12 日，肖某向某区审计局邮寄政府信息公开申请表，申请获取“关于 2009 年度轨道交通房山线拆迁工程资金跟踪审计中：附件一：区轨道办资金来源及运用情况表；附件二：轨道工程拆迁资金拨付需用审定情况汇总表；附件七：长阳镇轨道建设工程拆迁补偿资金认定明细表；附件八：轨道建设工程北京科教住宅合作社拆迁补偿资金认定明细表；附件九：轨道建设工程各服务公司服务费用审定表”。某区审计局收到该申请后，于 2015 年 6 月 3 日作出某区审计局《政府信息部分公开告知书》，告知肖某申请公开的报告正文及附件一和附件二可以公开，报告附件七、附件八、附件九内容涉及第三方合法权益，公开后可能损

害第三方合法权益，因此附件七、附件八、附件九部分不予公开。肖某不服，向市审计局提起行政复议，市审计局于2015年8月14日作出复议决定，认为某区审计局未就是否同意公开附件七、附件八、附件九的内容，全部书面征求所涉及的第三方意见，某区审计局以第三方不同意公开为由，不予公开附件七、附件八、附件九的主张，缺乏足够的证明力，撤销某区审计局作出的政府信息部分公开告知书，责令其重新作出政府信息公开行为。2015年9月15日，某区审计局在长阳镇北广阳城村、长阳一村等十个村张贴征求意见公示，在指定期限内，某区审计局未收到同意公开的书面答复。2015年9月28日，某区审计局作出《政府信息延长答复期告知书》。2015年10月8日，某区审计局作出《政府信息部分公开告知书》（以下简称被诉告知书），告知肖某申请公开的审计报告中附件一、附件二和附件九可以公开，此报告附件七、附件八内容涉及第三方合法权益，公开后可能损害第三方合法权益，经征求第三方意见，第三方不同意公开。因此附件七、附件八不予公开。肖某不服，向市审计局提起行政复议，市审计局于2015年12月16日作出《行政复议决定书》，维持了某区审计局作出的告知书。肖某仍不服，遂向法院提起诉讼，请求判决撤销某区审计局作出的被诉告知书，责令其公开审计报告中附件七、附件八相关信息。

【案件焦点】

1. 政府信息公开后可能损害第三方合法权益而书面征求第三方意见时应采取的方式；2. 原告对于涉案信息的知情权与第三方权益的利益衡量。

【法院裁判要旨】

北京市丰台区人民法院经审理认为：某区审计局作为涉案项目审计报告及相关信息制作机关，为该信息的公开义务机关。根据《中华人民共和国政府信息公开条例》第二十二条、第二十三条，申请公开的政府信息中含有不应当公开的内容，但是能够作区分处理的，行政机关应当向申请人提供可以公开的信息内容；行政机关认为申请公开的政府信息涉及商业秘密、个人隐私，公开后可能损害第三方合法权益的，应当书面征求第三方的意见，第三方不同意公开的，不得公开，但是，行政机关认为不公开可能对公共利益造成重大影响的，应当予以公开。本案肖某申请公开的审计报告附件七和附件八内容涉及拆迁范围内各被拆迁人的补偿数额明细内容，这部分内容一般被视为相关被拆迁人不愿被公开的个人信息，且不予公开不会对公共利益造成重大影响。据此，某区审计局作区分处理，将审计报告正文和其他附件向肖某公开，对附件七和附件八在征求相关权利人意见后再决定是否公开，于法有据。本案焦点在于肖某对于附件七、附件八涉第三方利益信息的知情权与第三方权益冲突的平衡问题，并集中体现在征求意见方式上。某区审计局没有直接向信息涉及的所有权利主体逐一直接征求是否同意公开的意见，而是采用在特定区域张贴公示，要求同意公开的人以书面意见明确告知行政机关，否则视为不同意公开。这种征求意见的方式是否符合信息公开条例的相关规定及立法精神。对此：第一，就附件七、附件八涉及的个人信息而言，对第三方权利人个人信息的隐私保护应该优于肖某；第二，鉴于信息所涉及的第三方人数众多，要求行政机关分别向每一户被拆迁人逐一直接征求意见，不符合实际，亦不符合行政效率原则；第三，就本案而言，要求每一户被拆迁人都直接明确地向行政机关表明是否公开涉及个人隐私的信息，属于明显加重案外第三方不必要义务。综上，在肖某取得审计报告正文和部分附件，其对项目拆迁工程资金的整体审计情况的知情权已经实现的情况下，某区审计局结合附件七、附件八的具体内容，采用公开征求积极意见的方式征求第三方意见，并在没有收到相关第三方同意公开意见的情况下，不向肖某公开附件七、附件八，不违反信息公开条例有关规定，亦不构成对肖某知情权的侵犯。市审计局接到肖某的复议申请后，依法履行了告知、调查、送达等程序，符合行政复议法相关规定，且复议结论正确。肖某的诉讼请求缺乏事实根据和法律依据，对其诉讼请求不予支持。

北京市丰台区人民法院依照《中华人民共和国行政诉讼法》第六十九条之规定，作出如下判决：

驳回原告肖某的诉讼请求。

肖某不服一审判决，提出上诉。北京市第二中级人民法院经审理认为：肖某所申请公开的政府信息的附件七、附件八部分，涉及个人隐私，经某区审计局书面征求意见，未收到第三方同意公开的意见，且附件七、附件八不公开不会对公共利益造成重大影响，故某区审计局在对肖某申请公开的政府信息作出区分处理后，所作被诉告知书并无不当。市审计局作出的复议决定亦无不当之处。一审法院根据《中华人民共和国行政诉讼法》第六十九条之规定，判决驳回肖某的诉讼请求是正确的，本院应予维持。肖某的上诉请求，缺乏依据，本院不予支持。

北京市第二中级人民法院依照《中华人民共和国行政诉讼法》第八十九条第一款第一项的规定，作出如下判决：

驳回上诉，维持一审判决。

【法官后语】

本案的焦点问题在于，被告某区审计局认为原告申请公开的政府信息涉及个人隐私，公开后可能损害第三方合法权益而书面征求第三方意见时应采取何种方式，原告肖某对于涉案信息的知情权与第三方权益冲突时，应如何进行利益衡量。围绕上述两个问题，主要进行如下探讨：

1. 信息公开征求第三方意见的方式应遵循高效便民原则

高效便民原则是针对行政活动效率提出的要求，具体包括两个方面：一是要求行政机关在规定时间内及时、有效地履行职能，严格遵守时限规定，做到不超期、不延期；二是要求行政机关应当尽可能减少当事人在行政行为中投入的各项成本，节约当事人的时间以及精力，给当事人提供便利。本案中，某区审计局在向第三方征求意见时，鉴于第三方人数众多，遂选择在特定区域张贴公示，而非直接向信息涉及的所有权利主体逐一征求是否同意公开的意见，符合行政效率原则。肖某申请公开的审计报告附件七和附件八系拆迁范围内每户拆迁补偿的具体数额，一般应视为相关被拆迁人不愿被公开的个人信息，若要求第三方明确地向行政机关表明不同意公开涉及个人隐私的信息，则属于明显增加第三方时间、经济成本，有违高效便民原则。某区审计局要求同意公开信息的人以书面意见明确告知行政机关，否则视为不同意公开，看似有违默示即视为同意公开的惯例，实则是对知情权与隐私权保护之间进行利益衡量后作出的选择。

2. 对知情权与隐私权保护之间进行利益衡量应遵循比例原则

当申请人申请公开的信息影响第三方的隐私权时，行政机关应进行利益衡量，在价值判断的基础上作出对信息公开与否的选择。

那应该如何进行利益衡量？行政机关应遵循比例原则，从而寻求选择与判断的标准。比例原则是行政法合理性判断的基本原则，包括适当性原则，必要性原则和均衡性原则，其中适当性原则要求政府的行政手段应有妥当的、合理的目的，且手段有助于目的的实现，即利益衡量中所限制或牺牲的某种利益，要能够有助于实现另一项更为重要的利益。依照适当性原则要求，行政机关处理涉及个人隐私的政府信息时，无论公开与否都应当具有"目的的妥当性"，即行政机关公开涉及第三方个人隐私的信息，只能以保护公众知情权及信息公开的公共利益为目的。本案肖某申请公开的审计报告附件七和附件八的内容，涉及相关被拆迁人的个人隐私，该信息的公开所影响的利益明显大于肖某个人的知情权，对第三方个人信息的隐私保护应该优于肖某，且不予公开不会对公共利益造成重大影响，某区审计局在征求相关权利人意见后决定不予公开，符合法律规定。

编写人：北京市丰台区人民法院　王培松

098 城市功能区设立后，相关行政机关应当正确判断自身职权范围，依法全面履行政府信息公开职责

——韩某诉扬州市某区城乡建设局政府信息公开案

【案件基本信息】

1. 裁判书字号

江苏省扬州市中级人民法院（2015）扬行终字第 00061 号行政判决书

2. 案由：政府信息公开纠纷

3. 当事人

原告（上诉人）：韩某

被告（被上诉人）：扬州市某区城乡建设局（以下简称某区住建局）

【基本案情】

2013 年 7 月 22 日，扬州市人民政府决定成立空港新城管委会，为市政府派出机构。2014 年 4 月 1 日，韩某向某区住建局提出政府信息公开申请，要求被上诉人依法书面公开拆迁人在申请人房产所在区域集体土地进行拆迁的项目拆迁许可证、建设工程施工许可证等所有相关的政府文件信息。某区住建局收到韩某的上述申请后，于 2014 年 5 月 12 日作出《依申请公开政府信息告知书》。韩某收到上述告知书后，于 2014 年 8 月 4 日以某区住建局不履行政府信息公开法定职责为由，向高邮市人民法院提起行政诉讼。2014 年 9 月 26 日，高邮市人民法院判决撤销某区住建局作出的落款时间为 2014 年 5 月 12 日的《依申请公开政府信息告知书》，并责令某区住建局于判决生效之日起 15 个工作日内针对韩某的信息公开申请重新作出具体行政行为。2014 年 10 月 22 日，某区住建局向韩某重新作出《依申请公开政府信息告知书》，告知韩某其应当向空港新城管委会申请公开前述信息，若需进一步了解，请与空港新城管委会直接联系咨询。2015 年 1 月 12 日，韩某针对某区住建局作出的落款时间为 2014 年 10 月 22 日的《依申请公开政府信息告知书》，提起本案行政诉讼。二审期间，扬州市人民政府复函二审法院，明确韩某住所地目前属于某区人民政府管辖范围，该区域内的项目拆迁许可证、建设工程施工许可证分别由某区住建局和某区建筑工程管理局（以下简称某区建工局）发放。

韩某认为，某区住建局作出的本案政府信息公开答复错误且违法。一方面，依照《中华人民共和国建筑法》和《建筑工程施工许可管理办法》的规定，并结合扬州市某区建工局的答复，可以认定某区住建局系本案所涉建筑施工许可证的制作机关。另一方面，某区住建局认为本人申请公开的政府信息应当由空港新城管委会公开，但该局仅提交了扬州市人民政府关于成立空港新城管委会的通知，而该通知不能证明空港新城管委会具有发放建筑施工许可证的职责。

某区住建局认为，一方面，该局并非韩某所申请公开的建设工程施工许可证的制作、保存机关。上述许可证应由某区建工局发放，该局不具有公开建设工程施工许可证的法定职责。另一方面，韩某的房产所在区域目前位于空港新城管委会的规划范围之内，其所申请的政府信息的公开机关应当为空港新城管委会。

【案件焦点】

某区住建局作出的落款时间为2014年10月22日的《依申请公开政府信息告知书》，主要证据是否充分，是否全面履行了政府信息公开法定职责。

【法院裁判要旨】

江苏省高邮市人民法院经审理认为：韩某要求某区住建局书面公开拆迁人在申请人房产所在区域集体土地进行拆迁的项目拆迁许可证、建设工程施工许可证等所有相关的政府文件信息，因申请人的房产所在区域已划入空港新城管委会管辖范围，某区住建局作出了《依申请公开政府信息告知书》，明确告知韩某其申请公开的政府信息的公开机关应为空港新城管委会。原告仍然要求某区住建局公开不应由该局公开的政府信息，无事实和法律依据。

江苏省高邮市人民法院依照《最高人民法院关于执行〈中华人民共和国行政诉讼法〉若干问题的解释》第五十六条第四项之规定，作出如下判决：

驳回原告韩某的诉讼请求。

韩某持原审意见提起上诉。江苏省扬州市中级人民法院经审理认为：城市功能区设置后，相关行政机关应当正确判断自身职权范围，依法全面履行政府信息公开职责。本案中，一方面，某区住建局告知韩某其所申请公开的项目拆迁许可证的信息的公开机关为空港新城管委会，但根据本案查明的事实，空港新城设立后韩某房屋所在的区域属于江都区丁沟镇人民政府管辖范围，某区住建局仍为项目拆迁许可证的发放主体。另一方面，韩某要求某区住建局公开的政府信息内容为拆迁人在申请人房产所在区域集体土地进行拆迁的项目拆迁许可证、建设工程施工许可证等所有相关的政府文件信息，但该局在作出的本案被诉《依申请公开政府信息告知书》中，仅对韩某提出的公开项目拆迁许可证的申请作出了答复，而对韩某提出的公开建设工程施工许可证等其他政府信息的申请，未能依照《中华人民共和国政府信息公开条例》的相关规定作出相应处理。二审期间出现的新证据，导致原审判决认定事实存在偏差，应依法予以改判。

江苏省扬州市中级人民法院依照《中华人民共和国行政诉讼法》第六十一条第三项、第五十四条第二项、第三项之规定，作出如下判决：

一、撤销一审判决；

二、撤销某区住建局作出的落款时间为2014年10月22日的《依申请公开政府信息告知书》;

三、责令某区住建局在本判决生效之日起法定期限内对韩某于2014年4月1日提出的政府信息公开申请重新作出处理。

【法官后语】

行政机关在收到公民、法人或其他组织提出的政府信息公开申请后,应当依照《中华人民共和国政府信息公开条例》第三十六条的规定依法作出相应处理,而作出正确处理的前提是正确判断自身职权范围和全面把握申请人提出的申请事项。

其一,随着城市规模的快速扩展,各地在城市建设过程中,普遍采取设立城市功能区的方式,细化城市功能布局,进一步优化城市资源配置。然而,这些设立的城市功能区除非经国务院或省级人民政府批准而成为县级人民政府或乡镇人民政府,否则只能视为相应市、县人民政府的派出机构而不具有独立的行政主体资格,即便客观上上述城市功能区成立了相应的管理委员会并被赋予了一定的行政管理职能,也不能认定其具有独立的行政主体资格,因此,城市功能区所在地的县级人民政府相应工作部门在处理公民、法人或其他组织提出的政府信息公开申请时,一般不宜以相关区域已经划归城市功能区为由,拒绝申请人要求公开相关信息的申请。

其二,公民、法人或其他组织提出的政府信息公开申请往往不仅包含单一公开事项,而是在同一申请中杂糅了多方面公开事项,要求行政机关同时公开多方面的政府信息,可能其中部分信息确不属于被申请机关公开而另一部分信息属于被申请机关公开。如果被申请机关在处理申请人提出的政府信息公开申请时,不能全面把握申请人提出的申请事项，就有可能遗漏申请人提出的部分申请事项，导致未能全面履行政府信息公开法定职责。因此，被申请机关在处理申请人提出的政府信息公开申请时，全面把握申请人提出的申请事项应当成为政府信息公开行政处理程序的关键环节。

编写人：江苏省扬州市中级人民法院　徐沐阳

099　提供社会公共服务的公共企事业单位应依法履行信息公开法定职责

——柯某诉某通信股份有限公司广东分公司政府信息公开案

【案件基本信息】

1. 裁判书字号

广东省广州市中级人民法院（2015）穗中法行终字第 1076 号行政判决书

2. 案由：政府信息公开纠纷

3. 当事人

原告（被上诉人）：柯某

被告（上诉人）：某通信股份有限公司广东分公司（以下简称某通信公司）

【基本案情】

被告某通信公司的经营范围包括在本省行政区域内经营基础电信业务、增值电信业务等。原告柯某于 2014 年 9 月 22 日通过邮寄方式向被告邮寄《政府信息公开申请书》，请求被告公开其下设各营业厅详细信息。被告于 2014 年 9 月 24 日签收该邮件后至原告起诉时仍未作出处理，遂成讼。

原告认为，根据《中华人民共和国政府信息公开条例》（本案以下简称《政府信息公开条例》）第三十七条等相关规定，被告是通信运营商，面向社会公众提供电信服务，属于公共企业的范畴，在收到了原告的政府信息公开申请后应当在法定期限内及时作出答复。被告则认为，某通信公司系内资分公司，只是一个普通市场经营主体，不具备作出行政行为的职责；同时并无任何法律、法规界定被告属于《政府信息公开条例》规定的公共企事业单位，国务院有关主管部门或者机构也并未颁布文件将被告公司列为上述公共事业单位，也未规定如何参照该条例；且原告申请的信息不属于政府信息的范畴，因此对原告的信息公开申请被告无法定答复义务。

【案件焦点】

1. 某通信公司作为公司企业是否属于适格的信息公开义务主体；2. 对行政相对人提出的信息公开申请认为不属于公开范围是否应作出答复。

【法院裁判要旨】

广东省广州市越秀区人民法院经审理认为：《政府信息公开条例》第二十条规定："公民、法人或者其他组织依照本条例第十三条规定向行政机关申请获取政府信息的，应当采用书面形式（包括数据电文形式）；采用书面形式确有困难的，申请人可以口头提出，由受理该申请的行政机关代为填写政府信息公开申请。政府信息公开申请应当包括下列内容：（一）申请人的姓名或者名称、联系方式；（二）申请公开的政府信息的内容描述；（三）申请公开的政府信息的形式要求。”第二十一条规定：“对申请公开的政府信息，行政机关根据下列情况分别作出答复：（一）属于公开范围的，应当告知申请人获取该政府信息的方式和途径；（二）属于不予公开范围的，应当告知申请人并说明理由；（三）依法不属于本行政机关公开或者该政府信息不存在的，应当告知申请人，对能够确定该政府信息的公开机关的，应当告知申请人该行政机关的名称、联系方式；（四）申请内容不明确的，应当告知申请人作出更改、补充。”第二十四条规定：“行政机关收到政府信息公开申请，能够当场答复的，应当当场予以答复。行政机关不能当场答复的，应当自收到申请之日起 15 个工作日内予以答复；如需延长答复期限的，应当经政府信息公开工作机构负责人同意，并告知申请人，延长答复的期限最长不得超过 15 个工作日……”第三十七条规定：“教育、医疗卫生、计划生育、供水、供电、供气、供热、环保、公共交通等与人民群众利益密切相关的公共企事业单位在提供社会公共服务过程中制作、获取的信息的公开，参照本条例执行，具体办法由国务院有关主管部门或者机构制定。”被告作为向社会公众提供电信公共服务的主体，属于上述规定的公共企业范畴，对原告提出的信息公开申请应依照上述规定作出处理。对其答辩意见本院不予接纳。

广东省广州市越秀区人民法院依照《中华人民共和国行政诉讼法》第五十四条第三项的规定，判决如下：

被告某通信公司于本判决发生效力之日起十五个工作日内对原告 2014 年 9 月 22 日的政府信息公开申请作出处理。

被告某通信公司不服原审判决，提起上诉。广东省广州市中级人民法院经审理认为：上诉人某通信公司属于上述规定的与人民群众利益密切相关的公共企事业单位，对被上诉人提出的信息公开申请应依照上述规定作出处理，上诉人以通信行业未被纳入上述条例执行范围为由主张自身非信息公开的主体，本院不予支持。原审法院判决上诉人对被上诉人所提出的政府信息公开申请作出处理，并无不当，本院予以维持。

广东省广州市中级人民法院依照《中华人民共和国行政诉讼法》第八十九条第一款第一项的规定，判决如下：

驳回上诉，维持原判。

【法官后语】

随着政府信息公开条例的实施，信息公开的理念深入人心。游离于行政诉讼之外的提供社会公共服务的企事业单位逐渐进入人们的视野，企事业单位作为信息公开义务主体的行政诉讼案件呈现出逐年递增的趋势。

1. 关于提供社会公共服务的企事业单位是否属于适格的信息公开义务主体

行政诉讼被告一般要求为行政主体，但是根据《政府信息公开条例》第五十五条第一款的规定，与人民群众利益密切相关的公共企事业单位，公开在提供社会公共服务过程中制作、获取的信息，依照相关法律、法规和国务院有关主管部门或者机构的规定执行。这意味着提供社会公共服务的企事业单位即便不是行政机关，涉及相关信息的公开时同样可以作为信息公开义务主体，可以参照《政府信息公开条例》的规定作为行政诉讼被告。向社会公众提供供水、供电等社会公共服务的公司企业，属于与人民群众利益密切相关的公共企事业单位，对行政相对人提出的信息公开申请应依法履行信息公开义务。

2. 对行政相对人提出的信息公开申请认为不属于公开范围是否应作出答复

实践中，部分信息公开义务主体认为行政相对人申请公开的信息不属于其保管或者认为应当不予公开，遂对于当事人的申请不予答复。根据《政府信息公开条例》第三十六条规定，认为当事人申请公开的信息属于不予公开范围的，应当告知申请人并说明理由；认为依法不属于本行政机关公开或者该政府信息不存在的，也应当告知申请人，同时对能够确定该政府信息的公开机关的，应当告知申请人该行政机关的名称、联系方式。换言之，即便认为当事人申请公开的信息不属于公开范围或者不属于本机关公开，也应当履行告知义务，对当事人的申请作出答复。

编写人：广东省广州市越秀区人民法院　徐星

100　竞争者参考资格信息是否属于个人隐私而依法免予公开

——梅某诉重庆市某区人力资源和社会保障局政府信息公开案

【案件基本信息】

1. 裁判书字号

重庆市第五中级人民法院（2015）渝五中法行终字第00005号行政判决书

2. 案由：政府信息公开纠纷

3. 当事人

原告（上诉人）：梅某

被告（被上诉人）：重庆市某区人力资源和社会保障局（以下简称某区人社局）

【基本案情】

2014 年 7 月 4 日，梅某向某区人社局提交了政府信息公开申请表，要求某区人社局公开某区 2013 年第三季度公开招聘事业单位区中医院驾驶员岗位被录取者邓某的参考资格审查资料信息。某区人社局收到梅某提交的政府信息公开申请表后，于 2014 年 7 月 9 日作出答复："行政机关认为申请公开的政府信息涉及商业秘密、个人隐私，公开后可能损害第三方合法权益的，应当书面征求第三方意见；第三方不同意公开的，不得公开。"经书面征求邓某本人意见，不同意公开，故无法向你提供。梅某于 2014 年 7 月 10 日收到该《关于对梅某〈申请公开某区 2013 年第三季度公开招聘事业单位区中医院驾驶员岗位信息〉答复书》（以下简称《答复书》）后不服，起诉至法院，以某区人社局拒绝公开相关信息为由，请求法院判令某区人社局向梅某公开利害关系人邓某的参考资格审查资料信息。

【案件焦点】

竞争者参考资格信息是否属于个人隐私而依法免予公开。

【法院裁判要旨】

重庆市永川区人民法院经审理认为，根据《中华人民共和国政府信息公开条例》第九条"行政机关对符合下列基本要求之一的政府信息应当主动公开：（一）涉及公民、法人或者其他组织切身利益的"、第十七条"行政机关制作的政府信息，由制作该政府信息的行政机关负责公开；行政机关从公民、法人或者其他组织获取的政府信息，由保存该政府信息的行政机关负责公开。法律、法规对政府信息公开的权限另有规定的，从其规定”的规定，2013 年第三季度重庆市某区事业单位招聘工作由某区人社局负责组织实施，相关信息由某区人社局制作，故某区人社局具有公开该相关信息的法定职责。根据《中华人民共和国政府信息公开条例》第二十四条第一款、第二款“行政机关收到政府信息公开申请，能够当场答复的，应当当场予以答复。行政机关不能当场答复的，应当自收到申请之日起 15 个工作日内予以答复；如需延长答复期限的，应当经政府信息公开工作机构负责人同意，并告知申请人，延长答复的期限最长不得超过 15 个工作日”的规定，本案中，梅某于 2014 年 7 月 4 日向某区人社局递交政府信息公开申请表，某区人社局收到后，于 2014 年 7 月 9 日作出《答复书》，并于当日邮寄给梅某，在法定期限内对梅某的信息公开要求作出了答复，履行了相应职责。现梅某仍起诉要求某区人社局履行政府信息公开的法定职责，不符合相关法律规定，为此，对梅某的诉讼请求依法不予支持。审理中，法院已依法告知梅某，某区人社局已履行了对信息公开进行回复的法定职责，现梅某应针对某区人社局作出的《答复书》提起诉讼，但梅某拒绝变更诉讼请求，仍坚持要求某区人社局履行政府信息公开的职责。

重庆市永川区人民法院依照《最高人民法院关于审理政府信息公开行政案件若干问题的规定》第十二条第八项，《最高人民法院关于执行〈中华人民共和国行政诉讼法〉若干问题的解释》第五十六条第四项之规定，判决：

驳回梅某的诉讼请求。

梅某不服，提起上诉。重庆市第五中级人民法院经审理认为：

某区人社局具有受理政府信息公开申请并作出回复的职权和相应职责。本案中，上诉人梅某要求被上诉人某区人社局公开某区2013年第三季度公开招聘事业单位区中医院驾驶员岗位一职的技能、面试方案，考试方案的信息，属于招录单位的内部管理信息，不属于公开范围；上诉人要求公开面试和技能考官人员组成成员基本情况，作为人事管理工作中不宜公开的内部事项，不属于政府信息公开范围；上诉人要求公开纪检监察部门对该项招聘的监督办法和结果，并非被上诉人某区人社局制作，亦非被上诉人某区人社局从公民、法人或者其他组织获取的信息，不属被上诉人某区人社局的公开范围。对于上述信息，被上诉人未予公开并无不当。对于考试相关的测评材料，考试评定标准被上诉人某区人社局已经向上诉人予以公开。上诉人要求公开笔试第44考室的监控视频资料、现场考试全程的视频资料、邓某的文考、面试和技能考试资料（根据上诉人的信息公开申请表，该资料为特指视频资料），被上诉人某区人社局已举示证据证明该信息不存在，并履行了说明告知义务。故上诉人认为该信息存在的上诉理由不能成立，本院不予支持。

关于利害关系人邓某的参考资格审查资料的公开问题。上述资料信息可能涉及当事人的个人隐私。保障当事人对机关、事业单位的人事招录工作监督权的行使，是确保机关、事业单位人事招录工作公平、公开、公正的重要手段之一，体现了社会的公平性。根据《中华人民共和国政府信息公开条例》第二十三条关于“行政机关认为不公开可能对公共利益造成重大影响的，应当予以公开，并将决定公开的政府信息内容和理由书面通知第三方”之规定，在同时涉及个人隐私权与人事招录工作公平、公开、公正的监督权时，后者所体现的公共利益更加重要，个人隐私权的保护应当为公共利益作出一定的让步。行政机关应当根据实际情况对此两种权利的保护作出利益裁量，并根据具体情况对当事人一定范围内的个人信息予以公开。本案中，被上诉人某区人社局在对上诉人提起的信息公开申请中涉及个人隐私权的保护和公民知情权、监督权保护存在一定冲突时，未根据《中华人民共和国政府信息公开条例》第二十三条但书之规定，进行利益衡量，而是直接以申请人申请的信息属于个人隐私，且第三人不同意公开为由，作出不予公开的决定，与法规规定不符，属于适用法律错误。

上诉人梅某上诉要求确认2013年第三季度公开招聘事业单位区中医院驾驶员岗位程序违法及招聘中无纪委监察局监督等而招聘过程违法的问题，不属本案信息公开审查范围。本院不予审查。上诉人梅某在一审中提出的对被上诉人公开的有关信息内容中的笔迹鉴定申请，与信息公开案件无关，上诉人认为一审法院未予准许属程序违法的上诉理由不能成立，本院不予支持。上诉人梅某上诉称一审法院在庭审中记录不完整，未充分保障上诉人的诉讼权利的上诉理由，与一审卷宗材料及开庭笔录不符，其该上述理由亦不能成立，本院不予支持。

综上，被上诉人某区人社局在收到上诉人梅某信息公开申请后，针对上诉人梅某的政府信息公开申请，根据不同情况分别作出了答复：对其认为属于其公开范围的政府信息予以了公开；对其认为属于不予公开范围的，告知了上诉人梅某并说明了理由；对其认为不属于其公开范围的政府信息以及不存在的政府信息，依法对梅某履行了说明告知义务，对能够确定政府信息公开机关的，告知了上诉人梅某该机关的名称、联系方式。某区人社局作出的信息公开答复程序合法，但是，其在对“关于利害关系人邓某的参考资格审查资料的公开问题”上适用法律错误，一审法院对此予以支持不当。

重庆市第五中级人民法院依照《中华人民共和国行政诉讼法》第五十四条第一项、第六十一条第三项，《最高人民法院关于审理政府信息公开行政案件若干问题的规定》第九条第一款的规定，判决如下：

一、撤销一审判决；

二、撤销某区人社局2014年7月9日作出《关于对梅某〈申请公开某区2013年第三季度公开招聘事业单位区中医院驾驶员岗位信息〉答复书》第九项；

三、责令某区人社局针对上诉人梅某申请的“公开利害关系人邓某的参考资格审查资料的请求”依法重新作出答复；

四、驳回上诉人梅某的其他诉讼请求。

【法官后语】

本案的焦点问题是竞争者参考资格信息是否属于个人隐私而依法免予公开。对该问题存在两种不同意见：

一种意见认为，因上诉人申请公开的信息涉及第三方个人隐私，第三方不同意公开的，不得公开。上诉人对其要求某区人社局公开的相关信息，在法定期限内某区人社局已在《答复书》中进行了回复，某区人社局已履行了对信息公开进行回复的法定职责。针对梅某申请的公开利害关系人邓某的参考资格审查资料的请求，被上诉人已书面征求利害关系人其本人意见，邓某书面回复不同意公开，故不能向上诉人公开此信息。一审判决采纳了此种意见。

另一种意见认为，在招录考试中，当利害关系人的隐私权直接与竞争权人的知情权、监督权发生冲突时，应以利害关系人让渡部分个人信息的方式优先保护较大利益的知情权、监督权。上诉人要求公开利害关系人邓某的参考资格审查资料，对于该项信息公开申请要求，被上诉人某区人社局经过审查后，应当根据比例原则对利害关系人的个人信息作有限公开，利害关系人是否符合本次招聘条件的参考资格基本信息属于政府信息公开范围。且行政机关作出不予公开答复，申请人不服该答复，诉请法院判令公开涉诉政府信息的，其核心诉讼请求是请求公开政府信息，审理重点是涉诉政府信息是否应当公开，同时对行政机关作出的不予公开答复一并审查，而非以是否履行了对信息公开进行回复的法定职责来判断诉讼请求是否被支持。

本案的处理重点在个人隐私与涉及公共利益的知情权相冲突时的处理原则问题。人民法院在审理涉个人隐私的政府信息公开案件时，对所涉政府信息是否属于个人隐私的判断，可从政府信息是否针对特定个人、是否具有隐私权属性等方面进行审查。首先，要审查行政机关对政府信息涉及个人隐私的实体判断是否准确；其次，行政机关认为公开政府信息可能侵犯第三方权益时是否征求了第三方的意见；最后，第三方不同意公开时，行政机关对不予公开是否将对公共利益造成重大影响的判断是否准确。

当今社会处于信息大爆炸的时代，政府唯有以坦诚的态度面对公众才能提升自己的公信力，及时、有效、全面地公开政府信息，有利于减少政府与公众的信息不对称，可以极大地改善社会公众的监督条件，也有利于提升公众的监督能力和政府的公信力，促进依法行政。

编写人：重庆市第五中级人民法院　曹怡

101 高等学校信息公开行为并非当然不属于行政诉讼受案范围

——殷某诉某大学政府信息公开案

【案件基本信息】

1. 裁判书字号

北京市第三中级人民法院（2015）三中行终字第1056号行政判决书

2. 案由：政府信息公开纠纷

3. 当事人

原告（被上诉人）：殷某

被告（上诉人）：某大学

【基本案情】

殷某于2015年4月20日向某大学提出公开2005—2014年期间某大学关于全国英语四、六级考试的考生违纪人员处分决定文件的复印件的申请。某大学于2015年4月27日对殷某作出《某大学信息公开申请告知书》（以下简称《告知书》），主要内容为：考生违纪人员处分决定文件涉及他人隐私，根据《高等学校信息公开办法》第十条，《某大学信息公开工作实施办法》第十三条，不予公开。殷某不服，即向法院提起诉讼，请求撤销某大学校长办公室作出的《告知书》，责令某大学重新答复殷某提出的公开事项。某大学认为该校不属于行政机关，其信息公开行为不属于行政行为，殷某无权以信息公开对该校提起行政诉讼，故请求法院依法驳回殷某的起诉。

【案件焦点】

1. 高等学校信息公开行为是否属于行政诉讼受案范围，高等学校应适用何种规范处理申请人的信息公开申请；2. 某大学是否依法履行了信息公开义务。

【法院裁判要旨】

北京市朝阳区人民法院经审理认为：根据《中华人民共和国政府信息公开条例》（国务院令第492号，本案以下简称原条例）第二条、第三十六条，《中华人民共和国教育法》第二十八条第一款第四项的规定，高等学校在对受教育者进行处分的过程中，所制作或获取的信息属于原条例中所称的政府信息，其公开活动应受该条例的规范。殷某向某大学申请的信息应属于政府信息的性质，因此对于该信息的公开活动，应该适用原条例。因《高等学校信息公开办法》（本案以下简称《办法》）中含有处理政府信息公开申请的内容，因此，某大学在处理政府信息公开申请的过程中，可以适用《办法》的有关规定。

根据原条例第二十二条、第十四条第四款、第二十三条并参照《办法》第十条第一款第三项、第二款，行政主体接到申请人信息公开申请后，在判断涉案信息是否应当向申请人公开的过程中，应当首先对涉案信息能否进行区分进行判断，如果该信息能够被区分，则行政主体应当提供可以公开的信息内容。本案中，根据殷某的当庭陈述，其所申请公开2005—2014年期间被告关于全国英语四、六级考试的考生违纪人员处分决定文件的复印件，其只想获得某大学作出处分决定所认定的事实、依据的根据和处分结果的信息，并不想获得违纪考生的个人信息。但本案中，某大学并未提供证据证明其对殷某申请的信息是否能予以区分进行了判断。同时，某大学也未提供证据证明其履行了征求第三方意见的程序。综上，某大学作出被诉的《告知书》主要证据不足、违反法定程序，应予撤销。

北京市朝阳区人民法院依照《最高人民法院关于审理政府信息公开行政案件若干问题的规定》第九条第一款之规定，作出如下判决：

一、撤销被告某大学作出的《某大学信息公开申请告知书》；

二、责令被告某大学于本判决生效之日起十五个工作日内对原告殷某的信息公开申请重新答复。

被告某大学不服，提起上诉。北京市第三中级人民法院经审理认为：某大学在接到殷某的信息公开申请后，并未对上述信息是否能予以区分进行判断，亦未就其认定的涉及隐私的信息履行征求第三方意见的程序，故一审法院认定某大学作出被诉告知书主要证据不足、违反法定程序正确。

北京市第三中级人民法院依照《中华人民共和国行政诉讼法》第八十九条第一款第一项的规定，作出如下判决：

驳回上诉，维持原判。

【法官后语】

本案涉及的首要问题是高等学校的信息公开活动是否能纳入行政诉讼受案范围。

高等学校属于事业单位，是“公共企事业单位”的一种类型。2007 年制定公布的原条例第三十七条将公共企事业单位列为参照适用的信息公开义务主体；2019 年修订的《中华人民共和国政府信息公开条例》（国务院令第711号，本案以下简称新条例）第五十五条对上述条款进行了修改，明确公共企事业单位公开在提供社会公共服务过程中制作、获取的信息，依照相关法律、法规和国务院有关主管部门或者机构的规定执行；公共企事业单位未依照相关法律、法规和国务院有关主管部门或者机构的规定公开在提供社会公共服务过程中制作、获取的信息，公民、法人或者其他组织可以向有关主管部门或者机构申诉，接受申诉的部门或者机构应当及时调查处理并将处理结果告知申诉人。由此可见，通常情况下，公共企事业单位不属于行政主体，其信息公开问题一般不通过行政复议或者行政诉讼途径解决，新条例更是明确了相应的行政救济途径。但高等学校具有特殊主体地位，经法律法规授权可以对受教育者行使诸如违纪处分、学籍管理、颁发学历证书和学位证书等行政管理职权，亦即，高等学校也可以成为新条例第五十四条（原条例第三十六条）所称的“法律、法规授权的具有管理公共事务职能的组织”。因此，高等学校在信息公开领域所涉及的信息应当包括政府信息和其他信息两种类型。对于高等学校公开政府信息的行为应依照新条例第五十四条（原条例第三十六条）的规定，适用政府信息公开的相关规定，申请人对高等学校公开政府信息的行为不服可依法申请行政复议或者提起行政诉讼。对于高等学校公开其他信息的行为则应依照新条例第五十五条（原条例第三十七条）的规定适用教育部经授权制定的《办法》的规定，申请人对相关信息公开行为不服可依法向有关主管部门或者机构申诉。具体到本案而言，殷某要求公开的是某大学关于全国英语四、六级考试的考生违纪人员处分决定文件，该信息应属于政府信息的范畴，某大学不履行公开涉案信息义务的行为属于行政诉讼的受案范围。

高等学校在接到信息公开申请后，在判断涉案信息是否应向申请人公开的过程中，应首先对涉案信息能否进行区分作出判断，如认为涉案信息不具有区分公开的可操作性，则应当履行征求第三方意见的程序。高等学校未履行上述程序即作出不予公开决定的，应当认定为主要证据不足、违反法定程序。

本案例及时回应了高等学校信息公开案件审理中遇到的法律问题，明确了高等学校信息公开行为的可诉性及审理依据，对于审理高等学校信息公开类案件具有一定的示范指导意义。

编写人：北京市高级人民法院　赵世奎

最高人民法院　骆芳菲

102　行政机关对政府信息不存在答复负有说理义务与证明责任

——张甲、张乙诉北京市某区人民政府政府信息公开案

【案件基本信息】

1. 裁判书字号

北京市第四中级人民法院（2015）四中行初字第178号行政判决书

2. 案由：政府信息公开纠纷

3. 当事人

原告：张甲、张乙

被告：北京市某区人民政府（以下简称某区政府）

【基本案情】

2014年3月24日，原告向被告邮寄了政府信息公开申请表，“所需的政府信息”一栏填写为“某区政府批准成立某镇腾退安置及补偿工作指挥部的相关文件或批文”。被告于2014年3月25日收到该申请，并作出《登记回执》。2014年3月28日，被告向“某镇政府”“区北部办”发函，请其查找涉案信息的制作、获取和保存情况，并根据查找结果提出答复建议。2014年4月4日，北京市某区北部地区开发建设委员会办公室向被告回函。该回函中称：涉案信息区北部办从未制作并保存。2014年4月16日，被告作出《政府信息延长答复期告知书》，告知原告：经被告政府信息公开工作机构负责人同意，延期至2014年5月8日前作出答复。2014年4月18日，某镇人民政府向被告回函称：经查，某镇安置及补偿工作指挥部是为更好地推进腾退安置及补偿工作而设立的，非实体性组织，不需要经某区政府批准成立。因此，张乙、张甲申请获取的涉案信息不存在。2014年4月29日，被告作出《政府信息不存在告知书》，后向原告送达。原告不服，提起行政诉讼。法院经审理，判决撤销某区政府作出的《政府信息不存在告知书》，并责令被告于法定期限内对原告的政府信息公开申请予以重新答复。2015年1月23日，被告作出《政府信息不存在告知书》，主要内容为告知本案原告：“经查，本机关未制作、未获取和保存您所申请获取的政府信息，依据《中华人民共和国政府信息公开条例》（本案以下简称《政府信息公开条例》）第二十一条第三项的规定，现告知您所申请获取的政府信息不存在。”原告仍不服，提起本案行政诉讼。

【案件焦点】

被告认定涉案政府信息不存在是否具有相应的事实依据。

【法院裁判要旨】

北京市第四中级人民法院经审理认为：本案中，原告申请公开的政府信息为“某区政府批准成立某镇腾退安置及补偿工作指挥部的相关文件或批文”，被告受理原告的政府信息公开申请后，向某镇人民政府、北京市某区北部地区开发建设委员会办公室核实确认，尽到了一定程度的搜寻义务。但原告在诉讼中提交的《某镇宅基地腾退安置及补偿工作实施方案》中载明“经区委区政府批准，成立‘某镇腾退安置及补偿工作指挥部’”，原告以此证明被告制作或保管有相关信息。被告在原告进行第一次行政诉讼过程中即已获知原告举证情况，但在重新答复原告并参加本次诉讼的过程中，并未调取新的证据或进行新的搜寻以佐证说明或反驳原告的证据线索。故在原告已提供初步证据且该证据指向明确的情况下，被告在本次诉讼中未提供充分证据证明其已尽到搜寻查找义务即答复原告申请信息不存在，被诉告知书应认定为主要证据不足，应予撤销。鉴于被告对原告提出的政府信息公开申请，尚需调查、裁量，故应判决被告在一定期限内重新答复。

北京市第四中级人民法院依照《中华人民共和国行政诉讼法》第六十九条、第七十条第一项，《最高人民法院关于审理政府信息公开行政案件若干问题的规定》第九条第一款之规定，判决如下：

一、撤销被告某区政府作出的《政府信息不存在告知书》；

二、被告某区政府于法定期限内对原告张甲、张乙的政府信息公开申请予以重新答复；

三、驳回原告张甲、张乙的其他诉讼请求。

判决后，双方当事人均未上诉，本判决现已生效。

【法官后语】

当前司法实践中，行政机关因作出政府信息不存在的答复而被诉至法院的案件较多。通常而言，对于否定性事实，主张方不负证明责任，而由对方负证明责任。但在政府信息公开案件中，这一证据法原理又不能绝对化，因为主张相关信息存在的原告一方往往缺乏相应的证明能力。此时，行政机关是否尽到审慎、合理的搜寻查找义务，就十分关键。而行政机关进行搜寻查找的过程和结果是可以通过证据加以证明的。因此，行政机关需要提交证据证明其就涉案政府信息进行搜寻查找的情况，法院则需要审查行政机关的搜寻查找是否合理、审慎。例如，法院需要审查行政机关搜寻查找的范围是否全面，在进行检索时对关键词的设定是否合理、准确等。

同时，如果政府信息公开申请人在申请政府信息公开时提交了能够表明相关信息可能存在的证据，行政机关对该政府信息不存在的证明义务会随之加重，不仅要证明其进行了审慎、合理的搜寻查找，而且要推翻申请人所提交的证据的证明力。

此外，行政机关对政府信息不存在还应尽到说明理由的义务。例如，因行政机关不具有相应职责而未制作或获取过相关政府信息的，应当援引相关法律规范就其职责范围作出具体说明；因行政机关履行相应职责的条件尚未成就而未制作或获取过相关政府信息的，应着重就其履行职责的法定要件作出解释说明，并提供履责条件尚未成就的相关事实依据；因行政机关未依法履行职责而未制作或获取信息，或者行政机关曾制作或获取信息，但未予保存或者事后丢失的，也应如实讲明情况。实践中，一些政府信息不存在告知书的说理过于简单，如仅告知政府信息不存在或行政机关未制作、未获取，至于该政府信息是否属于其履行职责过程中应当制作或获取的信息、其是否进行了搜寻查找等，则语焉不详甚至只字不提，此时就存在告知书被法院判决撤销的风险。

就本案而言，区政府受理原告的政府信息公开申请后，通过向相关部门发函核实，尽到了一定程度的搜寻义务，但在原告提供涉案政府信息存在证据线索的情况下，区政府并未提供足以推翻原告证据的反证，区政府提供的证据不能证明其已尽到审慎、合理的搜寻查找义务，因此法院认为区政府所作被诉告知书的主要证据不足，因此判决予以撤销并责令区政府重新作出答复。

编写人：北京市第四中级人民法院　陈良刚

103　涉商业秘密政府信息公开案件的审理和裁判

——张某诉中华人民共和国国土资源部政府信息公开案

【案件基本信息】

1. 裁判书字号

北京市高级人民法院（2014）高行终字第 1204 号行政判决书

2. 案由：政府信息公开纠纷

3. 当事人

原告（被上诉人）：张某

被告：中华人民共和国国土资源部（以下简称国土部）

第三人（上诉人）：石业开发公司

【基本案情】

2012年11月19日，张某向国土部提交《政府信息公开申请表》，表中所需信息的内容描述一栏为“C1000002008087120000×××号采矿许可证的申请资料”。国土部受理后，告知张某需延长答复期限。2012年12月21日，国土部向石业开发公司发出《国土资源部办公厅关于征求公开香炉山白岗岩矿申请资料意见的函》，要求石业开发公司于2012年12月31日前将是否同意公开申请资料的意见书面回复。2012年12月26日，石业开发公司回复国土部，不同意公开香炉山白岗岩矿申请资料及所有相关资料。2013年1月5日，国土部作出《国土资源部政府信息公开告知书》（以下简称被诉告知书），主要内容为：关于张某提出的信息公开申请，国土部依照《中华人民共和国政府信息公开条例》（本案以下简称《政府信息公开条例》）的规定，书面征求了石业开发公司的意见。石业开发公司书面回函不同意公开该矿申请资料及所有相关资料。鉴于上述原因，国土部依法不能公开该矿申请资料。2013年1月13日，张某收到被诉告知书。后张某针对被诉告知书向国土部申请行政复议，国土部于2013年4月15日复议维持了被诉告知书。张某不服，以国土部认为其申请公开的政府信息涉及商业秘密，并据此决定不予公开是错误的为由，诉至法院，请求判决撤销被诉告知书，并责令国土部公开其所申请公开的信息。

在一审法院开庭审理过程中，各方当事人均明确认可：涉案采矿权许可证申请材料中的原采矿许可证正本、企业法人营业执照、中华人民共和国台港澳侨投资企业批准证书不涉及石业开发公司的商业秘密。

【案件焦点】

涉商业秘密的政府信息公开案件应当如何审理和裁判。

【法院裁判要旨】

北京市第一中级人民法院经审理认为：行政机关不得公开涉及国家秘密、商业秘密、个人隐私的政府信息，旨在避免因特定政府信息的公开导致国家利益、社会公共利益以及公民、法人和其他组织的合法权益遭到损害。同时，申请公开的政府信息中含有不应当公开的内容，但是能够作区分处理的，行政机关应当向申请人提供可以公开的信息内容。行政机关认为申请公开的政府信息涉及商业秘密、个人隐私，公开后可能损害第三方合法权益的，应当书面征求第三方的意见，第三方不同意公开的，不得公开。但是，行政机关认为不公开可能对公共利益造成重大影响的，应当予以公开。基于上述规定，行政机关在政府信息公开工作中，并非只要政府信息涉及商业秘密、个人隐私的就一概不予公开，而是应当充分征求第三方意见并考量公共利益影响；同时，如果相关信息能够作区分处理的，行政机关仍应将可以公开的内容提供给申请人。根据当时有效的《中华人民共和国反不正当竞争法》第十条第三款的规定，商业秘密是指不为公众所知悉、能为权利人带来经济利益、具有实用性并经权利人采取保密措施的技术信息和经营信息。涉案采矿权许可证申请材料中的原采矿许可证正本、企业法人营业执照、中华人民共和国台港澳侨投资企业批准证书明显不符合商业秘密所应具有的基本特征，不属于商业秘密。本案庭审过程中，各方当事人亦明确认可上述材料不涉及第三人的商业秘密。另外，国土部并未主张亦无在案证据证明上述材料涉及国家秘密或者个人隐私。因此，可以认定上述材料应予公开。在这种情况下，即使张某申请公开的信息中有其他部分涉及商业秘密进而不得公开的内容，国土部亦应按照前述《政府信息公开条例》的相关规定进行区分处理，向张某提供可以公开的内容。本案中，国土部仅依据第三人石业开发公司的意见作出被诉告知书，对张某申请的信息全部不予公开，属于认定事实不清，证据不足，该告知书应予撤销。同时，法院依法应当责令国土部限期向张某公开前述可以公开的政府信息。鉴于张某的政府信息公开申请所涉及的其他政府信息应否公开，在被诉告知书被撤销后仍需国土部重新进行调查、裁量，法院一并判决国土部在一定期限内重新答复。综上，张某关于撤销被诉告知书的诉讼请求，法院予以支持，其关于责令国土部公开涉案采矿权许可证申请材料的诉讼请求，法院予以部分支持。

北京市第一中级人民法院依据《中华人民共和国行政诉讼法》第五十四条第二项第一目，《最高人民法院关于审理政府信息公开行政案件若干问题的规定》（本案以下简称《信息公开若干规定》）第九条第一款及第三款，《最高人民法院关于执行〈中华人民共和国行政诉讼法〉若干问题的解释》第五十六条第四项之规定，作出如下判决：

一、撤销被告国土部作出的被诉告知书；

二、被告国土部于本判决生效后七日内向原告张某公开涉案采矿权许可证申请材料中的原采矿许可证正本、企业法人营业执照、中华人民共和国台港澳侨投资企业批准证书；

三、对原告张某的政府信息公开申请涉及本判决第二项以外的其他部分，被告国土部应于本判决生效后在法定期限内重新进行答复；

四、驳回原告张某的其他诉讼请求。

二审法院同意一审法院裁判意见。

【法官后语】

本案的焦点问题在于涉及商业秘密的政府信息公开案件应当如何审理和裁判。该类案件的审理和裁判需要兼顾公民、法人或者其他组织的知情权和商业秘密权利人的经济利益保护。

《政府信息公开条例》虽然没有在具体条文中明确规定，但事实上从始至终贯穿着“以公开为原则，以不公开为例外”的主线，这也应当成为行政机关在政府信息公开工作过程中秉持的基本原则。但当某项政府信息是否应当公开作为一个行政争议诉至法院后，在法院作出最终生效裁判前，都应当假定该信息不应公开，特别是当信息可能涉及国家秘密、商业秘密、个人隐私时，不应给予信息公开申请人提前接触信息的机会，更不能将该信息作为证据进行交换。否则，不仅可能使诉争案件的审理失去意义，而且很可能给国家利益、公民、法人或者其他组织的合法权益造成无法挽回的损害。

《信息公开若干规定》第六条规定：“人民法院审理政府信息公开行政案件，应当视情采取适当的审理方式，以避免泄露涉及国家秘密、商业秘密、个人隐私或者法律规定的其他应当保密的政府信息。”本案中，被告国土部和第三人石业开发公司均主张原告张某所申请的信息涉及商业秘密，而张某对该主张明确提出异议，在此情况下，如果法院不对涉案信息本身的内容进行审查，是无法对涉案信息是否属于商业秘密作出准确判断的。最终，合议庭经当庭评议，决定要求被告提交涉案采矿权许可证的申请材料卷宗，因该卷宗即为原告申请公开的信息载体，合议庭不再要求原告和第三人进行质证，而由合议庭当庭进行审查，并将卷宗内的文件名称向各方当事人进行告知后记录在案。该种审理方式既充分保障了审判公开和各方当事人参与诉讼的权利，又避免了因为法院的审理造成商业秘密泄露的可能，并且为法院最终的准确裁判奠定了扎实的事实基础。

综合考虑反不正当竞争法对商业秘密的定义、涉案信息的内容以及各方当事人的庭审陈述，法院最终认定涉案信息中的涉案采矿权许可证申请材料中的原采矿许可证正本、企业法人营业执照、中华人民共和国台港澳侨投资企业批准证书明显不属于商业秘密。申请公开的政府信息中含有不应当公开的内容，但是能够作区分处理的，行政机关应当向申请人提供可以公开的信息内容。经合议庭当庭审查，前述信息是可以与涉案信息其他部分相互区分的，即具有"可分性"。在此前提下，被告仅仅根据第三人的反馈意见，决定对全部涉案信息不予公开，应当属于认定事实不清、证据不足。法院最终也是以此为由判决撤销了被诉告知书。

值得一提的是，既然法院已经认定某部分信息不涉及商业秘密，并且可以作区分处理，事实上往往也意味着法院对该部分信息是否应予公开的裁判时机已经成熟。《信息公开若干规定》第九条赋予了法院在裁判时机成熟的情况下直接判决行政机关公开相关政府信息的权力，从行政纠纷实质性解决和公民、法人或者其他组织知情权保障的角度考虑，这样的判决方式也是值得鼓励的。

编写人：北京市第一中级人民法院　薛政

104 行政机关自行转办政府信息公开申请的应认定为不履行法定职责

——谢某等诉成都市某区人民政府不履行政府信息公开职责案

【案件基本信息】

1. 裁判书字号

四川省成都市中级人民法院（2015）成行终字第 19 号行政判决书

2. 案由：不履行政府信息公开职责纠纷

3. 当事人：

原告（被上诉人）：谢某等九人

被告（上诉人）：成都市某区人民政府（以下简称某区政府）

【基本案情】

2014 年 2 月 19 日，谢某等九人向成都市人民政府提出政府信息公开申请，内容为：2005 年 11 月 24 日某区国土局向谢某等九人所在农村集体经济组织作出的听证告知书。2014 年 3 月 4 日，成都市人民政府政务公开办公室作出《政府信息公开申请转办函》，将谢某等九人提交的政府信息公开申请转交给某区政府办理，并要求按时答复谢某等九人。2014 年 3 月 5 日，成都市人民政府政务公开办公室作出《政府信息公开申请转办告知书》，告知谢某等九人其提交的申请已转交给某区政府，办理结果将由某区政府答复。2014 年 3 月 7 日，某区政府收到《政府信息公开申请转办函》及谢某等九人提交的《政府信息公开申请表》。2014 年 3 月 11 日，某区政府建设办公室向某区国土局作出《政府信息公开申请转办函》，将谢某等九人提交的政府信息公开申请转交给某区国土局，要求某区国土局于2014年3月21日前答复谢某等九人。2014年3月18日，某区国土局向谢某等九人作出政府信息公开申请办理告知书。2014年3月20日，某区国土局将告知书邮寄给谢某，但谢某未予签收。谢某等九人请求人民法院判决：1. 确认某区政府不履行法定职责、未依照上级人民政府的指令向谢某等九人作出政府信息公开办理告知违法；2. 判决某区政府在规定时间内向谢某等九人作出政府信息公开办理告知决定。

【案件焦点】

某区政府自行将申请人提交的政府信息公开申请转交给其他行政机关办理，能否认定为已经履行了法定职责。

【法院裁判要旨】

四川省成都市锦江区人民法院经审理认为：成都市人民政府将政府信息公开申请转交给某区政府办理，并告知了谢某等九人，因某区政府未退还申请，应视为受理了申请。而谢某等九人对某区政府进行答复没有异议，故谢某等九人与某区政府之间已经建立起了新的政府信息公开申请的关系。某区政府一直未向谢某等九人作出答复，诉讼中，也未提交证据证明需要延长答复期限或存在不计入答复期限的情况，不符合《中华人民共和国政府信息公开条例》第二十一条、第二十四条的规定，未依法履行政府信息公开的法定职责。某区政府和某区国土局是不同的机关法人，某区国土局的答复不能视为某区政府履行了答复的职责。

四川省成都市锦江区人民法院依照《中华人民共和国政府信息公开条例》第二十一条、第二十四条，《最高人民法院关于审理政府信息公开行政案件若干问题的规定》第十条之规定，作出如下判决：

被告某区政府在判决生效后15个工作日内对原告谢某等九人的政府信息公开申请作出答复。

某区政府持原审意见提出上诉。四川省成都市中级人民法院经审理认为：某区政府对谢某等九人的信息公开申请具有根据情况作出答复的行政职责。成都市人民政府将申请转交给某区政府办理，并告知了谢某等九人，因某区政府未将申请予以退还，应视为受理了申请。同时，谢某等九人对某区政府应当对其进行答复没有异议，故某区政府即具有根据申请内容作出答复的职责。某区政府一直未向谢某等九人作出答复，也未提交证据证明需要延长答复期限或存在不计入答复期限的情况，不符合《中华人民共和国政府信息公开条例》第二十一条、第二十四条的规定，未依法履行法定职责。

四川省成都市中级人民法院依照《中华人民共和国行政诉讼法》第六十一条第一项的规定，判决如下：

驳回上诉，维持原判。

【法官后语】

现实中，行政机关存在将政府信息公开申请转交下级机关或部门办理的情况。本案就非常典型，在案件中存在两次转办，而法院认可了一次，否定了一次，其理由在于：

1. 转办不等同于行政委托

在行政委托中，不发生职权职责、法律后果及行政主体资格的转移。假设政府信息公开的转办属于行政委托，则承办单位应当以转办单位的名义向申请人作出答复，这一点与现实中绝大多数政府信息公开承办单位以自己的名义作出答复是完全不同的。

2. 对转办的认定应当回归相对人的申请本意

政府信息公开申请是相对人向行政机关说明理由，提出公开相关信息的请求的过程，其主要的内涵应当侧重于要求公开或者作出答复的意思表示，而非侧重于提交申请的动作。也就是说，行政机关收到申请后将申请转交给其他机关办理，如果申请人对转办予以认可，则可以视为申请人与承办机关之间形成了新的申请关系，承办机关即应当基于这个新的申请负担起以自己名义向申请人作出答复的义务。

（1）对于本案中第一次转办，即成都市人民政府转给某区政府的行为：成都市人民政府在转交某区政府的同时，告知了申请人。虽然告知的理由并不严谨，但由于申请人对成都市人民政府将申请转交某区政府没有异议，并且以向法院起诉要求某区政府答复的实际行动对转办的行政行为予以了认可，故申请人具有要求某区政府答复的意思表示。虽然没有直接向某区政府递交申请，但仍应视为申请人与某区政府之间建立起了新的申请关系。故法院对成都市人民政府的转办行为予以了认可。

（2）对于本案中第二次转办，即某区政府转给某区国土局的行为：某区政府既没有告知申请人，又没有得到申请人的事后认可，这种转办行为于法无据。虽然某区国土局作出了答复，但由于转办机关和承办机关是不同的机关法人，都有根据法规规定履行政府信息公开义务的职责，故某区国土局的答复不能视为某区政府履行了答复的职责，应当认定某区政府没有履行法定职责。

值得注意的是，除本案中涉及的两种类型的转办外，还存在另一种转办形式，即转办机关将申请交给承办机关研究，要求承办机关将相关结论书面回复转办机关，再由转办机关直接将上述书面回复交给申请人。对于这种形式，首先，转办机关完成了答复的义务，履行了法定职责；其次，承办机关的书面回复是向转办机关作出，而非直接向申请人作出，如果申请人对该回复不服，可以依据《最高人民法院关于审理政府信息公开行政案件若干问题的规定》第一条的规定，以转办机关为被告向人民法院提起诉讼。

编写人：四川省成都市锦江区人民法院　史晓莎

六、行政处理

105 政府采购供应商因重大误解导致质疑程序未完成的应认定不符合投诉受理条件

——安全科技公司诉某区财政局行政处理案

【案件基本信息】

1. 裁判书字号

江苏省无锡市中级人民法院（2020）苏02行终85号行政判决书

2. 案由：行政处理纠纷

3. 当事人

原告（上诉人）：安全科技公司

被告（被上诉人）：某区财政局

【基本案情】

原某区安监局就该区安全生产专业技术检查服务外包项目进行公开招标。安全科技公司应邀参加该招投标项目。因不满该项目的中标结果，安全科技公司于2018年12月4日向原某区安监局提交《质疑函》并抄送某区财政局。2018年12月11日，原某区安监局向安全科技公司作出《对质疑函的答复》，认为《质疑函》部分内容缺失，要求其在规定的时间内完善质疑函，并以书面的形式提交。同时告知安全科技公司如对本答复不满意，可以在答复期满后15个工作日内向财政部门提出投诉。2018年12月

25日，安全科技公司向某区财政局发出《投诉书》。某区财政局认为安全科技公司投诉前未依法质疑，投诉不符合受理条件，决定驳回安全科技公司的投诉。安全科技公司不服该决定，向法院提起行政诉讼，请求撤销某区财政局的上述决定。

【案件焦点】

安全科技公司的投诉是否已经经过前置的质疑程序，是否符合《政府采购质疑和投诉办法》规定的投诉条件。

【法院裁判要旨】

江苏省无锡市滨湖区人民法院经审理认为：安全科技公司收到原某区安监局的《对质疑函的答复》后，未按照该答复要求予以补正并重新依法质疑，故安全科技公司的投诉不符合投诉的受理条件，某区财政局在法定期限内驳回其投诉，并无不当，程序合法。

江苏省无锡市滨湖区人民法院依照《中华人民共和国行政诉讼法》第六十九条的规定，判决如下：

驳回安全科技公司的诉讼请求。

安全科技公司不服，提起上诉。江苏省无锡市中级人民法院经审理认为：第一，原某区安监局对安全科技公司的质疑作出《对质疑函的答复》，告知其质疑函存在内容缺失等事项，需要补正等内容。可见，《对质疑函的答复》并非针对安全科技公司质疑的最终结论性答复，其实质是在明确质疑事项以及完善质疑函内容过程中的一种程序性通知。安全科技公司在收到该通知后没有与原某区安监局联系，而是直接向某区财政局提出投诉。安全科技公司没有完成质疑程序就直接提起投诉确属事实。第二，根据《政府采购质疑和投诉办法》第十九条第二款的规定，投诉人提起投诉应当符合下列条件：（一）提起投诉前已依法进行质疑……由此可见，完成质疑程序是供应商进行投诉的必经前置程序。某区财政局判断安全科技公司并未经过完整的质疑程序直接提出投诉，不符合《政府采购质疑和投诉办法》第十九条规定的投诉受理条件，决定驳回其投诉，有事实依据，结论正确。

江苏省无锡市中级人民法院依照《中华人民共和国行政诉讼法》第八十九条第一款第一项的规定，判决如下：

驳回上诉，维持原判。

【法官后语】

本案的核心问题是安全科技公司的投诉是否符合《政府采购质疑和投诉办法》规定的投诉条件，对这一核心问题的判断离不开对前置质疑程序的正确解读和原因剖析。

1. 安全科技公司事实上并未完成前置质疑程序

《政府采购质疑和投诉办法》第八条规定，供应商可以委托代理人进行质疑和投诉。其授权委托书应当载明代理人的姓名或者名称、代理事项、具体权限、期限和相关事项。供应商为自然人的，应当由本人签字；供应商为法人或者其他组织的，应当由法定代表人、主要负责人签字或者盖章，并加盖公章。代理人提出质疑和投诉，应当提交供应商签署的授权委托书。第十二条规定，供应商提出质疑应当提交质疑函和必要的证明材料。质疑函应当包括下列内容：（一）供应商的姓名或者名称、地址、邮编、联系人及联系电话……（四）事实依据……供应商为法人或者其他组织的，应当由法定代表人、主要负责人，或者其授权代表签字或者盖章，并加盖公章。此外，《政府采购质疑和投诉办法》第十二条第四项规定，质疑函应当有事实依据。由此可见，质疑不仅要有事实依据，《质疑函》在形式要件上也应该符合上述规定，载明必要的内容和信息。

本案中，安全科技公司提出的《质疑函》缺少授权委托书、供应商的地址、邮编、联系人及联系电话以及质疑的事实依据等必要内容，不符合《政府采购质疑和投诉办法》的上述规定。安全科技公司收到原某区安监局作出的《对质疑函的答复》后，并未将上述缺失内容补齐后交予原某区安监局。对安全科技公司提出的质疑，原某区安监局未能作出实质性的答复意见，前置质疑程序实际上并未完成。

2. 对于前置质疑程序未得以完成，原某区安监局与安全科技公司均存在过错

《政府采购质疑和投诉办法》第十七条规定，质疑供应商对采购人、采购代理机构的答复不满意，或者采购人、采购代理机构未在规定时间内作出答复的，可以在答复期满后15个工作日内向本办法第六条规定的财政部门提起投诉。上述规定适用于采购人、采购代理机构针对质疑供应商所提质疑内容的实体答复，而非质疑程序中作出的所有冠名为“答复”的答复。本案中，原某区安监局作出《对质疑函的答复》，其主要内容系针对质疑申请材料不齐全的补正通知，而非对质疑内容的实质性答复，显然不应适用《政府采购质疑和投诉办法》第十七条规定。但原某区安监局告知安全科技公司“若你公司对本答复不满意的，可以在答复期满后15个工作日内向《政府采购质疑和投诉办法》第六条规定的财政部门提出投诉”，误导了安全科技公司越过质疑程序直接向财政部门提出投诉。应该说，对于安全科技公司未完成前置质疑程序，原某区安监局存在一定的过错。政府采购人在答复中应严格区分

质疑程序中程序性通知和实体答复的适用载体：对于申请人不具有投诉权的程序性要求，以告知函或通知等形式作出为宜；而对于实体内容的答复，则应按照《政府采购质疑和投诉办法》第十五条规定作出。

当然，客观而言，安全科技公司收到原某区安监局作出的《对质疑函的答复》后，径行向某区财政局提出投诉的行为亦存在过错。《对质疑函的答复》明确载明“请安全科技公司对照《政府采购质疑和投诉办法》要求，在办法规定的时间内完善质疑函，并以书面的形式提交，安监局收到后将及时处理，保证供应商的合法权益”。按照常识理解，应该可以看出上述《对质疑函的答复》实质上是通知安全科技公司明确质疑事项以及完善质疑函内容。安全科技公司收到该答复后应当按照要求，对照《政府采购质疑和投诉办法》的规定完善质疑函的必需内容，与原某区安监局联系，明确质疑事项，等待处理结果。但是，安全科技公司并未与原某区安监局联系，而是径行向某区财政局提出投诉，且投诉内容也并非针对答复中的补正要求，而是直接针对招投标事项进行投诉，越过了尚未完成的质疑程序，属于对《政府采购质疑和投诉办法》相关规定的误解。对于这种因误解导致质疑程序未能完成的行为，安全科技公司自身存在不可推卸的责任。

3. 原某区安监局的答复瑕疵不影响某区财政局认定安全科技公司不符合投诉条件这一结论的正确性

《政府采购质疑和投诉办法》第十九条第二款规定，投诉人提起投诉应当符合下列条件：（一）提起投诉前已依法进行质疑；（二）投诉书内容符合本办法的规定；（三）在投诉有效期限内提起投诉；（四）同一投诉事项未经财政部门投诉处理；（五）财政部规定的其他条件。虽然该规定并没有明确依法进行质疑是形式上启动了质疑程序还是实质上完成了质疑程序，但是结合《政府采购质疑和投诉办法》的相关条款规定进行综合理解，应是采购人、采购代理机构对供应商的质疑作出了结论性答复，供应商对答复内容不满意提出投诉。由此可见，实质性地完成质疑程序而非仅仅启动质疑程序，才是供应商进行投诉的必经前置程序。

本案中，虽然原某区安监局《对质疑函的答复》在行文标题以及告知投诉权利等内容上存在瑕疵，易误导安全科技公司直接向财政部门提出投诉，但是安全科技公司本身应对未完成质疑程序负有直接和主要的责任。在此情况下，某区财政局判断安全科技公司并未经过完整的质疑程序直接提出投诉，不符合《政府采购质疑和投诉办法》第十九条规定的投诉受理条件，决定驳回其投诉，有事实依据和法律依据。但是，如存在供应商确因采购人、采购代理机构的误导或者程序违法导致质疑程序未能完成的情形，财政部门对于投诉受理条件的审查不应拘泥于对法律条文的僵化理解，而应充分保证政府采购供应商的合法权益。

综上所述，政府采购尚属处在上升通道的新兴领域，相关法律法规将进一步完善健全。其间，采购人、采购代理机构、供应商以及财政主管部门都需要加强对政府采购专业知识的学习，熟练掌握法规政策，才能避免产生类似本案的因重大误解导致的权利救济缺失。

编写人：江苏省无锡市中级人民法院　何薇　张玲玲

106 取消高校考生录取资格事实认定的排除合理怀疑证明标准

——宗某诉××大学教育行政处理案

【案件基本信息】

1. 裁判书字号

上海市第三中级人民法院（2017）沪03行终57号行政判决书

2. 案由：教育行政处理纠纷

3. 当事人

原告（被上诉人）：宗某

被告（上诉人）：××大学

【基本案情】

2015年2月，宗某参加××大学艺术类专业入学考试，素描成绩为72.7分。2015年7月，宗某被××大学录取。同年9月宗某入学，10月参加专业复查考试，素描成绩为41分。××大学委托本校的三位专家对宗某两张试卷上的素描进行阅卷复评，结论为非同一人所作。后××大学委托案外某大学司法鉴定中心（以下简称鉴定中心）对检材入学考试试卷与样本复查考试试卷右上方红色印文栏内的手写字迹是否同一人所写进行鉴定。鉴定中心出具的鉴定意见书结论为非同一人所写。××大学随后听取宗某对考试情况的陈述和辩解，宗某对入学考试素描试题纸布局结构陈述有误。后××大学委托上海教育考试院专家库中三位专家对宗某2月、9月两张试卷上的素描进行阅卷复评，结论仍为非同一人所作。××

大学由此作出教育行政处理决定告知书（以下简称被诉决定），认定宗某在入学考试中有弄虚作假的行为，对宗某作出取消录取资格的处理决定。宗某不服，向××大学的学生申诉处理委员会提出申诉，该委员会作出了维持原处理决定的申诉复查决定。宗某不服，提起行政诉讼，要求撤销被诉决定，并责令××大学恢复宗某的录取资格。

经宗某申请，一审法院委托司法鉴定科学技术研究所司法鉴定中心（以下简称司鉴所）对检材入学考试试卷右上方印框内手写字迹是否为宗某本人所写进行重新鉴定，司鉴所出具鉴定意见书，结论为检材上需检的“宗某”“江苏省”“2015090510”字迹是宗某所写。经××大学申请，一审法院通知司鉴所两名鉴定人出庭接受询问，并通知一名美术专家出庭作证。

二审审理中，××大学申请重新鉴定。二审法院委托上海市司法鉴定专家委员会对于条形码为“2015090510”的人物素描画中右上方红色印框内的“2015090510”“宗某”“江苏省”的手写字迹与供比对的宗某样本字迹是否为同一人所写进行技术咨询。上海市司法鉴定专家委员会出具《司法鉴定咨询意见书》，结论为系同一人所写。

【案件焦点】

××大学作出被诉决定认定的事实、证据是否成立，即能否根据既有证据认定宗某在入学考试时存在弄虚作假的行为。

【法院裁判要旨】

上海市长宁区人民法院经审理认为：本案的争议焦点在于，宗某入学考试试卷上的素描画与手写字迹是否为本人所作。本案系涉及学生受教育权等重大权益的教育行政处理决定，案件处理结果对当事人影响巨大，法院在合法性审查中要求××大学尽到更充分的举证义务，对违法事实的证明标准应达到确凿无疑、排除合理怀疑的程度。经对本案全部证据的综合审查判断，××大学认定宗某在入学考试中存在严重违反高校招生规定的弄虚作假行为，尚未尽到充分的举证义务，对该违法事实的证明标准未达到确凿无疑、排除合理怀疑的程度。××大学作出被诉决定，属认定事实不清、证据不足，依法判决撤销。

上海市长宁区人民法院依照《中华人民共和国行政诉讼法》第七十条第一项之规定，判决如下：

一、撤销××大学于 2015 年 12 月 4 日向宗某作出的取消录取资格的处理决定告知的行政行为；

二、××大学应于本判决生效之日起十五个工作日内恢复宗某的录取资格。

××大学不服，提起上诉。上海市第三中级人民法院经审理认为：双方当事人的争议在于能否依据××大学所提供的证据认定宗某入学考试时存在弄虚作假的行为。原审中，宗某对于其当时无法说清考试的情况予以了合理的解释。关于手写字迹鉴定问题，司鉴所与鉴定中心的鉴定意见结论完全不同，经二审法院委托，上海市司法鉴定专家委员会出具的司法鉴定咨询意见，并不支持鉴定中心的鉴定意见。故××大学对于认定宗某入学考试与复查考试的两幅素描画上手写字迹并非同一人所写的事实，不能提供具有证明力的证据予以证明。本案中，素描画与手写字迹存在于同一文本上，××大学没有其他证据能够证明在宗某入学时的素描画与手写字迹系由不同人员所作。在素描画手写字迹已被相关鉴定机构鉴定是宗某所写的情况下，××大学认定宗某在参加2015年艺术类招生专业考试中存在严重违反高校招生规定的弄虚作假行为，作出被诉决定的事实认定不清，证据并不确凿充分。××大学的上诉请求和理由依法不能成立，不予支持。原审判决正确合法，应予维持。

上海市第三中级人民法院依照《中华人民共和国行政诉讼法》第八十九条第一款第一项的规定，判决如下：

驳回上诉，维持原判。

【法官后语】

综观本案的整个诉讼过程，本案焦点实质上应归属于适用何种行政诉讼证明标准的争议。

结合理论界和实务界的认知和实践，我国行政诉讼证明标准是以追求最大限度地接近客观真实为依归，以"盖然性"标准为基础，并在"盖然性"标准项下区分个案案情予以差别适用的动态的、多元化标准。法官需要根据个案中行政行为所涉法益大小等因素的改变对行政诉讼证明标准的适用作出提高或降低的调整，从而最大限度地兼顾行政诉讼证明标准的公正性和灵活高效性的统一。按照证明程度由低到高的标准，我国行政诉讼证明标准可以依次划分为合理可能性标准、优势证明标准、明显优势证明标准、排除合理怀疑证明标准。结合本案实际，本案中的两方当事人对自身的主张需要达到的证明标准有所不同：其一，由于被诉决定一方面从实质上剥夺了宗某进入高等学府接受高等教育的权利，另一方面也对宗某本人的社会评价产生了负面影响，对宗某权益影响重大，在双方地位极不对等的情况下，对被诉决定适用排除合理怀疑标准，最大限度地保障相对人的合法权益，合乎法理和情理。

其二，宗某对案件事实的查明承担一定的推进责任，对其相应主张达到合理可能性标准即可。被诉决定的事实证据有三，评析如下：

第一，入学与复查考试的两幅素描画上手写字迹能否确定为非同一人所写的问题。对此，司鉴所与鉴定中心的鉴定意见结论完全不同。二审中，更具鉴定权威性的上海市司法鉴定专家委员会出具的司法鉴定咨询意见，并不支持鉴定中心的鉴定意见。故××大学对于两幅素描画上手写字迹并非同一人所写的事实，并未提供更加具有优势的证据予以证明，其作出被诉决定的事实基础足以被本案存在的合理怀疑所动摇。

第二，入学与复查考试的两幅素描画能否确定为非同一人所作的问题。××大学以其举证的专家复查结论坚持认为，两幅素描画存在较大差异，故宗某入学考试存在弄虚作假的行为。在诉讼中，××大学坚持对宗某的入学考试画作进行鉴定。对此，考量如下：首先，素描画与手写字迹存在于同一文本上，××大学没有其他证据能够证明在宗某入学时的素描画与手写字迹系由不同人员所作。在素描画手写字迹已被相关鉴定机构鉴定是宗某所写的情况下，××大学作出被诉决定的事实和证据并不充分。其次，对考生的画作进行鉴定，在可操作性及客观性方面均极易引发争议。故二审法院对此申请事项不予准许。

第三，宗某是否已经对当时考试情况做了合理解释的问题。本案中，宗某参加××大学 2015 年 2 月的入学考试与 2015 年 10 月参加××大学复查考试的时间间隔长达 8 个月之久，考生的前后分数差别受到应试时间、个人发挥、环境等多重因素的影响，并非恒定不变的。一审中，宗某诉称其在 2015 年 1 月至 3 月连续参加了十余所高校组织的专业考试，因此事后回忆出现了偏差。宗某对于其当时无法说清考试的情况予以了合理的解释，并提交了十余所学校的准考证予以佐证。××大学对此并未提供充分的反驳意见和证据，宗某本人对其提出的案件事实已经达到了合理可能性证明标准，其意见应当予以采信。

综上，在此类案件的审查中，人民法院应当要求对相对人作出不利处理决定的高等教育机构尽到更加充分的举证义务，即认定相对人此类违法事实的举证应当达到排除合理怀疑的程度。以本案审理为契机，有关部门应通过相关机制的健全完善，最大限度地保障高等教育的诚信度和公平度的实现。

编写人：上海市第三中级人民法院　张文忠　高凌　史克诚

107 学校依法能够将遵纪守法、道德品行因素细化并纳入学位评定标准

——时某诉某学院教育行政管理案

【案件基本信息】

1. 裁判书字号

浙江省台州市中级人民法院（2017）浙10行终15号行政判决书

2. 案由：教育行政管理纠纷

3. 当事人

原告（上诉人）：时某

被告（被上诉人）：某学院

【基本案情】

原告时某于2012年9月就读于被告某学院汉语言文学专业。2014年2月22日，因其在《中国新闻史》课程的补考中夹带与考试有关的小纸条被监考老师发现，监考老师在某学院课程考核试场情况登记表的试场情况中填写："在《中国新闻史》补考过程中夹带有与考试有关的小纸条，被监考教师发现。"原告本人在该登记表上签字确认。2014年2月28日，被告依据《某学院学生考试违规认定处理办法》第七条的规定，作出《关于给学生占某等五十二人处分的决定》，给予其记过处分。2016年6月4日，原告时某填写某学院学士学位授予申请表，某学院在不能授予学位原因一栏中，写明补考时携带与考试相关的资料。2016年6月14日，某学院以原告时某考试作弊受记过处分为由拒绝向原告授予学士学位。

【案件焦点】

被告某学院作出的不授予原告时某学位的决定是否合法，被告制定的《某学院学位授予办法》中授予学士学位的评定标准是否超出了法律的授权范围。

【法院裁判要旨】

浙江省临海市人民法院经审理认为：被告某学院依据《中华人民共和国学位条例暂行实施办法》第二十五条"学位授予单位可根据本暂行实施办法，制定本单位授予学位的工作细则"的规定，有权制定《某学院学位授予办法》，同时，《某学院学位授予办法》第四条第一款第二项规定"考试作弊受到记过及以上处分，或因其他原因受到留校察看处分者，不得授予学士学位"的内容，符合《中华人民共和国学位条例》第二条、第四条以及《国务院学位委员会关于对〈中华人民共和国学位条例〉等有关法规、规定解释的复函》第一条“《中华人民共和国学位条例》第二条规定，申请学位的公民要拥护中国共产党领导、拥护社会主义制度，其本身内涵是相当丰富的，涵盖了对授予学位人员的遵纪守法、道德品行的要求”的规定，被告某学院将遵纪守法、道德品行因素纳入其制定的《某学院学位授予办法》作为授予学士学位的评定标准，没有超出法律的授权范围。原告时某于 2014 年 2 月 22 日在《中国新闻史》课程补考过程中夹带相关纸条，被告依据《某学院学生考试违规认定处理办法》第七条给予其记过处分，该决定的内容据原告时某自认在被告作出不同意授予原告时某学士学位的决定之前即 2016 年 6 月 2 日已经知道，但原告未向被告主张相应的权利，故该处分决定具有效力，原告称被告未向其送达处分决定于事实无据。综上，被告某学院根据本校制定的《某学院学位授予办法》，按照学士学位的评定程序，经校学位评定委员会审核，以原告受过记过处分为由决定不授予原告学士学位，符合法律法规关于学位授权的规定。

浙江省临海市人民法院依据《中华人民共和国行政诉讼法》第六十九条，《最高人民法院关于执行〈中华人民共和国行政诉讼法〉若干问题的解释》第五十六条第四项的规定，判决如下：

驳回原告时某的诉讼请求。

时某不服，提起上诉。浙江省台州市中级人民法院经审理认为：

第一，被上诉人认定上诉人考试作弊，提供的证据有某学院课程考核试场情况登记表、上诉人本人书写的情况说明。该登记表载明考试时间为 2014 年 2 月 22 日、考试科目为中国新闻史、作弊形式为夹带有与考试有关的小纸条，表上有两名监考老师的签名，上诉人本人在情况确认一栏中签名。该证据能证明上诉人考试作弊的事实。被上诉人是否提供上诉人用于作弊的小纸条，不影响对上诉人作弊事实的认定。上诉人代理人在本院审理时承认上诉人的签名系上诉人本人所签，但认为是被迫的，未能提供证据，对其主张本院不予支持。

第二，被上诉人根据上诉人本人对考试作弊事实的签名确认和书写情况的实际情况，于 2014 年 2 月 28 日对上诉人作出记过处分的决定，其程序并不违法。根据《某学院学生违纪处分条例》第二十三条的规定，学校对学生作出的处分决定在一定范围内公布，同时由学院将处分决定书送交本人，送达方式有本人签收和邮寄到学生家里两种方式。被上诉人没有提供向上诉人或其家长书面送达处分决定的证据，但载入学生手册的《某学院学生考试违规认定处理办法》第七条明确规定，考生作弊的后果是记过或记过以上处分。因此，上诉人作为某学院的学生应当知道其作弊的后果。即使按照上诉人代理人自认上诉人在 2016 年 6 月 2 日才知道被记过处分，其自认在 2016 年 6 月 14 日口头向被上诉人某学院提出，也已经超过处分决定载明的五个工作日内书面向学生申诉处理委员会书面申诉的期限。被上诉人对上诉人的处分决定已生效。

第三，涉案的《关于给学生占某等五十二人处分的决定》并没有明确上诉人被记过处分的期限，且到目前为止未被撤销或解除。上诉人认为按照《中华人民共和国行政处罚法》第三十九条、《中华人民共和国公务员法》第五十八条、《事业单位人事管理条例》第二十九条的规定，其被记过处分决定在 2015 年 3 月 7 日前已经失效的理由不成立。

第四，根据《中华人民共和国学位条例暂行实施办法》第二十五条的规定，学位授予单位可根据本暂行实施办法，制定本单位授予学位的工作细则，被上诉人有权制定《某学院学位授予办法》。《某学院学位授予办法》将学生遵纪守法、道德品行因素作为授予学士学位的评定标准，并不违反《中华人民共和国学位条例暂行实施办法》《普通高等学校学生管理规定》的规定。《某学院学位授予办法》第四条第一款第二项规定考试作弊受到记过及以上处分，或因其他原因受到留校察看处分者，不得授予学士学位，并没有超出法律的授权范围。被上诉人以上诉人考试作弊且受记过处分为由，不授予其学位证书，并不违法。上诉人以被上诉人对其考试作弊在记过处分后又不授予学位证书，违背《中华人民共和国行政处罚法》一事不再罚原则的上诉理由不成立。

综上所述，浙江省台州市中级人民法院依照《中华人民共和国行政诉讼法》第八十九条第一款第一项之规定，判决如下：

驳回上诉，维持原判。

【法官后语】

本案原、被告之间的一大分歧在于被告某学院制定的《某学院学位授予办法》中授予学士学位的评定标准，是否超出法律的授权范围。法官主要从以下几个方面进行考虑：

1. 立法本意：道德作为评价标准

当前司法实践中关于因学生考试作弊受到纪律处分而产生的学位授予纠纷并不少，但裁判结果却大相径庭，同级别和不同级别的法院都会产生不同的裁判。这与当前立法中存在一定的缺位有所关联。不同法院作出不同判决的主要原因在于对现行立法的理解有所不同。综观立法，与学位授予有关的立法主要有《中华人民共和国学位条例》《中华人民共和国学位条例暂行实施办法》《普通高等学校学生管理规定》等，其中前两部适用较为广泛。显然，目前对于学位授予相关制度的规定尚未有层级较高的法律予以授权和规制，且上述文件并未明确提出学校处分与学位授予之间的关系，仅提出可以授予学位的条件为政治正确和具有一定学术水平。这一内容涵盖非常之广。《国务院学位委员会关于对〈中华人民共和国学位条例〉等有关法规、规定解释的复函》（学位〔2003〕65号）[①] 对政治正确进行了解释，认为其内涵丰富，涵盖了遵纪守法、道德品行的要求。由此可以得出，当前我国将道德品行纳入了学位授予评价标准，申请学位人员不仅要达到学术标准，还应当具备良好的道德品行，结合相关法律、法规规定，学校将道德品行予以细化，制定相关的学位授予章程规则并未超出上位法授权之范围。

此外，对于条文的理解与解读不应当局限于语言文字本身，而应当从立法背后的深意与实质进行思考。从关于学位授予的相关法规来看，学位授予采用了双重标准，即学位申请人既要符合思想政治条件，又要满足学术标准。此种标准的制定不仅规范了学位授予工作的开展，切实将学位授予符合标准的申请人，同时也能够推动学校培养真正全面的人才。学位授予条件的制定与学位制度的应然定位和社会对学位获得者的道德期许相一致。因此，各高校在相关条例的指导下细化标准，制定与自身教学特色相结合的学位授予细则有助于加强学位管理工作，培养真正有素质和学术深度的学生，符合立法的本意。

---

① 载教育部政府门户网站，http：//www.moe.gov.cn/srcsite/A22/s7065/200311/t20031121_61707.html，最后访问时间：2023年1月11日。

2. 司法要求：有限的司法干预

高校享有其教育自主管理权和学术自主权，且学位的认定涉及专业判断、专业管理，故高校对其学位享有自主权。但是高校属于法律、法规授权的组织，其作出的学位授予行为应当属于行政行为，受《中华人民共和国行政诉讼法》及相关法律法规的约束，具有可诉性。这涉及司法权与高校自主权之间的平衡。司法权过度的干预会损害高校的学术自主权和教育自主管理权，司法的“外行”可能会影响学位授予工作中专业方面的认定；司法权如果不介入，则会容易引发高校自主权利的膨胀，进而侵害学生的合法权益。因此，就司法实践来看，大多采用的是有限的司法干预的方式。行政诉讼相关立法本就对司法审查行政行为做了限制。根据相关立法，法院仅对行政行为的合法性进行审查，在学位授予纠纷中，法院仅对学位授予是否合法进行审查，主要针对学校学位授予行为的程序及事实进行审查。该事实主要是指学校决定是否授予该学位申请人学位所依据的事实，如学术是否达标、思想政治是否正确。对于学位授予如何确定、采用何种标准等则充分尊重高校的自主权，由高校制定和管理。

3. 结论

具体到本案中，被告某学院作为高校，其享有充分的自主权，有权制定相应的学位授予程序、标准等，且其制定的《某学院学位授予办法》中将遵纪守法、道德品行因素细化并纳入学位评定标准并没有超出法律授权的范围，故其向原告时某作出的不予授予学位决定并无不妥。

编写人：浙江省临海市人民法院　应争

108 程序性告知行为的司法审查

——刘某诉某高新技术产业开发区管理委员会城建行政处理案

【案件基本信息】

1. 裁判书字号

江苏省泰州市中级人民法院（2013）泰中行终字第0056号行政判决书

2. 案由：城建行政处理纠纷

3. 当事人

原告（被上诉人）：刘某

被告（上诉人）：某高新技术产业开发区管理委员会（以下简称高新区管委会）

【基本案情】

高新技术产业开发区某街道办事处经过调查，认定刘某有近700平方米房屋面积无任何相关批准文件，属违法建筑，并于2011年9月2日作出《责令限期拆除通知书》，载明："刘某：经查，你户（单位）搭建建筑物、构筑物或进行其他工程建设行为，经相关部门确认，未取得'中华人民共和国建设工程规划许可证'审批手续，属于违法建设。现责令你户（单位），在9月10日前，主动拆除违法建设，逾期未能自行拆除的，本机关将依法拆除，由此产生的损失和后果自负。"刘某认为上述行政行为违法，提起行政诉讼，请求法院撤销案涉《责令限期拆除通知书》。

【案件焦点】

1. 本案被诉行政行为是否属人民法院行政诉讼的受案范围；2. 某街道办事处是否具有作出《责令限期拆除通知书》的行政职权。

【法院裁判要旨】

江苏省泰州市海陵区人民法院经审理认为：人民法院审理行政案件，对具体行政行为是否合法进行审查。该案所要审查的是某街道办事处于2011年9月2日作出的《责令限期拆除通知书》是否合法。第一，该案争诉的行政行为涉及行政相对人（原告）的实体权益，应属于人民法院行政诉讼受案范围。高新区管委会某街道办事处作出上述《责令限期拆除通知书》的行为未对刘某的权利义务产生实际影响的辩称，法院不予采信。第二，《中华人民共和国城乡规划法》第六十四条规定，未取得建设工程规划许可证或者未按照建设工程规划许可证的规定进行建设的，由县级以上地方人民政府城乡规划主管部门责令停止建设；尚可采取改正措施消除对规划实施的影响的，限期改正，处建设工程造价百分之五以上百分之十以下的罚款；无法采取改正措施消除影响的，限期拆除，不能拆除的，没收实物或者违法收入，可以并处建设工程造价百分之十以下的罚款。刘某的房屋属于城市总体规划的范围。某街道办事处作为高新区管委会的派出机构，并非政府城乡规划主管部门，不具有作出上述《责令限期拆除通知书》的行政职权，其所作上述《责令限期拆除通知书》依法应予撤销。因某街道办事处系高新区管委会的派出机构，其作出上述《责令限期拆除通知书》的法律后果依法应由高新区管委会承担。

江苏省泰州市海陵区人民法院依照《中华人民共和国行政诉讼

法》第五十四条第二项第四目之规定，判决：

撤销某街道办事处于2011年9月2日作出的《责令限期拆除通知书》。

高新区管委会不服，提起上诉。江苏省泰州市中级人民法院经审理认为：1. 关于受案范围的问题，对公民、法人或者其他组织权利义务不产生实际影响的行为，不属于人民法院行政诉讼的受案范围。某街道办事处对刘某作出的责令限期拆除通知书，责令其在9月10日前主动拆除违法建设，逾期未能自行拆除，将依法拆除。该通知书对刘某的权利义务将会产生实际影响，因此，本案被诉具体行政行为，属于人民法院行政诉讼的受案范围。2. 关于行政职权的问题，《中华人民共和国城乡规划法》第六十四条规定，未取得建设工程规划许可证或者未按照建设工程规划许可证的规定进行建设的，由县级以上地方人民政府城乡规划主管部门责令停止建设；尚可采取改正措施消除对规划实施的影响的，限期改正，处建设工程造价百分之五以上百分之十以下的罚款；无法采取改正措施消除影响的，限期拆除，不能拆除的，没收实物或者违法收入，可以并处建设工程造价百分之十以下的罚款。刘某的房屋在城市总体规划范围内，如存在违法建设行为，应由县级以上地方人民政府城乡规划主管部门对其作出处罚。某街道办事处作为高新区管委会的派出机构，并非县级以上人民政府城乡规划主管部门，根据职权法定原则，该办事处不具有作出上述《责令限期拆除通知书》的行政职权，原审法院判决撤销该通知正确。上诉人请求撤销原审判决缺乏法律依据，本院依法不予支持。原审判决认定事实清楚，适用法律正确，程序合法，应予维持。

江苏省泰州市中级人民法院依照《中华人民共和国行政诉讼法》

第六十一条第一项之规定，判决如下：

驳回上诉，维持原判。

【法官后语】

行政诉讼的受案范围法律及司法解释有明确的规定，诉讼活动参与主体均应依法执行。对于程序性告知行为而言，其是在行政程序开始或进行过程中针对程序而非就最终实体问题所为之的决定或行为，往往不具有行政诉讼的可诉性，不属于行政诉讼受案范围，导致实践中很多应诉行政机关往往以程序性告知行为为由答辩，甚至故意将行政行为冠以“告知书”之名，推脱法律责任。法院在案件审理过程中，应当重视对相对人权益的实际保障，严格区分被诉行政行为的性质，从以下方面审查是否属程序性告知行为：

1. 是否为阶段性行政行为

一个复杂的行政行为经常体现为一系列行政行为组成的一个行政过程，在作出最终行政决定前往往有一些出于中间阶段的阶段性程序行为，在这种程序性行为之后必然具有一个实体性行政决定，如果认可对行政实体决定提起诉讼的同时又允许对阶段行为单独起诉，可能出现两个并行的救济程序，甚至可能导致裁判结果的矛盾。因此，阶段性行为是不可诉的，程序性告知行为即是一种阶段性行为。因此，法院对于程序性告知行为性质的审查应当首先审查其是否具有阶段性特征，而这主要是通过对被诉行政行为后续发展进行调查。如被诉行政机关称该行政行为是程序性告知行为，法院应当要求被诉行政机关提供该告知行为的完整的行为过程，特别是应当有最终的实体性的行政决定，如就行政处罚而言，行政机关出具拟行政处罚告知书之后，最终会下发行政处罚决定书这一最终实体决定行为，对于这种处罚告知书而言，其即属于程序性告知行为，不属于行政诉讼受案范围。而本案中，被诉行政机关作出的《责令限期拆除告知书》，虽然名为告知书，但被诉行政机关在作出该告知书之后，实际拆除之前这一过程中并没有再行作出任何决定书，故该告知书实际上具有实体处罚的性质，不属于程序性告知行为。

2. 是否对当事人权利义务产生实际影响

对于行政诉讼的受案范围，《中华人民共和国行政诉讼法》以及《最高人民法院关于适用〈中华人民共和国行政诉讼法〉的解释》等都有原则性的规定，一般都以是否对当事人的权利义务产生实际影响是考量该行政行为是否属于行政诉讼受案范围的核心要素。程序性告知行为因为其仅是阶段性行政行为，不具有确定性，因此也不会对行政相对人的实际权利义务产生影响。因此，对涉诉行为是否属于程序性告知行为的审查，同样应侧重于审查其是否对当事人权利义务产生实际影响。对此，首先，应当审查该行为是否具有可执行性，这并不必然要求该行为已经执行，只要该行为在法律要件上可供执行即属于有实际影响。本案中，被诉行政机关已经根据该告知书作出了执行行为，应当认定为具有实际影响。其次，应当审查是否对当事人的合法权利义务产生影响。在此，当事人的合法权利义务的外延，不仅包括人身权和财产权，还包括政治权利、劳动权、受教育权等其他合法权益，而且必须是合法权益。对于违法权利，如相对人赌博的物资等则不属于审查和保护范围。本案中，虽然被诉行政机关声称相对人的房屋有大部分是违法建筑，但是其执行过程中是全部予以拆除，而且即使是违法建筑，相对人依然具有获得一定补偿的权利，被诉行政机关的行为直接针对了相对人的合法权益。

编写人：江苏省泰州市中级人民法院　蔡鹏

七、行政复议

109 村、居两委在协助政府工作时的权力属性、身份性质及责任承担

——邓某诉某市公安局某区分局某街道派出所、某区人民政府行政行为及行政复议案

【案件基本信息】

1. 裁判书字号

北京市第一中级人民法院（2020）京01行终715号行政裁定书

2. 案由：行政行为及行政复议纠纷

3. 当事人

原告（上诉人）：邓某

被告（被上诉人）：某市公安局某区分局某街道派出所（以下简称某街道派出所）、某区人民政府（以下简称某区政府）

第三人：孟某、陈某

【基本案情】

孟某系某居委会干部，持有北京市统计局制发的《统计调查证》。陈某系社区志愿者，自2011年以志愿者身份协助居委会及警务站处理社区事务。2018年11月5日，孟某、陈某到辖区内邓某家中进行人口抽样调查工作。邓某及其孩子在家，孟某、陈某当时推开邓某家门，进入邓某家门内，站在门内口处。邓某要求孟某、陈某离开，并和陈某发生言语冲突。后邓某打电话报警，孟某、陈某自行离开。

某街道派出所于2018年11月8日作出《终止案件调查决定书》，内容如下：因邓某被非法侵入他人住宅一案具有没有违法事实的情形，根据《公安机关办理行政案件程序规定》第二百三十三条第一款之规定，现决定终止调查。

邓某不服，向某区政府申请行政复议。某区政府于2019年2月26日作出《行政复议决定书》，决定维持《终止案件调查决定书》。遂成讼。

【案件焦点】

1. 村、居两委及其工作人员在执行行政职务时，其权力属性和身份性质是否发生改变；2. 村、居两委工作人员在执行行政职务时因故意或者重大过失侵害公民合法权益的，是否应当承担行政责任。

【法院裁判要旨】

北京市门头沟区人民法院经审理认为：居委会属于基层群众自治性组织。根据《全国人口普查条例》第三条第四款、《北京市统计条例》第八条等规定，某居委会具有依据法律、法规、规章的授权履行统计相关人口数据的职责。孟某、陈某到邓某家中进行人口抽样调查工作，孟某持有相关统计证件，负有行政法规所赋予的统计职责；陈某虽不具有相关统计证件，但从行为性质而言，属于协助居民委员会工作人员共同进行人口抽样调查的行为，亦应认定为履行统计职责的行为。从身份上看，孟某、陈某属于居民委员会工作人员，在履行统计职责时亦应视为行政机关工作人员。

行政机关工作人员在执行职务时因故意或者重大过失侵犯公民合法权益造成损害的，一是承担民事责任，即承担部分或者全部的赔偿费用；二是承担行政责任，即由有关行政机关依法给予行政处分。同时，依照刑法规定，构成犯罪的，还应当承担刑事责任。行政机关工作人员执行职务时的侵权行为，不应当给予治安管理处罚。本案中，孟某、陈某虽为居民委员会工作人员，但履行的是行政法规所赋予的统计职责，可视为行政机关工作人员，而邓某的报警事项实质指向行政机关工作人员执行职务过程中的行为。行政机关工作人员具有依法进行社会管理的职责，其在依法执行职务过程中是否存在因故意或过失给行政相对人造成侵害行为，不属于治安管理处罚法的调整范围，故邓某的报警事项不属于公安机关的职责范围。《终止案件调查决定书》仅是针对上述事项向邓某所采取的一种书面告知，并未改变公安机关对于邓某的报警事项本身不具有管辖职权的性质，在公安机关对于邓某的报警事项本身不具有法定职责的情形下，无论以履责之诉还是撤销之诉方式提起诉讼，均不属于行政诉讼的受案范围，故邓某要求撤销《终止案件调查决定书》的诉讼请求，不符合法定的起诉条件，依法予以驳回。基于此，对邓某要求撤销《行政复议决定书》的诉讼请求，应一并予以驳回。

北京市门头沟区人民法院依照《中华人民共和国行政诉讼法》第四十九条第四项，《最高人民法院关于适用〈中华人民共和国行政诉讼法〉的解释》第六十九条第一款第一项、第一百三十六条第七款的规定，裁定如下：

驳回邓某的起诉。

邓某不服，提起上诉。北京市第一中级人民法院经审理认为：邓某所诉被非法侵入他人住宅行为发生于行政机关工作人员履行统计相关人口数据职务期间，应视为行政机关工作人员履行职务的行为，针对该行为，邓某可通过其他法律途径予以救济。一审法院认定邓某所主张的涉案事项不属于公安机关履行治安管理职责的范围，亦不属于行政诉讼的受案范围，并无不当。而某街道派出所针对邓某的报警事项作出被诉终止调查决定书，系履行法定的程序答复义务，该情形并不影响答复内容可诉性的判断。综上，邓某所提诉讼不符合法定起诉条件，不属于行政诉讼的受案范围，依法应予驳回。

北京市第一中级人民法院依照《中华人民共和国行政诉讼法》第八十九条第一款第一项之规定，裁定如下：

驳回上诉，维持一审裁定。

【法官后语】

基层治理法治化，是国家治理体系和治理能力现代化的重要内容。在以往的行政审判视野中，基层治理状况主要由以乡镇政府、街道办事处为被告的案件来反映。而村、居两委根据法律、法规、规章的授权或者基于政府及其派出机关的委托，事实上也在大量履行着行政管理职责。然而，对于村、居两委工作人员依法履行职责拒不配合的情形时有发生。对于村、居两委工作人员依法履行职责的行为，公民应当予以配合。村、居两委的职责有三重来源：一是基层群众性自治组织对自主管理范围内公共事务的自治权；二是法律、法规、规章授权的行政管理职责；三是受行政机关委托行使涉及行政权力的事项。至于村、居两委工作人员的违法行为，基于村、居两委在权力属性上存在多重特征，应当根据不同情形确定其职责定位和责任承担方式。

村、居两委行使公共事务自治权时，并不改变权力属性，其主要承担民事赔偿责任，相关工作人员承担民事赔偿责任、行政处罚责任或刑事责任。村、居两委工作人员在执行职务时因故意或者重大过失侵犯公民合法权益造成损害的，应当承担赔偿损失的民事责任；同时属于治安管理处罚法规定的违反治安管理行为的，应当给予治安管理处罚；构成犯罪的，还应当承担刑事责任。

村、居两委行使授权或受委托的权力时，权力属性发生改变，主要承担违法行政责任，相关工作人员承担民事赔偿责任、行政处分责任或刑事责任。一是村、居两委的违法行政责任。针对村、居两委依据授权履行行政管理职责的违法行为，可以村、居两委为被告提起行政诉讼获得救济；对于村、居两委受行政机关委托作出的违法行为，可以委托机关为被告提起行政诉讼获得救济。二是村、居两委工作人员的民事赔偿责任、行政处分责任、刑事责任。无论是依授权还是受委托，村、居两委行使的都是国家公权力，应当将相关村、居两委工作人员扩大解释为行政机关工作人员，其从事相应工作时的行为，因故意或者重大过失侵犯公民合法权益造成损害的，应当承担赔偿损失的民事责任、行政处分的行政责任，但不应当给予治安管理处罚；构成犯罪的，还应当承担刑事责任。

编写人：北京市门头沟区人民法院　韩明生

110 行政机关行使法律法规规定的自由裁量权时应当考虑相关因素

——严某诉某区市场监督管理局、某市市场监督管理局行政答复及行政复议案

【案件基本信息】

1. 裁判书字号

北京市第四中级人民法院（2019）京04行终12号行政判决书

2. 案由：行政答复及行政复议纠纷

3. 当事人

原告（上诉人）：严某

被告（被上诉人）：某区市场监督管理局（以下简称某区市监局）、某市市场监督管理局（以下简称市市监局）

【基本案情】

严某向原某区工商分局（现为某区市监局）举报某外卖平台，称其于2019年2月11日19点51分通过该平台预订外卖，该笔订单配送超时且平台拒绝告知其所执行的外卖配送服务相关标准，侵害了消费者知情权、选择权、公平交易权，隐瞒了与消费者有重大利害关系的信息，是对消费者的欺诈行为，要求查处。严某在原有举报内容的基础上，举报某外卖平台违反相关规定，未在其服务平台与外卖配送包装上标注和对外公示所执行的外卖服务配送标准，该外卖平台的运营公司营业执照的经营范围中并不包括餐饮送餐服务，其开展餐饮外卖送餐业务属于无照经营。

原某区工商分局经调查作出被诉回复，主要内容为：一、关于某外卖平台没有对外公开自己执行的外卖配送服务标准，没有在其服务平台与外卖配送包装上标注所执行的外卖服务配送标准问题，不属于工商部门职责，建议严某向质量技术监督部门反映此问题；二、关于对消费者的欺诈行为问题，某外卖平台在严某下单时已向严某推送了“预计送达时间：2019-02-11 21：21：19”等信息，实际送达时间“2019-02-11 21：05：26”在预计送达时间之前，不存在欺诈消费者的行为；三、关于某外卖平台营业执照的经营范围内不包括餐饮送餐服务，其开展餐饮外卖送餐服务业务属于无照经营问题，餐饮外卖送餐服务属于“企业依法自主选择经营项目，开展经营活动”的范围，某外卖平台不是无照经营。依据《工商行政管理机关行政处罚程序规定》第十七条、第十九条的规定，决定不予立案。

因机构改革，原某区工商分局、原某区质量技术监督局、原某区食品药品监督管理局等部门的职能整合划归新成立的某区市监局。严某不服被诉回复，向市市监局申请行政复议。市市监局作出被诉复议决定，对原某区工商分局作出的被诉回复予以维持。严某仍不服，遂成讼。

【案件焦点】

1. 行政机关行使法律、法规规定的自由裁量权时应当如何考虑相关因素；2. 针对公民、法人或者其他组织提出的两项或以上虽存在关联性但又具有可分性和不同法律效果的投诉举报事项，行政机关应当如何处理。

【法院裁判要旨】

北京互联网法院经审理认为：严某的诉讼请求均无事实和法律依据，不予支持。

北京互联网法院依照《中华人民共和国行政诉讼法》第六十九条、《最高人民法院关于适用〈中华人民共和国行政诉讼法〉的解释》第一百三十六条第一款的规定，判决如下：

驳回严某的全部诉讼请求。

严某不服，提起上诉。北京市第四中级人民法院经审理认为：第一，原某区工商分局未充分考虑本案中存在的具体情况，仍选择在某区市监局正式挂牌成立的前一天向严某邮寄被诉回复，告知严某向“质量技术监督部门”反映相关问题，导致严某于2019年3月16日收到被诉回复时，某区市监局于当日正式挂牌成立，此时已不存在单独设置的“质量技术监督部门”。基于此，原某区工商分局作出的该项处理明显不当，依法应予纠正。第二，原某区工商分局在被诉回复中对于严某认为某外卖平台侵犯其知情权、选择权、公平交易权的举报事项未予回应。同时，原某区工商分局在认定某外卖平台不存在欺诈行为时并未具体针对严某提出的该项理由作出阐述。基于此，原某区工商分局作出的该项处理存在遗留举报事项以及说理不充分的情形。第三，在被诉回复中，原某区工商分局仅以餐饮外卖送餐服务属于“企业依法自主选择经营项目，开展经营活动”的范围为由，认定“某外卖平台不是无照经营”，存在事实不清、说理不充分的情形。

北京市第四中级人民法院依照《中华人民共和国行政诉讼法》第七十条第一项和第六项、第七十九条、第八十九条第一款第二项以及《最高人民法院关于适用〈中华人民共和国行政诉讼法〉的解释》第一百三十六条第三款之规定，判决如下：

一、撤销一审判决；

二、撤销被诉回复；

三、撤销被诉复议决定；

四、责令某区市监局在法定期限内针对严某的举报重新作出处理；

五、驳回严某的其他诉讼请求。

【法官后语】

本案系一起市场监督管理行政二审案件，涉及标准实施与监管、消费者权益保护、公司登记等多个行政管理领域和多个法律规范体系。同时对于行政机关处理投诉举报事项以及行使行政裁量权等具有多重指导意义。

就本案的裁判思路而言，行政诉讼以行政行为合法性审查为中心，在认证、说理和回应诉求等方面需要密切关注并妥善处理行政程序与诉讼程序、行政权与司法权的关系。本案判决围绕当事人争议焦点问题，从多个方面层层递进进行说理，努力体现法理、事理与情理相融合，逻辑性、体系性和说服力较强。与此同时，本案中原告提出多项诉讼请求，涵盖了行政诉讼中原告诉讼请求的大部分常见情形，判决书进行了类型化处理并对原告诉求一一进行甄别和回应，较为准确地体现了行政诉讼的特点。

就本案涉及的疑难问题而言，一是对行政机关行使法律法规规定的自由裁量权时应当考虑相关因素。一般认为，相关因素包含“法定因素”和“常理因素”。具体而言，本案属于没有考虑常理因素，即法律、法规及规章中没有明确规定，但按照情理和惯例一般都要予以考虑的情形。本案中，原某区工商分局在某区市监局即将挂牌成立前一天仍告知向质量技术监督部门反映情况，等到原告收到被诉回复时，某区市监局已经成立，处理事项仍是其法定职责范围，此种答复一般人均认为处理的结果不符合常理。二是针对公民、法人或者其他组织提出的两项或以上虽存在关联性但又具有可分性和不同法律效果的投诉举报事项，行政机关应当如何处理。实践中，行政机关对公民举报不予答复、迟延答复或者答复与举报不符等情形仍时有出现，举报答复行为亟须规范，“有举报必有答复”，举报答复行为的意义在于规范行政主管部门对违法行为举报的受理、办理、告知等工作程序，同时也为相对人程序权利保障提供规范。本案中，对投诉举报人提出的两项以上虽存在关联性但又具有可分性和不同法律效果的内容，应当分别说明理由和依据，从而能够起到规范举报答复行为内容和说明理由程序的作用。

就本案的裁判价值而言，本案表明，行政机关并不享有完全自由的裁量权。行政机关在行使法律、法规规定的自由裁量权时应当考虑相关因素，因未考虑相关因素导致行政行为明显不当的，人民法院应当判决撤销或部分撤销，并可以判决行政机关重新作出行政行为。本案也提示行政机关应当增强证据意识。在行政诉讼中，作为被告的行政机关应当对其作出的行政行为承担举证责任。如果行政机关提供的证据不足以证明其认定的事实，则应当承担不利的诉讼后果。本案对行政机关依法处理投诉举报事项具有借鉴意义。行政机关应当准确认定公民、法人或者其他组织的投诉举报事项并依法作出处理，在对投诉举报人提出的两项或以上虽存在关联性但又具有可分性和不同法律效果的投诉举报事项一并作出处理时，应当分别说明理由和依据。

编写人：北京市第四中级人民法院　李振凡

111 复议机关未经通知补正，径行作出不利于申请人的处理，违反正当程序原则

——吴某诉某自治州人民政府行政复议案

【案件基本信息】

1. 裁判书字号

贵州省高级人民法院（2020）黔行终118号行政判决书

2. 案由：行政复议纠纷

3. 当事人

原告（被上诉人）：吴某

被告（上诉人）：某自治州人民政府（以下简称某州政府）

【基本案情】

2019年7月11日，某市政府作出〔2019〕150号《关于对经济开发区新城项目、房屋征收补偿安置方案的批复》（以下简称150号批复），同意某镇政府（隶属于前述某市政府）制定的《经济开发区新城项目房屋征收补偿方案》《经济开发区新城项目土地征收补偿方案》。该两份补偿方案载明：征收主体为某市政府，征收实施单位为某镇政府。2019年9月2日，吴某以某市政府作出前述批复，同意由某镇政府具体实施征收其位于附城村八组的承包地、宅基地，侵犯其合法权益为由，向某州政府提出行政复议申请，请求确认某市政府实施征收吴某承包地、宅基地的行政征收行为违法。某州政府于2019年9月6日作出〔2019〕60号《行政复议不予受理决定书》（以下简称60号复议决定），以征收吴某所涉承包地、宅基地系某镇政府，其向某州政府申请行政复议，主体明显不适格为由，依照《中华人民共和国行政复议法》第十七条之规定，决定对吴某提出的行政复议申请不予受理。吴某不服，遂提起诉讼，请求判决撤销某州政府作出的60号复议决定，并判令某州政府重新作出行政行为。

【案件焦点】

某州政府作出60号复议决定，对吴某的复议申请不予受理是否合法。

【法院裁判要旨】

贵州省黔南布依族苗族自治州中级人民法院经审理认为：根据《中华人民共和国土地管理法》（2004 年修正）第四十六条、第四十七条和《中华人民共和国土地管理法实施条例》（2014 年修订）第二十六条之规定，国家征收集体土地的，依照法定程序批准后，由市、县级以上地方人民政府予以公告并组织实施。因此，市、县级人民政府是征收集体土地的法定征收主体。本案中，吴某提供的两份补偿方案载明征收主体为某市政府，征收实施单位为某镇政府，而某镇政府为某市政府的下级政府，其按照某市政府的工作安排，具体实施征收工作，实质是为完成某市政府对吴某涉案土地的征收。吴某对涉案土地的具体行政征收行为不服，即对作为涉案项目用地法定征收主体的某市政府所作出的相关行政行为不服，其向某州政府申请行政复议，符合《中华人民共和国行政复议法》第十三条第一款的规定。另，根据《中华人民共和国行政复议法》第十七条第一款的规定，即使某州政府经审查发现吴某申请的复议主体不适格，也应当告知吴某向有关行政复议机关提出。但某州政府未履行告知义务，径行作出不予受理复议决定，亦违反法定程序。

关于某州政府辩称吴某的复议请求不明确的问题，根据《中华人民共和国行政复议法实施条例》第二十九条“行政复议申请材料不齐全或者表述不清楚的，行政复议机构可以自收到该行政复议申请之日起 5 日内书面通知申请人补正”之规定，某州政府收到复议申请经审查申请人的复议请求若不明确，其亦应作出补正通知，要求其补正或明确复议请求。本案中，某州政府在未向吴某送达补正通知书的情形下，以吴某的“主体明显不适格”为由决定不予受理其复议申请，亦违反前述法律规定。

贵州省黔南布依族苗族自治州中级人民法院依照《中华人民共和国行政诉讼法》第七十条之规定，判决如下：

一、撤销某州政府于2019年9月6日作出的60号复议决定；

二、责令某州政府于本判决生效后在法定期限内重新作出行政行为。

二审法院同意一审法院裁判意见。

【法官后语】

正当程序原则的核心内容之一是行政机关在作出对行政相对人不利的处理决定时，应当听取相对人的陈述和申辩。《中华人民共和国行政复议法实施条例》第二十九条规定的通知补正程序正是保障复议申请人的陈述申辩权利。

行政复议机关在收到申请人提交的申请书后，应在五日内按照《中华人民共和国行政复议法实施条例》第二十八条的规定，对复议申请是否符合受理条件进行审查，重点在于复议机关对复议申请是否符合该条规定的各项内容作出认定与判断。通常情况下，复议机关根据申请书上的重要内容（申请人与被申请人、具体的复议请求和事实理由等），结合申请人提交的材料，可以就复议申请是否符合受理条件作出初步的判断。少数情况下，复议机关根据申请书及申请人提交的材料，并不能明确作出判断，此时就需要对复议申请的各项内容进行实质识别。复议机关结合案件实际情况，应通过该条例第二十九条规定的通知补正程序，确定申请人需要补正的内容，目的在于通过复议机关通知补正的程序，让申请人进一步补全材料或修正表述，避免因举证能力不足或表述不清而造成审查上的困难，同时也进一步保障申请人的复议权利。

结合到本案，申请人提出的“复议请求”针对的行政主体实施的行政行为与“事实和理由”针对的行政主体及实施的行政行为并不完全一致，复议机关如认为申请人表述不清楚，结合其提交的材料，亦存在审查识别困难的情形下，应通知申请人补正，后根据申请人的补正情况依法作出处理：如申请人明确拒绝补正或不作出任何回应的消极不补正的，复议机关可依据“无正当理由逾期不补正”视为其放弃复议申请；如申请人根据复议机关通知补正的事项进行了补正，则意味着申请人积极地弥补不符合受理条件的瑕疵，复议机关应予以受理；如申请人未按补正通知进行补正，而是出具书面意见，表明其主观上认为无需补正或客观上已无法补正的，复议机关应根据申请人之前提交的材料就是否符合受理条件进行审查认定，作出是否受理的决定。然而，本案复议机关经简单审查即认为申请人系对某镇政府的行政行为不服，但与申请人提交的行政复议申请书中“被申请人”和“复议请求”均不一致，未通知申请人进行补正，径行认定不符合受理条件，作出案涉不予受理决定。此种情形下，申请人的复议申请权未得到充分保障，复议机关违反了正当程序原则。

综上，在行政复议中，复议机关如认为申请人提交的复议申请存在材料不齐、表述不清或请求不明等情形，不宜直接就其请求实质作出推定，应对复议申请进行审查识别，并通过通知补正程序，听取申请人的陈述和申辩，而后根据补正情况分别作出处理，充分保障申请人的复议申请权。复议机关未经通知补正，径行作出不利于申请人的处理，违反正当程序原则，属程序违法，应予撤销。

编写人：贵州省高级人民法院　孟婷　黄千柏

112 行政行为送达的认定标准

——邱某诉某市市场监督管理局行政复议案

【案件基本信息】

1. 裁判书字号

北京市第一中级人民法院（2020）京01行终233号行政判决书

2. 案由：行政复议纠纷

3. 当事人

原告（被上诉人）：邱某

被告（上诉人）：某市市场监督管理局（以下简称某市市监局）

【基本案情】

2018年5月7日，某区市监局接到邱某关于某一大卖场涉嫌销售不符合食品安全标准的食品的投诉。某区市监局经调查，于同年11月5日作出《举报办理结果告知书》（以下简称举报告知）。邱某不服举报告知，于2019年4月12日向某市市监局申请行政复议，某市市监局受理后，于同年7月9日作出被诉复议决定，认定2018年11月9日，某区市监局按照邱某预留的地址以挂号信方式向邱某邮寄举报告知，该挂号信于同月10日被签收。某市市监局认为，邱某于2019年4月12日提出复议申请，明显超出行政复议申请的法定期限，不属于行政复议的受理范围，依据《中华人民共和国行政复议法实施条例》第四十八条第一款第二项之规定，决定驳回邱某的行政复议申请。邱某不服，诉至法院，请求撤销被诉复议决定。

【案件焦点】

邱某提出的行政复议申请是否超过了法定期限。

【法院裁判要旨】

北京市海淀区人民法院经审理认为：某区市监局通过挂号信方式向邱某邮寄送达举报告知，虽然回执上注明收件日期为 2018 年 11 月 10 日，但邮件查询记录显示的收件人为“村邮站”，并非邱某本人。核实挂号信签收情况录音记录显示的邮政所答复的签收人与实际签收人不一致，故该录音记录仅能反映某区市监局执法人员就挂号信的送达情况与邮政所相关人员进行了核实，并不能客观反映出彼时挂号信确已由邱某本人签收。另外，邱某提交的其领取挂号信时的短信通知以及其补充提交的投递部出具的《情况说明》进一步证实了邱某本人并未在 2018 年 11 月 10 日对挂号信进行签收，而是在 2019 年 2 月 19 日方收到挂号信的事实。因此，某市市监局根据前述邮件查询记录以及录音记录即认定 2018 年 11 月 10 日挂号信已经向邱某送达，并认定邱某应自 2018 年 11 月 10 日起六十日内提出行政复议申请，进而认为邱某于 2019 年 4 月 12 日提出申请，明显超出行政复议法定期限，系认定事实不清。

北京市海淀区人民法院依照《中华人民共和国行政诉讼法》第六十九条及第七十条第一项之规定，判决如下：

一、撤销被诉复议决定；

二、责令某市市监局在法定期限内对邱某的行政复议申请重新作出处理；

三、驳回邱某的其他诉讼请求。

某市市监局不服，提起上诉。北京市第一中级人民法院经审理同意一审法院的认定，并进一步认为：某区市监局向邱某以邮寄涉案举报告知的方式进行送达并无不当，但在案证据不能证明某区市监局于 2018 年 11 月 10 日完成了送达。根据业已查明的事实，某区市监局向邱某邮寄涉案举报告知书的挂号信于 2018 年 11 月 10 日由“村邮站”签收。参照《村邮站服务规范》第三条、第九条的规定，村邮站是设在建制村（含农村社区）负责接收、转交邮件的固定场所。村邮站接收邮件后，须将邮件转交收件人。故采取此种投递方式，应当以村邮站将邮件转交收件人的时间为完成送达的时点。虽然某区市监局以录音记录及电话记录为据主张经 2019 年 1 月 25 日电话询问中国邮政，得到的回答是签收人为邱某。但该录音记录及电话记录未明确村邮站将信件转交收件人的时间，且与“邮政包裹—挂号信—平邮”查询系统所载明的系由“村邮站”签收的内容不符，不足以证明该挂号信已于 2018 年 11 月 10 日被邱某签收。某市市监局亦没有提交证据证明村邮站转交邮件的行为属于《村邮站服务规范》第十二条第二款所规定由村邮站代收寄邮件之情形，因此不能认定村邮站签收是村邮站接受收件人邱某的委托，代为签收邮件的行为，在案证据不能证明涉案举报告知书在 2018 年 11 月 10 日送达邱某。

北京市第一中级人民法院依照《中华人民共和国行政诉讼法》第八十九条第一款第一项的规定，判决如下：

驳回上诉，维持一审判决。

【法官后语】

本案争议的焦点是邱某提出的行政复议申请是否超过了复议申请期限。判断此问题的核心是被复议的行政行为完成送达的具体时间。邱某主张自己实际是2019年2月19日方收到村邮站转交的涉案挂号信。某市市监局则认为，涉案挂号信于2018年11月10日已经由“村邮站”签收，且经电话询问被告知邮件已经被邱某签收，故认为该日即完成了送达。双方争议的实质是实践中的难题之一，即如何认定行政行为送达的具体时间。

1. 行政行为送达的一般理论与实践

行政行为的送达，是指行政主体将有关的行政决定和在行政过程中形成的行政意向告知或明示行政相对人并使行政相对人予以受领的法律行为。① 行政行为的送达对于行政相对人至为重要，意味着其具有了某项特定的权利和义务，可以起算对某特定行政行为提起行政复议、诉讼的期限等。

行政行为的送达，既是理论命题，也是法律制度中的重要课题之一。但关于行政行为送达的理论和制度均不甚完善，尤其是在法律制度上，关于行政行为送达的程序规定欠缺，行政行为送达的方式、效力等重要问题，在现行法律制度中还没有统一的规定。行政处罚法、行政复议法等少数几部法律对送达有所涉及，但均将送达的期限、方式指向民事诉讼法的规定。在更多的行政管理领域，有关行政行为送达的期限、方式等均处于制度真空状态。当有关行政行为送达的争议进入司法程序，解决这一难题的出路，就是以司法制度中的送达进行“类推”。这一“无奈”之举，业已成为执法和司法的实践共识。

故而，关于行政行为送达的认定，需要结合具体的送达方式来探讨。关于行政行为送达的方式，从行政执法和司法实践的角度来

① 田瑶：《论行政行为的送达》，载《政法论坛》2011年第5期。

看，民事诉讼法规定的直接送达、委托送达、邮寄送达、公告送达、电子送达等方式均有被运用，运用得最多的是直接送达和邮寄送达。直接送达即当面向受送达人送达行政文书。

实践中容易发生争议的是邮寄送达。以邮寄方式向当事人送达行政文书的，存在送达有效性、送达日期的认定等问题。关于送达的有效性，容易出现争议的事项在于：一是送达的内容，即行政机关在邮寄封面上未写清邮寄内容，导致无法举证证明送达的是该特定文书；二是送达的地址，即行政机关在邮寄送达时，未向当事人确认送达地址，导致邮寄地址为无效地址；三是送达的时间。实践中，上述情况并不少见。前两个问题因是技术操作问题，经过司法纠正与示范，现已得到了较好的解决。容易出现问题的是送达时间的认定问题。邮寄送达，一般而言，应以受送达人签收为据。但实践中，一方面，邮寄送达的方式本身是多样的，有挂号信、平邮以及各种快递；另一方面，投递签收的途径也是多样的，除了本人签收，还有指定代收。随着社会管理的进步和科学技术的发展，在投递的途径方面，出现了智能快递柜、快递驿站等新的代收签收平台。在认定是否实现了送达、何时送达时，需要结合具体的送达方式、送达途径以及相应的法律规定来判断。

2. 经村邮站送达的具体认定

本案中，某区市监局以邮寄送达的方式，向邱某送达涉案举报告知书，“邮政包裹—挂号信—平邮”查询系统显示，该挂号信于2018年11月10日由“村邮站”签收。那么，村邮站签收能否认定即已完成送达呢？某市市监局即认为，村邮站签收，即表示已经完成送达，开始起算复议申请期限。这一认定不符合我国邮政法律制度的相关规定。

《中华人民共和国邮政法》第二条第一款规定，国家保障中华人民共和国境内的邮政普遍服务。据此，国务院邮政管理部门于2015年3月24日出台《村邮站服务规范》，规范农村地区村邮站等接收邮件场所的设置，确保农村地区，尤其是偏远农村地区的邮政服务规范。参照《村邮站服务规范》第三条、第九条、第十二条第二款的规定，村邮站是设在建制村（含农村社区）负责接收、转交邮件的固定场所。村邮站接收邮件的行为并不是签收行为，在接收邮件后，须将邮件转交收件人。故采取此种投递方式，应当以村邮站将邮件转交收件人的时间为完成送达的时点，除非有证据证明村邮站在当地邮政管理部门进行了代收服务登记备案且收件人委托了村邮站代收。

故而，虽然某区市监局提交了录音记录及电话记录，但在该录音记录及电话记录中，并没有明确村邮站将信件转交收件人邱某的时间。在与查询系统载明的“村邮站”签收明显不符的情况下，不能证明该挂号信系于2018年11月10日被邱某签收，且没有证据证明村邮站的行为系代收行为。因此，某区市监局认定举报告知书已于2018年11月10日被邱某签收的主张不能成立。

3. 行政行为未实际送达行政相对人，复议申请期限的确定

根据行政复议法第九条第一款规定，公民、法人或者其他组织认为具体行政行为侵犯其合法权益的，可以自知道该具体行政行为之日起六十日内提出行政复议申请；但是法律规定的申请期限超过六十日的除外。此处复议申请期限的起算标准系知道该具体行政行为。有邮寄送达行政文书的情况下，应当以行政相对人收到该行政文书的日期为复议申请期限的起算日期。本案中，因在案证据不能证明邱某于2018年11月10日签收了涉案邮件，故某市市监局以

2018年11月10日起算复议申请期限系事实不清、证据不足。法院予以纠正，于法有据。

编写人：北京市第一中级人民法院　薛峰　张婷婷　郎莉萍

113　超过起诉期限丧失的诉权不能通过行政复议重新取得

——王某、张某诉某市自然资源和规划局某区分局、某市自然资源和规划局行政复议案

【案件基本信息】

1. 裁判书字号

湖北省武汉市中级人民法院（2019）鄂01行终632号行政判决书

2. 事由：行政复议纠纷

3. 当事人

原告（上诉人）：王某、张某

被告（被上诉人）：某市自然资源和规划局某区分局（以下简称市国土规划局某区分局）、某市自然资源和规划局（以下简称市国土规划局）

【基本案情】

2013年11月14日，湖北省人民政府作出《省人民政府关于批准某市2012年城区第5批次建设用地的批复》，批准同意征收某市某村集体农用地39.2521公顷。2013年12月25日，某市人民政府根据上述批复，作出《某市人民政府征收土地公告》，征收该村土地19.6201公顷。2014年8月4日，市国土规划局某区分局

发布《征收土地补偿安置方案公告》，公告的主要内容包括被征收土地的基本情况、征收土地补偿费标准和数额、地上附着物和青鱼苗补偿费的标准和数额、补偿费用的支付对象和支付方式及农业人口的安置途径。

王某、张某系前述某村村民。2012 年，王某的丈夫及张某分别与村民委员会、某拆迁公司签订《房屋拆迁补偿安置协议书》和《村集体土地征用安置补偿协议》。2018 年 9 月 17 日，王某、张某向市国土规划局申请行政复议，复议请求为撤销市国土规划局某区分局作出的《征收土地补偿安置方案公告》中的征收土地补偿安置方案。市国土规划局受理该行政复议申请后，于 2018 年 11 月 20 日作出《延期审理通知书》，决定延期 30 日作出行政复议决定。2018 年 11 月 29 日，王某、张某明确复议请求为撤销市国土规划局某区分局作出的《征收土地补偿安置方案公告》。2018 年 12 月 18 日，市国土规划局作出《行政复议决定书》，认为市国土规划局某区分局虽履行了公告征地补偿安置方案的职责，但未在法定期限内作出，确认市国土规划局某区分局未依照法定时限公告补偿安置方案行为违法。王某、张某不服，提起诉讼。

【案件焦点】

原告的起诉是否属于行政诉讼受案范围、是否超过起诉期限。

【法院裁判要旨】

湖北省武汉市洪山区人民法院经审理认为：王某、张某不服被诉《征收土地补偿安置方案公告》，提起诉讼。根据《征收土地公告办法》第七条、第九条、第十一条的规定，有关市、县人民政府土地行政主管部门会同有关部门根据批准的征收土地方案，在征收土地公告之日起45日内以被征收土地的所有权人为单位拟订征地补偿、安置方案并予以公告。被征地农村集体经济组织、农村村民或者其他权利人对征地补偿、安置方案有不同意见的或者要求举行听证会的，应当在征地补偿、安置方案公告之日起10个工作日内向有关市、县人民政府土地行政主管部门提出。有关市、县人民政府土地行政主管部门将征地补偿、安置方案报市、县人民政府审批，征地补偿、安置方案经批准后，由有关市、县人民政府土地行政主管部门组织实施。可见，土地行政主管部门拟定的征地补偿、安置方案，需经市、县人民政府批准后方可组织实施。土地行政主管部门公告拟定的征地补偿、安置方案的目的，是让相关权利人知悉安置补偿的标准和方法并提出意见。被诉《征收土地补偿安置方案公告》行为是对土地行政主管部门拟定的、尚需批准的征地补偿、安置方案予以公告，不会对被征收人的安置补偿利益产生实际影响，故不属于人民法院行政诉讼的受案范围。

湖北省武汉市洪山区人民法院依照《最高人民法院关于适用〈中华人民共和国行政诉讼法〉的解释》第六十九条第一款第八项和第三款的规定，作出如下裁定：

驳回王某、张某的起诉。

王某、张某不服一审判决，提起上诉。湖北省武汉市中级人民法院经审理认为：市国土规划局某区分局于2014年8月4日发布《征收土地补偿安置方案公告》，自该公告期满之日起即视为送达，上诉人于2018年9月才向市国土规划局申请行政复议，超过了上述法律规定的复议申请期限。同时，上诉人于2019年1月才向法院起诉，也超过了法定起诉期限。在已经明显超过复议期限、起诉期限的情况下，尽管被上诉人市国土规划局受理了上诉人的复议申请，以超期作出程序违法为由作出了确认违法的行政复议决定，并告知上诉人有权在收到该决定之日起 15 日内向人民法院起诉，但从维护起诉期限制度从而维护行政法律关系的稳定性出发，不应认为因超过起诉期限而已经丧失了的诉权可以通过行政复议的方式重新取得。

根据本案查明事实，王某的丈夫及张某已于 2012 年分别与村民委员会、某拆迁公司签订《房屋拆迁补偿安置协议书》和《村集体土地征用安置补偿协议》，上诉人再次提起本诉缺乏诉的利益，从而缺乏启动司法程序进入实体审理的必要性。综上，一审裁定驳回上诉人的起诉并无不当，上诉人的上诉理由不能成立，法院不予支持。

湖北省武汉市中级人民法院依照《中华人民共和国行政诉讼法》第八十九条第一款第一项之规定，裁定如下：

驳回上诉，维持原裁定。

【法官后语】

本案涉及的法律适用问题包括三个：行政复议申请期限、行政诉讼起诉期限和行政诉讼受案范围。一、二审法院所持裁判规则对处理类似案件具有参考示范意义。

关于行政复议申请期限的问题。《中华人民共和国行政复议法》第九条规定："……可以自知道该具体行政行为之日起六十日内提出行政复议申请；但是法律规定的申请期限超过六十日的除外。因不可抗力或者其他正当理由耽误法定申请期限的，申请期限自障碍消除之日起继续计算。"《最高人民法院关于适用〈中华人民共和国行政诉讼法〉的解释》第六十四条规定："行政机关作出行政行为时，未告知公民、法人或者其他组织起诉期限的，起诉期限从公民、法人或者其他组织知道或者应当知道起诉期限之日起计算，但从知道或者应当知道行政行为内容之日起最长不得超过一年。复议决定未告知公民、法人或者其他组织起诉期限的，适用前款规定。”根据本案查明的事实，两原告申请行政复议的时间明显超过了法定期限，且不存在不可抗力或者其他正当理由，按规定应不予受理。

关于行政诉讼起诉期限的问题。行政诉讼起诉期限是指法律规定的当事人不服某一行政行为向法院请求司法救济的时间限制。行政诉讼起诉期限制度具有多种价值，既可以维护公法秩序的稳定，又可以敦促当事人及时启动权利救济程序，尽早解决行政争议，使不确定的行政法律关系尽快确定，从而提高行政管理和公共服务的效率。根据《最高人民法院关于适用〈中华人民共和国行政诉讼法〉的解释》第六十四条第一款“行政机关作出行政行为时，未告知公民、法人或者其他组织起诉期限的，起诉期限从公民、法人或者其他组织知道或者应当知道起诉期限之日起计算，但从知道或者应当知道行政行为内容之日起最长不得超过一年”的规定，本案原告就征地公告提起行政诉讼明显超过了行政诉讼法定起诉期限。本案的特殊之处在于，被告受理了原告明显超过法定期限的行政复议申请，原告再就行政复议及《征收土地补偿安置方案公告》提起诉讼，人民法院应如何处理。对此，二审法院明确指出，不应认为因超过起诉期限而已经丧失了的诉权可以通过行政复议的方式重新取得，从而维护了起诉期限制度的严肃性，保持了行政法律关系的稳定。从另外一方面说，行政机关不当受理行政复议的行为，并不足以否定法定行政诉讼起诉期限制度，这也再次提示行政机关应牢牢坚持依法行政的基本原则，努力确保行政争议依法妥善解决。

关于征收土地补偿安置方案公告是否属于行政诉讼受案范围的问题。一审法院认为，土地行政主管部门拟定的征地补偿、安置方案，需经市、县人民政府批准后方可组织实施。被诉公告行为是对土地行政主管部门拟定的、尚需批准的征地补偿、安置方案予以告知，不会对被征收人的安置补偿利益产生实际影响，属于《最高人民法院关于适用〈中华人民共和国行政诉讼法〉的解释》第六十九条第一款第八项规定的“行政行为对其合法权益明显不产生实际影响的”情形。二审法院就此作了进一步论述，认为原告已与相关单位签订《房屋拆迁补偿安置协议书》和《村集体土地征用安置补偿协议》，表明其对征收补偿相关行政行为予以认可，其再行提起行政诉讼违背诚实信用原则，其与被诉行政行为缺乏法律上的利害关系。综合以上多重因素，两原告的起诉应予驳回。

本案产生的原因系被告不当受理两原告的行政复议申请，进而让本已稳定的行政法律关系再次发生变动，引发了新的行政争议。本案也再次警示我们，任何矛盾纠纷的化解都必须坚持依法办事，严守法律底线。

编写人：湖北省武汉市洪山区人民法院　冉超

114 对于涉及业主共有利益的行政行为个别业主通常不具有行政复议申请资格

——王某诉北京市某区人民政府行政复议案

【案件基本信息】

1. 裁判书字号

北京市高级人民法院（2019）京行终4428号行政判决书

2. 案由：行政复议纠纷

3. 当事人

原告（上诉人）：王某

被告（被上诉人）：北京市某区人民政府（以下简称某区政府）

【基本案情】

王某于2018年11月19日以某街道办事处（以下简称某街道办）为被申请人向某区政府申请行政复议，请求责令某街道办履行指导协助业主召开业主大会会议决定有关事项及责令某小区业主委员会（以下简称某小区业委会）限期改正或者撤销某小区业委会的决定并通告全体业主的法定职责。2019年1月18日，某区政府作出《行政复议决定书》（以下简称被诉复议决定）认为：王某要求某街道办指导协助业主召开业主大会会议决定有关事项及责令某小区业委会限期改正或者撤销某小区业委会的决定并通告全体业主，实质上是王某对于某小区业委会未召开业主大会作出共同决定存有异议，并要求某街道办予以纠正。但监督业主委员会工作以及召开业主大会作出共同决定属于维护小区业主共同利益的范畴。某街道办对上述事项进行处理，系出于维护该小区业主的共同利益。王某作为某小区业主享有的权利是该小区所有业主共同享有的权益，不能作为王某单独请求某街道办履行监管职责的权利依据，故王某与某街道办履行监管职责之间不具有法律上的利害关系，不具备提出本案行政复议申请的主体资格，决定驳回王某的行政复议申请。王某不服，于2019年1月23日提起行政诉讼。

据王某和某区政府提交的证据材料显示，王某于2018年3月19日至某街道办投诉，请求责令某小区业委会限期履行召开业主大会定期会议并选举产生监事会的职责，逾期仍不履行的，街道办事处、乡镇人民政府指导协助业主召开业主大会决定有关事项。2018年4月17日，某街道办向某小区业委会作出《指导意见》。2018年5月16日，某街道办向王某作出《信访事项答复意见书》，答复内容包括其已要求某小区业委会尽快确定召开业主大会的工作计划，已明确要求某小区业委会按照《议事规则》的规定成立监事会等。2018年5月29日，某街道办对某小区业委会作出《指导意见》，责令某小区业委会在2018年6月30日前召开业主大会并进行监事会委员选举、业委会委员补选。2018年6月19日，某小区业委会作出《对某街道办事处居民科〈指导意见〉的回复》，表示《议事规则》并未对业主大会设立监事会进行强制性要求，业主委员会一直依法严格履行业主大会决议。2018年9月5日，某街道办向王某作出《关于对王某向区信访办申请要求某小区业委会召开业主大会等问题的回复》，主要内容为：对于某小区业委会按期召开定期业主大会和成立监事会的问题，其已多次建议某小区业委会及时履职，并已于2018年5月29日责令某小区业委会限期履职。2018 年 9 月 26 日，王某再次向某街道办提出书面申请，请求某街道办以书面方式针对下列问题作出明确回复：1. 是否支持或拒绝王某依法要求的“将由于业主委员会违法违规决定不履行职责责令业主委员会限期履行职责的情况通报全体业主”；2. 是否支持或拒绝王某依法要求的“逾期仍不履行的，街道办应当指导协助业主召开业主大会会议决定有关事项”。2018 年 10 月 10 日，某街道办对王某作出《信访事项不予受理告知单》，告知王某对其提出的信访请求不予受理。

另查，王某在庭审中述称其是某小区的业主，该小区共有约 1000 名业主，其本人在该小区享有所有权的房屋的建筑面积达不到该小区业主所有的全部房屋建筑面积的一半。

【案件焦点】

王某是否具有行政复议申请资格。

【法院裁判要旨】

北京市第四中级人民法院经审理认为：复议申请人与具体行政行为有利害关系，系行政复议机关受理行政复议申请的要件之一。王某提出的行政复议请求为责令某街道办履行“指导协助业主召开业主大会会议决定有关事项及责令某小区业委会限期改正或者撤销某小区业委会的决定并通告全体业主”的法定职责。某街道办是否履行王某要求其履行的上述职责，涉及某小区全体业主的权益，而王某仅系该小区众多业主中的一员。在行政复议期间，王某并未提交证据证明其申请行政复议所针对的具体行政行为对其权利义务产生了相较于该小区其他业主而言更加不利的实际影响。在此情况下，某区政府认定王某不具有申请行政复议的主体资格，并无不当。

北京市第四中级人民法院依照《中华人民共和国行政诉讼法》第六十九条之规定，判决如下：

驳回王某的诉讼请求。

王某上诉称：根据北京市的有关规定，业主委员会不履行职责，未设立监事会但经相关业主提出申请的，物业所在地街道办事处、乡镇人民政府应当于10日内责令其限期履行职责，业主委员会仍不履行的，街道办事处、乡镇人民政府应当协助业主组织召开业主大会会议，共同决定有关事项。因此，其具备提出行政复议申请的主体资格，一审判决错误。请求撤销一审判决，支持其一审诉讼请求。

北京市高级人民法院经审理认为：业委会的决定对全体业主具有约束力，并非针对特定业主作出，业主大会会议的召开亦应遵循相应的程序和要求。王某作为个别业主要求某街道办履行撤销业委会决定等职责，进而提出本案行政复议申请，其不具有提起行政复议的主体资格，某区政府据此驳回其行政复议申请符合规定。从本市相关规定亦不能得出王某作为个别业主具有提起本案行政复议申请资格的结论。

北京市高级人民法院依据《中华人民共和国行政诉讼法》第八十九条第一款第一项的规定，判决如下：

驳回上诉，维持一审判决。

【法官后语】

本案的争议焦点在于，对于行政机关作出的涉及小区业主共同利益的行政行为，谁有资格提出行政复议申请。在此问题上，行政审判司法实践中的认定规则可供借鉴。

首先，对于行政机关作出的涉及业主共有利益的行政行为，业主委员会可以自己的名义提出行政复议申请或提起行政诉讼。根据《中华人民共和国民法典》《物业管理条例》等法律法规的规定，物业管理区域内全体业主组成业主大会，业主大会代表和维护物业管理区域内全体业主在物业管理活动中的合法权益；业主委员会执行业主大会的决定事项，履行相应职责。换言之，业主委员会具有对外代表全体业主、对内具体实施物业管理相关行为的职能。基于此，对于行政机关作出的涉及小区业主共同利益的行政行为，赋予业主委员会代表全体业主申请行政复议或提起行政诉讼的主体资格，既有利于充分维护业主的合法权益，又有利于降低救济成本。

其次，对于行政机关作出的涉及业主共有利益的行政行为，个别业主通常不具有申请行政复议或提起行政诉讼的主体资格。行政机关作出的行政行为涉及业主共有利益的，尽管会影响到每一个业主的利益，但这种影响是分散的，某一特定业主通常不会受到比其他业主更加不利的影响。换言之，某一特定业主往往并不具有更加特别的利害关系。同时，涉及业主共有利益的事项应由业主共同决定，个别业主并无决定权。鉴于此，不认可个别业主针对该类行政行为提起行政诉讼的原告主体资格，具有合理性。当然，业主共同决定并不要求全体业主意见完全一致，根据法律法规的规定，专有部分占建筑物总面积过半数的业主且占总人数过半数的业主的一致意见一般可决定涉及业主共有利益的事项，特定事项则需要三分之二多数同意。基于此，《最高人民法院关于适用〈中华人民共和国行政诉讼法〉的解释》第十八条第二款规定，业主委员会不起诉的，专有部分占建筑物总面积过半数或者占总户数过半数的业主可以提起诉讼。需要注意的是，不同于《中华人民共和国民法典》《物业管理条例》等法律法规确立的“双过半”规则，司法解释确立的是“单过半”规则，更有利于保障诉权。与行政诉讼制度相同，我国行政复议法律制度也要求申请人与其申请复议所针对的行政行为具有利害关系，对行政复议中“利害关系”的认定可以借鉴行政诉讼中的认定标准。对于行政机关作出的涉及业主共有利益的行政行为，业主委员会不申请行政复议的，专有部分占建筑物总面积过半数或者占总户数过半数的业主可以申请行政复议，而个别的业主通常并不具有申请行政复议的主体资格。

最后，个别业主如果符合“单过半”条件，或其利益受到不同于其他业主的特别影响，可依法申请行政复议或提起行政诉讼。需要说明的是，这里所称的“个别业主”是指不足以代表全体业主的一个或多个业主，而不仅指一个业主。还需指出的是，如果同一物业管理区域的业主数量很少，甚至只有一个业主，则个别业主就可能符合前述“单过半”的条件，相应地就可能具有申请复议或提起诉讼的主体资格。此外，确立前述规则的前提是申请复议或提起诉讼针对的行政行为涉及业主共有利益，如果行政行为对特定业主的权利义务产生实际影响，则特定业主具有申请复议或提起诉讼的主体资格。

编写人：北京市第四中级人民法院　陈良刚

115 经行政复议后再提起行政诉讼情形下对起诉期限的认定

——王某诉某区残疾人联合会、某区人民政府政府信息公开及行政复议案

【案件基本信息】

1. 裁判书字号

山东省淄博市中级人民法院（2019）鲁03行终295号行政裁定书

2. 案由：政府信息公开及行政复议纠纷

3. 当事人

原告（上诉人）：王某

被告（被上诉人）：某区残疾人联合会（以下简称某区残联）

第三人（被上诉人）：某区人民政府（以下简称某区政府）

【基本案情】

王某于2018年11月向某区残联发出政府信息公开申请。某区残联于2018年12月5日对其申请作出政府信息公开申请答复书。王某认为该答复不符合法律规定，向某区政府申请行政复议。某区政府受理后于2019年1月17日作出行政复议决定书，维持了某区残联政府信息公开申请答复。王某于2019年1月22日收到某区政府邮寄送达的行政复议决定书后未在15日内提起行政诉讼。2019年5月29日，王某以某区残联为被告向法院提起行政诉讼，要求撤销某区残联于2018年12月5日作出的政府信息公开申请答复书。后法院依法追加某区政府为本案共同被告。

【案件焦点】

王某针对某区残联的政府信息公开答复提起本案行政诉讼是否已经超过法定起诉期限。

【法院裁判要旨】

山东省淄博市临淄区人民法院经审理认为：王某收到某区残联作出的政府信息公开申请答复书后，向某区政府提起行政复议申请，某区政府受理后作出了行政复议决定书，维持了某区残联作出的政府信息公开申请答复书，并于 2019 年 1 月 22 日邮寄送达王某。故应以王某收到行政复议决定书的时间确定起诉期限。该行政复议决定书明确告知王某“如不服本决定，可以自接到本决定书之日起十五日内依法向人民法院提起行政诉讼”。故王某于 2019 年 5 月起诉超过了法定的起诉期限且无《中华人民共和国行政诉讼法》第四十八条规定的情形。

山东省淄博市临淄区人民法院根据《最高人民法院关于适用〈中华人民共和国行政诉讼法〉的解释》第六十九条第一款第二项、第三款之规定，裁定如下：

驳回王某的起诉。

王某不服一审裁定，提起上诉。山东省淄博市中级人民法院经审理认为：王某于 2019 年 1 月 22 日收到某区政府邮寄送达的行政复议决定书，其于同年 5 月才向一审法院提起行政诉讼显然已经超出十五日的法定起诉期限，且其在本案中亦无《中华人民共和国行政诉讼法》第四十八条规定的情形。因此，一审法院认定王某提起本案诉讼已超法定起诉期限并据此驳回其起诉正确，依法应予维持。王某上诉主张其针对某区残联的政府信息公开不作为想继续追究，按照行政机关作出行政行为后起诉期为6个月的规定，对某区残联的起诉期限应计算到2019年6月5日，该主张依法不能成立，不予支持。

山东省淄博市中级人民法院依照《中华人民共和国行政诉讼法》第八十九条第一款第一项之规定，裁定如下：

驳回上诉，维持原裁定。

【法官后语】

本案主要涉及经行政复议后再提起行政诉讼情形下对起诉期限的理解和把握问题。

关于起诉期限的问题，本案原告王某主张其只起诉某区残联，故其起诉期限为6个月，其起诉并未超期。但法院认定其已经行政复议程序，其起诉已经超出法律规定的复议后15日的起诉期限，故驳回其起诉。王某在本案中的主张虽不符合法律规定，但也代表了实践中的一种观点，而实践中对此观点应当进行纠正，从而对经行政复议后再提起行政诉讼情形下的起诉期限问题予以正确认定。而对此问题的正确认定则涉及对《中华人民共和国行政诉讼法》和《最高人民法院关于适用〈中华人民共和国行政诉讼法〉的解释》一系列相关条文的梳理和把握。这既涉及起诉期限，也涉及被告主体，还涉及复议和诉讼的法律衔接。

首先，从复议和诉讼的法律衔接以及相关的最基本的起诉期限规定来看，根据《中华人民共和国行政诉讼法》第二条和第四十四条的规定，公民、法人或者其他组织认为行政机关的行政行为侵犯其合法权益的，其可以先向复议机关申请行政复议，对行政复议决定不服的，再向人民法院提起诉讼；也可以不经行政复议而直接向人民法院提起诉讼（法律法规规定应先复议后诉讼的除外）。而根据《中华人民共和国行政诉讼法》第四十五条和第四十六条第一款的规定，其中经行政复议后再提起行政诉讼情形下的起诉期限为原告收到复议决定书之日起15日内，不经行政复议而直接提起行政诉讼情形下的起诉期限则为自原告知道或者应当知道作出行政行为之日起6个月内。

其次，对于像本案这样的复议机关决定维持原行政行为的情形，其起诉期限问题还应与行政诉讼被告主体问题一并结合起来进行理解。因为根据《最高人民法院关于适用〈中华人民共和国行政诉讼法〉的解释》第五十九条和第一百三十四条第一款的规定，公民、法人或者其他组织作为行政复议申请人向复议机关申请行政复议后，在复议机关作出维持原行政行为决定的情形下，行政复议申请人作为原告向人民法院提起行政诉讼的，应当将作出原行政行为的行政机关和复议机关作为行政诉讼的共同被告，而不能只起诉作出原行政行为的行政机关或复议机关。此时如果原告只起诉作出原行政行为的行政机关或者复议机关的，人民法院应当告知原告追加被告；若原告不同意追加，则人民法院应当将另一机关列为共同被告。且在此情形下，应当以复议决定送达时间确定起诉期限。

因此，通过对上述法律和司法解释规定的综合理解不难看出，在复议机关作出维持原行政行为决定的情形下，原告若对此提起行政诉讼，则必须以作出原行政行为的行政机关和复议机关作为行政诉讼的共同被告，而不能只选择上述两机关中的某一机关提起行政诉讼，且此情形下必须以复议决定送达时间确定起诉期限。本案即是如此。本案中，王某对于某区残联作出的政府信息公开申请答复不服，其可以先申请行政复议后提起行政诉讼，也可以不经行政复议而直接提起行政诉讼。但本案中王某选择了先申请行政复议后提起行政诉讼，并且某区政府的行政复议系决定维持原行政行为，此时王某在行政复议后提起行政诉讼，依法应当将作出原行政行为的行政机关即某区残联和复议机关即某区政府作为共同被告，且起诉期限依法为王某收到某区政府作出的行政复议决定书之日起15日内，而非其知道或者应当知道某区残联作出行政行为之日起6个月内。因此，一审法院在王某只起诉某区残联的情况下应告知其追加复议机关即某区政府为共同被告，并且在王某申请追加某区政府为共同被告后，应以王某收到某区政府作出的行政复议决定书的时间确定起诉期限，且起诉期限依法为王某收到某区政府作出的行政复议决定书之日起15日内。而王某于2019年1月22日收到某区政府邮寄送达的行政复议决定书，其于2019年5月才向一审法院提起行政诉讼显然已经超出15日的法定起诉期限，且其在本案中亦无《中华人民共和国行政诉讼法》第四十八条规定的情形。因此，本案一、二审法院认定王某提起本案诉讼已超法定起诉期限并据此驳回其起诉，符合法律规定。

编写人：山东省淄博市中级人民法院　荣明潇

116 复议机关在收到复议申请人的补正材料后认为该材料申请不符合要求的，可否视为复议申请人放弃复议申请

——谭某、李某诉某市人民政府行政复议案

【案件基本信息】

1. 裁判书字号

广东省高级人民法院（2016）粤行终字第209号行政判决书

2. 案由：行政复议纠纷

3. 当事人

原告（被上诉人）：谭某、李某

被告（上诉人）：某市人民政府（以下简称某市政府）

【基本案情】

2015 年 6 月 10 日，谭某、李某夫妇（以下简称谭某等人）因不服某市国土资源局向其发出的《建设用地批准书》，向某市政府申请行政复议。某市政府在对复议材料进行审查后，于同日向谭某等人送达《补正通知》，要求其在收到该通知之日起十五日内补正能反映他们与《建设用地批准书》存在利害关系的材料。2015 年 6 月 12 日，谭某提交了书面说明材料，认为谭某户的承包土地包含了《建设用地批准书》的用地范围，谭某等人与《建设用地批准书》有法律上的利害关系。2015 年 6 月 15 日，谭某向某市政府提交了承包户主为谭某的《承包土地使用证》复印件。2015 年 8 月 21 日，某市政府作出《行政复议告知书》，认为谭某等人所提交的《承包土地使用证》已经过期失效，且该证所记载的土地四至栏为空白，因此，谭某等人未能在规定时间内补正能证实其与所申请复议的行政行为存在利害关系的材料，故视为谭某等人已经放弃了行政复议申请。谭某等人对此不服，遂提起本案诉讼。

【案件焦点】

复议机关在收到复议申请人的补正材料后认为该材料不符合要求的，可否视为复议申请人放弃复议申请。

【法院裁判要旨】

广东省云浮市中级人民法院经审理认为：《中华人民共和国行政复议法实施条例》第二十九条所规定的“无正当理由逾期不补正的，视为申请人放弃行政复议申请”应理解为，只有在复议申请人存在不想补正、有不想使行政复议继续下去的主观故意，并在客观上作出了无正当理由逾期不补正的行为时，才能视为复议申请人放弃行政复议申请。在本案中，谭某等人在收到该《补正通知》后，向某市政府补交了相关材料。谭某等人上述提交补正材料的行为表明，他们是“希望”并且是在以实际行动积极推动行政复议程序向前进行的。而且，谭某等人也认为其已按通知要求补正了相关材料。在此情形下，如某市政府经审查认为该补正材料不能证明谭某等人与《建设用地批准书》之间有利害关系，则应依法决定不予受理或驳回行政复议申请，而不应当简单地视为谭某等人放弃了行政复议申请。此外，参照《中华人民共和国行政复议法》第十七条第一款的规定，某市政府应在收到该材料后 5 日内对该材料进行审查并决定是否受理谭某的行政复议申请，但某市政府在收到上述补正材料的两个月后才作出《行政复议告知书》，明显违反了上述法律所规定的期限。因此，某市政府作出的《行政复议告知书》适用法律、法规错误，程序违法，依法应予撤销。

广东省云浮市中级人民法院依照《中华人民共和国行政诉讼法》第七十条第二项、第三项之规定，作出如下判决：

撤销某市政府作出的《行政复议告知书》，由某市政府于本判决生效之日起六十日内重新作出行政行为。

二审法院同意一审法院裁判意见。

【法官后语】

行政复议制度，所指的是公民、法人或者其他组织在不服行政机关作出的行政行为时，请求复议机关对该行为进行审查并作出决定的制度。本案的处理重点是，行政复议制度的功能应如何界定及发挥。

实践中出现了一些类似本案的当事人补正材料之后复议机关以补正材料不符合要求为由视为当事人放弃复议申请的案件。从前述行政复议制度的概念可以看出，行政复议制度是在行政系统内部，通过撤销行政机关违法的、不当的行政行为，从而实现自我纠错并救济复议申请人合法权益的一种监督、救济制度。按照《中华人民共和国行政复议法》总则的规定，笔者认为，行政复议制度主要有权益救济功能、权力监督功能以及行政纠纷解决功能这三个功能。

而对于行政复议材料的补正机制，《中华人民共和国行政复议法实施条例》第二十九条已有了明确规定："行政复议申请材料不齐全或者表述不清楚的，行政复议机构可以自收到该行政复议申请之日起5日内书面通知申请人补正。补正通知应当载明需要补正的事项和合理的补正期限。无正当理由逾期不补正的，视为申请人放弃行政复议申请。补正申请材料所用时间不计入行政复议审理期限。"该机制的设立，是为了更好地保护行政相对人通过行政复议获得救济的权利，同时，也可以提高复议机关依法受理行政复议案件的工作效率。当复议机关认为复议申请人在补正期限内提交的补正材料仍不齐全或表述不清楚时，复议机关应当依法作出不予受理行政复议申请的决定或驳回行政复议申请的决定。只有在当复议申请人收到补正通知后，没有作出任何积极的补正行为，才属于上述法律所规定的“无正当理由逾期不补正”的情形，此时，复议机关才能按“视为申请人放弃行政复议申请”来处理。

具体到本案，谭某等人在收到某市政府的补正通知后，在该通知规定的期限内向某市政府提交了补正材料。谭某等人提交补正材料的行为表明，他们是“希望”而且在以实际行动积极推动行政复议程序向前进行，而并非“不希望”行政行为进行下去或者放弃行政复议申请。某市政府认为谭某等人可视为放弃复议申请，实际上是将“未能依法补正材料”混同于“无正当理由逾期不补正”，显然是对“无正当理由逾期不补正”作了不适当的扩大解释。这一扩大解释，明显不利于复议申请人的权益救济，也不利于复议机关权力监督职能的发挥，更有可能导致社会公众对行政机关产生“官官相护”的误解，从而不利于行政复议制度纠纷解决功能的发挥。

需要注意的是，本案中并非在对谭某等人与申请行政复议的事项进行审查后，认为谭某等人与上述事项有利害关系的情况下判决某市政府败诉的。之所以判决政府败诉，是因为某市政府在作出行政行为时违反法定程序。因此，本案的判决并不排斥某市政府在重新作出行政行为时对谭某等人的申请不予受理或者作出驳回申请的决定。

编写人：广东省云浮市中级人民法院　李婉婉

八、行政协议

117 基础事实变动情况下房屋征收补偿协议效力的认定及履行

——王小青诉某区人民政府房屋征收办公室行政协议案

【案件基本信息】

1. 裁判书字号

北京市第二中级人民法院（2020）京02行再5号行政判决书

2. 案由：行政协议纠纷

3. 当事人

原告（上诉人）：王小青（化名）

被告（被上诉人）：某区人民政府房屋征收办公室（以下简称某区征收办）

【基本案情】

某房屋为电力公司自管公房，原承租人王某于2015年1月5日去世，王某与吴某（2005年9月去世）系夫妻，二人育有七个子女：王小红、王小橙、王小黄、王小绿、王小青、王小蓝、王小紫（以上皆为化名）。2015年上述房屋被政府列为棚户区改造项目征收范围。2016年4月14日，原告王小青与物业公司签订《公有住宅租赁合同》。同年4月28日，某区征收办（甲方）与原告（乙方）签订《棚户区改造项目房屋征收补偿协议》（以下简称被诉征补协议）。主要内容为：甲方向乙方实际支付被征收房屋结算金额5231569.67元，乙方应在政府作出征收决定之日起十个工作日内，将被征收房屋腾空，并将被征收房屋（含自建房屋）、设备、装修及附属物移交给甲方拆除。同年5月5日，王小青将房屋交予征收部门拆除。同年5月10日，物业公司出具《说明》，内容为："因4月22日物业公司为王小青开具的房屋租赁合同资料经核实有误、与实际情况不符，现请棚改办冻结作废，将其承租人更正为原承租户王某。"后被告某区征收办未发放相应的征收补偿款。

2017年8月9日，王小红、王小橙、王小黄、王小绿、王小蓝因继承纠纷起诉王小青、王小紫，北京市西城区人民法院于2019年6月28日作出（2017）京0102民初24154号民事判决书认为，依据房屋产权单位的意见，涉案房屋承租人更正为王某，据此，王小青不具有涉案房屋承租人地位，亦不具有被征收人的主体资格。涉案房屋的承租人为王某，故征收部门因房屋征收所给付的补偿，应视为王某承租权益的转化财产，作为王某遗产在本案中进行处理并无不妥；王某去世前未留有遗嘱，故其遗产应按照法定继承进行处理。故判决：原王某承租的公房被征收所取得的补偿款由原、被告共同继承、按份共有，每人享有款项份额的七分之一。王小青、王小紫不服，提起上诉，2019年8月27日，北京市第二中级人民法院作出终审判决：驳回上诉，维持原判。

王小青认为，其作为本案的被征收人，在政府实施征收中积极配合拆迁和安置工作，但某区征收办在签订被诉征补协议后，至今未履行合同给付补偿款的义务。现其诉至法院，请求依法判令某区征收办履行被诉征补协议，支付补偿款5231569.67元。

【案件焦点】

1. 被诉征补协议效力如何认定；2. 涉案补偿款能否作为遗产进行分配。

【法院裁判要旨】

北京市西城区人民法院经审理认为：与传统单方行政行为不同，行政协议兼具行政性与协议性双重特点。人民法院对行政协议进行审查时，既要审查行为的合法性，也要审查行为的合约性。在合约性审查中更多的是要考虑合同双方当事人的合意，在不违背法律、法规强制性规定及不存在法定无效情形下，不可轻易否定协议效力。就本案而言，原告王小青在签订被诉征补协议时持有涉案房屋的《公有住宅租赁合同》，由于当时未购买涉案房屋，因此王小青以涉案房屋承租人的身份签订被诉征补协议符合法律规定，亦未侵犯国家、集体或其他合法权益。后来涉案房屋产权单位否定了原告的承租人地位，但王小青已将涉案房屋交付某区征收办拆除，可视为其已经履行相应的交房腾房义务。同时，生效民事判决已基于产权单位关于承租人的认定，将涉案补偿款视为原承租人王某的遗产，由包括王小青在内的其他继承人共同继承。在此情况下否定被诉征补协议的效力，不利于维护已趋于稳定的征收补偿关系，对推进征收补偿工作、解决当事人纠纷并无益处。同时，否定协议效力容易形成"房屋征收部门可先行签订协议，解决腾房问题后再找理由否定协议效力"的误导，不仅有损被征收人合法权益，亦有悖将行政协议纳入行政诉讼受案范围的立法初衷。现生效民事判决已经认定原承租人王某的第一顺位继承人均有权继承补偿款项七分之一的份额，此时王小青的法律地位已从签订合同时公房承租人转变为公房承租人补偿款的继承人，涉案房屋的补偿款不变，只是王小青所占份额发生变化。此种情况下，某区征收办理应按照生效法律文书并结合本案实际情况给付相应的补偿款；庭审中某区征收办同意按照民事判决给付补偿款，对此法院不持异议。

北京市西城区人民法院依照《中华人民共和国行政诉讼法》第七十八条、《最高人民法院关于审理行政协议案件若干问题的规定》第十九条之规定，判决如下：

一、某区征收办向王小青支付 747367.1 元；

二、驳回王小青的其他诉讼请求。

王小青上诉称，一审判决否定了王小青承租人的身份，属于认定事实错误。北京市第二中级人民法院经审理认为：本案中，涉案房屋属电力公司自管公房，该单位有权自主确定房屋承租人。产权单位撤销了王小青的承租人资格，确认涉案房屋的承租人变更回王某。王小青主张的公房承租人地位没有得到产权单位的认可。且现有生效民事判决认定，房屋征收补偿款为王某承租权益的转化，属于王某遗产，由其七个子女平均分配。据此，王小青的法律地位转变为公房承租人补偿款的继承人。现某区征收办同意依照民事判决履行被诉征收补偿协议，给付王小青七分之一份额的补偿款，不持异议。

北京市第二中级人民法院依照《中华人民共和国行政诉讼法》第八十九条第一款第一项之规定，判决如下：

驳回上诉，维持一审判决。

【法官后语】

根据《国有土地上房屋征收与补偿条例》的规定，房屋所有权人为被征收人。在涉及公有房屋包括自管公房、直管公房征收时，通常采取的路径是承租人先行购买房屋（对价一般在补偿款中扣除），而后再以房屋所有权人的名义签订征收补偿协议。本案所涉及的核心问题在于征收补偿协议签订后，作为基础事实的公房承租人发生变动时，房屋征收补偿协议的效力如何认定及履行。

本案审理过程中存在较大争议。有观点认为，承租关系的确定是房屋补偿协议签订的基础，如果承租人发生变动，意味着被征收人错列，进而导致后续的征收补偿协议无效，否则将突破《国有土地上房屋征收与补偿条例》关于房屋所有权人的强制性规定。故本案应当确认协议无效并判决驳回原告的诉讼请求。本判决未采纳此种观点，而是综合考量各方利益，本着实质性化解行政争议的目的，尽量使协议效力存续并促进履行。

第一，从保护当事人权益的角度来看，本案原承租人已经去世，基于生效民事判决，其承租权所对应的征收补偿权益已作为遗产进行分割，对原告承租权的否定并不导致其作为继承人对征收补偿利益的分配权的丧失。若完全否定协议效力，将使原告无法及时获得其本应享有的征收补偿利益。

第二，从规范征收补偿行为的角度来看，本案承租权属争议源于单位自有公房管理的问题，不可归责于房屋征收部门。不考虑责任归属而径行否定协议效力，将导致依法进行的征收补偿工作推倒重来，既有违行政效率原则，亦将征收补偿法律关系置于不稳定状态，削弱征收行为的公信力。同时，在原告已履行腾房义务的情况下否定征收补偿协议效力，将产生不良的导向作用，不利于督促行政机关谨慎立约、守诺履约。

第三，从实质解决争议的角度来看，本案行政争议由家庭内部继承纠纷转化而来，在继承份额已通过民事诉讼确定的情况下，行政法官应当尊重民事诉讼结果，并作出与之精神相一致的判决，方能捋顺民事、行政两种法律关系，使救济途径衔接顺畅、相互协调。本案为发回重审的案件，已另经民事两审，行政一审、二审及再审，诉讼时间长达五年。如本案否定协议效力，将再次导致争议悬而未决，使征收补偿款项的发放继续延宕，损害其他无异议继承人的合法权益，不利于行政争议的实质化解。

行政协议是现代行政管理活动的新方式，其合约性和意定性特点决定了行政协议较之传统的单方性、高权性的行政行为更灵活、更善于平衡各方利益。因此，法院对行政协议的效力应当审慎评价，尽可能促使协议有效履行。

编写人：北京市西城区人民法院　盛亚娟　曹实

118　特许经营协议的单方解除应遵循行政行为的程序合法性要求

——环保公司诉某市城市管理执法委员会行政协议案

【案件基本信息】

1. 裁判书字号

湖北省宜昌市中级人民法院（2020）鄂 05 行终 46 号行政判决书

2. 案由：行政协议纠纷

3. 当事人

原告（上诉人）：环保公司

被告（被上诉人）：某市城市管理执法委员会（以下简称某市城管委）

【基本案情】

2013年6月8日，原某市城管局（甲方，现为某市城管委）与环保公司（乙方）签订了《特许经营协议》，确定环保公司作为当地生活垃圾焚烧发电厂BOT项目的投资人。《特许经营协议》约定，环保公司应根据法律法规的规定，通过法定程序选择并委托有相应资质的单位编制项目申请报告、进行环境影响评价，并获得有关部门的批准。环保公司应于协议签订之日起3个月内开工建设，并在开工之日起18个月内建成并投入试运行。《特许经营协议》第十五章约定了协议终止的事由，包括环保公司违约、原某市城管局违约、不可抗力、协商一致及特许期满的终止。其中，非不可抗力或原某市城管局违约所致，环保公司未履行本协议和服务协议的义务构成实质性违约，并且在收到原某市城管局要求说明其违约并予以补救的书面通知后三十日内仍未能补救该实质性违约，如果有允许的期限而在该期限内未能得到纠正，即构成环保公司违约事件，原某市城管局有权立即发出终止意向通知。协议第十七章约定“因可归责于环保公司而有下列情形之一者，构成违约：（1）环保公司逾期开工超过六十日”，“因可归责于环保公司的原因，环保公司不能在本协议约定的开工日期开工，某市城管局有权全额没收建设期履约保证金并终止本协议”。

协议签署前后，环保公司陆续完成了建设项目选址、建设用地预审、安全预评价、社会稳定风险评估等前期工作，但未取得该省环保厅关于涉案项目环境影响报告书的批复，故无法报请省发改委进行项目核准。2013 年 11 月 18 日，环保公司取得《环评批复》，因已超过该省发改委要求的项目报请核准的期限，未能上报核准。直至 2019 年 9 月本案开庭审理时，环保公司仍未取得省发改委项目核准批复，亦未开工建设。

2018 年 12 月 25 日，某市城管委作出《解除特许经营协议的函》，决定解除其与环保公司签订的《特许经营协议》。环保公司对《解除特许经营协议的函》不予认可，多次与某市城管委就《解除特许经营协议的函》来往函件提出异议。某市城管委于 2019 年 2 月 19 日复函称，因环保公司未按时完成前期工作、未按时开工、违反了《特许经营协议》约定，某市城管委有权解除协议，并告知环保公司可依法提起行政复议及行政诉讼的救济途径。环保公司不服上述决定，遂提起本案行政诉讼。

【案件焦点】

1. 某市城管委解除《特许经营协议》的条件是否成立；2. 某市城管委解除《特许经营协议》的程序是否合法。

【法院裁判要旨】

湖北省宜昌市西陵区人民法院经审理认为：行政协议兼具行政性及协议性，在与行政法律规范不相冲突的情况下可以参照适用民事法律规范。调整合同关系的民事法律规范，在不违反有关行政法强制性规定的情况下，可以适用于行政协议。当事人一方迟延履行债务致使不能实现合同目的，另一方可以解除合同。原告取得涉案项目特许经营授权后，在长达近六年的时间里一直未启动项目建设，生活垃圾处置事关社会公共利益和公共安全，若不及时、有效、合理地进行处置，会给社会和环境造成严重危害。原某市城管局与原告签订《特许经营协议》就是为了通过建设生活垃圾焚烧发电厂，实现城市生活垃圾处理的现实需求，但原告至今未能取得省发改委项目核准文件，亦未取得建设用地规划许可证、建设工程施工许可证以及城市生活垃圾经营性处置服务许可证，故不能履行协议约定的对生活垃圾进行集中处置的义务，已经致使合同目的不能实现。故某市城管委解除《特许经营协议》的条件成就、事实清楚。

除了约定的解除程序，政府特许经营的解除亦应遵循行政行为的程序合法性要求。根据《基础设施和公用事业特许经营管理办法》第五十一条的规定，特许经营者认为行政机关作出的具体行政行为侵犯其合法权益的，有陈述、申辩的权利，并可以依法提起行政复议或者行政诉讼。可见，在行政行为作出时，陈述、申辩等权利是行政相对人的法定权利，行政机关对此应履行必要的告知义务，否则构成程序违法。本案中被告未按照《特许经营协议》约定的程序作出终止意向通知，亦未依照《基础设施和公用事业特许经营管理办法》的规定在作出解除决定前给予原告公司陈述、申辩的权利，于法无据。但被告解除《特许经营协议》的条件成就、事实清楚，且被告在作出被诉《解除特许经营协议的函》后多次与原告就解除决定来往函件听取原告的陈述、申辩意见并予以回复，并于 2019 年 2 月 19 日书面告知环保公司可依法提起行政复议及行政诉讼的救济途径。原告亦据此提起本案行政诉讼，救济途径得以保障，故该行政行为程序轻微违法，但未对原告权利产生实际影响。

湖北省宜昌市西陵区人民法院根据《中华人民共和国行政诉讼法》第七十四条第一款第二项、《最高人民法院关于审理行政赔偿案件若干问题的规定》第三十三条之规定，判决如下：

一、确认被告某市城管委于 2018 年 12 月 25 日作出的《解除特许经营协议的函》程序违法，但不予撤销；

二、驳回原告环保公司要求某市城管委赔偿因项目延误所致损失的诉讼请求。

二审法院同意一审法院裁判意见。

【法官后语】

市政公用事业特许经营，是指政府按照有关法律、法规规定，通过市场竞争机制选择市政公用事业投资者或者经营者，明确其在一定期限和范围内经营某项市政公用事业或者提供某项服务的制度。行政机关为实现公共利益的需要对市政公用事业与经营者签订的特许经营协议具有行政法上的权利义务内容，属行政协议。

1. 行政协议解除的实体审查

既然行政机关采用"行政协议"而非单方行政行为来调整双方之间权利义务关系，那么在涉及合同解除时亦应紧扣双方协议约定，首先在民法典框架内审查是否出现双方约定的解除事由或法定事由，避免行政优益权的滥用。原告取得涉案项目特许经营授权后，在长达近六年的时间里一直未启动项目建设，生活垃圾处置事关社会公共利益和公共安全，若不及时、有效、合理地进行处置将会给社会和环境造成严重危害，故行政机关可以为了国家利益、社会公共利益行使行政优益权单方面解除合同。但该事实若用合同法律关系去评价，则可以理解为原某市城管局与原告签订《特许经营协议》就是为了通过建设生活垃圾焚烧发电厂，实现城市生活垃圾处理的现实需求，但原告至今未能取得省发改委项目核准文件，亦未取得建设用地规划许可证、建设工程施工许可证以及城市生活垃圾经营性处置服务许可证，故不能履行协议约定的对生活垃圾进行集中处置的义务，已经致使合同目的不能实现。根据民法典第五百六十三条第一款第四项的规定，当事人一方迟延履行债务或者有其他违约行为致使不能实现合同目的，另一方可以解除合同。行政机关即可依照双方协议约定及民法典关于单方面解除的规定作出解除决定，尚无行使行政优益权的必要。法院在审理裁判时亦应保持谦抑，在可以用具体的合同法律法规去评判时，不宜直接用原则性的条款去作为判定行政行为合法性的理由。

2. 行政协议解除的程序审查

即使在民事法律关系框架下达到了协议解除的条件，也需遵循双方约定的解除程序。除此之外，政府特许经营的解除亦应遵循行政行为的程序合法性要求。根据《基础设施和公用事业特许经营管理办法》第五十一条的规定，特许经营者认为行政机关作出的具体行政行为侵犯其合法权益的，有陈述、申辩的权利，并可以依法提起行政复议或者行政诉讼。可见，在行政行为作出时，陈述、申辩等权利是行政相对人的法定权利，行政机关对此应履行必要的告知义务，否则构成程序违法。本案中被告未按照《特许经营协议》约定的程序作出终止意向通知，亦未依照《基础设施和公用事业特许经营管理办法》规定在作出解除决定前给予原告公司陈述、申辩的权利，于法无据。

那么对于单行法未对解除程序作出明确规定的行政协议的解除，笔者认为，依然应当遵循正当程序原则，在解除前对于欲作出的解除决定予以告知，赋予相对人陈述、申辩的权利，通过陈述申辩，充分听取行政相对人意见，回应行政相对人的质疑，使得行政机关更谨慎地作出解除决定。对于行政相对人影响重大的行政协议，应尽量给予听证的机会，让行政机关在作出解除决定前再次对决定的事实和依据梳理，让解除决定建立在充分的事实和法律依据上。另，在作出解除时应参照行政行为，应告知当事人提起复议或诉讼的救济权利。

3. 裁判外的行政争议实质性化解

审理期间，承办人多次与双方沟通寻找是否存在变更协议促成协议继续履行协议的可能。后因该省能源局表示考虑到该项目所采用的技术方案目前尚无生产实践，进行技术论证的条件尚不充分，建议先开展生产试验，而原告拒不同意先进行试验的方案，故最后未能达到通过修正或变更措施促成协议履行、化解行政争议的目的。行政行为的作出应当同时兼顾实际情况和协议约定，并应考虑公平负担和利益负担。原告在协议签订时缴纳了大额的保证金，从合理性的角度考量，因原告公司为涉案项目开展了大量前期工作，行政机关解除特许经营协议客观上给其造成了一定程度的损失，故判决后我院主动向被告发送《司法建议书》，建议被告退还原告公司缴纳的保证金，让原告公司在虽未获得判决支持的情况下亦能感受到司法的温度。

编写人：湖北省宜昌市西陵区人民法院　冯丽娥

119　行政机关单方解除行政协议的审查认定

——生物科技公司诉某市综合行政执法局行政协议案

【案件基本信息】

1. 裁判书字号

浙江省台州市中级人民法院（2020）浙 10 行终 277 号行政判决书

2. 案由：行政协议纠纷

3. 当事人

原告（被上诉人）：生物科技公司

被告（上诉人）：某市综合行政执法局

【基本案情】

2018 年 7 月 16 日，某市人民政府制定《某市有机废弃物综合处置中心项目建设方案》，明确原告在某市启动餐厨垃圾生物技术处理试点工作。2018 年 11 月 29 日，原、被告签订了《某市餐厨垃圾处理试运行项目合同书》，约定将某市餐厨垃圾处理试运行项目交给原告。2019 年 3 月 6 日，原告作出《关于某市餐厨垃圾处理试运行项目的报告》，向被告提出暂停运行的申请。2019 年 3 月 18 日，被告作出《关于某市餐厨垃圾处理试运行项目暂停运行报告的回复》，认为原告提出暂停运行的理由与双方签订的合同条款不符，要求原告按照合同继续履行相关义务，恢复已停运单位的餐厨垃圾收运处置工作。2019 年 9 月 12 日，被告作出《解除合同通知书》，决定根据合同的约定，解除与原告签订的《某市餐厨垃圾处理试运行项目合同书》，原告遂提起诉讼，要求撤销被告作出的《解除合同通知书》。三门县人民法院判决撤销被告作出的《解除合同通知书》，合同继续履行。被告提起上诉后又撤回上诉。

原告持有的城市生活垃圾经营性清扫、收集、运输服务许可证的有效期为 2018 年 11 月 29 日至 2019 年 11 月 28 日，许可期限届满后，原告向被告申请重新办理上述许可证。2020 年 1 月 16 日，被告审批通过原告的申请，该许可证于 2020 年 3 月 26 日被原告领取。2020 年 1 月 16 日，被告认为原告未恢复餐厨垃圾的处置工作，委托法律顾问向原告邮寄律师函，要求原告在30日内全面恢复餐厨垃圾的收运和处置，否则将行使法定合同解除权，解除双方合同。2020年2月18日，原告班子会议讨论决定解除其与被上诉人签订的行政协议，并于2月19日委托法律顾问再次向原告发送律师函，以原告收到律师函后，在指定期限内仍不按合同约定履行全面恢复餐厨垃圾的收运和处置义务，严重违约状态持续为由，解除双方签订的《某市餐厨垃圾处理试运行项目合同书》。原告称自己未收到第一份律师函，不认可合同解除事由，双方就合同解除发生争议，遂成讼。

【案件焦点】

被告以律师函的形式通知解除《某市餐厨垃圾处理试运行项目合同书》是否合法。

【法院裁判要旨】

浙江省三门县人民法院经审理认为：本案原、被告签订的《某市餐厨垃圾处理试运行项目合同书》系行政协议，行政协议既有行政管理上的"行政性"，又有公私合意的"合同性"。被告委托律师于2020年1月16日发出律师函履行的是一种告知义务，旨在给予原告履行合同的宽限期，通知原告在30日内恢复餐厨垃圾的收运和处置，否则被告将行使法定解除权解除合同。但从在案证据来看，原告未收到该份律师函。在被告给予原告宽限期的情况下，被告即在2020年2月19日再次发出律师函解除合同依据不足。从行政协议所具有的"行政性"来说，被告在作出解除行政协议时，应遵循法定程序，履行基本的告知义务，通知合同相对人解除合同的原因及能否采取补救措施，以保证对方的陈述申辩、提出异议、寻求救济的权利，进而体现出程序的合法性和正当性。本案被告作出的解除合同依据为原告未在其宽限期内恢复餐厨垃圾的收运和处置。在无法证明原告收到第一份律师函的情况下，被告作出该解除合同的决定不符合法定程序。被告委托作出的律师函实际上是一种行使告知义务的通知，不具备作出行政行为时所具有的法律效力。因此，被告通过律师函的形式行使解除合同的行为不符合法律规定。综上，被告于 2020 年 2 月 19 日委托律师发出律师函解除合同证据不足，行政行为不当，应予撤销。

浙江省三门县人民法院依照《中华人民共和国行政诉讼法》第七十条之规定，判决如下：

撤销被告某市综合行政执法局于 2020 年 2 月 19 日作出的解除《某市餐厨垃圾处理试运行项目合同书》的通知，《某市餐厨垃圾处理试运行项目合同书》继续履行。

二审法院同意一审法院裁判意见。

【法官后语】

本案的审理要点在于行政机关单方解除行政协议的合法性审查。《最高人民法院关于审理行政协议案件若干问题的规定》第十一条第一款规定，人民法院审理行政协议案件，应当对被告订立、履行、变更、解除行政协议的行为是否具有法定职权、是否滥用职权、适用法律法规是否正确、是否遵守法定程序、是否明显不当等进行合法性审查。法院在审理时，应围绕这几个方面逐一评判。

1. 是否具有法定职权

一般而言，签订行政协议的行政机关为有权解除协议的主体，但是也存在行政授权和行政委托的情形，也可能出现签订协议的一方与实际履行者不一致的情形，法院应根据案件的实际情况审查。

2. 是否滥用职权

行政协议是指行政机关为维护公共利益、实现行政管理目标与相对人之间经过协商一致达成的协议。行政协议对各方当事人均具有约束力，各方当事人均应按协议约定的内容履行权利义务，非因公共利益需要或国家法律政策发生重大调整，行政机关不得行使行政优益权单方变更、解除合同。所以法院应在保持审慎的前提下，重点把握行政机关解除协议的理由。

3. 适用法律法规是否正确

一般而言，行政机关单方解除协议应有法律法规的规定作为依据，但满足合同中关于单方解除的条款时，对行政机关单方解除协议行为的审查，可以适用民事法律规范。本案中，被告于2020年2月18日经班子会议讨论决定解除其与被上诉人签订的行政协议。但是，行政委托不同于民事主体的委托代理，解除行政协议应以行政机关的名义作出解除决定，而不应以法律顾问的名义作出解除通知。

4. 是否遵守法定程序

行政机关在行政协议法律关系中除了具有协议一方的身份，还负有管理社会公共事务的法定职责。因此，法律法规对行政机关实施行为有更加严格的规定和要求，行政机关实施行政行为应当遵循法定的行政程序。即使法律法规对相关行政程序未作出明确规定，行政机关也须遵循正当程序原则实施行政行为。本案中，被告在作出解除决定前既未履行告知义务，也未听取原告的陈述和申辩，程序违法。

5. 是否明显不当

明显不当的评判，应当参考行政行为作出的多种因素，根据具体的情形斟酌处理。基本上可以归纳为以下几个方面：（1）行政机关行使裁量权时没有考虑相关因素，或者考虑了不相关因素；（2）行政机关没有遵循已形成的裁量基准；（3）行政机关没有正当理由，违反行政先例；（4）行政机关违反法律基本原则，如比例原则、信赖保护原则等。行政机关单方解除行政协议时，应尽量采取可以补救的措施，避免“一刀切”的做法，导致相对人的权益受损。只有万不得已，不解除协议将对公共利益造成损害时，才能行使行政优益权解除协议。本案中，依照双方签订的协议约定，原告在收到被告作出的说明其违约并要求限期改正，采取补救措施的书面通知后尚有60日的补救期限。而且从之前法院作出的继续履行协议的判决生效到2020年2月19日被告作出解除决定的时间也未达到60日。因此，被告认为原告构成根本性违约缺乏事实根据，解除协议行为明显不当。

编写人：浙江省三门县人民法院　周祺

120　行政机关能否单方就行政协议作出执行决定

——五金公司诉某市自然资源和规划局土地行政决定案

【案件基本信息】

1. 裁判书字号

浙江省温州市中级人民法院（2020）浙03行终681号行政判决书

2. 案由：土地行政决定纠纷

3. 当事人

原告（上诉人）：五金公司

被告（被上诉人）：某市自然资源和规划局

【基本案情】

某区分局是某市自然资源和规划局的派出机构。2007 年 12 月 30 日，某区分局（甲方）与原告五金公司（乙方）签订《国有土地使用权出让合同（工业）》及《〈国有土地使用权出让合同〉补充条款〈工业建设项目〉》。《国有土地使用权出让合同（工业）》约定，甲方出让给乙方的地块位于某工业区，面积为 42163 平方米，土地使用权出让年限为 50 年，自合同签订之日起计算。土地用途工业，该地块的土地总额为 1264.89 万元。《〈国有土地使用权出让合同〉补充条款〈工业建设项目〉》第三条约定“受让人除按照出让合同第十三条约定日期动工建设外，同意 2009 年 10 月 30 日前完成项目竣工验收。受让人按照出让合同第十三条约定提出延建申请，并经出让人同意延建的，则其项目竣工验收日期按批准延建的时间相应顺延”。第九条约定“受让人未按照出让合同补充条款第三条第一款约定日期或第二款约定延建日期完成项目竣工验收的，须向出让人支付相当于土地出让金总额 10%的违约金”。出让合同签订后，原告办理了国有土地使用权登记，并进行了动工建设，但至今未完成项目竣工验收。鉴于原告存在竣工违约行为，某区分局于 2019 年 3 月 8 日作出《缴纳违约金通知书》，要求原告 7 日内缴纳竣工违约金 126.489 万元。原告拒绝签收通知书，某区分局于 2019 年 4 月 22 日在政府官方网站上公告送达缴纳通知。2019 年 7 月 22 日，某区分局作出被诉行政决定，原告不服，提起本案诉讼。

【案件焦点】

被诉行政行为是否合法。

【法院裁判要旨】

浙江省温州市瓯海区人民法院经审理认为：行政协议是行政机关为了实现行政管理或者公共服务目标，与公民、法人或者其他组织协商订立的具有行政法上权利义务内容的协议。某区分局与原告五金公司签订的《国有土地使用权出让合同（工业）》及《〈国有土地使用权出让合同〉补充条款〈工业建设项目〉》符合行政协议本质特征，属于行政协议范畴。案涉出让合同系双方真实意思表示，合法有效。针对出让合同土地受让方违约的情况，在2015年5月1日修订的行政诉讼法施行前，土地管理部门通常以提起民事诉讼的方式行使权利。在修订的行政诉讼法实施后，土地管理部门已无法以提起民事诉讼的方式主张权利，故对于2015年5月1日之前订立的行政协议，可纳入行政诉讼的受案范围，根据行政诉讼法的规定，行政机关不能成为行政诉讼的原告。基于以上事实，在原告五金公司未按照协议约定履行义务的情况下，某区分局以行政决定书的形式向原告收取竣工违约金，并无不当。

行政协议作为一种行政手段，既有行政性又有协议性，人民法院审理行政协议案件，可以参照适用民事法律规范关于民事合同的相关规定。当事人可以约定一方违约时根据违约情况向对方支付一定数额的违约金，也可以约定因违约产生的损失赔偿额的计算方法。本案中，原告至今未完成竣工验收事实清楚，被告根据协议约定向原告收取违约金，符合法律规定及合同约定。《中华人民共和国行政诉讼法》第七十五条规定："行政行为有实施主体不具有行政主体资格或者没有依据等重大且明显违法情形，原告申请确认行政行为无效的，人民法院判决确认无效。"故原告的诉请理由不足，不予支持。

浙江省温州市瓯海区人民法院依照《中华人民共和国行政诉讼

法》第六十九条的规定，判决如下：

驳回五金公司的诉讼请求。

二审法院同意一审法院裁判意见。

【法官后语】

1. 本案是否属于行政诉讼受案范围

根据《最高人民法院关于审理行政协议案件若干问题的规定》第一条、第二条第三项的规定，行政机关为了实现行政管理或者公共服务目标，与公民、法人或者其他组织协商订立的具有行政法上权利义务内容的协议，属于行政诉讼法第十二条第一款第十一项规定的行政协议，如矿业权等国有自然资源使用权出让协议。案涉合同是市、县人民政府土地管理部门作为出让方将国有土地使用权在一定年限内让与受让方，受让方支付土地使用权出让金的协议，符合前述行政协议的特征，属于行政协议。《最高人民法院关于审理行政协议案件若干问题的规定》第四条第一款规定，因行政协议的订立、履行、变更、终止等发生纠纷，公民、法人或者其他组织作为原告，以行政机关为被告提起行政诉讼的，人民法院应当依法受理。本案中，被诉行政决定系因双方在案涉合同的履行中发生争议，被告行政机关为责令原告五金公司按照该合同的约定支付违约金而作出，故原告五金公司对被诉行政决定提起本案诉讼，系因行政协议的履行发生的纠纷，属于行政诉讼受案范围。

2. 本案能否适用行政诉讼法及行政协议相关规定

《最高人民法院关于审理行政协议案件若干问题的规定》第二十八条规定，2015 年 5 月 1 日后订立的行政协议发生纠纷的，适用行政诉讼法及本规定。2015 年 5 月 1 日前订立的行政协议发生纠纷的，适用当时的法律、行政法规及司法解释。本案中，案涉合同于2007年即2015年5月1日之前签订，按前述规定应当适用当时即2007年的法律、行政法规及司法解释，但当时对行政机关单方就行政协议作出执行决定的行为没有作出规定，也没有可以参照的法律法规，因此选择适用与2015年5月1日之后订立的行政协议相关的规定，并无不当。

3. 行政机关能否单方就行政协议作出执行决定

《最高人民法院关于审理行政协议案件若干问题的规定》第二十四条第一款规定，公民、法人或者其他组织未按照行政协议约定履行义务，经催告后不履行，行政机关可以作出要求其履行协议的书面决定。公民、法人或者其他组织收到书面决定后在法定期限内未申请行政复议或者提起行政诉讼，且仍不履行，协议内容具有可执行性的，行政机关可以向人民法院申请强制执行。原告对案涉合同系双方经合意签订以及约定的违约金内容均无异议，被告行政机关在原告行政协议相对人违约且经催告仍拒不按约定支付违约金的情况下，根据前述第二十四条的规定单方作出被诉行政决定，责令原告限期依约支付违约金，亦无不当。

编写人：浙江省温州市瓯海区人民法院　蔡新星

121　行政机关直接依据行政协议实施拆除行为系违法行为

——魏某诉某镇人民政府行政强制执行及行政协议案

【案件基本信息】

1. 裁判书字号

江苏省南通市中级人民法院（2020）苏06行终617号行政判决书

2. 案由：行政强制执行及行政协议纠纷

3. 当事人

原告（被上诉人）：魏某

被告（上诉人）：某镇人民政府（以下简称某镇政府）

【基本案情】

因项目建设需要，某镇政府拟对某地块实施协议搬迁，魏某的房屋在该地块范围内。2019 年 10 月 11 日，某镇政府与拆迁公司签订《房屋征收委托实施协议》，委托拆迁公司实施上述房屋项目征收工作。11 月 18 日，拆迁公司与魏某签订《房屋征收补偿安置协议》，协议载明魏某所有的被征收房屋建筑面积为 189 平方米，土地使用面积为 135.14 平方米，补偿款共计 2960998 元，同时选择公寓房进行安置。魏某在《房屋征收交房交接单》上签字，载明的交房日期为 2019 年 12 月 6 日。2019 年 12 月 17 日起，拆迁公司组织拆迁人员对魏某的房屋先后实施数次拆除，其间魏某多次报警，房屋拆除时屋内有部分物品未搬离。房屋拆除后，魏某未领取补偿款，也未选择补偿安置房屋。魏某对强拆行为不服提起诉讼，请求确认某镇政府强制拆除魏某房屋的行为违法。

【案件焦点】

某镇政府拆除魏某房屋的行为是否违法。

【法院裁判要旨】

江苏省南通经济技术开发区人民法院经审理认为：拆迁公司系由某镇政府委托实施案涉征收拆迁工作，故案涉拆除行为视为某镇政府作出的行政行为。征收双方虽已签订补偿协议，但协议约定的补偿条款并未履行，魏某也未选择补偿安置房屋，且魏某在房屋拆除过程中通过多次报警阻止拆除，拆除时房屋内尚留有部分生活用品未搬离。在魏某未实际获得补偿安置且明确表示反对拆除房屋前提下，某镇政府没有对被征收房屋自主实施强制拆除的法定职责，也没有履行必要的行政强制程序，依法应当确认违法。

江苏省南通经济技术开发区人民法院依照《中华人民共和国行政诉讼法》第七十四条第二款第一项之规定，判决如下：

确认某镇政府于 2019 年 12 月 17 日强制拆除魏某房屋的行为违法。

某镇政府不服，提出上诉。江苏省南通市中级人民法院经审理认为：某镇政府与被搬迁人签订搬迁协议、实施房屋拆除等行为虽然是在与被搬迁人协商一致的情况下进行，但最终是为了实现行政管理的目的，故属于行政行为。因此，即使协议搬迁行为本身没有明确的法律规定，仍应当符合房屋、土地征收法律法规的相关规定及精神。《国有土地上房屋征收与补偿条例》第二十七条第一款规定，实施房屋征收应当先补偿、后搬迁。《最高人民法院关于审理行政协议案件若干问题的规定》第二十四条第一款规定，公民、法人或者其他组织未按照行政协议约定履行义务，经催告后不履行，行政机关可以作出要求其履行协议的书面决定。公民、法人或者其他组织收到书面决定后在法定期限内未申请行政复议或者提起行政诉讼，且仍不履行，协议内容具有可执行性的，行政机关可以向人民法院申请强制执行。在协议搬迁过程中，即使被搬迁人与搬迁人签订了搬迁协议，也不代表搬迁人即可对被搬迁房屋实施强制拆除，搬迁人实施强制拆除的前提还包括被搬迁人自愿将房屋交付拆除，且在拆除过程中不持异议。如果被搬迁人在未获安置补偿的情况下拒绝交付房屋或者拒绝拆除，只能视为被搬迁人拒绝履行协议，搬迁人应当申请人民法院强制执行。虽然拆迁公司与魏某签订了《征收补偿安置协议》，魏某另在《房屋征收交房交接单》上签字，但是无论上述协议是否合法有效，在魏某明确拒绝某镇政府实施拆除且未获得补偿安置的情况下，某镇政府不得直接依据协议实施拆除行为。一审判决确认某镇政府强制拆除魏某房屋的行为违法，并无不当。

江苏省南通市中级人民法院依照《中华人民共和国行政诉讼法》第八十九条第一款第一项之规定，作出如下判决：

驳回上诉，维持原判。

【法官后语】

依法行政强调的是行政机关对自身行为的约束和规范，并不排斥行政机关在与相对人协商一致的情形下实现管理目标。部分行政机关与相对人签订拆迁安置补偿协议后，在协议效力未定、相对人未获补偿的情况下，往往以履行协议为由，直接实施拆除房屋行为，从而引发纠纷。《最高人民法院关于审理行政协议案件若干问题的规定》第二十四条第一款规定了相对人未履行行政协议时行政机关的救济路径，明确行政机关申请法院强制执行行政协议的前提条件及相关司法审查标准，对维护相对人合法权益、促进协议当事人依法依约履行协议，具有重要意义。

1. 相对人未履行拆迁补偿安置协议的主要表现

签订拆迁补偿安置协议后，在相对人自愿的基础上，并不排斥行政机关实施强拆行为。但是，如相对人拒绝履行协议，行政机关则应当履行申请强制执行程序。因此，如何认定相对人是否自愿履行协议，是否构成不履行协议，既是行政机关申请强制执行协议的前提条件，也是认定行政机关强拆行为是否违法的关键问题。

一是相对人针对协议提起诉讼。相对人针对协议提起行政诉讼理由主要包括，认为行政机关使用欺诈、胁迫或者暴力逼迁等手段与相对人签订协议或者签订空白协议等。二是相对人以实际行动拒绝履行协议，如相对人在约定的交房日未腾空房屋，不予配合交房，相对人通过报警、投诉等方式质疑强拆行为的合法性等。三是相对人未获得补偿或拒绝接受补偿。无论集体土地征收还是国有土地上房屋征收，“先补偿，后搬迁”都是行政机关履行协议的前提条件，如果相对人未获得补偿安置或者拒绝接受补偿安置，均视为未满足先补偿的条件。以上情形都表明了相对人对协议不认可，行政机关不得按照协议约定履行拆房行为。但是，如果相对人已经获得了安置补偿，且自愿腾空交房，行政强拆过程也处于平和状态，未发生任何冲突，即使事后相对人对强拆行为有异议，也不能认为行政机关属于违法强拆。

2. 相对人不履行拆迁安置补偿协议时行政机关的救济路径

《最高人民法院关于审理行政协议案件若干问题的规定》第二十四条第一款规定了公民、法人或者其他组织未按照行政协议约定履行义务时，行政机关不得直接按照协议约定强制执行，而是应当作出要求其履行协议的书面决定后，向人民法院申请强制执行。行政协议本身不宜直接作为执行依据，只能以行政机关根据协议作出要求相对人履行行政协议义务的决定为执行依据，申请法院强制执行。一是履行催告程序。行政机关在作出限期拆除决定前，应当履行催告程序，这既是正当程序原则、柔性执法的应有之义，也是行政强制法的具体要求。通常情况下，催告行为是不可诉的，当事人对催告通知有异议，可以向催告的行政机关提出申辩。二是作出强制执行决定。行政强制法第三十七条第二款第二项规定了强制执行决定应载明“强制执行的理由和依据”，因行政协议往往关涉重大利益，故履行协议的决定尤其要注重对解除理由的说明，说明理由是强制执行决定的法定义务。

3. 法院对强制执行决定的审查强度

法院对行政强制执行决定的审查，实际上涉及两个维度的审查：一是作为被诉行政行为的审查；二是作为非诉执行标的的审查。二者司法审查的强度是不同的。

一是作为被诉行政行为的审查。《最高人民法院关于审理行政协议案件若干问题的规定》第十一条第一款规定，人民法院审理行政协议案件，应当对被告订立、履行、变更、解除行政协议的行为是否具有法定职权、是否滥用职权、适用法律法规是否正确、是否遵守法定程序、是否明显不当、是否履行相应法定职责进行合法性审查。虽然表面上法院审理的对象是作为单方行政行为的履行协议决定，但实际上是对行政协议进行全面的合法性、合约性审查，此时的审查强度，即等同于行政协议之审查强度。二是作为非诉执行标的的审查。进入申请强制执行程序后，要么相对人在法定期限内未申请复议或者诉讼，或者已经过诉讼，法院已对强制执行决定的合法性进行了审查，此时的审查强度为非诉执行标的的审查强度，即类似于无效行为的重大且明显违法审查标准。但是，如果行政机关在作出书面决定后，没有告知相对人不诉讼将引起强制执行的不利后果，则适用非诉执行案件的审查强度就有失允当。此时一般应适用被诉行政行为的审查标准。

编写人：江苏省南通市中级人民法院　张祺炜　金保阳

122 行政协议确定不发生效力的适用情形

——张某诉某区人民政府行政协议案

【案件基本信息】

1. 裁判书字号

陕西省渭南市中级人民法院（2020）陕05行初14号行政判决书

2. 案由：行政协议纠纷

3. 当事人

原告：张某

被告：某区人民政府（以下简称某区政府）

第三人：于某

【基本案情】

某区政府依法建设创新创业基地，批准设立“××基地棚户区改造项目指挥部”（以下简称指挥部），由指挥部代表某区政府对该项目房屋征收与补偿。2019年4月4日，张某之母于某以张某名义与前述指挥部（甲方）签订《房屋征收安置协议书》，该协议附表一载明：被征收人张某，安置人口4人，被征收房屋面积358.16平方米，并附该户户口信息。协议第四条约定，甲乙双方经济费用结算见附表三。安置房屋建成后，乙方持本协议书到甲方指定地点按照《安置房分配办法》办理安置房屋相关手续。附表三涉及的房屋补偿费、宅院面积不足360平方米补偿费、附属物补偿费、装修补偿费与评估表评估数额一致。第五条约定，在协议期限内，被拆迁户签订补偿安置协议达到拟拆迁户数的85%，本协议生效，指挥部通知被征收人实施搬迁；若签订协议达不到85%，本协议无效。第七条约定，在协议生效后，待乙方将房屋腾空、各种证件交于甲方后，甲方一次性向乙方结清全部补偿款即282815元。2020年1月22日，全部补偿款存入张某名下。目前该户房屋未拆除，张某遂提起诉讼。

【案件焦点】

无权代理人签订的行政协议的效力。

【法院裁判要旨】

陕西省渭南市中级人民法院经审理认为：关于张某主张某区政府没有征地依据即签订安置补偿协议问题，本案所涉项目系典型的公共利益项目，案涉房屋安置协议系协议双方的真实意思表示，不违反行政法规及民事法律规范的强制性规定，不存在法定无效的情形，基于合同双方自愿原则和诚实信用原则，结合项目大部分群众已经按照协议安置的实际情况，亦从维护法律关系的稳定性和保障绝大多数被征地农民合法的安置补偿权益角度出发，某区政府以未取得征地手续否定安置补偿协议的效力的理由不能成立，不予支持。

关于张某主张某区政府在未经其授权的情况下，与第三人签订安置协议的效力问题，《中华人民共和国土地管理法》第六十二条第一款规定，农村村民一户只能拥有一处宅基地，其宅基地的面积不得超过省、自治区、直辖市规定的标准。本案中的拆迁安置均以每户人口数为标准确定安置对象并以此确定安置房屋面积及其他过渡安置费用，根据征收补偿工作的惯例和实践做法，征收人与被征收人签订补偿安置协议一般均以家庭或户为单位。本案张某与第三人于某系母子关系，但已经分户并各自居住，现于某在未经授权的情况下以张某名义签订安置补偿协议，现有证据不能证明其签订协议时有张某的委托授权，于某签订协议的行为为无权代理。行为人没有代理权、超越代理权或者代理权终止后以被代理人名义订立的合同，未经被代理人追认，对被代理人不发生法律效力，由行为人承担责任。现张某对该协议拒绝追认，根据上述规定，该协议对案涉宅基地的实际权利人张某不发生法律效力。《最高人民法院关于审理行政协议案件若干问题的规定》第十五条第一款规定，行政协议无效、被撤销或者确定不发生法律效力后，当事人因行政协议取得的财产，人民法院应当判决予以返还；不能返还的，判决折价补偿。本案所涉《房屋征收安置协议书》对原告张某不发生法律效力后，被告已经存入张某名下的拆迁补偿款282815元应予返还。

陕西省渭南市中级人民法院依照《最高人民法院关于审理行政协议案件若干问题的规定》第十二条、第十四条、第十五条之规定，判决如下：

一、张某于本判决生效十日内返还被告某区政府拆迁补偿款282815元；

二、驳回张某其他诉讼请求。

判决后，双方当事人均未上诉，本判决现已生效。

【法官后语】

在行政协议案件中，效力待定合同的认定在实践中争议较大，《最高人民法院关于审理行政协议案件若干问题的规定》第十五条规定了行政协议无效、被撤销或者确定不发生效力的法律后果，但不发生效力的情形在实践中应用较少。本案是行政协议不发生效力的典型案例，可以对此进行探讨。

行政协议兼具行政性和协议性，在审理行政协议案件时不但要适用行政诉讼法，还要适用民事法律规范的相关规定。行为人没有代理权、超越代理权或者代理权终止后，行为人以被代理人名义签订行政协议的，该行为为无权代理。

对于无权代理行政协议的效力问题，在《中华人民共和国行政诉讼法》《最高人民法院关于审理行政协议案件若干问题的规定》中均无明确规定。《最高人民法院关于审理行政协议案件若干问题的规定》第二十七条规定："人民法院审理行政协议案件，应当适用行政诉讼法的规定；行政诉讼法没有规定的，参照适用民事诉讼法的规定。人民法院审理行政协议案件，可以参照适用民事法律规范关于民事合同的相关规定。"在民事法律规范中，《中华人民共和国民法典》第一百七十一条规定："行为人没有代理权、超越代理权或者代理权终止后，仍然实施代理行为，未经被代理人追认的，对被代理人不发生效力。相对人可以催告被代理人自收到通知之日起三十日内予以追认。被代理人未作表示的，视为拒绝追认。行为人实施的行为被追认前，善意相对人有撤销的权利。撤销应当以通知的方式作出。行为人实施的行为未被追认的，善意相对人有权请求行为人履行债务或者就其受到的损害请求行为人赔偿。但是，赔偿的范围不得超过被代理人追认时相对人所能获得的利益。相对人知道或者应当知道行为人无权代理的，相对人和行为人按照各自的过错承担责任。"依照上述规定，无权代理人签订的行政协议未经被代理人追认，对被代理人不发生效力，并不是指在这一情形下代理行为无效，仅是在被代理人追认前，对于被代理人而言处于效力待定状态；但即使未被追认，该行为也不是归于无效，而仅是对被代理人不发生效力，该行为同样可以在代理人与被代理人之间发生相应的法律效力，有关法律后果及法律责任由该代理人承担。

对于无权代理行政协议的法律后果，《最高人民法院关于审理行政协议案件若干问题的规定》第十五条规定："行政协议无效、被撤销或者确定不发生效力后，当事人因行政协议取得的财产，人民法院应当判决予以返还；不能返还的，判决折价补偿。因被告的原因导致行政协议被确认无效或者被撤销，可以同时判决责令被告采取补救措施；给原告造成损失的，人民法院应当判决被告予以赔偿。"该规定明确了不发生效力的后果，即因行政协议取得的财产，进行双返。笔者通过以上案例，梳理了行政协议不发生效力的情形，为大家提供参考。

编写人：陕西省渭南市中级人民法院　张敏娟

123　后诉提起与前诉相反的诉讼请求是否构成重复起诉

——陈某诉某县人民政府行政协议案

【案件基本信息】

1. 裁判书字号

广西壮族自治区来宾市中级人民法院（2020）桂13行初449号行政裁定书

2. 案由：行政协议纠纷

3. 当事人

原告：陈某

被告：某县人民政府（以下简称某县政府）

【基本案情】

2017 年 11 月 13 日，陈某与某县政府签订了《征收土地协议书》，该协议书约定：征收陈某的土地 2 宗，面积共 7.1472 亩；按规定扣除征收土地总面积的 15%作为预留安置用地，安置用地性质为国有划拨，由县住建部门按规划统一选址；按规定扣除预留安置用地 1.0721 亩后，实际应给予补偿的征地面积为 6.0751 亩；协议还对补偿依据及标准等内容进行了约定。陈某对该《征收土地协议书》有异议，以某县政府作为被告，于 2020 年 1 月 9 日向法院提起行政诉讼，请求：1. 确认某县政府与其签订的“征收土地协议”无效，征收土地行为违法；2. 判令某县政府恢复 7.1472 亩土地原状并归还。法院经审理于 2020 年 5 月 28 日作出（2020）桂 13 行初 24 号行政裁定，以超过起诉期限为由，驳回陈某的起诉。陈某不服该行政裁定，已提起上诉。该案截至本案审结前仍处二审阶段。2020 年 9 月 30 日，陈某又以某县政府为被告诉至法院，请求：1. 判令某县政府履行与其签订的征收土地协议书第三条约定，即向其交付 318 平方米的安置面积；2. 判决某县政府给其办理 582 平方米面积的“两证一书”，即建设工程规划许可证、建设用地规划许可证、建设项目选址意见书，132 平方米的不动产权证。经法院释明后，陈某不愿撤诉。

【案件焦点】

陈某前诉请求确认行政协议无效案件在上诉程序中，后诉又请求履行行政协议，后诉提起与前诉相反的诉讼请求是否构成重复起诉。

【法院裁判要旨】

广西壮族自治区来宾市中级人民法院经审理认为：根据《最高

人民法院关于适用〈中华人民共和国行政诉讼法〉的解释》第六十九条第一款第六项的规定，重复起诉，已经立案的，应当裁定驳回起诉；第一百零六条规定，当事人就已经提起诉讼的事项在诉讼过程中或者裁判生效后再次起诉，同时具有下列情形的，构成重复起诉：（一）后诉与前诉的当事人相同；（二）后诉与前诉的诉讼标的相同；（三）后诉与前诉的诉讼请求相同，或者后诉的诉讼请求被前诉裁判所包含。在本案中，陈某在提起本案诉讼之前，曾于 2020 年 1 月 9 日以某县政府作为被告提起行政诉讼，诉讼标的也是针对涉案的土地征收协议，前诉请求确认土地征收协议无效，本诉即后诉请求履行土地征收协议，前诉与后诉的当事人相同、诉讼标的同一、后诉提起与前诉相反的诉讼请求，构成了重复起诉，而前诉现在还处在二审程序，涉案土地征收协议的效力无法确定导致后诉即本案无法受理。同时，办理建设工程规划许可证、建设用地规划许可证、建设项目选址意见书及不动产权证属于某县政府下属职能部门的职责，且陈某也未举证证明某县政府及其职能部门拒绝办理相关许可证及不动产权证，故陈某的该项诉请被告主体不适格。

广西壮族自治区来宾市中级人民法院依照《中华人民共和国行政诉讼法》第四十九条，《最高人民法院关于适用〈中华人民共和国行政诉讼法〉的解释》第六十九条第一款第六项、第一百零六条的规定，作出如下裁定：

驳回陈某的起诉。

裁定作出后，双方当事人均未上诉，本裁定现已生效。

【法官后语】

禁止重复起诉来自“诉讼拘束”“一事不再理”及既判力理论。

为节约司法资源及提高诉讼效率，保持生效裁判的稳定性，避免同一案件重复审理甚至作出矛盾的裁判，当事人不得就已经提起的同一诉讼案件再另行起诉。本案争议的焦点问题在于当事人前诉请求确认行政协议无效，该案还在上诉程序审理过程中，当事人又提起诉讼请求行政机关履行行政协议，诉讼请求内容相反，是否构成重复起诉。

1. 重复起诉认定标准——后诉与前诉符合同一性要求

依据《最高人民法院关于适用〈中华人民共和国行政诉讼法〉的解释》第一百零六条规定，当事人就已经提起诉讼的事项在诉讼过程中或者裁判生效后再次起诉，同时具有下列情形的，构成重复起诉：（一）后诉与前诉的当事人相同；（二）后诉与前诉的诉讼标的相同；（三）后诉与前诉的诉讼请求相同，或者后诉的诉讼请求被前诉裁判所包含。构成重复起诉的后诉与前诉案件须符合三个同一性要件，即当事人相同、诉讼标的相同、诉讼请求相同。具有“同一性”的当事人不是简单地指当事人姓名或名称相同，其包括原审当事人、当事人的承继人、诉讼担当人等，而其中的原审案件的当事人是受“一事不再理”原则所拘束的最直接的主体。诉讼标的相同就是“一事不再理”原则中的“一事”，即当事人在实体法上相一致的权利义务或者法律关系。行政诉讼案件一般系针对行政行为的合法性进行审查，但行政诉讼的标的并不能等同于行政行为。所谓诉讼请求相同，可以是当事人提起的诉讼请求完全相同，也可以是后诉的诉讼请求被前诉裁判所包含。在本案中，陈某所提的诉讼请求，实质是以涉案《征收土地协议书》有效进而要求某县政府履行行政协议。履行行政协议需以行政协议有效为前提，无效的行政协议无履行的法律依据及必要性。而在此之前，陈某以某县政府作为被告提起行政诉讼，请求确认行政协议无效，诉讼标的亦是针对涉案的土地征收协议。因此，本案作为后诉与前诉存在当事人相同、诉讼标的相同、后诉提起与前诉实质上相反的诉讼请求，符合重复起诉的同一性的要件，而前诉现在还在上诉审理中，涉案土地征收协议的效力无法确定导致后诉即本案现在无法审理。

2. 后诉与前诉的诉讼请求相反是否可认定为重复起诉

诉讼请求相同系构成重复起诉的要件之一，而当后诉与前诉的诉讼请求表面上看并不相同甚至相反，能否产生后诉被前诉既判力所及的效果。在行政诉讼案件中，原告请求撤销行政行为、确认行政行为违法、确认行政行为无效，以及请求履行行政行为、给付行为，人民法院通常都需要对行政行为是否违法以及违法的程度、是否合法及是否符合履行、给付的依据等进行全面的审查和评价，故在后的诉讼常常因前诉已经进行全面的合法性审查而构成重复起诉。在本案中，陈某的前诉请求确认土地征收行政协议无效，本诉即后诉请求履行土地征收协议，虽然两案的案由不同、诉讼请求也相反，但后诉的诉讼请求实质上将被前诉的裁判所包含，受到前诉裁判的既判力约束。因为涉案土地征收协议是否可以履行，需以该协议有效为前提，所以本案后诉与前诉的当事人相同及诉讼标的同一，而诉讼请求相反，仍然构成重复起诉。

3. 前诉的诉讼程序进展程度是否影响重复起诉的认定

从人民法院接到起诉状时开始，当事人就不得对已经提起的诉讼案件，在诉讼中另行起诉。同时，既判力的原则又要求，在裁判结果确定后，当事人不得就相同诉讼标的再次起诉。《最高人民法院关于适用〈中华人民共和国行政诉讼法〉的解释》第一百零六条对认定重复起诉的诉讼程序进展也有非常明确的规定，包括在诉讼过程中或者裁判生效后。据此，前诉的诉讼进展程度如何，对后诉是否构成重复起诉并没有实质性的影响。无论前诉是尚在诉讼过程中还是已经作出生效裁判，只要符合重复起诉的三个同一要件，后诉就构成重复起诉。在本案中，由于陈某请求确认涉案土地征收协议无效的案件还在上诉程序中，而本案履行行政协议的审查需以前诉为前提，涉案土地征收协议的效力无法确定导致后诉即本案现在无法进行审理，因此本案即后诉构成了重复起诉。

编写人：广西壮族自治区来宾市中级人民法院　韦霄倩　梁良

124 被列为不可移动文物的居住用房的可征收性及其补偿价值的确定规则

——钟某诉某市某区人民政府、某市人民政府房屋行政补偿及行政复议案

【案件基本信息】

1. 裁判书字号

湖南省高级人民法院（2020）湘行终 419 号行政判决书

2. 案由：房屋行政补偿及行政复议纠纷

3. 当事人

原告（上诉人）：钟某

被告（被上诉人）：某市某区人民政府（以下简称某区政府）、某市人民政府（以下简称某市政府）

【基本案情】

某街 81 号公馆在 2010 年第三次全国不可移动文物普查中被列为不可移动文物，钟某所有的涉案房屋位于该公馆之内。2013 年 5 月 21 日，某区政府对涉案房屋作出房屋征收补偿决定，钟某不服，另案提起诉讼。2014 年 6 月 9 日，某区政府在该案二审期间作出自行撤销该补偿决定的书面决定，法院判决确认该补偿决定违法。

2015 年 7 月 27 日，某市文物局作出《关于〈某街 81 号公馆迁移工程勘察设计方案〉的批复意见》，该批复意见原则同意《某街 81 号公馆迁移工程勘察设计方案》；2015 年 8 月 15 日，某区政府作出《关于不可移动文物某街 81 号公馆迁移保护的函》，该函载明某街 81 号公馆实施迁移保护的具体设计方案通过了专家评审及市文物行政部门审批。该函附件《不可移动文物某街 81 号公馆名录》明确某街 81 号公馆保护级别为“未定级”、保护方案为“迁移至原地址西北侧重建”。2019 年 4 月 30 日，某区政府对钟某作出［2019］第 38 号房屋征收补偿决定（以下简称 38 号补偿决定）：一、决定对钟某户实行产权调换。二、被征收房屋的补偿总额为 805741 元（被征收房屋装饰装修和其他设施补偿未计入），其中被征收房屋价值补偿费为 804197 元，搬迁费为 1544 元。产权调换房屋的评估总价为 794351 元，找补差价款 11390 元。被征收房屋装饰装修价值补偿和其他设施补偿另行补偿。三、限钟某在本决定送达之日起二十日内搬迁。钟某不服，向市政府提起行政复议。2019 年 8 月 21 日，市政府复议决定维持 38 号补偿决定。钟某认为，涉案房屋属于不可移动文物，且保护方案为“迁移重建”，不能被征收，遂起诉请求撤销 38 号补偿决定。

【案件焦点】

1. 不可移动文物是否可以被征收；2. 征收补偿时是否应体现文物的价值。

【法院裁判要旨】

湖南省长沙市中级人民法院经审理认为：1. 某区政府是作出房屋征收补偿决定的适格主体；2. 某区政府作出的38号补偿决定认定事实清楚、程序合法、适用法律正确；3. 市政府行政复议程序合法；4. 某市文物局批复同意对涉案房屋进行迁移保护，某区政府也作出了迁移保护的函，涉案建筑上的文物价值属性已经发生了转移，某区政府针对住宅进行征收符合法律规定。且文物保护法仅确定国家级、省级、市县级文物保护单位的划分，并非对不可以定文物评估价格的规定，故钟某所提“征收不可移动文物应当体现历史、艺术、科学价值”的主张，不予采纳。

湖南省长沙市中级人民法院依照《中华人民共和国行政诉讼法》第六十九条之规定，作出如下判决：

驳回钟某的诉讼请求。

钟某持一审起诉意见上诉。湖南省高级人民法院经审理认为：在某市文物局批复同意对涉案房屋进行迁移保护且某区政府也制订了具体迁移保护方案的情况下，某区政府对涉案房屋的征收符合《湖南省文物保护条例》的相关规定。钟某认为不可移动文物不能被征收缺乏明确的法律依据。

涉案房屋虽然被列为不可移动文物，但该房屋的历史、艺术、科学等价值并不是体现在被征收房屋的市场交换价值上，而是为了加强对该房屋的保护和合理利用。钟某认为其房屋征收补偿的评估价值应体现出历史、艺术、科学价值，没有法律依据。且钟某的房屋并非祖屋，而是从他人处以普通房屋的价格转让而来，故某区政府按照评估价值确定其补偿价值并没有损害其合法权益。

湖南省高级人民法院依据《中华人民共和国行政诉讼法》第八十九条第一款第一项的规定，作出如下判决：

驳回上诉，维持原判。

【法官后语】

首先，被列为不可移动文物的居住用房的可征收性问题。《国有土地上房屋征收补偿条例》规定的征收对象为国有土地上的房屋，但对于房屋如为不可移动文物是否可以被征收，没有明确规定。该条例第八条第五项规定，政府依照城乡规划法有关规定组织实施的对危房集中、基础设施落后等地段进行旧城区改建的需要，可以作出房屋征收决定。《中华人民共和国城乡规划法》第三十一条规定，旧城区的改建，应当保护历史文化遗产和传统风貌，合理确定拆迁和建设规模，有计划地对危房集中、基础设施落后等地段进行改建。历史文化名城、名镇、名村的保护以及受保护建筑物的维护和使用，应当遵守有关法律、行政法规和国务院的规定。《湖南省文物保护条例》第十三条规定，建设工程选址，应当尽可能避开不可移动文物；因特殊情况不能避开的，对文物保护单位应当尽可能实施原址保护。尚未核定公布为文物保护单位的不可移动文物，因建设工程特殊需要必须迁移异地保护或者拆除的，经设区的市、自治州人民政府文物行政部门同意后，报县级人民政府批准。因此，法律对于不可移动文物的征收并没有禁止性规定。市、县人民政府确需征收不可移动文物，涉及不可移动文物的迁建、拆除、改建等事宜的，应当严格依据文物保护法的相关规定进行。

其次，关于被列为不可移动文物的居住用房的补偿价值认定标准问题。《中华人民共和国文物保护法》第三条第一款规定，古文化遗址、古墓葬、古建筑、石窟寺、石刻、壁画、近代现代重要史迹和代表性建筑等不可移动文物，根据它们的历史、艺术、科学价值，可以分别确定为全国重点文物保护单位，省级文物保护单位，市、县级文物保护单位。文物保护法上述关于不可移动文物历史、艺术、科学价值的规定是确定国家级、省级、市县级文物保护单位的划分方法，并非对不可移动文物市场评估价格的规定。而确定不可移动文物的历史、艺术、科学等文物价值，是为了加强对文物的保护，继承中华民族优秀的历史文化遗产，促进科学研究工作，进行爱国主义和革命传统教育，建设社会主义精神文明和物质文明，是为了贯彻保护为主、抢救第一、合理利用、加强管理的方针。本案中，钟某所有房屋的产权登记和实际用途均为居住用房，《国有土地上房屋征收与补偿条例》对于被征收房屋的价值也是规定通过评估机构的评估来确定，而根据《国有土地上房屋征收评估办法》的规定，评估主要考虑被征收房屋的区位、用途、建筑结构、新旧程度、建筑面积以及占地面积、土地使用权等影响被征收房屋价值的因素。上述影响评估价值的因素对于住宅而言，主要考虑的就是房屋居住功能与据此体现的居住价值。当事人主张评估价值应体现出历史、艺术、科学价值的，人民法院不予支持。

编写人：湖南省高级人民法院　黄一凡　薛珊珊

125 行政协议案件中原告履责诉求客观不能的裁判路径

——高某诉北京市某区人民政府房屋征收办公室继续履行征收补偿行政协议案

【案件基本信息】

1. 裁判书字号

北京市第三中级人民法院（2019）京03行终898号行政判决书

2. 案由：继续履行征收补偿行政协议纠纷

3. 当事人

原告（上诉人）：高某

被告（被上诉人）：北京市某区人民政府房屋征收办公室（以下简称某区房征办）

【基本案情】

2017年2月24日，北京市某区人民政府发布《房屋征收决定》，决定对某旧城区改建项目用地红线范围内的房屋及其附属物实施征收，房屋征收的实施单位为北京市某区房屋征收事务中心（以下简称区征收事务中心），原告的房屋在上述征收范围内。2016年12月12日，区征收事务中心与原告签订了《征收补偿协议》。在该协议中，原告同意按照征收补偿方案中确定的产权调换方案进行产权调换。2017年3月14日，区征收事务中心与原告签订《征补协议（一）》。在该协议中，原告自愿选择涉案房屋作为产权调换房屋之一，并在规定的时间内进行了选房确认工作。《征补协议（一）》中对产权调换房屋的确定和结算单价、征收补偿款的确定、协议生效变更及解除等事项进行了约定。

2017 年 4 月 7 日，相关单位向原告交付涉案房屋，交房时的《入住交房验收表》中载明，“主卫设施不完善没有水管、没有地漏、坐便管道、没有下水管道”等内容。被告向原告提供的涉案房屋的户型图显示，原告选中的户型为一室一厅两卫，位于主卧室的小间（即房屋南面）为“卫生间”。实际交付时，涉案房屋户型为一室一厅一卫一储藏间，位于主卧室的小间变为“储藏间”。涉案房屋的建设单位及规划单位分别出具《说明》认定涉案房屋不具备将储藏间改造为卫生间的条件。原告诉至法院，要求判决某区房征办对涉案房屋南面“卫生间”进行修复。

经法庭释明，原告坚持要求被告继续履行《征补协议（一）》的内容，要求将涉案房屋的“卫生间”修复后交付具有两个卫生间的涉案房屋，合议庭当庭向原告告知在已有二审生效裁定认定涉案房屋不具有改造现实可能性的情况下，其坚持要求继续履行合同存在诉讼风险，原告仍表示坚持其诉讼请求。

【案件焦点】

在行政协议案件中，行政机关未能按照约定履行行政协议确定的义务，但继续履行行政协议在客观上无法实现，经法院释明后原告仍坚持要求行政机关继续履行行政协议，对原告的诉请如何裁判。

【法院裁判要旨】

北京市朝阳区人民法院经审理认为：房屋户型情况系影响被征收人确定产权调换房屋的重要信息，也直接涉及房屋征收补偿协议的签订或履行，除被告向原告提供的户型图外，双方未在征补协议中或以其他书面形式对此另行作出约定，故户型图应属被告对原告作出的要约，在双方已经签订征收补偿协议的情况下，该户型图构成合同约定的一部分，涉案房屋的户型信息的内容对双方具有法律拘束力。本案中，现有证据足以证明被告交付的涉案房屋与双方约定的内容不具有一致性，故被告未按照双方约定的内容履行交房义务，已经构成违反合同约定的行为。

根据《中华人民共和国行政诉讼法》第七十八条第一款和《中华人民共和国合同法》第一百一十条第一项的规定，本案中，原告要求被告继续履行合同义务，修复涉案房屋主卧室的小间的卫生间的使用功能后，向其交付具有两个卫生间的房屋。但现有证据可证明原告所主张的卫生间规划的使用功能为储藏，涉案房屋的建设单位及规划设计单位均提交书面《说明》，明确涉案房屋不具有改造的可能性，且二审生效裁定中也已认定涉案房屋不具有改造的现实可能性，故原告以继续履行合同义务为核心的诉请已不能实现。在法院已对此进行明确释明的情况下，原告仍坚持提出此项诉请，对此应予驳回。原告在本案中所提出临时安置补偿、租金可得利益损失赔偿及房屋物业费、供暖费损失的请求，也并非基于合同无法实际履行所主张的违约责任，对此一并予以驳回。

北京市朝阳区人民法院依据《中华人民共和国行政诉讼法》第六十九条、第七十八条第一款，《中华人民共和国合同法》第一百一十条第一项的规定，判决如下：

驳回高某的全部诉讼请求。

高某不服，上诉至北京市第三中级人民法院，请求依法改判，撤销一审判决，支持其一审的全部诉讼请求。某区房征办称同意一审判决，请求予以维持。

北京市第三中级人民法院经审理，确认一审法院认定的事实和证据，并认为：本案中，高某要求被上诉人继续履行合同义务，修复涉案房屋主卧室的小卫生间的使用功能后，向其交付具有两个卫生间的房屋。现有证据及（2018）京03行终397号生效行政裁定均已认定涉案房屋不具有改造的现实可能性，其要求继续履行合同义务的诉讼请求事实上已不能实现。在一审法院明确释明的情况下，高某仍坚持此项诉讼请求，一审法院予以驳回并无不当。

北京市第三中级人民法院依照《中华人民共和国行政诉讼法》第八十九条第一款第一项的规定，判决如下：

驳回上诉，维持一审判决。

【法官后语】

行政协议兼具行政性和合同性的特征，在裁判方式选择上也应综合运用行政行为合法性审查原则和“不告不理”原则。在行政机关未能按照约定履行行政协议确定的义务情况，公民、法人或其他组织依法提出要求行政机关依法履行或者按照行政协议约定履行义务或撤销、解除行政协议。但在行政协议客观上不能继续履行的情况下，经法院释明后，当事人仍坚持要求行政机关继续履行相应合同义务并主张违约损失赔偿，对于裁判方式的选择有两种不同观点：一种观点是考虑到行政协议的行政性特征，应体现司法审查对行政行为的监督上，对于违法的行政协议，法院应进行主动审查和判断。本案中，被告违反合同约定的事实明确，因此应对于行政行为的合法性作出判断，并直接判决赔偿原告相应的经济损失。另一种观点则是在继续履行协议义务的诉请客观不能的情况下，经释明相对人仍坚持，法院应当驳回原告的全部诉讼请求。

本案最终选择判决驳回原告诉讼请求的裁判方式，此方式更切合行政协议审查的应有之义，具体裁判理由为：

第一，行政协议的司法审查规则独特。由于行政协议兼具有行政性和契约性，在对行政协议案件进入实体审查后，应更注重行政协议契约性的特点和不同于单方行政行为的审查规制。《最高人民法院关于审理行政协议案件若干问题的规定》第二十七条第二款规定，人民法院审理行政协议案件，可以参照适用民事法律规范关于民事合同的相关规定。根据《中华人民共和国民法典》第五百八十条第一款第一项的规定，当事人一方不履行非金钱债务或者履行非金钱债务不符合约定的，对方可以请求履行，但是法律上或者事实上不能履行的除外。本案中，已发生法律效力的司法文书中已认定相关证据材料能够证明涉案房屋不具有改造的现实可能性，故从合同案件的裁判规制看，原告要求继续履行合同的诉请已不能实现。民事诉讼的裁判以当事人的诉请为基础，在法院已进行释明的情况下，原告仍坚持继续履行合同的诉讼请求，对此诉请应予以驳回。

第二，从行政协议的行政性角度分析，亦可参照履责类案件的裁判思路分析此类的案件裁判方式。原告诉请实质仍是要求被告按照合同约定修复涉案房屋或继续交付具有两个卫生间的房屋，但履责在客观上无法实现，也属于相对人要求行政机关履行职责理由不能成立的情形，可适用行政诉讼法第六十九条中“原告申请被告履行法定职责或者给付义务理由不成立的”的规定。

第三，原告就被告违约交付房屋有相应救济途径。《最高人民法院关于审理行政协议案件若干问题的规定》第十九条第一款中规定“被告无法履行或者继续履行无实际意义的，人民法院可以判决被告采取相应的补救措施”，但本案中被告亦无采取补救措施修复的可能性。本案虽以涉案房屋客观上不具有改造可能性，而原告经释明坚持履责诉求为由驳回其诉讼请求，但其合法权益维护仍可以通过要求被告承担合同违约责任的方式予以解决。

编写人：北京市朝阳区人民法院　郑瑞涛　杨星星

126　履行行政协议案件的司法审查应将合法性审查与合约性审查相结合

——付某诉北京市某区人民政府房屋征收办公室行政协议案

【案件基本信息】

1. 裁判书字号

北京市第二中级人民法院（2019）京02行终2001号行政判决书

2. 案由：行政协议纠纷

3. 当事人

原告（上诉人）：付某

被告（被上诉人）：北京市某区人民政府房屋征收办公室（以下简称某区征收办）

第三人：北京市某区房屋征收事务中心（以下简称某区征收中心）

【基本案情】

付某承租涉案房屋，该房屋位于某棚户区改造项目范围内。经过入户调查，该址有正式房屋平房1间，未登记房屋5间，分别由付某及王某甲等四人居住。某棚户区改造项目为设置有预签期的改造项目，预签期为2017年4月11日至2017年7月19日。某区征收办为该项目的房屋征收部门，某区征收中心为该项目的实施单位。2017年4月26日，付某办理了房改购房手续。同日，付某与某区征收办、某区征收中心签订了涉案征补协议。该协议约定，付某选择货币补偿方式，选择奖励房源类型为改建地段奖励房源。某区征收办、某区征收中心支付付某被征收房屋评估款、其他补偿费用、住宅房屋相关补助及奖励等。协议第九条约定了相关权证移交的义务。协议第十条约定，付某应在协议生效后15日内将被征收房屋及全部相关未登记房屋及附属物腾空后完整移交，并负责所有人员按期搬迁。在协议及补充协议生效且被征收人履行协议第九条、第十条规定在约定时间内交付房屋权属文件并履行全部交房义务；协议及补充协议经审计审核通过后，某区征收办、某区征收中心委托银行向付某发放协议及补充协议中确定的相关补偿、补助及奖励。项目预签期内预签征收补偿协议比例达75%，北京市某区人民政府依法作出征收决定的，协议生效。2017年7月21日，北京市某区人民政府作出征收决定。涉案征补协议签订后，付某履行了相关权证移交的义务。但涉案征补协议生效后，付某与某区征收办、某区征收中心就交付的相关未登记房屋发生争议。付某未交付房屋，某区征收办及某区征收中心未向付某支付各项补偿及奖励。故付某诉至法院，要求被告履行涉案征收补偿协议，接收原告交付的涉案房屋，并按照协议约定向原告支付各项补偿及奖励，让原告选择购买奖励房源。

【案件焦点】

1. 被告是否需要按照协议约定接收涉案房屋并按照协议约定向原告支付各项补偿及奖励并让原告选择购买奖励房源；2. 原告付某是否已经履行了涉案征补协议所确定的交房义务。

【法院裁判要旨】

北京市东城区人民法院经审理认为：根据《国有土地上房屋征

收与补偿条例》的规定，某区征收办作为区人民政府确定的房屋征收部门，某区征收中心作为涉案项目的房屋征收实施单位，具有与被征收人付某就其位于某棚户区改造项目征收范围内的涉案房屋的征收补偿事宜签订征补协议的主体资格。本案中，某区征收办、某区征收中心依据区人民政府作出的某棚户区改造项目的批复，在预签期内与付某签订涉案征补协议，该协议系付某与某区征收办、某区征收中心的真实意思表示，不违反法律、法规的强制性规定，不存在合同法规定的合同无效的情形，协议签订的过程亦未违反相关行政法律法规的规定，且涉案征补协议已经达到了协议约定的成立及生效条件，故涉案征补协议已经生效。虽然涉案征补协议中未明确约定付某应当交付之“未登记房屋”的范围，但是在 2015 年 8 月的《棚改项目入户调查册》调查表及未登记房屋平面图中，明确标明共 5 间未登记房屋，并明确标明未登记房屋位置及居住人，付某及居住人均在调查表上签字。根据入户调查册结合入户调查结果公示表，可以确认付某未履行涉案征补协议所约定的交房义务。故付某要求被告某区征收办及第三人某区征收中心履行涉案征补协议的诉讼请求，不符合协议约定及涉案征收项目的相关政策规定，本院不予支持。

北京市东城区人民法院依据《中华人民共和国行政诉讼法》第六十九条，《中华人民共和国合同法》第八条、第六十条之规定，判决：

驳回原告付某的诉讼请求。

二审法院同意一审法院裁判意见。

【法官后语】

根据《最高人民法院关于审理行政协议案件若干问题的规定》

第一条规定，行政机关为了实现行政管理或者公共服务目标，与公民、法人或者其他组织协商订立的具有行政法上权利义务内容的协议，属于行政协议。而本案所涉及的房屋征收补偿协议为一种典型的行政协议。根据行政协议的定义可以看出，行政协议与一般民事协议存在以下不同：一是签订主体不同，行政协议缔约的一方为行政机关，另一方为行政相对人。而民事协议缔约双方为平等主体。二是缔约的目的不同，行政协议缔约的目的是实现行政管理或者公共服务的目标，如果是行政机关签订的为了设立、变更、终止民事法律关系的协议则不是行政协议。三是协议的内容不同，行政协议在内容上具有行政法上的权利及义务。除了上述不同，作为协议，行政协议与民事协议一样，必须是当事人意思表示一致达成的合意。

行政协议的上述特点，使其具有一般民事协议的特征之外，还具有其自身特征，如协议涉及行政机关的职权，因为其是为了实现行政管理目标和公共服务，有可能涉及公共利益问题，行政机关在行政协议中具有行政优益权等。因此，在法院审理行政协议的案件中，除了行政案件的合法性审查，还应该对协议效力、协议的约定、履行的情况等进行审查，即按照《中华人民共和国民法典》等民事法律的有关规定进行合约性审查。具体到履行行政协议案件的司法审查，应将合法性审查与合约性审查相结合。

首先，必须进行合法性审查。即审查行政机关签订行政协议是否具有法定职权、签订的协议是否履行了相关的法定职责，签订协议及履行协议的过程是否遵守了法定程序，是否符合相应的法律法规的规定、是否滥用职权等。此时应由行政机关承担相应的举证责任。其次，应进行合同效力的审查。即审查行政协议是否成立、是否生效、行政协议是否具有民法典规定的合同无效情形。最后，应对合同的约定及履行情况进行审查。行政协议从本质上来说仍是协议，系双方当事人意思表示一致的产物，而双方当事人的意思表示就体现在协议的条款当中，当事人在履行协议的过程中，是否按照合同的约定履行，是判断当事人是否违约的前提。因协议的履行是一个动态的过程，在审理案件时，需要结合协议的约定，一一审查当事人双方的履行情况。本案中，法院先审查了被告的职权及涉案征补协议的效力情况，后根据原告的主张，重点审查了双方履行的情况，因涉案征补协议约定原告履行交房义务后，被告支付相应的补偿款项，故原告是否已经完整履行涉案征补协议，成为本案的焦点。虽然涉案征补协议并未对所交付房屋及全部未登记房屋的具体情况予以详细约定，但在征收过程中的入户调查册中对此有详细的说明且原告及所有的共居人进行了签字确认，由此可以认定原告未履行完毕相应的交付义务，其要求被告履行支付补偿款等义务不符合协议约定，故法院最终判决驳回了原告的诉讼请求。

编写人：北京市东城区人民法院　杨莹

127 第三方原因导致行政机关无法履行行政合同不能阻却其履约责任

——某公司诉某县自然资源和规划局国土行政协议案

【案件基本信息】

1. 裁判书字号

浙江省绍兴市中级人民法院（2019）浙 06 行终 584 号行政判决书

2. 案由：国土行政协议纠纷

3. 当事人

原告（被上诉人）：某公司

被告（上诉人）：某县自然资源和规划局（以下简称自然资源局）

【基本案情】

2018 年 5 月 31 日，某县土地储备中心与某公司、某水库管理局分别作为甲、乙、丙三方，签订《某县国有土地使用权储备合同》一份。合同约定：甲方回收乙方、丙方使用的国有土地使用权，证载建筑面积共 12585.77 平方米（实测 15003.8 平方米），其中某公司面积 4248.89 平方米，长诏水库管理局面积 10754.91 平方米。结合相关政策，核定储备土地面积为 23887.78 平方米，房屋和地上附着物建筑面积 15003.8 平方米。甲方应当支付乙方、丙方被回收的土地及地上建（构）筑物、设备搬迁补助等补偿费用。经中介机构评估确定，甲方应支付乙方本次储备补偿费用总金额为 3822.0839 万元。合同约定："经县政府同意，乙方在签订本收储合同并向县国土局（储备中心）移交权证后由县国土局（储备中心）支付补偿金额的 20%，待腾空验收后，凭腾空验收单支付剩余 80%的尾款……所需资金由县水务集团拨付给县国土局（储备中心）""乙方、丙方应当在 2018 年 6 月 15 日前撤离人员，腾空房屋""乙方、丙方不按期交付回收的标的物，每逾期一天，按回收补偿费总额的万分之五支付违约金给甲方。甲方按该合同约定支付收储补偿费用。"

2018 年 2 月 12 日，某公司将土地使用证提交给储备中心。6 月 11 日，将案涉房屋腾空并交付验收。6 月 15 日，储备中心向某公司支付补偿费用共计2800万元，剩余补偿费用1022.0839万元未付。回收案涉地块国有土地使用权所需资金由某县水务集团提供，而水务集团未足额拨付资金，致使储备中心无法按照合同约定支付剩余补偿费用。某公司遂起诉，要求被告按照约定履行行政合同，支付剩余补偿款1022.0839万元，并赔偿逾期履行的利息损失。

【案件焦点】

1. 被告主体是否适格；2. 被告因第三方原因未按照约定履行合同义务是否合法；3. 被告是否需要承担原告的利息损失。

【法院裁判要旨】

浙江省新昌县人民法院经审理认为：土地储备中心未经法律、法规或者规章的授权，其实施的土地储备行为属于受委托的行为，公民、法人或者其他组织因此提起行政诉讼的，应当以其所隶属的土地管理部门为被告。因此，自然资源局系本案适格的被告。关于被告因第三方原因未按照约定履行合同义务是否合法，原告某公司已经全面履行了行政协议约定的义务，而储备中心仅支付补偿费2800万元，余款至今未付，属于违约。同时，根据合同相对性原理，原告也只能向合同相对方即储备中心主张权利。《中华人民共和国国家赔偿法》规定了侵害当事人合法权益的应当赔偿直接损失，储备中心未依照行政合同约定全面履行付款义务，依法应当予以赔偿。

浙江省新昌县人民法院依照《中华人民共和国行政诉讼法》第七十八条第一款、《中华人民共和国国家赔偿法》第三十六条第八项的规定，判决如下：

一、责令自然资源局继续履行《某县国有土地使用权储备合同》，在本判决生效之日起三十日内向某公司支付土地储备补偿费共计1022.0839万元；

二、自然资源局赔偿某公司上述补偿费自2018年6月11日起至实际付清之日止按照中国人民银行同期同档次贷款利率计算的利息损失。

自然资源局不服，提起上诉。浙江省绍兴市中级人民法院经审理认为：根据《最高人民法院关于审理买卖合同纠纷案件适用法律问题的解释》等规定，即使水务集团未支付款项，储备中心仍需依照合同约定履行付款义务。因行政合同未明确违约金的计算方式，按照中国人民银行同期同档次贷款利率并无不当。

浙江省绍兴市中级人民法院依照《中华人民共和国行政诉讼法》第八十九条第一款第一项之规定，判决如下：

驳回上诉，维持原判。

【法官后语】

关于本案被告主体是否适格，存在两种观点。一种观点认为，根据《土地储备管理办法》第一条第三项的规定，土地储备机构应为县级（含）以上人民政府批准成立、具有独立的法人资格、隶属于所在行政区划的国土资源主管部门、承担本行政辖区内土地储备工作的事业单位。即储备中心具有独立的法人资格，是本案适格的被告。另一种观点认为，《最高人民法院关于适用〈中华人民共和国行政诉讼法〉的解释》第二十条第三款规定："没有法律、法规或者规章规定，行政机关授权其内设机构、派出机构或者其他组织行使行政职权的，属于行政诉讼法第二十六条规定的委托。当事人不服提起诉讼的，应当以该行政机关为被告。"即土地储备机构只有法律、法规或者规章的授权才具有行政诉讼被告资格。《土地储备管理办法》系部门规范性文件，并非部门规章。土地储备中心未经法律、法规或者规章的授权，其实施的土地储备行为属于受委托的行为，公民、法人或者其他组织因此提起行政诉讼的，应当以其所隶属的土地管理部门为被告。因此，自然资源局系本案适格的被告。我们采用第二种观点。虽本案不宜直接适用《最高人民法院关于审理涉及农村集体土地行政案件若干问题的规定》第五条①，但根据该司法解释精神，土地储备机构并非行政法意义上的适格被告。

因第三方原因导致行政机关无法履行行政合同不能阻却其继续履约的责任。行政协议具有行政性、合意性，行政机关在履行行政协议过程中要遵循行政法上的依法行政原则，也要遵循合同法上的诚实信用原则。原告某公司按照行政合同约定上交国有土地使用证、腾空房屋交付验收，已经全面履行了行政协议约定的义务，而储备中心仅支付补偿费 2800 万元，余款未付，存在违约行为。被告将不按照协议约定履约的责任推至第三方县水务集团，但县水务集团事实上并非协议的签订一方，只是在付款方式上写明“所需资金由县水务集团拨付给县国土局（土地储备中心）”，并不能使县水务集团产生直接的付款义务。同时，根据合同相对性原理，原告也只能向合同相对方主张权利。本案的审判思路，充分运用了民事法律原则及法律规范论述行政行为的违法性，体现了行政合同的双重属性。

司法实践中存在大量资金来源受制于第三方的行政协议，而第三方的履约责任并非来自行政合同本身，一般通过政府内部会议纪

① 《最高人民法院关于审理涉及农村集体土地行政案件若干问题的规定》第五条规定，土地权利人认为土地储备机构作出的行为侵犯其依法享有的农村集体土地所有权或使用权的，向人民法院提起诉讼的，应当以土地储备机构所隶属的土地管理部门为被告。

要等形式予以确定。一旦发生履约不能的情况，行政合同一方当事人提起行政诉讼，作为合同相对人的行政机关即负有履约责任，应当按照行政合同履行约定职责。确由第三方承担履约责任的，行政机关可以向第三方予以追偿。基于此，在行政合同签订之时，应当将实际履约方纳入合同之中，作为合同一方当事人存在，才能从真正意义上赋予其履约职责。

编写人：浙江省新昌县人民法院　张小玉

128　房屋搬迁补偿"空白协议"效力的认定

——胡大、胡小诉南通市港闸区某街道办事处房屋搬迁补偿行政协议案

【案件基本信息】

1. 裁判书字号

江苏省南通市中级人民法院（2018）苏06行终768号行政判决书

2. 案由：房屋搬迁补偿行政协议纠纷

3. 当事人

原告（被上诉人）：胡大、胡小（皆为化名）

被告（上诉人）：南通市港闸区某街道办事处（以下简称某街道办）

【基本案情】

胡小系胡大之子。2017年1月13日，某街道办作为甲方与乙方胡大签订《港闸区住宅房屋搬迁补偿安置协议》，协议主要内容

为：因配合城乡建设或改善居住条件的需要，甲方同意对乙方给予补偿安置。乙方自愿选择住宅房屋补偿安置方式为协议搬迁。拆迁合法房屋补偿196239.6元，附属设施设备、装饰装潢补偿214691.61元，搬迁费1920元，临时安置补助费9216元，奖励费6000元，住改营补贴17600元，合法建筑面积区位因素与漏项等补贴372332.79元。乙方合计应得补偿818000元。乙方的安置点为××家园，限定价为每平方米1420元。胡大同日签署借条一份，内容为："今借到某街道办事处××家园16幢105室、车库C115，暂时居住，待手续完善后结算。"之后，胡大、胡小以被迫签署"空白协议"为由提起行政诉讼，请求撤销协议。审理中经委托鉴定，南京东南司法鉴定中心于2017年12月28日出具司法鉴定意见书，结论为，倾向认为该协议上胡大的签名字迹不是胡大所写。某街道办申请重新鉴定，某司法鉴定中心于2018年4月18日出具司法鉴定意见书，结论为，涉案协议上"胡大"的签名与胡大本人签名样本不是同一人所写。

【案件焦点】

案涉搬迁补偿"空白协议"是否系协议双方真实意思表示，是否合法有效。

【法院裁判要旨】

江苏省如东县人民法院经审理认为：任何一方当事人都不得将自己的意志强加给另一方，更不得采取强迫、胁迫等手段迫使另一方当事人在违背其意愿的情况下签订合同。为了表明当事人之间对合同内容达成一致，需要在合同书上进行签字或者盖章。本案中，就涉案搬迁补偿安置协议上"胡大"的签名是否为其本人所签进行了两次司法鉴定，第一次鉴定由南京东南司法鉴定中心作出倾向性鉴定结论，倾向认为该协议上胡大的签名字迹不是胡大所写。经补充比对样本进行了第二次鉴定，某司法鉴定中心作出的鉴定结论为涉案协议上“胡大”的签名与样本胡大签名不是同一人所写。当时有效的《中华人民共和国合同法》第五十一条规定，无处分权的人处分他人财产，经权利人追认或者无处分权的人订立合同后取得处分权的，该合同有效。本案中，胡大虽然在借条上签名，同意先行借房居住，但该借条内容仅涉及所借住房屋及配套设施、资料的情况，无法体现胡大系对涉案搬迁补偿安置协议的追认。因此，某街道办所提供的证据不能证明达成涉案搬迁补偿安置协议系胡大的真实意思表示，或者事后得到胡大的确认，故涉案搬迁补偿安置协议应当确认为无效。

江苏省如东县人民法院依据《最高人民法院关于适用〈中华人民共和国行政诉讼法〉的解释》第九十四条第一款规定，作出如下判决：

确认案涉《港闸区住宅房屋搬迁补偿安置协议》无效。

某街道办不服，提起上诉。江苏省南通市中级人民法院经审理认为：违反法律、行政法规强制性规定的合同无效。本案中，从两次司法鉴定的结果来看，第一次倾向性鉴定结论认为该协议上签名字迹不是胡大所写。第二次鉴定结论为涉案协议上签名与样本胡大签名不是同一人所写。鉴定意见是鉴定机构以其专业知识所出具的专门意见，案涉两次鉴定的鉴定人具有鉴定资质，鉴定程序亦无违法之处，且两家不同机构作出的鉴定意见高度一致。胡大虽然在借条上签名，同意先行借房居住，但该借条内容仅涉及所借住房屋及配套设施等情况，也仅选择了部分房屋，不涉及全部安置权益。胡大、胡小被公安机关询问的时间、电话报警时间、协议签订的时间、借条形成时间、房屋拆除时间等，均难以经受常理之推敲。因此，胡大称交房等并非其真实意思表示符合客观事实。本案协议非胡大本人签字，胡大对协议的签订也不予认可，协议欠缺合意、缔约、真实意思表示等基本生效要素，应当认定为无效行政协议。

江苏省南通市中级人民法院依照《中华人民共和国行政诉讼法》第八十九条第一款第一项规定，作出如下判决：

驳回上诉，维持原判。

【法官后语】

根据土地管理法、土地管理法实施条例等相关规定，对集体土地征收的补偿主要包括土地补偿费、安置补助费等相关补偿费用，前者一般归属于村集体经济组织，后者一般归属于农户个体。对宅基地上房屋的拆迁补偿，有的行政机关与被征收人签订“空白协议”，协议仅载明征收双方、被征收房屋等征收内容，但相关补偿内容仅作口头约定，而在房屋被实际拆除后再补充填写。实践中，有关“空白协议”争议主要有三种情形。

一是缔约资格争议。此类案件原告主要认为“空白协议”系无权处分人签订，或者原告虽然是案涉协议缔约方，但主张受欺诈胁迫签订协议。人民法院主要审查协议缔约方是否具备家事代理权、缔约方署名是否真实、行政机关是否经过权属调查等程序充分履行注意义务以及是否存在行政机关利用优势地位以欺诈、胁迫的方式签订协议等，对经审查认为存在上述违法缔约情形的，依法判决确认协议无效。

二是协议内容争议。从尊重行政惯例以及征收拆迁整体稳定性考虑，此类案件不宜整体“一刀切”认定协议无效。一方面，如果原告有证据证明协议明显不符合补偿安置方案确定的补偿标准，或者明显低于被征收不动产市场价值的、明显不利于保障被征收人合法补偿安置权益的，依法确认空白协议无效。另一方面，如果被告能够提供相应的证据证明原告在起诉前已经实际完全取得补偿、协议已经完全履行到位的，或者原告在诉讼中对补偿安置的内容不持异议的，一般不以“空白协议”为由确认无效。

三是协议履行争议。此类案件原告一般对“空白协议”约定的补偿安置内容没有异议，而仅认为行政机关未依法或者依约履行协议。对此，人民法院一般尊重双方对补偿安置的约定，即原则上不以补偿安置内容超过法定补偿标准确认超过的部分无效，而主要审查是否存在不依法或者不依约履行协议情形，并相应作出驳回诉讼请求、责令行政机关履行协议约定义务等判决。

编写人：江苏省南通市中级人民法院　鲍蕊　殷勤

129　行政机关与部分共有权人签订的房屋搬迁协议对其他共有权人不产生法律效力

——王甲、王乙诉南通市某区某街道办事处、南通市某区住房和城乡建设局房屋搬迁行政协议案

【案件基本信息】

1. 裁判书字号

江苏省南通市中级人民法院（2018）苏06行终523号行政判决书

2. 案由：房屋搬迁行政协议纠纷

3. 当事人

原告（上诉人）：王甲、王乙

被告（被上诉人）：南通市某区某街道办事处（以下简称某街道办）、南通市某区住房和城乡建设局（以下简称某区住建局）

【基本案情】

2008 年 1 月 2 日，王乙以王甲为被告向法院提起析产继承诉讼，要求确认王乙之母的遗产坐北朝南的三间平房的一半由其继承，对翻建前坐西朝东的两间平房的余值依法进行分割。法院于 2008 年 2 月 25 日判决坐北朝南的三间平房地上建筑部分为王甲和王乙共有，其中王乙享有 26.96 平方米的房屋所有权份额，王甲享有 44.94 平方米的房屋所有权份额。2017 年 8 月 28 日，南通市某区人民政府办公室下发《某区政府办公室关于下达中环路西延等工程拆迁任务的通知》，案涉房屋位于拆迁范围内。2017 年 12 月 1 日，某房地产评估有限公司作出房屋搬迁评估报告，对案涉房屋拆迁补偿费用评估为 227201.70 元，并根据搬迁政策规定，作出补充说明三份，分别增加补偿 234798.30 元、38000 元及 188000 元。2017 年 12 月 10 日，某村经济合作社（以下简称某村合作社）与王甲签订房屋搬迁补偿安置协议三份，其中尾号为 23 的协议，约定各项补偿款总计为 462000 元，限定价 1700 元/平方米等；尾号为 58 的协议，约定补偿王甲户合法建筑面积区位因素与漏项等补贴 38000 元；尾号为 59 的协议，约定补偿王甲户合法建筑面积区位因素与漏项等补贴 188000 元。某街道办、某区住建局均认可上述协议，且承认某村合作社开展搬迁工作系其指派。王甲认为案涉协议系受胁迫所签，王乙认为协议未经其提供，遂提起诉讼，要求撤销案涉三份协议。

另查明，1997 年 4 月，王甲户申请翻建房屋时，申请人包含：王甲、顾某、王乙、王小一。王甲户户主为王甲，家庭成员有妻顾某，子王小一。王乙户户主为王乙，家庭成员有女王小二。

【案件焦点】

案涉房屋搬迁补偿安置协议是否存在无效或者应予撤销的情形。

【法院裁判要旨】

江苏省如东县人民法院经审理认为：案涉协议不存在重大误解或者欺诈，王甲所提供的证据不足以证明其在签订案涉协议时存在应予撤销的情形。协议约定的房屋搬迁补偿价格远远高于评估价格，安置价格也远低于房屋市场价格，并未侵害王甲的合法权益。搬迁系以户为单位，王甲作为家庭成员代表在涉案协议上签字的行为应视为有效。

江苏省如东县人民法院依照《中华人民共和国行政诉讼法》第六十九条之规定，作出如下判决：

驳回王甲、王乙的诉讼请求。

王甲、王乙不服，提起上诉。江苏省南通市中级人民法院经审理认为：《最高人民法院关于适用〈中华人民共和国民事诉讼法〉的解释》第一百零九条规定，当事人对欺诈、胁迫、恶意串通事实的证明，以及对口头遗嘱或者赠与事实的证明，人民法院确信该待证事实存在的可能性能够排除合理怀疑的，应当认定该事实存在。法律对胁迫行为规定了比一般民事证明标准更严格的排除合理怀疑标准，以维护法律秩序的稳定性以及保障交易安全。本案中，王甲主张协议是在被强迫的情况下签订，但提交的证据不能证明王甲是因为受到足以产生恐惧的威胁情况下而签订的协议。结合某街道办、某区住建局提交的协议搬迁申请表、拆迁户腾退房交接单来看，案涉协议的订立原因、订立过程、履行情况，并非完全系在一方强制力支配下完成。因此，对王甲要求撤销案涉协议的诉讼请求，不予支持。

无处分权的人处分他人财产，经权利人追认或者无处分权的人订立合同后取得处分权的，该合同有效。本案中，根据建房用地申请表、集体土地使用权证及民事判决书可见，王乙是案涉房屋的共有权人，且份额超过三分之一。王甲作为部分共同共有人，处分权受到一定限制，不具有单独处分该房产的权利，依法应认定为无处分权人。虽然在拆迁实践中，作为家庭的户主与拆迁人签订协议是普遍现象，一般不能轻易以其他家庭成员未签字为由否认协议的效力。但是，王甲、王乙已分户，王甲与某街道办、某区住建局签订的房屋搬迁协议在未经王乙追认的情况下，对王乙不产生法律效力。案涉房屋是作为一个整体进行的拆迁补偿，行政机关与被拆迁人签订搬迁协议的过程，既是双方就相关财产归属达成合意的过程，也是行政机关对被拆迁人进行安置补偿的过程，对如何补偿、补偿数额多少，仍需要拆迁人和被拆迁人在协商的基础上达成一致，如果本案确认协议部分无效，不仅无法对案涉协议确定的补偿数额予以明确分割，也不利于拆迁人和被拆迁人重新协商时数额的确定，加之案涉协议尚未履行完毕，因此本案应确认协议无效为宜。

综上，江苏省南通市中级人民法院依照《中华人民共和国物权法》第九十七条，《中华人民共和国合同法》第五十一条，《中华人民共和国行政诉讼法》第八十九条第一款第二项、第三款之规定，作出如下判决：

一、撤销一审判决；

二、确认案涉三份住宅房屋搬迁补偿安置协议无效。

【法官后语】

现代法治政府治理国家，逐渐从管理模式转变为治理模式，公共治理朝多元化、协商化方向发展，行政协议即现代法治政府柔性管理模式的重要体现之一。实践中，行政机关存在大量通过行政协议方式实现行政管理目的之情形，需要充分考察行政协议本质属性及制度土壤，从而探究行政协议之司法审查模式。

1. 关于房屋搬迁协议的性质

行政协议系行政机关为实现公共利益或者行政管理目标，在法定职责范围内，与公民、法人或者其他组织协商订立的具有行政法上权利义务内容的协议。对于法律明确规定的协议类型或行政机关在法定授权范围内所签署之协议属行政协议自无异议。在行政管理活动中，即便没有法律授权，仍存在大量行政机关通过签订协议的方式达到行政管理目标的事项，如房屋搬迁协议，即基层政府在征地拆迁中未依法作出征收和补偿决定的情况下，与房屋所有权人达成拆除房屋并给予补偿的协议。如果将行政协议严格限定在“法定”范围内，既与行政实践不符，同时也忽视了行政协议中契约性的特征。因此，对于行政协议的认定，其核心标准应当是为实现公共利益或者行政管理目标，而法定职责应作从宽解释。搬迁协议的背后表现的行政管理目的主要是土地功能调整、城市建设等内容，应属行政协议，不能简单地以不符合《国有土地上房屋征收与补偿条例》之规定而否认其合法性。

2. 关于房屋搬迁协议主体的识别

行政机关作为协议主体一方自不待言，但这里行政机关作为行政协议的一方更应该指涉的是实质意义上的而非形式意义上的，所谓形式意义即协议的签约方必为行政机关，而实质意义则指协议的签约方可能是行政机关，也可能是非行政机关，但体现行政机关的意志。搬迁协议主要涉及土地利用、城市建设等行政管理目标，这些领域必须也只有通过行政手段才能得以推进，作为拆迁公司或集体经济组织在没有行政机关允许或授权的情形下，显然不具有签订搬迁协议的能力。此时，即使行政机关未直接出面签订协议，仍不影响其属于行政协议的认定，当相对人就某协议提起诉讼时，法院应当揭开对方当事人的“面纱”，直接以相应的行政机关为被告并承担后果。

3. 关于房屋搬迁协议中无权处分的效力

就民事合同而言，无权处分合同存在有效说、无效说、效力待定说等几种观点，目前主流观点认为只要合同无法律规定无效之情形，一般应认定有效。但是，搬迁协议作为行政协议，其无权处分之判断不能简单套用民事合同的认定规则。原因在于：一方面，搬迁协议不同于发生以房屋为标的的买卖合同，其还涉及被搬迁人的安置利益，具有一定的人身属性，他人不得随意处分，部分共有权人或家庭成员签订的协议，无法真正反映所有被搬迁人的真实意志；另一方面，搬迁协议作为行政行为，行政机关应当遵循正当程序原则，实践中，有的搬迁人为加快拆迁进度，往往同部分被搬迁人达成一致后，就实施房屋强拆，引发大量矛盾纠纷，违反正当程序原则。因此，行政机关应当与所有被搬迁人签订搬迁协议，行政机关在未经其他被搬迁人同意，径直与部分被搬迁人签订搬迁协议的，即使足额、及时履行了补偿义务，涉及未参与的被搬迁人的部分原则上应属无效。

例外的情况是，考虑到我国传统家庭关系尤其是农村家庭关系以户为单位的特点，户主在意思自治情况下与搬迁人签订的房屋搬迁补偿协议依法有效，该协议对其他家庭成员具有法律效力。除此之外，一般的共有权人、继承人、家庭成员等签订的协议不对其他人员产生效力。

编写人：江苏省南通市中级人民法院　张祺炜　金保阳

130　国有土地使用权出让中善意受让人的信赖利益保护

——邓某、龚某诉某县国土资源局土地行政协议案

【案件基本信息】

1. 裁判书字号

湖南省湘西土家族苗族自治州中级人民法院（2017）湘31行终48号行政判决书

2. 案由：土地行政协议纠纷

3. 当事人

原告（上诉人）：邓某、龚某

被告（被上诉人）：某县国土资源局

第三人：程某

【基本案情】

第三人程某因继承取得位于某农贸市场旁一块33平方米的宅基地。该宅基地四周有空闲的国有土地可利用，与原告邓某、龚某的住宅相邻。2014年7月，第三人在此拆旧建新，占用了该空闲的国有土地37.5平方米，因而与两原告邓某、龚某发生纠纷。某县规划部门及被告某县国土资源局对第三人建房进行现场勘查和

土地调查，发现第三人建房占用的空闲土地是国有土地，第三人无土地使用权证，但如经过规划并公示，第三人扩建具有可行性。8月20日，被告向某县人民政府递交《关于以协议方式补办土地出让供地的请示》，建议对第三人已开工建设超占用地面积先进行行政处罚，再按规划条件以协议方式办理国有土地出让手续，并按土地评估补交土地价款。某县城乡建设规划局下达规划文件，对涉案用地进行了规划，明确规划为居住用地。第三人在某县城乡建设规划局对涉案用地规划后，缴纳超占用地面积罚款，同时按土地评估补交土地价款。某县人民政府出具国有土地使用权审批单，同意以协议或按评估价出让37.5平方米国有土地使用权供第三人建住宅。同年12月29日，被告据此与第三人签订《国有建设用地使用权出让合同》。第三人按上述行政程序取得涉案土地后修建住宅。2016年1月18日，第三人申领了涉案土地国有土地使用权证。

原告诉称，该合同标的和其有利害关系。签订《国有建设用地使用权出让合同》，依照《协议出让国有土地使用权规定》的程序，首先应当对国有土地出让计划在土地有形市场等指定场所向社会公布；其次应在确定只有一个意向用地者之后，才能协议出让。但被告未提供法律依据，证明可以不经公布直接以协议方式出让该国有土地使用权。故被告与第三人签订的《国有建设用地使用权出让合同》，在程序上存在重大且明显违法的情形，侵犯了两原告的公平竞买权，损害了原告的利益，属于无效的行政行为。请求依法确认被告与第三人签订《国有建设用地使用权出让合同》的行为无效。

【案件焦点】

被诉行政行为是否程序违法；如是，是否应该予以撤销。

【法院裁判要旨】

湖南省湘西土家族苗族自治州泸溪县人民法院经审理认为：第三人程某因拆旧建新，申请规划和用地，经国土和规划部门实地勘查及土地调查，被告某县国土资源局依据第三人的申请，按照综合利用土地的原则，考虑客观实际情况，经公示规划条件、土地评估、某县人民政府批准，以评估价协议出让给第三人建房使用，并与第三人签订行政合同的行为，程序合法。本案协议出让土地不适用《协议出让国有土地使用权规定》中应向社会公布的规定。被告与第三人签订行政合同的行为，证据确凿，适用法律、法规正确，符合法定程序。原告以被告未向社会公布国有土地出让计划为由，认为被告签订的行政合同在程序上存在重大且明显违法的情形，侵犯了其公平竞买权，属于无效的行政行为的理由不能成立。原告也没有证据证明其利益因此遭受了直接损害。

湖南省湘西土家族苗族自治州泸溪县人民法院依照《中华人民共和国行政诉讼法》第六十九条、第七十五条之规定，作出如下判决：

驳回原告邓某、龚某的诉讼请求。

原告邓某、龚某不服该一审判决，以土地出让只有四种法定方式，只要是协议出让土地都应该遵守《协议出让国有土地使用权规定》的相关规定并按照相关程序办理；一审法院突破法律规定，创设出第五种国有土地使用权出让方式是错误的等为由，提起上诉，请求撤销原判，依法改判。

湖南省湘西土家族苗族自治州中级人民法院经审理认为：被诉行政合同既不存在行政诉讼法规定的无效情形，亦不存在合同法规定的无效情况，上诉人要求确认本案被诉行政合同无效无事实和法律依据。根据《协议出让国有土地使用权规定》第二条、第三条的规定，除招标、拍卖或者挂牌方式出让国有土地使用权外，以协议方式出让国有土地使用权的必须适用本规定。被诉行政合同应适用《协议出让国有土地使用权规定》第七条关于向社会公布的规定。被上诉人未履行向社会公布的程序，直接与第三人签订了本案被诉行政合同，属于程序违法。上诉人主张的公平竞争权仅属于预期的可能实现的一项权益。上诉人既没有提供证据证明其准备行使或已经行使该项权利，也没有提供证据证明该权利因被诉行政行为侵害产生了实际损害后果。被诉行政合同签订后，第三人已经履行了该合同规定义务并完成了建房行为。与被上诉人签订协议，第三人在主观上并没有过错，其基于对行政机关合理的信赖而签订并履行该合同所产生的信赖利益，应当予以保护。被诉行政合同虽程序违法，但没有证据证明对上诉人权利已经产生实际影响，且第三人的信赖利益应当予以保护。一审法院认定事实基本清楚，但适用法律、法规错误，判决不当。

湖南省湘西土家族苗族自治州中级人民法院依照《中华人民共和国行政诉讼法》第八十九条第一款第二项、第三款和第七十四条第一款第二项的规定，作出如下判决：

一、撤销泸溪县人民法院（2017）湘3122行初3号行政判决；

二、确认涉案《国有建设用地使用权出让合同》行政行为违法；

三、驳回邓某、龚某对涉案《国有建设用地使用权出让合同》确认无效的诉讼请求。

【法官后语】

本案如何处理，关键点不在于应否认定被诉行政行为程序违法，而在于应该如何在原告主张的公平竞争权和第三人主张的信赖利益之间进行平衡。

信赖利益保护原则是指当非恶意的行政相对人或利害关系人对行政机关作出的行政行为已产生信赖利益，并且这种信赖利益因其具有正当性而应该得到保护时，行政机关或者人民法院就不得轻易撤销该行政行为；如果必须撤销时，行政机关就应该补偿或赔偿行政相对人或利害关系人因此遭受的信赖利益损失。该原则是民法诚实信用原则在行政法上的具体体现。根据该原则，行政机关的自我纠错将会受到严格限制，只有在符合法定情形且有必要时，才能予以撤销或变更。

信赖利益保护原则在我国立法中有明确体现，如《中华人民共和国行政许可法》第八条规定："公民、法人或者其他组织依法取得的行政许可受法律保护，行政机关不得擅自改变已经生效的行政许可。行政许可所依据的法律、法规、规章修改或者废止，或者准予行政许可所依据的客观情况发生重大变化的，为了公共利益的需要，行政机关可以依法变更或者撤回已经生效的行政许可。由此给公民、法人或者其他组织造成财产损失的，行政机关应当依法给予补偿。"

本案系住宅相邻人因国有土地出让问题而引发的行政纠纷。被诉行政合同签订之前，涉案土地已经规划许可、出让审批给第三人，第三人按土地评估价补交了土地出让价款，后在此地块上修建了住宅，并领取了土地使用权证。被告与第三人签订被诉行政合同时，未履行向社会公布的必要程序，因而该行政行为具有程序违法性。但是，第三人基于对当地政府对涉案土地的规划许可、出让审批和登记行为而产生的信赖利益，相比原告主张的预期公平竞争权的利益，显然更应优先受到保护。故，根据信赖利益保护原则，本案被诉行政合同不应该撤销，但应予确认违法。

编写人：湖南省湘西土家族苗族自治州中级人民法院　田玉莲

131　行政协议效力的司法审查

——张甲、张乙诉北京市某区人民政府房屋征收办公室房屋征收补偿安置行政协议案

【案件基本信息】

1. 裁判书字号

北京市第一中级人民法院（2016）京01行终861号行政判决书

2. 案由：房屋征收补偿安置行政协议纠纷

3. 当事人

原告（上诉人）：张甲、张乙

被告（被上诉人）：北京市某区人民政府房屋征收办公室（以下简称某区征收办）

第三人（被上诉人）：李某

【基本案情】

2009年，原北京市建设委员会向李某核发了房屋所有权证，该房屋所有权证载明，房屋坐落于××路10号4幢，房屋所有权人为李某，房屋建筑面积为68.40平方米。2012年，李某填写了无证房申请确认表，该确认表载明：房屋坐落于××路10号4幢，被拆迁人李某，房屋权属性质为私房，有证房建筑面积68.40平方米，

无证房间数9间，无证房面积164.48平方米，申请认定面积164.48平方米。后被告某区征收办委托某区征收事务中心与第三人李某签订了《房屋征收补偿安置协议》，协议约定，被征收人李某在征收范围内××路10号4幢有住宅平房12间，建筑面积232.88平方米，安置房为某安置房地块2套2居室，总建筑面积约120平方米。该协议被征收人处有“李某”签字，落款时间为2012年5月26日，某区征收事务中心亦在房屋征收实施单位处加盖印章，落款时间处为空白。2014年9月，被告某区征收办将征收补偿款2846064元发放至第三人李某账户。2015年12月，某区征收事务中心受某区征收办委托与李某签订补充协议，就安置房地点变更事宜达成一致。另查，2014年张甲、张乙以李某作为被告向本院提起民事诉讼，请求判决××路10号4幢房屋所有权为原被告共有，法院经审理，于2014年12月12日作出（2014）门民初字第3272号民事判决，判决××路10号4幢房屋所有权由张乙、张甲、李某共有，故原告认为，被告与第三人签订的《房屋征收补偿安置协议》属于无效协议，请求法院判决确认被告与第三人签订的关于××路10号4幢房屋的《房屋征收补偿安置协议》无效。

【案件焦点】

被告与第三人签订的《房屋征收补偿安置协议》是否存在无效情形，即对被诉行政协议的效力的审查如何进行法律适用与举证责任分配。

【法院裁判要旨】

北京市门头沟区人民法院经审理认为：原告未提供有效的证据证明被诉的房屋征收补偿安置协议符合法律规定的无效情形，因此，原告关于要求判决该协议无效的主张缺乏事实和法律依据，法院不予支持。

北京市门头沟区人民法院依照《中华人民共和国行政诉讼法》第六十九条之规定，判决如下：

驳回原告张甲、张乙的诉讼请求。

张甲、张乙以一审判决法律适用错误、事实认定不清为上诉意见，向北京市第一中级人民法院提起上诉。北京市第一中级人民法院经审理认为：相关民事法律规定可作为人民法院审理行政协议无效案件的法律依据，且行政协议具有合意性，有关民事法律规范对意思自治或合意的规制更具直接性，具有适用上的正当性，故行政诉讼对行政协议效力的审查可准用民事法律规定。根据现有证据，被诉协议不符合法律规定的合同无效情形，也不属于《中华人民共和国行政诉讼法》第七十五条规定的无效行政行为，故对上诉人的上诉请求均不予支持。

北京市第一中级人民法院依照《中华人民共和国行政诉讼法》第八十九条第一款第一项之规定，判决如下：

驳回上诉，维持一审判决。

【法官后语】

1. 行政协议效力审查的法律适用具有复合性

作为公共管理领域公私协作的一种方式，行政协议兼具行政性与合意性。在法律适用上，公法与私法之间的鸿沟因传统的行政行为而产生，而行政协议的双重属性决定了行政协议案件在法律适用上逾越了公、私法之间的鸿沟，具有法律适用的复合性，亦即法院在适用行政法律规范的同时，可以适用不违反行政法和行政诉讼法强制性规定的民事法律规范。具体到行政协议效力的审查判断上，法院可以适用行政诉讼法与相关民事法律规范的规定。

本案中，被告某区征收办与第三人李某签订的房屋征收补偿安置协议属于行政协议，原告张甲、张乙请求确认该行政协议无效，故法院须审查涉诉的房屋征收补偿安置协议是否符合法律规定的无效情形。因涉诉协议是行政机关以协商的方式作出的行政行为，故适用行政诉讼法关于无效行政行为的规定；同时，涉诉协议的合意性又决定了法院须审查其是否符合法律规定的无效情形。

2. 确认行政协议无效诉讼的举证责任分配

确认无效诉讼不仅涉及对行政行为的合法性的审查，还包括对行政行为的效力性的判断，进而须探讨的是举证责任在原、被告之间如何分配的问题。根据《中华人民共和国行政诉讼法》第三十四条第一款的规定，被告对作出的行政行为负有举证责任，因此被告对行政行为的合法性负有举证责任，应当从职权依据、事实依据、作出行政行为的法律依据、程序是否合法等方面进行举证。此外，无效行政行为具有重大且明显违法的外观，故原告的举证能力并不受限，且基于维护行政权力正常运行、防止当事人滥诉的考量，亦应当赋予原告一定的举证责任，故原告对行政行为的效力性承担举证责任。具体到确认行政协议无效诉讼中，根据“谁主张，谁举证”的原则，原告亦应当对行政协议的无效情形承担举证责任。因此，在确认行政协议无效诉讼中，被告应当对涉诉行政协议这一行政行为的合法性承担举证责任，原告对涉诉行政协议符合行政诉讼法等法律规范规定的无效情形承担举证责任。

本案中，原告在诉讼过程中所提交的证据，无法证明被告某区征收办与第三人李某之间是以不正当手段签订被诉协议或者被诉行政协议存在违反法律、行政法规的强制性规定的情形，亦无证据证明被诉行政协议存在重大且明显违法的情形，故原告请求确认被告某区征收办与第三人李某签订的房屋征收补偿安置协议无效的诉讼请求不应予以支持。

编写人：北京市门头沟区人民法院　王晶

九、行政赔偿

132 房屋登记违法行为导致直接损失的确定

——马某、刘某诉某市规划和自然资源委员会某区分局行政赔偿案

【案件基本信息】

1. 裁判书字号

北京市第三中级人民法院（2020）京 03 行赔终 84 号行政赔偿判决书

2. 案由：行政赔偿纠纷

3. 当事人

原告（被上诉人）：马某、刘某

被告（上诉人）：某市规划和自然资源委员会某区分局（以下简称市规自委某区分局）

【基本案情】

1995 年 3 月 13 日，徐某与建筑公司签订《售房协议书》，约定该公司将涉案房屋出售给徐某。1995 年 6 月 9 日，徐某获得房产所有证。此后，徐某从未对上述房屋作出过处分。

2009 年 6 月 20 日，王某（甲方）与马某（乙方）签订《房屋买卖定金协议》，甲方将涉案房屋出售给乙方；价款为 36.3 万元。2009 年 6 月 25 日，马某向王某支付购房款 36.3 万元。2009 年 6 月 26 日，建筑公司、马某向市住建委提出所有权转移登记申

请。2009 年 7 月 3 日，市住建委为马某颁发房屋所有权证。2012 年 2 月 14 日，二原告向市住建委提出申请，申请将涉案房屋的所有权人登记为二人。市住建委于当日予以核准登记，并向二原告分别颁发房屋所有权证。

2017 年 3 月 2 日，徐某向北京市平谷区人民法院提起两起行政诉讼案件，分别请求确认市住建委向马某颁发房屋所有权证的行为违法、请求撤销二原告的房屋所有权证。北京市平谷区人民法院经审理判决支持了徐某的诉讼请求。后马某、刘某上诉，北京市第三中级人民法院判决驳回上诉，维持一审判决。

2018 年 10 月 16 日，二原告以建筑公司、王某、市规自委某区分局为被告提起民事诉讼，请求解除房屋买卖合同、返还购房款、赔偿损失等。在审理过程中，涉案房屋经评估确定总价值为 170.81 万元。2019 年 2 月 26 日，北京市平谷区人民法院判决：一、解除马某与建筑公司的法定代表人王某于 2009 年 6 月 20 日签订的房屋买卖定金协议；二、建筑公司返还马某、刘某购房款 36.3 万元；三、建筑公司赔偿马某、刘某房屋差价损失 672550 元；四、驳回马某、刘某的其他诉讼请求。建筑公司、市规自委某区分局提起上诉，北京市第三中级人民法院判决如下：驳回上诉，维持一审判决。

2019 年 9 月 5 日，马某、刘某向市规自委某区分局提出赔偿申请。2019 年 11 月 6 日，市规自委某区分局作出不予赔偿决定。2019 年 11 月 7 日，二原告提起本案行政赔偿之诉，请求判令被告赔偿房屋差价损失 605295 元（即房屋评估价值 170.81 万元与购房款 36.3 万元差价的 45%）。

【案件焦点】

1. 二原告主张的房屋差价损失即涉案房屋的增值是否符合国家赔偿法第三十六条第八项规定的直接损失范畴；2. 被告是否应承担赔偿责任及所应承担的赔偿责任比例；3. 原告在房屋登记中所存在的过错能否构成被告免责的事由。

【法院裁判要旨】

北京市平谷区人民法院经审理认为：依据《中华人民共和国国家赔偿法》第二条第一款之规定，市住建委（现职能由市规自委某区分局承担）向二原告颁发房屋所有权证的行为已被确认违法，二原告有提起行政赔偿的权利。根据《最高人民法院关于审理行政赔偿案件若干问题的规定》（法发〔1997〕10 号，判决时施行）第二十二条之规定，二原告符合单独提起行政赔偿诉讼的条件。

就焦点 1，《中华人民共和国国家赔偿法》第三十六条第八项规定："侵犯公民、法人和其他组织的财产权造成损害的，按照下列规定处理……（八）对财产权造成其他损害的，按照直接损失给予赔偿。"行政赔偿领域中的直接损失是因遭受违法行政行为侵害而使现有财产的必然减少或消灭。本案中，原告通过公开市场交易，支付全额购房款后，进行房屋转移登记，已经通过其力所能及的"合法途径"获得了涉案房屋的所有权，购房款的价值已转换为房屋的所有权，房屋的现有价值（含增值）理应系原告的现有合法财产。同时，若被告审慎审查建筑公司对涉案房屋的权属证书情况，及时发现建筑公司对涉案房屋的权属问题以及案外人徐某已取得涉案房屋所有权的情况，原告和建筑公司的交易行为会及时终止，原告另行购买其他房屋，其亦必然享有目前房屋的增值。因此，涉案房屋的增值系原告现有的合法财产，随着原告房屋所有权证被撤销，原告享有的房屋增值亦消灭，故房屋增值构成原告的直接损失。

就焦点2，《最高人民法院关于审理房屋登记案件若干问题的规定》第十二条规定："申请人提供虚假材料办理房屋登记，给原告造成损害，房屋登记机构未尽合理审慎职责的，应当根据其过错程度及其在损害发生中所起作用承担相应的赔偿责任。"本案中，市住建委在建筑公司未按规定提交房屋权属证书，且徐某已持有涉案房屋的房屋所有权证的情况下为建筑公司与马某办理了房屋所有权转移登记手续，未尽到审慎审查义务。2012年2月14日，在徐某仍持有涉案房屋所有权证的情况下，市住建委再次对马某、刘某颁发涉案房屋的所有权证书，又未尽到审慎审查义务，其存在重大过错，对原告房屋差价损失的产生及继续扩大负有主要责任。现被告承接原市住建委的职能，原市住建委对房屋差价损失应当承担的赔偿责任亦应由被告承担。就被告应承担的赔偿责任比例，应根据被告的上述过错程度，参照（2018）京0117民初11145号生效判决书的裁判要旨，并遵循对原告损失的填平原则予以确定。

就焦点3，《中华人民共和国国家赔偿法》第五条规定："属于下列情形之一的，国家不承担赔偿责任……（二）因公民、法人和其他组织自己的行为致使损害发生的……"本案中，原告虽在申请房屋转移登记中提交了虚假的售房协议，其自身存在一定过错，但就本案情况而言，市住建委未尽审慎审查义务是涉案房屋权属登记错误的主要原因，即使原告提交真实的买卖协议，也不能产生阻断房屋登记行为发生的效果，亦不会产生登记行为不被撤销的效果，因此原告的过错不能构成因自己行为导致损害发生的情形，被告不能据此免责。综上，原告的诉讼请求成立，法院予以支持。

北京市平谷区人民法院依照《中华人民共和国国家赔偿法》第二条、第四条第四项、第三十二条第一款、第三十六条第八项之规定，判决如下：

被告市规自委某区分局赔偿二原告房屋差价损失 605295 元。

二审法院同意一审法院裁判意见。

【法官后语】

国家赔偿中财产损失的赔偿范围应仅限于直接损失，间接损失不予赔偿。本案判决作出时，关于直接损失、间接损失的认定没有相关法律或司法解释的规定，司法实践也不统一，相关案件的裁判标准也是由法官根据案件具体情况进行判断，故在行政赔偿案件中存在直接损失认定分歧较大的问题。2022 年 3 月 20 日，最高人民法院发布了《最高人民法院关于审理行政赔偿案件若干问题的规定》（法释〔2022〕10 号），其中第二十九条对国家赔偿法第三十六条第八项规定的“直接损失”进行了解释，但仍难以直接解答本案中颇具争议的房产增值是否构成直接损失的问题，因此该问题仍具有讨论之必要。

民事领域一般认为，财产损失包括直接损失和间接损失。直接损失又称为积极损失，是指受害人现有财产的减少，也就是加害人实施不法行为侵害受害人的财产权利、人身权利，致使受害人现有财产直接受到的损失。间接损失又称消极损失，就是可得利益的丧失，即应当得到的利益因受侵权行为的侵害而没有得到。在行政赔偿领域，对于直接损失包括现有财产的减少、丧失已基本达成共识，但对于可得利益的减少、丧失能否纳入赔偿范围分歧较大。

笔者认为，在现行法律框架范围内，为了真正实现国家赔偿的功能定位，也为了切实保障受害人的实体权益，应当附条件地将可得利益中的必然可得利益和既得利益纳入行政赔偿的直接损失范畴。具体判定标准可考量如下“四性”：

1. 利益存在的客观性

客观性，即真实性或实在性，其实际发生不依赖于人的意志而转移。客观性要素的考量就避免了主观人为因素的介入，有利于保证裁判标准的统一性。如本案中，在房地产市场快速发展之下，房屋的增值是客观发生的，并且不以人的意志为转移。房屋登记违法行为导致受害人房屋所有权丧失的，受害人为重新解决居住问题，以现在的市场价格重新购置房屋也是客观需求，因此为有效填补受害人的损失，将房屋增值（市场评估）的既得利益纳入直接损失范畴属于客观需要。

2. 利益发生的必然性

必然性，即不可避免性和确定性，符合客观事物联系和发展的确定不移的趋势。必然性要素的考量就将那些可能发生也可能不发生的利益直接排除在外，而仅保留那些既得利益和必然会发生的利益。本案中，原告购买涉案房屋并且取得房屋所有权证，在登记公示主义之下，其已经取得涉案房屋的所有权，房屋的增值构成其既得利益。房屋所有权证被撤销，原告丧失房屋所有权，进而也就丧失了房屋的增值，因此房屋增值作为房屋的一部分构成原告的直接损失。

3. 利益获取的合法性

合法性，即排除违法性，指利益获取的方式、途径应当合法，任何人都不可以从其违法行为中获益。合法性要素的考量就将那些以违法违规行为获取房屋登记，而后又被撤销的所谓“权利人”排除在了赔偿范围之外。本案中，原告的房屋所有权证虽然被撤销，但原告系通过公开的市场交易购买涉案房屋，签订了房屋买卖合同，支付了符合市场价格的房屋价款，并且办理了房屋转移登记，原告已经履行了获取房屋所有权的所有合法程序。因此，原告获取涉案房屋的所有权，随即获取房屋增值收益，均系通过合法途径获取，应当予以赔偿。

4. 利益丧失的因果性

因果性，即利益的减少或丧失系由违法登记行为所引起，并且是直接引起的。本案中，被告未对房屋权属证书材料进行审核，在他人已持有涉案房屋的房屋所有权证的前提下，再次颁发房屋所有权证书，系造成涉案房屋权属登记错误并且最终被撤销的主要原因。因此，被告的违法登记行为与原告既得利益的丧失存在直接因果关系，被告应当进行赔偿，具体的赔偿比例根据被告的过错程度进行确定。

编写人：北京市平谷区人民法院　王富菊

133 行政赔偿案件中应当区分补偿权益以及赔偿权益并依法保障经营性承租人的赔偿权益

——许某诉某区人民政府行政赔偿案

【案件基本信息】

1. 裁判书字号

湖北省高级人民法院（2020）鄂行赔终50号行政赔偿判决书

2. 案由：行政赔偿纠纷

3. 当事人

原告（上诉人）：许某

被告（被上诉人）：某区人民政府（以下简称某区政府）

【基本案情】

2012年4月，许某与某养殖专业合作社负责人林某某签订《租赁协议》，约定林某某将其部分经营场地和相关设施租赁给许某经营，期限为8年。该协议对遇土地征占征用时双方的补偿份额进行了约定。合同签订后，许某对部分房屋进行了装饰装修。2012年6月，该片土地被纳入征收范围。2015年2月，林某某与房屋征收部门签订集体土地上房屋征收补偿安置协议后，林某某出具承诺书并领取补偿预付款200万元整。2015年3月，评估公司受某区住房和城乡建设局的委托对案涉房屋、装饰装修及附属物作出评估，评估报告中载明了评估范围，并对涉及林某某和涉及许某的补偿内容以及金额进行了区分，明确涉及许某的评估总金额为425292元，经审计后金额为422152元。该评估未经许某签字确认，许某对其评估价格不予认可。2015年4月，林某某向征收工作人员移交了居住及办公用房钥匙。同月，某区政府组织相关部门对林某某移交的房屋和尚未移交的由许某租用的房屋及其相关设施进行了拆除。许某认为某区政府对其经营场所的拆除行为违法，遂提起行政诉讼，后经生效判决确认拆除行为违法。2017年1月，许某、某区政府、林某某三方达成协议约定，林某某签订的房屋征收补偿安置协议约定的剩余补偿款1238189元，由某区政府各支付许某和林某某550000元，剩余的138189元作为不得阻碍市水务集团加压水泵站项目和市公共绿地项目建设的保证金。2019 年 1 月，上述三方再次达成协议，约定某区政府将余款 138189 元支付给林某某，林某某同意将 138189 元的一半即 69094.5 元支付给许某。通过上述两份协议，许某实际领款共 619094.5 元。2019 年 7 月，许某向某区政府申请行政赔偿，某区政府在法定期限内未对其作出答复，遂提起本案赔偿之诉。

【案件焦点】

某区政府拆除案涉房屋以及相关设施的行为给许某造成经济损失的赔偿范围及金额如何认定。

【法院裁判要旨】

湖北省襄阳市中级人民法院经审理认为：在许某无法举证其损失以及许某与林某某在征收开始当年签订租赁协议存在恶意牟取征迁补偿可能性的情况下，应以某区政府提供的评估报告作为参考依据，认定对许某主张损失以评估的 425292 元予以赔偿。根据安置方案，停产停业损失按所征收房屋实际经营（生产）面积房屋评估价的 1.5%计算，即 6379.38 元。许某主张的物品损失酌情确定赔偿 200000 元。

湖北省襄阳市中级人民法院依照《中华人民共和国国家赔偿法》第四条第四项、《中华人民共和国行政诉讼法》第七十六条、《最高人民法院关于适用〈中华人民共和国行政诉讼法〉的解释》第四十七条第三款之规定，判决如下：

一、某区政府向许某支付赔偿金 12576.88 元（房屋、装饰装修及附属物评估总价 425292 元+停产停业损失 6379.38 元+物品损失 200000 元-已实际支付给许某的 619094.5 元 = 12576.88 元）及利息；

二、驳回许某的其他诉讼请求。

许某不服，提起上诉。湖北省高级人民法院经审理认为：关于案涉房屋装修投入、营业增补以及停产停业损失等征收补偿权益的认定问题。某区政府、林某某、许某多次通过补偿协议约定案涉房屋的补偿事宜，林某某和许某亦已领取了全部款项。若对补偿款发生争议，作为经营性承租人许某应通过民事途径向林某某主张，现其通过行政赔偿诉讼直接向某区政府主张补偿权益，不予支持。

关于许某主张因房屋被拆除的物品损失以及律师费等赔偿权益的认定问题。对许某主张的物品损失，原审法院酌情确定200000元，予以确认。但原审法院将物品损失赔偿金在许某已领取的补偿款中予以抵扣不当，应予纠正。

湖北省高级人民法院根据《中华人民共和国国家赔偿法》第三十六条第八项、《最高人民法院关于适用〈中华人民共和国行政诉讼法〉的解释》第四十七条第三款、《中华人民共和国行政诉讼法》第八十九条第一款第二项之规定，判决如下：

一、撤销一审判决；

二、改判某区政府在本判决生效之日起10日内向许某支付赔偿金200000元及利息；

三、驳回许某的其他诉讼请求。

【法官后语】

本案中，许某的经营性房屋因征收被强拆，其起诉请求既包括案涉房屋装修投入、营业增补以及停产停业损失等征收补偿权益内容，也包括因房屋被拆除的物品损失以及律师费等行政赔偿权益内容，一审判决将当事人补偿请求和赔偿请求混同处理，未厘清强拆案件中补偿权益和赔偿权益之间的关系，处理确有不当。

二审法院从权源法理、法律依据以及个案特点等多方面，对当事人的诉讼请求进行梳理，明确了行政补偿和行政赔偿争议的审查焦点和裁判重点。即对于补偿权益，考虑到租赁权不具有物权属性，经营性承租人不是被征收房屋的所有权人，其不享有基于物权产生的请求权；且在发生动产与不动产附合的情况下，应由不动产所有人取得附合物的所有权，故仍应由房屋所有权人获得装饰装修的价值补偿。经营性承租人若与房屋所有权人就上述补偿权益发生争议，可根据合同的相对性原理，通过民事途径向房屋所有权人主张，但不宜通过行政诉讼直接向征收主体主张相关补偿。鉴于案涉补偿权益已全部发放到位，故对许某的补偿请求，不在行政赔偿案件中进行评述。

而对于许某主张的赔偿权益，二审法院认为，经营性承租人享有所有权的财产因强拆所致损失，属于其主观权利范畴。在相关拆除行为已被确认违法的前提下，经营性承租人享有通过行政赔偿诉讼直接从赔偿义务机关获得相关赔偿的权利，故许某主张的物品损失及利息应予支持。据此，二审法院对原审判决结果进行了纠正，对许某的权益救济途径进行了全面分析并指明了路径，为此类案件提供了裁判思路和参考依据，具有一定典型意义和示范效益。

编写人：湖北省高级人民法院　黄莹

134 行政赔偿损失事实的认定及赔偿标准

——黄某诉某市甲街道办事处行政赔偿案

【案件基本信息】

1. 裁判书字号

江西省宜春市中级人民法院（2021）赣09行赔终1号行政赔偿判决书

2. 案由：行政赔偿纠纷

3. 当事人

原告（上诉人）：黄某

被告（被上诉人）：某市甲街道办事处（以下简称甲街道办）

【基本案情】

2017年12月，某市政府作出《关于某片区棚户区改造项目房屋实施征收的决定》及《某片区棚户区改造项目房屋征收与补偿安置实施方案》。房屋征收部门为某市房屋征收管理办公室（以下简称某市征收办），房屋征收实施单位为甲街道办和某市乙街道办事处（以下简称乙街道办）。黄某所有的房屋属于该棚户区改造项目的征收范围。2018年1月10日，某房地产评估有限责任公司受委托，依据房屋征收和安置补偿方案对黄某的房屋拆迁补偿（含搬迁费、拆迁奖励）评估价值为880261元。甲街道办工作人员多次上门与黄某协商，均未达成房屋征收与补偿安置协议。2018年11月27日19时左右，黄某的该房屋被全部拆除，房屋内装饰有114.4平方米的塑扣吊顶、9.6米的板台、3只瓷蹲便器、3.6平方米的不锈钢防盗网、156平方米的地面抛光砖、6.21平方米的铝合金推拉门。房屋内两个六米高木梯、两张株木架子床、两辆自行车、一辆婴儿车、六条杉木凳、若干旧瓷器罐被毁坏。2019年5月30日，法院判决确认甲街道办对黄某的房屋强制拆除行为违法。2019年7月3日，黄某通过邮政快递向甲街道办提交行政赔偿申请被拒后，遂向法院提起本案行政赔偿诉讼。

诉讼中，黄某申请对被强拆的房屋损失进行鉴定评估。法院组织黄某和甲街道办共同选定了鉴定机构。2020年6月，该鉴定机构来函，以委托鉴定的房屋已被拆除，至鉴定时间间隔较长，无法准确判断房地产的价值为由，放弃了此次的司法评估委托。

【案件焦点】

1. 甲街道办是否应当承担赔偿责任；2. 如应承担，赔偿范围和赔偿数额如何认定。

【法院裁判要旨】

江西省上高县人民法院经审理认为：关于被告甲街道办对黄某的财产损失应承担的赔偿范围和赔偿数额问题。原告黄某被拆除的一栋二层建筑面积为170.63平方米的房屋是其合法财产，对该房屋的损失，黄某在诉讼中申请评估鉴定，但是鉴定机构无法作出鉴定结果。本院对涉案房屋类似房地产的市场价格进行相关了解和咨询，2019年涉案房屋附近的另一小区二手房交易价格评估价（不含装饰）分别为5899.06元/平方米、5783.4元/平方米、6072.57元/平方米。根据《最高人民法院关于适用〈中华人民共和国行政诉讼法〉的解释》第四十七条第三款之规定，在参考上述二手房交易价格评估价的基础上，鉴于甲街道办拆除黄某的房屋于2019年5月被确定违法，酌情确定涉案房屋赔偿单价为6072.57元/平方米，涉案房屋（不含装饰）损失为1036162.62元。

关于黄某主张赔偿一张紫檀镶金丝楠木雕花式床90万元、四大两小雕花樟木箱1.8万元、一张紫檀八仙桌10万元、四把紫檀太师椅8万元、六十多根杉木1万元、四个中药柜2万元的诉请，根据《中华人民共和国行政诉讼法》第三十八条第二款“在行政赔偿、补偿的案件中，原告应当对行政行为造成的损害提供证据”之规定，黄某对其主张的上述110余万元贵重物品损失负有举证责任，但黄某未能提供证据，故黄某应承担举证不能的不利后果，对上述诉请不予支持。

江西省上高县人民法院依据《中华人民共和国行政诉讼法》第七十六条之规定，判决如下：

一、甲街道办赔偿黄某因违法拆除房屋造成的损失共计983494.89元；

二、驳回黄某的其他诉讼请求。

黄某不服，提起上诉。江西省宜春市中级人民法院经审理认为：根据《最高人民法院关于适用〈中华人民共和国行政诉讼法〉的解释》第四十七条规定，黄某被拆除的案涉房屋损失，经黄某在一审诉讼中申请评估鉴定，但鉴定机构无法作出鉴定结果。据此，原审法院在对与涉案房屋类似的房地产市场价格做了相关了解和咨询后，参照2019年涉案房屋附近小区二手房交易价格、2018年某市房屋重置价格以及2018年某市房屋建筑装饰及附属设施补偿基准价格标准计算黄某案涉房屋的各项损失并无不当，且该判决所确定的损失高于行政机关原本确定的补偿金额，在很大程度上体现了司法善意，予以支持。

江西省宜春市中级人民法院依照《中华人民共和国行政诉讼法》

第八十九条第一款第一项的规定，判决如下：

驳回上诉，维持原判。

【法官后语】

行政赔偿案件日益成为各级人民法院行政案件审理的“难点”。在具体案件中，法院应秉持充分赔偿原则和权责相统一原则，在无法通过鉴定确定财产损失金额的情形下，可采取参照被征收房屋类似房地产的市场价格确定赔偿金额的裁判方式，这个案例为类似行政赔偿案件提供了参考模式。

1. 违法征收的行政赔偿不得低于合法征收的行政补偿

根据行政法的基本原理，行政机关依照法律规定作出的行政行为造成他人合法财产损失产生的是补偿责任，而因违法行为造成他人合法财产损失产生的则是行政赔偿责任。相较于前者，后者兼具对被征收人合法财产损失的填平补齐和对违法拆除行为的惩戒。如果被征收人的合法财产遭受违法行政行为的侵害，但获得的赔偿低于补偿，恐怕被征收人的合法权益难以获得救济。因此，法院应秉持充分赔偿原则和权责相统一原则，确保行政赔偿的标准不低于行政机关合法征收拆迁房屋给予被征收人的行政补偿标准，以此平衡各方利益与责任，充分保护被征收人的合法权益，在最大程度上体现司法善意。这也是行政赔偿由“适当弥补原则”转向“充分赔偿原则”的时代发展趋势。

2. 鉴定客观不能的，法院可参照类似房地产市场价格酌定

房屋等财产损失通常需要从专业技术的角度作出评估，故法院往往通过委托鉴定确定财产损失的金额，以确保赔偿金额的公平性。但类似的行政赔偿皆发生在强制拆除之后，鉴定具体要素缺失，鉴

定已客观不能。有鉴于此，法院可综合具体案情，通过向相关有专业知识的人或单位询价并对涉案房屋类似房地产的市场价格做相关了解和咨询等予以综合酌定。询价虽是一种不充分的主观的似真推理，但经过多方走访、多形式的了解与咨询，其最终结果具有高度的可采性，因其有客观的参照标准，即与案涉房屋类似的房地产市场价格。“无奈”下的询价，不仅提高了办案效率，而且有助于保障被征收人的合法财产权益不因房屋被违法强拆而受到减损。

3. 对于特别赔偿请求，原告应提供初步证据并穷尽举证能力

在违法强拆的行政赔偿案件中，徒有行政行为违法不足以导致行政赔偿责任的产生，合法财产遭受侵害也是必不可少的事实依据，且仍需要原告提供初步证据加以证明。此时，原告往往会提出因行政机关强拆的原因导致其无法举证，该举证责任不应由原告承担。确实，根据正当程序原则和比例原则，行政机关依照法律规定对公民的私有合法财产实行征收或者征用时，应当选择对被征收人权益最小的侵害方式进行，即使行政机关出于尽快完成相关征收或征用事宜而采取违法强制拆除的方式，也必须对被强拆房屋内的物品进行清点登记并尽到妥善保管义务。但需要注意的是，所谓被告承担举证不利的后果，并不意味着法院对原告请求的赔偿项目和数额均应支持。法院应当从日常生活经验出发，运用法律逻辑和法律思维对原告提供的物品清单进行严谨细致的认定。尤其是明显超出日常生活消费水平或正常市场价值的物品损失，原告应对损失事实提供证据并穷尽举证能力，如果原告不能进行初步举证，则应推定该损失不存在。

编写人：江西省上高县人民法院　吴莉霞　阮兰芳

135 行政行为作出前的建设不适用信赖保护原则

——工贸公司诉某镇人民政府行政赔偿案

【案件基本信息】

1. 裁判书字号

北京市第二中级人民法院（2020）京02行赔终153号行政赔偿判决书

2. 案由：行政赔偿纠纷

3. 当事人

原告（上诉人）：工贸公司

被告（被上诉人）：某镇人民政府（以下简称某镇政府）

【基本案情】

2005年1月1日，曹甲、曹乙（曹甲之子）与农商公司签订租赁合同，约定：租赁一片场地；用途为新型建材加工及其他项目；在承租场地内所建设的厂房等全部建筑物，产权归曹甲、曹乙所有。2013年9月27日，某镇政府出具证明，证明工贸公司建设的生产木质家具制造（加工）项目所用土地的利用规划性质为工业用地，所用厂房及配套附属用房不属于违法违规建设；因土地权属性质、土地性质等原因，该土地未办理土地证，房屋未办理产权证；某镇政府同意工贸公司在涉案土地上建设项目。2013年10月14日、2014年2月11日，某镇政府对工贸公司的建设项目乡（镇、街道）环保意见表予以签字盖章，上述两份环保意见表载明工贸公司建设项目不属于违法建设，符合规划、产业定位要求，也符合土地利用要求。某镇政府向区经信委出具《关于工贸公司项目建设的意见》，主要内容同某镇政府于2013年9月27日出具的证明。2014年5月6日，工贸公司成立，法定代表人为曹乙。

2015年11月19日，某镇政府向规划部门发函查询：工贸公司建设的房屋是否取得了建设工程规划许可证。同日，原市规委某区分局函复：未对工贸公司建设的房屋核发规划许可证件。同年11月20日，某镇政府作出第102号限拆通知。后某镇政府对工贸公司涉案房屋实施强制拆除。

工贸公司不服某镇政府的强制拆除行为，向一审法院提起行政诉讼。一审法院判决确认某镇政府对工贸公司实施的强制拆除行为违法。工贸公司遂提起上诉，二审法院维持一审判决。后工贸公司向一审法院提起行政赔偿诉讼，一审法院判决驳回工贸公司的诉讼请求。工贸公司提起上诉，二审法院判决维持，其中判决理由部分载明："……关于涉案建筑是否属于违法建设，某镇政府在第102号限拆通知中作出了认定，工贸公司已另案对该行政行为提起了行政诉讼，法院尚未对该行政行为进行实体审查。因此，现工贸公司对该项损失提起行政赔偿诉讼的前提条件尚不具备，待法院对涉案建筑是否属于违法建设进行审查认定后，该公司可以根据判决情况另案提起赔偿诉讼……"工贸公司不服，申请再审，后其再审申请被驳回。

工贸公司不服某镇政府所作第102号限拆通知，向一审法院提起行政诉讼，一审法院判决确认某镇政府作出的第102号限拆通知违法，其中判决理由部分载明："……规划行政主管部门没有对工贸公司在建的房屋核发规划许可证件，故被诉限拆通知认定该涉案房屋系违法建设并无不当……"工贸公司提起上诉，二审法院维持一审判决。现工贸公司再次提起行政赔偿诉讼。

【案件焦点】

工贸公司是否具有信赖利益、是否能够基于信赖利益获得赔偿。

【法院裁判要旨】

北京市房山区人民法院经审理认为：因涉案建筑物系违法建设，故工贸公司基于建筑物本身的价值主张涉案建筑物重置成新价及装修装饰等不可分割附属物的赔偿，缺乏相应的事实和法律依据，法院不予支持。某镇政府并非规划行政许可的实施机关，工贸公司所提交的关于某镇政府的证明或意见缺乏相应的形成背景及行政过程，结合工贸公司提交的价格评估报告书中关于涉案建筑物形成时间的描述，对于工贸公司基于信赖利益要求赔偿的主张不予支持。工贸公司所主张的经营利润损失等不属于直接损失的范畴，故对工贸公司的该部分主张不予支持。

北京市房山区人民法院依照《最高人民法院关于审理行政赔偿案件若干问题的规定》（法发〔1997〕10 号）第三十三条的规定，判决如下：

驳回工贸公司的赔偿请求。

工贸公司不服，提起上诉。北京市第二中级人民法院经审理认为：因强制拆除行为及第 102 号限拆通知已被法院生效判决分别确认违法，故工贸公司对于因该强制拆除行为给其合法权益造成的损害，具有依法主张赔偿的权利。本案中，因某镇政府认定涉案建筑系违法建设的行政行为已被法院生效判决予以维持，故工贸公司基于建筑物本身的价值主张涉案建筑物重置成新价及装修装饰等不可分割附属物的赔偿，缺乏相应的事实和法律依据，不应予以支持。工贸公司所提基于信赖利益主张赔偿的主张，缺乏充分证据支持。

工贸公司主张的经营损失赔偿，因不属于直接损失范畴，亦不予支持。一审判决认定事实清楚，审判程序合法，并无不当。工贸公司的上诉意见无事实及法律根据，不予支持。一审法院认定的事实清楚，适用法律及判决结果正确。

北京市第二中级人民法院依照《中华人民共和国行政诉讼法》第八十九条第一款第一项之规定，判决如下：

驳回上诉，维持原判。

【法官后语】

信赖保护原则是指行政相对人对行政机关的行为形成值得保护的信赖后，行政机关不得随意变更该行为，如确需变更，应当对由此给相对人造成的合法权益损害依法给予补偿。从法的安定性和依法行政角度考量，行政机关应当珍视和保护行政相对人对公权力的信任，衡量好公共利益与个人利益的关系，打造诚信政府、法治政府。

本案中，工贸公司主张其因信赖某镇政府开具的证明和签章行为，进行厂房建设、开展经营活动，故其具备值得保护的信赖利益，在某镇政府变更行政行为时，其应当基于信赖保护原则获得赔偿。对于该主张，从信赖保护原则应当具备的三个条件进行分析：

第一，存在信赖基础，即行政机关作出让行政相对人产生信赖的行政行为，行政相对人因该行政行为产生预期，从而选择、调整自己的行为方式。本案中，某镇政府在出具的证明和意见中表述，工贸公司所用厂房及配套附属用房不属于违法违规建设，某镇政府同意工贸公司在涉案土地上建设项目；在环保意见表上签字盖章，表中记载工贸公司建设项目不属于违法建设。根据《中华人民共和国城乡规划法》第六十五条的规定，在乡、村规划区内的违法建设由乡镇政府进行查处，某镇政府有权对其辖区内的建设性质进行确认，故可以认定某镇政府的上述行为系足以让行政相对人产生信赖的行政行为，属于信赖基础。

第二，具备信赖表现，相对人因为相信信赖基础的稳定性而对自己的行为进行了调整或对财产进行了处分，且信赖基础与信赖表现之间存在因果关系。本案中，虽然工贸公司实施了建设厂房的行为，但该行为非基于上述信赖基础。工贸公司之法定代表人于2005年与农商公司签订租赁合同，并在承租场地内建设厂房，而某镇政府于2013年、2014年方开具证明和签章，工贸公司的建设行为早于某镇政府的行政行为，显然建设并非源自镇政府的确认，故工贸公司建设厂房与信赖基础之间缺乏因果关系，不属于信赖表现。

第三，信赖值得保护，指行政相对人对信赖基础深信不疑，且整个过程出于善意并无过失。本案中，没有证据证明工贸公司存在非善意或过失情形，如恶意串通、改变土地性质等，但工贸公司并非因信赖行政行为而进行厂房建设，其不存在值得保护的信赖利益。

综上所述，工贸公司对涉案建筑不存在值得保护的信赖利益，亦不能基于信赖保护获得赔偿。此外，不能将信赖利益保护原则置于依法行政之前，无原则地以牺牲社会公共利益来强调政府对所作承诺的遵守。[①] 在缺乏信赖利益时，更应该妥善处理社会公共利益与政府承诺之间的关系，坚持依法行政。虽然某镇政府对工贸公司涉案建设的性质进行过确认，但在涉案建设未取得建设工程规划许可

---

① 最高人民法院（2019）最高法行再4号行政判决书。

证，违反法律规定，可能损害社会公共利益的情况下，某镇政府可以主动撤销行政确认，继而认定涉案建筑属于违法建设。

编写人：北京市第二中级人民法院　孙轶松　徐蕾

136 担保性商品房买卖合同登记备案被违法撤销后行政机关对担保债权不承担行政赔偿责任

——李某诉某市住房和城乡建设局行政赔偿案

【案件基本信息】

1. 裁判书字号

江苏省南通市中级人民法院（2019）苏06行赔终11号行政赔偿判决书

2. 案由：行政赔偿纠纷

3. 当事人

原告（上诉人）：李某

被告（被上诉人）：某市住房和城乡建设局（以下简称某市住建局）

第三人：置业公司

【基本案情】

2013年6月，置业公司向李某借款300万元，并制作了经公证的债权文书。同年6月9日，置业公司与李某签订商品房买卖合同共计19份，作为上述借款的担保。19份商品房买卖合同均经某市住建局登记备案，本案所涉合同即为其中一份。后因置业公司清偿了部分借款，置业公司与李某申请撤销了其中6份登记备案。

2013年7月7日，置业公司向某市住建局申请撤销案涉合同登记备案。某市住建局在李某未到场且未与李某核实的情况下撤销了登记备案。一同撤销的还有其他7份商品房买卖合同登记备案（已另案诉讼）。置业公司申请撤销登记备案后，与他人另行签订了商品房买卖合同，后办理了登记备案。

2017年1月24日，李某向海安市人民法院提起诉讼，请求确认某市住建局上述撤销登记备案行为违法，并责令其恢复登记备案。该院审理后认为，案涉合同登记备案的撤销申请是置业公司单方提交和虚伪的意思表示，而不是基于李某和置业公司一致的意思表示。某市住建局在履行职责时未尽到合理审慎义务，在案涉合同（已填有李某电话联系方式）落款处的李某签字与撤销登记备案申请书中李某签字相互之间存在明显差异，且李某未到场的情况下，作出的撤销登记备案行为事实不清、依据不足。该院遂判决确认某市住建局作出的上述撤销登记备案行为违法。

2018年8月，李某向某市住建局提出行政赔偿申请。某市住建局认为案涉商品房买卖合同名为买卖合同实为借贷担保，所涉损失不符合《中华人民共和国国家赔偿法》关于行政赔偿的相关规定，故未予赔偿。李某遂以某市住建局的违法行政行为使其无法继续履行案涉商品房买卖合同，给其造成了重大经济损失，严重侵害了其合法权益为由，诉至法院，请求判决某市住建局向其支付行政赔偿款项403004元及相应利息。

【案件焦点】

李某主张的损失与某市住建局违法撤销登记备案行为之间有无法律上的因果关系。

【法院裁判要旨】

江苏省南通经济技术开发区法院经审理认为：李某所主张的损失非案涉登记备案行为所涵摄的范畴。

江苏省南通经济技术开发区法院依照《中华人民共和国行政诉讼法》第六十九条、《最高人民法院关于审理行政赔偿案件若干问题的规定》第三十三条之规定，判决如下：

驳回李某的诉讼请求。

李某不服，提起上诉。江苏省南通市中级人民法院经审理认为：

第一，李某所主张的损失实际上是因置业公司到期不能完全偿还借款造成的。李某与置业公司签订案涉合同的目的实际上是为双方之间的借款合同提供担保，双方之间不存在真实的买卖房屋的意思表示，李某也未针对案涉合同中约定的商品房支付价款。因此，李某实际上只有一个债权，即因借款合同所形成的债权。李某所主张的损失根本上是因置业公司不履行借款合同的约定所导致的，而非案涉登记备案撤销所致。

第二，李某所主张的损失与撤销案涉登记备案行为无法律上的因果关系。首先，撤销案涉登记备案对李某的合法权益无实质影响。房地产管理部门对商品房预售合同办理登记备案，只是将商品房开发企业与承购人之间签订的商品房预售合同予以记载在案、存档备查或者在互联网上予以公开，并不涉及预售合同效力的确认或改变。同样，撤销该登记备案，无论违法与否，都不会对承购人或开发企业的合法权益造成任何实际的损失。其次，李某与置业公司签订的借款合同及其担保也不属于某市住建局撤销案涉登记备案时审查的职责范围。某市住建局在撤销案涉登记备案时不需要也不可能考虑和保护李某与置业公司之间签订的借款合同及其担保。最后，即使案涉登记备案未被撤销，也不能防止李某所主张的损失发生。商品房预售合同登记备案后，承购人最终能否取得商品房，还取决于双方后续的履约情况及权属登记。事实上，有未被撤销登记备案的商品房被置业公司“一房二卖”，进而妨碍了李某债权的实现。

综上，李某所主张的损失是因置业公司的失信和违约行为造成的，与某市住建局违法撤销案涉登记备案没有法律上的因果关系，某市住建局不承担行政赔偿责任。

江苏省南通市中级人民法院依照《中华人民共和国行政诉讼法》第八十九条第一款第一项之规定，判决如下：

驳回上诉，维持原判。

【法官后语】

担保性商品房买卖合同性质及效力的认定，无论在民事审判实践还是行政审判实践中，均是一个热点和难点问题。房地产开发企业与承购人将该类合同进行登记备案，一方面是执行有关城市商品房预售的管理规定，另一方面也是意图增强担保性商品房买卖合同的“保险”作用，进而规避借款合同的商业风险。因此，准确把握商品房买卖合同登记备案行为的属性及其引发的行政责任，不仅有利于加强城市商品房销售管理，促进房地产市场健康发展，也有利于规范开发企业与承购人之间的交易行为，维护交易双方的合法权益。

我国现行法律法规对“名为买卖、实为借贷担保”的“让与担保”方式并无明文规定，也未予禁止。从《最高人民法院关于审理民间借贷案件适用法律若干问题的规定》第二十三条第一款的规定看，在“名为买卖、实为借贷担保”的情形下，承购人的损失仅能依借款合同向开发企业主张，而不能依商品房预售合同或同时依两个合同向开发企业主张。也就是说，对“让与担保”中的买卖合同的效力并不持支持的态度。究其原因，是这种担保方式存在特殊性，对担保权人和设定人都会造成不确定的商业风险，极可能损害其中一方的利益。本案中，李某所主张的损失就是因置业公司违约处置了仍受其控制的买卖合同中的“担保物”而导致的。

商品房预售合同登记备案是房地产管理部门基于管理的需要对商品房开发企业设定的一项程序性行政管理措施，它的法律价值在于通过行政管理的手段加强对商品房预售的管理，进而实现对商品房市场的宏观调控。这种登记备案与物权法上为保护当事人权益设立的预告登记、抵押权等有本质的区别，既不具有为当事人之间的借贷关系提供担保的功能，更不能为当事人防范和规避“让与担保”中商业风险提供“防火墙”。即使当事人将“让与担保”中的买卖合同进行了登记备案，也不能将其中的商业风险和民事责任转由行政机关承担。因此，行政机关当然不会为“让与担保”中的商业风险和民事责任“埋单”。

编写人：江苏省南通市中级人民法院　杨德华

137　房屋拆除行为已被确认违法的情形下当事人请求赔偿损失的认定

——金某诉某高新技术产业开发区管理委员会行政赔偿案

【案件基本信息】

1. 裁判书字号

湖北省黄冈市中级人民法院（2019）鄂11行赔初33号行政赔偿判决书

2. 案由：行政赔偿纠纷

3. 当事人

原告：金某

被告：某高新技术产业开发区管理委员会（以下简称开发区管委会）

【基本案情】

金某开设了一家餐饮及保健食品店。2018 年 6 月 10 日，黄冈市消防安全委员会下发《某群租房火灾隐患整治实施方案》，决定从 2018 年 6 月 10 日至 2018 年 8 月 15 日，集中开展某群租房火灾隐患整治行动。金某从事个体经营的餐饮及保健食品经营店在本次整治行动实施范围内。

2018 年 6 月 26 日，某区公安消防大队向金某下发《责令限期改正通知书》，以金某经营店面占用消防车通道、妨碍消防车通行为由，责令其于 2018 年 7 月 4 日前改正，金某拒绝签收。同日，黄冈市城市管理执法局作出《责令改正通知书》，以金某涉嫌未取得《建筑工程规划许可证》新建房屋（一层已建成并投入使用）的行为违反《中华人民共和国城乡规划法》第四十条和《湖北省城乡规划条例》第三十七条的规定为由，责令其五日内自行拆除上述建筑，并告知其享有陈述和申辩的权利。因金某拒绝签收，黄冈市城市管理执法局留置送达。2018 年 8 月 3 日，开发区管委会组织所属安监局、建设局、城管执法局等单位将金某案涉房屋强行拆除。

金某于 2018 年 9 月 28 日向黄冈市人民政府申请行政复议，请求确认开发区管委会拆除案涉建筑物的行政行为违法。2018 年 12 月 12 日，黄冈市人民政府作出《行政复议决定书》，确认开发区管委会强拆程序违法。后金某向开发区管委会寄送行政赔偿申请书，要求开发区管委会赔偿因强拆金某所有的门脸房造成的损失85.11万元。开发区管委会于2019年4月15日签收，在法定期限内未作处理。金某遂诉至法院，请求法院依法判令开发区管委会依法赔偿因强拆金某所有的150平方米门脸房造成的损失共计841850元。

【案件焦点】

金某所主张的行政赔偿请求是否应予支持。

【法院裁判要旨】

湖北省黄冈市中级人民法院经审理认为：《中华人民共和国行政诉讼法》第三十八条第二款规定，在行政赔偿、补偿的案件中，原告应当对行政行为造成的损害提供证据。因被告的原因导致原告无法举证的，由被告承担举证责任。本案中，开发区管委会违反法定程序，强制拆除金某案涉建筑物，对于因强制拆除行为造成的损失应予赔偿。开发区管委会在强制拆除过程中，应当依法妥善处置并保存证据，以证明其在强制拆除过程中已尽审慎、妥善之注意义务，对金某案涉建筑物中的合法财产已予清空并妥善处理。但开发区管委会未提供相关证据，未尽到举证责任。由于案涉建筑物已经拆除，金某仅能提供财产损失清单，基于公平原则，对于金某案涉建筑物内合法财产的损失认定，应当适用上述法律规定的举证责任倒置，即由开发区管委会承担举证不能的不利后果并负相应的赔偿责任；因强制拆除造成的停产停业损失应当依据建筑物被拆除之前的效益、停产停业期限等给予补偿。需要说明的是，停产停业损失系补偿当事人临时性经营困难，具有过渡费用性质，应当按照适当期间或者按照补偿金额的适当比例计付。开发区管委会可根据市场行情，结合金某经营的实际状况以及物品损失清单等，按照有利于金某的原则酌情确定赔偿数额，对案涉房屋内的合法财产损失以及停产停业损失依法予以赔偿。鉴于案涉建筑物强制拆除行为已经确认违法，相关损失认定依据不足，本案中不宜直接判决具体赔偿内容。为保护金某合法财产权益，对因强制拆除行为造成的合法损失，应当由开发区管委会先行确定赔偿数额并依法予以赔偿。

湖北省黄冈市中级人民法院根据《中华人民共和国行政诉讼法》第七十六条、《最高人民法院关于适用〈中华人民共和国行政诉讼法〉的解释》第九十一条之规定，判决如下：

责令开发区管委会对金某的行政赔偿请求在六十日内重新作出处理。

判决后，双方当事人均未上诉，本判决现已生效。

【法官后语】

本案对人民法院审理违法强拆行政赔偿案件时如何有效选择裁判方式进行了思考和探索。金某在向人民法院提起行政赔偿之诉时，案涉的房屋拆除行为已被复议机关确认违法，各方当事人对该事实均无异议，案件的争议和难点在于对赔偿损失数额的认定。考虑到案件处理的法律效果和社会效果，直接判决具体赔偿内容的时机并不成熟，也存在部分损失难以进行价值认定的问题。

第一，明确举证责任。行政机关在房屋拆除过程中，应当依法妥善处置并保存证据，以证明其在拆除过程中已尽审慎、妥善之注意义务，对建筑物中的合法财产已予清空并妥善处理。如果系行政机关的原因导致原告无法提供相应证据证明损失，基于公平原则，对于当事人建筑物内的合法财产的损失认定，应当适用举证责任倒置，即由被诉的行政机关承担举证不能的不利后果并负相应的赔偿责任，以切实保护行政相对人的合法权益。

第二，明确赔偿范围。首先，要区分违法强拆发生的背景，是国有土地上房屋征收还是集体土地征收或者是城中村改造建设、有无合法的建筑物权属证明、是否为违章建筑等，不同的情形涉及的赔偿标准并不相同。其次，为体现对违法拆除行为的惩戒，充分保护被拆迁人的合法权益，作出违法拆除行为的行政机关应当对行政相对人的合法财产损失和直接损失作出赔偿。对于停产停业损失应当依据建筑物被拆除之前的效益、停产停业期限等给予补偿。同时需要指出，停产停业损失系补偿当事人临时性经营困难，具有过渡费用性质，应当按照适当期间或者按照补偿金额的适当比例计付，根据实际情况确定合理的赔偿数额。

第三，明确价值取向。在房屋拆除行为已经被确认违法的前提下，人民法院审理类似的行政赔偿案件应当坚持有利于赔偿请求人以及公平合理的原则。人民法院可以根据案件实际情况判令先由行政机关作出赔偿数额的认定。但在判决中要明确行政机关作出赔偿决定的大致标准和底线（包括举证责任、赔偿范围、赔偿标准、认定依据等），判令行政机关限期全面履行赔偿职责，给争议各方协调化解纠纷留出灵活处理的空间，这亦能充分发挥司法权的监督性和行政权的专业性，从而更妥善地处理行政争议。

编写人：湖北省黄冈市中级人民法院　徐云

138 行政赔偿与行政补偿竞合之诉中救济确定

——杨某诉诸暨市人民政府某街道办事处行政赔偿案

【案件基本信息】

1. 裁判书字号

浙江省绍兴市中级人民法院（2019）浙06行赔终5号行政赔偿判决书

2. 案由：行政赔偿纠纷

3. 当事人

原告（被上诉人）：杨某

被告（上诉人）：诸暨市人民政府某街道办事处（以下简称某街道办）

【基本案情】

杨某的房屋坐落于诸暨市某街道某村9幢。2015年9月，因某村20幢房屋发生倒塌，诸暨市建筑业管理局委托某建设工程质量检验公司对某村的相关房屋进行了危房排查，经鉴定，上述房屋的危险性评级为D级，建议在条件许可的情况下拆除重建。12月20日，某街道办通知某村的相关住户（包括杨某）其居住房屋系D级危房并要求住户搬离。嗣后，某街道办依据危房改造政策与杨某沟通协商拆迁房屋等事宜。因杨某要求原址重建，某街道办主张异地安置，双方未就危房改造达成一致意见。2017年1月9日，某街道办作出告知书，决定对涉案房屋进行拆除，截至1月13日，涉案房屋已拆除完毕。经杨某诉讼，上述拆除行为被法院确认违法。2018 年 3 月 4 日，杨某向某街道办寄送行政赔偿申请书，要求某街道办对其房屋原址重建、恢复原状，并就房屋装修及室内物品的损失、安置费用及搬迁费、店面出租损失、维权费用和精神损失费用提出赔偿。

【案件焦点】

1. 杨某要求被告赔偿房屋及相关损失是否有事实与法律依据；2. 案件涉及行政补偿与行政赔偿竞合问题应如何考量确定。

【法院裁判要旨】

浙江省绍兴市越城区人民法院经审理认为：本案某街道办的强制拆除已构成重大且明显违法，应当依法赔偿。杨某主张的损失包括以下五个部分：一是房屋损失；二是屋内装修及物品损失；三是过渡费及搬迁费；四是店面出租损失；五是维权费用和精神损失费用。第一，房屋损失。根据《中华人民共和国国家赔偿法》第三十六条规定，某街道办既可以用在改建地段或者就近地段提供类似房屋的方式予以赔偿，也可以根据作出赔偿决定时点有效的房地产市场评估价格为基准确定赔偿款，且应结合《某市城镇危旧房屋治理改造工作实施意见（试行）》（以下简称 128 号文件）第十七条第三项规定的产权置换安置房屋面积按照原有房屋面积上浮 30%，结合提供产权置换房屋实际套型就近上靠置换，置换用房套型面积分别为 75 平方米、100 平方米、125 平方米、150 平方米等规定。鉴于案涉房屋已被拆除，房地产评估机构可以参考《国有土地上房屋征收评估办法》第十三条所规定的方法，本着疑点利益归于产权人的原则，独立、客观、公正地出具评估报告。第二，屋内装修及物品损失。某街道办应当根据市场行情，结合杨某的装修清单，按照有利于杨某的原则酌情确定赔偿数额，符合《中华人民共和国国家赔偿法》第十五条第一款、《中华人民共和国行政诉讼法》第三十八条之规定。第三，过渡费及搬迁费。参照 128 号文件第十八条，认定按原有住宅房屋建筑面积（不包括附属房）计付每平方米 20 元过渡费及 2000 元的一次性搬迁费，并无不当。过渡费从 2017 年 1 月 9 日起计算至实际赔偿日止。第四，店面出租损失，涉案房屋系住宅且其未提供经营相关证据，故不予支持。第五，维权费用和精神损失费用。上述费用于法无据。

浙江省绍兴市越城区人民法院依照《中华人民共和国行政诉讼法》第七十四条第二款第一项、第七十六条，《中华人民共和国国家赔偿法》第四条第四项、第三十六条第八项的规定，判决如下：

一、责令某街道办在本判决生效后九十日内按照本判决对杨某予以行政赔偿；

二、驳回杨某的其他诉讼请求。

二审法院同意一审法院裁判意见。

【法官后语】

本案系涉及危旧房拆迁改造而引发的行政赔偿案件。从实践来看，部分地方政府在房屋征收过程中，未经依法征收补偿，径行以强拆取代合法征收，以致在后续行政赔偿诉讼中，涉及行政补偿请求权与行政赔偿请求权的竞合，司法审查问题逐渐复杂。具体到本案，既有因违法拆除杨某的房屋对其房屋和其他合法财产造成的损失，也有因未依据相关征收补偿政策规定进行补偿而对其造成的应补偿利益的损失，还包括搬迁、临时安置、补助等其他的损失。传统观点认为，征收中的违法强拆，只能走行政补偿路径，当事人主张补偿损失的应当提起行政补偿之诉；又有观点认为，即便在行政赔偿之诉中，就赔偿数额的确定亦只能参照行政补偿标准，行政赔偿标准就是行政机关征收的补偿标准。依照上述观点，通过违法强拆替代合法征收时既能免除繁杂的征收手续，又不存在违法强拆时对行政相对人合法权益的补偿损失费用，价值取向偏离，无法彰显对行政相对人合法补偿的原则性保护。

本案涉及上述竞合之诉，在审理过程中，应统筹考虑行政赔偿与行政补偿，进行全面赔偿，切实保护行政相对人的合法权益。赔偿范围首先界定为应予补偿的房屋损失及屋内物品及其他财产损失。针对房屋损失，包括房屋价值及过渡、临时安置补偿。房屋价值以《国有土地上房屋征收与补偿条例》及《中华人民共和国国家赔偿法》中规定的赔偿方式、标准进行衡量，发挥主观能动性，赋予行政相对人充分选择权，以用在改建地段或者就近地段提供类似房屋的方式予以赔偿，同时结合当地128号文件按照原有房屋面积上浮30%具体确定产权置换面积，或根据作出赔偿决定时点有效的房地产市场评估价格为基准主张赔偿款。而过渡、临时安置费用，应通过128号文件确定费用标准，以某街道办作出行政决定为起算点，以实际赔偿日为终结点，计算过渡费用。而针对屋内物品及其他财产损失，依照合理分配举证责任原则，某街道办强制拆除违反正当程序原则，也未依法公证或者依法制作证据清单，造成杨某举证困难，应按照有利于相对人的原则结合装修清单等酌情确定赔偿数额。而针对精神损害赔偿，严格遵从赔偿直接损失的原则，未将其纳入赔偿范围。本案通过整合行政赔偿、行政补偿竞合之诉的审查规则，结合违法行为类型、情节轻重等问题，统筹适用《中华人民共和国国家赔偿法》及《国有土地上房屋征收与补偿条例》相关规定，依法科学地确定赔偿范围、项目与数额，减少了各方当事人的诉累。

编写人：浙江省绍兴市越城区人民法院　任玲萍

139 房屋登记行政赔偿案件中登记机构承担赔偿责任的构成要件

——周某诉某市房地产管理局房屋登记行政赔偿案

【案件基本信息】

1. 裁判书字号

安徽省淮北市中级人民法院（2018）皖06行赔终1号行政赔偿判决书

2. 案由：房屋登记行政赔偿纠纷

3. 当事人

原告（上诉人）：周某

被告（上诉人）：某市房地产管理局（以下简称市房管局）

【基本案情】

2002年6月10日，林某就坐落于淮北市相山区孟山路×××室与开发商钱某（挂靠某房地产公司）签订了《房屋销售契约》，并支付了购房款，钱某亦将该房交付林某居住使用至今。其间，林某多次要求办理房地产权证未果。

2012年9月14日，全某申请市房管局办理案涉房地产转移登记，并提交了《房屋转移登记申请（询问）表》、全某身份证明、

《商品房买卖合同》、售房发票、完税证明、登记缴费单等材料，上述材料中加盖的某房地产公司的印章均系伪造。市房管局工作人员赵某在受理阶段，发现《商品房买卖合同》中有一页纸新旧程度明显与其他纸张不一致，落款处买受人“全某”签名与《房屋转移登记申请（询问）表》中明显不一致。因接受案外人牛某的请托，赵某对此视而不见，未履行登记人员的初审职责，将申请材料直接录入系统提交审核。2012 年 9 月 20 日，市房管局将案涉房地产转移登记至全某名下，并向其颁发了《房地产权证》。2013 年 1 月 18 日，全某用案涉房屋向周某抵押借款 28 万元，同年 1 月 21 日，市房管局根据全某、周某的申请，将案涉房地产登记为周某享有一般抵押权，并向其颁发了《房地产他项权证》。林某以其是案涉房地产的实际所有权人，起诉请求法院撤销市房管局作出的《房地产权证》及《房地产他项权证》的行政行为，两审法院均判决市房管局撤销上述房屋登记。

全某因犯诈骗罪经淮北市中级人民法院以（2015）淮刑终字第 00051 号刑事判决，判处有期徒刑十二年，并处罚金人民币 355 万元，以及与同案犯退赔周某被骗款项 43 万元（另案借款 15 万元）。赵某因犯滥用职权罪经法院（2016）皖 0603 刑初 182 号刑事判决，判处有期徒刑三年。后通过刑事追缴程序追缴周某获得的退赔款 86504 元。

2017 年 11 月 30 日，周某向市房管局申请行政赔偿，该局未作任何答复，遂成讼。

【案件焦点】

1. 市房管局在作出案涉房屋登记行政行为的过程中是否存在过

错；2. 如存在过错，市房管局的登记行为与周某主张的借款损失这一后果之间是否存在因果关系；3. 市房管局承担行政赔偿责任的具体范围。

【法院裁判要旨】

安徽省淮北市相山区人民法院经审理认为：关于焦点一，市房管局在作出案涉房屋登记行政行为的过程中是否存在过错。我国物权法“一物一权”原则决定了在一物之上仅能设立一个所有权，因此不动产物权登记的正确与否对当事人的财产权益将产生重大影响。市房管局作为辖区内的房屋产权登记的行政主管部门，对房地产进行登记颁证既是其依法享有的法定职权，也是其应当依法履行的法定职责。《房屋登记办法》第十七条第二款规定，申请人提交的申请登记材料不齐全或者不符合法定形式的，应当不予受理，并告知申请人需要补正的内容；第十八条规定，房屋登记机构应当查验申请登记材料，并根据不同登记申请就申请登记事项是否是申请人的真实意思表示、申请登记房屋是否为共有房屋、房屋登记簿记载的权利人是否同意更正，以及申请登记材料中需进一步明确的其他有关事项询问申请人。询问结果应当经申请人签字确认，并归档保留。房屋登记机构认为申请登记房屋的有关情况需要进一步证明的，可以要求申请人补充材料。本案中，市房管局在房屋登记受理阶段，发现全某提交的《商品房买卖合同》中的纸张存在替换及签名明显不一致的情形下，仍然违反法定条件和法定程序，为全某登记并颁发了《房地产权证》，且受理登记的工作人员赵某也因此被认定为犯滥用职权罪并被判处刑事责任。故对市房管局关于其不存在违法登记行为的辩解，不予采信。

关于焦点二，市房管局的登记行为与周某主张的借款损失这一后果之间是否存在因果关系。物权法对不动产物权变动采用登记公示方式，一经登记即对外产生公信效力，作为登记的权利人在法律上推定为享有物的占有、使用、收益、处分的完整物权所有人。周某正是基于市房管局为全某登记房地产权证所产生的公信力，在确认该房地产权证真实有效的前提下才做出以房屋作为抵押而出借款项于全某的意思表示，但最终事实证明案涉房屋的真实权利人为林某，且林某以市房管局颁证错误而先后诉至法院，登记在全某名下的《房地产权证》及周某名下的《房地产他项权证》已经生效法律文书予以撤销，导致周某的债权丧失了以抵押房地产拍卖、变卖等实现的途径。据此，市房管局的错误登记行为与周某的借款损失这一后果之间存在法律上的因果关系。

关于焦点三，市房管局承担行政赔偿责任的范围。案涉房屋登记行为及抵押登记行为确系全某为骗取周某钱款所实施的欺诈手段，但周某已经作为受害人通过刑事诉讼程序寻求救济，且经刑事追缴程序退赔了部分钱款 86504 元，全某现处于服刑期间，不具备偿还周某债务的经济能力，现周某穷尽相关救济途径仍未获全部赔偿，即其合法权益尚未得到真正实现，其据此要求行政机关承担行政赔偿责任符合法律规定。根据《最高人民法院关于审理房屋登记案件若干问题的规定》第十二条规定，申请人提供虚假材料办理房屋登记，给原告造成损害，房屋登记机构未尽合理审慎职责的，应当根据其过错程度及其在损害发生中所起作用承担相应的赔偿责任。本案中，造成周某损害的直接侵权人为全某等人，其以非法占有为目的，实施诈骗行为是造成周某损失的主要原因，违法登记行为仅是为全某等人实施诈骗提供了客观条件。因此，市房管局在本案中对周某的直接损失承担30%的赔偿责任为宜。《中华人民共和国国家赔偿法》第三十六条第七项规定“返还执行的罚款或者罚金、追缴或者没收的金钱，解除冻结的存款或者汇款的，应当支付银行同期存款利息”，本案虽非上述返还的罚款或罚金等情况，但属于通过赔偿方式返还财产的情形，法院认为将利息部分纳入直接损失的赔偿范围更加符合公平合理原则。因此，市房管局的行政赔偿范围应当自作出违法登记行政行为时，以周某借款本金58048.80元［（280000元-86504元）×30%］为基数，按照银行同期活期存款利率予以赔偿，至赔偿义务履行完毕时止。周某要求利息按年利率20%计算，该标准存在民间借贷法律关系介入等相关因素，不符合行政赔偿限于直接损失的法律规定。故对于周某诉请超出上述数额的部分，不予支持。

综上，安徽省淮北市相山区人民法院依照《中华人民共和国国家赔偿法》第四条第四项、第七条第一款、第十五条、第三十六条第八项，《最高人民法院关于审理房屋登记案件若干问题的规定》第十二条之规定，判决如下：

一、被告市房管局于本判决生效之日起十日内赔偿原告周某借款本金58048.80元及利息（以借款本金为基数，自2013年1月21日起按中国人民银行同期活期存款利率支付至付清款之日止）；

二、驳回原告周某的其他诉讼请求。

二审法院同意一审法院的裁判意见。

【法官后语】

本案针对争议焦点有的放矢地从以下几个角度层层递进分析了案涉行政赔偿问题。

1. 行政赔偿构成要件。作为一种赋予相对人因行政机关及其工作人员违法行使职权造成其合法权益损害的救济手段，行政赔偿必须以一定的构成要件为基础。按照国家赔偿法的有关条文及已有的理论研究成果，行政赔偿应具备四个构成要件：职务行为主体，必须有其职务行为可能引起行政赔偿责任产生的组织或个人；职务违法行为，是指职务行为主体在执行职务时所实施的违法行为；必须有一定的损害结果存在；职务违法行为与损害结果之间存在因果关系。

2. 登记机构赔偿归责原则、混合侵权下的责任承担问题。因登记错误，给他人造成损害的，登记机构应当承担行政赔偿责任。登记错误指登记机关因自身工作原因导致的错误，而不应包括申请人恶意提供虚假材料，并且登记机关已经尽到了必要的审查义务，仍无法发现的情况。即登记机关承担责任的前提之一系登记机关对登记错误主观上存在过错，确定了登记机关的赔偿原则即过错原则。如果该登记错误行为系因申请人提供虚假材料及房屋登记机构未尽合理审慎职责共同造成，则应综合考虑登记机关的过错程度及其在损害发生中所起作用判断其应承担的赔偿责任大小。

3. 财产权损害赔偿标准。侵犯财产权的，能返还原物或恢复原状的应予返还或恢复，不能的应予以赔偿损失，损害赔偿以侵权行为发生时为计算时点；给付赔偿金的，应支付银行同期存款利息。

房屋登记类案件数量近几年来一直居高不下，本案在处理过程中，明确了登记错误情况下登记机构赔偿责任归责原则及混合侵权下的责任承担，判决房屋登记主管部门承担与其过错相适应的赔偿责任，充分发挥了行政诉讼功能，实质性解决本案争议，依法保障了行政相对人的合法权益，同时进一步规范了行政登记行为，为预防及解决类似纠纷发生提供了示范。

编写人：安徽省淮北市相山区人民法院　王鸿　张婉璐

140 行政赔偿的途径获取应遵循司法最终原则

——李某某诉北京市朝阳区人民政府某街道办事处行政赔偿案

【案件基本信息】

1. 裁判书字号

北京市第三中级人民法院（2018）京03行赔终38号行政赔偿判决书

2. 案由：行政赔偿纠纷

3. 当事人

原告（上诉人）：李某某

被告（被上诉人）：北京市朝阳区人民政府某街道办事处（以下简称某街道办）

【基本案情】

2017年7月25日，北京市朝阳区人民政府作出《复议决定书》，确认某街道办实施强制拆除涉案房屋飘窗的行政行为违法，但对李某某一并提出的赔偿请求予以驳回。李某某未针对《复议决定书》提起诉讼，该决定书生效。随后，李某某以《复议决定书》确认行政行为违法为由，向某街道办提出行政赔偿申请，某街道办于2017年12月14日作出《不予行政赔偿决定书》，决定对原告提出的国家赔偿请求不予赔偿。原告不服，提起本案之诉。

【案件焦点】

1. 李某某是否具有原告主体资格；2. 李某某是否应获得行政赔偿。

【法院裁判要旨】

北京市朝阳区人民法院经审理认为：根据法律规定，受害人取得国家赔偿的前提是国家机关和国家机关工作人员违法行使职权对其合法权益造成了实际损害，并且受害人应对损害事实提供相应的证据。本案中，某街道办的强制拆除行为虽经行政复议机关确认违法，但某街道办所拆除的对象系一般建筑物，且李某某未就被拆除对象的合法性提交相应证据予以证明，因此不能认定李某某的合法权益受到被告行政行为的损害，故李某某提出的赔偿请求缺乏事实根据，法院不予支持。

北京市朝阳区人民法院依据《最高人民法院关于审理行政赔偿案件若干问题的规定》第三十三条之规定，判决如下：

驳回原告李某某的全部赔偿请求。

李某某不服，提起上诉。北京市第三中级人民法院经审理认为：被上诉人的强制拆除行为因其不具备法定职权而被《复议决定书》确认违法，但上诉人提供的证据不能证明涉案房屋防盗窗/飘窗等被拆除对象办理了合法手续，上述被拆除对象不属其合法权益，不符合取得国家赔偿的法律要件，故对上诉人的赔偿请求法院不予支持。

北京市第三中级人民法院依照《中华人民共和国行政诉讼法》第八十九条第一款第一项之规定，判决如下：

驳回上诉，维持原判。

【法官后语】

本案件审理过程中，合议庭对原告是否具备起诉资格产生了争议。《中华人民共和国国家赔偿法》第九条第二款规定："赔偿请求人要求赔偿，应当先向赔偿义务机关提出，也可以在申请行政复议或者提起行政诉讼时一并提出。"该条规定构建了单独赔偿申请和一并赔偿申请两种国家赔偿救济途径。本案中，李某某在申请行政复议时一并提出赔偿申请，后复议决定确认加害行为违法，但对其一并赔偿申请予以驳回。李某某未针对《复议决定书》提起诉讼，该决定书生效。随后，李某某以《复议决定书》确认行政行为违法为由，向某街道办提出行政赔偿申请并提起本案之诉。

原告是否能够提起本案之诉，合议庭有两种不同的意见。第一种意见认为，首先，生效行政复议决定的内容对当事人具有羁束力和执行力。本案的复议决定已经生效，针对一并赔偿申请具备羁束力，原告未对复议决定提起诉讼，即放弃了针对羁束决定的诉权。其次，从法律关系安定性和效率角度来看，当事人就两种路径只可择一而行，否则会破坏复议决定确定的法律关系及增加行政负担。最后，从救济途径和诉讼类型角度来看，单独赔偿申请和一并赔偿申请分别对应着单独赔偿之诉和一并赔偿之诉，两种诉的类型具有不同的诉之适法性和理由具备性。综上，原告在复议决定生效后，另行提出单独赔偿申请并就其起诉，不符合法定起诉条件。第二种意见认为，法律规定的两种路径是"或"的关系，救济的"关门"均应取决于司法最终裁判。本案的复议决定虽已生效，但不能排斥原告单独提出赔偿申请并获得司法最终裁判的权利，故原告符合提起本案之诉的条件。

本案采纳了第二种意见，有以下三点理由：

首先，除非有法律阻却事由，每一条法律救济途径均应遵守司法最终原则。本案中，原告虽针对生效复议决定无法起诉，但由于一并赔偿申请与单独赔偿申请属不同救济途径，前者之事由不能阻却原告单独提出赔偿申请并接受司法最终裁判这一权利的行使。

其次，《最高人民法院关于审理行政赔偿案件若干问题的规定》第四条规定，法律规定由行政机关最终裁决的行政行为被确认违法后，赔偿请求人可以单独提起行政赔偿诉讼。换言之，无论复议程序中是否一并提出赔偿申请，只要复议决定确认加害行为违法，也即满足申请赔偿的条件。

最后，单独赔偿申请之诉与一并赔偿申请之诉的关系为“或”。法律规定两种途径为“或”的关系。

单独赔偿申请并诉讼的路径为：当事人先向赔偿义务机关提出赔偿申请，若赔偿义务机关经审查后决定不予赔偿，当事人可以单独向司法机关提起行政赔偿诉讼。

一并赔偿申请并诉讼的路径为：当事人对原行政行为提起行政复议时一并提出行政赔偿请求，复议机关作出行政复议决定后，当事人对赔偿请求的决定不服的，可以再次就行政赔偿事项向司法机关提起行政赔偿诉讼。

可以看出，除司法机关裁判外，两条途径之间并不存在排斥关系，故应当将“或”理解为两者均可行。

综上所述，行政赔偿的途径获取应以司法最终原则为遵循。

编写人：北京市朝阳区人民法院　郑瑞涛　鞠仁

141 房地产登记机关故意不履行房地产登记信息查询等行为应当承担行政赔偿责任

——罗某诉盐城市某区住房和城乡建设局行政赔偿案

【案件基本信息】

1. 裁判书字号

江苏省高级人民法院（2018）苏行赔申21号行政裁定书

2. 案由：行政赔偿纠纷

3. 当事人

原告（被上诉人、再审被申请人）：罗某

被告（上诉人、再审申请人）：盐城市某区住房和城乡建设局（以下简称某区住建局）

【基本案情】

孙某、韩某为偿还债务，合谋利用假房产证作抵押向他人骗取借款。后通过他人伪造房屋所有权人为韩某的某别墅房屋所有权证、国有土地使用权证。2012年2月，孙某、韩某通过他人介绍认识杭州的罗某，并于同月25日，由韩某与罗某在杭州签订以上述房产作为抵押物的贷款金额为400万元的抵押贷款协议。同月27日上午，罗某提议到盐城市房产交易中心查验产权证的真伪，工作人员告知罗某证书看上去像假的，可到某区房产中心查证。罗某等人遂至该中心查验真伪。在罗某等人到达之前，孙某电话联系时任某区行政服务中心住建局窗口负责人（兼房产交易登记中心副主任）沈某，请沈某告知来查询的罗某证件均系真的，沈某一开始拒绝，后答应。罗某等人至某区住建局窗口向房产交易登记中心工作人员刘某要求查询产权证真伪时，沈某主动要求帮其查询，并称档案室查询结果最权威。罗某回到档案室后，韩某将事先准备好的假查询单拿给罗某。28日上午，罗某持委托书、公证书以及假房产证、土地使用权证至某区行政服务中心住建局窗口查询证书是否有效，沈某查看后明知是假的仍答复证书有效。随后双方签订了房屋抵押贷款合同和借款合同。28日下午，孙某、韩某至档案室，乘乱将提前放置于柜台上的假信息查询单取出后拿给楼下等候的罗某。当日，罗某向韩某的卡里转入400万元，后转出84万元（84万元作为利息提前扣除）。本案至庭审辩论终结前，罗某有242.36万元损失未追回。

江苏省盐城市亭湖区人民法院判决：孙某犯合同诈骗罪，判处有期徒刑十年十个月，并处罚金人民币100万元。韩某犯合同诈骗罪，判处有期徒刑十一年，并处罚金人民币100万元。未退赃款合计281.86万元，继续追缴。沈某犯滥用职权罪，判处有期徒刑二年六个月。2015年7月9日，罗某向某区住建局提出国家赔偿申请，要求某区住建局赔偿其损失242.36万元。某区住建局作出《不予行政赔偿决定书》。

【案件焦点】

1. 某区住建局是否应对某区房产交易登记中心违法行为承担行政赔偿责任；2. 法院已通过刑事判决对孙某、韩某未退赃款进行追缴的情况下，罗某的损失能否通过国家赔偿的途径得以救济；3. 鉴于孙某、韩某故意欺骗行为和沈某违法行使职权行为以及罗某本身亦存在过错，如何确定某区住建局承担的赔偿数额。

【法院裁判要旨】

江苏省东台市人民法院经审理认为：孙某、韩某是造成罗某财产损失的直接责任人，但是沈某故意不履行查询和收缴假证等行为为孙某、韩某实施诈骗提供了机会和条件，沈某的该行为与罗某财产损失之间具有法律上的因果关系。沈某违法履行职务行为，应当由某区住建局承担相应的赔偿责任。某区住建局承担赔偿责任后，有权就其承担的数额向孙某、韩某行使追偿权。罗某对其财产损害结果的发生负有一定过错，可以减轻某区住建局的赔偿责任。鉴于某区住建局及罗某自身过错程度，在对孙某、韩某未退赃款经人民法院合理期限的追缴程序以后，由某区住建局就罗某最终实际损失承担70%的赔偿责任。

江苏省东台市人民法院依照《中华人民共和国国家赔偿法》第七条第四款之规定，判决如下：

一、撤销被告某区住建局于2015年9月1日作出的《不予行政赔偿决定书》；

二、对孙某、韩某未退赃款经人民法院合理期限的追缴程序以后，由被告某区住建局在三十日内就原告罗某最终实际损失承担70%的赔偿责任；

三、驳回原告罗某的其他诉讼请求。

某区住建局提起上诉。江苏省盐城市中级人民法院经审理认为：某区住建局作为行政赔偿主体适格，涉案赔偿未超过诉讼时效，其余同意一审法院裁判意见，但认为由某区住建局就罗某最终实际损失承担70%的赔偿责任偏重，可适当调整为承担60%的赔偿责任。

江苏省盐城市中级人民法院依照《中华人民共和国行政诉讼法》第八十九条第一款第二项之规定，判决如下：

一、撤销一审行政赔偿判决书；

二、撤销上诉人某区住建局于2015年9月1日作出的《不予行政赔偿决定书》；

三、对孙某、韩某未退赃款经人民法院合理期限的追缴程序以后，由上诉人某区住建局在三十日内就被上诉人罗某最终实际损失承担60%的赔偿责任；

四、驳回原审原告罗某的其他诉讼请求。

再审法院同意二审法院裁判意见。

【法官后语】

某区住建局应对某区房产交易登记中心的违法行为承担行政赔偿责任。本案中，作为某区房产交易登记中心的工作人员沈某明知孙某等人持有的房产证、土地使用权证、他项权证系伪造的情况下，其非但不予收缴，且多次向罗某告知不正确的信息，误导罗某到档案室查询，让孙某、韩某有可乘之机。而罗某正是基于对国家房产登记机构的窗口工作人员接受公民的查询后，提供准确的查询结果是其当然职责之信赖，最终被孙某、韩某所骗。应当说，如果没有沈某的配合，孙某、韩某的犯罪意图就不能得逞，故沈某的违法行使职权行为与罗某财产损失之间具有法律上的因果关系。对某区房产交易登记中心不履行查询和收缴假证等违法行为应由某区住建局承担行政赔偿责任。

在法院已通过刑事判决对孙某、韩某未退赃款进行追缴的情况下，罗某的损失能够通过国家赔偿的途径获得救济。刑事救济程序并没有排除原告提起行政赔偿诉讼的权利。其他行为人的民事或刑事责任不能吸收行政行为的违法责任，两者的性质和目的不同，不能互相替代。只要满足国家赔偿的要件，行政主体就应承担责任。因为刑事诉讼和行政诉讼的标的各不相同，行政行为一般只在行政诉讼中进行合法性审查，并不是刑事诉讼审查的对象。由于违法的行政行为在刑事诉讼中未受到司法的监督，若拒绝原告的国家赔偿请求，无疑会造成违法行政行为游离于司法审查之外，有悖于权力受监督的立法目的，而且会产生较负面的社会影响。因此，行政救济与刑事救济并不发生冲突。本案中，盐城市亭湖区人民法院虽已作出刑事判决，对孙某、韩某未退赃款继续追缴，但罗某的合法权益并未真正实现，故本案判决在对孙某、韩某未退赃款经人民法院合理期限的追缴程序以后，由某区住建局就罗某最终实际损失承担相应的赔偿责任。

行政赔偿与民事赔偿分属公法责任和私法责任，受不完全相同的法律规范调整，归责原则、赔偿的范围、方式和标准及程度差异较大，应区分公法与私法责任。本案被诉行政机关不履行查询和收缴假证行为是一种公法上的行为，与私法责任是两种不同的法律责任，不能简单地按份额分割或进行补充。具体到本案，造成罗某财产损失的原因是多方面的，既有孙某、韩某的故意欺骗行为，也有沈某不履行查询和收缴假证的违法行为，还有罗某未进入房屋查看及在证件查询过程中未尽到审慎注意义务，本身具有过错。因此，首先由孙某、韩某承担赔偿责任，当其财产不足以赔偿的情况下，由某区住建局承担国家赔偿责任。根据过失相抵原则，由于罗某本身具有过错，可以相应减免某区住建局的国家赔偿责任。另外，根据法谚"任何人都不能从自己的违法行为中获益"，如果在违法活动中获得了利益，必须将所得利益退还。因此，某区住建局承担赔偿责任后，有权就其承担的数额向孙某、韩某行使追偿权。

编写人：江苏省东台市人民法院　姚芳

142 房屋承租人可以直接得到征收补偿

——刘某、尹某诉某区人民政府、某市房产管理局行政征收及行政赔偿案

【案件基本信息】

1. 裁判书字号

湖南省高级人民法院（2017）湘行终411号行政判决书

2. 案由：行政征收及行政赔偿纠纷

3. 当事人

原告（上诉人）：刘某、尹某

被告（被上诉人）：某区人民政府、某市房产管理局

第三人：某市人民防空办公室、某市财政局

【基本案情】

2009年7月20日，刘某与某市人防工程开发处签订《人防工程使用租赁合同》，2012年4月28日又续签合同至2019年10月27日，租赁某市人民防空办公室的房屋用于经营某酒店（尹某系经营者，刘某系实际经营者）。2009年7月23日承租人刘某向某市人防工程开发处申请对租赁的房屋进行改造，预计改造费用80万元左右，申请获得该处同意。2009年下半年，原告刘某经某市人民防空办公室同意在该单位的土地上自建临街铺面（未办理任何建房审批手续），作为该酒店的一部分。

2015年8月17日，因某综合治理工程项目建设需要，某区人民政府发布国有土地上房屋征收决定，刘某租赁的涉案房屋位于征收范围内。2015年9月29日，某市房产管理局、某区人民政府、

某市财政局、某市人民防空办公室、某市国有土地上房屋征收处芦淞中心、某市行政事业单位资产管理处、某市人防工程维护管理处、综合治理项目建设地区房屋征收指挥部，就涉案出租房屋征收补偿问题签订了《国有土地上房屋征收补偿安置协议书》。在涉案出租房屋征收补偿的问题上，如对停产停业损失的补偿、装饰装修价值的补偿等，某区人民政府、某市房产管理局没有听取刘某、尹某的意见。刘某、尹某认为，该《国有土地上房屋征收补偿安置协议书》补偿太低，侵犯了其合法财产权益，请求法院依法撤销该《国有土地上房屋征收补偿安置协议书》。

【案件焦点】

房屋承租人是否可以直接得到相关征收补偿。

【法院裁判要旨】

湖南省株洲市中级人民法院经审理认为：用于经营的租赁房屋被征收时，该房屋的价值应当补偿给被征收房屋的所有人，但由承租人完成的室内装饰装修和扩改建项目的价值、经营设备等的搬迁费用、停产停业损失等，应当依法补偿给承租人。本案中，原告对涉案租赁的房屋进行了装饰装修及改造，并自建了铺面用于酒店经营。但涉案房屋在租赁期限内被征收时，被告与第三人签订的《国有土地上房屋征收补偿安置协议书》没有将房屋承租人即上诉人列为补偿协议相对人，属于遗漏征收对象。被告在本案征收过程中，在房屋征收补偿时未征求房屋承租人即原告的意见，违反程序正当原则，被告与第三人签订《国有土地上房屋征收补偿安置协议书》违反法定程序。

湖南省株洲市中级人民法院依据《中华人民共和国行政诉讼法》

第七十条第三项的规定，判决如下：

撤销涉案《国有土地上房屋征收补偿安置协议书》。

二审法院同意一审法院裁判意见。

【法官后语】

《国有土地上房屋征收与补偿条例》虽然没有明确规定将房屋承租人列为征收补偿对象，但是笔者认为，房屋承租人可以作为征收补偿协议相对方，直接获得相关征收补偿。理由如下：

第一，《国有土地上房屋征收与补偿条例》并没有对房屋承租人进行征收补偿的禁止性规定。

第二，房屋承租人获得相关补偿有法律依据。《中华人民共和国民法典》第二百四十条规定："所有权人对自己的不动产或者动产，依法享有占有、使用、收益和处分的权利。"如果房屋承租人对租赁房屋进行了装饰装修、改造，或者购置设备利用租赁房屋进行生产经营，那么房屋承租人对这部分财产依法享有所有权。因此，在房屋征收过程中，将相关的装饰装修价值、停产停业损失以及生产设备设施搬迁费、临时安置补助费等款项补偿给房屋承租人符合相关法律法规的规定。

第三，将房屋承租人排除在征收补偿之外与其法律地位不相符。对房屋进行过装修改造的房屋承租人，对房屋征收显然具有财产权益，与征收行为具有直接的利害关系。在房屋征收中，处置房屋承租人的财产，却不征求其意见，有违程序正当原则，于法、于理不符。

第四，将房屋承租人排除在征收补偿之外不利于征收的顺利进行。如果将房屋承租人排除在外，房屋承租人会对相关行政行为申请行政复议或提起行政诉讼，不利于行政争议的实质解决，影响征收的顺利进行和征收项目建设的顺利推进。

编写人：湖南省株洲市中级人民法院　罗颖红　苏新柱

143　拆除违法建筑过程中不当处置有利用价值的建筑材料是否应承担赔偿责任

——陈某诉南通市通州区某镇人民政府行政赔偿案

【案件基本信息】

1. 裁判书字号

江苏省南通市中级人民法院（2017）苏 06 行赔终 3 号行政判决书

2. 案由：行政赔偿纠纷

3. 当事人

原告（上诉人）：陈某

被告（上诉人）：南通市通州区某镇人民政府（以下简称某镇政府）

【基本案情】

2000 年，陈某未经规划审批，在其住宅后建设厂房 1210.36 平方米。该建筑位于某镇规划区内。后陈某以上述厂房为经营场所注册个体工商户，用于经营织布、床上用品加工、销售。2015 年 1 月 21 日，某镇政府向陈某作出《责令限期拆除违法建设事先告知书》，告知其拟作出《责令限期拆除违法建筑决定》的理由、依据及享有陈述、申辩和听证的权利。2015 年 5 月 8 日，某镇政府作出《责令限期拆除违法建筑决定书》，限于 2015 年 5 月 11 日前自行拆除上述违法建筑，逾期不拆除的，被告将依法帮助拆除。2015 年 6 月 20 日，被告组织人员将陈某厂房内的物品搬离，未清点财产、未制作财产清单，亦未明确由原告保管搬离的物品，后将厂房拆除，将搬出的物品直接堆放在厂房外、原告房屋边，其中，纺织成品和半成品打包后整齐堆放，并加盖雨布，其他财产包括机器设备等露天放置在场地，未采取任何保护措施。之后，法院以程序违法为由判决确认某镇政府强制拆除陈某厂房的行为违法。该判决生效后，陈某向某镇政府提出国家赔偿申请，某镇政府以未侵犯其合法权益为由决定不予赔偿。原告认为某镇政府未妥善保管原告的财产，要求赔偿其厂房损失、动产损失、停产停业损失、设备搬迁费用等损失共计 300 余万元。被告认为，违法建筑不属于赔偿范围，且被告对拆除后的财产采取了适当的保护措施，未造成物品损坏，拆除后的财产堆放在原告家场地，原告未及时处理财产造成的损失由其自行承担。

【案件焦点】

被告某镇政府对原告强制拆除造成的损失该如何赔偿。

【法院裁判要旨】

江苏省如皋市人民法院经审理认为：某镇政府强制拆除涉案厂房行为已被生效判决书确认为违法，且拆除行为客观上给原告造成了财产损失。

关于不动产损失。原告未经依法审批所建筑的厂房为违法建设，故原告为建筑上述厂房所支出的人工费及其他费用并非合法损失，依法不属于行政赔偿的范畴。对于被拆卸后尚有利用价值的物品，属于原告的合法财产，但因原告负有自行拆除义务，即使由其自行组织拆除，亦不可能完全保有原先的使用价值，可利用的价值应在材料费的70%左右，因某镇政府并未尽必要的谨慎义务，导致了该材料中70%的价值又有所毁损，酌情认定因被告未采取保护性拆除所致可利用财产的损毁价值为材料费70%中的70%。

关于动产损失。某镇政府在拆除厂房之前，未制作财产清单，亦未明确对搬离的物品由原告保管，对厂房内的财产直接放置在厂房外、原告居住的房屋边，虽然将原告厂房内的纺织成品和半成品打包后整齐堆放并加盖雨布，但是纺织品经雨淋、受潮后易毁损或贬值，仅加盖防雨布并不能有效起到防雨防潮的作用和效果。而且，被告对其他财产也未采取有效保护措施，致使财产损毁或贬值。当然，虽然被告未明确上述财产交由原告保管，但是原告当时在场，且该财产放置在原告家屋后，原告具备管理和控制上述财产的能力和条件，但是其未及时处置上述财产，放任损失扩大，其应承担一定责任。综合考虑原、被告的责任大小，被告赔偿动产损失的60%，其余损失由原告自行承担。

关于停产、停业损失及设备搬迁费用。根据《中华人民共和国国家赔偿法》第三十六条第八项的规定，侵犯公民、法人和其他组织的财产权造成损害的，按照直接损失给予赔偿。因原告案涉厂房系违法建筑，应当予以拆除，即便原告自行拆除亦会产生上述费用或损失，而且停业损失属于间接损失，亦不属于行政赔偿的范围，故对原告该主张不予支持。

江苏省如皋市人民法院依照《中华人民共和国国家赔偿法》第四条第四项、第三十二条第一款、第三十六条第八项，《中华人民共和国行政诉讼法》第三十八条第二款、第七十六条之规定，判决如下：

一、被告某镇政府赔偿原告陈某财产损失 741297 元，于本判决生效后一个月内履行；

二、驳回原告陈某的其他诉讼请求。

二审法院同意一审法院裁判意见。

【法官后语】

本案系违法强制拆除违法建筑所引起的行政赔偿案件。在此类案件中，需要着重厘清赔偿范围及在原告对损害事实举证受阻的情况下如何确定举证责任的问题。

1. 关于赔偿范围

从《中华人民共和国国家赔偿法》第二条及《中华人民共和国行政诉讼法》第七十六条的规定可以看出，行政赔偿责任的构成要件应当包括行政行为的违法性、合法权益受到实际损害、实际损害与违法行政行为存在因果关系。因此，在确定赔偿范围时主要考量损失是否为权利人的合法财产遭受的损失、该损失与行政行为是否存在直接因果关系（间接损失亦不属国家赔偿法规定的赔偿范围）。而违法建筑强制拆除引起的行政赔偿案件中，最常见的损失为不动产（建筑物）损失、建筑物内的动产损失、停产停业损失、设备搬迁损失等。

（1）不动产损失

违法建筑不受法律保护，但公民的合法财产受法律保护，即违法建筑的搭建人对建筑材料享有的所有权受法律保护，而该所有权仅应当为拆除后的建筑材料享有的所有权，并非搭建人搭建时投入的建筑材料的所有权。因为违法建筑不受法律保护，搭建人搭建时投入的建筑材料成本系其对违法行为的投入，所以不属于其合法财产损失范围。

即便搭建人对拆除后的建筑材料享有所有权，但从现实可能性的角度考虑，无论是搭建人自己拆除还是执法人员拆除，都不可能完全保有拆除前的财产价值。因此，应当确定一个合理的损失率，该损失视为强制拆除行为的附随结果。当然，在确定损失率时也应兼顾建筑物的成新率、构造等因素。换言之，此合理损失率并非一个固定值，其可能因建筑物的年限、构造不同而有所不同。

因为强制拆除具有合理的损失率，所以只有在拆除人暴力、野蛮拆除，可能造成拆除后建筑材料再利用价值减少，亦即损失率明显超过合理限度的情况下，才可能产生行政赔偿的后果。本案中，原告的厂房为砖混结构、彩钢结构、砖木结构的厂房，认定合理损失率为30%，拆除不当致可利用财产损失70%，认定赔偿率为49%。如果违法建筑刚刚建成，其合理损失率认定20%也并无不可。

(2) 关于动产损失

对于拆除行为造成建筑物内部的动产损失的，拆除人应当承担责任。因为该动产为权利人的合法财产，所以拆除人在拆除时对该合法财产负有审慎注意和妥善安置的义务。如因拆除人明显未尽文明拆除义务导致权利人该动产遭受损失的，拆除人应当全额赔偿。本案所涉动产损失，法院要求原告分担的主要原因是原告有控制和管理动产不受损失的能力和条件，其放任财产损失扩大，应分担责任。假设本案原告对动产无控制和管理的能力和条件，则被告应赔偿全部动产损失。

(3) 关于停产停业损失、设备搬迁损失等

应当认定该部分损失与被告拆除厂房的行为无直接因果关系。

因为违法建筑应当予以拆除，即便原告自行拆除亦会产生上述费用或损失，所以该损失不能列入行政赔偿的范围。

2. 关于损害事实的举证责任

《中华人民共和国行政诉讼法》第三十八条第二款规定，在行政赔偿、补偿的案件中，原告应当对行政行为造成的损害提供证据。因被告的原因导致原告无法举证的，由被告承担举证责任。从结果意义上的举证责任来讲，无论该条规定的是举证责任的转移还是举证责任的倒置，在实践中都很难把握。例如，被告强制拆除时没有对拆除现场进行财产登记、没有拆除现场视频资料，而原告提供的证据仅为自己制作的财产清单，甚至是拆除前一段时间的盘货清单，如果按照该条规定，应由行政机关对损失事实承担举证责任，而行政机关事实上又不能举证，那么导致的结果可能是按照原告提供的证据认定损失。很显然，该结果有明显的不合理性。本案情况便是如此，也正是基于对原告提供的关于动产损失证据存疑，本案在鉴定过程中，法官和鉴定人均到现场进行了核查，在无法对财产进行精准确认的情况下，采取了相对合理的标准，对原告的动产损失进行了界定。因此，笔者认为，解决原告对损失举证受阻的思路是适当降低原告损害事实的证明标准和合理的司法裁量，即在行政机关程序违法导致原告证明受阻的情况下，损害赔偿事实证明标准应当降低，达到优势证明标准即可，然后由法官在此基础上对原告主张的损害事实进行客观、公平、合理的判定，排除明显不合理的损失。

编写人：江苏省如皋市人民法院　张弦

144 过错原则在行政赔偿中的适用

——任某诉北京市某区城市管理综合行政执法监督局行政赔偿案

【案件基本信息】

1. 裁判书字号

北京市第三中级人民法院（2016）京03行赔终13号行政赔偿判决书

2. 案由：行政赔偿纠纷

3. 当事人

原告（上诉人）：任某

被告（被上诉人）：北京市某区城市管理综合行政执法监督局（以下简称某区城管局）

【基本案情】

任某系某蔬菜店业主葛某之母。因该店多次存在店外经营现象，某区城管局已多次告知如再发生店外经营行为，将对其进行行政处罚。2013年9月5日，某区城管局工作人员在巡查中发现该蔬菜店又存在店外经营现象，故决定对店外摆放的物品进行先行登记保存。当某区城管局的工作人员将其中6箱水果搬至执法车上时，任某用手拉住水果箱进行阻挠致其摔倒受伤。后任某被医院诊断为“双侧多发肋骨骨折、右腕三角骨骨折、多发软组织损伤、脑外伤综合症”。2014年12月25日，葛某曾诉至北京市怀柔区人民法院，要求确认某区城管局于2013年9月5日对某蔬菜店的行政执法行为违法，北京市怀柔区人民法院经审理认为，某区城管局在行政执法过程中程序违法，故于2015年3月23日作出（2015）怀行初字第16号行政判决书，确认某区城管局于2013年9月5日对葛某经营的某蔬菜店行政执法行为违法。后某区城管局对此不服，向北京市第三中级人民法院提起上诉，在二审期间，某区城管局提出撤诉申请，北京市第三中级人民法院于2015年5月20日作出（2015）三中行终字第427号行政裁定书，准予某区城管局撤回上诉。

2015年7月30日，任某向某区城管局提出行政赔偿申请，要求某区城管局赔偿任某医疗费8366.91元；误工费16662.5元；护理费15300元；伙食补助费及营养费3000元；任某后续的医疗费及影响正常工作的赔偿费4万元；精神抚慰金1万元。某区城管局未在法定期限内对任某作出书面答复。2015年10月23日，任某诉至法院，要求某区城管局赔偿其医疗费8366.91元、误工费16662.5元、护理费15300元、伙食补助费和营养费3000元，上述费用共计43329.41元。

本案在一审审理过程中，任某于2015年10月24日向法院提出伤残鉴定申请，北京市高级人民法院随机确定某司法科学证据鉴定中心作为本案的鉴定机构。该鉴定机构向任某告知鉴定风险后，任某撤回了鉴定申请。

【案件焦点】

某区城管局对任某的损害是否承担赔偿责任，责任如何确定。

【法院裁判要旨】

北京市怀柔区人民法院经审理认为：《中华人民共和国国家赔偿法》第二条第一款规定："国家机关和国家机关工作人员行使职权，

有本法规定的侵犯公民、法人和其他组织合法权益的情形，造成损害的，受害人有依照本法取得国家赔偿的权利。”故国家赔偿应以公民、法人和其他组织的合法权益受到侵犯并造成损害为前提。本案中，因任某之子葛某经营的某蔬菜店多次存在店外经营现象，事发当日，某区城管局工作人员在巡查中发现，该蔬菜店又存在店外经营现象，故决定对店外摆放的物品进行先行登记保存，某区城管局的行为属正当履行法定职责，某区城管局在履行职责过程中，虽执法程序违法，但未对任某的合法权益造成损害。任某所受之伤系其阻挠被告执法所致，造成后果应由其自行承担，故对任某的诉讼请求本院不予支持。

北京市怀柔区人民法院依据《最高人民法院关于审理行政赔偿案件若干问题的规定》第三十三条之规定，作出如下判决：

驳回原告任某的赔偿请求。

任某持原审起诉意见提起上诉。北京市第三中级人民法院经审理认为：《中华人民共和国国家赔偿法》第二条第一款规定：“国家机关和国家机关工作人员行使职权，有本法规定的侵犯公民、法人和其他组织合法权益的情形，造成损害的，受害人有依照本法取得国家赔偿的权利。”该法第三十四条第一款第一项规定，造成身体伤害的，应当支付医疗费、护理费，以及赔偿因误工减少的收入。本案中，2013 年 9 月 5 日，某区城管局在对某蔬菜店店外摆放的物品进行先行登记保存过程中，未向某蔬菜店业主葛某制作并送达先行登记保存物品的清单，其执法程序违法。在上述行政程序缺失的情况下，某区城管局工作人员将 6 箱水果搬至执法车的行为属于明显的执法不当行为，在此过程中造成任某摔倒受伤，故任某所受伤害与某区城管局的不当执法行为具有一定因果关系。但葛某经营的某蔬菜店多次存在店外经营的违法现象，且任某在某区城管局执法过程中亦存在阻挠行为，因此，任某及某区城管局均存在违法及不当的行为，双方均应承担一定的法律后果，某区城管局对任某因其执法所受伤害而造成的损失应适当给予赔偿，本院将结合案件情况，确定某区城管局的赔偿金额。综上，一审法院判决驳回任某的赔偿请求，属认定事实不清，应予撤销。

北京市第三中级人民法院依照《中华人民共和国行政诉讼法》第八十九条第一款第二项、《中华人民共和国国家赔偿法》第三十四条第一款第一项以及《最高人民法院关于审理行政赔偿案件若干问题的规定》第三十三条之规定，作出如下判决：

一、撤销一审判决；

二、某区城管局于本判决生效之日起三十日内赔偿任某所受伤害造成损失人民币 7000 元；

三、驳回任某的其他赔偿请求。

【法官后语】

本案在处理上有几种不同观点。

第一种观点认为，某区城管局对任某所受伤害不承担赔偿责任，理由是某蔬菜店违法经营在先，某区城管局的行为属正当履行法定职责，某区城管局在履行职责过程中，虽执法程序违法，但未对任某的合法权益造成损害，任某所受之伤系其阻挠某区城管局执法所致，造成后果应由其自行承担。

第二种观点认为，某区城管局对任某所受伤害承担全部赔偿责任。理由是无论任某是否有违法行为，怀柔城管在履行职责过程中的违法行为毕竟造成了任某的身体伤害，从严格监督行政机关行政执法的角度，某区城管局应对任某的损害承担赔偿责任。

第三种观点认为，某区城管局对任某所受伤害应承担适当的赔偿责任，即综合考量任某和某区城管局在事件中的责任，进而确定某区城管局对任某的赔偿数额。

笔者同意第三种观点。

1. 行政赔偿案件兼具行政案件与民事案件的特点，故不仅应适用公法一般原则，亦应考量并借鉴民法的基本原则

民法是国家赔偿法的法律渊源。国家赔偿与民法关系密切，二者在体现公平、正义方面应当是相同的。在国家赔偿制度上，行政机关与相对人之间原本处于不平等的地位，在行政机关行使职权过程中，体现了命令与服从的关系，这在行政机关履行职能的过程中是必要的。但是，一旦行政机关的行为损害了相对人的合法权益，引发了赔偿问题，其与相对人之间在赔偿程序上就应当是相对平等的。如果让原来的不平等的地位在赔偿程序中得以延续，以相对人的力量是无法对抗行政机关的。因此，民法作为最注重公平正义的法律，其基本精神理应在国家赔偿制度中得以借鉴，行政赔偿案件适用调解程序，就是这一原则的体现。

2. 过错原则是行政赔偿案件归责原则的有益补充

过错原则是民事责任归责原则中最普遍、最基础的模式。虽然国家赔偿和民事侵权赔偿在责任主体、是否涉及公权力、赔偿程序、赔偿标准和范围等方面存在一定的区别，但二者同属损害赔偿责任范畴，均以矫正正义、实现公平为价值目标，归责原则的构成要件相近，这为国家赔偿中适用民事责任归责原则提供了必要性和可能性，尤其在行政机关和相对人均存在过错的行政赔偿案件中，适用过错原则是保障公平正义的有效途径。

由于相对人与行政机关均存在过错，无论缺少任何一方均不会

导致损害的出现，从强化行政机关依法行政、合理行政的角度看，行政机关的职责决定了其对损害事实承担责任的必然性，故行政机关应对其行为承担责任。从提升社会及公民诚信意识的角度看，行政相对人不仅在从事私法行为中应当遵守合法、诚信的原则，在实施公法行为中也应受到该原则的规制。因此，在行政行为实施过程中，行政机关导致了相对人的损害，而此行政相对人对于该行政行为所造成人身、财产损害也具有过错的，应当基于各自的过错程度承担相应的责任。

《中华人民共和国国家赔偿法》第五条规定了国家不承担赔偿责任的情形，其中第二项规定，因公民、法人和其他组织自己的行为致使损害发生的，国家不承担赔偿责任。这里需要注意的是，该项规定是指如果公民、法人和其他组织所受到的损失完全是由其自身的过错所造成，与行政机关及其工作人员执行职务的行为不存在直接的因果关系，则国家不需要承担赔偿责任。但行政机关工作人员行使职权的行为与受害人自己的行为共同造成损害的发生，在这种情况下，并不能完全免除国家的赔偿责任，而是应该具体分析双方的过错大小，由国家和受害人分担责任，这也是过错原则在此类案件中的体现。

本案中，某区城管局在行政执法过程中程序违法，执法方式不当，而任某亦存在违法经营及阻碍行政执法的违法行为，双方均存在违法及不当的行为，虽然任某的损害与某区城管局的执法行为具有因果关系，但任某对其损伤也负有一定责任。故本案适用过错原则，按照双方的过错程度，最终确定了某区城管局的赔偿数额，既保障了相对人的合法权益，又有效地监督了行政机关的行政执法行为，取得了良好的法律效果和社会效果。

编写人：北京市第三中级人民法院　贾志刚

145 工商变更登记被确认违法后工商部门是否必须承担赔偿责任

——珠宝公司诉北京市工商行政管理局某区分局工商行政赔偿案

【案件基本信息】

1. 裁判书字号

北京市第三中级人民法院（2016）京03行终382号行政赔偿判决书

2. 案由：工商行政赔偿纠纷

3. 当事人

原告（上诉人）：珠宝公司

被告（被上诉人）：北京市工商行政管理局某区分局（以下简称某区工商分局）

【基本案情】

1999年7月19日，原告珠宝公司设立登记，法定代表人为韩甲。该公司注册资本为30万元，其中韩甲出资18万元、韩乙出资12万元，营业期限为10年。2003年9月，珠宝公司申请将住所变更至北京市怀柔区青春路甲68号，被告某区工商分局准予变更登记。2004年7月，原告向被告提出申请变更公司股东、注册资本、股东出资、法定代表人、经营范围等事项。2004年7月9日，被告准予该公司变更登记。变更后的公司注册资本70万元，股东郝甲出资30万元，郝乙出资22万元，韩甲出资18万元，法定代表人郝甲。2010年7月19日，原告向被告申请变更公司股东、法定代表人等事项并提供了有关材料。某区工商分局对其提交材料进行审查后，于当日作出准予变更通知。变更后的公司股东郝丙出资30万元、郝乙出资22万元、韩甲出资18万元，法定代表人郝丙。2012年12月4日，原告向被告提出变更公司经营范围的申请，并提交相关材料。被告对其提交材料进行审查后，于当日作出准予变更通知。

因韩甲长期在国外生活，从2003年起由郝甲负责公司日常管理。2004年7月至2012年12月期间的公司登记变更事宜均非韩甲本人办理。2013年韩甲才得知原告上述变更情况。韩甲以相关股东会决议中的签名非其本人签写为由提起民事诉讼，请求确认上述股东会会议决议无效，后经法院生效判决确认上述决议均无效。

2015年4月，原告珠宝公司将被告某区工商分局诉至北京市怀柔区人民法院，分别要求确认2004年7月9日、2010年7月19日、2012年12月4日被告3次准予原告变更登记的行政行为违法。北京市怀柔区人民法院判决确认2010年7月19日、2012年12月4日被告准予原告变更登记的行为，被告虽尽到审查义务，但生效民事判决确认几份股东会决议无效，故被告作出的工商变更登记欠缺合法的事实依据，其变更登记行为违法。因原告针对2004年7月9日被告准予其变更登记的起诉超过起诉期限，故就该次变更登记北京市怀柔区人民法院裁定驳回了原告的起诉。上述案件均经二审维持原判。

2015年12月1日，原告向被告提出行政赔偿申请，要求被告赔偿因其违法行为给原告造成的经济损失3260万元。被告经审查作出《（不予）受理案件通知书》，裁定不予受理原告的行政赔偿申请。2016年1月11日，原告将被告诉至法院，要求被告赔偿其经济损失3260万元。

【案件焦点】

被告某区工商分局的变更登记行为被依法确认违法后，其是否应当承担赔偿责任。

【法院裁判要旨】

北京市怀柔区人民法院经审理认为：根据《中华人民共和国行政许可法》第三十一条的规定，原告应对其提交的工商变更登记申请材料实质内容的真实性负责，被告准予原告变更登记的行政行为虽被判决确认违法，但该行政行为违法系因原告提交虚假变更登记材料导致，故被告不应承担因申请材料虚假造成错误登记的责任。本案中，原告未能提供充分证据证明其主张的经济损失3260万元为被告准予其变更登记行为造成的直接必然损失，不符合《中华人民共和国国家赔偿法》第三十六条之规定，故原告的赔偿请求没有事实及法律依据。

北京市怀柔区人民法院依照《最高人民法院关于审理行政赔偿案件若干问题的规定》第三十三条之规定，判决如下：

驳回原告珠宝公司的赔偿请求。

珠宝公司持原审起诉意见提起上诉。北京市第三中级人民法院经审理认为：本案原告所请求赔偿的经济损失与被告作出的工商变更登记行为并无必然的直接的因果关系。原告要求行政赔偿的上诉请求，缺乏事实及法律依据，不应予以支持。

北京市第三中级人民法院依照《中华人民共和国行政诉讼法》

第八十九条第一款第一项之规定，作出如下判决：

驳回上诉，维持一审判决。

【法官后语】

本案的疑难点在于被告某区工商分局的变更登记行为被依法确认违法后，其是否应当承担赔偿责任。

《中华人民共和国国家赔偿法》第二条第一款规定："国家机关和国家机关工作人员行使职权，有本法规定的侵犯公民、法人和其他组织合法权益的情形，造成损害的，受害人有依照本法取得国家赔偿的权利。"依此规定，本案原告认为被告准予其变更登记的行为违法并给其造成经济损失，原告有提起行政赔偿的权利。

被告于2010年7月19日、2012年12月4日两次准予原告变更登记的行政行为虽已被生效判决确认违法，但该行政行为违法并非因被告违法行使职权导致。相反，两份确认违法的生效判决中认定被告在为原告办理变更登记事项时已尽到审查义务。《中华人民共和国行政许可法》第三十一条第一款规定："申请人申请行政许可，应当如实向行政机关提交有关材料和反映真实情况，并对其申请材料实质内容的真实性负责。"原告在变更登记时提供虚假材料，直接导致被告作出的变更登记行为欠缺合法的事实依据而被确认违法，故因申请材料虚假造成错误登记的责任，不应由准予其变更登记的被告承担。

《最高人民法院关于审理行政赔偿案件若干问题的规定》第十一条第一款规定："行政赔偿诉讼中，原告应当对行政行为造成的损害提供证据；因被告的原因导致原告无法举证的，由被告承担举证责任。"《中华人民共和国国家赔偿法》第三十六条规定："侵犯公民、法人和其他组织的财产权造成损害的，按照下列规定处理……（八）对财产权造成其他损害的，按照直接损失给予赔偿。”《最高人民法院关于审理行政赔偿案件若干问题的规定》第二十九条规定：“下列损失属于国家赔偿法第三十六条第八项规定的‘直接损失’：（一）存款利息、贷款利息、现金利息；（二）机动车停运期间的营运损失；（三）通过行政补偿程序依法应当获得的奖励、补贴等；（四）对财产造成的其他实际损失。”根据上述规定，行政赔偿的范围为违法行政行为造成的财产实际损失。本案中，原告未能提供充分证据证明其主张的经济损失3260万元为被告准予其变更登记行为造成的实际损失，故原告的赔偿请求没有事实及法律依据。

值得注意的是，按照法律规定，申请人申请行政许可时，应当如实向行政机关提交有关材料和反映真实情况，并需对其申请材料实质内容的真实性负责。一审、二审法院以过错责任认定赔偿责任的处理方法也为行政赔偿审判工作中的责任认定问题树立了标杆。

编写人：北京市怀柔区人民法院　李雨　谭畅

十、行政确认

146 因工外出返程途中发生交通事故伤亡的工伤认定

——某汽车检修中心诉某市人力资源和社会保障局、某自治区人力资源和社会保障厅工伤认定案

【案件基本信息】

1. 裁判书字号

广西壮族自治区来宾市中级人民法院（2019）桂13行终100号行政判决书

2. 案由：工伤认定纠纷

3. 当事人

原告（上诉人）：某汽车检修中心

被告（被上诉人）：某市人力资源和社会保障局（以下简称某市人社局）、某自治区人力资源和社会保障厅（以下简称某自治区人社厅）

第三人：罗某

【基本案情】

陆某系某汽车检修中心的职工，从事修理工作。2017年10月28日，陆某根据单位的指派驾驶客车搭乘潘某前往某县开展维修服务工作。2017年10月29日4时40分，陆某及潘某完成工作任务后驾车返回，中途发生交通事故，陆某当场死亡。2017年12月12日，来宾市象州县公安局交通警察大队出具《道路交通事故认定书》，认定陆某承担事故的主要责任。2018年8月21日，陆某的

妻子罗某就陆某受到事故伤害死亡向某市人社局提出工伤认定申请。2018 年 8 月 27 日，某市人社局对罗某提出工伤认定申请予以受理。2018 年 9 月 3 日，某市人社局向某汽车检修中心送达《工伤认定限期举证通知书》，某汽车检修中心在规定期限内未提交相关材料。2018 年 10 月 26 日，某市人社局向罗某作出《工伤认定中止通知书》，以其未提交“与用人单位存在劳动关系（包括事实劳动关系）的证明材料”为由，根据《工伤保险条例》第二十条，决定即日中止工伤认定。2018 年 10 月 30 日，罗某向某市人社局提交《仲裁裁决书》及死亡户口注销单。2018 年 11 月 19 日，罗某向某市人社局提交《关于要求恢复工伤认定程序的申请》，称其收到《仲裁裁决书》已超过 15 日，中止情形已消除，要求恢复工伤认定程序。2018 年 11 月 20 日，某市人社局作出《认定工伤决定书》，认定陆某受到的事故伤害符合《工伤保险条例》第十四条第五项规定，予以认定为工伤。某汽车检修中心不服，向某自治区人社厅申请行政复议，该厅于 2019 年 4 月 18 日作出行政复议决定，维持某市人社局的认定工伤决定。

【案件焦点】

劳动者受单位指派外出工作，在完成工作任务后返程途中发生交通事故伤亡，其工伤应按照因工外出期间进行认定，还是上下班途中发生交通事故进行认定。

【法院裁判要旨】

广西壮族自治区来宾市兴宾区人民法院经审理认为：各方当事人对某市人社局及某自治区人社厅具有本案行政执法主体资格和法定职权均无异议。《工伤保险条例》第十四条规定：“职工有下列情形之一的，应当认定为工伤……（五）因工外出期间，由于工作原因受到伤害或者发生事故下落不明的……”第十九条第二款规定，职工或者其近亲属认为是工伤，用人单位不认为是工伤的，由用人单位承担举证责任。2017 年 10 月 28 日，陆某根据某汽车检修中心的指派驾车搭乘潘某前往某县开展维修服务工作。次日 4 时 40 分，陆某及潘某发生交通事故，陆某当场死亡。陆某属于因工外出期间，由于维修服务工作原因受到交通事故伤害，符合《工伤保险条例》第十四条第五项规定的情形，应当认定为工伤。某市人社局来人社工伤决字〔2018〕02061 号《认定工伤决定书》，适用法律法规并无不当。某汽车检修中心认为陆某受到交通事故伤害死亡的情形不属于工伤，应提供证据证明，但其在工伤认定阶段及行政复议阶段直至向法院提起行政诉讼期间，均未提交相关证据予以证明，应承担举证不能的不利后果。某市人社局受理罗某就陆某受到事故伤害死亡提出工伤认定申请后，履行了进行调查核实等法定程序，作出认定工伤决定，符合法定程序。某自治区人社厅在行政复议阶段查明的事实与某市人社局查明的事实一致，故某自治区人社厅维持某市人社局的《认定工伤决定书》的行政行为适用法律法规正确。

广西壮族自治区来宾市兴宾区人民法院依照《中华人民共和国行政诉讼法》第六十九条的规定，作出如下判决：

驳回某汽车检修中心的诉讼请求。

某汽车检修中心不服一审判决，提起上诉。广西壮族自治区来宾市中级人民法院经审理认为：本案的争议焦点是对陆某发生交通事故的行为如何适用法律法规的问题。《工伤保险条例》第十四条第五项、第六项的规定，是分别针对不同情况下应适用不同的工伤认定。经审理查明的事实，陆某经单位派遣外出到工作场所之外的工作地点为单位开展工作，在返回途中发生交通事故，属“因工外出期间”，符合《工伤保险条例》第十四条第五项规定的情形，应予以确认；某汽车检修中心主张陆某就属“上下班途中”的情形，与客观事实不符。因此，某汽车检修中心的上诉理由不成立，不予支持。

广西壮族自治区来宾市中级人民法院依照《中华人民共和国行政诉讼法》第八十九条第一款第一项的规定，作出判决：

驳回上诉，维持原判。

【法官后语】

本案争议的焦点问题及特殊之处在于，在劳动者因受单位指派外出开展工作，在完成工作任务后返程途中发生交通事故伤亡，认定工伤应按照因工外出期间受伤害进行认定，还是上下班途中发生交通事故伤亡进行认定。

1. 本案应属于因工外出期间受到伤害还是上下班途中发生交通事故受到伤害

《工伤保险条例》第十四条第五项、第六项分别规定因工外出期间由于工作原因受到伤害或者发生事故下落不明的、在上下班途中受到非本人主要责任的交通事故或者城市轨道交通、客运轮渡、火车事故伤害的，应当认定为工伤。《最高人民法院关于审理工伤保险行政案件若干问题的规定》第五条规定，社会保险行政部门认定下列情形为“因工外出期间”的，人民法院应予支持：（一）职工受用人单位指派或者因工作需要在工作场所以外从事与工作职责有关的活动期间；（二）职工受用人单位指派外出学习或者开会期间；（三）职工因工作需要的其他外出活动期间。职工因工外出期间从事与工作或者受用人单位指派外出学习、开会无关的个人活动受到伤害，社会保险行政部门不认定为工伤的，人民法院应予支持。由此可见，因工外出期间受伤要认定为工伤，需要满足以下三个构成要件：一是有伤害后果；二是时间发生在因工外出期间；三是发生的缘由系工作原因，即与工作职责相关抑或为单位利益。

在本案中，各方对陆某的交通事故伤亡后果及受单位指派到某县从事维修工作都没有异议。本案争议的特殊之处在于，完成工作任务返程途中发生交通事故，有存在因工外出期间返程途中与上下班发生交通事故竞合的表象，故当事人对应适用《工伤保险条例》第十四条第五项还是第六项有争议。因此，需要厘清因工外出期间的截止时间以及交通事故责任认定对工伤认定的影响。关于因工外出期间的时间和空间跨度，应当从驻地出发开始起算，直至返回到工作场所或家庭住所为止，而不能以完成工作任务为截止时间。毕竟被派遣到工作场所之外的工作地点为单位开展工作，完成工作任务后，劳动者仍系因工作原因留在外地，与工作有关联，并且返程是必须从事的活动，也符合常理。因工外出期间的工伤认定更注重于外出所受伤害及与工作的关联性，而不是事故中的责任认定。上下班途中则属于日常性的活动，要求合理时间、地点、路线及非本人责任，因为对日常性的活动劳动者更为熟悉且有更高的避险能力。《工伤保险条例》第十四条第五项和第六项两种情况的侧重点各有不同，在适用中应视具体情况而定。本案中，劳动者陆某在完成指派的工作任务后，返回途中发生本人主要责任的交通事故，该返程途中显然不属于正常的上下班路线、时间及地点，而是仍属于因工外出期间，故其工伤应当按《工伤保险条例》第十四条第五项因工外出期间进行认定。

2. 因工外出期间工伤认定的证明责任问题

基于劳动关系的特殊性及保护劳动者权益的目的，法律对用人单位赋予更重的证明责任和义务。《工伤保险条例》第十九条第二款和《工伤认定办法》第十七条的规定，职工或者其近亲属认为是工伤，用人单位不认为是工伤的，由用人单位承担举证责任。之所以作如此规定，是因为在劳动关系中，用人单位作为管理者及支配者，处于更为优势的地位，且负有为劳动者提供安全的工作环境和保护劳动者的正当权利职责。工伤保险制度更要注重保障受伤劳动者的生存和发展。用人单位某汽车检修中心未能提供相关证据证明涉案事故伤害与工作无关及不符合工伤认定的情形，因此应当作出有利于劳动者的认定。

编写人：广西壮族自治区来宾市中级人民法院　韦霄倩

147 案件事实难以确定时不宜径行否定构成工伤

——韩某等诉某县人力资源和社会保障局工伤认定案

【案件基本信息】

1. 裁判书字号

河南省安阳市中级人民法院（2019）豫05行终328号行政判决书

2. 案由：工伤认定纠纷

3. 当事人

原告（被上诉人）：韩某、李某、徐乙、徐丙、徐丁

被告（上诉人）：某县人力资源和社会保障局（以下简称某县人社局）

【基本案情】

徐甲（已故）系某幼儿园园长。2018 年 10 月 30 日下午，在该幼儿园放学后，徐甲通知副园长朱某一起研究新教学楼施工相关事宜和施工期间幼儿园安全工作，二人在加班时，徐甲有身体不适的感觉并告知了朱某。晚上 9 点半左右，徐甲驾驶电动自行车离开幼儿园，于晚上 11 点多到徐北郭村第二卫生室就诊。诊所医生对徐甲检查后，认为病情严重，立即通知徐甲的外甥将徐甲送往安阳市人民医院治疗，徐甲于 2018 年 10 月 31 日凌晨 3 时经抢救无效死亡，死亡原因：急性心肌梗死。

某幼儿园于 2018 年 11 月 15 日向某县人社局提出工伤认定申请，某县人社局于 2019 年 1 月 24 日受理。某县人社局认为，《工伤保险条例》第十五条第一款第一项规定，在工作时间和工作岗位，突发疾病死亡或者在 48 小时之内经抢救无效死亡视同工伤。此规定应严格掌握。2018 年 10 月 30 日，徐甲加班至晚上 9 点半，后驾驶电动自行车离开幼儿园，其在加班期间自己感觉身体不适，却在当晚 11 点多才进行就诊，不符合工作岗位突发疾病，且情况紧急直接送往医院或医疗机构当场抢救并在 48 小时内死亡的情形。该局依据《工伤保险条例》第十五条第一款第一项规定，决定对徐甲的死亡不予认定为工伤。韩某等人不服，向法院起诉，请求依法撤销某县人社局作出的不予认定工伤决定书，并责令某县人社局依法重新作出工伤认定决定。

【案件焦点】

案件事实难以确定时能否径行否定构成工伤。

【法院裁判要旨】

河南省林州市人民法院经审理认为：死者徐甲在加班期间就曾感觉身体不适，并告知了副园长朱某，在稍作休息后又继续工作，后在身体不支的情况下才停止工作，未预感到事态的严重。某县人社局仅以就诊时间来进行判断，作出不予工伤认定，证据不足，明显不当，应予撤销。

河南省林州市人民法院依照《中华人民共和国行政诉讼法》第七十条第一项、第六项之规定，判决如下：

一、撤销某县人社局 2019 年 1 月 24 日作出的不予认定工伤决定书；

二、某县人社局在本判决生效后两个月内重新作出工伤认定。

某县人社局不服一审判决，认为认定事实和适用法律错误，向河南省安阳市中级人民法院提起上诉。河南省安阳市中级人民法院经审理认为：第一，关于认定事实问题。首先，对于徐甲的发病时间及就诊经过，某县人社局主张徐甲从事发当晚 9 点 30 分驾驶电动车驶离幼儿园至 11 点 40 分到卫生室就诊，但对于该时间段内徐甲的在途时间和活动轨迹并未查明。其次，某县人社局在工伤认定的调查中获取并向法院提供了医生的笔录，该笔录显示医生判断徐甲离校后是直接到卫生室就诊。因此，某县人社局没有查清徐甲的就诊经过，即径行认为徐甲不符合工作岗位突发疾病，且情况紧急直接送往医院或医疗机构当场抢救并在 48 小时内死亡的情形，属于认定事实不清，主要证据不足。第二，关于法律适用问题。由于某县人社局对徐甲的就诊经过没有查清，现有案件事实不能直接认定徐甲不符合《工伤保险条例》第十五条第一款第一项所规定的“在工作时间和工作岗位，突发疾病死亡或者在 48 小时之内经抢救无效死亡的”工伤认定条件。况且，根据工伤认定倾向性保护职工合法权益的原则，在职工发病和死亡是否发生在工作时间、工作岗位上缺乏相关证据证明、难以确定的情况下，应当作出有利于职工的肯定性事实推定而非否定性事实推定。综上，某县人社局的上诉理由不能成立，其上诉请求不予支持。原审判决认定事实清楚，适用法律正确。

河南省安阳市中级人民法院依照《中华人民共和国行政诉讼法》第八十九条第一款第一项的规定，判决如下：

驳回上诉，维持原判。

【法官后语】

1. 主要证据缺乏易导致案件事实认定以偏概全

《中华人民共和国行政诉讼法》第七十条第一项规定，对于行政行为主要证据不足的，人民法院判决撤销或者部分撤销，并可以判决被告重新作出行政行为。工伤认定案件的主要证据应当包括相对人是否构成工伤等相关案件事实的全部证据，故人社部门对于是否构成工伤的全部相关事实均应进行调查。本案中，某县人社局在工伤认定中认定的事实是：“徐甲加班至晚上9点半，后驾驶电动自行车离开幼儿园，其在加班期间自己感觉身体不适，但在当晚11点多才进行就诊。”从表象上看似乎涵盖了全部涉案事实，但是细究起来不难发现在事实查明上存在明显缺陷，即徐甲在晚上9点半至其11点多进行就诊的时间段内，身处何处、经历了什么。该时间段的案件事实与徐甲是否符合工伤认定的构成条件直接相关，对该部分案件事实的查明直接影响工伤认定的结论正确与否，因此该部分案件事实应当属于案件的基本事实，相关证据也必然是据以认定案件事实的主要证据。而人社部门没有对该部分案情进行全部调查取证，从而导致了案件事实认定的以偏概全。

2. 行政机关查明事实不可忽视"对抗性"证据

行政机关不仅要采纳与拟作出的行政行为方向一致的证据，而且不能忽略与该结论存在"对抗性"的证据。本案中，某县人社局已对卫生室医生进行调查，该笔录显示医生判断徐甲离校后是直接到卫生室就诊。该证据已经明确提示客观事实有可能与人社局认定的事实存在"对抗性"。在有相反的证据出现的情况下，行政机关应进一步核实查清徐甲的就诊经过，但某县人社局没有查清上述事实，导致所作出的不予认定工伤的行政行为事实不清，证据不足。

3. 事实难以完全查明时的工伤认定不应与立法本意相悖

实践中，职工发病的时间可能是夜间等人员活动稀少的时间段，行政机关可能面临即使穷尽努力仍难以或者根本无法查明案件全部事实的问题。此时，如何作出是否构成工伤的结论，笔者认为应从工伤认定制度的立法本意全面斟酌，从有利于保护劳动者合法权益的角度进行综合评判，这样更能充分体现法律效果和社会效果的统一。

本案二审认为某县人社局所查明的现有案件事实不能直接认定徐甲不符合"在工作时间和工作岗位，突发疾病死亡或者在48小时之内经抢救无效死亡的"的工伤认定条件。况且，根据工伤认定倾向性保护职工合法权益的原则，在职工发病和死亡是否发生在工作时间、工作岗位上缺乏相关证据证明、难以确定的情况下，应当作出有利于职工的肯定性事实推定而非否定性事实推定。该裁判观点的核心即在案件事实无法全部查清时不能径行否定构成工伤，对难以确定的，亦应按照工伤认定倾向性保护职工合法权益的原则，作出有利于职工的肯定性事实推定而非否定性事实推定。

编写人：河南省安阳市中级人民法院　苏斐　郜云丽

148 腰椎间盘突出症的工伤认定问题

——服务公司诉北京市某区人力资源和社会保障局工伤认定案

【案件基本信息】

1. 裁判书字号

北京市第三中级人民法院（2019）京03行终1066号行政判决书

2. 案由：工伤认定纠纷

3. 当事人

原告（上诉人）：服务公司

被告（被上诉人）：北京市某区人力资源和社会保障局（以下简称区人社局）

第三人（被上诉人）：肖某

【基本案情】

肖某系服务公司从事环卫工作的员工，于2017年7月4日在工作中卸树枝时，从车上摔下受伤，被社区医院诊断为“腰部外伤，腰部软组织损伤，不排除腰椎间盘突出症”，并建议“转至上级医院进一步诊治”。后肖某转院至潞河医院就诊，被诊断为“腰椎间盘突出症”，多次就诊无效后入院治疗，入院病情及出院诊断中均包含“腰椎间盘突出症”。2018年4月11日，潞河医院出具诊断证明，内容为“由摔伤导致腰痛加重、腰椎间盘突出症”。2018年4月13日，服务公司向区人社局提出工伤认定申请。同年6月18日，区人社局作出工伤决定书，认定肖某由于摔伤导致腰痛加重、腰椎间盘突出症，其受到的事故伤害属于工伤。服务公司对此不服，向区政府提起复议，区政府作出复议决定书，予以维持。

服务公司对工伤决定书及复议决定书不服，向北京市通州区人民法院（本案以下简称通州法院）提起行政诉讼。通州法院作出（2018）京0112行初226号行政判决书，认为区人社局未尽到审慎调查义务，直接根据诊断证明认定工伤证据不足，遂判决撤销工伤认定。肖某对此不服，提起上诉，北京市第三中级人民法院（本案以下简称三中院）作出（2019）京03行终142号行政判决书，驳回上诉，维持原判。之后，区人社局重新作出处理，向潞河医院发送协助调查函。潞河医院回复表示，肖某急诊主诉“工作中摔伤后腰痛2天”，后多次就诊，临床和核磁检查诊断为“腰椎间盘突出症。因保守治疗效果不佳，遂入院手术治疗”。住院病历载明“工作中摔伤腰腿疼痛半年”。最后，意见诊断为：腰椎间盘突出症（外伤性）。此外，区人社局调取肖某自2015年以来的就诊记录及病历，显示2017年以前并无腰椎间盘突出症的就诊记录。经调查核实，区人社局于2019年5月16日重新作出工伤决定书，认定肖某“腰椎间盘突出症”属于工伤认定范围系工伤。服务公司对此仍不服，向通州法院再次提起诉讼。

【案件焦点】

肖某“腰椎间盘突出症”是否属于工伤认定范围、能否予以认定工伤。

【法院裁判要旨】

通州法院经审理认为：从肖某的诊疗记录来看，肖某的腰椎间盘突出症伤情发展具有连续性，其治疗也是持续进行，符合病情逐步发展、显现的过程。事故发生前后肖某历次就诊的诊断情况、入院手术情况、潞河医院诊断证明及其关于患者肖某诊断问题的回复等证据材料已形成完整的证据链，能证明肖某的腰椎间盘突出症伤情是由本次摔伤所致。服务公司否认肖某腰椎间盘突出症属于工伤，然综观工伤认定阶段及诉讼阶段，服务公司并未提供客观有效的证据予以反驳，其陈述亦不足以推翻区人社局关于肖某所受“腰椎间盘突出症”属于工伤的认定。故服务公司有关撤销工伤决定书的诉讼请求不予支持。

综上，通州法院依照《中华人民共和国行政诉讼法》第六十九条，判决如下：

驳回服务公司的诉讼请求。

服务公司不服，提起上诉。三中院经审理认为：肖某在事故发生后连续的诊断证明、治疗记录以及潞河医院关于肖某诊断问题的回复等在案证据已形成完整的证据链，证明肖某的腰椎间盘突出症伤情系由工作中发生事故摔伤所致。服务公司主张腰椎间盘突出症属于陈旧性病症，不应认定为工伤，但其未能提交相应证据予以证明。服务公司的上诉理由缺乏事实及法律依据，对其上诉请求不予支持。

综上，三中院依照《中华人民共和国行政诉讼法》第八十九条第一款第一项之规定，判决如下：

驳回上诉，维持原判。

【法官后语】

腰椎间盘突出症发病机理较为复杂，可由慢性积累引发或急性损伤所致，那针对此类内外因素兼具的病症是否可以认定为工伤？法院又该从什么角度判定？如何平衡行政程序中的证明责任？

1. 结合法律释义原则与医学病理作可能性判断

《工伤保险条例》对腰椎间盘突出症类似的综合性病症并没有专门性规定，但是根据该条例第一条规定，工伤针对的对象有两种情况，一是患职业病的情况，二是因工作遭受事故伤害的情况。首先，根据《职业病分类和目录》关于职业病的归纳，排除腰椎间盘突出症这种综合性病症属于职业病的情况。那么，就要考虑腰椎间盘突出症是否符合因工作遭受事故伤害。从《工伤保险条例》第十四条可以看出，工伤体现的是劳动者受到的急性伤害，也就是由于外部因素直接作用而引起机体组织的突发性意外伤害，如突然的、意外的外力作用。但是，腰椎间盘突出症的病因有内部因素，如腰椎间盘的退行性改变、长期反复外力造成的损伤、椎间盘自身弱点、个体遗传因素、腰骶先天异常，也有外部因素，也就是诱发椎间隙压力突然升高的因素，如突然负重或增加腹压等。内部因素产生的腰椎间盘突出症显然不符合工伤认定的标准，如长期伏案工作的劳动者导致的腰椎间盘突出症是由机体慢性发展形成的，并不是由突然的事故伤害所致，不予认定或视同工伤。但是，针对外因诱发的腰椎间盘突出症，并不能当然排除工伤认定范畴，下一步就是要判断其确定性与否。

2. 闭合性证据链演绎出法律上的因果关系

从前述可知，除了工作时间、工作地点和工作内容的基础因素之外，本案的难点就在于要在工作事故与持续性伤害之间建立起因果关系。针对直接外部因素所致伤害，如重物压力所致的骨折、器官出血，因果关系比较明晰，容易判断。但是，针对腰椎间盘突出症类似的多种致病因素下的伤害如何判断这种因果关系呢？这就要从事故发生时间、诊疗情况、机体因素等综合判断，要考虑事故发生后劳动者的历次就诊情况、医院的诊断证明、事故发生前机体是否存在陈旧性病症、陈旧性病症对本次事故伤害是否存在加重影响等。此外，要考虑上述证据是否形成了完整的证据链，因为腰椎间盘突出症具有逐步显现的发展特征，不宜凭借某一项证据就断定其与工作事故之间的因果关系。本案涉及的首次工伤申请中，区人社局就是将诊断证明这种客观记载作为直接根据作出了工伤认定，导致缺乏事实依据而被法院依法撤销。证据链的基础体现就是要符合司法认知演绎逻辑思维，各项证据完成闭合，区人社局在重新调查取证后，补充了肖某的历次就诊情况、诊疗情况及医院回函，与先前的证据形成了完整的证据链，能够互相印证腰椎间盘突出症系工作事故导致并逐步显现而进行连贯性治疗的过程。

3. 合理分配行政程序的证明责任

基于《工伤保险条例》保护受伤职工合法权益的立法本意，工伤认定行政程序中的举证责任在分配上具有特殊性，不完全适用“谁主张，谁举证”的原则。在用人单位否认工伤的情况下，《工伤保险条例》第十八条规定了职工的基础事实举证责任，第十九条规定了用人单位的倒置举证责任。那么，在双方均未提供充足证据主张事实的情形下，证明不利责任即转化为社会保险行政部门的调查核实义务即第十九条规定的“审核需要”。也就是说，社会保险行政部门要承担起职工和用人单位举证不能的部分责任，进行充分的实质性尽职调查，在穷尽调查措施之后，运用裁量权，综合现有证据，通过法律事实还原案件作出工伤认定。若径行依据举证责任作出是否认定工伤的决定，则可能造成认定事实不清、证据不足的情形发生，那么，社会保险行政部门就要承担败诉风险。

编写人：北京市通州区人民法院　邱春阳　魏文风

149 达到法定退休年龄的劳动者的工伤认定问题

——李某诉江门市某区人力资源和社会保障局劳动和社会保障行政确认案

【案件基本信息】

1. 裁判书字号

广东省江门市中级人民法院（2018）粤07行终210号行政判决书

2. 案由：劳动和社会保障行政确认纠纷

3. 当事人

原告（被上诉人）：李某

被告（被上诉人）：江门市某区人力资源和社会保障局（以下简称某区人社局）

第三人（上诉人）：江门市某绿化服务部（以下简称绿化服务部）

【基本案情】

李某出生于1965年7月14日。2017年6月8日，李某向某区人社局提出工伤认定申请，称其是绿化服务部的员工，于2016年8月21日13时45分左右在上班途中发生交通事故导致受伤。某区人社局依法受理李某的工伤认定申请，并向绿化服务部发出书面举证通知，告知其举证的相关权利义务。绿化服务部随后向某区人社局提交相关材料，认为李某的涉案伤害不属于工伤。因绿化服务部就其与李某的劳动争议纠纷提起民事诉讼，某区人社局中止李某工伤认定一案的审理，待法院作出民事判决后，恢复对该案的审理。2017年12月6日，某区人社局作出《工伤认定决定书》，认为（2017）粤0703民初4938号民事判决书已确认绿化服务部与李某在2015年8月30日至2017年7月7日存在劳务关系，因此李某的情形不符合《中华人民共和国劳动合同法》第二条第一款和《工伤保险条例》第二条第二款的规定，决定对李某于2016年8月21日所受伤害不予认定也不视同为工伤。李某不服上述决定书，遂提起本案行政诉讼。

【案件焦点】

某区人社局作出的不予认定也不视同为工伤的决定是否合法。

【法院裁判要旨】

广东省江门市江海区人民法院经审理认为：《工伤保险条例》并未将超过法定退休年龄再工作的劳动者排除在该条例调整的范围之外，且《中华人民共和国劳动法》亦未对达到法定退休年龄的人员从事劳动作禁止性规定。超过法定退休年龄但未享受城镇职工基本养老保险待遇或领取退休金的职工，因工伤亡的，应适用《工伤保险条例》的规定进行工伤认定。具体到本案中，李某出生于1965年7月14日，发生涉案事故受伤时年满51周岁，虽已超过法定退休年龄，但现有证据不足以证明其已享受养老保险待遇或领取退休金，且某区人社局亦未对李某有无享受养老保险待遇或领取退休金的相关情况进行调查核实。在此情况下，某区人社局以生效民事判决已认定李某超过法定退休年龄，与绿化服务部之间存在劳务关系，不符合《中华人民共和国劳动合同法》第二条第一款及《工伤保险条例》第二条第二款规定为由，作出涉案《工伤认定决定书》，对李某的受伤不予认定为工伤，属适用法律、法规错误，应当予以撤销并由其重新作出认定。

广东省江门市江海区人民法院依照《中华人民共和国行政诉讼法》第七十条第二项之规定，判决如下：

一、撤销某区人社局作出的《工伤认定决定书》；

二、某区人社局应于法定期限内对李某提出的工伤认定申请重新作出处理。

绿化服务部上诉称，涉案《工伤认定决定书》适用法律正确，程序合法。李某入职时已达法定退休年龄，现有生效判决证明绿化服务部与李某之间为劳务关系，双方不适用劳动法的调整，也不适用《工伤保险条例》的调整，不应认定李某的受伤为工伤。李某的工伤认定不适用《人力资源社会保障部关于执行〈工伤保险条例〉若干问题的意见（二）》第二条第一款、《最高人民法院关于超过法定退休年龄的进城务工农民在工作时间内因工伤亡的，能否认定工伤的答复》的规定，一审判决适用法律错误。被上诉人某区人社局辩称，某区人社局作出不予认定也不视同为工伤决定主体适格，适用法律依据正确，程序合法。被上诉人李某辩称，绿化服务部没有新的证据，上诉理由不成立，请求二审法院驳回绿化服务部的上诉请求。

广东省江门市中级人民法院经审理认为：广东省江门市蓬江区人民法院生效的（2017）粤 0703 民初 4938 号民事判决书确认绿化服务部与李某在 2015 年 8 月 30 日至 2017 年 7 月 7 日存在劳务关系，可见，绿化服务部是用人单位。李某出生于 1965 年 7 月 14 日，发生涉案事故受伤时年满 51 周岁，已超过法定退休年龄，但现有证据不足以证明其已享受养老保险待遇或者领取退休金，某区人社局以李某的申请不符合《中华人民共和国劳动合同法》第二条第一款和《工伤保险条例》第二条第二款规定为由，对李某的受伤不予认定为工伤，适用法律、法规有误。一审判决撤销某区人社局作出的涉案《工伤认定决定书》及由该局对李某提出的工伤认定申请重新作出处理，并无不当。

广东省江门市中级人民法院依照《中华人民共和国行政诉讼法》第八十九条第一款第一项的规定，判决如下：

驳回上诉，维持原判。

【法官后语】

《国务院关于工人退休、退职的暂行办法》规定普通工种男职工退休年龄为60周岁，女职工为50周岁，女干部为55周岁，但随着我国人口老龄化日趋发展，加之全国人口平均寿命的延长，超过退休年龄仍在工作的现象普遍存在，而相关法律规定还不够具体明确，司法实践中也存在理解分歧。如何保障已超过法定退休年龄的劳动者的合法权益，值得深思。

第一，达到法定退休年龄的劳动者与用人单位之间是劳务关系还是劳动关系，在实践中颇有争议，要具体情况具体分析。首先，如果是正式离退休人员再受聘的，与用人单位之间形成的关系是劳务关系。其次，如果用人单位继续聘用已达到退休年龄人员，就要区分该人员是否享有退休待遇。《中华人民共和国劳动合同法》第四十四条第二项规定，劳动者开始依法享受基本养老保险待遇的，劳动合同终止，也就是说劳动者达到退休年龄并不必然导致劳动合同终止，不能简单地以达到退休年龄作为认定用人单位与劳动者是劳动关系还是劳务关系的条件。《最高人民法院关于审理劳动争议案件适用法律问题的解释（一）》第三十二条第一款规定，用人单位与其招用的已经依法享受养老保险待遇或者领取退休金的人员发生用工争议而提起诉讼的，人民法院应当按劳务关系处理。那么，已达到法定退休年龄，未开始依法享受基本养老保险待遇的人员，与用人单位的用人关系仍为劳动关系，属于劳动法调整范围。

第二，对于达到法定退休年龄的劳动者发生伤亡能否认定工伤尚未有明确的法律规定，实践中颇有争议。第一种观点认为，由于劳动者与用人单位之间形成了劳务关系，不应认定为工伤，应通过民事法律关系等渠道解决伤害赔偿问题；第二种观点认为，应区分达到退休年龄的劳动者是否享受退休待遇，对未享受退休待遇的劳动者，应认定为工伤，由用人单位承担工伤保险责任。笔者同意第二种观点。由《人力资源社会保障部关于执行〈工伤保险条例〉若干问题的意见（二）》第二条第一款等规定的精神可知，我国法律、法规并不排斥离退休或者超过法定退休年龄继续工作的劳动者享受工伤保险待遇。具体到本案中，李某的劳动受绿化服务部安排、指挥，劳动报酬由绿化服务部支付，亦未享受退休待遇，李某受伤时虽已达到退休年龄，但其涉案伤害只要符合《工伤保险条例》规定的认定工伤条件就应认定为工伤，某区人社局以民事判决已确认李某与绿化服务部存在劳务关系为由，不予认定李某的涉案伤害为工伤，属于适用法律、法规错误，应依法予以撤销，并由某区人社局对李某提出的工伤认定申请重新作出处理。

编写人：广东省江门市江海区人民法院　姚佳纯

150 非因本人过错超过法定期限申请工伤认定应予受理

——李某诉北京市甲区人力资源和社会保障局、北京市人力资源和社会保障局工伤认定案

【案件基本信息】

1. 裁判书字号

北京市第三中级人民法院（2018）京 03 行再 1 号行政判决书

2. 案由：工伤认定纠纷

3. 当事人

原告（被上诉人）：李某

被告（上诉人）：北京市甲区人力资源和社会保障局（以下简称甲区人社局）

被告：北京市人力资源和社会保障局

第三人（被上诉人）：物流公司

【基本案情】

2006 年 7 月 10 日，李某到物流公司工作。2006 年 7 月 15 日 17 时 30 分许，李某参加物流公司组织的坝上草原旅游期间，乘坐的吉普车驶离地面、翻入路下，致其受伤。物流公司营业执照的登记地为甲区，实际经营地及李某的工作地为乙区。

李某曾于 2007 年 6 月 26 日到乙区人社局申请工伤认定，乙区人社局未在十五日内作出是否受理决定，未能将有权管辖的甲区人社局书面告知申请人李某。李某于 2007 年 6 月底申请工伤认定时，方知需先到劳动仲裁部门确认劳动关系。2009 年 9 月 15 日，李某向乙区仲裁委申请仲裁，提出确认物流公司与其存在劳动

关系等三项诉求，同年11月19日乙区仲裁委作出（2009）第3672号裁决书，支持了李某与物流公司存在劳动关系等诉求。双方均不服仲裁裁决，提起诉讼。2010年3月9日，北京市大兴区人民法院作出了（2010）大民初字1124号一审判决，2010年6月12日，北京市第一中级人民法院作出了一中民终字第9029号二审判决，均确认李某与物流公司存在劳动关系。

劳动关系经确定后，因物流公司注册地在甲区，2010年8月31日乙区人社局告知李某去甲区人社局申请工伤认定，同年9月8日李某向甲区人社局提出工伤认定申请。2011年9月2日，甲区人社局作出了《工伤认定申请不予受理通知书》（以下简称被诉通知），认定李某发生交通事故受伤日期为2006年7月15日，其于2010年9月8日申请工伤认定超过了工伤认定申请时限多年。根据《北京市实施〈工伤保险条例〉办法》（以下简称《北京工伤办法》）第二十一条第一款第一项之规定，决定不予受理。后经复议维持。李某不服，2012年1月11日向法院起诉：要求甲区人社局受理其工伤认定申请，并认定所受伤害为工伤。

李某主张乙区人社局对其申请工伤时效延误负有责任，于2014年3月4日向法院提起行政诉讼，要求确认乙区人社局行政行为违法。该案一审法院裁定驳回李某的起诉，并经二审维持。李某仍不服，申请再审，再审法院将案件发回一审法院重审，即为本案。

【案件焦点】

1. 乙区人社局是否收到李某的工伤认定申请；2. 李某在甲区人社局申请工伤认定时，超过一年的法定时限，是否存在合法的免责理由。

【法院裁判要旨】

北京市密云区人民法院经审理认为：物流公司营业执照的登记地为甲区，实际经营地为乙区，李某在物流公司的工作地点为乙区。李某于2006年7月15日受伤，2007年6月26日向用人单位所在地乙区人社局申请工伤认定，符合《工伤保险条例》第十七条第二款的规定，即在事故伤害发生之日起一年内提出了工伤认定申请。现有证据能够证明李某在工伤认定期限内就已向乙区人社局提出过工伤认定申请，而缺乏证据证明李某向乙区人社局提出工伤认定时就被告知去甲区人社局申请工伤认定。乙区人社局未在十五日内作出是否受理决定，未能将有权管辖的甲区人社局书面告知申请人李某。加之李某与物流公司没有书面劳动合同，为确定其与物流公司存在劳动关系，用近两年的时间进行仲裁诉讼，致使甲区人社局受理李某工伤认定申请时，已超出了一年的时限。但是，李某逾期申请具有正当事由，且其本人并不存在主观过错。考虑到用人单位的实际经营地与注册地不一致的情况，不能归责于李某的原因实属存在，并导致其维护合法权益的时间被延误。而且李某需要在确定与用人单位之间存在劳动关系的前提下才能向劳动保障行政部门申请工伤认定，故李某为了解决劳动争议的时间不应计算在工伤认定申请时限内。

信赖保护原则是行政法治的基本原则，作为国家行政机关应当依法保护行政相对人因正当的信赖而期望得到的合法或者合理的利益。本案中，李某基于对乙区人社局的信赖，按照乙区人社局告知的程序，经过仲裁、诉讼以及最终向甲区人社局申请工伤认定，均是在积极主动地寻求利益保护。甲区人社局在接到李某的申请后，理应依法受理，并积极作为，不应当以乙区人社局的不作为作为自己不作为的借口。

北京市密云区人民法院依照《中华人民共和国行政诉讼法》第七十条第一项和第六项、第二十六条第二款、第七十九条，《最高人民法院关于适用〈中华人民共和国行政诉讼法〉若干问题的解释》第七条、第十条第一款，《最高人民法院关于执用〈中华人民共和国行政诉讼法〉若干问题的解释》第四十九条第三款之规定，判决如下：

一、撤销被告北京市甲区人社局作出的《工伤认定不予受理通知书》；

二、撤销被告北京市人力资源和社会保障局作出的行政复议决定书。

二审法院同意一审法院裁判意见。

【法官后语】

关于工伤认定申请时效的性质，存在两种观点。一种观点认为工伤认定申请时效是除斥期间，是不可变的，不可以中止、中断或延长，工伤认定申请时效设定的目的在于督促劳动者尽快行使权利，便于及时解决工伤认定争议。另一种观点认为工伤认定申请时效是一种申请期间，类似于诉讼时效期间，是可变期间，可以中止、中断或延长。对此，我们认为工伤认定时效是可变期间，工伤认定申请是一种请求权，而非形成权。从保护工伤职工利益、关怀弱势群体的立法原则以及民生司法和人文关怀的司法理念出发，工伤认定申请时效可以适用中止、中断、延长等规定，应当从宽理解把握。职工申请工伤认定超过一年申请时限的，应对逾期申请是否有正当理由进行审查，如有证据证明属于不能归责于职工本人的正当事由，职工本人不存在主观过错，其申请应当受理。

本案中，其一，李某的工作单位物流公司的营业执照登记住所地与实际经营地不一致，李某对此不知情，不存在主观过错，错误向乙区人社局申请导致超过工伤认定申请期限，不属于李某自身原因。

其二，李某曾于2007年6月向乙区人社局申请工伤认定，造成时效中断。根据乙区人社局加盖公章出具的证明以及曹某和杨某的证人证言，可以认定李某曾于2007年6月向乙区人社局口头申请工伤认定。李某因主张权利造成申请时效的中断，申请事项应在中断事由消除后重新起算。

其三，李某申请确认劳动关系的时间不计入时效。工伤认定行政程序中，与用人单位存在劳动关系（包括事实劳动关系）的证明材料系提出工伤认定申请时的必备基本材料，因此双方当事人对是否存在劳动关系发生争议而申请仲裁、提起诉讼的，该时间不计入工伤认定的期间。

其四，李某于2010年8月31日才被告知应向甲区人社局申请工伤认定，不存在主观过错。信赖保护原则是行政法治的基本原则，行政机关应当依法保护行政相对人因正当的信赖而期望得到的合法或者合理的利益。李某基于对乙区人社局的信赖，按照乙区人社局告知的程序，经过仲裁、诉讼以及最终向甲区人社局申请工伤认定，均是在积极主动地寻求利益保护。李某于2010年8月31日第二次向乙区人社局申请工伤认定时才被告知需要去甲区人社局申请，李某对此不存在主观过错。因此，李某超出法定时效申请工伤认定系存在不能归责于职工本人的正当事由，不属于申请人自身的原因，被耽误的时间不应计算在申请期间内。

编写人：北京市第三中级人民法院　饶亚东　宋堃

151 违法转包认定工伤中“不具备用工主体资格”的理解与适用

——某园艺场诉某市人力资源和社会保障局劳动和社会保障行政确认案

【案件基本信息】

1. 裁判书字号

江苏省南通市中级人民法院（2018）苏06行终40号行政判决书

2. 案由：劳动和社会保障行政确认纠纷

3. 当事人

原告（被上诉人）：某园艺场

被告：某市人力资源和社会保障局（以下简称某市人社局）

第三人（上诉人）：薛某

【基本案情】

绿化公司（乙方）与第二市政公司（甲方）签订绿化工程施工分包合同，约定将某道路绿化工程中的种植与造型石部分分包给绿化公司。乙方委派的担任驻地履行本合同的工地代表为范某，合同落款处乙方有范某签字，范某向绿化公司支付管理费约5万元。2015年7月13日，范某安排薛甲等人进行工程养护，在作业过程中，薛甲被他人驾驶的车辆碰撞死亡。交警部门认定薛甲对该事故不承担责任。另外，范某个人经营某园艺场，系个体工商户，经营范围为苗木种植、销售。

2016年3月30日，薛甲之子薛某以某园艺场为用人单位向某市人社局申请工伤认定。5月5日，某市人社局向范某调查，范某称该绿化工程是由某园林工程公司总承包，后转包给第二市政公司，其本人再借用绿化公司的名义（资质）与第二市政公司签订合同承包案涉工程。2016年11月11日，某市人社局作出认定工伤决定书，认为范某接到绿化工程后，仅借绿化公司的营业执照与第二市政公司签订合同，其实质上是某园艺场经营者范某接到工程实际组织人员施工，范某作为具备用工主体资格的经营者，其招用的薛甲因工作原因受到的伤害应由某园艺场承担工伤保险责任。某园艺场不服，提起行政诉讼。

【案件焦点】

某市人社局作出的认定工伤决定以某园艺场为承担工伤保险责任的主体是否具有事实和法律依据。

【法院裁判要旨】

江苏省海安市人民法院经审理认为：案涉工程名义施工主体为绿化公司，实际施工主体为范某个人，范某并未以某园艺场的名义对外开展活动，薛甲等人去扶正树木，是接受范某指派。道路绿化、造型石建设、道路养护等并非某园艺场的业务范围。范某与绿化公司之间属于典型的挂靠中的“三无”情形。某市人社局将某园艺场作为工伤保险责任承担单位进行认定，证据不足。

江苏省海安市人民法院依照《中华人民共和国行政诉讼法》第七十条第一项、第二项之规定，作出如下判决：

撤销某市人社局作出的认定工伤决定。

薛某不服，提起上诉。江苏省南通市中级人民法院经审理认为：

《最高人民法院关于审理工伤保险行政案件若干问题的规定》第三条第一款第四项规定，用工单位违反法律、法规规定将承包业务转包给不具备用工主体资格的组织或者自然人，该组织或者自然人聘用的职工从事承包业务时因工伤亡的，用工单位为承担工伤保险责任的单位。《工伤保险条例》第二条第一款规定了依法应当参加工伤保险、为职工缴纳工伤保险费的主体的范围。第六十六条第一款规定了“无营业执照或者未经依法登记、备案的单位以及被依法吊销营业执照或者撤销登记、备案的单位的职工受到事故伤害或者患职业病”的赔偿问题。结合《工伤保险条例》关于用人单位正反两个方面的表述来看，具备用工主体资格均要求必须具备营业执照或经依法登记、备案，但并未要求必须具备相应的行业资质。司法解释采用的是“用工主体资格”，而非“施工资质”或者“从事承包业务的资格”等表述，也表明这一措辞主要的目的是对于工伤事故发生后，需要由具有用工主体资格的单位承担责任，避免因违法承包人为自然人导致农民工的权益受损。因此，在实际施工人符合劳动法意义上的用人单位的情况下，应当认定其为具备用工主体资格的单位，无需要求其同时具备相应的施工资质方可承担工伤保险责任。

本案中，范某借用绿化公司的名义与第二市政公司签订合同，范某是案涉工程的实际施工主体，薛甲系范某雇请，受范某指派从事工作，并由范某支付劳动报酬。作为个体工商户而言，以营业执照上登记的字号招用劳动者，与经营者直接招用劳动者，结果并无区别。某园艺场的经营范围为苗木种植、销售，与案涉绿化工程的业务并非完全毫不相关，薛甲从 2013 年起即跟随范某从事工作。因此，即使范某招用薛甲时未与薛甲签订劳动合同，也未以某园艺场的名义进行招聘，但并不影响某园艺场作为本案工伤保险责任的主体。综上，某市人社局以某园艺场为案涉工伤责任主体认定事实清楚，适用法律正确，程序合法。

综上，江苏省南通市中级人民法院依照《中华人民共和国行政诉讼法》第六十九条，第八十九条第一款第二项、第三款之规定，作出如下判决：

一、撤销一审判决；

二、驳回某园艺场的诉讼请求。

【法官后语】

工伤认定案件是行政诉讼的热点和难点之一，作为工伤赔偿救济的必经程序，工伤认定扮演着重要角色。实践中，直接从事生产劳动的工人发生工伤事故后，往往因劳动关系、承担工伤保险责任的主体不明确等情况，拉长了维权周期。最高人民法院及人社部相关解释和复函大多涉及对“不具备用工主体资格”的判断，准确认定“不具备用工主体资格”的概念和范围，尤其是厘清用工主体资格与从事承包业务的资质之间的相互关系，对正确认定工伤保险责任主体，保障受伤职工及时有效获得救济有着重要意义。

首先，从文义解释的角度来看。《工伤保险条例》第二条第一款规定了依法应当参加工伤保险、为职工缴纳工伤保险费的主体的范围。第六十六条第一款规定了“无营业执照或者未经依法登记、备案的单位以及被依法吊销营业执照或者撤销登记、备案的单位的职工受到事故伤害或者患职业病”的赔偿问题。《关于确立劳动关系有关事项的通知》第一条第一项规定劳动关系成立的条件为用人单位和劳动者符合法律、法规规定的主体资格。结合上述规范性文件关于用人单位正反两个方面的规定以及劳动关系成立的条件可见，具备用工主体资格均要求必须具备营业执照或经依法登记、备案，但并未要求必须具备相应的行业资质。由此，不具备从事承包业务的资质不会导致用人单位丧失用工主体资格。

其次，从体系解释的角度来看。建筑法仅规定没有相应资质条件的单位不得进行建筑工程，但没有规定不得招用劳动者，与劳动者建立劳动关系。用工主体资格受劳动法调整，主要用于规范用工过程中当事人的主体资格问题；施工资质受建筑法调整，属于行业准入限制内容，目的在于引导建筑市场的专业性、规范性，两者之间不属于同一个法律关系。对于违法转包行为，《中华人民共和国建筑法》第六十五条对发包单位和承包单位规定了责令改正、罚款、降低资质等级、吊销资质证书等一系列处罚措施，没有必要通过工伤保险制度进行调整。

最后，从目的解释的角度来看。劳动者权益保护优先原则是工伤制度设计的基本原则之一，当不具备用工主体资格的概念因其抽象性和模糊性而有多种解释结论时，是否更有利于劳动者权利的保护，则应当作为重要的考量因素。实践中，建筑行业发包方将承包业务层层转包后，工程往往分解由若干实际施工人组织施工，而实际施工人通常是自然人，即俗称的“包工头”，其承担责任的能力相对较低，导致劳动者维权风险增高。司法解释及人社部文件采用“用工主体资格”，而非“施工资质”或者“从事承包业务的资格”等表述，表明其主要目的是对于工伤事故发生后，需要由具有用工主体资格的单位承担责任，避免因违法承包人为自然人或者其他违法用工主体导致劳动者的权益受损。因此，只要能够找到具备用工主体资格的单位承担相应的工伤保险责任，即可有效保护劳动者的合法权益。

社会实践的复杂多样，要求现行法律保有足够的弹性，以适应社会变化的要求。法律条文存在的弹性，即为法律的解释提供了空间。从文义解释、体系解释、目的解释三个角度来看，在违法转包过程中，用人单位是否“具备用工主体资格”，应作狭义的解释，即仅指依法成立、能够招用劳动者并与之建立劳动关系的资格，而是否具有从事承包业务的资质，不是工伤认定过程中需要考虑的问题。

编写人：江苏省南通市中级人民法院　张祺炜

152　出租汽车司机视同工伤认定的司法判断基准

——孙某诉北京市某区人力资源和社会保障局工伤认定案

【案件基本信息】

1. 裁判书字号

北京市第三中级人民法院（2017）京03行终43号行政判决书

2. 案由：工伤认定纠纷

3. 当事人

原告（上诉人）：孙某

被告（被上诉人）：北京市某区人力资源和社会保障局（以下简称某区人社局）

第三人（被上诉人）：出租汽车公司

【基本案情】

孙某与钟某系夫妻关系，钟某生前系出租汽车公司出租汽车驾驶员（单班），双方于2014年6月12日签订《劳动合同书》，合同期限为2014年6月13日至2016年6月30日。2015年4月27日，钟某出车运营，根据其车辆运营轨迹显示，当晚23时45分左右，钟某将其所驾出租车停至某餐馆附近。当晚23时57分，钟某自行呼叫“120”，急救车于2015年4月28日00：00出发，到达现场时间为2015年4月28日00：08，急救车到达现场时发现钟某蹲于路边，意识模糊，不能言语，钟某后被紧急送往医院进行抢救，2015年4月28日1时54分，钟某经抢救无效死亡，死亡原因为猝死，过敏性哮喘。据北京急救中心院前病历显示，简要病史表述为“患者15分钟前无诱因感憋气、呼吸困难，自行呼叫120，车到现场后患者蹲于路边，意识模糊，不能言语，之后出现意识障碍，呼之不应，无双眼凝视，无口角歪斜，无四肢抽搐，无二便失禁”，既往史表述为“其他病史：过敏性哮喘病史20年，具体情况不详”。

2015年6月9日，孙某向某区人社局提出认定钟某为工伤的申请，当日，某区人社局向孙某出具工伤认定申请补正材料通知书，孙某补齐材料后，某区人社局于2015年9月28日作出工伤认定申请受理决定书并送达孙某及出租汽车公司。某区人社局向孙某、出租汽车公司收集证据并调查核实，孙某及出租汽车公司均认可钟某系出租汽车公司驾驶员，运营时间不定时。某区人社局在向出租汽车公司进行调查时，该公司工作人员表示对钟某发病时间、地点均不清楚。某区人社局于2015年11月26日作出《不予认定工伤决定书》。孙某不服，向法院提起行政诉讼。

【案件焦点】

钟某的死亡是否符合《工伤保险条例》第十五条第一款第一项规定的视同工伤的情形。

【法院裁判要旨】

北京市平谷区人民法院经审理认为：视同工伤应当同时具备“在工作时间内、在工作岗位上、突发疾病死亡或者在48小时之内经抢救无效死亡”三个法定条件。根据出租车的运行轨迹回放图，可以证实钟某将其驾驶的出租车停放后，钟某就未再驾驶该车辆行驶。当日23时57分，距离其停驶车辆12分钟后，钟某拨打“120”急救电话，且其拨打电话的地点系距离其出租车140米左右的路边。由此可以认定，钟某是在停止运营出租车并离开出租车后发病，不属于在工作时间和工作岗位突发疾病。现有证据不能证明钟某是在突发疾病后才停止驾驶出租车，不能证明钟某发病时处于工作时间和工作岗位。

北京市平谷区人民法院依照《中华人民共和国行政诉讼法》第六十九条之规定，判决：

驳回孙某的诉讼请求。

孙某上诉称，一审法院对于钟某发病时间、发病地点的认定缺乏依据且不符合常理。一审法院采纳的部分证据不足，出租汽车公司出具的情况说明中的多个内容与现实情况不符，一审法院却予以采纳。现请求撤销一审判决，撤销被诉决定书并责令某区人社局重新作出工伤认定决定。某区人社局同意一审判决，请求二审法院维持一审判决。

北京市第三中级人民法院经审理认为：对被诉决定书的合法性

审查需要从认定钟某突发疾病是否在工作时间、工作岗位及突发疾病后是否在48小时之内经抢救无效死亡等方面进行。

关于工作时间和工作岗位的认定。根据相关法律及规范性文件的规定，结合钟某与出租汽车公司签订的劳动合同，本院可以认定钟某系出租汽车公司的出租汽车驾驶员，其工作时间系不定时工作制。因其工作时间不固定，工作地点亦不可能固定，其工作地点具有流动性的特点，唯一不变的就是工作内容，故对于作为出租汽车驾驶员的钟某工作时间、工作岗位的理解和把握，不应过于狭隘，要结合钟某的工作性质、职务、工作方式、特点进行全面、客观的理解。本案中，根据2015年4月27日钟某事发的时间轴来分析，钟某在2015年4月27日23时45分时仍处于运营状态，在其停车12分钟后，于23时57分自行呼叫120，在急救车到现场后其蹲于路边，根据这一事实可以认定钟某的发病距离其停车时间间隔较短，甚至无法排除钟某在工作时间即已发病的可能性。

关于突发疾病死亡的认定。“突发疾病”应考虑职工在工作时间和工作岗位上突然发病，且情况紧急，在工作岗位上死亡或者从工作岗位上直接送往医院抢救并在48小时内死亡的情形。从钟某呼叫120到其死亡的时间仅仅间隔不到2小时，同时也可以认定呼救地点是从工作岗位直接到其抢救的医疗机构之间的“两点一线”，未有其他更广泛的外延，符合《北京市工伤认定办法》第十一条规定的情形。

根据以上认定，某区人社局认定钟某受到的伤害不符合《工伤保险条例》第十五条第一款第一项规定的视同工伤的情形，该认定过于严苛，没有充分考虑到钟某作为出租汽车驾驶员的职业特点和其猝死前的具体情况，与《工伤保险条例》的立法宗旨相悖。本院依法应予撤销，并责令某区人社局重新作出相应行政行为。某区人社局应当充分考虑到出租汽车驾驶员从事特定工作的工种特点，将职工发病情况、施救过程与其工作时间、岗位等要件相结合予以综合考量，作出符合案件实际情况的判断。

北京市第三中级人民法院根据《中华人民共和国行政诉讼法》第七十条第一项、第八十九条第一款第二项、第八十九条第三款之规定，判决：

一、撤销（2016）京0117行初56号行政判决；

二、撤销某区人社局于2015年11月26日作出的被诉决定；

三、责令某区人社局在法定期限内就孙某提出的工伤认定申请重新作出行政行为。

【法官后语】

劳动保障行政部门作出工伤认定的行政行为，应当对主体、时间、空间等方面综合进行考量，以确保作出的行政行为定性准确，切实维护劳动者合法权益；对于出租汽车司机工作时间、工作岗位的认定、理解和把握，不应过于狭隘，要结合出租汽车司机的工作性质、职业特点、工作方式，进行全面、客观的理解。本案中，劳动保障行政部门应当充分考虑到出租汽车司机从事特定工作的工种特点，将职工发病情况、施救过程与其工作时间、岗位等要件相结合予以综合考量，作出符合案件实际情况的判断。

1. 视同工伤认定中的“工作时间”

认定职工工伤的工作时间，是指法律规定的时间、劳动合同约定的工作时间、用人单位规定的工作时间、加班加点工作的时间以及完成用人单位临时指派工作的时间。因此，关于工作时间的问题，可以从多个角度进行理解。由于出租汽车司机的工作性质和职责的限制，不宜实行定时工作制，可以实行不定时工作制。《国务院关于职工工作时间的规定》明确规定了不定时工作制是针对因生产特点、工作特殊需要或职责范围的关系，无法按标准工作时间衡量或需要机动作业的职工所采用的一种工时制度，如出租汽车驾驶员可实行不定时工作制。

根据本案的案情，钟某系出租汽车司机，法院可以认定其工作时间系不定时工作制，这种工作制度是在一定周期内综合计算工作时间的一种工时制度，它的本质是在一定周期内看平均工作时间是否超过法定要求，这个周期往往是以周、月、季度或年来计算的。

2. 视同工伤认定中的“工作岗位”及“突发疾病”

工作岗位是指劳动者劳动时所处的位置，由工种、职务、工作地点等因素构成。《工伤保险条例》第十四条第一项、第三项所规定的应当认定为工伤的条件之一是“在工作时间和工作场所内”，而第十五条第一款第一项规定的视同工伤的条件之一是“在工作时间和工作岗位”。仅就字面理解，“工作场所”和“工作岗位”两个概念的含义应存在差异。从空间范围看，工作场所的区域范围较工作岗位的范围大，工作岗位应指职工具体履行工作职责的场所。

笔者认为，《工伤保险条例》第十五条第一款第一项规定的“在工作岗位”，本意应是指在工作场所从事或履行与工作有关的活动，不能仅理解为是一个空间范围概念。因为职工到岗后，若不是从事工作，而是从事其他与工作无关的私人活动，在此场所和过程中突发疾病死亡，也视同为工伤，显然不具有公平合理性。据此，《工伤保险条例》该项所规定的“在工作岗位”应从两个方面理解：一是指空间范围，职工在工作场所。这里的工作场所应与第十四条规定的“工作场所”含义相同，它既包括职工基于工作职责、性质的需要及单位工作纪律要求而应在或可在的场所，也包括为单位解决职工在工作过程中的合理生理健康需要，而提供的休息场所、工作场所内的卫生间、茶水间、更换工作服衣帽间等，但不包括与工作无直接关联的职工宿舍、食堂、绿地等生活场所。二是指职工突发疾病时，其在从事或履行与工作有关的活动。同上所述，“因工作”是认定为工伤、享受工伤待遇的根本要素，职工在工作场所或工作岗位，须从事与工作有关的活动，此时受到伤害或突发疾病，认定为工伤才具有合理性。同时，从工作岗位是否相对固定来划分，可以把工作岗位分为固定性工作岗位和流动性工作岗位。由于出租汽车驾驶员的工作时间不固定，工作地点亦不可能固定，其工作地点具有流动性的特点，其唯一不变的就是工作内容，因此，对于出租汽车司机这种在流动性工作岗位的劳动者，应以其是否在从事相应的工作内容来界定其是否在工作岗位，而不能以其所在的区域来加以界定。

突发疾病是指劳动者在工作期间突然发生的任何种类的疾病，不论是职工已知的疾病还是未知的疾病，有诱因的疾病还是无诱因的疾病。职工突发疾病时的活动只要与工作具有关联性即可，而不需要突发疾病与从事的工作有病理上的因果关系。对于48小时的认定不是以在工作岗位的发病时间为起算时间，而是以到达第一家医疗机构的初次诊断时间作为突发疾病的起算时间。

结合本案的案情，即使现有证据无法准确认定其发病时间是否为工作时间，也无法排除其可能于工作时间发病、其发病地点在工作岗位、其发病与工作密不可分，这就足够认定钟某突发疾病属于在工作时间、工作地点发生的。

编写人：北京市第三中级人民法院　韩勇

153 交警部门无法作出事故责任认定时的工伤认定

——高某诉淄博市某区人力资源和社会保障局行政确认案

【案件基本信息】

1. 裁判书字号

山东省淄博市中级人民法院（2017）鲁03行终148号行政判决书

2. 案由：行政确认纠纷

3. 当事人

原告（上诉人）：高某

被告（被上诉人）：淄博市某区人力资源和社会保障局（以下简称某区人社局）

【基本案情】

高某系吊装工程公司职工，从事吊车司机工作。2015年2月21日，高某驾驶鲁CHW×××号小型轿车前往吊装工程公司工地上班的途中发生交通事故。高某受伤后入院治疗，被诊断为：上下肢多发性骨折（左）；骨盆骨折；胸部多发伤。2015年3月15日，吊装工程公司向某区人社局提出工伤认定申请，2015年3月30日某区人社局依法受理了吊装工程公司的工伤认定申请。2015年4月1日，某区人社局认为单位未能提供公安机关交通管理部门、司法机关以及法律、行政法规授权组织出具的高某在此次交通事故中的责任结论，作出《工伤认定中止通知书》。2015年3月25日，淄博市公安局交警支队博山大队作出《道路交通事故证明》，载明：经询问当事人高某，其陈述事故发生时因有同方向行驶的其他车辆变更车道，自己采取措施时导致车辆向右行驶撞至道路东侧护坡墙壁，造成交通事故；无法判断事故发生时鲁CHW×××号小型轿车是否与其他车辆接触，对造成事故的原因也无法判定；经调查访问，没有找到目击证人，现场无交通警察指挥，也无交通监控设施，无法查清高某驾车与道路东侧护坡墙壁相撞的原因。该道路交通事故形成原因无法查清。2016年5月19日，某区人社局作出《不予认定工伤决定书》，认定高某发生的交通事故为单方交通事故，其情形不符合“非本人主要责任”的认定条件，也不符合《工伤保险条例》第十四条、第十五条认定工伤或者视同工伤的情形，对高某受到的伤害不予认定或者视同工伤。高某不服，提起诉讼。

【案件焦点】

交警部门无法作出事故责任认定的情况下如何认定工伤。

【法院裁判要旨】

山东省淄博市临淄区人民法院经审理认为：高某发生的事故伤害为单方交通事故。虽然其自述因有同方向行驶的其他车辆变更车道，自己采取措施时导致车辆向右行驶撞至道路东侧护坡墙壁，但是并未提供有关证据证实。从《道路交通事故证明》及调查核实的情况来看，均未发现有其他造成高某发生交通事故的原因，也无其他事故责任方。因此，其不符合“非本人主要责任”的认定条件，也不符合《工伤保险条例》第十四条、第十五条认定工伤或者视同工伤的情形。被告某区人社局作出《不予认定工伤决定书》符合法律规定。

山东省淄博市临淄区人民法院依照《中华人民共和国行政诉讼法》第六十九条的规定，判决如下：

驳回高某的诉讼请求。

高某不服一审判决，提起上诉。山东省淄博市中级人民法院经审理认为：本案中，高某系吊装工程公司的职工，从事吊车司机工作，根据吊装工程公司的经营业务以及高某的工作性质，高某应是在公司各个工地从事吊车司机工作。2015 年 2 月春节前，高某已经被公司派往某工地上班，高某在该工地的工作地点和时间相对固定，其在工地春节放假期满返回工地上班途中发生的交通事故，应当按照“上下班途中”要件来进行处理认定。高某上诉主张其属于因工外出期间由于工作原因受伤，应当认定为工伤的上诉理由不能成立，不予支持。因存在特殊情形而排除工伤认定，社会保险部门作出不予认定工伤决定必须以能够证明存在特殊情形的证据为依据，如果没有相关证据，而职工受伤害符合认定为工伤的其他条件的，应当认定为工伤。某区人社局在交警部门对道路交通事故形成原因无法查清的情形下，仅认为高某主张因有同方向行驶的其他车辆变更车道导致发生交通事故但未提供证据证实为由，认定高某发生的交通事故是由高某承担主要责任以上的单方事故，事实不清，证据不足，依法予以撤销。原审判决认定事实不清，证据不足，依法予以撤销。

山东省淄博市中级人民法院依照《中华人民共和国行政诉讼法》第七十条第一项、第八十九条第一款第二项之规定，判决如下：

一、撤销一审判决；

二、撤销某区人社局作出的《不予认定工伤决定书》；

三、责令某区人社局在法定期限内重新作出行政行为。

【法官后语】

本案主要涉及交警部门无法作出交通事故责任认定时的工伤认定问题。

交警部门出具事故责任书对于工伤认定具有重要作用。通常情况下，交通事故发生后交警部门结合现场调查情况能够作出事故责任认定书，但特殊情形下可能事故责任无法认定。根据《最高人民法院关于审理工伤保险行政案件若干问题的规定》第一条第二款的规定，有权机构出具的事故责任认定书、结论性意见等法律文书不存在或者内容不明确，社会保险行政部门就前款事实作出认定的，人民法院应当结合其提供的相关证据依法进行审查。该款规定明确了在交警部门无法认定事故责任的情况下，人社部门仍应当依法作出事实认定。同时该条还明确了法院对人社部门作出的事实认定应当结合其提供的相关证据依法进行审查。

《中华人民共和国行政诉讼法》第三十四条规定："被告对作出的行政行为负有举证责任，应当提供作出该行政行为的证据和所依据的规范性文件。被告不提供或者无正当理由逾期提供证据，视为没有相应证据……"从行政诉讼法规定的举证责任分配来看，在行政诉讼中应当由被告承担举证责任，这与民事诉讼法规定的"谁主张，谁举证"存在差异，有利于保障劳动者的合法权益。根据《工伤保险条例》的规定，职工在上下班途中遭遇交通事故的，除本人承担主要责任外，应当认定为工伤。人社部门如果不予认定工伤，应当提供职工符合不予认定工伤条件，即职工本人承担交通事故主要或全部责任的证据。如果人社部门提供的证据不足以证明职工在交通事故中承担主要或全部责任，应当认为人社部门作出不予认定为工伤的决定所依据的证据不足，依法应当承担举证不力的法律后果。实践中有观点认为，在交警部门无法作出交通事故责任认定时，应当由劳动者承担举证责任，劳动者无法举证的，法院对于人社部门作出的不予认定工伤决定应予维持（即判决驳回原告的诉讼请求）。这一观点本质上是将行政诉讼的举证责任分配与民事诉讼的举证责任分配混同，错误地强调“谁主张，谁举证”，没有从立法目的层面正确认识行政诉讼法关于举证责任分配的重要意义。且从《工伤保险条例》第十八条、《工伤认定办法》第六条规定看，工伤认定申请人的法定举证责任限于两个方面，即证明存在劳动关系、确实受到事故伤害，并未要求职工在申请时就事故伤害的责任问题提供相应证据。工伤认定申请人没有证明其在交通事故中负非主要责任的法定义务。

人社部门具有根据审核需要对事故伤害进行调查核实的职责。考虑到在没有交通事故责任认定书的情况下，人社部门对事故职工在事故中所承担的责任程度作出的判断具有较强的专业技术特点，人民法院在审理案件时应认定行政机关的此种判断属依法行使自由裁量权的范畴，故司法审查应限于社会保险行政部门是否进行了完全程度的履职。第一，对于社会保险行政部门不作为类的案件，除非事故责任程度确至明显可判定之程度以至于法官足以确信社会保险部门有推诿失职之嫌，人民法院一般均宜判决社会保险行政部门在重新调查核实基础上作出工伤认定决定，以尊重行政机关的裁量决断权；第二，若人社部门基于履行工伤认定法定职责之需要，在充分进行调查核实后认定存在职工负主要责任或者全部责任之情形，进而明确地作出不予认定工伤的决定，此时人民法院所进行的审查亦应谨慎克制，而不得轻易推翻行政机关的决定。反之则以认定事实不清，证据不足，依法予以撤销，并责令人社部门在法定期限内重新作出工伤认定决定。

综上，工伤认定的具体标准与范围关系到对职工、用人单位与工伤保险单位之间的具体风险分配。工伤认定的处理原则，既要尊重工伤保险制度的立法目的和宗旨，也要考虑工伤职工保障的实际需要，在无法划分交通事故责任的情形下，采用存疑时有利于劳动者之原则，彰显了工伤保险对劳动者合法权益的保护。公安交通管理部门出具的事故责任认定书是社会保险行政部门履行工伤认定职责的重要依据，但并非工伤认定的前提条件。公安交通管理部门无法认定事故责任的，社会保险行政部门不得以此为由不予认定工伤。本案二审意见符合我国相关法律法规保障受害劳动者救济和补偿优先的立法目的和保护弱者的立法精神。

编写人：山东省淄博市中级人民法院　荣明潇

山东省淄博市临淄区人民法院　刘海红

154 行政机关自行纠错行为的司法审查

——李某诉扬州市某区人力资源和社会保障局工伤认定案

【案件基本信息】

1. 裁判书字号

江苏省扬州市中级人民法院（2017）苏10行终227号行政判决书

2. 案由：工伤认定纠纷

3. 当事人

原告（被上诉人）：李某

被告（上诉人）：扬州市某区人力资源和社会保障局（以下简称某区人社局）

第三人（上诉人）：器械公司

【基本案情】

2016年2月29日，被告某区人社局作出扬邗人社工认字（2016）第118号认定工伤决定书，认定原告李某于2015年7月30日上午在第三人器械公司上班操作时，因堆放的玻璃倒下致其右前臂外伤伴肌腱、神经损伤，以上损伤为工伤。2016年12月21日，扬州市人力资源和社会保障局工伤保险处向被告某区人社局作出《建议书》，内容主要为：对李某的劳动能力复核鉴定工作过程中，发现李某受伤初始就医治疗的病史资料并非其本人的，建议对作出的工伤认定结论重新组织调查核实。2016年12月28日，被告某区人社局作出《撤销决定》，以李某受伤初始就医治疗的病史资料并非其本人的为由，撤销对原告李某作出的认定工伤决定书。另查明，某医院门诊部及住院部在2015年12月29日共同出具《证明》，证实原告李某因右前臂外伤伴肌腱、神经损伤，曾用他人姓名就医。

【案件焦点】

被告某区人社局作出的《撤销决定》是否合法。

【法院裁判要旨】

江苏省扬州市江都区人民法院经审理认为：参照《人力资源社会保障部关于执行〈工伤保险条例〉若干问题的意见（二）》第十条第一款的规定，因工伤认定申请人或者用人单位隐瞒有关情况或者提供虚假材料，导致工伤认定决定错误的，社会保险行政部门发现后，应当及时予以更正。本案中，原告李某于2015年7月30日上午上班操作时，因堆放的玻璃倒下被砸伤右臂，被告某区人社局据此认定原告李某构成工伤。现被告某区人社局仅因原告受伤初始就医治疗的病史资料系冒用他人的姓名而撤销工伤认定，理由不够充分，不足以证明原告存在隐瞒有关情况或者提供虚假材料，导致工伤认定决定错误的事实，故应当确认被告作出的撤销决定无事实依据，主要证据不足。此外，《江苏省行政程序规定》第六十条规定："行政执法决定应当以书面形式作出。但是法律、法规、规章另有规定的除外。行政执法决定应当载明下列事项：（一）当事人的基本情况；（二）事实以及证明事实的证据；（三）适用的法律规范；（四）决定内容；（五）履行的方式和时间；（六）救济的途径和期限；（七）行政机关的印章与决定日期；（八）应当载明的其他事项。"本案被告某区人社局作出的《撤销决定》未载明适用的法律规范，救济的途径和期限等。综上，被告某区人社局作出的《撤销决定》事实不清，证据不足，应当予以撤销。

江苏省扬州市江都区人民法院依照《中华人民共和国行政诉讼法》第七十条第一项之规定，判决如下：

撤销被告于2016年12月28日作出的《撤销决定》。

二审法院同意一审法院裁判意见。

【法官后语】

根据依法行政及有错必纠的原则，行政行为不仅应当依法作出，还应始终保持合法状态，违法的行为亦应依法及时纠正。由于行政行为具有公信力及确定力，自作出即被推定为合法有效并被尊重，非因法定原因和经法定程序不得撤销或变更。司法实践中，对于行政机关自行纠错行为的审查应当注意以下几个方面：

第一，审查原行政行为是否合法。对行政机关自行纠错行为的合法性审查，与对一般行政行为的合法性审查的区别在于，审查自行纠错行为是否合法以审查原行政行为是否违法或不当为前提，即需审查两个行政行为，但是无需对原行政行为进行全面审查。如果原行政行为不存在证据不足、超越职权、滥用职权等违法情形的，则行政机关自行纠错行为属认定事实不清、证据不足，应将其撤销。本案中，虽然原告提供的医疗病案显示其曾冒用他人姓名进行治疗，可能存在扰乱医疗保险秩序的违法行为，但是根据现有材料能够确定原告发生工伤的客观事实，被告亦进行了工伤认定，原告不存在提供虚假材料获得工伤认定的违法行为，故被告根据上级指示，仅以相关医疗病案患者姓名与原告本人姓名不一致为由撤销对原告的工伤认定，属事实不清，证据不足。

第二，审查自行纠错行为程序是否合法。我国目前尚未有法律、法规明确行政机关自行纠错应遵循何种程序，这种现状为审查该行为是否违反法定程序带来了相当的难度。笔者认为，应根据案件的实际情况结合行政法的基本原则进行裁量。可重点把握行政机关自行纠错过程中，是否告知相对人并给予其陈述和申辩的机会，在采取新的证据材料时，是否给予相对人知悉和质证这些材料的机会，这是行政程序公开、公正原则以及程序参与原则的要求，在没有具体规则可以遵循的情况下，可发挥基本原则的功能。此外，有些省份出台了关于行政程序的相关规定，行政机关亦应当予以遵守。

第三，兼顾信赖利益保护原则。在特定情况下，为最大限度地保护法律安定性及当事人信赖利益，即使行政行为违法，也不能随意将其撤销。例如，对于行政许可等授益性行政行为，只要相对人具有正当的、值得保护的信赖利益，如果相对人主观上没有故意或重大过失，原则上不能撤销该行政行为，除非不撤销该行为会严重危及社会公共利益。对于确实需要撤销的，也应选择对利害关系人权益损害最小的方案。对因行政机关撤销行为导致相对人信赖利益受损的，应当按照过错原则承担自行纠错行为带来的一系列不利后果，不得将因行政机关未依法履行审查职责等原因导致的执法责任，转由相对人承担。

编写人：江苏省扬州市江都区人民法院　袁江华

155　房产主管部门应审慎审查用于权属登记的测绘成果

——江某诉某市住房和城乡建设局房屋面积行政确认案

【案件基本信息】

1. 裁判书字号

江苏省南通市中级人民法院（2017）苏06行终666号行政判决书

2. 案由：房屋面积行政确认纠纷

3. 当事人

原告（被上诉人）：江某

被告（上诉人）：某市住房和城乡建设局（以下简称某市住建局）

第三人（上诉人）：开发公司

【基本案情】

某小区21幢由开发公司开发。原通过图审的设计文件将该幢房屋南侧设计为双阳台，因容积率控制需要，该建设项目的修建性详细规划论证组进行论证后，对规划设计文件提出了修改意见：住宅建筑南侧控制双阳台，北侧限制内置式阳台。后案涉建设项目的设计文件变更为房屋南侧一个阳台、一个休息间，该变更行为经某市住建局核准后，成为开发公司申办建设工程规划许可证的设计方案。2015年，受开发公司委托，测绘公司对21幢楼建筑面积进行勘测并出具了《测绘报告书》，报告中的分户面积明细表载明该楼1305号房屋的建筑面积为92.87平方米，对南侧休息间系按全面积计算。该测绘结果经某市住建局审核通过，并用于房屋产权登记。经法院实地查看，该房屋南侧一个阳台、一个休息间，结构与设计方案无异。

江某认为案涉休息间应当参照未封闭阳台计算一半面积，遂提起诉讼请求判决撤销某市住建局对其所购1305室建筑面积测绘结果的行政确认行为。

【案件焦点】

某市住建局对测绘成果的确认行为是否合法。

【法院裁判要旨】

江苏省如皋市人民法院经审理认为：根据房屋面积测算相关规定，阳台应按其维护结构外围水平投影面积的一半计算。案涉休息间与阳台在结构上基本一致，对其计算全面积，导致购房人要按照全面积支付购房款，侵害了购房人的利益。《测绘报告书》对休息间计算全面积明显错误，某市住建局对测绘成果的确认行为违法。

江苏省如皋市人民法院依照《中华人民共和国行政诉讼法》第七十条第一项之规定，作出如下判决：

撤销某市住建局对某小区 21 幢楼 1305 号房建筑面积的行政确认行为。

某市住建局、开发公司认为案涉房屋通过审核的规划设计方案中载明南侧为一个阳台、一个休息间，故对休息间应当计算全面积，遂提起上诉。江苏省南通市中级人民法院经审理认为：房产测绘成果应当与房产自然情况保持一致。某市住建局对用于房屋权属登记的测绘成果有进行全面、严格审核的职责。案涉休息间与阳台外观、结构并无差异，仅是设计施工图中标注的功能分区名称不一致。在设计施工图与房屋自然状况不相符合的情况下，某市住建局对测绘成果予以确认显然有失公允。

江苏省南通市中级人民法院依照《中华人民共和国行政诉讼法》第八十九条第一款第一项之规定，作出如下判决：

驳回上诉，维持原判。

【法官后语】

对于购房者而言，房屋面积测绘成果关系到购房总价，看似不起眼的几平方米带来的是几千元甚至几万元的价格差距，直接影响到购房人的经济利益。对房产测绘成果的审核，是房产部门重要的基础性工作，也是监管房产市场健康发展的重要手段。目前，部分房产管理部门对房产面积测量成果的审核履职不到位，造成了诸多产权面积不实的现象，引发不少纠纷。

根据《房产测绘管理办法》第七条、第十八条的规定，房产测绘成果应当与房产自然状况保持一致；用于房屋权属登记等房产管理的房产测绘成果，房地产行政主管部门应当对施测单位的资格、测绘成果的适用性、界址点准确性、面积测算依据及方法等内容进行审核。此种审核作为一种具体行政确认行为应当建立在正当考虑的基础之上，遵循合理行政原则，尽到应有的审慎注意义务，以防止有可能损害行政相对人或其他利害关系人合法权益的危害结果发生。反之，则认为行政机关怠于履行其必要的行政义务。本案中，某市住建局应以其判断与识别能力为限度，在专业范围内对测绘成果的合理性尽到审慎审查义务。案涉休息间与未封闭阳台结构完全无异，开发公司事实上并未对原双阳台的设计进行变更。某市住建局在实地勘查后却仍然机械地以设计图中所谓的功能区划分作为面积测算依据，明显违背了测绘成果与房屋自然状况相符的基本要求，也有悖于合理行政原则。该局未能尽到必要的审慎审查义务，所作行政确认行为依据不足，应予撤销。

编写人：江苏省南通市中级人民法院　鲍蕊

156　社保机构调查核实义务是否履行到位的判定

——郑某诉某市人力资源和社会保障局社会保障行政确认案

【案件基本信息】

1. 裁判书字号

四川省乐山市中级人民法院（2017）川11行终77号行政判决书

2. 案由：社会保障行政确认纠纷

3. 当事人

原告（上诉人）：郑某

被告（被上诉人）：某市人力资源和社会保障局（以下简称某市人社局）

【基本案情】

郑某原工作单位为某劳动力调配站五·七工程队。后该劳动力调配站改制为县级集体企业并更名为某市第二建筑公司，但五·七工程队并未同时升级，仍为县以下小集体企业。1998年11月，某市第二建筑公司破产。

2016年4月28日，郑某向某市人社局申请提前退休。2016年8月4日，某市人社局作出《通知书》，不予批准郑某提前退休申请。郑某不服，提起行政诉讼，四川省峨眉山市人民法院于2016年11月15日判决责令某市人社局对郑某提前退休申请重新作出处理，双方在法定期限内均未提出上诉。

2017年1月11日，某市人社局经调查再次作出《关于不予批准特殊工种提前退休的决定》，认为根据《四川省劳动和社会保障厅关于印发〈四川省完善企业职工基本养老保险制度实施办法的实施细则〉的通知》（川劳社发〔2006〕18号）的规定，从事特殊工作提前退休的对象为国有企业和县以上集体所有制企业（含其改制后的企业）职工，未经劳动部门批准招用的临时工从事特殊工作的，不能办理提前退休。郑某系未经过劳动部门批准招用的临时工，对其提前退休不予审批。郑某不服，诉至法院，请求判决撤销某市人社局作出的《关于不予批准特殊工种提前退休的决定》，责令某市人社局作出准予其提前退休的行政审批决定，并判决某市人社局支付其从2015年1月1日起的退休待遇。

【案件焦点】

如何判定社保机构的调查核实义务是否履行到位。

【法院裁判要旨】

四川省峨眉山市人民法院经审理认为：本案中无证据证明原告办理了接班手续被某市第二建筑公司录用为正式职工。被告对原告申请提前退休不予审批结论并无不当，但其作出的《关于不予批准特殊工种提前退休的决定》中未向原告告知相关复议权、复议机关、诉权及申请期限，属违反法定程序。

四川省峨眉山市人民法院依照《中华人民共和国行政诉讼法》第七十四条第一款第二项，《最高人民法院关于执行〈中华人民共和国行政诉讼法〉若干问题的解释》第五十六条第四项之规定，作出如下判决：

一、确认某市人社局 2017 年 1 月 11 日对原告郑某作出的《关于不予批准特殊工种提前退休的决定》违法；

二、驳回原告郑某的其他诉讼请求。

郑某不服，以某市人社局和一审判决没有查清事实为由，提起上诉。四川省乐山市中级人民法院经审理认为：行政机关受理当事人特殊工种提前退休申请后，应当根据审核需要对当事人是否符合提前退休条件进行调查核实。本案中，郑某是否经过劳动部门批准招用这一事实与郑某能否办理特殊工作提前退休问题具有重大关联，但某市人社局受理本案提前退休申请后，在行政程序中未对以上事实进行充分调查核实，其作出的《关于不予批准特殊工种提前退休决定》主要证据不足。鉴于在本案二审中，双方当事人均提出了新的事实和理由，某市人社局仍需要进一步调查核实郑某是否符合提前退休条件，本案尚不能直接判令其为郑某办理提前退休手续，某市人社局应当在进一步全面调查核实后对上诉人的申请重新作出处理。

四川省乐山市中级人民法院依照《中华人民共和国行政诉讼法》第八十九条第一款第二项之规定，作出如下判决：

一、撤销一审判决；

二、撤销被上诉人某市人社局 2017 年 1 月 11 日作出的《关于不予批准特殊工种提前退休的决定》；

三、责令被上诉人某市人社局重新对上诉人郑某的申请作出调查处理；

四、驳回上诉人郑某的其他诉讼请求。

【法官后语】

在涉及退休审批以及退休待遇核定、支付问题引发的行政案件中，有关社保机构法定调查核实义务的履行情况，是法院判断其是否依法履职的重要前提，是法院审查被诉行政行为证据是否充分的关键内容；而如何判定社保机构的调查核实义务是否履行到位，现行法律法规和司法实践均无统一的观点。

本案中，一、二审法院审理思路出现分歧，主要原因即在于对上述问题的不同理解。一审认为，现实中社保机构事务繁杂，经办人员数量较少，履职受到客观条件限制，不能对社保机构的调查核实义务过分苛责。特殊工种提前退休审批系依申请的行政行为，当事人应当承担举证责任证明其符合申请条件，行政机关经初步调查核实后无法排除证据矛盾的则可径行驳回申请人的申请。二审则认为，社保机构受理特殊工种提前退休申请后，具有调查核实的职责，对此职责不得推诿和懈怠。行政机关对于特殊工种提前退休审批应当尽到充分的调查核实义务，尽最大可能排除证据之间的矛盾和疑点，以充分保障劳动者合法权益。判定社保机构调查核实义务是否履行到位，不能仅根据原始档案的记载，也不是初步调查即可，而应以是否审慎充分调查为标准。本案中，某市人社局对于郑某提出的重要证据线索以及主要证据之间的矛盾没有进行充分调查核实，未穷尽手段核实，应当认定某市人社局调查核实义务未履行到位，遂对一审判决予以改判。

需要注意的是，劳动和社会保障行政案件往往涉及不同时期的规范性文件，政策性较强，其中转制、破产企业职工人员的退休审批案件情况尤其复杂，涉及人员较多，案件处理具有一定的难度。对此类案件的审理需尊重历史，做到合法、合理和公平。本案系破产企业职工因不服社保部门对其提前退休不予审批引发的争议，该案树立的裁判规则对同类案件的处理具有参考意义。

编写人：四川省乐山市中级人民法院　易晓芸

157　行政机关对专业问题的认定是否具有可诉性

——高某诉中国证券监督管理委员会金融行政确认案

【案件基本信息】

1. 裁判书字号

北京市高级人民法院（2016）京行终3032号行政裁定书

2. 案由：金融行政确认纠纷

3. 当事人

原告（上诉人）：高某

被告（被上诉人）：中国证券监督管理委员会（以下简称证监会）

【基本案情】

原告高某起诉称，证监会于2015年7月9日将《关于某国际贸易公司涉嫌犯罪的移送函》交公安部，公安部于当日将《关于某国际贸易公司涉嫌操纵期货市场犯罪问题依法查处的通知》下发上海市公安局，上海市公安局于当日以涉嫌操纵期货市场罪对某国际贸易公司立案侦查。2015年10月15日，上海市公安局以本案原告高某系某国际贸易公司执行董事，涉嫌参与犯罪，对原告执行逮捕。2016年1月11日，证监会作出《关于某国际贸易公司涉嫌操纵期货市场案有关问题的认定函》（以下简称《认定函》），认定某国际贸易公司在2015年6月1日至7月6日期间，通过高频程序化交易的技术手段，形成明显高于其他投资者的交易优势，影响了股指期货合约的交易价格和交易量，构成期货市场操纵行为。2016年1月14日，上海市公安局依据《认定函》和司法会计鉴定报告，将某国际贸易公司及原告等以涉嫌操纵期货市场罪移送上海市人民检察院第一分院起诉。

原告高某认为，证监会无权对操纵证券期货市场的违法犯罪行为作出认定，证监会认定的“高频程序化交易”系法律法规及规章均未作出明确规定的证券期货交易行为。证监会作出的《认定函》是超越法定职权且无法律法规依据的违法行政行为。原告诉至法院，请求依法撤销证监会2016年1月11日作出的《认定函》。

【案件焦点】

行政机关对金融领域专业问题的认定是否具有可诉性。

【法院裁判要旨】

北京市第一中级人民法院经审理认为：当事人提起的行政诉讼

应当符合人民法院的受案范围。本案中，证监会根据公安部的提请作出《认定函》，该行为属于公安机关侦查行为的组成部分。当事人对该行为不服提起诉讼的，不属于人民法院行政诉讼的受案范围。

北京市第一中级人民法院依照《中华人民共和国行政诉讼法》第四十九条第四项、第八十五条之规定，裁定如下：

对高某的起诉不予立案。

原告高某不服，提起上诉。北京市高级人民法院经审理认为：根据《中华人民共和国行政诉讼法》第四十九条规定，公民、法人或者其他组织向人民法院提起行政诉讼，应当符合法定的条件。被诉行为属于人民法院行政诉讼受案范围，系公民提起行政诉讼应具备的法定条件之一。本案中，证监会根据公安部的提请作出《认定函》，该函系证监会就某国际贸易公司股指期货交易等情况所作的陈述、说明，并未涉及高某本人，亦未为其设定权利义务，未对其权利义务产生实际影响，高某对该认定函不服提起诉讼，不属于人民法院行政诉讼受案范围。上诉人高某的上诉理由缺乏事实和法律依据，对其上诉请求不予支持。

北京市高级人民法院依照《中华人民共和国行政诉讼法》第四十九条第四项、第八十九条第一款第一项之规定，裁定如下：

驳回上诉，维持一审裁定。

【法官后语】

实践中，对于专业性的问题，行政机关会依据公检法的协助请求作出一定的行政行为，该行为通常是对专业性问题的定性定量。本案中，证监会对证券期货领域的专业性问题进行认定，并作出《认定函》，是协助公安机关的行为，区别于一般的行政行为，并不直接对当事人的权利义务产生实际影响，不具有可诉性，即行政机关之间的协助行为本身不属于人民法院行政诉讼的受案范围。问题的关键在于如何区分司法协助行为和普通行政行为，特别是在专业性领域，主管专业领域的行政机关对相关问题的认定直接影响后续的司法行为。笔者认为，从行政诉讼立案审判实践考察，应当结合案件不同情况进行全面审查、综合判断行为的性质。具体而言，从作出行政行为的原因、行政行为的内容、行政行为的效力三个方面进行分析。

首先，从作出行政行为的原因出发。本案中，行政机关作出的《认定函》，从行为产生原因看，并非行政机关独立自主的意思表示，不具备完整的从发现线索、调查证据、行政相对人陈述申辩、作出行政行为的过程。证监会依据公安机关的请求，对某国际贸易公司违法行为作出认定，是证监会对公安机关的一次协助行为，不是一个独立的、行政机关依据自己的意志单独作出的行政行为。

其次，从行政行为的内容分析。本案中，证监会作出的《认定函》是在法定职权范围内，就某国际贸易公司股指期货交易等情况所作的陈述、说明，对高频程序化交易的技术手段、交易优势、交易价格和交易量等行为进行定性定量分析，对某国际贸易公司的行为是否符合法律法规、规章和行业准则作出的专业认定，该行为不属于行政管理行为，没有给当事人设定具体的权利和义务，该认定意见类似于鉴定机关的鉴定行为，是公安司法行为的协助行为。

最后，从行政行为的效力观察。本案中，证监会作出的《认定函》，无需直接送达当事人、没有直接影响当事人的权利和义务，而是协助公安机关认定专业性的事实问题。公安机关也是将证监会的《认定函》作为依据之一，并且再次委托鉴定机关进行了鉴定，鉴定机关依据事实作出鉴定结论，鉴定结论作为公安司法机关认定违法犯罪事实的证据之一。证监会的《认定函》能否发挥定案依据的作用，依然需要司法机关的进一步判定。因此，对当事人产生实际影响的是司法行为，而非证监会的认定行为，当事人应当针对司法裁判行为，选择上诉、申请再审的司法途径救济权利。

综上所述，本案中，证监会针对某国际贸易公司行为作出的《认定函》，属于协助公安机关的行为，并非依据行政机关的独立意志作出的行政管理行为，《认定函》并未对当事人的权利和义务产生实际影响。高某针对《认定函》提起行政诉讼，不属于人民法院行政诉讼的受案范围，不符合法律规定的起诉条件，应当裁定不予立案。

编写人：北京市第一中级人民法院　胡保峰

158　工伤认定行政案件中对职业病诊断证明书的审查

——化工公司诉上海市某区人力资源和社会保障局工伤认定案

【案件基本信息】

1. 裁判书字号

上海市第二中级人民法院（2013）沪二中行终字第 428 号行政判决书

2. 案由：工伤认定纠纷

3. 当事人

原告（上诉人）：化工公司

被告（被上诉人）：上海市某区人力资源和社会保障局

第三人：杨某

【基本案情】

第三人于2006年2月至2012年1月在原告单位担任电工，接触过硫酸铵、过硫酸钠等危害因素。2012年11月7日，具有职业病诊断资质的某医院出具《上海市职业病诊断证明书》，诊断结论为第三人患有职业接触过硫酸盐所致轻度哮喘，其中确认工作单位为原告。该职业病诊断证明书由三名取得职业病诊断资格的执业医师共同署名，加盖了某医院的章，并注明“对本职业病诊断有异议的，可在接到本职业病诊断证明书之日起30日内，向做出诊断的医疗卫生机构所在区（县）卫生行政部门申请鉴定”。原告收到该诊断证明书后，未在规定期限内申请鉴定。2012年12月7日，第三人向被告申请工伤认定。被告于同日受理后，经核实，于2013年2月4日作出认定工伤决定，认定第三人所患职业病情形为工伤，并向原告和第三人进行了送达。原告不服，诉至法院，要求判令撤销被告所作的认定工伤决定。

原告诉称，第三人在原告处担任的工作岗位为电工，没有接触职业病危害的情形，其职业健康检查均未发现异常，不可能在离职一年后才被诊断出患职业病。某医院无视上述事实，不当受理了第三人的职业病诊断申请，在先与第三人存在医患关系的情况下，为第三人进行职业病诊断，且未明确告知原告申请鉴定的权利。故该医院所作的职业病诊断违反法定程序，结论明显错误。被告据此认定工伤，亦缺乏依据，请求法院对本案的职业病诊断进行司法鉴定，并判令撤销被告所作的工伤认定。

被告辩称，某医院出具的职业病诊断证明书真实、合法、有效，原告未在规定期限内提出鉴定申请，表明其放弃鉴定权利，无权在本案中再次申请司法鉴定。根据《工伤保险条例》的有关规定，对依法取得职业病诊断证明书或者职业病诊断鉴定书的，劳动保障行政部门不再进行调查核实。被告据此作出的认定工伤决定证据充分、事实清楚、适用法律正确、执法程序合法，请求法院依法予以维持。

第三人述称意见与被告的观点相同。

【案件焦点】

本案中职业病诊断证明书的效力如何。

【法院裁判要旨】

上海市宝山区人民法院经审理后认为：涉案职业病诊断证明书系由经批准承担职业病诊断的医疗机构出具，并由三名取得职业病诊断资格的执业医师共同签署，其形式符合《中华人民共和国职业病防治法》的有关规定，具有法律效力。该职业病诊断证明书明确载明了如有异议可申请鉴定的期限和方法，原告不服的，应当在规定的时间内申请鉴定。原告无正当理由未在规定期限内提出鉴定，应当视为对该职业病诊断没有异议。关于原告认为第三人职业健康检查未发现异常，不可能在离职近一年后才被诊断出因在原告处工作而患职业病等，此系原告的主观推测，缺乏事实证据。原告又提出关于某医院与第三人先存在医患关系后进行职业病诊断，违反程序等异议，亦缺乏法律依据。故对原告申请职业病诊断司法鉴定，不予准许。根据《工伤保险条例》的相关规定，对依法取得职业病诊断证明书或者职业病诊断鉴定书的，社会保险行政部门不再进行调查核实。被告依据第三人依法取得的职业病诊断证明书，按照《工伤保险条例》第十四条第四项的规定，认定第三人所患职业病情形属于工伤，事实清楚，证据确凿，适用法律正确。

上海市宝山区人民法院依照《中华人民共和国行政诉讼法》第五十四条第一项的规定，作出如下判决：

维持被告上海市某区人力资源和社会保障局于 2013 年 2 月 4 日作出的工伤认定。

二审法院同意一审法院裁判意见。

【法官后语】

《工伤保险条例》第十九条第一款规定，职业病诊断和诊断争议的鉴定，依照职业病防治法的有关规定执行。对依法取得职业病诊断证明书或者职业病诊断鉴定书的，社会保险行政部门不再进行调查核实。那么，在工伤认定行政诉讼中，当事人质疑职业病诊断证明书的，法院应当如何进行审查？当事人在行政诉讼中申请职业病诊断司法鉴定的，是否应当准许？如果需要司法鉴定，应当如何进行？回应这些问题，需要从分析职业病诊断证明书这一证据的性质入手。

行政诉讼证据有以下几种：（一）书证；（二）物证；（三）视听资料；（四）证人证言；（五）当事人的陈述；（六）鉴定结论；（七）勘验笔录、现场笔录。职业病诊断证明书是由承担职业病诊断的医疗卫生机构组织专业医师运用专业知识、技术手段对劳动者是否患有职业病这一专门性问题进行分析、判断，从而得出的书面结论。从《工伤保险条例》规定的行政机关对依法取得职业病诊断证明书不再进行调查，说明其证据效力高于一般书证。因此，笔者认为，职业病诊断证明书更接近于鉴定结论这一证据类型。同时，职业病诊断必须依照专门法律、法规的规定进行，其诊断机构、诊断标准、诊断方法及诊断争议处理都有特殊的规定，近似于法定鉴定部门的鉴定结论，证明效力优于其他鉴定部门的鉴定结论。

鉴于上述分析，笔者认为，在行政诉讼中，法院对职业病诊断证明书的审查应当从以下几个方面进行：

1. 涉案职业病诊断证明书是否符合法定形式。一份合法有效的鉴定结论应当由具备相关资质的鉴定机构或鉴定人出具，并符合形式完整的要求。根据《中华人民共和国职业病防治法》第四十六条第三款的规定，职业病诊断证明书应当由参与诊断的取得职业病诊断资格的执业医师签署，并经承担职业病诊断的医疗卫生机构审核盖章。因此，法院应当根据上述规定审查作出诊断的医疗机构及医师是否具有相应的资质，职业病诊断证明书的落款、署名是否完整，内容、格式是否符合相关规定。

2. 涉案职业病诊断证明书是否发生法律效力。根据《职业病诊断与鉴定管理办法》第三十四条第一款规定，当事人对职业病诊断机构作出的职业病诊断有异议的，可以在接到职业病诊断证明书之日起三十日内，向作出诊断的职业病诊断机构所在地设区的市级卫生健康主管部门申请鉴定。因此，法院应当审查当事人在接到职业病诊断证明书后有无在规定期限内提出职业病诊断鉴定申请，如其未提出申请，是否有正当理由。

3. 当事人对涉案职业病诊断结论的异议能否成立。鉴定结论同其他形式的证据一样，也必须经过查证属实才能作为定案依据。根据《中华人民共和国职业病防治法》的有关规定，职业病诊断应当根据职业病诊断标准，综合分析病人的职业史、职业病危害接触史、工作场所职业病危害因素情况、临床表现及以辅助检查结果等因素作出诊断，没有证据否定职业病危害因素与病人临床表现之间的必然联系的，应当诊断为职业病。因此，当事人对涉案职业病诊断结论提出异议的，法院应当根据上述法律规定，审查其异议是否有充分的证据和理由，足以证明诊断结论存在错误。

上述第一项、第二项审查属于形式审查，第三项审查属于实质审查。笔者认为，如果职业病诊断证明书不符合上述第一项、第二项审查标准，则表明该项证据不符合法定要求，不属于《工伤保险条例》第十九条中所指的“依法取得职业病诊断证明书”，行政机关如果据此作出工伤认定，则属主要证据不足，应当判决予以撤销。对于第三项审查，笔者认为，由于相关法律、法规已经赋予当事人对职业病诊断证明书不服可以申请职业病诊断鉴定的权利，如当事人在规定的期限内无正当理由未申请鉴定，应当视为其对诊断结论没有异议。但如果当事人在诉讼中能提供充分证据和理由，证明诊断结论可能存在错误的，则法院可考虑在工伤认定行政诉讼中对涉案职业病诊断进行司法鉴定。是否准许其司法鉴定申请，可参照《最高人民法院关于行政诉讼证据若干问题的规定》第二十九条、第三十条关于是否准许重新鉴定的情形，从严把握。

本案中，涉案职业病诊断证明书系由经上海市卫生局批准承担职业病诊断工作的医院出具，并由三名具有职业病诊断资格的医师共同署名，其格式、内容符合规定。原告在接到涉案职业病诊断证明书后，无正当理由未在规定的期限内提出职业病诊断鉴定申请，故被告据此作出工伤认定依法有据。原告在审理中提出的诸如第三人没有接触职业病危害的情形、第三人职业健康检查未发现异常，不可能在离职近一年后才被诊断出因在原告处工作而患职业病、某医院不应受理第三人的诊断申请、某医院与第三人先存在医患关系后为其进行职业病诊断违反程序等异议均缺乏事实和法律依据，其申请司法鉴定无正当理由，故法院对其申请不予准许，并依法维持了被告所作的认定工伤决定。

需要指出的是，该案判决后，《中华人民共和国职业病防治法》历经多次修订。《职业病诊断与鉴定管理办法》也于2021年1月4日修订，不仅重申了旧法中非常关键的认定标准，即“没有证据否定职业病危害因素与病人临床表现之间的必然联系的，应当诊断为职业病”，而且设定了多个环节节点的办理时限，充分体现了立法者倾向保护劳动者的主导思想。

编写人：上海市宝山区人民法院　赵晨

159　因工外出期间因工作原因感染疟疾能否认定为工伤

——某机械厂诉某市人力资源和社会保障局人力资源和社会保障行政确认案

【案件基本信息】

1. 裁判书字号

江苏省无锡市中级人民法院（2012）锡行终字第0060号行政裁定书

2. 案由：人力资源和社会保障行政确认纠纷

3. 当事人

原告（上诉人）：某机械厂

被告（被上诉人）：某市人力资源和社会保障局（以下简称市人社局）

第三人：吴某

【基本案情】

吴某系某机械厂职工。2010 年 9 月 11 日至 20 日期间，吴某被某机械厂派至尼日利亚工作。回国后，吴某出现发热、全身酸痛的症状，曾前往社区医院治疗，未查明病因。2010 年 10 月 29 日，吴某至某市第二人民医院（以下简称二院）住院治疗。2010 年 11 月 23 日，二院检验报告单显示找到疟原虫，并标注有“恶性疟可能”的字样。二院出院记录上亦载明：“联系传染病医院会诊后认为不能除外疟疾，在发热时再血涂片找疟原虫示疟原虫可及（恶性疟），联系传染病医院会诊后同意转院治疗。”2010 年 11 月 24 日，吴某转至传染病医院治疗，传染病医院出具的医疗证明书上载明“诊断：恶性疟原虫疟疾”。2010 年 11 月 24 日、2010 年 11 月 27 日，传染病医院检验报告单显示两次疟原虫镜检均为阴性。2010 年 12 月 2 日，吴某治愈出院。2011 年 6 月 20 日，区疾控中心出具了关于 2010 年尼日利亚输入性恶性疟患者吴某的证明，载明：“区疾控中心复核血片为恶性疟。根据我区无恶性疟本地患者，患者曾于发病前 10 天在恶性疟流行疫区尼日利亚逗留 10 日，恶性疟发病潜伏期一般为 11—16 天，确定患者吴某为尼日利亚输入性恶性疟。”

2011 年 7 月 21 日，吴某向市人社局申请工伤认定，并提交了二院出院记录复印件、护照、区疾控中心证明等申请材料。市人社局受理后向某机械厂发出工伤认定举证通知书。某机械厂于 2011 年 7 月 29 日向市人社局提交了关于吴某同志非工伤的情况报告及其他职工关于吴某严重违反厂纪厂规情况的证人证言一份，认为吴某多方治疗未得出疟疾结论，也无确诊的医疗资料。市人社局经调查、审核，根据《工伤保险条例》第十四条第五项规定，于2011年9月9日作出工伤认定决定：吴某在上述时间、地点受到的伤害，认定为工伤。某机械厂不服，于2012年3月1日向某市人民政府申请行政复议，某市人民政府于2012年5月10日维持市人社局所作的工伤认定决定。某机械厂仍不服，遂提起行政诉讼。

【案件焦点】

1. 吴某诊断为疟疾的事实能否予以认定；2. 吴某所患疟疾是否应认定为工伤。

【法院裁判要旨】

江苏省无锡市崇安区人民法院经审理认为：根据《工伤保险条例》的规定，市人社局具有负责本行政区域内的工伤保险工作的法定职责。根据《工伤保险条例》第十四条第五项规定，职工因工外出期间，由于工作原因受到伤害或者发生事故下落不明的，应当认定为工伤。本案中，吴某向被告提供的二院出院记录、2010年11月23日检验报告单、传染病医院的出院记录、医疗证明书及区疾控中心证明等证据形成证据锁链，能够证明吴某在尼日利亚工作回国后被发现感染输入性恶性疟及其治疗过程。疟疾属于国家规定的传染病，吴某在尼日利亚工作期间感染疟疾，是由特定的劳动环境造成的，属于因工作原因造成伤害，符合上述规定的情形，被告所作出的工伤认定决定并无不当。《工伤保险条例》第十九条第二款规定，职工或者其近亲属认为是工伤，用人单位不认为是工伤的，由用人单位承担举证责任。原告某机械厂提出吴某所患并非疟疾、其所受伤害不符合《工伤保险条例》有关规定等主张，未提供足够证据予以证明，且理由不能成立，故不予支持。

江苏省无锡市崇安区人民法院依照《最高人民法院关于执行〈中华人民共和国行政诉讼法〉若干问题的解释》第五十六条第四项的规定，作出判决：

驳回原告某机械厂的诉讼请求。

某机械厂持原审起诉意见提起上诉。江苏省无锡市中级人民法院审理过程中，某机械厂申请撤回上诉。江苏省无锡市中级人民法院经审查认为：某机械厂撤回上诉是其真实的意思表示，符合法律规定。依照《最高人民法院关于执行〈中华人民共和国行政诉讼法〉若干问题的解释》第六十三条第一款第十项的规定，作出裁定：

准许某机械厂撤回上诉。

【法官后语】

1. 吴某诊断为疟疾的事实认定

在行政诉讼中，被告对作出的具体行政行为负有举证责任，应当提供作出该具体行政行为的证据和所依据的规范性文件。诉讼中，市人社局向法院提交作出工伤认定决定的证据和依据，包括工伤认定程序中吴某申请工伤认定时提交的材料、某机械厂举证材料，市人社局调查核实材料和程序方面的证据及依据等。工伤认定决定是依申请作出的具体行政行为，吴某在申请工伤认定时已向市人社局提交了出院记录和区疾控中心的证明。《工伤保险条例》第十九条第二款规定，职工或者其近亲属认为是工伤，用人单位不认为是工伤的，由用人单位承担举证责任。在工伤认定程序中，某机械厂收到市人社局发出的举证通知后提出了吴某未确诊为疟疾，并非工伤的意见，但并没有根据上述规定承担相应的举证责任。而本案中，二院、传染病医院、区疾控中心出具的相关医疗资料之间能够形成证据锁链，完整地反映了吴某发病就诊的全部过程，足以认定吴某确诊为疟疾的事实。

2. 吴某所患疟疾是否应认定为工伤的法律适用问题

对于职工所患疾病是否认定为工伤，《工伤保险条例》对两种情形作出了明确规定。综观《工伤保险条例》，对于因工外出期间感染疾病如何认定未有明确规定。这也成为本案适用法律上的一个难点。本案裁判时着重从以下两方面进行考量：

(1) 吴某感染疟疾系因工作原因造成

工作时间、工作场所、工作原因是《工伤保险条例》规定认定工伤的三个重要条件，其中尤其以工作原因为核心。本案中，因吴某发病前曾到尼日利亚出差，因此首先考虑适用的是《工伤保险条例》第十四条第五项规定，从条文解读来看，前提必须是职工因工外出期间，其次只有在因工作原因受到伤害或因工作原因发生事故下落不明才能认定工伤。对于吴某被诊断为疟疾前曾去尼日利亚工作这一事实，各方当事人均无异议，争议在于吴某是否因工作原因受到伤害。疟疾不是一种常见疾病，而是国家规定的传染病。吴某回国后发病并被诊断为疟疾，且区疾控中心经核实确定吴某所患为尼日利亚输入性恶性疟。结合吴某发病前因工作原因出差去过尼日利亚的事实，可以认定该伤害与其工作存在密切关系，应当属于因工作原因造成伤害的情形。

(2)《工伤保险条例》对受伤职工的倾斜保护

《工伤保险条例》的立法宗旨是保障因工作遭受事故伤害或者患职业病的职工获得医疗救治和经济补偿，促进工伤预防和职业病康复，分散用人单位的工伤风险。因此，在《工伤保险条例》规定不够明确、没有完全吻合的可适用条款时，要从《工伤保险条例》保护受伤职工合法权益的立法本意出发，作出有利于受伤职工的法律解释。吴某因工作原因在尼日利亚感染了当地特有而我国没有的恶性疟疾，系工作环境导致其受到人身伤害，其本人并无过错，不能因为《工伤保险条例》对此无明确规定而将其合法权益排除在保护范围之外，应当认定为工伤，从而使其获得来自社会的经济救助和精神安慰。

3. 感染疟疾与工作原因的紧密度应予充分考虑

解释法律是司法的应有之义。在法律没有明确规定的情况下，法官在查明案件事实的基础上，阐释对法律的理解并作出个案裁判，是适用法律的过程，也有利于填补法律的空白。本案重点考虑的是感染疟疾与工作原因的紧密度，该裁判思路在当时是有所突破的，但在之后的工伤认定实践中已得以验证。

编写人：江苏省无锡市中级人民法院　蔡萍

江苏省无锡市梁溪区人民法院　邓敏

160 行政程序和行政诉讼中补充证据的认定

——建筑华北分公司诉天津市某区人力资源和社会保障局人力资源和社会保障行政确认案

【案件基本信息】

1. 裁判书字号

天津市第二中级人民法院（2012）二行中终字第23号行政判决书

2. 案由：人力资源和社会保障行政确认纠纷

3. 当事人

原告（被上诉人）：建筑华北分公司

被告（上诉人）：天津市某区人力资源和社会保障局

【基本案情】

2009 年 12 月 1 日，原告所属的建筑总公司与劳务公司签订了建设工程施工劳务分包合同，由劳务公司为建筑总公司在某公路西侧的工程提供劳务。2010 年 3 月 15 日，第三人毛某与劳务公司签订了劳动合同书，在建筑总公司承包的工程中从事混凝土浇筑工作。2010 年 7 月 22 日 19 时许，第三人在某公路西侧发生交通事故致伤。2010 年 9 月 7 日，第三人向被告提出工伤认定申请，被告受理申请后，经调查作出了工伤认定决定书，认定原告为用人单位，第三人属于工伤。原告对该工伤认定不服，向被告的上级机关提出复议申请时又提供了与第三人不存在劳动关系的证据，后复议机关维持了该工伤认定决定书。原告不服，遂诉至法院，请求撤销被告作出的工伤认定决定书。

【案件焦点】

原告在行政程序及诉讼中能否补充证据。

【法院裁判要旨】

天津市津南区人民法院经审理认为：第三人向被告提出工伤认定申请后，被告对原告和第三人进行了调查，履行了相关行政程序。原告在被告规定的举证期限内提供了第三人不属于工伤的证据，又在申请复议过程中补充提供了与第三人不存在劳动关系的证据，说明原告在主观上不存在《最高人民法院关于行政诉讼证据若干问题的规定》第五十九条规定的拒不提供证据的情形，原告在行政程序中履行了法律规定的举证责任。故被告及第三人认为原告违反了相关举证规则，在复议期间所举的证据不应采纳的主张不能成立。原告所举证据内容涉及第三人与用人单位是否具有劳动关系，然被告对此未进行调查核实，对劳动关系的事实未予查明，进而作出了工伤认定决定书，显属事实不清，主要证据不足，依法应属撤销之列。

天津市津南区人民法院依照《中华人民共和国行政诉讼法》第五十四条第二项第一目，判决如下：

一、撤销被告天津市某区人力资源和社会保障局作出的工伤认定决定书；

二、被告天津市某区人力资源和社会保障局在本判决生效后六十日内重新作出工伤认定决定。

天津市某区人力资源和社会保障局不服一审判决，提起上诉。天津市第二中级人民法院经审理认为：上诉人毛某提出工伤认定申请后，上诉人天津市某区人力资源和社会保障局履行了相关行政程序，进行了调查核实。而被上诉人在申请复议过程中提供了上诉人毛某与案外人劳务公司所签订的劳动合同，以证明其与上诉人毛某不存在劳动合同关系。就此上诉人天津市某区人力资源和社会保障局应进一步予以调查核实，而不宜简单以被上诉人未在举证期间提交证据为由不予采纳。同时，上诉人毛某亦未否认其与案外人劳务公司所签订劳动合同中其签字的真实性。由此可见，上诉人天津市某区人力资源和社会保障局在未查明上诉人毛某劳动合同关系的情况下，作出工伤认定决定书，显属事实不清，主要证据不足，依法应予撤销。

天津市第二中级人民法院依照《中华人民共和国行政诉讼法》第六十一条第一项之规定，作出如下判决：

驳回上诉，维持原判。

【法官后语】

职工与用人单位之间的工伤纠纷在劳动部门受理的各类案件中呈逐年上升趋势。本案的争议焦点为原告在行政程序及诉讼中能否补充证据问题，该问题涉及劳动关系主体的认定。关于当事人补充证据的情形，《中华人民共和国行政诉讼法》第三十九条规定："人民法院有权要求当事人提供或者补充证据。"在我国目前行政程序法规不完善的情况下，该规定是符合目前行政诉讼状况的。

第一，关于原告补充证据的情况。

本案原告在行政复议和行政诉讼中补充了新的证据，对此应如何处理，我国的行政复议法及相关行政程序法律法规未作明确规定。但从《最高人民法院关于行政诉讼证据若干问题的规定》第二条的规定可以看出，允许原告提出其在行政程序中没有提出的反驳理由或者证据。当然，原告补充证据的权利亦不能滥用，如果其在行政程序中恶意不提供证据，导致被告作出错误认定，在行政诉讼中又提出新证据使被告无以应对，这种行为不会得到法律支持。我国《最高人民法院关于行政诉讼证据若干问题的规定》第五十九条对此类行为规定"被告在行政程序中依照法定程序要求原告提供证据，原告依法应当提供而拒不提供，在诉讼程序中提供的证据，人民法院一般不予采纳"。

本案原告在行政复议时补充提供了相关证据，但行政机关未对此予以核查，导致对事实的认定产生了偏差。原告在行政诉讼时又提供了该证据且该证据关系到用人单位主体，法院以事实不清、主要证据不足为由撤销被告行政行为的判决符合法律规定。

第二，关于被告补充证据的情况。

在行政复议和行政诉讼期间，一般不允许被告补充证据。《中华人民共和国行政复议法》和行政诉讼法司法解释严格限制行政机关在行政行为作出后再补充证据证明被诉行政行为合法。但在实践中，有些原告或者第三人在行政程序中因故未提出申辩或提供相关证据，却在行政诉讼中提出了行政程序中没有提出的反驳理由或证据，针对上述情况，《最高人民法院关于行政诉讼证据若干问题的规定》第二条给予了被告补充证据的机会，第二条规定："原告或者第三人提出其在行政程序中没有提出的反驳理由或者证据的，经人民法院准许，被告可以在第一审程序中补充相应的证据。"根据该规定，被告补充证据应当具备以下条件：第一，被告补充证据的前提条件是原告或者第三人提出其在行政程序中没有提出的反驳理由或证据；第二，被告补充证据须经人民法院准许；第三，被告补充证据须在第一审程序中提交；第四，被告补充的证据必须是与原告或者第三人在行政程序中没有提出的反驳理由或证据相关的证据。

第三，关于第三人在诉讼中提供的证据。

本案第三人毛某亦提供了相关证据，意在证明被告作出的工伤认定决定书合法。其中一份证据是被告在行政程序中未取得的。对于该证据，不应作为被诉具体行政行为合法的依据。如果将其认定为被诉具体行政行为合法的证据，行政程序的价值就得不到充分体现。

编写人：天津市津南区人民法院　郭庆慧

161 建筑工程违法分包过程中招用劳动者的工伤认定

——建筑工程公司诉某市人力资源和社会保障局人力资源和社会保障行政确认案

【案件基本信息】

1. 裁判书字号

广东省中山市第二人民法院（2012）中二法行初字第15号行政判决书

2. 案由：人力资源和社会保障行政确认纠纷

3. 当事人

原告：建筑工程公司

被告：某市人力资源和社会保障局（以下简称某市人社局）

【基本案情】

建筑工程公司是合法的用工单位，其承包了李某位于某市的某厂房工程，并将混凝土工程分包给胡某，胡某未领取营业执照，其聘请了杨某负责工程浇筑工作。2011年10月5日，杨某在李某的厂房工地上从14时许工作至22时许离开工地，往家方向途经某大排档吃夜宵，吃完夜宵后驾驶电动自行车往家方向行驶，途中于23时55分与魏某驾驶的普通二轮摩托车发生碰撞而肇事，事故造成杨某受伤，经医院抢救无效于2011年10月13日7时55分死亡。公安交警部门作出《道路交通事故认定书》，认定杨某承担事故的次要责任。

2011年12月8日，杨某妻子张某就杨某所受到的事故伤害向某市人社局提出工伤认定申请，并提交工伤认定申请书、身份证、结婚证等相关证据材料。某市人社局受理后于2011年12月13日向建筑工程公司送达了工伤认定举证通知书及协助调查通知书，要求建筑工程公司于收到举证通知之日起5日内就杨某受到的伤害是否属于工伤提交书面意见和证据，且告知相应的法律后果，并要求建筑工程公司提交其与李某的厂房工程、其与杨某的关系的材料及其他材料。某市人社局于2012年4月1日再次向建筑工程公司发出协助调查通知书，要求建筑工程公司提交考勤记录、产量登记表、工资签收记录。建筑工程公司在规定的期限内向某市人社局提交书面意见、混凝土分包合同、泵车泵送确认单等材料，认为杨某不是建筑工程公司的员工，杨某发生的交通事故不应认定为工伤。随后，某市人社局持介绍信前往建设工程管理部门调取了李某厂房工程的建设工程施工许可证、施工合同，持调查函向公安交警部门调取毒物分析检验报告书、当事人陈述材料及对魏某等人的询问笔录。同时，某市人社局对现场进行勘察，制作了交通事故现场勘察图，对张某等人进行了调查并制作了调查笔录。2012年4月24日，某市人社局作出工伤认定决定，根据《工伤保险条例》第十四条第六项之规定，认定杨某因交通事故死亡为工伤，并分别于同年4月25日、5月15日送达张某及建筑工程公司。建筑工程公司不服，向某市人民政府提起行政复议。某市人民政府对某市人社局作出的工伤认定决定予以维持。建筑工程公司仍不服，提起行政诉讼。

【案件焦点】

1. 建筑工程违法分包过程中招用的劳动者的工伤应由谁承担责任；2. 高强度工作后，在下班回家过程中吃完夜宵后发生交通事故受到伤害能否认定为工伤；3. 某市人社局在作出认定杨某工伤决定过程中违反了《工伤保险条例》的规定，超过《工伤保险条例》规定的60日内作出，是否应予以撤销其作出的工伤认定决定。

【法院裁判要旨】

广东省中山市第二人民法院经审理认为：某市人社局作为社会保障行政部门，根据《工伤保险条例》第五条第二款、第二十条第一款的规定，具有负责本行政区域内的工伤保险工作的主体资格，受理工伤认定申请并作出工伤认定决定属其法定职责。本案中，建筑工程公司承包了李某厂房工程，并将混凝土工程分包给胡某，胡某不具有用人单位资格的事实有对胡某的调查笔录、混凝土分包合同、施工合同、建设工程施工许可证等证据予以证明，且建筑工程公司对此没有异议，予以确认。根据《广东省工伤保险条例》第四十条第二款“用人单位实行承包经营，使用劳动者的承包方不具备用人单位资格的，由具备用人单位资格的发包方承担工伤保险责任”的规定，若杨某受的伤属于工伤，应由合法的用人单位即建筑工程公司对其承担工伤保险责任。某市人社局提供对胡某等人的调查笔录证实事故当天杨某在李某厂房工地上泵送圈梁、倒水泥，从14时许工作至22时许。因杨某当天的工作消耗体能大，下班后吃夜宵符合人的正常需要，故对建筑工程公司认为杨某吃夜宵已改变下班性质的主张，不予支持。某市人社局根据《工伤保险条例》第十四条第六项规定，认为杨某于下班回家途中受到非本人主要责任的交通事故伤害，认定其为工伤，并无不当。对于建筑工程公司主张某市人社局逾期作出认定工伤决定，程序违法，应予撤销的问题，鉴于某市人社局虽逾期作出行政行为，但并没有直接导致行政相对人义务增加或者权利减损，其作出的结果正确，若撤销该认定工伤决定要求其重新作出，不仅徒增行政成本，更为重要的是重新作出与原来结果一致的行政行为对相对人实体并没有任何助益，因此，对建筑工程公司相应的主张，不予支持。关于杨某的死因，张某在提起工伤认定时提供了道路交通事故认定书、疾病诊断证明书等证据予以证明杨某因交通事故而死亡，建筑工程公司对此表示异议，但未提供任何证据予以反驳，对其相应的主张，不予支持。综上，某市人社局作出的工伤认定决定认定的事实清楚，适用法律正确，予以维持；建筑工程公司请求撤销该决定的理据不充分，不予支持。

广东省中山市第二人民法院依据《工伤保险条例》第十四条第六项之规定，判决如下：

维持某市人社局于 2012 年 4 月 24 日作出的《认定工伤决定书》。

判决后，双方当事人均未上诉，本判决现已生效。

【法官后语】

根据《工伤保险条例》第十八条第一款第二项规定，提出工伤认定申请，应当提交与用人单位存在劳动关系的证明材料。因此，劳动关系成立是工伤认定的前提条件。本案中，杨某受雇于不具备用人单位资格的自然人，其与建筑工程公司是否存在劳动关系及其是否属于工伤是主要争议。

1. 建筑工程发包中不具备用工主体资格者招用劳动者，由具备用人资格的发包方承担用工主体责任

《广东省工伤保险条例》第四十条第二款规定："用人单位实行承包经营，使用劳动者的承包方不具备用人单位资格的，由具备用

人单位资格的发包方承担工伤保险责任。”同时，《人力资源社会保障部关于执行〈工伤保险条例〉若干问题的意见》第七条进一步明确，具备用工主体资格的承包单位违反法律、法规规定，将承包业务转包、分包给不具备用工主体资格的组织或者自然人，该组织或者自然人招用的劳动者从事承包业务时因工伤亡的，由该具备用工主体资格的承包单位承担用人单位依法应承担的工伤保险责任。因承包经营的用人单位违法层层分包屡禁不止，造成劳动者权益保护不力的情形下，前述规定直接设定了具备用工主体资格的发包方承担用工主体责任的义务，有必要性及合理性。相关规定直接提高了违法建筑施工单位的经济成本，用人单位在享有经营利润的同时，承担着相应的风险和义务。用人单位在招用劳动者时不得不重新考虑劳务成本，违法招工的不良现象自然会被遏制；发生工伤事故后，基于用工主体责任也从经济上制裁了建筑施工企业的违法发包行为，有利于实现权利义务之间实质上的平衡，促进建筑行业人力资源市场健康有序地发展。本案中，由于建筑工程公司承包了李某工程，并将混凝土工程分包给胡某，建筑工程公司是合法的用人主体，故建筑工程公司依法应对杨某承担工伤保险责任。建筑工程公司提出的其与杨某不具有劳动关系，不应承担工伤赔偿责任的主张，缺乏事实依据。

2. 杨某受伤是否构成工伤

首先，根据《工伤保险条例》第十四条第六项之规定，杨某在连续工作长达八小时下班后去吃夜宵符合人的正常需要，不属于改变下班性质的事由，故本案工伤认定中认定杨某发生事故时仍属于下班途中并无不当。

其次，关于杨某的死因，某市人社局已调取死亡证明书等一系列证据，对此建筑工程公司提出异议，应承担举证责任，但其未提交任何证据予以反驳，对其相应的主张不予支持。

最后，从工伤认定的程序上看，《工伤保险条例》第二十条第一款规定："社会保险行政部门应当自受理工伤认定申请之日起60日内作出工伤认定的决定，并书面通知申请工伤认定的职工或者其近亲属和该职工所在单位。"某市人社局在本案所涉工伤认定过程中，存在逾期作出工伤认定的程序性瑕疵，尽管存在此程序瑕疵，但基于本案工伤认定结果无误，且从行政效率及保护劳动者合法权益及时实现的角度考虑，故不宜否定本诉具体行政行为的效力。

编写人：广东省中山市第二人民法院　杜万枝　林谊琼

162　融资租赁合同中承租人雇用的员工工伤的认定

——物流公司诉某市人力资源和社会保障局行政确认案

【案件基本信息】

1. 裁判书字号

江西省新余市中级人民法院（2012）余行二终字第00062号行政裁定书

2. 案由：行政确认纠纷

3. 当事人

原告（被上诉人）：物流公司

被告（被上诉人）：某市人力资源和社会保障局（以下简称市人社局）

第三人（上诉人）：马某

【基本案情】

2009年9月7日，物流公司与张某签订了《融资租赁合同》，约定乙方（张某）以融资租赁的方式购买甲方（物流公司）的涉案车辆，租赁期限为合同签订之日至2011年9月30日，乙方在以支付租金的方式付清甲方的全部融资款之前，车辆的所有权属甲方。在物流公司按约定向张某交付车辆后，张某以个人的名义对外承揽运输业务，并按合同约定每月向物流公司支付租赁费14000元，用于偿付车辆的融资款。2011年2月中旬，张某聘请马某的儿子贺某为涉案车辆的驾驶员，由张某每月支付其报酬4000元。2011年4月26日，贺某驾驶涉案车辆履行张某分派的运输任务时发生交通事故，当场死亡。2011年6月7日马某向市人社局提出工伤认定申请，该局作出《工伤认定决定书》，认定贺某在此次事故中的死亡为工亡。物流公司不服，向某市人民政府提起行政复议，某市人民政府维持了市人社局作出的工伤认定决定。物流公司不服，诉至法院，称其与贺某之间没有用工合同和实际聘用的事实，贺某由张某雇用，与张某形成雇用关系；张某作为涉案车辆的实际经营车主，具备用工主体资格，物流公司对贺某的死亡不承担责任，请求法院依法撤销市人社局作出的工伤认定决定。

市人社局认为，张某不是涉案车辆的合法经营主体，不具备用工主体资格；物流公司作为涉案车辆的所有权人和营运主体，应承担贺某的用工主体责任，请求法院维持其作出的工伤认定。马某称，贺某与物流公司存在劳动关系，市人社局依法认定贺某的死亡为工亡的工伤认定程序合法，请求驳回物流公司的诉讼请求。

【案件焦点】

1. 张某聘用的司机贺某与物流公司之间是否形成事实劳动关系；2. 有关劳动关系的认定规定在本案中是否适用。

【法院裁判要旨】

江西省新余市渝水区人民法院经审理认为：张某与物流公司签订的《融资租赁合同》合法有效，双方形成融资租赁法律关系。张某对外以个人名义独自开展业务，独立经营，独自结算，自负盈亏，与物流公司之间不存在挂靠经营关系。《关于确立劳动关系有关事项的通知》第四条规定：“建筑施工、矿山企业等用人单位将工程（业务）或经营权发包给不具备用工资格的组织或自然人，对该组织或自然人招用的劳动者，由具备用工主体资格的发包方承担用工主体责任。”本案不存在将工程（业务）或经营权发包的事实，物流公司与张某之间只是车辆使用权的转移，不存在车辆经营权的发包与承包的关系，该条款在本案中不予适用。因此，市人社局于 2011 年 12 月 12 日作出的《工伤认定决定书》认定事实不清，适用法律、法规错误。

江西省新余市渝水区人民法院依照《中华人民共和国行政诉讼法》第十一条、第三十八条、第五十四条第二款的规定，判决如下：

撤销市人社局于 2011 年 12 月 12 日作出的工伤认定决定。

马某不服，提起上诉。二审期间，马某与物流公司达成和解，申请撤诉。江西省新余市中级人民法院依照《最高人民法院关于执行〈中华人民共和国行政诉讼法〉若干问题的解释》第六十三条第一款第十项的规定，裁定如下：

准许马某撤回上诉。

【法官后语】

此类案件处理的难点在于，融资租赁关系中，承租人雇用的员工与出租人的关系如何定性，及对《关于确立劳动关系有关事项的通知》第四条的规定如何理解适用。

1. 融资租赁关系中，出租人与承租人的权利义务

融资租赁法律关系中，出卖人向承租人负租赁物的瑕疵担保责任，承租人向出租人支付租金且享有对租赁物的占有、使用、收益的权利。通过融资租赁的方式，出租人根据承租人的选择购买租赁物并提供给承租人使用，承租人支付相应的租金，这样不仅能使出租人达到投资收益的目的，也使承租人能在当期或近期以远远低于租赁物价款的租金取得租赁物的使用权，从而解决资金短缺的窘境，这也是现代的一种营销方式。在本案中，出租人与出卖人为同一人即物流公司，承租人为案外人张某，作为出卖人与出租人，物流公司有义务按照合同约定提供张某需要的租赁物即车辆，并保证车辆车况良好。而张某之所以通过融资租赁的方式也是想获得车辆的使用权来盈利。因此，在出租人物流公司保留车辆所有权的情况下，还应为张某办理车辆能安全、有效行驶并依法开展货运业务的许可证、营运证等手续。承租人在取得车辆使用权的前提下，应该按照约定按时按量地向承租人支付融资款。

2. 融资租赁关系中，承租人雇用的员工与出租人的关系

在融资租赁关系中，承租人雇用的员工与出租人是否形成事实劳动关系，关键在于出租人与承租人之间是否存在挂靠经营关系。本案中，物流公司与张某之间形成融资租赁关系。张某在物流公司向其交付租赁车辆后，以个人名义对外承揽运输业务，未与物流公司发生业务往来，并在按合同约定每月向物流公司支付租赁费外，未支付如管

理费等其他费用。因此，张某是以个人名义独自对外开展业务，独立管理、独自结算，与物流公司不存在承包或挂靠经营关系。而贺某由张某直接聘用，并由张某支付其报酬，双方形成雇用关系。由于物流公司与张某之间不存在承包或挂靠经营关系，所以贺某与物流公司之间不存在事实劳动关系。因此，认定贺某的死亡为工亡的基础不存在。

3.《关于确立劳动关系有关事项的通知》第四条的适用范围

《关于确立劳动关系有关事项的通知》第四条的规定，是针对建筑施工、矿山企业类劳动密集、事故多发的行业，为了更有效地保护劳动者的利益而作出的特别规定，此处的“等”是列举的性质，而非兜底性条款，其他行业的劳动关系不能套用此条款。且对建筑施工、矿山企业作出此类特别的规定，有其他法律相印证。笔者认为，汽车的营运证，是投入运输的车辆必须配发的车辆营运证，是从事道路运输经营活动的车辆的合法凭证，《中华人民共和国道路运输条例》第三十三条规定，道路运输车辆应当随车携带车辆营运证，不得转让、出租。可见，营运证应随车一同流转。本案中，在承租人张某未付清全部购车款前，所有权由出租人物流公司享有，办理车辆的营运证必须由物流公司协助。且根据融资租赁合同的性质，物流公司转移给张某的只是车辆的使用权，而不是车辆的经营权。因此，《关于确立劳动关系有关事项的通知》第四条的规定在本案中不适用。

综上，融资租赁法律关系中，承租人以个人名义对外承揽业务，自我管理，其聘用的员工与出租人之间不形成事实劳动关系。《关于确立劳动关系有关事项的通知》第四条规定只适用于建筑施工、矿山企业两类行业，不能扩大适用到其他行业。此种情况下，职工在车辆运营中伤亡的，不能按照《工伤保险条例》等规定认定为工伤。

编写人：江西省新余市渝水区人民法院　贺婧

十一、不履行法定职责

163 不履行规划实施行为不属于人民法院受案范围

——刘某诉某市住房和城乡建设局不履行法定职责案

【案件基本信息】

1. 裁判书字号

福建省南平市中级人民法院（2021）闽07行终9号行政裁定书

2. 案由：不履行法定职责纠纷

3. 当事人

原告（上诉人）：刘某

被告（被上诉人）：某市住房和城乡建设局（以下简称某市住建局）

【基本案情】

刘某系甲小区业主。2017年，甲小区对面的乙楼盘开发商违法对道路进行硬化，某市城市管理局向其作出责令停工通知书，乙楼盘开发商停止了违法建设。2019年1月，乙楼盘小区业主又自筹资金对门口道路进行硬化，刘某认为该道路硬化对其商业用房造成不良影响，遂向多家行政机关投诉。根据行政机关的反馈，甲小区与乙楼盘之间的道路规划已列入《某市中心城区道路工程专项规划（2017-2035年）》（以下简称《专项规划》）。2019年8月20日，某市自然资源局将《专项规划》移交某市住建局。因某市住建局尚未启动甲小区与乙楼盘之间道路建设，刘某认为某市住建局未依照《专项规划》的要求修建道路违法，遂向法院起诉，要求某市住建局履行法定职责。

【案件焦点】

行政机关不履行建设规划中的职责是否属于人民法院行政诉讼受案范围。

【法院裁判要旨】

福建省南平市建阳区人民法院经审理认为：城市道路建设和维修事项涉及的是公共利益，并非特定的公民个人的利益，根据《中华人民共和国行政诉讼法》第二条第一款的规定，公民认为行政机关的行政行为侵犯其合法权益的才有权依法提起行政诉讼，而刘某主张的权益实际上涉及的是公共利益，故其起诉不符合法律规定，应裁定驳回起诉。

福建省南平市建阳区人民法院依照《最高人民法院关于适用〈中华人民共和国行政诉讼法〉的解释》第六十九条第一款第一项、第一百零一条第一款第二项的规定，作出如下裁定：

驳回原告刘某的起诉。

刘某不服，提出上诉。福建省南平市中级人民法院经审理认为：《专项规划》是对某市中心城区道路的总体规划安排，并非针对特定行政相对人作出，且不涉及刘某的具体权利义务。规划的内容需要通过具体道路建设方案等加以具体化，政府相关主管部门需启动立项程序，落实资金安排，外部上还需对建设项目颁发建设项目选址意见书、建设用地规划许可证和建设工程规划许可证等行政许可行为才能最终实施，涉及多部门、多环节的内部管理行为和具体行政行为。政府主管部门是否履行《专项规划》以及履行时间安排，对刘某的权利义务并未构成实质影响。根据《最高人民法院关于适用〈中华人民共和国行政诉讼法〉的解释》第一条第二款第十项之规定，刘某的诉请不属于行政诉讼受案范围。

福建省南平市中级人民法院依照《中华人民共和国行政诉讼法》第八十九条第一款第一项之规定，作出如下裁定：

驳回上诉，维持原裁定。

【法官后语】

本案一审、二审裁判都裁定驳回起诉，但对于被诉行政行为的认定和审查标准却截然不同，二者分歧集中反映了行政审判思路和方法普遍存在的差异性。本案的分析有助于厘清行政诉讼相关基础理论，明确审查要点和方式。

1. 被诉行政行为的确定

以被诉行政行为为中心，审查行政行为的合法性是行政审判的基本逻辑和要求。由于行政权具有灵活性的特征，行政管理领域及行政行为种类众多，法律无法穷尽列举所有被诉行政行为的名称，只能由法官在个案中依据当事人的诉求确定被诉行政行为的种类和内容。实践中，不同法官因对当事人诉求理解不一，审理方向会大相径庭。

以本案为例，刘某的诉讼请求是判令某市住建局按某市人民政府的批复建设甲小区与乙楼盘之间的市政道路。一审认为被诉行政行为是某市住建局不履行修建道路的职责，进而审查修建道路行为的性质，其结论是修建道路属于公共利益，个人无权起诉。二审则将被诉行政行为确定为某市住建局不履行《专项规划》中关于涉案道路规划的行为，其结论是不履行规划的行为不属于行政诉讼受案范围。一般而言，对于被诉行政行为的确定必须根据个案的具体情况认真剖析原告诉求的真实意思表示。本案属于不履行法定职责之诉，确定被诉行政行为的关键在于确定原告要求某市住建局履行何种法定职责。原告的实质目的虽是修建道路，但其诉讼请求中明确要求某市住建局依照《专项规划》的要求修建道路，其真实意思是要求政府主管部门履行规划所确定的修路职责，将纸上的规划变成实际的道路。因此，二审将本案被诉行政行为变更为某市住建局不履行《专项规划》中关于涉案道路规划的行为。

需要说明的是，一审裁判以修建道路涉及公共利益，原告起诉不符合法律规定为由驳回起诉。这涉及行政法的基础理论。行政赋权的目的就是实现公共利益，而公共利益是全部私人利益的总和，这是行政法的理论基础。设置行政诉讼制度对行政权予以监督和约束，其目的就是防止行政机关滥用公共利益侵犯私人利益。因此，在行政诉讼中，公共利益与相关行政相对人的诉权不存在排斥关系，赋予行政相对人诉权就是为了更好地监督行政机关实现公共利益。这是行政诉讼与民事诉讼审理中容易混淆的一个问题。

2. 关于不履行规划行政行为的审查

综合本案案情，无论是要求修建道路还是履行规划，均不属于人民法院可控范围，一旦做出实体判决，不仅难以强制执行，一不小心还可能侵犯行政机关的初次判断权，至少法院不能代替政府或强制政府拿出修建道路资金。因此，对本案结果的判断不是难事，但正确适用法律审查被诉行政行为是本案的难点。

第一，履行法定职责之诉首先要审查起诉时机是否成熟。行政机关履行法定职责通常需经一定程序，法院不适合过早介入，替代行政机关作出决策。本案中，《专项规划》只能证明涉案道路已列入市政道路建设规划，但规划的实施还需要经立项、预算、审批、征地等多个行政主管部门多个环节的行政行为，并不具有确定性，不属于法定履行职责期限已届满、需要法院监督行政机关实施的行政行为。因此，原告的起诉时机并未成熟，依法应当裁定驳回起诉。

第二，关于要求行政机关履行实施规划内容的行为应当从是否对特定行政相对人的权利义务造成实质性影响的角度进行审查。由于规划实施的时机及是否实施都存在不确定性，属于行政机关初次判断权的范畴，不可能对特定行政相对人的权利和义务作出调整，因此应当属于《最高人民法院关于适用〈中华人民共和国行政诉讼法〉的解释》第一条第二款第十项之情形，不属于行政诉讼的受案范围。从本案情况来看，专项规划的实施与否，未减损原告刘某的现有权益，也未对其权利构成直接限制，因此其起诉不属于行政诉讼的受案范围，依法应当裁定驳回。

编写人：福建省南平市中级人民法院　张钰梅

164　估价机构与委托方签订的委托评估合同所确定的合同义务不属于房地产估价机构管理部门的监督管理内容

——刘甲诉某市住房和城乡建设委员会不履行法定职责案

【案件基本信息】

1. 裁判书字号

北京市第三中级人民法院（2020）京03行终717号行政判决书

2. 案由：不履行法定职责纠纷

3. 当事人

原告（上诉人）：刘甲

被告（被上诉人）：某市住房和城乡建设委员会（以下简称市住建委）

【基本案情】

7号院登记的宅基地使用权人为案外人刘某，刘某夫妻均已去世，二人生育一子一女，即刘甲、刘乙。2017年8月30日，某棚户区改造项目启动，7号院位于拆迁范围之内，刘甲在7号院内的房屋居住。

2017年12月10日，刘甲向市住建委邮寄《申请书》，要求查处评估公司评估资料严重失实以及未依法送达评估报告的违法行为。12月27日，市住建委对评估公司、某市某区住房和城乡建设委员会（以下简称某区住建委）进行约谈调查。《委托评估合同》约定，评估公司作为受托方进行评估，负责被评估单位的评估报告送达工作，并做好送达签收记录工作。后评估公司作出评估报告，案外人刘乙在评估报告送达回执上签字。《棚户区改造项目拆迁实施方案》（以下简称《实施方案》）第六条写明："评估公司负责完成入户测量评估工作……按照项目实施时间要求，出具符合标准的房屋估价报告，并按要求送达产权人，协助完成关于评估价格方面的专家鉴定等工作……"2018年8月30日，现场指挥部召开专题会议，根据《实施方案》第九条第五项、第十四条的规定，会议决定内容为"'有效文件'上标明的使用人已故，无法确定继承人或继承人无法达成一致意见的，由其中一名法定继承人做出相关法律承诺后办理拆迁补偿手续"，后编制第四期会议纪要作为《实施方案》补充文件。2019年1月28日，市住建委作出《答复意见》。

另查，某区住建委于2018年9月11日向城建公司作出《整改通知书》。同日，某区住建委针对刘甲等四人重新作出答复，主要内容为：一、申请内容（略）。二、调查情况（略）。三、处理意见。鉴于7号院内房屋已拆除完毕，责令城建公司进行整改，尽快对被拆迁人进行拆迁补偿与安置；责令评估公司继续完成评估报告送达工作；责令拆迁受托公司（拆迁公司）和责任人继续完善拆迁补偿协议等相关材料。刘甲不服，提起行政诉讼。

【案件焦点】

如何确定本案中拆迁评估报告送达的责任主体，责任主体和送达行为是否属于房地产估价机构管理部门的监督对象和范围。

【法院裁判要旨】

北京市通州区人民法院经审理认为：《房地产估价机构管理办法》第四章“估价管理”中对于房地产估价机构的估价活动规定了具体要求。本案中，市住建委收到刘甲的投诉举报后，向某区住建委、评估公司进行调查取证，棚户区改造项目现场指挥部亦出具了相应的情况说明材料，市住建委结合其调查情况，认为刘甲所举报评估公司所作评估严重失实的问题，并无相关事实和法律依据，不予支持。经审查，市住建委已经履行了相应的调查职责，评估公司并未违反上述估价管理的相关要求。针对刘甲所述评估公司未依法送达问题，根据《房地产估价机构管理办法》第二十八条规定，对于估价报告交付的日期和方式应当在房地产估价机构与委托人签订的书面估价委托合同中列明，本案中评估公司与城建公司签订了

《委托评估合同》，并就评估报告的送达进行了约定，符合上述规定，《委托评估合同》中约定的送达义务属于合同义务，约束合同签订双方，评估公司应当按照合同的约定履行义务。现经市住建委调查，结合《实施方案》、第四期会议纪要等情况，评估公司并未违反合同义务，如若在拆迁过程中，评估公司接受城建公司的委托进行送达侵犯了相关权利人的合法权益，其侵权后果亦应由委托方城建公司对外负担，而非直接由评估公司负担，某区住建委针对城建公司作出的《整改通知书》第二项即体现了上述管理和查处原则，故对于刘甲的诉讼请求，不予支持。

另需指出，本案系由集体土地上房屋拆迁引发的纠纷，所涉房屋估价问题系拆迁过程中的一个环节，刘甲如若认为其拆迁利益受到侵害，应当依法选择最优的维权方式进行救济，回归房屋拆迁纠纷本身。

北京市通州区人民法院依据《中华人民共和国行政诉讼法》第六十九条的规定，判决如下：

驳回原告刘甲的诉讼请求。

二审法院同意一审法院裁判意见。

【法官后语】

涉案项目的拆迁人因拆迁评估报告送达程序不规范已经受到了区县拆迁管理部门的行政处理，被告认为拆迁人作为委托人，应当承担评估机构依照其错误指令进行的送达所带来的不利后果，评估机构并非责任主体。但原告坚持认为拆迁人委托的评估公司也应当为此受到行政处理，故而提起本案诉讼。笔者认为，应当从以下三个方面具体论证：

首先，拆迁人应为房屋拆迁的责任主体，拆迁评估报告送达亦是如此。其实，地上物估价仅为房屋拆迁补偿中的一个环节，具有技术性、过程性和服务性特征，无论是国有土地上房屋征收还是集体土地上房屋拆迁，都会涉及地上物补偿。为了保证其公平、公正和合理，征收部门或者拆迁人一般会引入专业第三方，通过购买估价服务完成地上物评估。因此，委托评估鉴定仅系征拆主体确定地上物价值的一种方式和工具，最终的拆迁补偿数额并不由估价机构或者拆迁估价报告所决定，亦非由估价机构承担拆迁补偿不当的法律后果。对于被拆迁人来说，包括拆迁评估报告送达在内的所有房屋拆迁程序中的责任主体，均系且应仅系拆迁人。

其次，房地产估价机构管理部门的监管对象为估价机构，并非委托人，监管部门无权约束委托人并进行行政处理。房地产估价委托中，对于权利义务一般约定在委托人和估价机构签订的《委托评估合同》中，合同效力仅及于签订主体双方。如双方就此产生争议，应基于合同法律关系主张权利，第三人无权基于合同关系主张权利；如其认为合法权益受到损害，应当向直接侵权人主张。本案中，评估公司应当按照合同的约定履行义务，现其按照委托人拆迁人的指令进行送达，并未违反合同义务，至于拆迁人的指令是否符合房屋拆迁的相关管理规定，并非估价机构监督管理部门的审查权力范围，且即便存在违法违规之处，也应当由委托人承担法律后果，而非估价机构。

最后，行政机关需依法行政，合同义务的合法性并非估价机构监督管理部门的监管范围。房地产估价机构监管部门的执法依据为《房地产估价机构管理办法》，需要严格按照此规定履行监督管理职责。法无授权不可为，行政机关不能超越权限对监管对象作出不利的行政处理。《房地产估价机构管理办法》第四章对估价管理进行了明确规定，其中对于估价报告的送达问题仅规定在第二十八条，即对于估价报告交付的日期和方式应当在房地产估价机构与委托人签订的书面估价委托合同中列明，至于具体的送达方式并没有进行强制性限制规定。本案中，评估公司已经履行了上述法定义务，在合同义务未违反行政强制性规定的情况下，估价机构监管部门不能直接介入双方约定事务，故评估公司与拆迁人对于评估报告送达方式的约定，并不属于估价机构监管部门的监管范围。

本案系由房屋拆迁纠纷引发，通过厘清拆迁程序中的评估报告送达的责任主体，有助于强化拆迁人的主体意识和责任，也有助于被拆迁人依法正确维权，减少诉累。

编写人：北京市通州区人民法院　佟艳艳　章志豪

165　村务公开监督职责的履行程度应与保障村民知情权、村民自治范围相适应

——马某诉某区人民政府不履行法定职责案

【案件基本信息】

1. 裁判书字号

北京市高级人民法院（2020）京行终1391号行政判决书

2. 案由：不履行法定职责纠纷

3. 当事人

原告（上诉人）：马某

被告（被上诉人）：某区人民政府（以下简称某区政府）

【基本案情】

2019 年 4 月 10 日，马某向某村委会提起村务公开申请，要求公开涉案村务事项。2019 年 5 月 9 日，马某向某区政府申请责令某村委会公开马某申请的村务事项。2019 年 5 月 22 日，某区政府向马某作出《告知》，告知马某：由于目前还未到法定答复期限，还请马某耐心等待。同日，某区信访办公室向某乡政府作出《关于顾某、马某“履责申请”的转送函》，要求某乡政府认真组织调查。2019 年 5 月 24 日，某乡政府作出《关于要求某村委会对村务公开相关内容进行公示的通知》，要求某村委会就马某申请公开的村务事项予以查找核实，并于 2019 年 6 月 13 日前公布。2019 年 6 月 11 日，某村委会就马某的村务公开申请召开会议，决定公示：“一、2011—2019 年，某村委会与××公园签署的房屋租金情况。二、起始年至 2019 年，北京××4S 店与某村委会签订的土地租赁情况。三、北京××4S 店合同解约赔付款情况……”某村委会将公示村务事项予以张贴公布。2019 年 6 月 28 日，某区政府作出《关于顾某、马某申请村务公开有关事项的答复》（以下简称被诉答复），主要内容为：根据《中华人民共和国村民委员会组织法》第三十一条“村民委员会不及时公布应当公布的事项或者公布的事项不真实的，村民有权向乡、民族乡、镇的人民政府或者县级人民政府及其有关主管部门反映”之规定，某乡政府已要求某村委会在村委会公示栏对村务事项进行公开，请前往查看。马某不服该答复，遂成讼。

【案件焦点】

1. 被告是否履行调查核实职责，原告的村务公开监督请求是否成立；2. 村务公开监督职责的履行程度如何裁量。

【法院裁判要旨】

北京市第四中级人民法院经审理认为：关于法定职责的依据问题。根据《中华人民共和国村民委员会组织法》第三十一条的规定，马某作为某村村民，有权向县级人民政府反映该村村民委员会村务公开问题。某区政府作为一级人民政府，负有调查核实，并在确认村民委员会存在不及时公布应当公布的事项或者公布的事项不真实的情况下责令其公开的职责。

关于某区政府是否按照《中华人民共和国村民委员会组织法》的规定履行了调查核实及监督职责的问题。马某认为某区政府并未按照其要求履行调查核实职责。对此，应根据《中华人民共和国村民委员会组织法》对村务公开制度及管理监督方式的规定进行审查。根据《中华人民共和国村民委员会组织法》第二十三条、第三十条以及《北京市实施〈中华人民共和国村民委员会组织法〉的若干规定》第二十七条至第二十九条的规定，某区政府作为一级人民政府，在法律授权范围内履行调查核实监督职责，既不能不作为，亦不能超越法律授权范围作为。综观某区政府履行职责的情况，其收到申请后首先要求属地乡政府进行核实、调查和处理。在乡政府反馈情况后，某区政府经审查判断认为某村委会已公开相关信息，并作出被诉答复。法院认为，某区政府履行职责的前述行为符合《中华人民共和国村民委员会组织法》及《北京市实施〈中华人民共和国村民委员会组织法〉的若干规定》。

关于村务公开监督职责履行的范围问题。合同内容是否公平、合理以及合同履行情况是否存在侵吞集体资产、侵害集体利益的情形不属于区政府履行调查核实村务公开的职责范围。村民如认为村民委员会不及时公布应当公布的事项或者公布的事项不真实的，有权向乡、民族乡、镇的人民政府或者县级人民政府及其有关主管部门反映。村民如认为村民委员会的决定不适当的，可以通过村民会议的方式行使撤销或变更的权利。也就是说，应当充分尊重村民自治，鼓励村民通过村民会议等形式充分行使民主管理和民主监督权利。

北京市第四中级人民法院依照《中华人民共和国行政诉讼法》第六十九条，作出如下判决：

驳回马某的诉讼请求。

二审法院同意一审法院裁判意见。

【法官后语】

村务公开行政监督案件属于典型的履责之诉，该类诉讼的实质目的是要求行政机关履行监督村民委员会公开相关村务的职责。此类案件在实践中可能以撤销之诉的形式表现，如当事人请求撤销行政机关对其作出的答复，但其诉讼标的仍然是行政机关履行法定职责的请求能否成立。行政机关作出的答复当然属于案件审查的范围，但其又不能等同于案件审查范围的全部。法院审理此类案件，审查对象不能局限于被诉行政行为的合法性，也就是答复的理由是否成立。

此类案件的审查范围包括以下四个方面：

其一，行政机关在接到村民村务公开行政监督申请后是否尽到了调查核实职责。主要审查：(1) 行政机关对监督申请是否进行了审核判断；(2) 行政机关是否进行了调查核实，包括是否以实地走访、会议等形式对村务公开的内容、形式进行调查并形成相关证据材料；(3) 区县政府交办给乡镇政府的，是否有合法有效的村务公开监督办理流程。

其二，行政机关在调查核实后是否作出了相应的答复或决定。主要审查：(1) 答复或决定内容是否有相关证据支持；(2) 答复或决定内容是否明确，责令公开的是否确定了合理的期限和方式，具有可执行性；(3) 答复或决定作出时限及送达情况，相关法律对责令公开或不予公开决定的作出时限没有规定，实践中可参照适用行政诉讼法关于履行职责期限为两个月的规定；(4) 行政机关在作出责令限期公开的通知或决定后，是否以适当形式对村民委员会的履行情况进行了复核。行政机关不仅应当及时履责，还应当全面履责，并要依法实现履责的目的。

其三，履责请求在实体法上能否成立。如果行政机关作出的拒绝性答复合法，原告要求履责的请求当然不能成立；拒绝性答复理由不当，但经审查原告的履责请求能够成立且行政机关已无判断裁量空间的，法院可以直接判决行政机关履行特定的法定职责；拒绝性答复理由不当，但原告的履责请求经审查确实不能成立的，也可以判决驳回原告的诉讼请求，并在判决理由中指明拒绝性答复理由的不当之处。这种做法，既有利于行政争议的实质解决，又能通过指明答复不当之处的方式明确事实和法律关系。

其四，行政机关履行职责是否还有判断裁量空间。法院可以直接判决行政机关履行特定内容的法定职责。法院如果审查认为履责请求能够成立，行政机关履行职责明显已无进一步判断裁量空间的，有权直接判决行政机关履行相应的职责。如果行政机关尚有判断裁量空间的，法院也可以判决行政机关针对申请重新作出处理。

村务公开监督案件的合法性审查应当坚持比例原则。比例原则是行政机关依法行政所应遵循的一般原则，其基本要求是公权机关实现行政管理目标所采取的手段对于相关法益的影响与目标实现的公益维护应当是均衡的。首先，行政机关的决定、行动或措施可以实现行政目的，即妥当性要求；其次，行政机关在可以采取实现行政目的的多种方式中，应当选择对当事人合法权益侵害最小的方式实施，即必要性原则；最后，行政机关的决定、行动或措施的成本和收益应当是均衡的、符合比例的。具体结合村务公开行政监督案件，监督的目标依法保障村民的知情权，通过调查核实，经审查判断后作出责令公开的决定或作出不予公开的答复能够实现行政目的，具备比例原则中的妥当性要求，同时也要选择对当事人合法权益侵害最小的方式实施，使其符合必要性原则。同时，要对运用监督权保护的权益与行政成本之间进行利益衡量，从而决定实施该措施的合法性与适当性。

编写人：北京市第四中级人民法院　武楠　李世邦

166 对违法建筑物、构筑物的认定，行政机关应主动处理，不能转嫁于相对人

——时某诉某区人民政府不履行法定职责及行政复议案

【案件基本信息】

1. 裁判书字号

北京市高级人民法院（2020）京行终694号行政判决书

2. 案由：不履行法定职责及行政复议纠纷

3. 当事人

原告（被上诉人）：时某

被告（上诉人）：某区人民政府（以下简称某区政府）

【基本案情】

2019年7月3日，原告以某区城市管理综合行政执法局（以下简称某区城管局）为被申请人向被告提出行政复议申请，复议请求为拆除违法建设，履行法定职责。2019年9月29日，某区政府作出《行政复议决定书》（以下简称被诉复议决定），根据《中华人民共和国行政复议法》第二十八条第一款第三项的规定，确认某区城管局未在法定期限内对某街道西里9楼5门西侧铁皮构筑物履行查处职责违法，并依法送达给原告和某区城管局。原告于2019年10月9日收到后不服，于同年10月17日提起行政诉讼。

2019年3月8日，原告通过城管信访管理系统，向某区城市管理综合行政执法监察局反映"某街道西里9楼5门西侧叶某某家原围墙被拆除后，街道办事处又给他家建铁栅栏并贴铁皮、吊顶子，构成违法构筑物，要求城管执法机关履行法定职责"。2019年3月11日，某区城市管理综合行政执法监察局告知原告其反映的问题已导入行政事项进行处理。2019年4月1日，市规划和自然资源委员会某区分局认定某街道西里9楼5门西侧的铁皮构筑物未取得建设工程规划许可证。2019年6月24日，某区城市管理综合行政执法监察局更名为某区城管局，其他保持不变。2019年9月27日，在被诉复议决定案件审理期间，某区城管局协助违法建设人将某街道西里9楼5门西侧围栏上的铁皮拆除。

原告时某诉称，被诉复议决定确认某区城管局未在法定期限内对某街道西里9楼5门西侧铁皮构筑物履行查处职责违法，却不责令某区城管局拆除其全部的违法建设、履行法定职责。对于某街道西里西侧违法建设（构筑物）的违建主体，某区城管局有难辞其咎的责任。某区某街道办事处于2018年5月28日在本小区内违法建墙，后根据被诉复议决定，被告责令某区城管局在法定期限内对某街道西里9楼5门西侧围墙履行查处职责，街道办事处于2019年1月14日把围墙拆除后，又改建成带有地基的铁栅栏，导致叶家在铁栅栏上安装铁皮、吊顶。综上，原告请求法院：1. 撤销被诉复议决定；2. 判令被告重新作出复议决定，责令某区城管局拆除本案所涉及的违法建设，履行法律职责。

被告某区政府辩称，被告所作被诉复议决定事实清楚、证据确凿、适用法律正确、程序合法，请求法院依法驳回原告的诉讼请求。

【案件焦点】

复议机关是否对涉案违法构筑物的认定进行了调查核实。

【法院裁判要旨】

北京市第四中级人民法院经审理认为：被告某区政府作为行政复议机关，在受理行政复议申请后，应当围绕行政复议申请的请求内容，对被复议行为是否属于行政复议范围以及该行为是否合法、适当进行全面审查，并根据《中华人民共和国行政复议法》及《中华人民共和国行政复议法实施条例》的有关规定作出相应的行政复议决定。本案中，原告时某的行政复议请求为要求某区城管局拆除违法建设，履行法定职责。原告庭审中亦坚持其复议要求拆除的是铁皮和铁栅栏。被告某区政府收到原告的复议申请后，应当就被复议行为的请求事项进行全面审查。但被诉复议决定只确认了被申请人某区城管局未在法定期限内对某街道西里9楼5门西侧铁皮构筑物履行查处职责违法，对于原告反映的铁栅栏是否构成违法构筑物、是否应予拆除的问题被告未予调查核实，被诉复议决定也未予回复。因此，被诉复议决定明显遗漏了行政复议决定应当处理的事项，属于认定事实不清，主要证据不足。

北京市第四中级人民法院依照《中华人民共和国行政诉讼法》第七十条第一项之规定，判决如下：

一、撤销某区政府作出的被诉复议决定；

二、责令某区政府针对时某的行政复议申请于本判决生效之日起法定期限内重新作出行政复议决定。

二审法院同意一审法院裁判意见。

【法官后语】

由于城市更新进程加快，对于违法建设进行查处的城市管理行为也占据了复议、诉讼审查对象中的不小比例。而违法建筑物、构筑物的认定至关重要，那么如何认定违法建筑物、构筑物，以及进行认定行为审查的机关应该为哪种行政机关则是需要明确的，如此才能够保障当事人的合法权益。

在对建筑物、构筑物、设施合法性进行认定时，首先看其是否取得了规划许可，已取得的规划许可是否是临时性的、有无超期，有无按照规划许可进行建设；其次对于有权属证明的建筑物、构筑物，看其有无通过搭建行为增加了面积，使个人行为获得实际利益，或者侵犯占用了公共空间。

而很显然，从法律、法规、规章禁止性规定来看，违法建筑的认定一方面是城管执法部门的工作职责，另一方面也要结合其他管理部门提供的信息。这些信息通常是指管理部门的许可信息、技术规范和标准信息、申报信息和备案信息、其他管理信息等。然而，起主导作用的仍然是城管执法部门。故除城乡规划部门外，城管执法部门对于违法建筑的认定负主要责任，在接受举报人的举报后也应当对涉事建筑的合法性进行核实与认定，当自身现有材料不能认定涉事建筑性质时，也应主动向有关规划部门发函询问确认，然后依法作出相应的处理。在违法建筑的认定和查处中，其他相关管理部门应及时履职，将管理信息及时与城管执法部门共享。

综上，在违法建筑物、构筑物的认定和查处中，城管执法部门应及时履职，对于不能认定或不能确认建筑合法性的，应及时与相关管理部门进行信息共享，对违法建筑物、构筑物的认定做出及时处理，不能将此项职责转嫁于相对人身上从而弱化乃至不履行其日常监管、认定、处理的职责。

本案中，原告作为举报人对涉案建筑进行了举报，某区城管局作为依法享有处理违法建筑的职权的行政机关对此举报进行了处理。某区城管局应对涉案建筑的合法性作出认定后进行处理，而本案中，涉及的违法建筑系在固有房屋基础上用铁栅栏、铁皮等材料搭建起的院落，综合该案证据材料显示，其系占用小区道路、花园等搭建建筑物、构筑物，应当予以拆除。而某区城管局只在进行了调查、约谈和部分拆除工作后，在违法建设人未及时改正的情况下仅协助违法建设人将铁皮拆除。某区城管局在执法过程中将违法的构筑物进行了主观认知上的分割，将一体结构的铁皮、铁栅栏分开进行处理。铁栅栏、铁皮是形成铁皮构筑物的组成部分，某区城管局将其强行进行割裂，没有认定为违法建筑，听之任之，这属于行政不作为；而在本案中，因为某区城管局的强行割裂，原告又向规自委某区分局申请认定“铁栅栏”的合法性，规自委某区分局又出函认定其为违法构筑物，徒增当事人的负担。

有关违法建筑物、构筑物的认定，本系城管执法部门应当认定的内容，在其存有疑问时，应当主动咨询规划部门进行认定并处理，而本案的某区城管局却在规划部门认定后，将违法构筑物进行了拆分。若其对拆分后的设施属性不明，仍可向规划部门进行确认，然其却强行割裂违法构筑物。此种情况使得原告替城管局完成了对剩余构筑物的属性确认，系行政不作为，而被告在作出复议决定时，对这点也未能认清、查明，故法院判决撤销复议决定并责令其重新作出。

编写人：北京市第四中级人民法院　孙嘉琳

167　农村违法建筑应综合考量相关因素决定是否拆除

——周甲诉某镇人民政府不履行法定职责案

【案件基本信息】

1. 裁判书字号

江苏省南通市中级人民法院（2019）苏06行终679号行政判决书

2. 案由：不履行法定职责纠纷

3. 当事人

原告（上诉人）：周甲

被告（被上诉人）：某镇人民政府（以下简称某镇政府）

第三人（被上诉人）：周乙

【基本案情】

周甲户与周乙户东西相邻。2017 年 2 月，周甲向某镇政府提交《履行职责申请》，请求某镇政府重新丈量土地，恢复 1997 年农村二轮承包周甲责任田西边原有的 2 尺 5 寸的人行道路，拆除公共道路上的一切违章违建。因某镇政府未履行查处职责，周甲于 2017 年诉至江苏省如东县人民法院，该院认为，周甲履职申请所涉围墙不属于某镇政府应当予以查处的情形，遂于 2017 年 11 月 29 日判决驳回周甲的诉讼请求。周甲不服，上诉至江苏省南通市中级人民法院，该院认为，案涉围墙属于构筑物，某镇政府未正确履行职责，遂于 2018 年 4 月 13 日判决撤销一审判决，责令某镇政府对周甲的申请事项予以调查处理。2018 年 6 月 13 日，某镇政府作出《关于对周甲申请事项的调查处理报告》，认为某镇政府会同城建、土管等部门，对周甲投诉的周乙护土墙、宅基地等问题进行了多次查勘、讨论，查明护土墙位于周乙住宅地东侧，2005 年周乙为防止水土流失，其在住宅地东侧砌了 1 米左右的护土墙，为保障护土墙安全，周乙又在护土墙东侧加了常规支撑点，以防倒塌。因周甲出行路在东边，周乙所砌护土墙对周甲及其他村民的正常生产生活没有影响，且护土墙在农村确实存在。

另查明，周甲与周乙曾因排除妨碍纠纷诉至江苏省海安市人民法院，2016 年 1 月 8 日，该院判决驳回周甲的诉讼请求。周甲不服，提起上诉。2016 年 6 月 13 日，江苏省南通市中级人民法院判决认定：周乙于 2005 年左右在其与周甲之间的集体共用土地上建造围墙，多年来，周甲户一直自东边出行，如其认为通过周乙门前道路通行更为便利，应当与周乙户友好协商解决，现有证据亦不足以认定对周乙建造的围墙有排除妨害的现实必要性。故驳回上诉，维持原判。周甲仍不服，提起申诉，江苏省高级人民法院经审理依法作出驳回申诉通知书。

【案件焦点】

针对周甲的举报，某镇政府是否存在不履行法定职责的情形，其所作调查处理报告依据是否充分。

【法院裁判要旨】

江苏省南通经济技术开发区人民法院经审理认为：案涉围墙已被生效文书确认属于城乡规划法调整对象的构筑物，但周甲曾与周乙因排除妨碍纠纷向法院提起民事诉讼，该案件经一审、二审、再审，三级法院均认定现有证据不足以认定周乙建造的围墙有排除妨害的现实必要性。周甲多年来一直自东边出行，案涉围墙对周甲出行不造成实际影响。

江苏省南通经济技术开发区人民法院依照《中华人民共和国行政诉讼法》第六十九条之规定，判决如下：

驳回周甲的诉讼请求。

周甲不服，提出上诉。江苏省南通市中级人民法院经审理认为：对于农村居民建设的构筑物，如果行政机关经调查发现确实不影响规划，且对周边邻居不造成影响，从而作出不予查处或者不予拆除的处理决定，可以认定行政机关已经履行了相应的职责。

第一，案涉挡土墙对周甲的通行权不造成影响。生效民事判决认为，周甲户一直自东边出行，如其认为通过周乙门前道路通行更为便利，应当与周乙户友好协商解决，现有证据亦不足以认定对周乙户建造的围墙有排除妨害的现实必要性。第二，周甲主张的通行权并不因案涉挡土墙的拆除而必然实现。现场勘查发现，周甲户如从西边道路步行向南，挡土墙存在与否对其并无影响，如汽车通行，即使挡土墙被拆除，也需要在集体共用土地及水塘上修建水泥道路，才存在汽车通行的可能，更何况道路也不可能紧贴挡土墙的墙根修建。周甲主张的通行权并不因案涉挡土墙的拆除而必然实现。第三，某镇政府作出的调查处理报告与生效判决并不冲突。生效行政判决认为，案涉围墙属于构筑物并受相关的规划管理法律法规调整，但对于案涉围墙是否属于违法建设、如何处理的问题，需要某镇政府调查后作出处理决定。某镇政府收到判决书后，组织住建、城建、土管等部门到现场勘测，召开会议讨论，认定案涉挡土墙对周甲及其他村民的正常生产生活没有影响，决定对案涉挡土墙不予查处。这一结论与生效民事判决及现场查看的情况相符，结论并无不当，所作处理体现了尊重历史、面对现实的原则，最大限度地保障了两户的权益。

江苏省南通市中级人民法院依照《中华人民共和国行政诉讼法》第八十九条第一款第一项之规定，作出如下判决：

驳回上诉，维持原判。

【法官后语】

土地作为农业生产的基本要素，不仅是农民最基本的生产生活资料，也是农村最主要的可利用资源。长期以来，农村违法占地建设建、构筑物是导致土地“非农化”“非粮化”的重要原因。严守耕地红线、切实保护耕地资源是审理涉农村违法建设行政案件的基本原则。但是，农村违法建设原因纷繁复杂，不仅涉及法律问题，还涉及事实问题以及历史遗留问题。因此，针对农村违建行为不能“一刀切”，而应当根据具体情况，因时、因地制宜，分类处置违法建设。

1. 农村违法建设行为的主要成因及表现

农村违法建设主要表现在以下几个方面：一是农村居民未批先建、少批多建建、构筑物。有的村民基于人口增加、改善居住条件等需要，在审批面积基础上，不断以翻建、改建住房的方式，扩大住宅占地范围，或者为了方便生产需要，未经批准在耕地内建设挡土墙、仓库、厕所等构筑物。二是土地流转导致土地性质“非农化”。随着农村剩余劳动力向城市转移，承包土地闲置，部分农民把本应耕种的土地租给他人开办企业、工厂。三是部分休闲农庄、农家乐在实际经营过程中，违背不改变土地性质的承诺，建设永久性建筑，硬化土地、破坏耕作层，形成所谓的“大棚房”问题。

2. 农村违法建设中的当事人权益保护

查处农村违法建设旨在保护土地资源，但并不意味着违法行为人的权利一概不予保护。在切实保护耕地的前提下，要严格甄别并保护当事人可能存在的正当财产权益和程序权利，不能因为当事人实施了违法建设行为，就将其合理诉求拒之门外。一是违法建筑的合法原材料应予保护。违法建筑本身不受法律保护，但组成建筑物的原材料属于当事人的合法财产，如果行政机关采用不合理的方式强制拆除违法建筑，造成不当损害的，应当承担赔偿责任。二是不得剥夺正当程序性权利。在查处违法建设案件的过程中，行政机关应保障当事人陈述、申辩以及要求听证等权利。作出限期拆除的处罚决定时，应当根据建筑物的性质给予当事人合理的拆除期限，以便当事人最大限度地减少可用建材的损失，充分腾空屋内财产。三是征地拆迁中的合理补偿。在征地拆迁过程中，拆迁人对于违法建设的建筑物、构筑物并非一概不予补偿，而是通常按建材回购价、对附属设施给予一定补偿。法院应当区分日常行政管理过程中的违法建设查处与拆迁过程中的违法建设查处，根据违法建筑形成过程中各方面的责任大小，确定适当比例，基于当事人合理的行政补偿或者行政赔偿。

3. 对查处农村违法建设中行政自由裁量权的审查

行政诉讼以合法性审查为原则，但机械式的合法性审查不能满足实践需求，《中华人民共和国行政诉讼法》第七十条第六项规定了“明显不当的”行政行为属于可撤销行为。这是一种适度的合理性审查，是对合法性审查的有益补充。虽然在违法建设的查处中，严格执法可避免选择性执法、执法不统一的情况出现，但是也可能导致执法“一刀切”的局面。对于一些争议较大、存在历史原因的农村违法建设，还是应当根据个案的具体情况判断是否“严重影响规划”，因地制宜、因时制宜、分类处置违法建设。行政自由裁量权遵循的依法原则、程序正当原则以及比例原则，都旨在追寻一种符合社会道德和客观规律的、多数社会成员认同的合理性。因此，如行政机关对形式上是违法建设的行为不予查处时，应当符合自由裁量的目的。

实践中，农村违法建筑成因较多，有的是家庭人口增加，但基层组织已不再批准建房；有的是规划不合理，需要相应建、构筑物满足生产生活需要。在此情况下，应当从有利生产、方便生活且不影响周边环境、邻居等角度出发，综合施策、客观看待，消解法律的稳定性与现实的多样性之间的紧张关系。如本案中，某镇政府认定案涉挡土墙对周甲及其他村民的正常生产生活没有影响，这一结论与生效民事判决及法院至现场查看的情况相符，体现了尊重历史、面对现实的原则。

编写人：江苏省南通市中级人民法院　张祺炜　金保阳

168 行政职务行为是否属于公安管辖范围的理论分析

——徐某诉某市公安局不履行法定职责案

【案件基本信息】

1. 裁判书字号

江苏省南通市中级人民法院（2020）苏06行终407号行政判决书

2. 案由：不履行法定职责纠纷

3. 当事人

原告（上诉人）：徐某

被告（被上诉人）：某市公安局

【基本案情】

2019年11月30日，某市公安局接到报警称徐某及家人与拆迁工作组人员因拆迁问题发生纠纷，徐某及家人被殴打。当日17时24分，处警民警到达现场，经了解系徐某家庭与拆迁工作组人员为房屋拆迁事宜发生纠纷。处警民警将各方指认的涉嫌殴打他人的人员口头传唤至派出所接受调查。

徐某认为某市公安局未履行法定职责，遂提起诉讼，请求确认2019年11月30日徐某报警后，某市公安局不制止违法行为违法。

【案件焦点】

某市公安局接警后的处警行为是否合法。

【法院裁判要旨】

江苏省南通经济技术开发区人民法院经审理认为：某市公安局

接到110指挥中心指令后，派警到达现场并了解现场情况、劝解现场人员。处警结束后，及时制作接处警工作登记表。因此，接处警程序符合法律和公安部规范性文件的规定。徐某方报警时即称与拆迁工作组人员为拆迁问题发生纠纷，处警民警现场了解的情况亦是徐某户与拆迁工作组人员协商拆迁问题而产生纠纷。针对纠纷双方指控的殴打行为，处警民警将涉嫌存在殴打行为的相关人员均传唤至派出所接受调查。针对其余拆迁工作人员，拆迁主体委派的工作人员人数是否超过合理的协商需求、协议搬迁中是否存在其他不当行为，均属于作为搬迁补偿主体的行政机关实施的行政行为，徐某认为相应行政机关协商签订行政协议的手段、过程等违法的，可以另行通过法定途径主张权利。公安机关无权对其他行政机关的行政行为合法与否直接作出评判或者予以干涉。

江苏省南通经济技术开发区人民法院依照《中华人民共和国行政诉讼法》第六十九条的规定，作出如下判决：

驳回徐某的诉讼请求。

徐某认为某市公安局未能平息拆迁纠纷，未在现场监督拆迁工作属于不正确履职，遂提起上诉。江苏省南通市中级人民法院经审理认为：根据公安部《110接处警工作规则》的相关规定，处警民警接到110报警服务台处警指令后，应当迅速前往现场开展处置工作。处警民警到达现场后，应当根据有关规定对警情妥善处置。处警结束后，应当及时将处警情况向110报警服务台反馈，并做好处警记录。某市公安局接到报警后，及时派警到达了现场并了解现场情况。处警结束后做好处警记录，该接处警程序符合法律和公安部规范性文件的规定。到达现场后根据现场调查的情况，对违法嫌疑人进行了传唤，并予以立案调查，并无不履行治安管理法定职责的违法情形。拆迁工作系相关行政机关负责实施，在没有法律法规特别规定的情况下，某市公安局不具有对其他行政机关的行政职务行为进行查处的职责。

江苏省南通市中级人民法院依照《中华人民共和国行政诉讼法》第八十九条第一款第一项之规定，作出如下判决：

驳回上诉，维持原判。

【法官后语】

提起履职之诉的必备条件之一就是应当向有管辖权的行政机关提出。当行政机关对申请人请求保护的事项不具有相应的管辖权力时，当事人的诉请自然不能获得支持。本案系由拆迁引发，当事人认为公安机关应当对具体拆迁行为进行管理。显然，公安局对此类行政职务行为，不具有法定的管辖权力。

1. 不具有组织架构上的可管理关系

行政机关的相互关系，主要包括纵向的上下级关系和横向的不相隶属关系。纵向关系是一种等级命令关系。这种等级命令关系就是上下级行政机关之间的领导与被领导、命令和服从的关系。基于等级命令关系，上级机关可以确定下级机关的法定职权及其裁量权范围，而下级机关则必须绝对服从上级行政机关领导，将上级机关的决定层层传达、执行。横向法律关系主要是分工配合关系，在横向关系中，各行政机关地位彼此平等，相互间不存在强制、命令、管辖关系。

具体到本案中，公安机关实行双重领导体制：公安机关在接受本级人民政府领导的同时，还要接受上级公安机关的领导。本案警情实际上由政府拆迁行为引发，该拆迁行为是行政机关行使政府职能、实现行政管理目的的手段之一，当属行政职务行为。如是县市级以上人民政府实施的拆迁行为，某市公安局作为下级机关，当然无权对上级机关的职务行为进行管理，否则有违组织法中“等级命令”基本原则。若是该行为系横向其他行政机关实施，则与某市公安局在行政组织架构中处于平等地位，互无隶属与服从关系，某市公安局亦无权对同级行政机关予以处置。

2. 不具备行政监督的法定主体身份

为了督导行政机关及其工作人员在行政管理过程中的行为，法律法规赋予相关组织对行政机关及其公务人员的行政职务活动进行审视、评价与查究的权利。行政权监督主要包括权力机关监督、司法监督、内部层级监督、民主监督、社会公众监督以及政府系统内设立的专职监督即监察监督和审计监督。其中，内部层级监督指上级行政机关基于行政隶属关系对下级行政机关实施的监督，包括上级人民政府对下级人民政府、本级人民政府对其所属工作部门、上级行政部门对下级行政部门的监督。内部层级监督有着森严的等级界限，上下级泾渭分明。

本案中，某市公安局不具备法律监督主体身份，其不属于权力机关、司法机关或社会公众。案涉拆迁行为无论是哪一级政府或行政机关实施，都不是某市公安局的下属机关，因此某市公安局绝无可能取得层级监督的主体身份，无法根据地方各级人民代表大会和地方各级人民政府组织法或行政复议法的规定，去评判、改变、撤销强制拆除行为。

3. 基于行政行为的公定力

如前所述，行政机关进行的拆迁行为也是履行行政管理职责的手段之一，只是与公安机关的分工不一样而已，同属行政行为。行政行为基本特征之一即具有公定力，意味着行政行为一经成立，不论是否合法，在未被有权机关撤销或变更以前，都应当被推定为合法，对行政机关本身、相对方以及其他国家机关都具有拘束力，任何团体或个人都必须遵守和服从。如果仅因为被拆迁人报警就允许公安机关介入平行行政机关的职务行为，审查其他行政机关行政管理、执法行为的合法性，属于对“有权机关”的违法扩大解释，无异于对行政行为公定力的破坏。

4. 当事人有直接救济途径

大部分行政法部门法律法规在规定法律责任时，对行政机关工作人员一方违法行使职权的行为规定给予行政处分，构成犯罪的依法追究刑事责任。行政机关工作人员在执行职务时存在故意或者重大过失侵犯公民合法权益造成损害的，一是承担民事责任，即承担部分或者全部的赔偿费用；二是承担行政责任，即由有关行政机关依法给予行政处分；三是依照刑法规定，构成犯罪的，还应当承担刑事责任。国家赔偿法第二条、第四条、第十六条也赋予被害人最为直接、便捷的救济途径。因此，当事人如果认为行政机关工作人员职务行为侵权，可以向其所属行政机关依法投诉或举报，也可以依照行政复议法及行政诉讼法规定，向上一级行政机关申请行政复议或提起行政诉讼。

本案中，某市公安局正确履行了接处警职责，并无不履行治安管理法定职责的违法情形。徐某要求某市公安局对相关行政机关的拆迁行为予以制止缺乏事实和法律依据。

编写人：江苏省南通市中级人民法院　鲍蕊

169 用人单位未缴纳社会保险费劳动监察时效的适用

——龚某诉某市某区人力资源和社会保障局不履行劳动监察职责案

【案件基本信息】

1. 裁判书字号

江苏省南通市中级人民法院（2020）苏06行终431号行政判决书

2. 案由：不履行劳动监察职责纠纷

3. 当事人

原告（上诉人）：龚某

被告（被上诉人）：某市某区人力资源和社会保障局（以下简称某区人社局）

第三人（被上诉人）：建设集团公司

【基本案情】

1995年2月，龚某入职原建筑安装公司。1997年4月25日，原建筑安装公司与龚某终止劳动合同关系。原建筑安装公司于2004年改制为第三人建设集团公司。2011年7月至2012年6月，案外人机械制造公司为龚某申报缴纳养老保险费。2016年10月起，龚某挂靠某区就业管理中心自行申报缴纳养老保险费。2020年1月7日，龚某向某区人社局投诉，要求某区人社局责令建设集团公司补缴1995年至1997年龚某工作期间的社会保险费。某区人社局于1月9日作出《劳动保障监察不予受理投诉决定书》，认为龚某反映的建设集团公司未缴费行为已超过 2 年，根据《劳动保障监察条例》第二十条、《劳动和社会保障部关于实施〈劳动保障监察条例〉若干规定》第十八条的规定，决定不予受理。龚某不服，提起诉讼，请求撤销某区人社局作出的不予受理投诉决定书，责令某区人社局依法受理龚某的投诉请求。

【案件焦点】

龚某要求某区人社局履行对建设集团公司的劳动监察法定职责，是否超过 2 年时效。

【法院裁判要旨】

江苏省南通经济技术开发区人民法院经审理认为：《劳动保障监察条例》第二十条第一款规定，违反劳动保障法律、法规或者规章的行为在 2 年内未被劳动保障行政部门发现，也未被举报、投诉的，劳动保障行政部门不再查处。龚某与建设集团公司之间的劳动关系于 1997 年 4 月已终止，建设集团公司不再负有为龚某缴纳社会保险费的义务，即便存在违法行为，也应从此时开始计算 2 年劳动监察时效期。龚某于 2020 年 1 月 7 日向某区人社局投诉，已超过了 2 年的劳动保障监察时效。某区人社局作出的不予受理投诉决定书符合法律规定。

江苏省南通经济技术开发区人民法院依照《中华人民共和国行政诉讼法》第六十九条之规定，判决如下：

驳回龚某的诉讼请求。

龚某不服，提出上诉。江苏省南通市中级人民法院经审理认为：劳动保障行政部门依据《劳动保障监察条例》第二十条规定，以企业未依法缴纳社会保险费行为在 2 年内未被发现，也未被举报、投诉为由不再查处的，人民法院不予支持；当事人请求履行上述查处职责，且能够提供相应材料初步证明企业存在未依法缴纳社会保险费用的，人民法院应当判决责令有关劳动保障行政部门履行相应职责。追缴社会保险费有一定的特殊性，是否适用2年查处时效，应受到以下两个条件的限制。第一，职工需提交初步证明。职工举报、投诉企业未依法缴纳社会保险费不受2年时效限制、人民法院责令劳动保障行政部门履行相应职责的前提是职工有初步证据证明企业存在未依法缴纳社会保险费的行为。否则，如果职工提交的证据或者劳动保障行政部门经核查发现的证据不能证明企业存在未依法缴纳社会保险费的情形时，即使法院责令劳动保障行政部门履职相应职责，也没有意义。第二，用人单位未缴纳社会保险费的违法行为需呈持续状态。当职工与用人单位解除、终止劳动关系时，用人单位缴纳社会保险费的义务即告终止，其不作为违法行为也相应终止，故应从此时起算用人单位欠缴社会保险费的追诉时效。本案中，龚某原就职的建筑安装公司已改制为建设集团公司，龚某此后又就职于案外人机械制造公司，1995—1997年期间，建设集团公司属于乡镇企业，不在当时必须参加企业职工基本养老保险的参保范围内，且从龚某1997年4月离职起，建设集团公司便没有再为龚某缴纳社会保险费的义务。龚某要求某区人社局责令建设集团公司补缴1995—1997年龚某的社会保险费的投诉事项，已超过2年的劳动保障监察查处时效，且无初步证据证明建设集团公司存在未依法为龚某缴纳社会保险费用的情形。

江苏省南通市中级人民法院依照《中华人民共和国行政诉讼法》第八十九条第一款第一项之规定，作出如下判决：

驳回上诉，维持原判。

【法官后语】

社会保险法规定用人单位有为职工缴纳社会保险费的义务，但用人单位因种种原因，未为职工缴纳或者未及时足额缴纳社会保险费的情况时有发生。基于社会保险费缴纳强制性、保障性的特点，查处社会保障违法行为应坚持职工合法权益优先原则，但是，也需适度考虑用人单位的承受能力以及法律关系的稳定性。因此，职工通过劳动监察的方式要求用人单位补缴社会保险费，应从严掌握不受时效限制的前提条件。

1. 要求用人单位补缴社会保险是否受2年时效限制的相关规定

《劳动保障监察条例》第二十条规定，违反劳动保障法律、法规或者规章的行为在2年内未被劳动保障行政部门发现，也未被举报、投诉的，劳动保障行政部门不再查处。前款规定的期限，自违反劳动保障法律、法规或者规章的行为发生之日起计算；违反劳动保障法律、法规或者规章的行为有连续或者继续状态的，自行为终了之日起计算。上述规定是劳动保障监察查处时效的一般规定，人社部门通常以此规定，对职工超过2年的投诉不予受理。劳动保障行政部门依据《劳动保障监察条例》第二十条规定，以企业未依法缴纳社会保险费行为在2年内未被发现，也未被举报、投诉为由不再查处的，人民法院不予支持；当事人请求履行上述查处职责，且能够提供相应材料初步证明企业存在未依法缴纳社会保险费用的，人民法院应当判决责令有关劳动保障行政部门履行相应职责。职工通常会起诉要求人社部门对用人单位超过2年未缴纳社会保险的行为进行查处。

2. 要求用人单位补缴社会保险费相关纠纷的价值判断

用人单位未为职工缴纳或者及时足额缴纳社会保险费的样态十分复杂，较为常见的是用人单位未为在职职工缴纳社会保险，在职职工向人社部门投诉的情形。实践中，还存在以下情况：一是用人单位未缴纳社会保险，职工退休后向人社部门投诉；二是职工离职后在其他用人单位就职，要求原用人单位补缴社会保险费；三是用人单位已改制，职工要求改制后的企业补缴社会保险费。因此，对于职工投诉用人单位未缴纳社会保险费，劳动监察部门一概以超过2年为由不予受理的，显然违反了社会保险强制性、原则性的基本原则，也不利于职工的权益保障和社会和谐稳定。但是，企业缴纳社会保险费的行为，不仅关系到参保人员的合法权益，同时也关系到社保基金的支撑能力以及政府的财政负担，从行政执法实践来看，还涉及劳动监察部门对相关事实的调查、取证问题。对于一些年代久远，企业改制或者职工已在他处就职等情形，如果不受任何期限限制就要求用人单位补缴社会保险费，不仅可能给企业带来沉重的负担，在社会保险费缴纳的技术层面，也难以实现。因此，对于企业未依法缴纳社会保险费行为的查处时效应从严掌握，只有满足一定前提条件，才可不受时效限制。

3. 用人单位未依法缴纳社会保险费行为查处时效的适用

职工要求劳动监察部门对用人单位未依法缴纳社会保险费进行查处，一般应满足以下两个条件，才可不受查处时效的限制。

一是职工提交初步的证据。职工举报、投诉企业未依法缴纳社会保险费不受时效限制、人民法院责令劳动保障行政部门履行相应职责的前提是职工有初步证据证明企业存在未依法缴纳社会保险费的行为。否则，如果职工提交的证据或者劳动保障行政部门经核查发现的证据不能证明企业存在未依法缴纳社会保险费的情形时，即使法院责令劳动保障行政部门履职相应职责，也没有意义。

二是用人单位未缴纳社会保险费的违法行为需呈持续状态。经办机构接到超过追诉期的投诉后，一般也按程序进行受理。对能够提供佐证材料的，尽量满足参保者诉求，予以解决，以减少企业职工临近退休时要求企业足额补缴欠费的问题发生。因此，当职工与用人单位劳动关系存续时，用人单位未缴纳社会保险费的行为可视为持续状态；当职工与用人单位解除、终止劳动关系时，用人单位缴纳社会保险费的义务即告终止，其不作为违法行为也相应终止，故应从此时起算用人单位欠缴社会保险费的追诉时效。

编写人：江苏省南通市中级人民法院　张祺炜

170　律师向不动产登记机关申请"以人查房"应否支持

——陈某、蔡某诉某市规划和自然资源局不履行法定职责案

【案件基本信息】

1. 裁判书字号

重庆市第五中级人民法院（2018）渝 05 行终 604 号行政判决书

2. 案由：不履行法定职责纠纷

3. 当事人

原告（被上诉人）：陈某、蔡某

被告（上诉人）：某市规划和自然资源局（原某市国土资源和房屋管理局，以下简称原某市土房局）

【基本案情】

陈某、蔡某系某律师事务所律师，二人接受案外人魏某的委托，代为处理魏某与冯某民间借贷纠纷一案在审判和执行阶段的

相关事宜。陈某、蔡某于 2018 年 2 月 23 日、2 月 26 日，持人民法院出具的《受理案件通知书》、律师事务所介绍信、授权委托书、律师执业证，前往某市不动产登记中心申请查询对方当事人的房产信息。某市不动产登记中心拒绝了二人的查询申请。二人遂诉至法院，要求确认某市不动产登记中心所属的原某市土房局拒不履行依其申请查询他人不动产登记信息的行为违法。

【案件焦点】

代理民事诉讼的律师向不动产登记机构申请查询对方当事人的房产信息被拒绝，律师以该不动产登记机构的行政主管部门为被告提起行政诉讼的，人民法院应否予以支持。

【法院裁判要旨】

重庆市巴南区人民法院经审理认为：《中华人民共和国民事诉讼法》第六十一条规定，代理诉讼的律师和其他诉讼代理人有权调查收集证据，《中华人民共和国律师法》第三十五条第二款规定，律师自行调查取证的，凭律师执业证书和律师事务所证明，可以向有关单位或者个人调查与承办法律事务有关的情况。陈某、蔡某作为魏某的代理律师，有权进行调查收集证据，不动产登记中心应提供房屋查询服务。

重庆市巴南区人民法院依照《中华人民共和国民事诉讼法》第六十一条、《中华人民共和国律师法》第三十五条第二款之规定，作出如下判决：

确认原某市土房局拒绝向原告陈某、蔡某提供查询不动产登记信息的行为违法。

原某市土房局不服一审判决，提起上诉。重庆市第五中级人民法院经审理认为：第一，陈某、蔡某申请查询冯某名下所有房产的目的在于通过诉讼保全确保债权在得到判决支持后能顺利实现，不影响该案的事实认定及判决结果。第二，我国实行不动产登记资料依法查询制度，根据《不动产登记暂行条例》第二十七条、《不动产登记暂行条例实施细则》第九十七条第四款等规定，有权申请查询、复制不动产登记资料的主体有三类，分别为权利人、利害关系人和有关国家机关。律师作为民间借贷纠纷的诉讼代理人，既不属于不动产的权利人，也不属于利害关系人，不应支持。第三，即便是权利人、利害关系人申请查询、复制不动产登记资料，其能够查询、复制的范围亦有明确限制，权利人可以查询、复制自身名下的所有不动产登记资料，利害关系人可以查询、复制的范围也限于特定不动产的自然状况、权利信息和其他事项。陈某、蔡某申请查询的是冯某名下的所有房产信息，并未指向特定不动产，属于对特定自然人名下的不动产信息进行汇总，显然不符合法律规定的查询范围。第四，当前涉及不动产查询的法律规定是在特定人群知情权与公民隐私权之间进行价值平衡后作出的合理制度安排，律师的调查取证仍需通过相应领域的规定予以实现。

重庆市第五中级人民法院根据《中华人民共和国行政诉讼法》第八十九条第一款第二项之规定，作出如下判决：

一、撤销一审判决；

二、驳回陈某、蔡某的诉讼请求。

【法官后语】

本案的核心问题是律师因民事诉讼向不动产登记机关申请“以人查房”是否应当得到司法支持，涉及公民隐私权和律师调查取证权之间的合理保护和平衡。调查取证是律师的法定权利，充分尊重和保障律师依法履职具有重要的法治意义。律师依法可以对法律事务进行调查取证。同时，隐私权越来越受到重视。两者之间存在较大张力，隐私权是《中华人民共和国民法典》明确规定的自然人享有的民事权利，而律师调查取证权是仅涉及诉讼当事人的权利，其决定了两者权利价值位阶不同，但是两者又不是完全对抗的关系。就当前制度设计而言，自行调查和申请有权机关调查能够充分保障律师的调查取证权。同时，保障律师调查取证权绝不意味着律师的调查取证权没有法律边界，仍然应当遵守相关法律规定的主体、程序、范围、原因等合理限制。

本案一、二审法院审理思路出现分歧，一审法院主要是立足于律师调查取证权的原则性规定，认为不动产登记机关应当为律师提供"以人查房"的服务。二审法院则从所查证据与案件事实认定和判决结果的关联性、不动产信息查询的主体范围、查询的信息范围、相关法律适用规则、律师调查取证权与公民隐私保护的平衡等方面，认为房屋信息与民间借贷案件的事实认定和裁判结果没有关联，律师并非权利人、利害关系人和有关国家机关，对相关法律规定进行综合分析，律师无权实现"以人查房"。在立法层面，各领域关于律师调查取证权的具体规定在不断健全完善，如《不动产登记资料查询暂行办法》第二十二条就规定律师受相应当事人委托，可以比委托人查询更多的不动产登记信息，以满足律师办理相关案件的诉讼需求。在司法实践层面，司法机关也不断加强律师权利保障，律师调查取证权也逐步通过多种方式得以保障，既可自行实现，也可在无法自行实现时申请律师调查令、申请法院调查取证等。但如要实现本案所主张的在诉讼阶段"以人查房"，还须从法律规定、公民隐私保护等方面谨慎考量。

律师调查取证权的核心应是案情需要，且受法律规定的程序、范围等限制，这符合法律的原则和精神。本案中，陈某、蔡某作为民事诉讼代理人，申请查询所涉案件对方当事人名下所有房产，其目的系执行的顺利进行，与案件事实本身并无任何关联，不影响该案的事实认定及判决结果，并不满足案情需要的关键要求，也不符合权利人、利害关系人和有关国家机关之一的查询主体要求，“以人查房”也并非指向特定的不动产信息，远远超出了法律规定的合理查询范围，会对公民隐私造成极大冲击，难以得到法律支持。在后续的立法和司法实践中，需要对此进行更加深入的关注和调研，以期能够在律师调查取证权和公民隐私权之间寻求最佳平衡点。

编写人：重庆市第五中级人民法院　乐巍　徐良

171 超过法定退休年龄不符合办理首次参加社会保险登记手续的条件

——张某诉某市社会保险基金管理中心不履行法定职责案

【案件基本信息】

1. 裁判书字号

江苏省无锡市中级人民法院（2019）苏02行终74号行政判决书

2. 案由：不履行法定职责纠纷

3. 当事人

原告（上诉人）：张某

被告（被上诉人）：某市社会保险基金管理中心（以下简称某市社保中心）

【基本案情】

张某于1956年12月4日出生，自2001年6月起在陶瓷公司工作，陶瓷公司未为其办理社会保险。2016年2月26日，张某向某市人力资源和社会保障局（以下简称某市人社局）监察大队投诉，反映陶瓷公司未为其缴纳社会保险费。监察大队经调查，于2016年4月26日向陶瓷公司作出了劳动保障监察限期改正指令书，责令陶瓷公司在2016年5月10日前到社会保险经办机构为张某申请办理社会保险登记手续，并按规定缴纳社会保险费（具体补缴时限和金额由社会保险经办机构审定，社会保险费个人应缴纳部分由张某个人承担）。同年5月8日，陶瓷公司书面通知张某于5月9日9时，到某市人社局与公司一起办理社会保险登记手续并按规定缴纳社会保险费，逾期责任由张某个人自负。因张某对补缴时限有异议，补缴手续未办成。

2017年4月，张某向法院提起民事诉讼，要求陶瓷公司赔偿其社会养老保险待遇损失，从2016年1月起，每月支付其养老金2000元。法院经审理认为，陶瓷公司未为张某办理社保手续，但张某的社会保险事宜已经由相关行政机关处理，且是可以补办的，只是对补缴时限存在争议，故不属于劳动争议案件的受理范围，裁定驳回起诉。

2017年9月15日，张某向某市人社局提出请求履行法定职责申请书，要求某市人社局在收到该申请之日起30个工作日内完成为申请人办理社会保险补办事宜。某市人社局认为该申请事项属社保中心的职责，故将该申请转某市社保中心处理。某市社保中心于2017年10月17日告知张某："对照你提供的相关资料，我们进行了初步审核，根据《〈江苏省企业职工基本养老保险规定〉实施意见》，现你已超过法定退休年龄，不符合办理条件。"张某不服该答复，向法院提起行政诉讼。

【案件焦点】

某市社保中心针对张某提出的履职申请所作的告知书是否合法。

【法院裁判要旨】

江苏省宜兴市人民法院经审理认为：《中华人民共和国社会保险法》第八条规定，社会保险经办机构提供社会保险服务，负责社会保险登记、个人权益记录、社会保险待遇支付等工作。某市社保中心承担本市社会保险基金的登记、征缴、审核、支付和管理等职责。《〈江苏省企业职工基本养老保险规定〉实施意见》第二条第三款规定，参保人员首次参加企业职工基本养老保险年龄不超过国家和省规定的退休年龄。本案中，张某于2016年2月26日向某市人社局劳动监察大队投诉陶瓷公司未在其工作期间缴纳社会保险费，监察大队即立案调查，并责令陶瓷公司于2016年5月10日前到社会保险经办机构为张某申请办理社会保险登记手续并按规定缴纳社会保险费，在办理过程中，因张某对补缴的时限有异议，社会保险登记手续未办成。2017年9月，张某要求依法为其补办养老保险事宜，因张某于2016年12月4日已达法定退休年龄，某市社保中心告知张某提出申请时已超过法定退休年龄，不符合办理条件的答复并无不当。张某要求确认某市社保中心不予办理社会保险行为违法，并责令社保中心采取补救措施的主张，没有事实和法律依据。

江苏省宜兴市人民法院依据《中华人民共和国行政诉讼法》第六十九条之规定，判决如下：

驳回张某的诉讼请求。

二审法院同意一审法院裁判意见。

【法官后语】

社保一直是缓解我国社会养老负担的重要手段，随着我国经济社会发展，老龄化问题开始凸显，社保的功能定位更加突出。对于达到退休年龄以后是否还能首次参加社保养老保险，根据《中华人民共和国社会保险法》第十六条“参加基本养老保险的个人，达到法定退休年龄时累计缴费满十五年的，按月领取基本养老金。参加基本养老保险的个人，达到法定退休年龄时累计缴费不足十五年的，可以缴费至满十五年”的规定，可以得知首次参保必须在法定退休年龄之前。

本案中，张某与陶瓷公司自2001年6月起存在劳动关系，且某市人社局于2016年4月26日作出劳动保障监察限期改正指令书，要求用人单位在2016年5月10日前为张某办理社保手续，2016年5月8日，陶瓷公司书面通知张某次日9时一同前往某市人社局办理社会保险登记手续并按规定缴纳社会保险费，逾期责任由张某个人自负。2016年5月9日，在社保办理过程中，由于劳动者张某对于缴费年限和基数有异议，并未在法定退休年龄前完成社会保险补缴工作，因此对于其超过法定退休年龄而未参保的事实，劳动者张某是负有责任的。

从本案来看，张某在其主张权利之初是可以补办社保的，后来因其自身原因导致补办并未成功。这时，张某要求某市社保中心履职，某市社保中心于 2017 年 10 月 17 日告知其已超过法定退休年龄，不符合办理条件，应认定某市社保中心的履职并无不当。

劳动者在参保过程中应当注意：（1）及时关注社保缴纳信息。可通过属地社保服务大厅、下载属地政府社保部门的官方应用程序或进入属地社保官网办事服务大厅，查询个人社保账户缴费情况。如对所查信息存有异议，及时联系所在单位或社保中心进行数据信息核实。（2）及时寻求权利救济。劳动者如遇用人单位在用工期间没有为其办理社保手续或者没有按时足额缴纳社保费用，应及时联系用人单位足额缴纳，如被拒绝，可向社会保险行政部门、社会保险经办机构、社会保险费征收机构等部门进行投诉举报，必要时也可通过相应法律途径解决。（3）实时关注自身参保年龄。公民应当密切关注自身参保年龄，特别是针对临近法定退休年龄的参保人员，要及时办理相关手续，避免由于自身原因无法办理，影响自己的切身权益。

编写人：江苏省宜兴市人民法院　汪姝邑　叶棋刚

172　村民会议讨论同意撤销村民委员会建制的形式

——范某诉北京市某区某镇人民政府、北京市某区人民政府不履行法定职责案

【案件基本信息】

1. 裁判书字号

北京市第一中级人民法院（2019）京 01 行终 1001 号行政判决书

2. 案由：不履行法定职责纠纷

3. 当事人

原告（上诉人）：范某

被告（被上诉人）：北京市某区某镇人民政府（以下简称某镇政府）、北京市某区人民政府（以下简称某区政府）

【基本案情】

2018年12月10日，范某向某镇政府邮寄提交《履行法定职责申请书》，要求："1. 依法对某村民委员会在撤销村民委员会建制工作过程中存在的违法行为进行查处；2. 依法将受理情况、处理结果以邮寄方式书面送达申请人。"某镇政府通过调取某村撤销村民委员会建制工作方案、某村（股份）经济合作社第二届股东（村民）代表大会2018年九次会议决议及会议纪要、某村关于撤销村民委员会建制征求意见及表决结果的公告、关于撤销某村委会建制的情况说明等材料，于2019年1月11日作出第32号答复书，告知范某："经查，未发现某村民委员会在撤销村民委员会建制工作过程中存在违法行为。"范某不服上述答复，于2019年1月24日向某区政府提起行政复议。同年1月25日，某区政府作出行政复议答复通知书，并于同年1月28日向某镇政府送达。同年2月2日，某镇政府作出答复书并提交相关证据材料。2019年3月19日，某区政府作出被诉复议决定书，决定维持某镇政府作出的第32号答复书，并分别向某镇政府、范某进行了送达。范某仍不服，向法院提起行政诉讼。

【案件焦点】

经村民代表会议讨论通过，以入户形式征求村民对撤销村委会建制的意见，是否符合村民委员会组织法第三条第二款"经村民会议讨论同意"规定的程序要求。

【法院裁判要旨】

北京市海淀区人民法院经审理认为：村民委员会组织法第三条第二款规定，村民委员会的设立、撤销、范围调整，由乡、民族乡、镇的人民政府提出，经村民会议讨论同意，报县级人民政府批准。该法第二十七条第三款规定，村民自治章程、村规民约以及村民会议或者村民代表会议的决定违反前款规定的，由乡、民族乡、镇的人民政府责令改正。某镇政府依法具有监督其辖区内村民会议或者村民代表会议的决定的法定职责。因此，对于范某的申请，某镇政府应依法作出处理。本案中，某镇政府收到范某于 2018 年 12 月 10 日提交的《履行法定职责申请书》后，调取了某村撤销村民委员会建制工作方案、某村（股份）经济合作社第二届股东（村民）代表大会 2018 年九次会议决议及会议纪要、某村关于撤销村民委员会建制征求意见及表决结果的公告、关于撤销某村委会建制的情况说明等材料，经核查，未发现范某所述的违法行为，遂于 2019 年 1 月 11 日作出第 32 号答复书，将相关处理情况书面告知范某。该第 32 号答复书认定事实清楚，程序合法，并无不当。同时，某区政府收到范某的行政复议申请后，依法履行了受理、作出并送达被诉复议决定书等程序，认定事实清楚，程序亦无不当。对于范某的主张，法院不予支持。

北京市海淀区人民法院依照《中华人民共和国行政诉讼法》第六十九条、第七十九条之规定，作出如下判决：

驳回范某的全部诉讼请求。

范某不服一审判决，提起上诉。北京市第一中级人民法院经审理认为：村民委员会组织法第三条第二款规定，村民委员会的设立、撤销、范围调整，由乡、民族乡、镇的人民政府提出，经村民会议讨论同意，报县级人民政府批准。该法第二十七条第三款规定，村民自治章程、村规民约以及村民会议或者村民代表会议的决定违反前款规定的，由乡、民族乡、镇的人民政府责令改正。某镇政府依法具有监督其辖区内村民会议或者村民代表会议的决定的法定职责。因此，对于范某的申请，某镇政府应依法作出处理。本案中，某镇政府收到范某于 2018 年 12 月 10 日提交的《履行法定职责申请书》后，依法对范某提出的某村村民委员会建制撤销问题进行了调查，经调查后的结果并不与 2018 年 8 月 30 日《某镇关于撤销部分村民委员会建制的工作方案》中的相关要求存在不符的情况。某镇政府据此作出第 32 号答复书认定事实清楚，符合撤村工作实际，并无不当。某区政府依法履行了受理复议申请、作出并送达被诉复议决定书等程序，该决定书认定事实清楚，程序合法，结论亦无不当。

北京市第一中级人民法院依照《中华人民共和国行政诉讼法》第八十九条第一款第一项之规定，作出如下判决：

驳回上诉，维持一审判决。

【法官后语】

关于村民委员会的撤销程序，村民委员会组织法第三条第二款有明确规定：村民委员会的设立、撤销、范围调整，由乡、民族乡、镇的人民政府提出，经村民会议讨论同意，报县级人民政府批准。也就是说，经过全体村民会议讨论同意是必经的程序之一。本案中，原告范某作为某村的村民，认为某村委会的撤销并未经过村民会议讨论同意这一程序，入户调查不能取代村民会议。被告某镇政府认为，在召开村民会议存在困难的情况下，入户调查签字的方式可以代表村民真实的意思表示，符合村民委员会组织法规定的程序。对此，笔者认为，对于村民委员会组织法所规定的“经村民会议讨论同意”应从结果上来理解，而不应仅从形式上来理解。

从形式上看，传统的村民会议可以说是最原始的会议形式，即将所有符合条件的村民召集到一处，大家当面进行讨论，然后表决是否同意撤销村民委员会。但是随着社会的发展和人员流动性增加，村民外出打工或者不在本村居住的情况不在少数。村民委员会组织法第二十四条以列举的方式规定了涉及村民利益须经村民会议讨论决定方可办理的事项。凡是涉及必须由村民会议讨论的事项，就必须将符合条件的村民一一召回召开会议，难度之大可想而知，几乎不可能实现。

但是，如果从结果意义上来理解“经村民会议讨论同意”就容易实现得多，形式可以多样。例如，本案针对在村居住村民采用入户调查的方式就是形式之一，而针对外出打工等长期不在村内居住或者短时间无法回村的村民，可以采用电话、微信视频等方式征求村民的意见，并做好记录，保留好相关材料。只要结果上做到了征求村民意见，就可以视为经过了村民会议讨论。也正是从这个意义上理解，法院经审理认为，某村委会以入户调查的方式征求了本村18周岁及以上的具有本村农业户籍及因征地或整建制农转非人员的意见，征求意见比例为96.5%，其中同意撤销村委会建制的占81.0%，符合规定。故对于范某要求对某村民委员会在撤销村民委员会建制工作过程中存在的违法行为进行查处的请求，法院不予支持。

编写人：北京市门头沟区人民法院　马冬梅

173 不动产权利人查询、复制不动产登记资料的范围限于其本人当次登记相关的资料

——何某诉某市规划和自然资源局不履行法定职责案

【案件基本信息】

1. 裁判书字号

江苏省南京市中级人民法院（2019）苏01行终339号行政判决书

2. 案由：不履行法定职责纠纷

3. 当事人

原告（上诉人）：何某

被告（被上诉人）：某市规划和自然资源局（以下简称某市规资局）

【基本案情】

2008年6月，何某通过买受取得位于某小区房屋三处，幢号分别为008、009和010，并于同年6月11日分别领取了三份房屋所有权证书，共有权人均为刘某。根据房屋所有权证书记载，幢号为008的房屋结构为砖木、建筑面积为261.70平方米、设计用途为仓库；幢号为009的房屋结构为砖木、建筑面积为128.15平方米、设计用途为仓库；幢号为010的房屋结构为砖木、建筑面积为106.50平方米、设计用途为其他。2018年8月8日，何某至不动产登记中心处提出不动产登记资料查询申请并附幢号为010的房屋所有权证书、身份证等材料，要求查询和复制不动产登记

资料。工作人员于当日向何某提供幢号为010的房屋于2008年6月交易的权属登记申请书、存量房买卖合同、销售不动产统一发票办证联、契税完税凭证等资料。何某当场提出异议，工作人员答复其仅能查询买受后的不动产登记资料。何某于2018年8月15日寄递不动产登记资料查询申请书，工作人员电话告知何某应当按照规定进行查询，并解释了相关查询规定。2018年11月13日，何某提起本案行政诉讼。

【案件焦点】

何某向某市规资局申请查询在购得涉案房屋之前的所有不动产登记资料是否应予准许。

【法院裁判要旨】

江苏省南京铁路运输法院经审理认为：通过对法律解释方法的运用，可以得知《不动产登记资料查询暂行办法》第十四条、第十六条第一款中的“不动产登记结果”均应指与权利人或利害关系人有关的个别登记结果，而非所有登记结果。基于同样的理由，第十四条中的“本不动产登记结果”，亦应指向个别登记结果，而非所有。“本不动产登记原始资料”与之对应。涉案房屋的“不动产登记簿上记载的权利人”显然不止何某一人，若何某有权查询该不动产的所有登记结果和登记原始资料，则该不动产的任意“不动产登记簿上记载的权利人”均有相同的权利。这意味着，只要某人曾经是某不动产的初始登记、抵押登记、变更登记、转移登记甚至异议登记、预告登记的“不动产登记簿上记载的权利人”，无论该不动产物权此后转移过多少手，均有权查询复制所有后手的不动产登记资料。这一结论显然有违常理。《不动产登记暂行条例》第四条第二款规定，不动产登记遵循严格管理原则。第三十二条规定，泄露不动产登记资料、登记信息应当承担法律责任。《不动产登记资料查询暂行办法》第一条规定的立法目的为“规范不动产登记资料查询活动，加强不动产登记资料管理、保护和利用，维护不动产交易安全，保护不动产权利人的合法权益”。第三十条第二项规定，泄露不动产登记资料、登记信息的应当承担法律责任。可见，不动产登记资料不同于一般的政府信息，不动产登记资料的查询和获取应当得到严格管理，以保护所有的不动产权利人。本案中，何某对涉案房屋的权利始于 2008 年 6 月，其要求查询此前的不动产登记资料不符合《不动产登记暂行条例》和《不动产登记资料查询暂行办法》的立法目的。

综上，江苏省南京铁路运输法院依照《中华人民共和国行政诉讼法》第六十九条之规定，判决如下：

驳回原告何某的诉讼请求。

何某不服，提起上诉。江苏省南京市中级人民法院经审理认为：不动产权利人和利害关系人可以查询本不动产登记资料。何某于 2008 年 6 月购得涉案房屋，作为涉案房屋的权利人，何某可以查询 2008 年 6 月之后涉案房屋的登记结果和登记原始资料。但在 2008 年 6 月之前，何某并非涉案房屋权利人或利害关系人，无权查询 2008 年 6 月之前的涉案房屋登记资料。而且，买受后的权利人查询买受前的不动产原始登记资料必然涉及买受前权利人的个人隐私。

综上，江苏省南京市中级人民法院依照《中华人民共和国行政诉讼法》第八十九条第一款第一项的规定，判决如下：

驳回上诉，维持原判。

【法官后语】

不动产权利人可依法查询、复制不动产登记资料，当无疑义。实践中较有争议的是不动产权利人有权查询、复制哪些不动产登记资料，是否包括前手交易形成的不动产登记资料。《中华人民共和国民法典》和《不动产登记暂行条例》规定了权利人可以依法查询、复制不动产登记资料，但没有对查询范围作出明确规定。《不动产登记资料查询暂行办法》第十四条规定："不动产登记簿上记载的权利人可以查询本不动产登记结果和本不动产登记原始资料。"据此，原告认为其可以查询"本不动产"的全部不动产登记资料，而被告认为查询范围应限于2018年6月后与登记相关的不动产资料。两种理解均在文义的合理射程之内，需要运用其他解释方法弥补文义解释的不足。

首先，对于"本不动产登记"中的"本"修饰的是"不动产"还是"登记"，可以结合立法技术探究立法者的本意。如果该规定是指权利人可以查询该不动产全部原始登记资料和登记结果，完全可以简化为"可以查询不动产登记资料"，至于何为不动产登记资料，《不动产登记资料查询暂行办法》第二条已有规定。此外，用"本"修饰不动产也缺乏实质意义，按照一般人的理解，不会认为自己的权利范围可以涵盖他人的不动产。《不动产登记资料查询暂行办法》第十四条放弃看似更简洁的表述，反而两次强调"本不动产登记"，是基于功能上的考量，即强调原始登记资料和登记结果均限于个别登记。

其次，同一不动产可能存在多个权利人，权利范围有明显差异，查询范围应与权利范围相适应。不动产登记包括初始登记、抵押登记、变更登记、转移登记、异议登记、预告登记等，不同的登记会产生不同的权利人。同一种权利还可能发生多次变动，产生不同阶段的原始资料和登记结果。原告虽于2018年6月取得涉案房屋所有权，但对于此前的不动产交易而言，并非处于权利人地位。如果不考虑权利类型和权利存续期间，就会得出只要曾经是某不动产的初始登记、抵押登记、变更登记、转移登记甚至异议登记、预告登记的“不动产登记簿上记载的权利人”，均有权查询复制所有不动产登记资料的结论，显然有违常理。

最后，不动产登记资料查询应平衡物权公示与个人信息保护的关系。无论是《中华人民共和国民法典》第二百一十七条确立的登记公示公信、权利正确性推定原则，还是《不动产登记暂行条例》《不动产登记资料查询暂行办法》等规定的泄露不动产登记资料应当承担法律责任，都体现了兼顾交易安全与个人信息保护的立法目的。具体而言，不动产登记结果是确定物权归属与内容的依据，是物权公示的主要载体，涉及个人隐私、商业秘密的内容较少；而原始资料中的身份材料、交易合同等，则主要涉及身份信息、交易信息等个人隐私、商业秘密，公示物权的功能较弱。允许权利人查询全部不动产登记资料，容易导致利益失衡。本案中，原、被告的主要分歧就在于原告能否查询前手交易的原始资料，从《不动产登记暂行条例》和《不动产登记资料查询暂行办法》的立法目的考虑，原告的主张难以得到支持。

编写人：江苏省南京江北新区人民法院　夏文浩　邢黎

174 行政机关在行政相对人被刑事立案后应当继续全面依法履行行政监管职责

——某市人民检察院诉某市市场监督管理局不履行食品药品安全行政管理职责案

【案件基本信息】

1. 裁判书字号

湖北省松滋市人民法院（2019）鄂1087行初25号行政判决书

2. 案由：不履行食品药品安全行政管理职责纠纷

3. 当事人

公益诉讼起诉人：某市人民检察院

被告：某市市场监督管理局

【基本案情】

黄某在某市投资设立一家药店，进行中成药、中药饮片、抗生素制剂等销售。该店取得了《药品经营许可证》等证书。

2018年7月19日，某市公安局在进行执法检查时，在黄某租住房内设置的药品储存仓库货架上查获130盒阿司匹林肠溶片。黄某不能提供该批次药品的随货同行单。7月23日，某市公安局对黄某销售假药立案侦查。7月27日，某市市场监督管理局对该药店涉嫌销售假药立案调查。后经鉴定，该130盒阿司匹林肠溶片按假药论处。10月19日，某市市场监督管理局对该药店涉嫌销售假药案调查终结，但认为案件已经由司法机关立案，按照药品行政执法与刑事司法衔接的相关规定，应由司法机关作出处理后才能进行行政处罚，故未作出处理决定。

2019 年 4 月 4 日，某市人民检察院向某市市场监督管理局发出《检察建议书》，建议被告依法履行监督管理职责。

某市市场监督管理局收到《检察建议书》后，认为黄某从不具有药品生产、经营资格的企业购进药品，在购进药品时未执行进货检查验收制度，不验明药品合格证明和其他标识，没有真实完整的购销记录系法条竞合，故对从不具有药品生产、经营资格的企业购进药品的行为进行处罚。同时，不具有药品生产、经营资格的企业购进药品与销售假药存在牵连关系，故对销售假药的行为进行处罚。2019 年 5 月 5 日，某市市场监督管理局对涉案药店从不具有药品经营资格的企业购进药品和销售假药的两种行为作出责令改正违法行为，并停业整顿六个月的行政处罚。

2019 年 5 月 6 日，黄某向某市市场监督管理局申请办理涉案药店营业执照注销手续，随后被核准注销登记。

某市人民检察院认为，某市市场监督管理局在收到检察建议后，未依法对涉案药店的违法行为全面查处，而仅对部分违法行为作出行政处罚，且行政处罚错误，致使国家利益和社会公共利益仍处于受侵害状态，遂提起行政公益诉讼，请求责令某市市场监督管理局依法全面正确履行行政监管法定职责。

【案件焦点】

1. 行政相对人被刑事立案后，行政机关是否存在移送管辖权、能否继续履行监管职责；2. 行政相对人注销后，行政机关能否继续履行监督管理职责。

【法院裁判要旨】

湖北省松滋市人民法院经审理认为：1. 行政机关并不会与司法

机关发生行政管辖权冲突，亦不会将行政管辖权移送司法机关。行政职权与职责是法定的，即使行政相对人的行为涉嫌犯罪被刑事立案，也不能消除其应当接受行政监管的义务，亦不能消除行政机关对其实施行政监管的职责。在司法机关对行政相对人刑事立案后，行政机关仍应当依法实施行政监管，并可以依法作出行政处罚，且不停止执行。故某市市场监督管理局在涉案药店被某市公安局立案侦查后仍应当履行行政监管职责。

2. 药品管理法对药品经营者有从业限制性规定，也明确了对于单位从事药品违法行为的不仅要追究单位的责任，还要追究直接负责的主管人员和其他直接责任人员责任。虽然涉案药店营业执照已经注销，但其违法行为的后果并未消除，对其持有的尚在有效期内的相关药品经营证书未进行处理，对其责任人黄某亦未进行处理，导致该药品违法行为没有得到全面纠正，国家和社会公共利益受侵害的状态仍在持续。

湖北省松滋市人民法院依照《中华人民共和国行政诉讼法》第七十二条、《最高人民法院、最高人民检察院关于检察公益诉讼案件适用法律若干问题的解释》第二十五条第一款第三项之规定，作出如下判决：

某市市场监督管理局依照《中华人民共和国药品管理法》等规定全面正确履行监督管理法定职责。

判决后，双方当事人均未上诉，本判决现已生效。

【法官后语】

药品安全关系人民群众的身体健康和生命安全，属于公共利益。在大力整治药品违法行为，切实保障人民群众切身利益的大背景下，国务院关于药品安全提出了“最严谨的标准、最严格的监管、最严厉的处罚、最严肃的问责”的要求，为我们今后依法打击药品违法行为、维护药品安全指明了方向。

在社会生活管理过程中，行政机关与司法机关分别依照行政法律法规和刑事法律法规履行职能，共同形成了公权力监管的有机统一体。二者互相配合、互相补充，一般不存在冲突。行政机关在办理行政案件过程中发现涉嫌违法的应当将案件移送司法机关，但移送的是案件线索而不应当是行政管辖权，行政机关的行政程序与司法机关的司法程序可以并行。按照行政处罚“一事不再罚”理论，只是对于可能与刑事处罚中财产刑和自由刑发生折抵的罚没和行政拘留应当暂停作出，对于其他不会与刑事处罚发生折抵的行政处罚则应当继续依法作出并不停止执行。在实践中，行政机关将行政案件移交司法机关后就以等待司法机关处理结果为由而停止行政处罚程序的现象屡见不鲜，这实际上是对行政权与司法权关系错误理解而造成的一种消极的“等待执法”。

行政机关对行业的行政监管职责是全面和具体的。市场监督管理局不仅对违法行为有进行行政处罚的职责，还应当进行药品安全宣传教育、开展药品安全法律普及、对经营企业和个人进行表彰奖励等，监督和引导所管辖对象正确依法参与社会生活。本案虽然是由销售假药引起，但随之也暴露出市场监督管理局的行政管辖区域内药品采购、流通、储存等领域存在相关问题。因此，某市市场监督管理局依照药品管理法全面履行药品安全行政管理职责不仅是要对该药店的已查明的违法行为依法作出处理，还要对暴露出来的相关领域的问题进行全面的清查整改，坚决杜绝类似违法案件的发生，对于系统性典型性的违法行为要建立健全监督机制，促进药品领域良性运行。

药品违法行为社会危害大，应当坚决依法予以打击。2019年修订的药品管理法回应了人民群众对药品安全的呼声，对药品安全违法行为的处罚，不仅包括没收违法所得、罚款等财产罚，还包括依法实施禁业限制等行为罚以及人身罚。随着行政机关机构改革深化，工商行政登记职能亦由市场监督管理部门行使。在行使药品安全监管与药品经营企业工商登记双重行政职责的情形之下，市场监督管理部门应当把好药品经营企业登记与注销的关口，既不能让存在禁业限制的个人违反规定进入药品行业，也不能让存在违法行为的药品经营企业通过注销营业执照的方式逃避责任。

编写人：湖北省松滋市人民法院　邓姣华

175　教育行政部门是否延迟履行协调监督职责的认定

——吕甲、吕乙诉苏州市某区教育局、苏州市某区人民政府不履行教育管理职责案

【案件基本信息】

1. 裁判书字号

江苏省苏州市中级人民法院（2019）苏05行终528号行政判决书

2. 案由：不履行教育管理职责纠纷

3. 当事人

原告（上诉人）：吕甲、吕乙

被告（被上诉人）：苏州市某区教育局（以下简称某区教育局）、苏州市某区人民政府（以下简称某区政府）

【基本案情】

吕甲与吕乙系父女关系。2018年5月，吕乙的父母将吕乙的新生入学材料递交至某区甲小学，但被告知根据《2018年地段生认定办法》“登记的合法固定住所五年内认定一名地段生”的规定，吕乙登记住所的学区名额已被占用，需由某区教育局统筹安排。2018年8月17日，某街道办事处电话通知吕乙的父母商谈入学问题，后当场告知按照相对就近原则，将安排吕乙至户籍地附近的某区乙小学或某区丙小学，吕乙的父母未作选择或认可。此后，吕乙的父母多次向某区教育局及街道等部门反映，要求将吕乙安排至离家最近的某区甲小学就读。2018年9月3日（全市小学开学日），吕乙的父母向街道办事处询问统筹结果，街道通知面谈，但二人均未到场。同年9月14日，因吕乙仍未入学，某区教育局及街道办事处与其父母面谈，最终确定将吕乙统筹安排至某区丙小学。9月17日，吕乙至该学校一（1）班报到并就读。2018年9月14日，吕甲及吕乙以某区教育局存在行政不作为为由，向某区政府申请行政复议，要求某区教育局安排吕乙至某区甲小学入学，并要求对苏州市教育局制定的《2018年地段生认定办法》进行合法性审查。某区政府受理后，将文件转送有权机关处理，苏州市人民政府复函认为，《2018年地段生认定办法》的制定主体、程序及内容合法。2018年12月29日，某区政府驳回吕甲、吕乙的行政复议申请。吕甲方仍不服，认为某区教育局迟延安排吕乙入学构成行政不作为，提起行政诉讼。

【案件焦点】

1. 某区教育局对吕乙的入学是否履行了教育部门法定职责；2. 某区政府所作复议决定是否合法。

【法院裁判要旨】

江苏省苏州市姑苏区人民法院经审理认为：根据《中华人民共和国义务教育法》第五条、第七条第二款、第十二条第一款等规定，某区教育局作为县级教育行政部门，对辖区内小学入学工作负有统筹协调、指导监督以保障适龄儿童接受义务教育的职责。吕乙因其户籍所在的某区甲小学学区名额被占用而未被该校接受入学，某区教育局最终确定将其安排至户籍地附近的某区丙小学。吕乙就近入学、接受义务教育的权利得以保障，某区教育局并不存在不履职的不作为情形。吕甲认为，吕乙直至9月17日方报到入学，某区教育局构成迟延履职。一方面，教育行政部门对入学工作的统筹协调及指导监督职责本身并不等同于负责每一名儿童就读何所学校等具体事宜，且某区教育局对吕乙的入学问题已予统筹并通过街道进行了告知；另一方面，吕乙的父母作为监护人，负有保证适龄儿童按时入学的法律义务，但因其坚持要求就读某区甲小学而在开学前及开学当日均未能与街道等部门就统筹问题进行商谈，导致前期有效沟通及统筹工作受阻，故吕甲认为某区教育局迟延履职的观点，不予采纳。关于《2018年地段生认定办法》的合法性问题，因本案诉争的是某区教育局未及时安排吕乙入学是否构成迟延履职问题，而非对吕乙是否属于某区甲小学地段生的认定问题，且诉讼中，吕甲对某区教育局统筹安排的学校也未提出异议，其在庭审中提出的规范性文件附带审查申请，不属于《中华人民共和国行政诉讼法》第五十三条规定的申请法院对行政行为所依据的规范性文件一并进行审查的范畴。

综上，江苏省苏州市姑苏区人民法院依照《中华人民共和国行政诉讼法》第六十九条之规定，判决如下：

驳回原告吕甲、吕乙的诉讼请求。

二审法院同意一审法院裁判意见。

【法官后语】

关于当事人行政复议申请与行政诉讼请求不一致时，复议机关是否为共同被告问题。本案中，吕甲方申请行政复议时的请求有三项：一是要求某区教育局安排吕乙就近至某区甲小学入学；二是对某区教育局不作为、侵害公民受教育权的行为依法追究相关主管人员和其他责任人的法律责任；三是要求对苏州市教育局制定的《2018 年地段生认定办法》进行合法性审查。在诉讼过程中，当事人的诉请系要求法院确认某区教育局迟延安排吕乙入学的行政不作为构成违法。从诉讼类型和裁判方式上看，当事人行政复议申请的是履行法定职责之诉，诉讼中为确认违法之诉，两者涉及的事件内容虽一致，但诉讼标的并不相同，前者针对的是安排具体就读学校行为，后者针对的是迟延安排就读学校行为。根据《中华人民共和国行政诉讼法》第七十四条的规定，确认违法判决其实可以成为许多判决的基础，撤销判决、履行判决、给付判决等都隐含了一个确认违法判决。确认违法判决可以单独成立，也可以被后续判决所吸收，如作出撤销判决时，就不需要单独作出一个确认违法判决了。同理，确认违法判决也可以被履行判决、给付判决等判决类型所吸收。鉴于本案行政复议过程中同时审查了吕乙是否符合地段生条件以及某区教育局有无行政不作为，并最终以驳回行政复议申请的方式结案，同时结合确认违法判决的基础性和可吸收性，虽当事人在行政诉讼中的请求类型与行政复议不一致，但两者仍有包含和吸收关系，本案将复议机关作为共同被告予以审查。

关于教育行政机关对适龄儿童入学工作的职责范围及内容。《中华人民共和国义务教育法》对教育行政机关、其他机关及人员在义务教育方面的责任和义务，规定得都比较原则和宏观。教育行政部门主要职责在于对义务教育工作的指导、监督，如保障适龄儿童接受义务教育、对施教区的划分等，但每一名儿童具体就读何所学校并非上述义务范畴。当然，在适龄儿童正常入学存在困难的时候，教育行政机关有义务负责协调、统筹，保障适龄儿童受教育权的实现。需要指出的是，对接受义务教育权的保障不仅是教育行政部门的事情，适龄儿童的监护人及其所在地相关政府部门亦有责任，这应该成为一项系统的社会工程。

关于规范性文件附带审查，一般针对的是行政作为类诉讼，当事人在对行政行为提起诉讼时可以一并请求法院对行政机关所依据的规范性文件进行审查。在类似本案要求确认行政不作为的确认违法之诉，或者行政机关并未援引相关文件作为行为依据的情形下，附带审查的诉请与行政诉讼法及司法解释的规定并不相符，不应被纳入审查范围。

编写人：江苏省苏州市姑苏区人民法院　许林华

176 行政备案审查权限的认定标准

——二手车公司诉某省商务厅不履行备案职责案

【案件基本信息】

1. 裁判书字号

江苏省高级人民法院（2019）苏行终 963 号行政裁定书

2. 案由：不履行备案职责纠纷

3. 当事人

原告（被上诉人）：二手车公司

被告（上诉人）：某省商务厅（以下简称省商务厅）

【基本案情】

二手车公司于 2018 年 1 月 12 日取得某市某区行政审批局颁发的营业执照。营业执照载明该公司法定代表人为王某，成立日期为 2018 年 1 月 3 日，经营范围一栏为："市场设施租赁、市场内管理服务；二手车销售（开设店铺的应当符合所在地城市发展及城市商业发展有关规定，依法须经批准的项目，经相关部门批准后方可开展经营活动）。"

2018 年 3 月 13 日，二手车公司向某市商务局提交了备案申请书、二手车交易市场信息备案登记表、营业执照、房屋租赁合同、住所（经营场所）权属证明、法定代表人身份证等材料，要求根据《二手车流通管理办法》相关规定进行二手车交易市场经营者备案。在书面申请中二手车公司称其派专人去省商务厅领取了备案登记表，根据省商务厅要求，须由地方商务局报送省商务厅。某市商务局收到材料后转交某市某区商务局进行初审。2018 年 4 月 4 日，某市某区商务局作出初审意见，以二手车公司无明确经营场地、该地块不符合城市发展及城市商业发展规划为由，建议对二手车公司的备案申请不予受理。2018 年 6 月 4 日，二手车公司补充提交了场地租赁合同等材料，某市商务局于同日作出初审意见，以二手车公司不符合备案条件为由，建议省商务厅不予备案，并于 2018 年 6 月 6 日在备案工作资料审核表上出具“建议不予备案”的审核意见。后某市商务局将二手车公司相关备案材料上报省商务厅，省商务厅于 2018 年 6 月 7 日收到。2018 年 7 月，二手车公司的法定代表人王某两次到省商务厅询问备案事宜，省商务厅将不予备案的结论和查询方法告知王某。2018 年 8 月 7 日，省商务厅向王某作出《省商务厅关于答复王某信访事项的函》（苏商办函〔2018〕492 号，以下简称 492 号函），将不予备案的结论、理由、依据及查询方法书面告知了王某。二手车公司不服，提起本案诉讼，请求：1. 确认被告不对原告予以备案的行政行为违法，依法撤销 492 号函；2. 要求被告依法对原告予以备案。

【案件焦点】

1. 省商务厅对二手车公司备案申请作出不予备案决定是否合法；2. 二手车公司请求予以备案的诉讼请求能否成立及本案应当采取怎样的裁判方式。

【法院裁判要旨】

江苏省南京市中级人民法院经审理认为：《二手车流通管理办法》规定了备案制度，但未对备案环节的审查权限和范围作明确规定，这是引发本案行政争议的根本原因。本案中，省商务厅对原告备案申请作出拒绝性决定，实际上是认定原告不符合二手车交易市场的实质性设立条件。

首先，省商务厅在备案环节所作审查缺乏法律、法规、规章的明确授权。从《二手车流通管理办法》的立法体系来看，设立程序和备案程序互相独立，在设立的前置审批程序被取消且未调整为后置审批事项的情况下，省商务厅并不因此在备案环节获得相关问题审查的权限，否则就相当于实施变相前置或后置审批，既与规定不符，也与行政审批制度改革的初衷相悖。

其次，省商务厅对原告不予备案，系错误理解了法律适用的条件，考虑了不相关因素。在《二手车流通管理办法》未就备案环节应当审查的相关因素作出规定的情况下，行政机关应当基于对相关规定语义及体系的正确理解和恰当推理，综合选定行政程序中应当考量的相关因素。本案中，原告是否有固定经营场地及原告所在地是否符合相关规划不应当是在备案环节审查的要件。

最后，对二手车交易市场经营者的相应监管并不因省商务厅在备案环节不审查而缺失。一方面，省商务厅在备案环节对二手车交易市场主体是否符合设立条件进行审查，能否有效实现对二手车交易市场主体的监管并不确定；另一方面，该方法也不是实现监管的唯一途径，省商务厅完全可以通过加强事后监管措施，规范二手车交易市场主体行为，促进二手车交易市场行业健康有序发展。

综上，省商务厅作出的不予备案决定构成违法。经审查，原告提交的申请材料符合备案的要件，原告要求被告对其予以备案的诉讼请求，具有事实根据和法律依据。为避免重复诉讼，及时化解争议，鉴于本案中被告已经没有可裁量的空间，应当依法履行备案法定职责。

江苏省南京市中级人民法院遂依法作出如下判决：

一、撤销被告省商务厅以492号函形式作出的不予备案决定；

二、责令被告省商务厅于本判决发生法律效力之日起五日内对原告二手车公司的备案申请予以备案。

省商务厅不服，提起上诉。二审中，二手车公司和省商务厅以行政争议得到解决为由分别申请撤回起诉和上诉，江苏省高级人民法院经审查予以准许。

江苏省高级人民法院依照《中华人民共和国行政诉讼法》第六十二条，《最高人民法院关于行政诉讼撤诉若干问题的规定》第六条、第八条，《最高人民法院关于适用〈中华人民共和国行政诉讼法〉的解释》第一百零一条第十项的规定，裁定如下：

一、准许上诉人省商务厅撤回上诉；

二、准许被上诉人二手车公司撤回起诉；

三、上诉人省商务厅2018年8月7日作出的苏商办函〔2018〕492号《省商务厅关于答复王某信访事项的函》不再执行；

四、江苏省南京市中级人民法院（2018）苏01行初462号行政判决不再执行。

【法官后语】

备案的含义为向主管部门报告事由，存案以备查证。关于备案制度，学术界有不同的分类，但未能形成较为权威的理论。实践中，备案制度广泛存在于我国的行政法律规范中，但设立主体层级多样、设立目的不尽相同，且由于缺乏系统、完整的规定，备案制度与许可、登记等制度界限模糊。特别是随着“放管服”改革的逐步开展和深化，大量许可、审批事项被取消，在履行备案职责时应当如何审查已经成为困扰行政机关的一大难题，本案即属于这一情况。

《二手车流通管理办法》出台之初，成立二手车交易市场需经过前置审批，在此前提下，申请备案的经营者均已符合相关规定，商务部门在备案环节无须进行任何实质审查。但自国务院取消和调整工商登记审批项目以来，二手车交易市场设立前置审批既未被保留，也未被调整到后置审批项目中。至本案发生时，二手车交易市场工商登记已不再需要相关行政机关进行前置审批，而是在经营者申请登记注册后，直接依法核发营业执照。由此引发了商务部门是否应当在备案环节就申请者是否符合相关规定进行审查的困惑。但能否进行相关审查应当根据相关规定进行分析：一方面，应当严格按照法律法规规定进行理解；另一方面，由于设立备案制度的行政法规往往均不会对审查权限作出明确规定，也不应简单认为行政机关均不能进行任何实质性审查。就本案而言，省商务厅在备案环节对实质性要件是否符合相关规定进行审查，已不属于单纯履行备案职责，而是实施变相许可，构成违法。对此，一审法院从缺乏法律法规及规章授权、审查内容并非备案时需要考虑的相关因素以及所作审查并非实现监管性质目标的充分必要手段三个方面进行了充分论述。

事实上，类似问题广泛存在于行政管理实践中，设立备案制度的相关行政法律规范往往并不会对备案程序中的审查方式、范围和标准作出明确规定，导致行政机关在履行备案职责时进退两难。本案一审判决实际上也为行政机关对备案审查权限的判断提供了思路，即从有无法律法规和规章明确规定、能否通过相关规定语义和体系恰当推理、是否为实现某一合理行政目标必须采取的手段三个层次进行考量。若三者均为否定，则行政机关不应当在备案程序中对相关因素予以审查，反之行政机关则应当审查。这一思路对今后行政机关履行备案职责具有重要意义，二审法院也正是考虑到本案一审判决在此方面的规则引领作用，在准许撤诉的同时，依据《最高人民法院关于行政诉讼撤诉若干问题的规定》第六条和第八条的规定，一并裁定一审判决不再执行。

在“放管服”改革实践中，由于行政立法必然存在的滞后性，部分规章制度同具体实践存在不相对应的情况时有发生。行政机关即使出于依法履职和维护公共利益的考量，也难免对相关规定的理解产生偏差。及时纠正行政机关的误区、促进行政争议实质性化解、帮助行政机关进一步保障民营经济发展，正是人民法院在平衡行政争议化解和行政行为合法性审查关系、助力行政机关依法行政、服务优化营商环境方面承担的重要职能。本案的审理和裁判正是上述职能的体现。

编写人：江苏省南京市中级人民法院　赵雪雁　张天帆

177 接受转送的行政复议机关对不当转送的复议申请负有依法处理的法定职责

——农贸公司诉某市人民政府不履行行政复议职责案

【案件基本信息】

1. 裁判书字号

云南省文山壮族苗族自治州中级人民法院（2020）云26行初12号行政裁定书

2. 案由：不履行行政复议职责纠纷

3. 当事人

原告：农贸公司

被告：某市人民政府（以下简称市政府）

【基本案情】

2018 年 7 月 4 日，某市城市管理综合行政执法局向农贸公司送达《责令改正通知书》，认为农贸公司养殖场内建盖的彩钢瓦圈舍属于临时建设，应当拆除，责令农贸公司于 2018 年 7 月 30 日前拆除相关建筑并恢复原貌。2018 年 7 月 19 日，某街道办事处向农贸公司送达《某市畜禽养殖禁养区养殖场关闭搬迁协议书》，协议要求农贸公司于 2018 年 8 月 20 日前将养殖场全部关闭搬迁。2018 年 9 月 4 日、9 月 29 日，农贸公司养殖场内的圈舍被强制拆除。

2018 年 11 月 3 日，农贸公司对某街道办事处等部门联合对其养殖场圈舍进行强制拆除的行为不服，以市政府为被申请人，向文山壮族苗族自治州人民政府（以下简称州政府）申请行政复议。2018 年 11 月 20 日，农贸公司根据州政府的要求补交相关材料。2018 年 11 月 21 日，州政府向农贸公司和市政府送达《行政复议申请转送函》，认为该行政复议应当向市政府提出，将其提出的行政复议申请等相关材料转送至市政府处。但自农贸公司收到转送函至复议期限届满，市政府一直未作出任何处理。农贸公司遂起诉，请求判决确认市政府不履行行政复议法定职责违法，判令市政府履行行政复议法定职责。

【案件焦点】

接受转送的行政复议机关对不当转送的行政复议申请是否负有依法处理的法定职责。

【法院裁判要旨】

云南省文山壮族苗族自治州中级人民法院经审理认为：行政复议是一种依申请而不是依职权主动履行的行政行为，农贸公司起诉市政府不履行行政复议法定职责，应当按照《中华人民共和国行政诉讼法》第三十八条第一款的规定提供其向市政府提出申请的证据。但本案中农贸公司没有提供向市政府提出申请的证据。农贸公司向州政府提交的《行政复议申请书》和州政府《行政复议申请转送函》不能视为市政府收到或者受理农贸公司的行政复议申请的证据，因为市政府不能兼具“被申请人”和“复议机关”双重身份。

云南省文山壮族苗族自治州中级人民法院依照《中华人民共和国行政诉讼法》第三十八条第一款、《最高人民法院关于适用〈中华人民共和国行政诉讼法〉的解释》第九十三条第一款的规定，裁定如下：

驳回农贸公司的起诉。

农贸公司上诉称，其已经提出行政复议申请，且经州政府转送至市政府处。市政府在复议期限内未作出任何答复，依法应视为受理。

市政府辩称，农贸公司未向其提出行政复议申请。《行政复议申请转送函》只能作为上级机关业务部门对下级机关的业务指导或告知，不能作为市政府已收到或受理行政复议申请的证据。州政府不是县级地方人民政府，不能适用行政复议转送程序，转送行为不当。市政府是“被申请人”，对行政复议无权履行行政复议法定职责。

云南省高级人民法院经审理认为：《中华人民共和国行政复议法》第十七条第一款明确了行政复议机关收到行政复议申请后应当针对具体情况履行职责；第十八条规定接受转送的行政复议机关应当依照第十七条的规定办理。据此，接受转送的行政复议机关无权判断转送是否不当、无权决定转送不当不予办理，而应当遵循依法行政原则，依照《中华人民共和国行政复议法》第十七条的规定对转来的行政复议申请作出相应处理。因此，接受转送的行政复议机关负有依法主动作出处理的法定职责。农贸公司提交的起诉材料能够证实，市政府收到州政府的转送后，并未在法定期限内作出相应处理。故农贸公司的起诉符合起诉条件，一审裁定驳回起诉适用法律错误，应予纠正。

云南省高级人民法院依照《中华人民共和国行政诉讼法》第八十九条第一款第二项、《最高人民法院关于适用〈中华人民共和国行政诉讼法〉的解释》第一百零九条第一款之规定，裁定如下：

一、撤销一审裁定；

二、指令一审法院继续审理。

在继续审理的过程中，农贸公司提出书面申请，要求撤回本案的起诉。云南省文山壮族苗族自治州中级人民法院经审理认为：农贸公司的撤诉申请是其真实意思表示，不违反法律规定，也未损害公共利益和他人的合法权益，应当准许。

云南省文山壮族苗族自治州中级人民法院依照《中华人民共和国行政诉讼法》第六十二条之规定，裁定如下：

准许农贸公司撤回起诉。

【法官后语】

《中华人民共和国行政复议法》第十五条、第十七条、第十八条确立的行政复议转送处理制度主要包括三个方面内容：第一，只有县级地方人民政府有权对第十五条第一款规定的五种情形进行转送。第二，接受转送的行政复议机关应依法办理，不得拒绝。第三，接受转送的行政复议机关收到转来的行政复议申请后，应当依照《中华人民共和国行政复议法》第十七条的规定处理，即在五日内进行审查，对不符合该法规定的行政复议申请，决定不予受理，并书面告知申请人；对符合该法规定，但不属于本机关受理的行政复议申请，应当告知申请人向有关行政复议机关提出。

因此，接受转送的行政复议机关负有主动对转送来的行政复议申请作出处理的法定职责。该职责的履行不以复议申请人再行向其直接提出复议申请为前提条件。接受转送的行政复议机关对于转送存在的问题可以通过其他有效途径同转送机关进行沟通，但无权因为转送不当就拒绝履行对转来的复议申请依法处理的法定职责。该裁判要旨的形成有三个方面的理由。

首先，“法无授权即禁止”。如前所述，法律规范并未授权接受转送的行政复议机关对转送行为进行合法性与合理性的判断，并据此作为或者不作为。受转送的行政复议机关依法必须处理转来的行政复议申请。该裁判要旨符合法律规定，满足合法性的要求。

其次，即便转送不当，根据现有法律规定也有足够的制度安排指引接受转送的行政复议机关对转来的复议申请进行处理。除前述《中华人民共和国行政复议法》第十七条外，《中华人民共和国行政复议法实施条例》第二十二条规定，申请人提出行政复议申请时错列被申请人的，行政复议机构应当告知申请人变更被申请人；第二十九条规定，行政复议申请材料不齐全或者表述不清楚的，行政复议机构可以自收到该行政复议申请之日起5日内书面通知申请人补正，补正通知应当载明需要补正的事项和合理的补正期限，无正当理由逾期不补正的，视为申请人放弃行政复议申请。可见，要求接受转送的行政复议机关进行处理并未强人所难。该裁判要旨符合客观实际，满足合理性的要求。

最后，如果接受转送的行政复议机关因为转送不当就可以拒绝处理，则行政复议制度可能被完全架空。如本案中，经过州政府违法转送和市政府不履行法定职责，一个行政复议申请被完全排除在复议制度之外。该裁判要旨符合立法目的，满足目的性的要求。

需要说明的是，本案中因州政府并非一方当事人，针对其违法转送行为，二审法院向州政府发出司法建议书指出：州政府的违法转送行为和市政府的不作为，背离了行政复议制度保护公民、法人和其他组织合法权益的初衷，增加了实质化解本案争议的难度。建议州政府严格遵循依法行政原则，严格按照行政复议法律规定处理复议申请，严格把握行政复议转送制度的适用条件，积极发挥行政复议解决行政争议的主渠道作用，切实保障公民、法人和其他组织合法权益，有效监督和指导辖区内行政机关依法行使职权。

编写人：云南省高级人民法院　陈璐

178　确定是否具有行政法上诉的利益应具体考量是否具有利害关系

——蔡某诉某市发展和改革局、某市人民政府不履行法定职责案

【案件基本信息】

1. 裁判书字号

浙江省温州市中级人民法院（2019）浙03行终364号行政裁定书

2. 案由：不履行法定职责纠纷

3. 当事人

原告（上诉人）：蔡某

被告（被上诉人）：某市发展和改革局（以下简称某市发改局）、某市人民政府

【基本案情】

原告蔡某系某市某村村民。2018 年 6 月 13 日，原告蔡某向原某市公共资源交易管理委员会办公室（现已划归被告某市发改局）发送《依法行政申请书》，要求对某村安置留地和旧村改造安置房建设项目两次没有进行设计招投标的行为进行查处等。原某市公共资源交易管理委员会办公室于 2018 年 7 月 9 日作出《答复书》，并送达原告。答复内容为：经调查，2009 年某村旧村置换地及安置留地返回地（E-28）地块设计直接发包给某建筑事务所（国际）；2016 年某村旧村拆迁和安置留地 05-28 地块工程设计直接发包给杭州某设计集团有限公司。以上两次直接发包行为没有违反《中华人民共和国招标投标法》相关规定，无需行政处罚。原告不服，于同年 8 月 14 日向某市人民政府申请行政复议，某市人民政府受理后于同年 10 月 12 日作出维持原答复的复议决定。原告不服，向法院提起行政诉讼。

【案件焦点】

原告与被诉的答复行为是否存在利害关系、是否具备本案原告诉讼主体资格。

【法院裁判要旨】

浙江省瑞安市人民法院经审理认为：《中华人民共和国行政诉讼

法》第二十五条第一款规定，行政行为的相对人以及其他与行政行为有利害关系的公民、法人或者其他组织，有权提起诉讼。所谓利害关系指的是，作为行政诉讼的原告，必须主张一项属于自身的权利，并且该权利可能受到被诉行政行为的侵害。我国法律赋予公民、法人和其他组织向行政机关举报违法行为的权利，但举报人并不因举报行为而对举报处理行为当然享有诉权，只有举报事项及处理结果对举报人的自身合法权益产生实际影响时，举报人才有权提起行政诉讼。本案中，原告向被告举报要求对某村安置留地和旧村改造安置房建设项目没有进行设计招投标的行为进行查处，但原告提供的证据尚无法证明涉案举报事项及相应的答复对原告的自身合法权益有实质影响，原告与被诉事项不存在利害关系，不具有诉的利益。

浙江省瑞安市人民法院依照《中华人民共和国行政诉讼法》第四十九条第一项，《最高人民法院关于适用〈中华人民共和国行政诉讼法〉的解释》第十二条第五项、第六十九条第一款第一项之规定，裁定如下：

驳回蔡某的起诉。

二审法院同意一审法院裁判意见。

【法官后语】

1. 利害关系的适用难题

与民事行为相比，行政行为影响的范围更为广泛，如果任何人，只要受到行政行为影响就可以对该行为提起诉讼，既不问是直接影响还是间接影响，也不问是积极影响还是消极影响，对于寻求司法救济来说固然更为便利，但行政秩序和效率也将因此受到过分的滋扰，更为严重的是，公共利益也将受到无法预计的损害。因此，在原告资格上设置一道门槛，以兼顾权利救济和公共利益，就显得十分必要，这便是利害关系的立法原旨。

《最高人民法院关于适用〈中华人民共和国行政诉讼法〉的解释》第十二条对“与行政行为有利害关系”的情形进行了列举。实际上，列举的五种具体情形原本就是行政审判实践中普遍存在的疑难问题，即便经过不断探索直至变成现有的解释条文，对于行政法官来说，如何准确把握利害关系仍然是审判实务中的难题，况且行政审判司法实务纷繁多样，再加上司法解释中的兜底条款“其他情形”，行政法官对利害关系的理解与适用往往莫衷一是。

2. 诉的利益之概念与引入

正如上文所说，行政诉讼中引入利害关系概念是为了在原告资格上设置门槛，其旨趣在于引导与规范诉权，把不适宜进入行政审判的案件挡在外面，用有限的司法资源解决那些确有权利保护需要的请求，以维护原告的利益、被告的利益与公众诉讼利益之间的平衡，实质上是一种司法谦抑。行政诉讼中的利害关系，一般仅指公法上的利害关系，也就是说只有主观公权利即公法领域的权利或利益，受到行政行为影响的，权利人才与行政行为具有利害关系，才形成行政法上的权利义务关系，才具有原告主体资格，才有资格提起行政诉讼。所谓“利益是衡量诉权的尺度，无利益则无诉权”，提起任何诉讼，寻求国家审判制度的救济，首先应当具有值得保护的利益及值得保护的必要，也即诉的利益，没有诉的利益的起诉，人民法院是不会也无需进入实体审理的。所以，诉的利益说与利害关系说不谋而合。

诉的利益理论源自民法领域，但行政诉讼本脱胎于民事诉讼，结合我国行政诉讼法“解决行政争议”的立法原旨以及兼具“保护合法权益”“监督行政机关行使职权”的目的性质，从一定程度上讲，行政诉讼中的诉的利益问题与如何认识诉讼制度目的是密切相关的，与利害关系相辅相成、相互竞合。行政诉讼中诉的利益指的是公民、法人或其他组织为了维护自身合法权益或监督行政机关依法行政，以实质解决行政争议为目的，将诉求诉诸法院，寻求行政审判救济的价值或必要性。行政诉讼中的诉之利益，构成要件应当包含以下三个方面：(1) 生成要件是合法权益，而且该合法权益应当系属于公民、法人或其他组织自身的合法权益，且客观存在，这是行政相对人提起诉讼的基本依据，若无合法权益则诉之不存；(2) 因果关系，所涉合法权益受到了被诉行政行为的侵害，即行政机关的行政行为对当事人减损了权利或增设了义务，这种侵害可以是现实的，也可以是将来可能的影响；(3) 核心内容是利益受到侵害或影响的程度达到司法救济的必要，或者说足以具有启动国家审判制度加以解决的必要性或实效性。结合我国行政诉讼法的立法目的，提起诉讼能够解决一项现实的、实质性的行政争议，且法院判决能够给予所期待的具体救济，方才具备诉的利益。

有无诉的利益，是法院判断是否承认公民、法人或其他组织的具体请求足以具有利用审判制度的价值或者必要性的过程。若原告所主张的权益未受行政行为的侵害，或者说原告与被诉行政行为不存在利害关系，则实在没有启动行政诉讼的必要，正是基于这一立法精神，也是从诉的利益基本原理出发，《最高人民法院关于适用〈中华人民共和国行政诉讼法〉的解释》第六十九条裁定驳回起诉情形第一款第八项规定“行政行为对其合法权益明显不产生实际影响的”已是题中之义。

3. 从诉的利益分析利害关系

维护公平正义，规范诉讼程序，均是审判权之应有之义，审判权其实质既包括对实体争议的处理，同时也包括对诉讼程序的引导、判断、处置与规范。利害关系是行政诉讼法予以限定的一个诉权标准，其目的是保证直接相对人以外的公民、法人或其他组织的诉权，而又不使这种诉权的行使失控。虽然《最高人民法院关于适用〈中华人民共和国行政诉讼法〉的解释》对“与行政行为有利害关系”的情况进行了列举，但是利害关系的概念本身较为模糊、宽泛，不同的法院甚至不同的法官对利害关系的理解与适用均有所出入，或得出不同的裁判说理与结论。笔者认为有必要从诉的利益理论来分析重构利害关系。从诉的利益角度来分析利害关系，包括四方面内容：(1) 存在一项法律赋予和保护的权利或利益；(2) 该权利归属于原告个人，维系原告自身的合法利益；(3) 该权利受到了被诉行政行为的侵害或影响，这种侵害或影响可以是现实的或是可能的；(4) 具有通过所提起诉讼予以救济的现实必要性。如本案中，原告系多年未获得安置补偿权益的拆迁户，多次、大量向不同行政机关发送依法履责申请，提起诉讼实质上在于获得拆迁安置补偿权益之目的。而在监督行政机关依法履行职责上，任何公民包括本案原告都有权对一个违法行为向有关行政机关进行投诉、举报，接到举报的行政机关也应当将处理的结果告诉投诉举报人。但作为行政诉讼的原告，他必须主张一项属于其自身的主观权利、合法权利，并且该权利可能受到了被诉行政行为的侵害，个人既不能主张广泛公众的权利，也不能把自己的要求建筑在他人的权利或利益之上，否则诉无止境，不仅会损害行政行为的效力和效率，破坏行政管理秩序的稳定，也会浪费有限的司法资源，违背行政诉讼的立法宗旨。所以任何公民、法人或其他组织均具有行使监督行政机关依法履行职责的权利，但就监督的后续处理行为提起行政诉讼的，需证明该处理结果关系原告个人的合法权利，且该合法权利受到侵害的程度有值得行政审判以解决的必要，也就是应当具备利害关系，否则不具有诉的利益。故而一审法院裁定驳回原告的起诉。

编写人：浙江省瑞安市人民法院　蔡芳芳　李伟

179 不动产统一登记的条件应符合不动产权利主体一体化的立法目的

——王甲诉某市国土资源局不履行法定职责案

【案件基本信息】

1. 裁判书字号

湖南省湘潭市中级人民法院（2018）湘 03 行终 161 号行政判决书

2. 案由：不履行法定职责纠纷

3. 当事人

原告（被上诉人）：王甲

被告（上诉人）：某市国土资源局

【基本案情】

涉案房屋原系某钢铁集团有限公司公房。因住房制度改革，王甲的父母王某和张某于 1999 年 7 月 25 日购买了该套房屋，房屋所有权证和国有土地使用权证办理在王某名下。2004 年 6 月，王某与张某在法院调解离婚，约定王甲随王某共同生活，婚姻存续期间的共同财产两人各分一半，张某所得部分作为今后抚养王甲的生活费用。2009 年 12 月 2 日，王某与二婚妻子将涉案房屋转让给李某和赵某夫妇，并办理了房屋所有权转移登记，但未办理国有土地使用权转移手续。2013 年 3 月 15 日，王某去世。2015 年 12 月 30 日，王甲从李某和赵某处购买了涉案房屋，并办理了房屋所有权转移登记，于 2016 年 1 月 7 日取得了房屋所有权证，涉案房屋归王甲单独所有，但仍未办理国有土地使用权转移手续，且王甲未获得权利人王某的国有土地使用权证原件。王甲于 2017 年向不动产登记部门申请办理不动产权属证书。由于王甲没有国有土地使用权证，且国有土地使用权人仍为王某，不动产登记部门告知王甲不符合办理不动产权属证书的条件。王甲多次与某市国土资源局沟通，并于 2017 年 11 月提交了请求解决办证问题的书面申请。某市国土资源局召开了相关会议进行研究讨论，在会议纪要上记载的处理建议为“申请人王甲经公证或法院确权取得国有土地使用权的继承权后，房地主体即形成一致……在收取房地权属来源等有关材料，依法公告并注销原国有土地使用权证后，即可办理不动产登记”。记载的会议决定为：“1. 当事人如能提交原权利人国有土地使用权证，根据湘政办发〔2017〕39 号规定办理；2. 当事人如不能提交原权利人国有土地使用权证的，所有当事人需到登记机构进行申请，确认同意将权利转移给王甲后办理不动产登记，个别或部分当事人不申请且难以调解，建议当事人通过司法途径解决争议后，再根据司法判决文书申请不动产登记。”2018 年 4 月，王甲得知了会议纪要的相关内容后，认为某市国土资源局的行为系不履行法定职责的行为，遂提起行政诉讼。

【案件焦点】

1. 王甲是否向某市国土资源局提出了办理不动产登记的申请；2. 某市国土资源局是否存在未履行办理不动产登记法定职责的情形。

【法院裁判要旨】

湖南省湘潭市岳塘区人民法院经审理认为：第一，因王甲向某市国土资源局提出了办理不动产登记的申请，才出现后续某市国土资源局拒绝办理和讨论如何处理的行为。某市国土资源局以申请资料不符合登记要求为由拒绝受理登记，其流程未能继续，不能以此否认王甲提出了相关申请。故应认可王甲向某市国土资源局提出了办理不动产登记申请的事实。第二，王甲通过民事买卖法律行为，合法取得了涉案房屋所有权。根据不动产权利主体一体化原则，当房屋等建筑物因转让等处分形式发生权利主体变更时，该建筑物占用范围内的土地使用权归属主体应相应地予以变更。王甲取得涉案房屋所有权经登记已发生效力，应认可其同时取得了涉案房屋占用范围内的土地使用权，才符合不动产权利主体一体化规定。在原权利人无法提交国有土地使用权证的情况下，行政部门保存的土地登记卡亦能够体现国有土地使用权证记载的内容，可确定涉案房屋占用范围内的土地使用权来源清晰，权属明确，无权属争议。王甲通过买卖取得涉案房屋所有权，与继承法律关系无关，某市国土资源局会议讨论的处理建议及决定内容涉及继承问题，实际是增设了涉案房屋的不动产登记条件，不当增加了申请人的义务。如果某市国土资源局对涉案房屋不予登记，将违反《不动产登记暂行条例》第一条保护权利人合法权益的立法目的，无法产生不动产权利主体一体化的法律效果。故王甲申请办理不动产登记符合法定条件，其请求某市国土资源局履行法定职责的理由成立。

湖南省湘潭市岳塘区人民法院依照《中华人民共和国行政诉讼法》第七十二条之规定，判决如下：

责令被告某市国土资源局于本判决生效之日起六十日内履行为原告王甲办理涉案房屋的不动产权属证书的法定职责。

二审法院同意一审法院裁判意见。

【法官后语】

为整合不动产登记职责，规范登记行为，方便群众申请登记，保护权利人合法权益，国务院制定的《不动产登记暂行条例》于2015年3月1日起施行。根据《不动产登记暂行条例》，原国土资源部制定了《不动产登记暂行条例实施细则》，于2016年1月1日起施行。不动产登记机构进行不动产统一登记，以上述行政法规、规章为依据。此外，各省出台了相关规范性文件，对登记中可能涉及的问题具体规定操作方法。

由于社会生活的复杂性及我国公民相关法律知识的欠缺，在不动产统一登记之前，有部分公民在进行房屋买卖时，因不重视国有土地使用权证或一些其他原因，仅办理了房屋所有权转移登记手续，未同步办理国有土地使用权转移手续，导致房地权利主体分离化。国家推行不动产统一登记之后，不动产登记机构在工作中遇到房地权利主体分离的情况时如何处理，是较为复杂棘手的问题。由于生活中房地权利主体分离的原因众多，不动产登记机构应当根据具体情况区别对待，在权属明确时，不宜增设不动产登记条件，应尽量为当事人扫除障碍，解决房地权利主体分离的实际问题。

就本案而言，王甲通过买卖取得了涉案房屋所有权并办理了房屋所有权证，由于原国有土地使用权人去世且无国有土地使用权证原件，导致王甲申请不动产统一登记在其名下发生障碍。某市国土资源局在处理此情况时，提出的处理意见为“1. 当事人如能提交原权利人国有土地使用权证，根据湘政办发〔2017〕39号规定办理；2. 当事人如不能提交原权利人国有土地使用权证的，所有当事人需到登记机构进行申请，确认同意将权利转移给王甲后办理不动产登记，个别或部分当事人不申请且难以调解，建议当事人通过司法途径解决争议后，再根据司法判决文书申请不动产登记”。上述处理意见，实际增设了不动产登记条件，王甲无法实现，亦说明某市国土资源局未正确理解《不动产登记暂行条例》的立法精神和立法目的，将原本应当为当事人解决问题的行政职责，作为其拥有的行政权力拒绝为当事人解决问题。

通过此案例的法律分析，在不动产登记机构进行不动产统一登记时，为切实保护权利人的合法权益，不动产登记条件应符合不动产权利主体一体化的立法目的。

编写人：湖南省湘潭市岳塘区人民法院　葛嘉

180 行政机关履行法定职责期限未满，不可提起行政复议或行政诉讼

——蔡某等诉浙江省某市国家税务局、浙江省某市人民政府不履行法定职责案

【案件基本信息】

1. 裁判书字号

浙江省温州市中级人民法院（2018）浙03行终480号行政裁定书

2. 案由：不履行法定职责纠纷

3. 当事人

原告（上诉人）：蔡某等31人

被告（被上诉人）：浙江省某市国家税务局（以下简称某市税务局）、浙江省某市人民政府（以下简称某市人民政府）

【基本案情】

蔡某等31人系某村村民，因怀疑安置地某小区在建设过程中相关部门存在偷税漏税情况，包含原告在内的多名某村村民于2017年10月11日向被告某市税务局发出《查处偷税申请书》，某市税务局税收违法案件举报中心于同年10月16日受理并移交税务稽查局办理，税务稽查局展开调查核实工作并于2018年1月15日将检举事项调查结果回复举报中心。2018年1月27日，被告向原告等人送达《税收违法行为检举线索检查情况书面告知书》。另，原告等人于2018年1月2日向被告某市人民政府申请行政复议，复议请求为“1. 确认被申请人收到申请人的查处偷税申请后没有依法回复的行为违法；2. 责令被申请人作出回复”。某市人民政府于同年1月9日受理原告的复议申请，审理过程中因查明某市税务局已针对检举事项作出调查处理并将查办结果告知检举人，故驳回原告等人的复议申请。原告遂以两被告不履行法定职责为由，于2018年3月22日诉至瑞安市人民法院，诉讼请求为“1. 确认被告某市税务局收到原告的查处偷税申请后没有依法回复的行为违法；2. 判令某市税务局作出回复；3. 撤销被告某市人民政府作出的《行政复议决定书》”。

【案件焦点】

本案某市税务局是否在法定期限内对原告的履行法定职责申请作出处理。

【法院裁判要旨】

浙江省瑞安市人民法院经审理认为：《中华人民共和国行政复议法实施条例》第十六条规定，公民、法人或者其他组织申请行政机关履行法定职责，行政机关未履行的，行政复议申请期限依照下列规定计算：（一）有履行期限规定的，自履行期限届满之日起计算……《中华人民共和国行政诉讼法》第四十七条第一款规定，公民、法人或者其他组织申请行政机关履行保护其人身权、财产权等合法权益的法定职责，行政机关在接到申请之日起两个月内不履行的，公民、法人或者其他组织可以向人民法院提起诉讼。法律、法规对行政机关履行职责的期限另有规定的，从其规定。由上述法律规定可知，公民、法人和其他组织申请行政机关履行法定职责的，应当给予行政机关针对申请作出处理的法定期间，在此期间届满之前指控行政机关不履行法定职责属于时间未成熟。根据《税收违法行为检举管理办法》第二十二条第二款的规定，查处部门应当在收到举报中心转来的检举材料之日起三个月内办理完毕；案情复杂无法在期限内办理完毕的，可以延期。可见，税务机关针对税收违法行为检举的处理期限应当自受理之日起 3 个月内反馈至税收违法案件举报中心。本案中，被告某市税务局于 2017 年 10 月 16 日受理原告等人的举报事项申请，其履行法定职责的期限应当至 2018 年 1 月 16 日方才届满。故原告等人以某市税务局未在法定期限回复为由于 2018 年 1 月 2 日向某市人民政府申请行政复议，不符合复议受理条件。现某市人民政府受理了原告等人的复议申请，不符合上述规定。

浙江省瑞安市人民法院依据《最高人民法院关于适用〈中华人民共和国行政诉讼法〉的解释》第一百三十六条第七款的规定，裁定如下：

驳回蔡某等 31 人的起诉。

原告不服一审判决，提起上诉。二审审理期间，原告方撤回上诉。浙江省温州市中级人民法院经审理认为：撤诉申请是其真实意思表示，不违反法律规定，也未损害公共利益和他人的合法权益，应当准许。

浙江省温州市中级人民法院依照《中华人民共和国行政诉讼法》第六十二条之规定，裁定如下：

准许蔡某等 31 人撤回上诉。

【法官后语】

1. 履行法定职责的起诉时机问题

行政相对人申请行政机关履行法定职责是有一定履行期间的，在行政机关履行法定职责期间内，行政相对人直接指控行政机关不作为应当属于时机不成熟。只有在行政机关履行法定职责期限届满后仍然不作任何表示，即可视为行政机关不作为，此时，行政相对人指控行政机关不作为方才于法有据。

2. 行政机关履行法定职责期限未满时的处理

行政机关不履行法定职责指的是法律规范创设了行政机关的某种职责，负有该职责的行政主体，在相对人提出申请并且客观上能够履行的情况下，在一定期限之内，行政机关对相对人的申请不予答复、拒绝受理或者不正确受理的情形。因此，行政机关不履行法定职责构成行政不作为的条件有四：第一，行政机关具有法定的职责；第二，行政机关客观上能够履行该职责；第三，相对人提出申请要求行政机关履行法定职责；第四，行政机关在履行期限内未履行该职责。就此而言，行政机关履行法定职责的期限是对行政相对人诉权的一种积极限制，亦是对行政行为效力的消极维护，履行职责期限未满，相对人的诉权将不能实现，阐述如下：

首先，行政机关在履行法定职责期限未满时，行政相对人提起行政复议的，复议机关应当不予受理。若复议机关在原行政机关法定职责履行期限未满时受理了行政复议申请，并且作出维持决定的，根据《最高人民法院关于适用〈中华人民共和国行政诉讼法〉的解释》第一百三十六条第七款的规定，此时符合“原行政行为不符合复议或者诉讼受案范围等受理条件，复议机关作出维持决定的，人民法院应当裁定一并驳回对原行政行为和复议决定的起诉”的情形，应当直接驳回行政相对人的起诉。

其次，行政机关在履行法定职责期限未满时，行政相对人提起行政诉讼的，根据《最高人民法院关于适用〈中华人民共和国行政诉讼法〉的解释》第六十六条规定“公民、法人或者其他组织依照行政诉讼法第四十七条第一款的规定，对行政机关不履行法定职责提起诉讼的，应当在行政机关履行法定职责期限届满之日起六个月内提出”，行政相对人亦只能在行政机关履行法定职责期限届满之日享有诉权，否则亦不符合行政诉讼受理条件，应当驳回起诉。

3. 复议期间的经过导致起诉期限超时的处理

如果原行政机关履行法定职责期限未满，相对人又提出行政复议，复议机关受理后，复议期间的经过导致起诉期限超时如何处理？

原行政机关履行法定职责期限未满，相对人便提起行政复议，复议机关受理后，由于复议期间经过的时间较长，超过了6个月的起诉期限，此时，相对人还能不能享有诉权？此时应分两种情况：第一，行政复议结果被申请人接受的，行政诉讼自然无提起之必要；第二，行政复议结果未被申请人接受的，若复议机关决定维持原行政行为的，相对人可以将原行政机关和复议机关一并起诉，若复议机关改变原行政行为的，相对人可以起诉复议机关。此时，尽管原行政行为的起诉期限已经超过，但仍不影响行政相对人的诉权，其依然可以提起行政诉讼。

编写人：浙江省瑞安市人民法院　鲍斌慧　冯余芳

181　行政机关履行法定职责应当结合职责性质全面、积极、审慎履责

——杜某诉北京市某区公安消防支队、北京市公安局某区分局不履行法定职责案

【案件基本信息】

1. 裁判书字号

北京市第三中级人民法院（2018）京03行终551号行政判决书

2. 案由：不履行法定职责纠纷

3. 当事人

原告（被上诉人）：杜某

被告（上诉人）：北京市某区公安消防支队（以下简称某区消防支队）、北京市公安局某区分局（以下简称某区公安分局）

【基本案情】

2017年4月19日，原告之妻张某通过举报投诉热线，反映“××国际公寓×座3103号门朝外开，影响其他住户疏散”。某区消防支队接举报后交由某区公安分局下辖的某派出所办理。社区民警与社区居委会干部及物业公司工作人员于次日赴该公寓对举报事项进行现场核查。核查结果为，3103号业主防盗门并非长期外开，即使外开，楼道也留有40厘米左右的通过宽度。经向物业公司了解，该业主对此防盗门也是随开随关，并没有占用楼道空间的主观故意。物业公司曾与该业主就是否同意更改防盗门方向进行沟通，但遭到拒绝。针对住宅户门开启方向问题，现行规范中没有明确要求，举报人所反映的问题不属于消防隐患，举报不属实。某区消防支队将上述核查结果电话回复举报人。2017年5月9日、5月12日，派出所民警再次进行核查。经核查认为，现行的《建筑设计防火规范》（GB 50016—2014）中对于住宅安全疏散有相关规定，其中5.5.30条要求“住宅建筑的户门、安全出口、疏散走道和疏散楼梯的各自总净宽度应经计算确定，且户门和安全出口的净宽度不应小于0.90m”。根据现场核查及举报人测量的疏散走道宽度1.44m的现状，前述楼道不违反现行规范，没有涉及户门开启方向的相关规定，举报人反映的问题不属于消防隐患，核查发现该举报不属实。

此后，原告认为某区消防支队不履行法定职责，于2017年6月9日向某区公安分局申请行政复议。2017年8月8日，某区公安分局作出被诉《驳回行政复议申请决定书》。

【案件焦点】

某区消防支队已经开展的消防安全监督工作是否足以达到充分全面的标准。

【法院裁判要旨】

北京市朝阳区人民法院经审理认为：国家标准没有规定入户门开启方向、原告居住的楼层楼道宽度符合国家标准成为某区消防支队判断是否存在消防安全隐患的主要衡量标准。

行政机关不仅应及时履行行政职责，还应确保管理全面、准确、到位，以依法实现履责目的为根本追求。消防法以预防火灾和减少火灾危害，加强应急救援工作，保护人身、财产安全，维护公共安全为宗旨。公安机关消防机构作为消防安全监督的责任主体，对于关乎人身、财产和公共安全的事项，在进行执法检查工作中应采取审慎的态度。根据不同的建筑结构、人员居住情况等相关因素，充分评估，细致排查消防安全隐患，并在此基础上作出负责任的结论意见。本案中，虽然原告所居住楼层的楼道宽度符合国家标准，且在我国现有国家标准中关于普通住宅住户的入户门开启方向确实没有强制性规定，但有关国家标准仅是消防安全检查中必须执行的不可逾越的底线。以常人的一般生活经验判断，当火灾或自然灾害等极端事件发生时，如户门开启方向这类细节设置均存在降低逃生概率的可能性。公安机关消防机构作为消防安全的主管机关，在依据国家标准规定的底线基础上，更具有根据住户所在位置、区域特点、疏散通道宽度、楼层住户量等因素，对入户门开启方向是否构成对公共安全的影响进行判断的义务，该支队仍具有发挥其专业技术优势进一步履行消防安全监督职责的空间。

北京市朝阳区人民法院依照《中华人民共和国行政诉讼法》第七十二条、第七十九条之规定，作出如下判决：

一、撤销某区公安分局作出的《驳回行政复议申请决定书》；

二、判令某区消防支队继续履行消防监督检查的法定职责，于本判决生效之日起三十日内重新针对原告杜某投诉的事项进行行政处理。

二审法院同意一审法院裁判意见。

【法官后语】

针对行政机关不作为或者不履行法定职责可以提起履责之诉。行政不作为大致可以分为以下三种情形：不作为、拖延履责、拒绝作为。不作为和拖延履责的判断标准相对而言比较好掌握，而对行政机关明确拒绝履行法定职责的拒绝性决定如何进行审查和判断在实务中没有明确和统一的标准。拒绝性决定的审查要点在于行政机关是否依法履行了法律赋予的职责。对拒绝性决定提起的诉讼属于履责之诉，而非撤销之诉，是因为如果从撤销之诉的角度对拒绝性决定进行审查，将仅仅停留在对行政机关已经做出的行为的合法性进行判断，必然造成对行政机关是否实体履责的忽视，也将限制司法能动性的发挥，无法对行政权进行有效监督。

拒绝性决定的特点在于行政机关作出了明确的拒绝履行原告要求的答复，所以不能简单以行政机关是否作出答复、是否进行了调查、是否满足了原告诉讼目的来进行判断是否履责，而需要探究行政机关是否在实质上履行了法定职责。

就本案而言，关于被告某区消防支队是否充分履行了法定职责存在两种观点。第一种观点认为某区消防支队已经充分履行了法定职责。理由在于，某区消防支队对是否存在消防隐患具有专业判断权，其对涉案户门开启方向是否构成消防安全隐患已经进行了调查，并且经过实地测量，结合相关国家标准的规定，认定涉案楼道宽度符合国家标准，相关规定也没有对入户门方向有强制性规定，因此某区消防支队在专业判断的基础上得出不存在消防安全隐患的结论已经履行了相应的法律职责，法院无权对涉及专业判断的事项进行审查。另一种观点即本案判决思路，认为某区消防支队并未充分履行法定职责。理由在于，某区消防支队虽然对涉案事项进行了调查，并且涉案楼道宽度确实符合国家标准，但是从消防支队所承担的法律职责来看，其负有预防和减少火灾危害，保护人身和财产安全的法定职责，所以其在履行职责时不能仅仅考虑涉案事项是否符合相关国家标准，而是应该从消防安全的角度出发，对涉案事项是否构成火灾隐患，是否影响公共安全等综合各种因素进行判断，故某区消防支队在本案中的履责明显是不充分、不全面的。

本案被告的答辩意见实际涉及的是司法审查与行政专业判断权之间的关系，司法审查应当尊重行政专业判断能力和自由裁量空间，这是行政首次判断权理论的基本内容。在拒绝性决定的履责之诉中，存在行政机关进行了首次判断之后作出了拒绝性的判断和结论，在这种情况下司法审查既不能突破对行政机关专业判断的尊重，认可行政机关对涉及专业事项进行的专业认定，又应当合理审查行政机关进行专业判断的出发点是否合理，考虑因素是否全面、裁量范围是否适当，不能一概推脱以行政专业判断而直接放弃司法审查权。就本案来看，不能当然认定被告某区消防支队进行了上述专业判断就径行认定其履行了保障消防安全的法定职责。一审法院从消防安全职责的特殊性为切入点，认为某区消防支队没有从积极排除妨害消防安全因素的角度进行全面履责从而认定消防支队构成不履行法定职责，法院并没有直接对消防支队的专业判断进行审查，认定其具有进一步发挥专业技术优势的空间，因而不构成对行政专业判断权的侵犯。

编写人：北京市朝阳区人民法院　朱军巍　李丹丹

182　行政机关应对当事人履职申请作出针对性处理

——×粮集团有限公司诉某市工商行政管理局、某市人民政府不履行法定职责及行政复议案

【案件基本信息】

1. 裁判书字号

山东省青岛市中级人民法院（2018）鲁02行终366号行政判决书

2. 案由：不履行法定职责及行政复议纠纷

3. 当事人

原告（上诉人）：×粮集团有限公司

被告（被上诉人）：某市工商行政管理局、某市人民政府

第三人：青岛×粮×家经贸有限公司

【基本案情】

原告×粮集团有限公司成立于1983年7月6日，由北京市工商行政管理局核准登记。1991年，根据原对外经济贸易部批复，同意原告使用“×粮”作为公司的简称及所属子公司的字号。原告注册商标“×粮”于2005年被原国家工商总局商标局认定为驰名商标。

2015年8月28日，某市工商行政管理局作出《企业名称预先核准通知书》，核准第三人青岛×粮×家经贸有限公司企业名称。2015年9月14日，某市某区市场监督管理局为第三人办理设立登记。

2016年10月，×粮集团有限公司委托某律师事务所向某市工商行政管理局提交《关于纠正青岛×粮×家经贸有限公司企业名称的申请》，认为青岛×粮×家经贸有限公司将“×粮”作为字号登记为企业名称的行为损害了×粮集团有限公司的合法权益，已构成不正当竞争，青岛×粮×家经贸有限公司已登记的企业名称属于不适宜的企业名称，请求某市工商行政管理局纠正该公司的企业名称。2016年10月27日，某市工商行政管理局将上述函件发送至青岛×粮×家经贸有限公司。2016年11月17日，青岛×粮×家经贸有限公司作出《关于×粮×家企业名称登记说明》，称其名称完全符合《企业名称登记管理规定》和《企业名称登记管理实施办法》，其所有行为没有对×粮集团有限公司带来任何负面影响，且“×粮”和“×粮×家”一看就是完全不同的品牌和个体，主要还是以后面或前面带有不同的字样来区别。2017年4月18日，某市工商行政管理局向×粮集团有限公司作出《回复函》。2017年4月19日，某市工商行政管理局将×粮集团有限公司投诉青岛×粮×家经贸有限公司不正当竞争行为转交某市某区市场监督管理局办理。×粮集团有限公司不服，提起行政复议。2017年8月25日，某市人民政府作出行政复议决定书予以维持。×粮集团有限公司不服，提起行政诉讼。

【案件焦点】

1. ×粮集团有限公司申请某市工商行政管理局履行的是何种职责、是如何申请的；2. 某市工商行政管理局是否具有该职责；3. 某市工商行政管理局是否依法履行了法定职责。

【法院裁判要旨】

山东省青岛市市南区人民法院经审理认为：第三人的字号为“×粮×家”，原告的字号和商标均为“×粮”，二者不完全相同，也不必然导致混淆，且第三人系原告旗下公司即×粮的经销商，第三人与原告旗下公司存在合作关系且经营主体得到认可，故不宜认定第三人名称为不适宜名称。但被告某市工商行政管理局作出的答复未对原告投诉事项作出正面回答，对这一问题予以指正。原告如有新证据证明第三人企业名称不适宜可另行主张。

山东省青岛市市南区人民法院依照《中华人民共和国行政诉讼法》第六十九条之规定，判决如下：

驳回原告×粮集团有限公司的诉讼请求。

×粮集团有限公司不服一审判决，提起上诉。山东省青岛市中级人民法院经审理认为：本案系上诉人起诉不履行法定职责及行政复议案，根据《企业名称登记管理规定》《企业名称登记管理实施办法》等，对已登记注册的不适宜的企业名称，任何单位和个人可以要求登记主管机关予以纠正，并且上述规定还明确了履行该职责的程序规定。上诉人通过律师函方式明确提出《关于纠正青岛×粮×家经贸有限公司企业名称的申请》，其要求行政机关履行的是纠正不适宜的企业名称的法定职责。某市工商行政管理局作为原审第三人企业名称的核准登记机关，具有处理企业名称争议的法定职权，但是，该局受理上诉人申请之后，未就上诉人提起的争议进行核实和调查就作出回复函，且回复中仅对原审第三人企业名称核准登记过程中提交的注册登记材料是否齐全、是否符合形式要件方面作出说明，并未对企业名称在使用中是否对公众造成欺骗或者误解，是否属于不适宜的名称进行判断处理，故不能作为其已经依法履行处理企业名称争议法定职责的依据。

山东省青岛市中级人民法院依照《中华人民共和国行政诉讼法》第七十二条、第八十九条第一款第二项、第三款，《最高人民法院关于适用〈中华人民共和国行政诉讼法〉的解释》第一百三十六条第一款、第四款之规定，判决如下：

一、撤销一审判决；

二、撤销某市人民政府2017年8月25日作出的《行政复议决定书》；

三、责令被上诉人某市工商行政管理局针对上诉人提出的纠正企业名称申请在法定期限内依法作出处理决定。

【法官后语】

1. 企业名称等产权应依法平等保护

加强产权保护，实现产权有效激励，尊重市场作用和企业主体地位，释放市场经济活力，是“放管服”改革的一个重要内容。为维护交易安全和交易秩序，企业名称作为我国产权的组成部分，应予以保护，尤其是知名企业名称，应加大产权保护力度，促进企业和市场的健康稳定发展。

具体到本案，《企业名称登记管理规定》第六条规定，企业名称由行政区划名称、字号、行业或者经营特点、组织形式组成。

跨省、自治区、直辖市经营的企业，其名称可以不含行政区划名称；跨行业综合经营的企业，其名称可以不含行业或者经营特点。第七条规定，企业名称中的行政区划名称应当是企业所在地的县级以上地方行政区划名称。市辖区名称在企业名称中使用时应当同时冠以其所属的设区的市的行政区划名称。开发区、垦区等区域名称在企业名称中使用时应当与行政区划名称连用，不得单独使用。被上诉人某市工商行政管理局受理上诉人申请期间所应当适用的1993年《中华人民共和国反不正当竞争法》第五条第三项规定，经营者不得采用下列不正当手段从事市场交易，损害竞争对手……（三）擅自使用他人的企业名称或者姓名，引人误认为是他人的商品。现行《中华人民共和国反不正当竞争法》第六条第二项规定，经营者不得实施下列混淆行为，引人误认为是他人商品或者与他人存在特定联系……（二）擅自使用他人有一定影响的企业名称（包括简称、字号等）、社会组织名称（包括简称等）、姓名（包括笔名、艺名、译名等）。据此，本案×粮集团有限公司作为国内知名央企，其企业名称经过长期使用和宣传，在国内外具有较高市场知名度、为相关公众所知悉，依法应当受到保护。

2. 行政机关应对当事人申请事项作出有针对性的履职处理

《企业名称登记管理实施办法》第四十一条规定："已经登记注册的企业名称，在使用中对公众造成欺骗或者误解的，或者损害他人合法权益的，应当认定为不适宜的企业名称予以纠正。"第四十四条规定："工商行政管理机关受理企业名称争议后，应当按以下程序在6个月内作出处理：（一）查证申请人和被申请人企业名称登记注册的情况；（二）调查核实申请人提交的材料和有关争议的情况；（三）将有关名称争议情况书面告知被申请人，要求被申请人在1个月内对争议问题提交书面意见；（四）依据保护工业产权的原则和企业名称登记管理的有关规定作出处理。”可见，被上诉人某市工商行政管理局作为处理企业名称争议的法定机关，具有依照上述程序规定履行该职责的法定义务。

然而，现有证据表明，被上诉人某市工商行政管理局在受理上诉人申请之后，仅调取了原审第三人企业名称登记情况、就上诉人申请情况向原审第三人发函并收到该公司回复，就作出《关于×粮集团有限公司申请纠正青岛×粮×家经贸有限公司名称有关情况的回复函》，其回避企业争议焦点，作出的含糊其词的回复，不能作为其依法履职的依据。被上诉人某市工商行政管理局作为企业名称登记主管机关，应依法履职，加大产权保护力度，以营造全社会重视和支持产权保护的良好氛围，塑造公平竞争、诚信经营的营商环境。原审判决查明事实清楚，但认定意见不当，依法应予改判。

因此，通过该案我们可以明确：行政机关收到当事人履职申请后，应结合其法定职责依法作出有针对性的处理，以切实履行职责。裁判中应结合具体案情和相关法律规定，对行政机关行为进行甄别判断，对于回避当事人履职申请争议焦点仅进行简单的回复行为，不能视为已经依法履行职责，应判决重新针对当事人申请，平等对待各方，依法履职。

编写人：山东省青岛市中级人民法院　刘英　刘力铭

183 出具购房优惠证明是否属于政府的法定职责

——杨某、陈某诉淮安市淮阴区某镇人民政府不履行法定职责案

【案件基本信息】

1. 裁判书字号

江苏省淮安市中级人民法院（2018）苏 08 行终 98 号行政判决书

2. 案由：不履行法定职责纠纷

3. 当事人

原告（上诉人）：杨某、陈某

被告（被上诉人）：淮安市淮阴区某镇人民政府（以下简称某镇政府）

【基本案情】

杨某、陈某（二人系夫妻关系）为某镇某村六组村民。因项目建设需要，某镇部分农户房屋需要搬迁，杨某户位于某镇某村六组集体土地的房屋在搬迁范围内。2015 年 5 月 4 日，杨某、陈某与拆迁实施单位某村委会签订了《房屋拆迁补偿安置协议》，该协议约定被拆迁房屋及附属物补偿应得补偿款 221617.3 元，杨某户应搬迁物品后交付拆除，协议对安置房的地点、面积、安置过渡费未有约定。协议签订后，杨某户因未享受到安置房购房的优惠，要求某镇政府出具优惠证明被拒绝，遂提起本案诉讼。

案涉《证明》的主要内容为：某安置小区，兹有某镇某村某

组某户，因对该户房屋进行拆迁，其现到贵安置小区协商代建住房一套，请贵单位按照与我单位双方约定事项予以办理，署名单位为某镇政府。

【案件焦点】

出具购房优惠证明是否属于某镇政府的法定职责。

【法院裁判要旨】

江苏省淮安市淮阴区人民法院经审理认为：本案的主要争议焦点为被告某镇政府向拆迁户出具的优惠证明的行为是否属于行政行为。本案中，原告主张被告按照补偿方案应出具而未向原告出具的购房优惠证明，但涉案补偿协议中并无被告作出过相关承诺的内容，原告亦未提供证据证明被告某镇政府出具优惠证明是在履行其法定职责。从查明的事实来看，被告在对拆迁户出具优惠证明的过程中，发挥的作用应当是一种协调作用，主要证明某户为拆迁户，帮助拆迁户在购买安置小区时能享受一定的优惠，而此种协调行为并非被告某镇政府在行使某种法定职责。因此，不能构成行政法意义上的行政承诺，被告某镇政府在本案中并未实施或怠于履行法定职责，被诉行为不属于行政行为，原告提起本诉不符合法定起诉条件。

据此，江苏省淮安市淮阴区人民法院依照《最高人民法院关于适用〈中华人民共和国行政诉讼法〉的解释》第六十九条第一款第一项的规定，裁定如下：

驳回原告杨某、陈某的起诉。

杨某、陈某不服一审裁定，提起上诉。江苏省淮安市中级人民法院经审理认为：履行法定职责之诉中的法定职责，既包括行政机关应当履行法律、法规或规章规定的职责，也包括行政机关因自己承诺或者行政允诺而产生的职责。本案中，依照当时有效的《中华人民共和国土地管理法》的相关规定，在集体土地房屋拆迁中，给予被拆迁人合法、合理的补偿安置是地方人民政府的行政职责。上诉人杨某、陈某与村委会签订的房屋拆迁补偿安置协议中，虽然并未约定杨某、陈某在协议中可以获得的安置房屋的面积、位置以及价格，但根据被上诉人某镇政府在补偿安置中的实际做法以及其与开发商的具体约定，实际上被上诉人某镇政府是提供一种优惠的购买方式，以让被拆迁人通过获取补偿费用来购买房屋。上诉人的房屋因需要被拆迁，其有权获得房屋补偿或者以优惠的方式获得安置房以满足其基本的居住权。从一审法院调查获取的证明内容看，该证明系被上诉人向被拆迁人提供。被拆迁人有此证明，才可以以优惠的方式购买房屋，最终实现居住的目的。该证明并非被上诉人某镇政府可开或者可不开，实质上是某镇政府在拆迁中对被拆迁人作出的一种普遍的承诺，其具有这样的法定职责。上诉人认为被上诉人某镇政府没有依法履行其承诺的职责，有权向人民法院提起诉讼，一审法院认为被上诉人不具有法定职责，不属于行政行为，从而裁定驳回上诉人的起诉错误，依法应予以纠正。

据此，江苏省淮安市中级人民法院依据《中华人民共和国行政诉讼法》第八十九条第一款第二项之规定，裁定如下：

一、撤销淮安市淮阴区人民法院（2018）苏 0814 行初 59 号行政裁定；

二、指令淮安市淮阴区人民法院继续审理。

江苏省淮安市淮阴区人民法院在继续审理过程中，某镇政府向杨某户出具了证明，杨某户遂得以优惠购房。原告杨某、陈某于

2018 年 12 月 18 日向法院申请撤回起诉，法院遂裁定予以准许。该行政争议得以实质性化解。

【法官后语】

集体土地房屋征收（又称集体土地房屋拆迁）引发的行政案件，是当前行政案件的重要类型。根据修改前的《中华人民共和国土地管理法》《中华人民共和国土地管理法实施条例》以及地方性法规、规章等有关规定，实施集体土地房屋拆迁应当对集体土地上的房屋及地上附着物予以补偿。集体土地房屋及附着物的补偿费归房屋及附着物的所有人，也就是被拆迁村民所有。

集体土地房屋拆迁中，被拆迁农户与拆迁实施单位、拆迁人签订的《房屋拆迁补偿安置协议》符合行政协议的构成要件，应认定为行政协议而非民事协议。一般而言，集体土地房屋拆迁应在取得征地批准后，由地方政府或行政主管部门依职权开展补偿安置工作。村委会或拆迁公司参与补偿安置协议的签订或签字，一般应视为其接受有关行政主体的委托，该协议中行政机关一方应是具有或履行安置补偿职责的地方政府、有关部门。例外情况是，村委会在不改变土地集体所有性质的前提下，对集体组织村民使用的建设用地通过行使村民自治权的形式，对集体土地在成员内部进行优化调整并自行对集体组织村民的房屋进行安置而签订的搬迁等协议，才可作为民事协议，该类争议才应通过民事诉讼途径解决。

集体土地房屋拆迁的具体补偿标准，大多由设区的地级市依照该省条例的授权自行确定相关标准。根据《国有土地上房屋征收与补偿条例》的有关规定，国有土地上房屋征收中被征收人有权选择产权调换或货币补偿，亦即被征收人享有补偿方式的选择权。集体土地房屋拆迁，本质上是对集体土地上被拆迁农民房屋的征收，被拆迁农民将因此而失去居住的房屋。从各地集体土地拆迁实际看，集体土地房屋拆迁其补偿并不局限于货币补偿，通常都包含产权调换、货币补偿等补偿方式。因此，为保障被拆迁农民的正常居住权益以及获得公平合理的补偿，地方政府及有关部门在拆迁补偿中应当提供包括产权调换在内的补偿方式供被拆迁农户选择，以妥善解决被拆迁农民的房屋居住问题。

拆迁补偿安置的具体内容一般由拆迁人与被拆迁农户通过签订补偿安置协议的方式予以约定。集体土地拆迁中，不能达成安置补偿协议的，有权行政机关也应依法作出补偿决定，而不应久拖不决、不予处理。考虑各地拆迁状况的不同，补偿安置协议中未约定安置房屋的内容部分，也不能一概认为被拆迁农民已经放弃了产权调换而选择了货币补偿，即不应轻易地剥夺被拆迁农民对补偿方式的选择权，尤其应当妥善处理房屋拆迁后被拆迁农民的居住问题。

补偿安置协议中虽未对安置房屋面积、地点等问题进行约定，但地方政府及有关部门允许被拆迁农民到安置小区等地自行购买房屋，并通过其出具证明来保障被拆迁农户享受购房优惠待遇，可以视为在拆迁中提供了安置居住房屋的补偿方式，能够合理地满足被拆迁农民的住房安置需求。据此，被拆迁农民要求地方政府出具优惠购房的证明，可以认定系其应当履行的法定职责。

编写人：江苏省淮安市中级人民法院　王伏刚

184 明显不属于行政机关权限范围不作为案件的裁判规则

——邓某某等诉重庆市某区水务局不履行法定职责案

【案件基本信息】

1. 裁判书字号

重庆市第一中级人民法院（2018）渝01行终630号行政裁定书

2. 案由：不履行法定职责纠纷

3. 当事人

原告（上诉人）：邓某某等15人

被告（被上诉人）：重庆市某区水务局（以下简称某区水务局）

【基本案情】

2017年5月15日，邓某某向某区水务局负责人邮寄EMS邮件一份，内件品名为“申请书”，快递单收件人签收栏载有“门卫”字样，签收时间为2017年5月16日。邓某某等人称，该申请书系其15人共同向某区水务局提起的申请，由邓某某代为邮寄，其内容系要求某区水务局对如下内容作出答复：第一，某区水务局在解除与原告的聘用合同之前为何隐瞒《某县机构编制委员会关于增加4座水库人员编制的批复》；第二，详细介绍原某县人事局于2007年招聘的69名水库人员的基本信息、聘请前工作简历。因某区水务局未对该申请予以答复，邓某某等人遂于2017年8月29日提起诉讼，请求法院判令某区水务局针对上述申请作出答复。

【案件焦点】

某区水务局在收到邓某某等 15 人提交的申请书后，未作出答复，法院应当如何处理。

【法院裁判要旨】

重庆市江北区人民法院经审理认为：邓某某等人申请某区水务局答复的两项内容明显不属于某区水务局的权限范围。第一，关于《某县机构编制委员会关于增加 4 座水库人员编制的批复》，某区水务局并无主动公开的职责，亦无向邓某某等人解释为何未主动公开的职责。邓某某等人要求某区水务局对没有向其主动公开该批复作出解释性答复，于法无据。第二，邓某某等人要求某区水务局详细介绍原某县人事局于 2007 年招聘的 69 名水库人员的基本信息、聘请前工作简历。既然 69 名水库人员系由原某县人事局而非某区水务局招聘，某区水务局即不具备对相关人员基本信息和简历予以介绍的职责。

重庆市江北区人民法院根据《最高人民法院关于适用〈中华人民共和国行政诉讼法〉的解释》第九十三条第二款的规定，裁定如下：

驳回邓某某等 15 人的起诉。

二审法院同意一审法院裁判意见。

【法官后语】

本案在审理过程中形成两种观点。

观点一认为，依据《中华人民共和国行政诉讼法》第四十七条第一款的规定，公民、法人或者其他组织申请行政机关履行保护其人身权、财产权等合法权益的法定职责，行政机关在接到申请之日起两个月内不履行的，公民、法人或者其他组织可以向人民法院提起诉讼。邓某某等人提供的证据足以证明，其曾于2017年5月15日向某区水务局邮寄申请书，且该邮件已于次日妥投。某区水务局于2017年5月16日收到申请书，未在法定期限内针对该申请书作出答复。依据《中华人民共和国行政诉讼法》第七十二条的规定，应判决责令该局于判决生效之日起六十日内针对邓某某等15人于2017年5月15日提交的申请书履行答复的法定职责。

观点二认为，根据《最高人民法院关于适用〈中华人民共和国行政诉讼法〉的解释》第九十三条第二款的规定，人民法院经审理认为原告所请求履行的法定职责或者给付义务明显不属于行政机关权限范围的，可以裁定驳回起诉。本案中，邓某某等15人申请某区水务局答复的两项内容明显不属于该局权限范围，可以裁定驳回邓某某等15人的起诉。

综观上述两种观点，因裁判思路不同，可能出现两种截然不同的裁判结果。笔者认为，观点二更为合理。理由如下：

第一，符合法定起诉条件是人民法院对行政诉讼案件进行实体审理的前提。原告提起行政诉讼，需要首先符合法定起诉条件，人民法院才可作出实体判决。换言之，即使原告不能胜诉，人民法院在选择裁判方式时亦应遵循“先程序后实体”的思路，首先考量其起诉是否符合法定条件。若起诉不符合法定条件，人民法院应当裁定驳回起诉，而非判决驳回原告诉讼请求，更毋庸说支持原告诉讼请求。本案中，观点一和观点二的分歧实际表现为：原告之诉是否符合起诉条件，进而应否作出实体判决。显然，观点一的裁判思路在该问题上持默认态度，肯定了原告之诉符合起诉条件，且认为案件事实清楚，足以作出实体判决，并支持原告的诉讼请求。但遗憾的是，该观点并未对原告之诉符合起诉条件这一前提性结论进行有效证成。从某种角度上说，该观点似乎认为，凡是公民、法人或其他组织申请行政机关履行法定职责，不论该职权是否属于行政机关的权限范围，行政机关均应履行，或至少作出答复。这种理解系对《中华人民共和国行政诉讼法》第四十七条的误读。该条所规定的公民、法人或其他组织因“申请行政机关履行保护其人身权、财产权等合法权益的法定职责”，行政机关在法定期限内不履行，向人民法院提起诉讼，其前提理应是该职责确为该行政机关的法定职责，属于其权限范围。当然，观点一对原告起诉条件问题的忽视并不必然证成观点二的合理性，观点二认为原告之诉不符合起诉条件同样还需证成。

第二，起诉条件和实体判决理由可能部分重叠，但对事实清楚的要求程度不一。在有些情况下，某一事实可能既是原告起诉的基本条件，又是实体判决时关系原告诉讼请求能否得到支持的事实基础。此时，若原告主张的事实不能成立，究竟是裁定驳回起诉，还是判决驳回原告诉讼请求，需要根据起诉条件和实体判决对事实清楚的要求程度不同作出判断。[①] 对于原告要求被告履行法定职责的案件，起诉条件要求的事实只要初步证明被告具有原告要求履行的法定职责即可；而实体判决要求的事实则要证明被告应履行该职责的事实清楚，主要证据充分。换言之，原告请求作为被告的行政机关履行职责，但该行政机关明显不具备相应的职责权限，这实际上意味着要求被告履行法定职责缺乏事实根据，不符合《中华人民共和

① 最高人民法院行政审判庭编：《最高人民法院行政诉讼法司法解释理解与适用（上）》，人民法院出版社2018年版，第431页。

国行政诉讼法》第四十九条第三项的规定，可以裁定驳回起诉。所谓“有事实根据”，通常“是指一种‘原因事实’，也就是能使诉讼标的特定化或者能被识别所需的最低限度的事实。通俗地说，是指至少能够证明所争议的行政法上的权利义务关系客观存在”①。这其实与起诉条件对事实清楚的要求程度相契合，即初步证明事实即可。但如果行政机关是否具备相应的职责义务，或是否应当履行相应的职责义务并不明确或并非显而易见，需要进一步的实体审查方可确定，则不宜裁定驳回起诉，而应进行实体审理后，根据案件事实决定判决驳回原告诉讼请求，还是支持原告诉讼请求。因此，本案中，观点二欲证成原告之诉不符合起诉条件，实际上即需要证明：原告要求被告履行法定职责明显不属于被告的权限范围，其主张的事实达不到“有事实根据”的初步证明标准。

第三，是否“明显不属于行政机关权限范围”，应结合被告法定职权和原告申请事项综合判断。一般而言，行政机关的职权由法律、法规、规章明确规定，不能任意突破或变更。这是法治政府建设的应有之义。但缘于法律概念的开放性、法律规定的有限性和行政权的主动性特征，法律、法规、规章对行政机关具体权限范围的规定不可能做到事无巨细、清楚无争。因此，判断公民、法人或其他组织要求行政机关履行的职责是否属于后者的权限范围，或者是否明显不属于后者权限范围，均需要综合、谨慎判断。如果将被告法定职权和原告的申请事项综合对比，能够清楚、直观地认定二者不相匹配，则可以将该申请事项认定为“明显不属于行政机关权限范

① 最高人民法院行政审判庭编：《最高人民法院行政诉讼法司法解释理解与适用（上）》，人民法院出版社2018年版，第350页。

围”；反之，若对二者是否匹配尚存在疑问，需要进一步查实和研判，则不宜径直将该申请事项认定为“明显不属于行政机关权限范围”。本案中，被告作为水行政主管部门，除了主要负责水利工程建设管理、防汛抗灾、水资源管理等，还应履行政府信息公开等职责。但反观原告申请被告履行的职责，无论是对不公开某县机构编制委员会批复作出解释性说明，还是详细介绍原某县人事局所招聘员工的基本信息和简历，均与被告上述职权不匹配，且该事实清楚、直观，已然达到了“明显不属于行政机关权限范围”的程度，不符合起诉条件中所要求的“有事实根据”的初步证明标准。因此，观点二对原告要求被告履行职责的定性准确。

第四，驳回原告起诉符合行政诉讼越权无效原则的基本要求。行政机关行使行政执法权需要遵循越权无效原则，即行政机关必须在法定权限内行为，一切超越法定权限的行为无效，不具有公定力、确定力、拘束力和执行力。[①]《中华人民共和国行政诉讼法》第七十条至第七十三条规定了七种行政行为违法情形[②]，超越职权便为其中之一，具体又可分为无权限、级别越权、事务越权和地域越权四类。[③] 对行政机关而言，越权无效是义务性约束，禁止其超越法定权限范围行为；也是权力性豁免，保障其拒绝作出越权行为时不受责任追究。如果一方面要求行政机关严格按照法定职权行为，不可越雷池半步，另一方面又要求其迎合相关主体的申请，即使

---

① 姜明安主编：《行政法与行政诉讼法》，北京大学出版社、高等教育出版社 2015 年版，第 70 页。

② 包括：（1）主要证据不足；（2）适用法律、法规错误；（3）违反法定程序；（4）超越职权；（5）滥用职权；（6）明显不当；（7）不履行法定职责或法定义务。

③ 姜明安主编：《行政法与行政诉讼法》，北京大学出版社、高等教育出版社 2015 年版，第 71~72 页。

申请事项明显不属于自己的权限范围，也要答复告知，否则可能面临败诉风险，则既是对越权无效原则的侵蚀，也违背了权责统一的基本原则。

此外，对于人民法院经审理认为原告所请求履行的法定职责明显不属于行政机关权限范围的案件，《最高人民法院关于适用〈中华人民共和国行政诉讼法〉的解释》第九十三条第二款规定的是可以裁定驳回起诉，而非应当裁定驳回起诉。这也为人民法院从严把握证明标准，进一步审查原告申请，进而作出实体判决预留了制度空间，故而不会对原告的诉讼权利造成损害。

编写人：重庆市江北区人民法院　江朝丽　王明辉

185　行政机关不存在拒绝履行或怠于履行法定职责的认定标准

——甲珠宝公司诉原中华人民共和国国家工商行政管理总局不履行垄断查处职责案

【案件基本信息】

1. 裁判书字号

北京市高级人民法院（2018）京行终1499号行政判决书

2. 案由：不履行垄断查处职责纠纷

3. 当事人

原告（上诉人）：甲珠宝公司

被告（被上诉人）：原中华人民共和国国家工商行政管理总局（以下简称国家工商总局）

【基本案情】

2014年10月16日，甲珠宝公司向国家工商总局反垄断与反不正当竞争执法局邮寄提交第一次举报材料，请求国家工商总局对佳×福"滥用市场支配地位，排除、限制竞争"的违法行为，依法立案调查，并依法予以确认，以便甲珠宝公司依法向法院主张权利。2014年10月28日，国家工商总局将甲珠宝公司的第一次举报转送云南省工商行政管理局（以下简称云南省工商局）办理。之后，云南省工商局对甲珠宝公司的第一次举报进行了处理，认为昆明佳×福与乙珠宝公司的行为不构成垄断，并将该结果告知甲珠宝公司的情况作了《答复记录》反馈给国家工商总局。2016年9月10日，甲珠宝公司向国家工商总局邮寄第二次举报的材料，请求国家工商总局对昆明佳×福在昆明佳×福所有市场与乙珠宝公司签订"垄断协议"，限制、排除甲珠宝公司及其他经营者在昆明佳×福市场销售"金银首饰、K金首饰、镶嵌的珠宝首饰"的协议垄断经营行为，依法予以立案调查、确认，并作出相应的行政处罚。2016年9月30日，国家工商总局作出〔2016〕182号转办函件，将甲珠宝公司的第二次举报转至云南省工商局办理。云南省工商局展开了核查工作，对昆明佳×福做了初步调查，昆明佳×福向云南省工商局出具《情况说明》；对甲珠宝公司的法律顾问及法定代表人也进行了调查。2016年11月25日，云南省工商局将对甲珠宝公司第二次举报的调查情况书面反馈给国家工商总局。之后，甲珠宝公司认为国家工商总局未依法履行对其举报进行调查、认定、处理的法定职责，故提起同级行政复议申请。2017年1月4日，国家工商总局收到甲珠宝公司提交的《行政复议申请书》，复议请求为：1. 依法确认被申请人在法定期间不依法履行反垄断经营调查、认定的法定职责违法；2. 依法履行对昆明佳×福协议垄断经营违法行为调查、认定的法定职责。2017 年 1 月 17 日，国家工商总局竞争执法局提交了行政复议答复意见及作出具体行政行为的相关证据材料。同年 3 月 1 日，国家工商总局作出工商复字〔2017〕79 号《行政复议决定书》（以下简称被诉复议决定），认为复议被申请人在收到甲珠宝公司的举报后，依照《工商行政管理机关查处垄断协议、滥用市场支配地位案件程序规定》（本案以下简称工商机关查处垄断案件程序规定）第三条第二款第三项的规定，依法将甲珠宝公司的举报转至云南省工商局处理，已经履行了法定职责。根据《中华人民共和国行政复议法实施条例》（本案以下简称复议法实施条例）第四十八条第一款第一项的规定，驳回了甲珠宝公司的全部行政复议申请。甲珠宝公司不服，提起本案诉讼。

庭审中，甲珠宝公司明确表示，其是针对第二次举报认为国家工商总局没有履行法定职责而提起本案诉讼的，对被诉复议决定作出的程序无异议。甲珠宝公司亦确认，其诉讼请求中所称的国家工商总局不依法履行的市场垄断经营调查、认定、确认的法定职责，指的是请求国家工商总局对其举报事项履行立案调查、处理的法定职责。

庭审后，云南省工商局于 2017 年 7 月 24 日向国家工商总局反垄断与反不正当竞争执法局出具《不予立案情况说明》，建议国家工商总局竞争执法局对甲珠宝公司的举报不予立案。2017 年 8 月 17 日，国家工商总局反垄断与反不正当竞争执法局作出〔2017〕

132号决定，根据工商机关查处垄断案件程序规定第八条的规定及云南省工商局的核查意见，决定对甲珠宝公司举报的事项不予立案调查。甲珠宝公司收到该不予立案决定后，表示坚持本案诉讼。

【案件焦点】

1. 国家工商总局是否具有查处甲珠宝公司举报事项的职责；2. 国家工商总局是否存在拒绝履行职责或者存在超过法定期限怠于履行该职责的情形。

【法院裁判要旨】

北京市第一中级人民法院经审理认为：本案中，原告认为昆明佳×福存在“滥用市场支配地位，排除、限制竞争”的违法行为而向被告进行举报，要求被告依法履行立案调查、处理的法定职责。本案应当首先查明被告对原告举报事项是否具有履行立案调查、处理的职责。根据《中华人民共和国反垄断法》第十条第二款及工商机关查处垄断案件程序规定第一条、第二条、第八条的规定，针对本案原告的举报事项，被告具有决定是否立案调查、处理，或者决定由省级工商行政管理局立案调查、处理的职责。

此外，在被告对原告举报的事项具有决定立案之职责的情况下，本案需审查被告是否正在履行或者已经履行了相关职责。根据工商机关查处垄断案件程序规定第六条、第七条第一款的规定，被告将其受理的发生在某一行政区域内涉嫌垄断行为的举报，交由该行政区域内省级工商行政管理局负责对涉嫌垄断行为的举报进行核查工作，并不存在与法律、法规、规章规定相悖之情形。故，本案中，被告在收到原告的第二次举报材料后，将原告的举报材料转至举报的违法行为地云南省工商局进行核查并无违法之处。云南省工商局在收到被告的转办函之后，针对原告的举报事项向昆明佳×福了解情况，并联系了原告，云南省工商局开展了相关核查工作。因截至原告提起本案诉讼时，云南省工商局尚未将对原告举报事项的核查结果及是否立案的意见向被告报告，故被告对原告举报事项的办理仍处于核查阶段，对原告举报事项是否立案调查、处理，被告需待云南省工商局的核查结果及是否立案的意见出具后再行决定。鉴于法律、法规、规章并无明确规定被告对涉嫌垄断行为的举报履行查处职责的期限，故应认定原告提起本案诉讼时，被告对原告的举报事项处于正在履责状态之中。

关于本案的行政复议程序，原告明确表示对被告作出被诉决定的行政程序无异议。本院经审查，对该行政程序的合法性予以确认。

另外，被告反垄断与反不正当竞争执法局在本案诉讼期间对原告作出〔2017〕132 号决定，对原告举报事项不予立案调查、处理，原告如果对该决定不服，可通过其他途径进行救济。

北京市第一中级人民法院依据《中华人民共和国行政诉讼法》第六十九条之规定，判决如下：

驳回原告甲珠宝公司的诉讼请求。

二审法院同意一审法院裁判意见。

【法官后语】

本案是由于原告认为被告未对其举报事项履行查处职责而引发的，在诉讼类型上应当属于履行法定职责之诉。该类案件至少需要审查以下几个方面的内容：（1）原告是否向被告提出履行法定职责的申请；（2）被告是否具有相关的法定职责；（3）被告是否存在拒绝履行该职责的情形；（4）被告是否存在超过法定期限怠于履行该职责的情形。下面结合本案的情况进行阐明。

1. 本案原告以举报的形式向被告提出履责申请

举报是公民、法人或者其他组织参与行政管理的重要途径，除了维护自身合法权益，对于监督行政机关依法行使职权、弥补行政机关执法能力不足也发挥着积极作用。公民、法人或者其他组织可以就何种事项向哪个行政机关投诉举报，取决于法律、法规或者规章的具体规定。也就是说，原告要求被告依照其举报为一定行为，原告应当具有相应的权利依据。本案中，原告认为昆明佳×福存在的垄断经营行为，为了维护自身的合法权益向被告举报，请求被告对其举报事项履行立案调查、处理的法定职责。根据相关规定，原告具有就昆明佳×福涉嫌垄断行为向被告提起举报的权利依据。

2. 被告对原告举报的事项具有履行立案调查、处理的职责

原告要求行政机关履行相应的法定职责的前提之一应是该行政机关具有相应的法定职责。本案中，被告的法定职责比较明确，来源于法律及规章的授权。针对本案原告的举报事项，被告具有决定是否立案调查、处理，或者决定由省级工商行政管理局立案调查、处理的职责。

3. 被告根据相关规定已经为一定行为时，应认定被告不存在拒绝履责的情形

拒绝履责包括行政机关不履行程序上的义务。我国目前尚未制定统一的行政程序法，对于履责程序，要看相关的法律、法规或者规章对行政机关规定了哪些程序上的义务。如果行政机关履行了法律、法规或者规章规定的程序上的义务，如转办的义务，就应认定行政机关不存在拒绝履责的情形。

《禁止垄断协议暂行规定》第十六条规定，举报采用书面形式并提供相关事实和证据的，反垄断执法机构应当进行必要的调查。书

面举报一般包括下列内容：（一）举报人的基本情况；（二）被举报人的基本情况；（三）涉嫌垄断协议的相关事实和证据；（四）是否就同一事实已向其他行政机关举报或者向人民法院提起诉讼。反垄断执法机构根据工作需要，可以要求举报人补充举报材料。第十七条规定，反垄断执法机构经过对涉嫌垄断协议的必要调查，决定是否立案。省级市场监管部门应当自立案之日起7个工作日内向市场监管总局备案。根据上述规定，这种核查义务适用属地管辖原则，被告在程序上的义务是将其受理的发生在某一行政区域内涉嫌垄断行为的举报，交由该行政区域内省级工商行政管理局负责对涉嫌垄断行为的举报进行核查工作。本案中，被告将原告的举报材料转至举报的违法行为地云南省工商局进行核查，已经依照工商机关查处垄断案件程序规定对能否立案履行了阶段性审查之职责，不存在拒绝履责的情况。

4. 在法律、法规、规章对被告履责的期限没有明确规定时，若被告根据相关规定已经为一定行为，则应认定被告对原告举报事项的查处处于履责状态中，不存在怠于履责的情形

本案裁判时有效的工商机关查处垄断案件程序规定并未明确规定被告对涉嫌垄断行为履行立案查处职责的期限。被告将原告举报材料转云南省工商局办理后，云南省工商局对昆明佳×福及原告进行了调查，但在本案原告起诉前云南省工商局并未向被告出具核查意见，而对原告举报事项是否立案调查、处理，被告需待云南省工商局的核查结果及是否立案的意见出具后再行决定。据此，应认定对原告举报事项的办理仍处于核查阶段，原告提起本案诉讼时，被告对原告的举报事项处于正在履责状态之中，不存在拒绝或者超过法定期限怠于履行的情形。

编写人：北京市第一中级人民法院　梁菲　王素南

186 政府信息公开举报的性质认定

——蔡某诉中华人民共和国教育部不履行政府信息公开职责及行政复议案

【案件基本信息】

1. 裁判书字号

北京市高级人民法院（2016）京行终 4435 号行政裁定书

2. 案由：不履行政府信息公开职责及行政复议纠纷

3. 当事人

原告（上诉人）：蔡某

被告（被上诉人）：中华人民共和国教育部（以下简称教育部）

【基本案情】

2015 年 6 月，蔡某不服某大学对其作出的信息公开答复，向教育部举报。经调查核实，教育部于 2015 年 9 月 30 日作出答复，认为某大学的信息公开答复符合《中华人民共和国政府信息公开条例》《高等学校信息公开办法》的规定。该答复于之后送达蔡某。蔡某不服，向教育部申请行政复议，请求：1. 依法责令教育部履行法定职责，对某大学不依法公开信息的违法行为进行查处；2. 依法责令教育部履行法定职责，责令某大学公开蔡某申请的相关信息。教育部经审查，于 2015 年 11 月 16 日作出教复字（2015）18 号行政复议决定书（以下简称被诉复议决定），根据《中华人民共和国行政复议法实施条例》第四十八条第一款第一项的规定，驳回蔡某的行政复议请求。蔡某仍不服，诉至法院。

【案件焦点】

行政机关对于公民、法人或者其他组织关于政府信息公开主体未履行政府信息公开义务举报的处理，是否属于其履行行政职责的范畴。

【法院裁判要旨】

北京市第一中级人民法院经审理认为：《中华人民共和国政府信息公开条例》和《高等学校信息公开办法》关于政府信息公开举报处理的规定系与行政复议、行政诉讼并行的规定。该举报程序的规定旨在通过上下级的监督，纠正行政机关、高等学校等的工作失误，追究相关人员的行政责任，不属于行政机关履行行政职责的范畴。蔡某诉请教育部履行法定职责，对某大学不依法履行法定职责不公开信息的违法行为进行查处，依法责令某大学公开相关申请信息，缺乏事实根据，其起诉依法应予驳回。其就被诉复议决定提起的本案之诉依法一并应予驳回。

北京市第一中级人民法院依照《最高人民法院关于适用〈中华人民共和国行政诉讼法〉若干问题的解释》第三条第一款第一项、第十项之规定，作出如下裁定：

驳回原告蔡某的起诉。

蔡某持原审起诉意见提起上诉。北京市高级人民法院经审理认为：《中华人民共和国政府信息公开条例》和《高等学校信息公开办法》关于举报程序的规定旨在通过上下级的监督，纠正行政机关、高等学校等的工作失误，追究相关人员的行政责任，不属于行政机关履行行政职责的范畴。诉请教育部履行法定职责，对某大学不依法履行法定职责不公开信息的违法行为进行查处，依法责令某大学公开相关申请信息，缺乏事实根据，一审法院对其起诉依法予以驳回正确。因蔡某对原行政行为的起诉依法应予以驳回，故其对被诉复议决定提起的诉讼，一审法院一并予以驳回，并无不当。

北京市高级人民法院依照《中华人民共和国行政诉讼法》第一百八十九条第一款第一项之规定，作出如下裁定：

驳回上诉，维持一审裁定。

【法官后语】

本案的焦点问题为《中华人民共和国政府信息公开条例》第五十一条规定的行政机关就政府信息公开类举报的处理是否属于履行行政职责。

一种观点认为，《中华人民共和国政府信息公开条例》既然明确将举报规定为对政府信息公开主体的一种监督方式，亦规定了行政机关对于该类举报应当调查处理，那么《中华人民共和国政府信息公开条例》必然是将此途径作为政府信息公开申请人的一种权利救济方式，行政机关的相关调查处理职责亦是行政职责。

另一种观点认为，《中华人民共和国政府信息公开条例》规定的举报监督程序是一种行政机关内部的行政责任追究的程序，行政机关对于该类举报的调查处理并非在履行行政职责。

合议庭倾向于第二种观点。《中华人民共和国政府信息公开条例》第五十一条规定，公民、法人或者其他组织认为行政机关在政府信息公开工作中侵犯其合法权益的，可以向上一级行政机关或者政府信息公开工作主管部门投诉、举报，也可以依法申请行政复议或者提起行政诉讼。该条分别规定了针对政府信息公开行为的两种监督方式。第二种监督方式很明确，是行政复议及行政诉讼，旨在通过行政机关内部司法性质的审查及行政机关外部的司法审查纠正具体政府信息公开行为，从而实现对于当事人的权利救济。第一种监督方式的接受举报的机关即上一级行政机关或者政府信息公开工作主管部门，实际上是行政上的举报监督程序，此程序旨在通过上下级的监督，纠正行政机关的工作失误，追究相关人员的行政责任，从而从制度内部保障政府信息公开申请人的合法权益。因此，《中华人民共和国政府信息公开条例》第五十一条规定的两种对于政府信息公开行为的监督方式虽然最终目的是一致的，但仍系不同性质的救济路径。第二种权利救济路径是对外的纳入司法审查的路径。第一种权利救济路径实际上是行政机关自我纠错、自我完善的一种常见的接受外部监督的方式。此类规定与公民的批评、建议权相联系，不独存于前述条例，其实亦普遍存在于《中华人民共和国行政许可法》等基本行政法律中，其目的更侧重于通过外部行为人的参与实现对行政机关行政上的内部监督。因此，行政机关对于政府信息公开类举报的处理，亦旨在纠正工作失误，追究行政责任，所履行的职责并非行政职责。

根据《中华人民共和国行政诉讼法》第四十九条第三项的规定，公民、法人或者其他组织提起行政诉讼应当具有事实根据。具体而言，公民、法人或者其他组织起诉行政机关要求履行法定职责的，应当以该行政机关具有相应的法定职责为前提。本案中，蔡某认为某大学在信息公开工作中存在违法行为，向教育部举报，进而认为教育部对其举报处理不当而申请行政复议，并于之后提起本案诉讼。然而，教育部对于蔡某的举报的处理并非在履行行政职责，因此，蔡某提起本案诉讼缺乏事实根据，依法应予驳回。

编写人：北京市第一中级人民法院　张美红

187 法定期限内无法作出行政处理决定并于期限届满后履行告知义务的行为违法

——汽车公司诉重庆市长寿区公安局某派出所不履行治安管理职责案

【案件基本信息】

1. 裁判书字号

重庆市第一中级人民法院（2016）渝01行终798号行政判决书

2. 案由：不履行治安管理职责纠纷

3. 当事人

原告（上诉人）：汽车公司

被告（被上诉人）：重庆市长寿区公安局某派出所（以下简称某派出所）

【基本案情】

建设公司与原告汽车公司存在租赁合同纠纷。2016年3月1日，建设公司员工驾驶车辆将汽车公司进出口堵塞。汽车公司员工报警后，被告某派出所随即出警并受理该治安案件。在作了相应调查后，某派出所于3月8日作出了终止案件调查决定书。汽车公司对上述终止案件调查决定书不服，向重庆市长寿区公安局（以下简称长寿区公安局）申请行政复议，长寿区公安局于2016年3月31日作出行政复议决定书，撤销了某派出所作出的终止案件调查决定书。

4月26日，某派出所依据2012年《公安机关办理行政案件程序规定》第一百四十一条延长了三十日办案期限。在开展相应调查后，某派出所认为，本案所涉治安案件符合2012年《公安机关办理行政案件程序规定》第一百四十一条第三款“对因违反治安管理行为人逃跑等客观原因造成案件在法定期限内无法作出行政处理决定的，公安机关应当继续调查取证，并向被侵害人说明情况，及时依法作出处理决定”的规定。遂于5月26日作出了案件办理情况告知书，主要内容为告知汽车公司，因梅某等人已从建设公司辞职等客观原因，造成本案在法定期限内无法作出处理，公安机关将继续调查取证，及时依法作出处理。

5月3日，汽车公司认为某派出所对报警未作处理，向法院提起本案行政诉讼。一审诉讼过程中，汽车公司于2016年7月22日收到某派出所于7月21日寄出的落款时间为2016年5月26日的《案件办理情况告知书》。

【案件焦点】

因违反治安管理行为人梅某辞职的客观原因，某派出所无法在法定的期限内作出处理决定，在期限届满后告知被侵害人案件办理情况的，是否违法。

【法院裁判要旨】

重庆市大足区人民法院经审理认为：本案被告某派出所作为公安派出所，有职责依法对发生在辖区内的治安案件进行调查处理。

根据法院查明的事实，2016年3月1日，被告某派出所接到汽车公司员工报警后随即出警并将其作为治安案件受理。2016年3月8日，被告针对上述治安案件作出了终止案件调查决定书。2016年3月31日，长寿区公安局撤销了被告作出的终止案件调查决定书后，被告继续对该案进行调查，向邓某等人作了询问，并开展了相应的调解工作。其间，建设公司停放在原告经营场所门口的堵门车辆已全部挪开。在开展相应调查后，被告认为，本案所涉治安案件符合2012年《公安机关办理行政案件程序规定》第一百四十一条第三款规定："对因违反治安管理行为人逃跑等客观原因造成案件在法定期限内无法作出行政处理决定的，公安机关应当继续调查取证，并向被侵害人说明情况，及时依法作出处理决定。"遂于2016年5月26日作出了案件办理情况告知书，告知汽车公司，因梅某等人已从建设公司辞职等客观原因，造成本案在法定期限内无法作出处理，公安机关将继续调查取证，及时依法作出处理。2016年7月21日，被告通过挂号信向原告寄送了上述案件办理情况告知书，原告于2016年7月22日收到该告知书。由此可见，被告对本案所涉治安案件已经作了相应的调查和处理。

重庆市大足区人民法院依照《中华人民共和国行政诉讼法》第六十九条规定，作出如下判决：

驳回原告汽车公司的诉讼请求。

汽车公司持原审起诉意见提起上诉。重庆市第一中级人民法院经审理认为：某派出所于2016年3月1日接到汽车公司的报警，并作为治安行政案件予以受理。2016年3月31日，长寿区公安局以明显不当为由撤销了某派出所作出的《终止案件调查决定书》，某派出所收到长寿区公安局作出的《行政复议决定书》后，应当重新对该治安行政案件进行调查处理，并在法定期限内办结；如不能在法定期限内办结亦应当通过合理方式将不能办结的原因告知报警人。汽车公司于2016年5月3日向人民法院提起不履行法定职责行政诉讼之日，某派出所既未办结该治安行政案件，亦未将该案办理情况告知汽车公司，某派出所的行为已经构成行政不作为。

根据《中华人民共和国行政诉讼法》第七十二条的规定，人民法院经过审理，查明某派出所不履行法定职责的，本应判决某派出所在一定期限内履行。但某派出所对汽车公司 2016 年 3 月 1 日的报警已经作出《案件办理情况告知书》，汽车公司在二审庭审中陈述其于同年 7 月 22 日已收到该告知书，但坚持其上诉请求。

重庆市第一中级人民法院依照《中华人民共和国行政诉讼法》第七十四条第二款第二项规定，作出如下判决：

一、撤销一审判决；

二、确认被上诉人重庆市长寿区公安局某派出所对上诉人汽车公司 2016 年 3 月 1 日的报警行为不履行治安管理法定职责的行为违法。

【法官后语】

本案的焦点问题是公安机关在办理治安案件中，若因违反治安管理行为人辞职，无法在期限内作出处理决定，是否应在期限届满前告知被侵害人？笔者认为，答案应是肯定的。

1. 法定期限内因客观原因无法作出行政处理决定的，公安机关应遵循正当程序要求履行说明告知义务

正当程序是最低限度的程序正义，即使相关法律规范没有规定，行政机关为具体行政行为时也应遵循正当程序要求，履行法定的告知义务。针对公安机关治安案件办理中的说明告知义务，2020 年《公安机关办理行政案件程序规定》第一百六十五条第三款规定：“对因违反治安管理行为人不明或者逃跑等客观原因造成案件在法定期限内无法作出行政处理决定的，公安机关应当继续进行调查取证，并向被侵害人说明情况，及时依法作出处理决定。”可见，因案情复杂或违法行

为人逃跑而无法到案等客观原因，导致公安机关无法在法定期限内结案的，公安机关有向被侵害人说明告知的义务。本案中，某派出所无法在法定期限内办结该治安案件，非其故意或疏于履行法定职责，而是因为违反治安管理行为人梅某辞职，不能归案所致。具言之，梅某的辞职行为虽不能为规定中的“逃跑”涵摄，但丰富了“等”的内涵，亦构成了阻却公安机关法定期限内作出行政处理决定的客观缘由。在履行了告知义务之后，公安机关应继续调查，及时依法作出相应处理决定。

2. 公安机关应在法定期限届满前履行说明告知义务

《公安机关办理行政案件程序规定》虽明确了公安机关延期办理治安案件的，有向被侵害人说明告知之义务，但何时告知，该规定没有给出答案。规则不明，导致司法实践中对履行告知义务的期限认识不一。有观点认为，只要公安机关继续履行调查取证职责，该说明告知义务可以随时履行，是否超过法定期限在所不论。但笔者认为，应在期限届满前履行该告知义务。其一，依目的解释，该条款是为了解决公安机关在法定期限内无法作出行政处理决定的特殊规定，已经超出了一般情形的范畴，特殊规定当然不能再行扩大适用，并且应当严格审查公安机关不能办结的事由以及说明告知义务的履行期限。其二，从体系解释的统一性出发，既然法律明确要求公安机关一般应当在法定期限内办结治安案件，作为细化与完善不能在法定期限内办结特殊规定的部门规章，只能是在上位法的框架内进行细化，在法定期限届满前告知无法办结的原因，以保护行政相对人程序权益。本案中，某派出所在汽车公司向人民法院提起不履行法定职责行政诉讼之日，既未办结该治安行政案件，亦未将该案延长期限情况告知，构成行政不作为。

因此，公安机关在办理治安案件中因违反治安管理行为人辞职等客观原因，无法在治安管理处罚法规定的期限内作出处理决定的，应当在期限届满前告知被侵害人，否则将因未及时履责被确认违法。

笔者认为，本案的良好示范意义在于从个案出发，一方面丰富了公安机关情况告知义务的前提即“客观原因”的内涵，发挥了漏洞填补的功效；另一方面以行政裁判方式明确行政机关依法行政不仅指实体合法，而且要及时履责。否则，一个违反法定期限的行政行为，即使实体内容完全合法，也会因迟到而被贴上违法的标签。

编写人：重庆市第一中级人民法院　马金明　王坤

188　以调解方式履行职责的性质认定

——刘某诉国家邮政局行政复议案

【案件基本信息】

1. 裁判书字号

北京市高级人民法院（2016）京行终4433号行政判决书

2. 案由：行政复议纠纷

3. 当事人

原告（被上诉人）：刘某

被告（上诉人）：国家邮政局

【基本案情】

2015年8月，刘某因与快递公司之间的快件丢失赔偿纠纷协商未果，向国家邮政局邮寄申诉信。后刘某认为国家邮政局未对其申诉信进行处理，于同年11月4日向国家邮政局申请行政复议，请求：确认国家邮政局在收到申诉信30日内未作出处理答复之行为违法；责令国家邮政局立即对刘某的申诉信作出处理答复。国家邮政局于同月6日收到该复议申请，经审查，于同月11日作出不予受理行政复议申请决定书（以下简称被诉复议决定），认为：邮政管理部门对用户申诉的处理属于行政机关对寄递企业服务质量异议做出的调解行为，不属于《中华人民共和国行政复议法》第六条规定的行政复议受案范围。根据该法第十七条的规定，决定不予受理。被诉复议决定于之后送达刘某。刘某不服，诉至法院。

【案件焦点】

行政机关规定以调解方式履行法律规定的关于申诉的处理职责的，行政机关履行职责的性质是否仍为行政职责。

【法院裁判要旨】

北京市第一中级人民法院经审理认为：虽然《邮政业消费者申诉处理办法》第二条、第四条规定，消费者按照《中华人民共和国邮政法》第六十五条的规定对邮政企业和快递企业服务质量提出申诉，以及邮政业消费者申诉中心对申诉进行处理，适用本办法。邮政业消费者申诉中心对消费者的申诉实行调解制度。但该办法规定的对申诉的处理方式并未改变邮政管理部门应当履行的对用户申诉进行处理并答复的行政职责的性质。本案中，刘某即认为国家邮政局未履行对其申诉进行处理的法定职责，向国家邮政局申请行政复议，刘某申请复议的事项属于《中华人民共和国行政复议法》第六条第九项规定的行政复议范围。因此，国家邮政局作出被诉复议决定，认为刘某的行政复议申请不属于行政复议受案范围错误，本院应予撤销。原告要求撤销被诉复议决定，责令被告重新作出复议决定的诉讼请求于法有据，本院应予支持。

北京市第一中级人民法院依照《中华人民共和国行政诉讼法》第七十条第二项之规定，作出如下判决：

一、撤销被告国家邮政局作出的不予受理行政复议申请决定书；

二、责令被告国家邮政局于本判决生效后的法定期限内对原告刘某的行政复议申请重新作出处理。

国家邮政局持原审意见提起上诉。北京市高级人民法院经审理认为：在邮政业领域，消费者和经营者发生服务质量方面的争议，消费者有向国家邮政部门通过提出申诉而申请保护财产权利等权利，国家邮政部门有按照上述法律、规范性文件的相关规定依法履行行政职责的义务。因此，本案情形符合上述行政复议法第六条第九项的规定，应当属于行政复议的受案范围。被诉决定书认定不属于受案范围系适用法律错误。国家邮政局认为本案刘某要求复议的对象是调解行为，故不属于行政复议的受案范围。对此本院认为，就行政机关的角度而言，因对民事纠纷作出的调解并非行政机关作出的行政行为，而系争议当事人达成的一致意思表示，在当事人对调解存在异议的情况下，行政机关对调解原则上并没有强制执行力，行政机关的调解行为也不对当事人的权利义务产生实际影响，故不应纳入行政复议范围，而应由争议当事人通过诉讼或仲裁等方式依法解决。本案根据国家邮政局及刘某提交的证据材料，国家邮政局并没有实际组织争议双方当事人进行调解，亦未达成调解结果。虽在《邮政业消费者申诉处理办法》第四条中规定了对消费者的申诉实行调解制度，但调解只是消费者申诉中心接到申诉后履行行政职责的程序和工作内容之一，消费者申诉中心还应当依照其他有关规定履行处理、答复等法定职责，国家邮政局是否履行了上述法定职责，属于受理行政复议申请后实体审查的内容。鉴此，国家邮政局以刘某所提申请系要求对调解行为进行复议从而决定不予受理，主要证据不足，适用法律错误，其相关意见本院不予采纳。一审判决认定事实清楚、适用法律正确、程序合法，本院应予维持。

北京市高级人民法院依照《中华人民共和国行政诉讼法》第八十九条第一款第一项之规定，作出如下判决：

驳回上诉，维持一审判决。

【法官后语】

本案的焦点问题为刘某申请行政复议的行为即国家邮政局对于刘某的申诉的处理行为是否属于行政复议范围。

一种观点认为，《邮政业用户申诉处理办法》第四条规定，邮政管理部门采用调解的方式处理用户申诉，应当自接到申诉之日起30日内向提出申诉的用户作出申诉答复。国家邮政局在处理申诉过程中的作为或不作为，都不改变调解行为的性质，都对刘某不具有强制力，对其实体财产权利不产生实质影响。因此，国家邮政局对于刘某的申诉的处理行为不属于行政复议范围。

另一种观点认为，《邮政业用户申诉处理办法》规定的对申诉的处理方式并未改变国家邮政局应当履行的对前述申诉进行处理并答复的行政职责的性质。因此，刘某认为国家邮政局未履行对其申诉进行处理的法定职责，向国家邮政局申请行政复议，属于《中华人民共和国行政复议法》第六条第九项规定的公民、法人或者其他组织认为行政机关未依申请履行保护财产权利的法定职责而申请行政复议的情形。

合议庭倾向于第二种观点。《中华人民共和国邮政法》及《邮政业用户申诉处理办法》中均规定，邮政管理部门对于消费者就邮政领域的服务质量争议提出的申诉，具有进行处理并答复的职责。虽然《邮政业用户申诉处理办法》规定邮政管理部门对消费者的申诉实行调解制度，但前述调解制度仅是邮政管理部门在处理消费者申诉的具体过程中所采取的处理形式，阶段性的调解处理过程并不等于邮政管理部门应当对前述申诉履行的全部职责，并不能改变邮政管理部门应当履行的对前述申诉进行处理并答复的行政职责的性质。而邮政管理部门是否实际履行了处理及答复的法定职责，正是属于行政复议应当实体审查的内容。因此，刘某申请行政复议的行为即国家邮政局对于刘某的申诉的处理行为属于行政复议范围，被诉复议决定认定前述行为不属于行政复议范围错误，依法应予撤销并责令其重作复议决定。

编写人：北京市第一中级人民法院　张美红

189 单位未按时申报工伤时工伤保险待遇的责任承担

——船舶配件公司诉某市社会劳动保险管理处不履行法定职责案

【案件基本信息】

1. 裁判书字号

江苏省盐城市中级人民法院（2015）盐行终字第00305号行政裁定书

2. 案由：不履行法定职责纠纷

3. 当事人

原告（上诉人）：船舶配件公司

被告（被上诉人）：某市社会劳动保险管理处

第三人：薛某

【基本案情】

2011 年 7 月，薛某到船舶配件公司工作，双方签订了劳动合同，船舶配件公司为薛某参加了工伤保险。2011 年 11 月 17 日，薛某在工作时受伤，经医院治疗诊断为左足脚趾末节趾骨骨折、甲床损伤。2012 年 8 月 13 日，船舶配件公司与薛某终止劳动关系，工伤保险关系同时终止。2012 年 11 月 2 日，薛某以其受伤一事向某市人力资源和社会保障局提出工伤认定申请，被认定为工伤。2013 年 8 月 12 日，经某市劳动能力鉴定委员会鉴定，薛某的伤残程度为十级。2013 年 10 月 11 日，薛某向某市劳动人事争议仲裁委员会申请仲裁，根据《仲裁裁决书》，船舶配件公司应一次性支付给薛某各项工伤保险待遇合计 32202. 27 元。船舶配件公司对该裁决不服，向东台市人民法院提起民事诉讼。该案经法院主持调解，双方于 2014 年 2 月 17 日自愿达成协议：一、船舶配件公司一次性给付薛某医药费、一次性伤残补助金、一次性工伤医疗补助金、一次性伤残就业补助金、劳动能力鉴定费等各项工伤保险待遇合计 30000 元，此款于 2014 年 3 月 31 日前给付，如船舶配件公司不按上述约定履行，则薛某可就全部款项按 32202. 27 元的标的额（已履行部分相应扣减）申请强制执行；二、上述工伤保险待遇中应由工伤保险基金支付的项目，由船舶配件公司与社会保险经办机构予以结算，如果需要薛某配合的，薛某进行配合；

三、船舶配件公司与薛某于 2012 年 8 月 13 日终止劳动和工伤保险关系；四、履行完上述协议后，双方今后再无任何纠葛；五、案件受理费 10 元，减半收取 5 元，由船舶配件公司负担。嗣后，船舶配件公司未按上述协议约定履行义务，薛某向法院申请强制执行，东台市人民法院依法强制执行船舶配件公司支付薛某 32202.27 元。后船舶配件公司要求某市社会劳动保险管理处给付船舶配件公司已支付给薛某的工伤保险待遇。某市社会劳动保险管理处告知船舶配件公司，薛某工伤保险待遇应由船舶配件公司承担。船舶配件公司不服，向某市人力资源和社会保障局申请行政复议，请求确认某市社会劳动保险管理处拒绝发放薛某工伤保险待遇的行政行为违法，并责令限期履行。2015 年 2 月 26 日，某市人力资源和社会保障局作出《行政复议决定书》，决定驳回船舶配件公司依法确认某市社会劳动保险管理处拒绝发放薛某工伤保险待遇的行政行为违法，并责令限期履行的行政复议请求。船舶配件公司于 2015 年 3 月 5 日收到该行政复议决定书后不服，于 2015 年 3 月 20 日向东台市人民法院提起本起行政诉讼。

【案件焦点】

单位未按时申报工伤，一次性伤残补助金、一次性工伤医疗补助金应由谁承担。

【法院裁判要旨】

江苏省东台市人民法院经审理认为：《工伤保险条例》第五条第二款规定，县级以上地方各级人民政府社会保险行政部门负责本行政区域内的工伤保险工作。该条第三款规定，社会保险行政部门按照国务院有关规定设立的社会保险经办机构具体承办工伤保险事务。

据此，本案被告作为县级人民政府社会保险行政部门设立的社会保险经办机构具有承办工伤保险事务的法定职权。

《工伤保险条例》第十七条第一款规定，职工发生事故伤害，所在单位应当自事故发生之日起30日内，向统筹地区社会保险行政部门提出工伤认定申请。遇有特殊情况，经报社会保险行政部门同意，申请时限可以适当延长。该条第四款规定，用人单位未在本条第一款规定的时限内提交工伤认定申请，在此期间发生符合本条例规定的工伤待遇等有关费用由用人单位负担。原劳动和社会保障部《关于实施〈工伤保险条例〉若干问题的意见》第六条规定，条例第十七条第四款所规定的用人单位承担工伤待遇等有关费用的期间是指从事故伤害发生之日起到劳动保障行政部门受理工伤认定申请之日止。本案中，薛某于2011年11月17日因工受伤，2012年8月13日与原告终止劳动关系，2012年11月2日某市人力资源和社会保障局受理了薛某的工伤认定申请，原告未能在事故发生之日起30日内，向法定机关提出工伤认定申请。因此，对于2011年11月17日薛某因工受伤时产生的一次性伤残补助金以及2012年8月13日薛某与原告终止劳动关系时产生的一次性工伤医疗补助金应由原告负担。原告要求被告履行给付义务理由不能成立，原告的诉讼请求本院不予支持。

综上，江苏省东台市人民法院依照《工伤保险条例》第十七条第一款、第四款，《中华人民共和国行政诉讼法》第六十九条的规定，作出如下判决：

驳回原告船舶配件公司的诉讼请求。

一审宣判后，船舶配件公司不服，向江苏省盐城市中级人民法院提起上诉。在审理过程中，船舶配件公司于2015年12月18日向江苏省盐城市中级人民法院申请撤回起诉。

江苏省盐城市中级人民法院依照《中华人民共和国行政诉讼法》第六十二条、《最高人民法院关于执行〈中华人民共和国行政诉讼法〉若干问题的解释》第六十三条第一款第十项的规定，作出如下裁定：

一、撤销一审判决；

二、准许船舶配件公司撤回起诉。

【法官后语】

用人单位未按规定提出工伤认定申请，职工经鉴定为伤残所享受的工伤保险待遇究竟由谁给付问题，因具体规定的模糊及相关依据的缺失，在一定程度上导致了评判标准不一，既不利于受伤职工合法权益的保护，更不利于司法权威的彰显与司法公信力的提升。因此，尽快解决用人单位未按时申报工伤时经伤残鉴定所享受的工伤保险待遇给付问题，成为确保涉工伤保险案件审理效果的关键内容。

而在成文法比较宏观抽象、相关依据明显稀缺且不存在成熟判例的情况下，对于司法实践所产生的疑难问题，应当通过探寻立法宗旨，在全面准确把握立法精神的基础上，按照案件事实反映的具体情况进行解决。

首先，从立法宗旨来看，单位惩戒性条款应优先适用。《工伤保险条例》要求保障因工受伤（或患职业病）职工能够获得医疗救治和经济补偿，并促进工伤预防和职业康复，分散用人单位的工伤风险。可见，《工伤保险条例》的主要立法目的系预防为主、康复优先、救助及时。由此，如果以工伤保险基金对用人单位“免除”责任承担，显然与《工伤保险条例》的预防性目的和工伤保险基金具备的社会整体利益的要求相背。因此，为了更好地对用人单位怠于履行工伤保险义务进行惩戒，《工伤保险条例》特在第十七条及第六十二条明确了用人单位未按规定参加工伤保险及未及时申报工伤时的责任承担，该条款在与其他条款竞合时，为了督促用人单位建立完善的工伤事故认定和处理制度，更加充分保障因工受伤（或患职业病）职工的合法权益，应以优先适用该条款为前提。就本案来讲，涉及《工伤保险条例》第十七条第一款、第四款与第三十七条竞合适用，薛某的一次性伤残补助金、一次性工伤医疗补助金应由用人单位给付。

其次，从发生时点来看，职工经鉴定伤残享受的保险待遇应视为事故发生时即存在。就伤残鉴定的现实运作而言，其并不以申请工伤认定为前提条件，同时，伤残鉴定是对职工伤残的鉴别，目的在于对受伤职工因事故所承受的伤害进行评定。因此，职工经鉴定为伤残的，应当视为对事故伤害行为的一种追认，其效力自然及于事故发生时，职工经鉴定后享受的工伤保险待遇亦应视为事故发生时享受的待遇。同时，《工伤保险条例》明确了一次性伤残补助金、伤残津贴等是以职工受伤之时的工资和伤残等级为标准，应将职工经伤残鉴定享受的工伤保险待遇视为事故发生时应享受的工伤保险待遇。由此，本案中，在用人单位未按时申报工伤时，薛某被鉴定为十级伤残应享受的工伤保险待遇，自然应视为自事故伤害发生之日起到受理工伤认定申请之日的工伤保险待遇。

最后，从合法权益保障来看，确定单位负担更有利于受伤职工保护。若将职工经伤残鉴定享受的工伤保险待遇确定为工伤保险基金支付，虽然可以满足快速得到工伤保险救济的期待，但从长远的角度看，势必会导致用人单位更加怠于履行工伤申请义务，或是助长隐瞒工伤事故心理，或是导致消除安全隐患积极性和动力降低，从而可能造成更多受伤职工权益难以得到保障。因此，在《工伤保险条例》对认定工伤申请事项及待遇规定明确的前提下，强化用人单位提出工伤认定申请责任感，保证因工受伤职工及时享受工伤保险待遇，可能更为重要。由此，在用人单位未按规定提出工伤认定申请时，认定职工所享受的工伤保险待遇由用人单位负担，既未对受伤职工的合法权益带来损害，反而还能促进单位履行工伤认定申报职责，更好地维护职工的合法权益，最终显现出司法裁判的引导价值。

编写人：江苏省盐城市东台市人民法院　寇建东

190　乡镇政府是否具有处理承包土地界线争议的法定职责

——李某诉北京市平谷区某乡人民政府不履行法定职责案

【案件基本信息】

1. 裁判书字号

北京市第三中级人民法院（2014）三中行终字第1044号行政判决书

2. 案由：不履行法定职责纠纷

3. 当事人

原告（被上诉人）：李某

被告（上诉人）：北京市平谷区某乡人民政府（以下简称某乡政府）

【基本案情】

李某系北京市平谷区某乡某村村民。2001年，李某和同村村民朱某元分别与北京市平谷区某乡某村村民委员会（以下简称某村委会）签订了果树承包合同。双方承包地东西相邻，李某承包地在西侧，朱某元承包地在东侧。2010 年，双方因承包土地界线发生争议。2011 年李某到北京市平谷区人民法院（以下简称平谷区法院）起诉朱某元、某村委会，要求确认朱某元与某村委会签订的果树承包合同涵盖李某承包面积部分为无效合同。平谷区法院按照农村土地承包合同纠纷案由受理后，于 2011 年 9 月 9 日作出（2011）平民初字第 1735 号民事裁定，认为此纠纷属于承包地使用权不明确，根据《中华人民共和国土地管理法》第十六条之规定处理，裁定驳回李某的起诉。李某上诉后，北京市第二中级人民法院于 2011 年 11 月 18 日作出（2011）二中民终字第 20175 号民事裁定，驳回其上诉，维持一审裁定。2011 年 12 月，李某向某乡政府申请确认承包土地界线。某乡政府于 2011 年 12 月 21 日按照来访事项进行登记。此后，某乡政府工作人员向某村村民进行调查，组织李某与朱某元进行调解，李某与朱某元均不同意调解。某乡政府作出《关于某村李某与朱某元果树承包合同纠纷的答复》，建议李某根据《中华人民共和国农村土地承包法》第五十一条之规定，到人民法院起诉解决。李某认为某乡政府未履行对其与朱某元承包地界线进行确权的法定职责，向平谷区法院提起行政诉讼，要求法院判令其履行上述法定职责。某乡政府则坚持认为，《中华人民共和国农村土地承包法》第五十一条第二款明确规定解决土地承包经营纠纷的途径为仲裁或诉讼，而非政府部门确权，《土地权属争议调查处理办法》第十四条亦明确将农村土地承包经营权争议案件排除在土地权属争议受理范围之外，故其无权处理农村土地承包争议。

【案件焦点】

乡镇人民政府是否具有处理农村土地承包人之间因承包土地界线争议的法定职责。

【法院裁判要旨】

北京市平谷区人民法院经审理认为：《中华人民共和国土地管理法》第十六条第二款规定，个人之间、个人与单位之间的土地使用权争议，由乡级人民政府或者县级以上人民政府处理。本案中，在法院就李某与朱某元、某村委会果树承包合同纠纷已进行裁定的情况下，某乡政府作为基层政府应当积极履行职责，就李某与朱某元之间的承包土地界线争议问题进行处理，避免双方因承包土地界线不清导致矛盾激化。根据《土地权属争议调查处理办法》的规定，对申请人提出的土地权属争议调查处理的申请，应当进行审查，提出是否受理的意见，但某乡政府在收到李某提出的申请后，仅以来访事项进行登记和答复，不符合相关规定。

北京市平谷区人民法院依照《中华人民共和国行政诉讼法》第五十四条第三项之规定，作出如下判决：

被告某乡政府于本判决生效后六十日内就原告李某要求确定其和朱某元之间土地承包界线的申请履行法定职责，依法作出相应处理。

某乡政府持一审答辩意见提起上诉。北京市第三中级人民法院经审理认为：本案的争议焦点在于某乡政府是否具有处理村民间承包土地界线争议的法定职责。根据《中华人民共和国土地管理法》《中华人民共和国农村土地承包法》等对土地承包经营权的规定，依法取得的土地承包经营权具有用益物权性质，属于土地使用权。李某、朱某元通过与某村委会签订果树承包合同，取得了果树及相应土地的承包经营权，双方因承包土地界线不清发生的争议属于土地使用权争议。根据《中华人民共和国土地管理法》第十六条第二款的规定，某乡政府应该按照相关规定，对李某的申请进行审查并作出相应处理。平谷区法院判决某乡政府履行法定职责并无不当，应予支持。某乡政府根据《中华人民共和国农村土地承包法》第五十一条，《土地权属争议调查处理办法》第十四条等规定，认为乡镇政府无权处理该类纠纷。在《中华人民共和国农村土地承包法》施行后颁布的《中华人民共和国农村土地承包经营纠纷调解仲裁法》第二条明确规定了能够适用调解和仲裁的农村土地承包经营纠纷的类型，并不包含本案涉及的因承包土地界线不清而产生的土地使用权争议；《土地权属争议调查处理办法》系根据《中华人民共和国土地管理法》制定，不能与《中华人民共和国土地管理法》相抵触，其第十四条第四项规定的农村土地承包经营权争议案件不应包含承包土地使用权争议案件。某乡政府的上诉理由不成立。

北京市第三中级人民法院依照《中华人民共和国行政诉讼法》第六十一条第一项之规定，作出如下判决：

驳回上诉，维持一审判决。

【法官后语】

本案争议的焦点在于乡镇人民政府是否具有处理农村土地承包人之间因承包土地界线争议的法定职责。最终法院生效判决从以下逻辑得出肯定结论，即乡镇人民政府具有处理农村土地承包人之间因承包土地界线争议的法定职责。

首先，厘清土地权属争议与土地承包经营纠纷两个概念，确定承包土地界线争议属于土地权属争议。

土地权属争议指因土地所有权或土地使用权的归属问题而发生的争议。产生土地权属争议的前提是权利主体依法取得了土地所有权或使用权，只是由于相关权属凭证的记载不明确，使权利主体在主张土地所有权或使用权时出现争议。土地承包经营纠纷则指土地承包方与发包方之间在履行土地承包合同、承包经营权流转或继承以及侵犯承包经营权等方面发生的民事纠纷。本案中，李某与朱某元均取得土地承包经营权，但由于双方对各自所持的承包合同中关于四至的约定理解不一，导致双方对承包土地相邻部分的界线产生争议，该争议其实就是对双方承包土地相邻部分的承包经营权属的争议。而根据相关规定，土地承包人通过土地承包经营合同从作为土地所有权人的发包人处取得土地承包经营权，该权利虽然建立在土地所有权基础上，但独立于土地所有权，土地承包人可以独立地享有承包土地的使用和收益权能，可以对抗第三人，因此土地承包经营权具有明显的用益物权的性质，属于土地使用权，由土地承包经营权属引发的争议应该属于土地权属争议，故承包土地界线争议属于土地权属争议。

其次，乡镇人民政府具有对辖区农村土地承包及承包合同管理的职责，其处理土地承包经营权属争议有现实可行性。实践中，如本案中发生的承包土地界线争议往往就是因土地承包合同四至、面积等约定不明确所致，而乡镇人民政府具有管理辖区内农村土地承包和承包合同的职责，在办理土地承包经营权证过程中亦要对土地承包合同等材料进行查验，甚至进行实地查看。由乡镇人民政府处理与此相关的土地承包经营权属争议亦有可行性，亦可以此督促乡镇人民政府切实履行上述职责，避免因土地承包合同约定不明或农村土地承包经营权证记载不明而导致的土地承包经营权属争议，从源头上减少该类争议，切实维护广大农村土地承包经营者的合法权益。

最后，相关法律规定及司法解释中适用调解、仲裁和诉讼解决的农村土地承包经营纠纷并不包含土地承包经营权属争议。适用调解、仲裁或诉讼解决的农村土地承包经营纠纷主要体现为土地承包合同、承包经营权流转或继承以及侵犯承包经营权等方面发生的民事纠纷，并不包含因承包土地界线不清而产生的土地使用权争议。

综合上述分析，乡镇人民政府具有处理承包土地界线争议的法定职责，其在收到要求解决涉及土地承包经营权的纠纷申请后，要具体情况具体对待，认真分析纠纷的实质，结合职权范围，作出正确的认定，及时有效地化解纠纷，切实维护广大土地承包经营者的合法权益。

编写人：北京市第三中级人民法院　胡兰芳

191 形式作为而实质不作为，行政机关是否应承担败诉后果

——刘某诉重庆市某区公安局不履行法定职责案

【案件基本信息】

1. 裁判书字号

重庆市第五中级人民法院（2014）渝五中法行终字第00268号行政判决书

2. 案由：不履行法定职责纠纷

3. 当事人

原告（被上诉人）：刘某

被告（上诉人）：重庆市某区公安局

【基本案情】

2013年6月6日晚，原告刘某驾车到某宾馆住宿，7日早上，原告发现自己车身受损，遂打110报警。被告接到原告报警后派民警唐某、王甲出警，2人到现场后离开。原告对被告出警后的所为不满，再次报警。被告派民警唐某、王甲再次出警，唐某、王甲到现场后又离开。原告继续不满，第三次报警。被告接警后再次派民警唐某、王乙出警。此次，唐某、王乙出警来到现场，在宾馆对原告刘某作了询问笔录。原告认为被告出警后，相关民警并未履行其相应职责，于2014年5月28日诉讼来院，请求判决确认被告行政不作为违法。被告重庆市某区公安局虽在庭审中陈述其安排出警后对受损车辆进行拍照、通知宾馆法定代表人罗某鑫进行协调仍未达成一致意见的情况，但未提交相关证据予以证实。

【案件焦点】

原告报警后，被告出警是积极作为还是变相不作为。

【法院裁判要旨】

重庆市江津区人民法院经审理认为：根据《中华人民共和国人民警察法》第二条、第二十一条的规定，被告接到原告的报警后依法出警并做出相应处置是其法定职责。本案中，首先，原告因车辆受到损害向被告报警，被告接到报警后虽然出警，但出警民警到达现场后，因无证据证明对受损车辆进行拍照、通知宾馆法定代表人罗某鑫进行协调以及双方协调未达成一致意见的情况，故无法证明其对警情予以了妥善处置。其次，被告出警三次，仅对原告刘某作了询问笔录，该份证据也无法证明其对警情予以了妥善处置。最后，对于被告所称原告报警原因属于民事纠纷，不属于人民警察的职权范围的说法也不成立，因为原告向被告报警，不论是何原因，被告都应该根据原告的报警原因，作出妥善处理。

重庆市江津区人民法院依照《最高人民法院关于执行〈中华人民共和国行政诉讼法〉若干问题的解释》第五十七条第二款第二项之规定，判决如下：

确认被告重庆市某区公安局对原告刘某报警后的行政不作为违法。

二审法院同意一审法院裁判意见。

【法官后语】

目前法院受理行政不作为诉讼案件的依据来源于《中华人民共和国行政诉讼法》第十二条第一款第六项“申请行政机关履行保护人身权、财产权等合法权益的法定职责，行政机关拒绝履行或者不予答复的”的规定。

行政不作为又包括一种特殊形式，即形式作为而实质不作为。所谓形式作为而实质不作为的行政行为是指，行政主体虽然启动了行政程序但是并未实质性地履行法定义务的行为。行政不作为所造成的社会危害，在很多情况下不仅不亚于作为性的行政违法行为，甚至要大于作为性的行政违法行为，尤其对这种形式作为而实质不作为的行政行为，因其行为的隐蔽性而往往为人们所忽视，该种行为以积极的形式出现，产生的却是不作为的实际效果。为了有效遏制行政不作为，切实推进依法行政，人民法院对行政权进行合理的干预与司法审查是一条重要的渠道。

本案系不履行法定职责类案件，在该类案件中，法定职责的存在是前提，所以首先要看被告是否具有相应的法定职责。《中华人民共和国人民警察法》第二条第一款规定："人民警察的任务是维护国家安全，维护社会治安秩序，保护公民的人身安全、人身自由和合法财产，保护公共财产，预防、制止和惩治违法犯罪活动。"第二十一条第一款规定："人民警察遇到公民人身、财产安全受到侵犯或者处于其他危难情形，应当立即救助；对公民提出解决纠纷的要求，应当给予帮助；对公民的报警案件，应当及时查处。"故被告接到原告的报警后依法出警并做出相应处置是其法定职责。

被告三次出警都没有解决其问题的本质。该行为的本质就是行政不作为，被告的三次出警也只是做到了形式上的作为。其具备以下要件：第一，行政主体负有法定义务，这是该行为的前提条件；第二，行政主体在形式上已经有作为表现，这是该行为的形式表现，也是区别一般行政不作为的特征所在；第三，行政主体在实质上并没有达成法定目标，且这种未达成是行政主体具有达成的可能性而由于其主观上的原因所造成的，这是该行为的核心要件，也是该行为区别于行政作为的特征所在。本案中，原告因车辆受到损害向被告报警，被告接到原告的报警后依法出警并做出相应处置是其法定职责。被告接到报警后虽然出警，形式上表现为作为，但并未对警情予以妥善处置，以致原告报警三次，被告出警三次，却仅有一份对原告刘某作的询问笔录，该份证据也无法证明其对警情予以了妥善处置，属于形式作为而实质不作为，即没有履行法定职责。

需特别注意的是，实践中对于行政作为和行政不作为要作具体的分析。例如，对于行政相对人请求履行保护人身权、财产权之法定职责的行为，就要根据不同情况加以判断。如果行政机关在程序上已经作为，而且手段、措施等均已到位，则不论其结果如何，均是作为。如果行政机关虽然在程序上已经作为，但是其手段、措施等均有违常理，从而没有达到行政相对人所诉求的目的，则应当视为不作为。审判过程中就要求行政机关对自己已经履行职责担负举证的责任，如果举证不能，则承担败诉的后果。

编写人：重庆市江津区人民法院　倪晓晶

192 诉不履行法定职责案件重复起诉问题的认定

——某村××一组、二组、三组诉某县人民政府不履行法定职责案

【案件基本信息】

1. 裁判书字号

江西省赣州市中级人民法院（2013）赣中行终字第22号行政判决书

2. 案由：不履行法定职责纠纷

3. 当事人

原告（上诉人）：某村××一组、二组、三组（以下简称××三小组）

被告（被上诉人）：某县人民政府（以下简称某县政府）

【基本案情】

原告××三小组于2011年12月8日以前多次向被告某县政府提出颁发新证的申请，被告均以涉案的土地已被征收国有为由，未向原告颁发新的山林权证书。后××三小组以全体村民代表的名义于2011年12月8日向某县政府提出颁发新的山林权证书的申请，某县政府在法定期限内未颁发新证，也未给予书面答复。原告于2012年4月10日提起行政诉讼，其诉讼请求：判令某县政府依法履行发证的法定义务和职责。诉讼的主要理由是："原告持有某县政府1981年颁发的会林证字第0017801号《江西省会昌县山林所有权执照》，因换发新证，多次要求某县政府登记林地颁发新证，相关部门均未按程序进行办理。无奈，原告于2011年12月8日向被告提出发证的书面申请，被告既不发证也不作书面答复，而是告知原告到会昌县林业局去过问一下。"2012年7月4日，原告以有其他证据需要调取为由当庭申请撤诉。法院遂于2012年7月4日作出（2012）瑞行初字第6号行政裁定书，准许撤回起诉。此后，原告又于2012年7月16日以××三小组的名义向某县政府要求颁发新的山林权证或者其他土地权属证书。某县政府在收到该份颁证申请书之后，在法定的期限内未给原告颁发新证书，也未给予书面答复。2012年9月26日，原告再次提起行政诉讼。

【案件焦点】

行政相对人对诉行政机关不履行法定职责案件撤诉后，又以行政机关未对其重新要求履行法定职责的申请作出行政行为为由起诉，是否属于以"同一事实理由"重复起诉的情形，人民法院是否应予以受理。

【法院裁判要旨】

江西省寻乌县人民法院经审理认为：原告的行为属于人民法院裁定原告撤诉后，原告以同一事实和理由重新起诉的情形，违反了“撤回起诉，无正当理由再行起诉”的规定。

江西省寻乌县人民法院依照《最高人民法院关于执行〈中华人民共和国行政诉讼法〉若干问题的解释》第三十六条、第四十四条第一款第九项规定，裁定如下：

驳回××三小组对某县政府的起诉。

××三小组不服，提起上诉。江西省赣州市中级人民法院经审理认为：上诉人第一次起诉的主要理由是：上诉人因换发新证，多次要求政府登记颁发新证，相关部门均未按程序进行办理。无奈，上诉人向被上诉人提出发证的书面申请，被上诉人既不发证也不答复，而是告知上诉人到某县林业局去过问一下。上诉人第二次起诉的主要理由是：原告已向被告政府提出了申请，而且已经把申请书给了被告，被告没有履行职责；被告已经受理，应当在两个月内作出答复，但是，被告没有履行发证和告知原告不予发证的理由，也没有提供相关的批准文件和征用土地的协议书。上诉人第二次起诉的理由与第一次起诉的理由不完全一致，即不属于法律规定的无正当理由再行起诉的情形。上诉人撤诉后重新起诉，具有不同理由，重新起诉具有正当理由，原审法院应当审理。原审法院认定事实部分有误，适用法律错误，程序及处理不当，依法应予撤销。

江西省赣州市中级人民法院依照《中华人民共和国行政诉讼法》第六十一条第二项，《最高人民法院关于执行〈中华人民共和国行政诉讼法〉若干问题的解释》第六十八条之规定，裁定如下：

一、撤销一审裁定；

二、本案由江西省寻乌县人民法院继续审理。

【法官后语】

重复起诉问题行政诉讼与民事诉讼相比较为特殊，对民事诉讼中重复起诉问题相关理论研究较为全面，而有关行政诉讼中的重复起诉问题则较欠缺，且传统的行政诉讼中的重复起诉理论研究仅立足于作为型的行政行为，对于涉及不作为重复起诉问题则更少有问津。不履行法定职责案件作为行政诉讼的近几年突增行政诉讼案件，涉及诉行政机关不履行法定职责案件的重复起诉问题已成为司法实务急需解决的问题。

对行政机关不履行法定职责案件，原告撤诉后，行政机关仍未履行法定职责或作出答复，原告对行政机关不履行法定职责再次提起诉讼的，不属于以“同一事实理由”重复起诉，主要理由有：

一是行政机关不履行法定职责具有状态的持续性。一般行政行为一经作出便具有确定力，行政行为处于“完成状态”，但行政机关不履行法定职责的状态处于“进行状态”，具有持续性。行政机关不履行法定职责这一特性决定了其与一般行政行为重复起诉的认定存在差异。由于不履行法定职责的行为具有持续性，原告对行政机关不履行法定职责案件撤诉，是对前一时段行政机关不履行法定职责的起诉；而再次对行政机关不履行法定职责提起诉讼，是对另一时段的行政机关不履行法定职责提起诉讼，相当于原告提起新的诉讼。虽然诉讼的标的与原起诉一致，原告起诉的事实理由也同为“行政机关不履行法定职责”，但后一阶段行政机关不履行法定职责较前一阶段行政机关不履行法定职责应作为一种新的事实理由，其不属于以“同一事实理由”提起诉讼。

二是行政机关不履行法定职责具有违法的连续性，不能因原告的撤诉而合法化。不履行法定职责是指行政机关及其工作人员在行政管理活动中，对法律法规规定由其处理的事项拒绝处理或拖延处理。行政机关不履行法定职责会使行政相对人应当享有的合法权益被剥夺。撤诉是原告放弃或处分自己诉讼权利的行为，也是原告放弃其诉讼请求的一种方式，鉴于不履行法定职责具有违法的连续性，行政机关不履行法定职责的违法性并不能基于行政相对人的撤诉而合法。不履行法定职责的争议是由行政相对人申请引起的。行政相对人撤诉后，其要求行政机关履行法定职责的申请仍然存在，行政机关仍应对该申请依法履行法定职责。

三是人民法院受理行政相对人撤诉后对行政机关不履行法定职责再次起诉，符合行政诉讼的立法宗旨。在立法上，应当始终追求充分保护当事人诉权和防止当事人滥用诉权之间的平衡，司法解释同样应当遵循这个原则。[①] 法律禁止重复起诉是为防止行政相对人滥用诉权，影响行政效率，浪费诉讼资源。行政机关不履行法定职责，实质上是一种违法行为，赋予行政相对人对行政机关不履行法定职责再次提起诉讼的权利，更有利于监督行政机关依法行政，端正其工作作风，其长远效果应有利于提高行政效率，节约诉讼资源。

编写人：江西省赣州市中级人民法院　曾照旭

---

① 蔡小雪主编：《行政审判与行政执法实务指引》，人民法院出版社2009年版，第49页。

193 举报人起诉行政机关不履行法定职责类案件的司法审查

——杨某诉上海市某区人力资源和社会保障局不履行法定职责案

【案件基本信息】

1. 裁判书字号

上海市第一中级人民法院（2013）沪一中行终字第 28 号行政判决书

2. 案由：不履行法定职责纠纷

3. 当事人

原告（上诉人）：杨某

被告（被上诉人）：上海市某区人力资源和社会保障局（以下简称某区人保局）

第三人：劳务派遣公司

【基本案情】

2011 年 5 月 30 日，原告杨某通过劳动监察热线电话举报第三人劳务派遣公司从事非法职业中介。

被告所属劳动保障监察大队接报后于同年 6 月 29 日立案，进行了调查，于同年 9 月 6 日对原告作出答复：查明劳务派遣公司未取得职业中介许可证，根据杨某提供的相关线索，劳务派遣公司存在从事职业中介活动的行为。由于劳务派遣公司虽未取得劳动保障行政部门颁发的职业中介许可证，但已办理了工商注册登记，并取得相关营业执照，故大队无法依据上述规定对劳务派遣公司作出相应处理，目前已将相关情况通报区工商行政管理部门。针对劳务派遣公司存在未经许可从事职业中介的行为，大队已书面告诫其停止职业中介行为，并在该公司门口张贴“求职提醒”告知书。

2011 年 12 月 29 日，被告向原告作出书面答复，认为上述答复意见并无不妥。

第三人劳务派遣公司原来的经营场所，在原告提起本案诉讼前已变为饮食店。

【案件焦点】

1. 举报人对行政机关提起不履行法定职责之诉，是否具有原告主体资格；2. 如果举报人对举报事项没有法律上的利害关系，法院是否应审查行政机关对被举报人的实体处理。

【法院裁判要旨】

上海市闵行区人民法院经审理认为：被告某区人保局作为劳动行政管理部门，依法具有对辖区内擅自从事职业中介活动的违法行为进行查处的行政职责。

本案中，原告杨某要求被告依法履行对第三人劳务派遣公司擅自从事职业中介活动的违法行为进行处理的职责，向被告进行投诉举报。被告接受举报后，进行了立案、调查工作，在查实第三人存在违法行为后进行了处理，并将处理结论告知了原告，可以认定其已对原告的举报事项履行了法定职责，保护了原告的投诉举报权利。原告要求被告依照《中华人民共和国就业促进法》第六十四条规定对劳务派遣公司进行处理，已构成对被告履职内容的实质性审查，超越了原告作为举报人在行政诉讼中可以主张的范围。综上，法院对原告的诉讼请求不予支持。

上海市闵行区人民法院依照《最高人民法院关于执行〈中华人民共和国行政诉讼法〉若干问题的解释》第五十六条第四项之规定，判决：

驳回原告杨某的诉讼请求。

杨某持原审起诉及述称意见提起上诉。上海市第一中级人民法院经审理认为：被上诉人依法具有对辖区内擅自从事职业中介活动的违法行为进行查处的职责。被上诉人接到上诉人的举报后，依法进行了立案、调查，并根据查明的事实对第三人未经许可从事职业中介的行为采取了书面告诫第三人停止职业中介行为、通报区工商行政管理部门等相应处理措施，并将相关情况书面告知了上诉人。对被上诉人辩称的其不存在行政不作为的意见，法院予以采信。上诉人认为被上诉人不履行法定职责缺乏依据，法院不予采信。此外，第三人在原审判决之前已搬离了系争原经营场所，故原审判决驳回上诉人的诉讼请求并无不当。

上海市第一中级人民法院依照《中华人民共和国行政诉讼法》第六十一条第一项之规定，判决：

驳回上诉，维持原判。

【法官后语】

本案中，上海市人力资源和社会保障部门就设置了劳动监察热线电话，对违反人力资源和社会保障法律、法规、规章的行为接受社会公众的投诉和举报。在行政诉讼领域，投诉人、举报人对相关机关处理结果不满而提起诉讼的案件也日益增多。对于这类案件的处理应当以保障社会公众的监督权为导向，同时遵守现行行政诉讼制度下行政审判权的界限，确定合理的司法审查范围。

1. 行政机关处理投诉举报事项中履行法定职责的司法审查范围

(1) 确定法律关系应当区分投诉和举报的不同法律含义

投诉和举报一般被并行使用，作为社会公众行使监督权的一种重要方式。在法律意义上，因投诉和举报指向的对象不同，其确定的法律关系也有所差异。投诉是针对侵害其本人合法权益的违法行为进行检举、报告；举报则是针对侵害他人或者不特定对象合法权益的违法行为进行检举、报告。两者均涉及三方主体，即投诉举报人、被投诉举报人以及接收投诉举报的行政机关，但投诉人与投诉事项应当有直接的利害关系，而举报人与举报事项的关系则相反。在区分投诉和举报之差异的基础上，比较容易辨明举报案件中三方主体之间的法律关系。

(2) 确定司法审查对象应当区分举报人、被举报人、行政机关之间的双重法律关系

行政机关接受举报，对被举报人开展调查处理，并对举报人作出答复，在三方法律主体之间形成了不同的法律关系。首先是举报人与行政机关之间确立了行政机关的履职义务，行政机关接到职权范围内的举报后，便产生概括的受理、处理和答复的义务，这种履职义务的确立，意在保障举报人监督权的行使，督促行政机关及时履行法定职责。其次是行政机关与被举报人之间确立了具体的行政法上的权利义务关系，比如行政机关对被举报人进行行政处罚或者作出不予行政处罚的决定，即形成了相应的法律关系。

由于我国行政诉讼中坚持主观诉讼制度，原告需要与诉讼对象之间具有法律上的利害关系，否则“无利益即无诉权”。通常举报人与举报事项没有利害关系，而是对侵害他人或者不特定主体的违法

行为进行检举、报告，因此举报人如果针对行政机关对被举报人作出的行政行为提起行政诉讼，一般应当认定举报人不是适格原告。相反，举报人不服行政机关的受理、处理、答复行为，则可以提起行政诉讼。需要指出的是，通常情况下，行政机关的处理和答复既是对举报人一种程序上的回应，同时又涉及对被举报人的实体处理，在司法审查时，应明确司法审查的对象，不能变相地对行政机关针对被举报人作出的行政行为进行审查。

（3）确定司法审查范围应当区分程序上的不履行法定职责和实体上的不履行法定职责

审判实践中，举报人针对行政机关对被举报人作出的行政行为提起行政诉讼，将遭遇原告主体资格的限制，便往往采取提起不履行法定职责之诉的诉讼策略，以实现其诉讼目的。

本案的审理法院认为：由于行政机关对举报人的举报具有概括的受理、处理、答复义务，因此，举报人对行政机关提起不履行法定职责之诉，具有原告主体资格，但审查范围应限于程序上是否履行对举报人的义务，而不及于行政机关对被举报人的实体处理。主要原因有以下两点：第一，只要行政机关对举报人的举报作出了一系列的实质性程序行为，即表现出积极的作为行为状态，无论该行为在实体内容上反映的是“为”还是“不为”，都应该是行政作为。举报人通过不履行法定职责之诉，要求行政机关从实体上满足其举报要求，其实质上是针对行政机关对被举报人作出的行政行为提起诉讼，超越原告可主张的诉讼利益。第二，如果法院对行政机关是否实体上履职进行审查，并认定行政机关未履行法定职责违法，在法律后果上也难以自圆其说。由于行政机关与被举报人之间已经确定的权利义务关系未被撤销，法院不可能判决要求行政机关重新对被举报人进行处理。因此，在举报人起诉行政机关不履行法定职责案件中应当区分程序上的不履行法定职责和实体上的不履行法定职责，将审查范围限定在程序上是否履职，审查行政机关对举报人的受理、处理、答复是否符合相关程序规范。

2. 应当注意的问题

在确定司法审查范围时，还应当注意从实质上判断原告与投诉举报事项是否具有法律上的利害关系。案件评析中对投诉和举报的区分只是为了辨明不同法律关系而做的通常语义上的区分。实践中，不同行政机关对投诉、举报等用语可能有不同的界定，或者在监察监督程序中使用其他概念。因此要从实质上判断原告与投诉举报事项是否具有法律上的关系，如果判断结果是否定的，则可以适用本案确定的原则。本案中，原告认为相关法律规定，每一万户居民住户范围内只限开设一个家庭劳务介绍机构，因此原告作为举报人与被举报人构成排他的竞争关系，被告行政机关对第三人的处理不符合法律规定，侵害原告经营企业的自主经营权。法院认为，家庭劳务介绍机构应当根据居民住户进行合理布局，一般每一万户家庭成立一个家庭劳务介绍机构。首先，该规定是指导性规范，并非强制性规范，不能据此认定原告与第三人之间构成排他性的竞争关系。其次，原告的举报事项是第三人未取得职业中介许可证而擅自从事职业中介活动，法律针对这一事项的禁止性规定主要是为了保护求职者、用人单位的利益以及规范职业中介行业的秩序，竞争企业与法律保护的法益没有直接利害关系。因此，应当认定该案的原告属于举报人。

编写人：上海市闵行区人民法院　张秋萍　李岳

194 认定行政机关不履行法定职责的要件

——张某、黄某诉黄石市工商行政管理局某区分局不履行工商管理职责案

【案件基本信息】

1. 裁判书字号

湖北省黄石市中级人民法院（2012）鄂黄石中行终字第00031号行政判决书

2. 案由：不履行工商管理职责纠纷

3. 当事人

原告（上诉人）：张某、黄某

被告（被上诉人）：黄石市工商行政管理局某区分局（以下简称某区工商分局）

【基本案情】

2011年2月6日19时许，二原告之子张甲在某动漫电玩城玩“兔子机”时，与同时在一旁玩“兔子机”的张乙发生争执，二人遂一同离开该电玩城。行至某巷口时，二人再次发生争执并扭打起来，张乙掏出身上的匕首刺死了张甲。黄石市中级人民法院已于2011年11月3日以故意杀人罪判处张乙死刑，并判决张乙赔偿二原告丧葬费用14046元。2012年5月9日，湖北省高级人民法院裁定维持原判。

某动漫电玩城在张甲命案发生之时系无证照经营状态。在此之前，被告曾于2010年8月3日、2011年1月20日两次向该电玩

城发出《工商行政管理局市场预警警示通知书》，提示该电玩城涉嫌无证照经营，要求限期改正。2011 年 4 月 28 日，黄石市公安消防支队因该电玩城违反消防管理作出了罚款的行政处罚。同年 7 月 1 日，该电玩城取得黄石市公安消防支队颁发的《公众聚集场所投入使用、营业前消防安全检查合格证》；7 月 22 日取得黄石市文化局颁发的《娱乐经营许可证》；8 月 26 日在被告处办理了《个体工商户营业执照》。

二原告系死者张甲的父母，二人曾于 2011 年 2 月 25 日、8 月 29 日向被告递交书面申请，要求被告对涉案电玩城的无证照经营行为予以查处，并要求该电玩城承担民事赔偿责任。2011 年 10 月 8 日，二原告向被告递交了一份《刑事附带民事诉状》，以张乙、电玩城业主及经营人员、黄石市公安局某区分局刑侦三中队、黄石市文化局、某区工商分局为被告，要求追究各自的刑事、民事及行政责任。2012 年 1 月，二原告向被告邮寄了一份《行政赔偿申请》，要求被告赔偿经济损失 30 万元。因被告未予答复，二原告诉至法院。

【案件焦点】

本案行政机关是否有不履行法定职责的行为。

【法院裁判要旨】

湖北省黄石市黄石港区人民法院经审理认为：

第一，对个体工商户的经营活动进行监督管理，是工商行政管理部门的法定职责。只要出现管辖事实发生，无论有无申请，工商部门均有责任实施一定的行政行为。若不实施一定的行政行为，即构成不履行法定职责。

第二，对娱乐场所无证照擅自从事经营活动的监督管理，不同的部门有不同的职责分工。涉案电玩城在二原告之子死亡时属于无证照经营，但当时该电玩城既未取得消防合格证，也未取得娱乐经营许可证，即尚处于向消防、文化部门申请办理相关许可证之时，还未到向被告申请办理营业执照的阶段。被告在发现其处于无证照经营状态时，已两次发出市场预警警示通知书，要求其限期改正。被告已履行了适当的监管职责，不存在不履行法定职责的情形。二原告主张被告怠于履行行政职责的观点，不予支持。

第三，二原告之子的死亡是犯罪嫌疑人的犯罪行为直接造成的，与被告对涉案电玩城的监督管理行为无法律上的因果关系，因此，对二原告要求被告承担行政赔偿责任的请求，亦不予支持。

湖北省黄石市黄石港区人民法院依照《最高人民法院关于执行〈中华人民共和国行政诉讼法〉若干问题的解释》第五十六条第一项之规定，判决如下：

驳回原告张某、黄某的诉讼请求。

张某、黄某不服一审判决，提起上诉，称该电玩城在没有办理相关许可证和营业执照的情况下，违法经营，某区工商分局作为行政管理机关，未依法履行取缔该电玩城违法经营活动的法定职责，该局对张甲的死亡后果负有责任。

湖北省黄石市中级人民法院经审理认为：工商行政管理部门的职责是对无须取得许可证或已经取得许可证，但未依法取得营业执照，或已经办理注销登记或被吊销营业执照，以及营业执照有效期届满后未按规定重新办理登记手续，擅自从事经营活动的行为进行查处。由于电玩城作为娱乐场所必须到文化部门办理许可证，但涉案电玩城并未取得许可证，故对该电玩城的查处并非工商行政管理部门的职责。张某、黄某认为某区工商分局不履行监管职责的上诉理由不能成立，本院不予支持。张甲的死亡，是由张乙的犯罪行为造成，并非国家机关和国家机关工作人员怠于履行行政职责所造成。故张某、黄某要求某区工商分局对张甲的死亡承担赔偿责任的上诉理由亦不能成立，本院不予支持。

湖北省黄石市中级人民法院依照《中华人民共和国行政诉讼法》第六十一条第一款之规定，判决如下：

驳回上诉，维持原判。

【法官后语】

本案原告是以被告不履行法定职责为由提起诉讼的。行政不作为是行政行为中的一个重要组成部分，在行政管理活动中普遍存在，对双方当事人都有着重大影响，是实现依法行政必须予以重视的领域。

除了需具备行政违法行为的一般构成要件，行政不作为还有特殊构成要件：

1. 法定的作为义务

所谓“法定”是指“有法律根据”的意思。行政作为的义务来源于法律的明确规定，根据中国的行政组织法，各行政机关都有法定职责，同时，也有要求行政机关在履行法定职责时遵守法定程序的义务。

2. 履行义务的可能性

行政不作为违法以行政主体没有履行法定作为义务为必要条件。虽然行政主体负有法定作为义务，但如果存在不可抗力等情形，那么，就只能是行政作为不能，而非行政不作为。行政主体不履行法定义务表现为，行政主体没有作出任何意思表示，或不予接受、迟延办理。如在公民、法人或者其他组织面临人身权、财产权遭受侵害时，具有相应法定职责的行政机关予以拒绝或不予答复。行政机关对行政相对方提出的保护人身权和财产权的申请明确表示不履行或虽然未明确表示不履行但超过法定期限仍不履行，即在法定期限内，既不表示履行也不表示不履行。这里的“不履行”不是行政主体意志以外的原因，而是有履行能力却故意未履行、延迟履行。

3. 履行义务的必要性

即行政主体不行使行政权而仅凭公民的个人力量，不足以避免损害的发生，故期待其行使行政权。

确保行政权力的依法行使首先是行政机关的重要职责。作为公权力的行使者，行政机关有义务确保行政权力的行使符合公权力设立的本意，依法履行职责，行使权力不懈怠、不滥用。因此，保障相对人合法权益与控制行政权力的合法、有效行使便成为行政法的重要目的和任务。从行政诉讼的本来意义上讲，应该把保护行政相对人的合法权益放在第一位，并以此来保障和监督行政机关依法行政。监督行政主体履行法定职责是设立行政不作为制度的重要目的之一。

编写人：湖北省黄石市黄石港区人民法院　朱晓冬

195 前协议未予撤销，卖房者能否就同一房屋与其他购房者再次打印房产买卖协议

——王某诉某市国土资源和房屋管理局、某市某区房地产管理局不履行法定职责案

【案件基本信息】

1. 裁判书字号

天津市第一中级人民法院（2012）一中行终字第261号行政判决书

2. 案由：不履行法定职责纠纷

3. 当事人

原告（上诉人）：王某

被告（被上诉人）：某市国土资源和房屋管理局、某市某区房地产管理局

第三人（被上诉人）：白某、张某

【基本案情】

王某与白某、张某就王某所有的房屋达成买卖协议后，为办理过户手续，双方于2012年3月共同至某市某区房地产管理局要求打印《房产买卖协议》。经工作人员检索系统发现，王某曾于2009年12月17日与案外人黄某、汪某就上述房屋签署并打印过《房产买卖协议》，且该协议信息仍存储在私有房屋交易网络系统中，故拒绝为王某再次打印协议。

王某提起诉讼，主张为交易双方打印房产买卖协议是房管部门的一项行政职责，相关法律并未对打印协议行为作出限制性规

定，被告拒绝打印协议的行为对原告行使房屋处分权进行了限制，属于滥用职权和行政不作为。二被告辩称，其同作为房屋管理的职能部门，负有监管义务，为防止一房两卖，维护房地产正常交易秩序，在王某与前买房人所打印的买卖协议未被撤销前，无法为其再次打印买卖协议。

【案件焦点】

本案被诉不予打印房产买卖协议的行为是否构成行政不作为。

【法院裁判要旨】

天津市南开区人民法院经审理认为：被告某市国土资源和房屋管理局作为本市房屋权属登记和管理机关，依法负责全市房屋权属登记工作。被告某市某区房地产管理局负责通过私有房屋交易网络系统，为辖区内私有房屋的交易双方当事人打印《房产买卖协议》。房产买卖协议是房屋权属登记机构为交易双方办理房屋所有权转移登记时应当审查的要件之一。

原告王某与前买房人黄某、汪某所打印的《房产买卖协议》信息仍有效存在于私有房屋交易网络系统中，在交易双方未按规定申请办理删除协议信息的情况下，二被告拒绝为原告与二第三人就同一房屋再次打印协议的行为，系依法履行监管职责，本院依法予以支持。原告在前协议未撤销的情况下，主张被告拒绝为其再次打印协议系行政不作为，理由不能成立，其诉讼请求本院依法不予支持。

天津市南开区人民法院依照《最高人民法院关于执行〈中华人民共和国行政诉讼法〉若干问题的解释》第五十六条第一项之规定，作出如下判决：

驳回原告王某的诉讼请求。

王某持原审起诉意见提起上诉。天津市第一中级人民法院经审理认为：二被上诉人具有一审判决论述的相关法定职责。被上诉人天津市某区房地产管理局在原交易双方未按照规定申请办理删除协议信息的情况下拒绝为上诉人与被上诉人白某、张某就同一房屋再次打印买卖协议的行为并无不当，且被上诉人天津市某区房地产管理局告知了上诉人如何解除协议并终结上次房屋过户登记程序，进而进行第二次房屋交易过户的方法。原审法院判决驳回上诉人的诉讼请求并无不当。上诉人上诉请求理由和证据不足，本院不予支持。

天津市第一中级人民法院依照《中华人民共和国行政诉讼法》第六十一条第一项之规定，作出如下判决：

驳回上诉，维持原判。

【法官后语】

一审法院在审理本案过程中，合议庭就以下两方面问题有过意见分歧：

1. 本案是否属于人民法院行政诉讼的受案范围

受理案件后，有一种观点认为：原告王某起诉要求房管部门打印的《房产买卖协议》是基于交易双方平等自愿达成房屋买卖协议基础上的行为，对王某的权利义务并不产生实际影响，故本案不属于人民法院行政诉讼的受案范围，应裁定驳回原告起诉。

从形式上看，上述观点的确有其合理性。但结合现实情况考虑，交易双方如办理房产过户手续，必须到房管部门打印房产买卖协议。虽然订立协议是交易双方遵循平等自愿原则所形成的权利义务关系，但能否打印协议并非当事人能够选择决定。结合本案，被告拒绝为原告与二第三人打印买卖协议的行为，势必造成交易双方无法就涉诉房屋办理过户手续，当然会对原告的权利义务产生实际影响。因此，本案属于人民法院行政诉讼的受案范围。

2. 被告不予打印买卖协议的行为有限制当事人行使民事权利之嫌

庭审中，原告曾主张不论其与前购房者所打印的买卖协议撤销与否，被告都不能拒绝履行为原告与第三人再次打印协议的职责，否则即是限制了原告对涉诉房屋的处分权。若原告真是一房两卖，对方可依民事违约责任寻求司法救济，被告无权对此进行预判。

原告所持上述观点存有一定的道理。也就是说，在事后司法能够予以救济的情况下，行政机关有无必要在事先或事中予以行政干预。但我们认为，与原告所主张的待违规行为发生后，通过事后寻求司法救济方式相比，二被告在依法履行监管职责过程中，对有可能出现的一房两卖的违规行为，在前协议未予撤销前不予再次打印协议，此种事先或事中监管的方式，更能够充分有效地保护交易当事人的合法权益。与原告所主张的放弃监管，以避免限制当事人行使民事权利的价值追求相比，保护交易双方当事人合法权益，维护正常房产交易秩序的价值追求更符合法治社会下公众的期待。

另外，原告所谓行使对涉诉房屋的处分权即办理房屋过户手续的权利并非无法救济。对此，某区房地产管理局依据相关规定，已告知原告如何解除与前购房者的协议并终结上次房屋过户登记程序，进而进行第二次房屋交易过户的方法。

综上，二被告拒绝为原告与第三人打印房产买卖协议的行为并无不当。一审判决驳回原告王某的诉讼请求。原告上诉后，二审法院终审判决驳回上诉，维持原判。

编写人：天津市南开区人民法院　叶金馥

196 交通管理部门是否必须对上路行驶车辆逐一进行检查

——蒋某、姚某诉甲市公安局交通巡逻警察大队不履行交通管理职责及行政赔偿案

【案件基本信息】

1. 裁判书字号

江苏省常州市中级人民法院（2011）常行终字第117号行政判决书

2. 案由：不履行交通管理职责及行政赔偿纠纷

3. 当事人

原告（上诉人）：蒋某、姚某

被告（被上诉人）：甲市公安局交通巡逻警察大队

【基本案情】

案外人周某于2004年12月13日购买了变形拖拉机并为其上牌，2005年4月21日取得拖拉机驾驶资格并领取中华人民共和国拖拉机驾驶证，该证有效期六年。2005年11月2日至2009年9月16日期间，周某因多次违章被被告处理过，在本案交通事故发生前的驾驶计分周期（2008年4月21日至2009年4月20日）累计计分14分，在累计计分达到12分时是乙市公安局交通巡逻警察大队处理的。

案外人袁某于2006年12月8日购买了普通正三轮摩托车并为其上牌，2007年9月3日取得C4车型驾驶资格并领取中华人民共和国机动车驾驶证，该证有效期六年。袁某2009年4月9日因载人超过核定人数被被告处理过。2010年4月5日8时50分许，

周某驾驶的变形拖拉机与袁某驾驶的正三轮摩托车相撞，致袁某当场死亡，正三轮摩托车上搭载的小蒋、小唐受伤，小蒋、小唐经抢救无效于当日死亡。此即本案交通事故。

原告蒋某、姚某系小蒋的父母，共生有六个子女。两原告于2011年4月18日诉至人民法院请求判决确认被告不履行法定职责并违法，同时赔偿两原告人民币636720元并承担原告姚某从现在至死亡时止的生活费的六分之一。

【案件焦点】

被告甲市公安局交通巡逻警察大队是否履行了法定职责。

【法院裁判要旨】

江苏省金坛市人民法院经审理认为：周某、袁某驾驶的车辆均经合法登记，牌证齐全，两原告没有证据证明发生交通事故的车辆是套牌车和非法拼装的车，被告在日常的交通管理过程中也对该两辆车及驾驶人员进行了管理。周某在2008年4月21日至2009年4月20日的驾驶计分周期累计计分14分，在累计计分达到并超过12分时不是被告处理的，被告未扣留周某的驾驶证不存在不履行法定职责。袁某2009年4月9日因载人超过核定人数被被告处理，但法律没有规定必须对违章车辆进行扣押。交通巡逻警察上路检查车辆时对发现的违章行为进行处罚与纠正，在无明显的证据证明违章人员的驾驶证、车辆行驶证及车辆有问题时是不能扣车、扣证的，两原告也未提供公安机关在查处违章行为时必须对违章人员的驾驶证、车辆行驶证及车辆等进行实质性审查的法定依据，如无其他证据佐证，难以证明交通巡逻警察严重不负责任，不履行法定职责。机动车驾驶证的发放不是被告的法定职责，与本案无关。根据《最高人民法院关于执行〈中华人民共和国行政诉讼法〉若干问题的解释》第二十七条第二项的规定：在起诉被告不作为的案件中，原告有证明其提出申请的事实的举证责任。结合本案，两原告未有证据证明其向被告提出过要求查处周某、袁某及其驾驶车辆的申请的事实。此外小蒋的死亡系周某驾驶的变形拖拉机与袁某驾驶的正三轮摩托车相撞造成的，与被告的履职行为无关。

江苏省金坛市人民法院依照《最高人民法院关于执行〈中华人民共和国行政诉讼法〉若干问题的解释》第五十六条第一项、《中华人民共和国国家赔偿法》第五条第三项的规定，判决：

驳回原告蒋某、姚某的诉讼请求。

宣判后，原告蒋某、姚某不服，提起上诉。江苏省常州市中级人民法院经审理认为：第一，依照《中华人民共和国交通安全法》第八条、第九条、第十三条、第十九条、第二十三条、第一百二十一条的规定，拖拉机登记证书、号牌和行驶证的申请、审核和审验等职权由农业主管部门行使，故上诉人认为被上诉人不履行对持全国禁用“NJ”牌照、伪造行驶证、驾驶证的变形拖拉机及其驾驶人周某的管理、监督和查处职责的主张，缺乏法律依据。第二，依据《中华人民共和国交通安全法实施条例》第二十三条的规定，公安交通管理部门对机动车驾驶人的交通安全违法行为实行累计记分制度，记分周期为 12 个月。对在一个记分周期内记分达到 12 分的，公安交通管理部门应进行处理。根据被上诉人提供的周某违法信息材料，周某在累积计分达到并超过 12 分时不是被上诉人处理的，故上诉人要求被上诉人履行交通管理职责的主张与事实不符。第三，依照《中华人民共和国交通安全法》第八十七条、第一百条的规定，驾驶拼装的机动车或已达到报废标准的机动车上道路行驶的，公安交通管理部门应予以收缴，强制报废。根据上诉人提供的材料，无法认定周某驾驶的拖拉机系非法拼装的机动车，故上诉人关于被上诉人没有查处非法拼装的机动车的上诉主张亦不予支持。因此，原审判决并无不当之处。

江苏省常州市中级人民法院依照《中华人民共和国行政诉讼法》第六十一条第一项的规定，判决如下：

驳回上诉，维持原判。

【法官后语】

1. 背景情况介绍

部分驾驶人员本身法律意识薄弱，为追求利益最大化，往往怀有侥幸心理，铤而走险，私自对车辆改、拼装，且超载、超限上路。虽然法律规定公安交通管理部门对道路交通违法行为有查处职责，但是以公安交通管理部门现有装备与人员，让其负担与其权力不相匹配的过多的监管职责既不符合现实，更有悖于公平公正原则，也违背了行政法上的权责相一致原则。本案两原告的家庭实际情况固有值得同情之处，然司法追求的不仅是法律条文的字面理解，更是实事求是和公平公正之法治精神。

2. 确立裁判要旨的理由

本案中原告是否有诉讼主体资格值得商榷，第一种意见认为被告是否履行职责对原告的权利义务不产生实际影响，故原告无诉讼主体资格。第二种意见认为原告的家属确因交通事故死亡，但与两驾驶人的违法行为有一定的关系，虽非直接的因果关系，如公安交通管理部门及时查处，可能会避免该起事故的发生，应允许其提出诉讼。法院采纳了第二种意见。

周某、袁某驾驶的车辆均经合法登记，牌证齐全，两原告没有证据证明发生交通事故的车辆是套牌车和非法拼装的车，被告在日常的交通管理过程中也对该两辆车及驾驶人员进行了管理。交通巡逻警察上路检查车辆时对发现的违章行为进行处罚与纠正，在无明显的证据证明违章人员的驾驶证、车辆行驶证及车辆有问题时是不能扣车、扣证的，两原告也未提供公安机关在查处违章行为时必须对违章人员的驾驶证、车辆行驶证及车辆等进行实质性审查的法定依据，如无其他证据佐证，难以证明交通巡逻警察存在严重不负责任、不履行法定职责的情形。

对此类套牌或非法拼装上路行驶的车辆，交通管理部门是依职权查处，还是依申请查处？按法律的精神，应该是交通管理部门的职责，应主动予以查处，但以交通管理部门现有装备与人员，让其负担与其权力不相匹配的过多的监管职责，既不符合我国目前的现实状况，更有悖于公平公正原则，也违背了行政法上的权责相一致原则。现阶段还是应以相关单位和人员的举报为主，只有在有证据证明交通巡逻警察在正常巡查过程中严重不负责任，对明显有套牌或非法拼装的嫌疑车辆放任不管的情况下，才承担相应的责任。

3. 运用裁判要旨应注意的问题

行政不作为违法是指行政主体负有积极履行法定行政作为的义务（依职权的法定义务和依申请的法定义务），并且在能够履行，即有条件、有能力履行的情况下而没有在程序上履行或者在法律对此行政行为的履行期限已做出了明确界定的情况下的不及时履行状态。我们在研究法律上的行为时，应考虑主体的主观态度。从主观态度来考察，有利于认定主体在不知出现履行职能的情况下，而没有履行其职能，如：当某人的合法权利受到侵害时，在一些告诉才处理的案件中，如果受到侵害的人没有及时告诉，就不能说主体不作为；在存在不可抗力的情况下，当然也不能认定主体不作为；同时，在确定行政不作为时，判定行政机关的责任时亦有重要意义，在故意和过失或疏忽大意的不同情况下，相关主体当然承担不同的责任。

4. 其他应注意的问题

关于本案中原告的诉讼主体资格问题，根据《最高人民法院关于适用〈中华人民共和国行政诉讼法〉的解释》第一条第二款第十项的规定，对公民、法人或者其他组织权利义务不产生实际影响的行为，不属于人民法院行政诉讼的受案范围。本案中小蒋的死亡系周某驾驶的变形拖拉机与袁某驾驶的正三轮摩托车相撞造成的，与被告的履职行为无关。这是一种盖然性的事故，不是必然发生的，小蒋的死亡与交通管理部门的履职无直接因果关系，人民法院可不予受理，况且原告还可以通过民事诉讼的途径寻求救济。本案中人民法院给予其通过诉讼寻求救济的机会的做法，主要是想引起交通管理部门的重视，促使其在平时加强对执法人员的教育和培训，加大执法巡查力度，杜绝和避免类似悲剧的发生，因为人民的生命安全是第一的。

编写人：江苏省金坛市人民法院　李瑞华

十二、其他

（一）行政允诺

197 行政机关未兑现行政承诺的起诉期限

——陈某诉厦门市集美区人民政府某街道办事处行政允诺案

【案件基本信息】

1. 裁判书字号

福建省厦门市中级人民法院（2019）闽02行终4号行政裁定书

2. 案由：行政允诺纠纷

3. 当事人

原告（上诉人）：陈某

被告（被上诉人）：厦门市集美区人民政府某街道办事处（以下简称某街道办）

【基本案情】

原告所有的案涉平房未取得产权证。原告于1991年11月向厦门市集美区土地管理局申请翻建案涉平房的建设用地许可证。

2005年12月6日，原告就案涉平房书写一份书面材料，主要内容如下：某平房户主陈某，宅基地上原有厨房、卫生间、饭厅、储藏室等平房，东至西长7.2米，南至北宽6.7米，平房总面积48.24平方米，建造在挡土墙上，多年失修，挡土墙基础下沉，导致平房墙体出现裂痕和倾斜。该平房已存在安全隐患，为了彻底解决安全隐患，陈某于三个月前拆除该平房，准备重修。为了加固西边挡土墙，已在西边做好了三孔8米多深的钢筋水泥柱，也重修好北边6米多长的挡土墙以及原平房的基础。12月5日，某街道办告知该地段有准备拆迁的倾向，通过协商，本人也配合，愿意暂停改造。某街道办承诺：如果确实要拆迁，拆迁时会赔偿损失，包括现已拆除的平房和已改造好的部分。某街道办在该书写的材料上盖印，并签署以下意见："实际面积以实地丈量为准。同意实地丈量时给予一定的补偿（改造部分），一层平房（已拆除）以建筑面积赔偿。"

2007年7月3日，原告与被告签订（2007）182号房屋拆迁补偿安置协议书（以下简称182号协议），该协议约定：因旧城改造项目的建设需要，原告的房屋应予拆除，双方就补偿部分按住宅产权、店面产权、无产权及红线内空地四种情形，以不同补偿标准进行补偿。其中红线内空地面积81.29平方米包含案涉平房的土地面积，该81.29平方米的空地按区位房屋补偿价的30%，即720.6元/平方米予以补偿。协议还约定，原告应于2007年7月9日前搬迁完毕，并将原房屋及附属物完整交给被告拆除；被告应支付给原告产权调换后结算的差价款56544.09元，在被拆迁房屋完整交给被告之日起七日内付清。协议签订后，双方均依约履行了各自的义务。被拆迁房屋亦于2007年拆除完毕。

2011年1月11日，原告与被告签订（2007）182号补充01房屋拆迁补偿安置协议书（以下简称补充协议），该补充协议约定，在182号协议的基础上，就店面拆迁补偿安置事宜达成补充协议，某街道办再给予原告补偿款共计154376.77元。补充协议中关于案涉平房部分的内容，约定按平均单价 791 元/平方米予以补偿，差价部分给予货币补偿：48.42×（791－720.6）＝3408.77 元。补充协议还约定，本协议生效后，原告对房屋及其附属物的拆迁安置，不得再提出其他任何补偿要求。原告于 2011 年 1 月 28 日领取了补充协议所约定的 154376.77 元补偿款。

2017 年 3 月 8 日，原告的妻子李某向被告主张，182 号协议及其补充协议对案涉平房仅按空地标准进行了补偿，街道未按 2005 年 12 月 6 日承诺的按当时已拆除的平房补偿。被告认为补充协议中已进行了补偿。2017 年 4 月 15 日、2018 年 6 月 15 日，李某又两次要求被告履行 2005 年 12 月 6 日对案涉平房补偿的承诺。被告答复认为对平房的补充协议已解决清楚。遂成讼。

另查明，案涉平房的面积为 48.42 平方米，2005 年 12 月 6 日书写的 48.24 平方米系笔误。

【案件焦点】

原告是否超过起诉期限。

【法院裁判要旨】

福建省厦门市思明区人民法院经审理认为：原告的房屋已于 2007 年拆迁并补偿完毕。案涉平房作为红线内空地的一部分，已予以补偿。按照被告 2005 年 12 月 6 日的承诺，被告应于 2007 年 7 月拆迁补偿时给予案涉平房以建筑面积的补偿。若原告认为被告未履行 2005 年 12 月 6 日的行政承诺，则应在被告应履行行政承诺的期限届满之日起六个月内提出行政诉讼。现原告于 2018 年 6 月提出本案行政诉讼，已经超过起诉期限。综上，原告提出的要求被告按照 2005 年 12 月 6 日的承诺对案涉平房进行补偿的起诉，已经超过起诉期限，且无正当理由，应裁定驳回原告起诉。

福建省厦门市思明区人民法院依照《最高人民法院关于适用〈中华人民共和国行政诉讼法〉的解释》第六十九条第一款第二项之规定，裁定如下：

驳回原告陈某的起诉。

二审法院同意一审法院裁判意见。

【法官后语】

近年来，随着行政行为方式不断丰富、行政管理领域不断拓展，行政承诺成为行政机关履行职责时广泛使用的一种行为方式。但由于现实状况改变、履行条件不具备等多方面因素，基于行政承诺引发的争议也不断增多。本案例创造性地类推适用不履行法定职责的规定处理未履行行政承诺的起诉期限问题，对今后同类案件的裁判具有一定指导意义。

1. 行政承诺系行政机关自我设定的义务

目前立法上对行政承诺尚无明确规范，相关理论研究还处于争议之中。对行政承诺引发争议的处理，实践先于理论。如何审查裁判行政承诺争议，相关规范依据仍较为匮乏，有待深入探讨研究。

从本质上看，行政承诺是行政机关自我创设的义务。行政承诺，也称为行政允诺①，一般是指行政机关为了实现某些行政目的，依职权向行政相对人作出的，在条件成就时作为或不作为特定行为的承诺。承诺义务的来源包括：法律法规的明确规定、行政主体在法律法规的范围内作出的进一步规定以及行政主体依据行政职权的创设。概言之，行政承诺是行政主体在法定职权范围内为自己设定的义务，

① 本书对“行政允诺”“行政承诺”表述不作区分。以下不再提示。

是一种自我约束。

2. 行政机关应当履行行政承诺设定的义务

虽然行政承诺确定的义务并不是直接的法定义务，但作为一种授益性行为，将对相对人的权利义务产生影响。一方面，相对人的信赖利益应获保护。基于对公权力的信任，相对人必然期待行政机关未来会履行承诺的义务，并会以此为前提安排自身的行为。换言之，行政主体通过行政承诺便足以对行政相对人的实质权利义务施以影响，其产生的法律效果未必不如其他行政行为。在这种意义上，如若行政机关未能履行承诺内容，根据信赖利益保护及“有权利必有救济”的原则，相对人可以要求行政机关履行承诺的义务。

另一方面，基于诚信行政理念，承诺的义务应获履行。行政承诺作为一种新型的行为方式，本就是在法律法规空白或不足的情形下采取的辅助性、补充性手段，其基础在于政府的诚信行为。因此，倘若行政机关在许诺未来履行某种职责后未实际履行，则破坏了相对人对公权力机关的信任，违背诚信这一行政法基本原则，损害法治政府建设的权威与公信。

3. 未履行行政承诺，按照不履行法定职责确定起诉期限

承前述，行政承诺系行政机关自行设定的义务，该义务应当履行。那么在请求履行行政承诺之诉这一类型中，相应的行为逻辑即“设定义务—应当履行—未履行”。反观不履行法定职责，其行为逻辑亦可概括为“法定职责—应当履行—不履行”，二者的基本逻辑结构是相似的，类推按照不履行法定职责之规定来确定未履行行政承诺的起诉期限，具备基本的合理性及可行性，并且在充分保障行政相对人权利的同时敦促其及时行使诉讼权利。

关于不履行法定职责的起诉期限，《中华人民共和国行政诉讼

法》第四十七条规定："公民、法人或者其他组织申请行政机关履行保护其人身权、财产权等合法权益的法定职责，行政机关在接到申请之日起两个月内不履行的，公民、法人或者其他组织可以向人民法院提起诉讼。法律、法规对行政机关履行职责的期限另有规定的，从其规定。公民、法人或者其他组织在紧急情况下请求行政机关履行保护其人身权、财产权等合法权益的法定职责，行政机关不履行的，提起诉讼不受前款规定期限的限制。"《最高人民法院关于适用〈中华人民共和国行政诉讼法〉的解释》第六十六条规定："公民、法人或者其他组织依照行政诉讼法第四十七条第一款的规定，对行政机关不履行法定职责提起诉讼的，应当在行政机关履行法定职责期限届满之日起六个月内提出。"上述两条规定明确了不履行法定职责之诉的起诉期限规则，即起算点为履行期届满之日，期限为六个月。

关于未履行行政承诺的起诉期限，参照前述规定，未履行行政承诺的起诉期限可以明确为：在行政机关应履行行政承诺的期限届满之日起六个月内提出行政诉讼。期限方面，参照确定为六个月。在起算点方面，即应履行承诺的期限届满之日。本案二审裁定的法院认为部分载明，应以行政允诺得以履行的时间作为提起诉讼的起算点，即以履行条件成就之日作为起算点。笔者认为，将"行政机关应履行承诺的期限届满之日"作为起算点与不履行法定职责的规定衔接更顺畅，具体而言，起算点的把握可能有若干情形，如：(1) 行政承诺中明确约定或协商过程中约定了履行期，则约定的履行届满之日即为起算点。(2) 行政承诺中未约定履行期，则履行条件成就之日起行政机关即应履行，参照不履行法定职责关于两个月履行期的规定，两个月届满后计算起诉期限。(3) 行政机关明确表示拒绝履行，则视为行政机关放弃履行期，自相对人知道或应当知道行政机关拒绝履行之日起计算起诉期限。

关于本案的裁判思路。本案中，就案涉房屋的拆迁补偿事宜，被告在原告于2005年12月6日书写的材料上盖印并签署意见，系被告基于职权向原告作出的行政承诺。2007年7月3日和2011年1月11日，原告与被告分别两次就案涉房屋的拆迁补偿事宜签订182号协议以及补充协议。那么在两次签订协议时，被告已具备了履行承诺的条件但并未兑现，原告签订协议则表明其知道行政机关拒绝依承诺履行，故开始计算起诉期限。因此，原告至迟应于2011年1月11日签订补充协议后的六个月内提起诉讼，原告直到2018年6月方才提起本案之诉，明显超过起诉期限，依法应驳回其起诉。

编写人：福建省厦门市思明区人民法院　王叶萍　罗小艺

198　行政允诺的司法审查

——高某诉上海市虹口区人民政府某街道办事处行政允诺案

【案件基本信息】

1. 裁判书字号

上海市第二中级人民法院（2016）沪02行终358号行政判决书

2. 案由：行政允诺纠纷

3. 当事人

原告（上诉人）：高某

被告（被上诉人）：上海市虹口区人民政府某街道办事处

【基本案情】

原告属于某街道188街坊旧区改造拆迁居民。2013年，原告户签约并搬离原址。2013年7月20日，被告根据上海市虹口区民政局、原上海市虹口区劳动和社会保障局、原上海市虹口区卫生局联合制定的《关于××老街旧区改造房屋拆迁中对特殊生活困难家庭的帮困补助试行办法》（本案以下简称《61号文》），结合某街道188街坊旧区改建工作的实际，制定了《关于旧区改造和房屋征收中对特殊生活困难家庭申报、认定办法（某街道188街坊旧区改建地块）》（本案以下简称《办法》）。《办法》对旧区改造中特殊生活困难家庭申报范围、申报条件、申报程序、补贴标准和发放作出规定。其中关于补贴的发放明确规定在全户户口迁出，办理空房申报手续并搬离原址后，由被告统一发放。

2013年10月25日，原告以残疾为由向居住地居委会提出申请，请求给予特殊生活困难家庭补助。居委会受理后，经初审，原告残疾事由不符申报条件，未获审核通过。2014年6月，上海市虹口区旧区改造和房屋征收工作指挥部（本案以下简称区旧改指挥部）就本区房屋征收地块中特殊困难对象补助办法制定《房屋征收地块中特殊困难对象补助办法的指导意见》（本案以下简称《指导意见》），该意见中将持残疾人证的残疾人员列入补助对象范围。被告依据《指导意见》精神，再次对原告申请进行审核，于2014年9月9日通过审核，认定原告为特殊生活困难补助对象，可给予2万元补贴，并经公示。嗣后，原告拒绝将其户籍迁离原址，被告未向原告发放被诉补贴。对此，原告曾向有关部门反映，未获解决，遂诉至法院。

【案件焦点】

原告符合被告困难补助发放标准并通过审核但未按被告要求迁出户籍，被告是否有权拒绝向其发放困难补助。

【法院裁判要旨】

上海市虹口区人民法院经审理认为，被告是代表政府在辖区内实行社会管理的派出机关，行使相应的行政管理职能。本案争议之一是被告给付被诉补贴的行为性质。本案中，某街道188街坊旧区改造地块属于被告行政管理范围，原告系该街坊居民。被告基于188街坊涉拆迁的特定事项，为保证地块拆迁工作的顺利实施，以制定《办法》的形式向在该街坊内符合申领特殊生活困难家庭补贴条件的居民允诺，只要居民实施了迁移户籍、办理空房申报手续并搬离原址的行为后给予相应的补贴。被告实施的上述行为系行政允诺行为，即行政机关基于某种临时或特定事项，为实现某种行政管理目的需要，允诺在相对人实施了某一特定行为后给予该相对人物质利益或其他利益的单方意思表示，属于授益性行为。行政机关允诺给予奖励性利益的行为意在鼓励相对人踊跃作为，以最大限度实现管理目的。本案争议之二是原告是否属于被诉补贴对象。根据《办法》规定的申报条件，持残疾人证的残疾人员不属申报范围。被告参照《指导意见》将该类人员列入补助范围，该申报事由未增加行政相对人的义务。相反，被告遵循以人为本的管理宗旨，扩大了受益相对人群，原告也因此成为受益对象。故被告认定原告为享有被诉补贴对象，并无不当，予以确认。本案争议之三是被告设定兑现允诺应实施迁移户籍的特定行为是否为法律禁止。行政允诺的内容属于行政机关自由裁量范围，法律无明文规定行政机关是否作出及怎样作出行政允诺。因此，行政允诺不具强制性，既不强制要求不特定的相对人作出相应的行为，也不强制要求行政机关必须兑现允诺，行政机关可以对未作出相应行为的相对人拒绝兑现允诺。本案中，被告设定迁移户籍的行为，非法律禁止行为，亦符合被告为实现拆迁工作和区域管理职能的需要。原告可以在实施该行为后获得相应利益，被告也可因原告未实施该行为而拒绝兑现允诺。现被告按《办法》已履行了对原告申请的受理、审核、认定及公示等程序。因原告尚未实施被告设定的迁移户籍行为，给付条件未成就，被告拒绝履行，合法有据。至于赔偿损失一节，因被告在履行其所作允诺过程中，不存在侵害原告合法权益并造成损害后果的情形，故原告要求被告赔偿的诉讼请求不成立，不予支持。

上海市虹口区人民法院依照《中华人民共和国国家赔偿法》第二条、《中华人民共和国行政诉讼法》第六十九条、《最高人民法院关于审理行政赔偿案件若干问题的规定》第三十三条规定，判决如下：

驳回高某的诉讼请求。

高某不服一审判决，提起上诉。上海市第二中级人民法院经审理认为：本案的争议焦点在于某街道办事处是否可以将户籍迁移设定为发放被诉补贴的条件。某街道办事处作为辖区内实行社会管理的派出机关，为了保证188街坊旧区改建工作顺利进行，向该区域内的特殊生活困难家庭提供有条件的补贴，制定《办法》在申报范围、条件、程序、补贴标准和发放等方面均作了限制。某街道办事处向特定人群提供上述补贴具有授益性，其根据自身管理需要设定相应的发放条件与法不悖。综上，高某的上诉理由和请求缺乏事实和法律依据，不予支持。原审判决认定事实清楚，适用法律正确，应予维持。

上海市第二中级人民法院依照《中华人民共和国行政诉讼法》第八十九条第一款第一项规定，判决如下：

驳回上诉，维持原判。

【法官后语】

本案涉诉行政行为属于行政允诺，具有典型意义。法院归纳的三个争议焦点即为行政允诺案件的司法审查逻辑进路。

1. 被告给付被诉补贴的行为性质

行政允诺作为一种新型的行政行为方式，更多地存在于学理的概念中，在制定法上并没有明确的规定。一般而言，行政允诺指行政主体为履行自己的行政职责，向不特定相对人发出的，承诺在相对人实施了某一特定行为后由自己或由自己的职能部门给予该相对人物质利益或其他利益的单方意思表示行为。从该定义可以看出，行政允诺具有行政性或公益性；对象是不特定的相对人，这在某种程度上具有类似于抽象行政行为针对特定多数人的特点；履职前提是相对人符合特定的条件并实施某一行为，也即需要相对人的作为以作为一定的对价；形式是给予物质利益或其他利益，即非强制性、授益性、裁量性；性质是单方行为，是行政主体单方允诺的行为。

在本案中，被告制定《办法》并向符合条件的居民发放补贴的行为是为了保证地块拆迁工作的顺利实施，是为了履行自己的行政职责，符合行政性或公益性的要求；对象是地块中符合申领特殊生活困难家庭补贴条件的居民，该部分居民并不是明确的相对人，符合不确定性；发放补贴的前提是符合条件的居民实施了迁移户籍、办理空房申报手续并搬离原址的行为并经过申请审核的程序，符合对价的要求；形式是发放补贴，是典型的自由裁量的授益行政行为，不具有强制性；被告制定的《办法》是其单方面的允诺，符合单方性。因此，就本案涉诉纠纷来说，被告的行为属于行政允诺，应该按照行政允诺的规则进行审理。

2. 原告是否属于被诉补贴对象

首先是被告是否有权作出被诉行政允诺行为。被告作为虹口区政府的派出机关，承担了辖区内的行政管理职责，而188街坊旧区改造地块属于被告行政管理范围，原告系该街坊居民，所以，原告关于发放补贴的要求属于被告职权范围之内。如前所述，被告作出该行为的目的是保证地块拆迁工作的顺利实施，符合公共利益，其给予奖励性利益的行为意在鼓励相对人踊跃作为，以最大限度实现管理目的。本案涉及的拆迁事务发生在被告的辖区范围之内，自然属于被告的行政管理职责，而发放补贴属于拆迁事务范围，被告有权作出该行为。此外，被告根据《61号文》，结合188街坊旧区改建工作的实际，制定了《办法》，并未违反法律行政法规的强制性规定，其有权作出行政允诺。

其次是原被告之间是否建立起行政允诺关系。对此，根据庭审查明的事实，原告申请的理由是其为持残疾人证的残疾人员。但是，根据《办法》规定的申报条件，持残疾人证的残疾人员不属申报范围。因此，在第一次审核过程中，被告对原告的申请不予认定，原被告之间不存在行政允诺关系。但是，为了扩大补贴的受益范围，被告参照《指导意见》将该类人员列入补助范围，原告也因此成为受益对象，非但没有增加相对人的负担，反而扩大了相对人的受益范围。故第二次审核过程中，被告认定原告为享有被诉补贴对象。此时，原被告之间就已经形成了行政允诺关系。

3. 被告设定兑现允诺应实施迁移户籍的特定行为是否为法律禁止

关于行政允诺设定条件，行政允诺作为一种新型的行政行为方式，以一种非强制的、自由裁量的、授益的方式越来越多地运用在行政管理活动中。所谓非强制，即意味着行政主体作出的允诺，实际上发出的是一种邀请，请求不特定相对人为一定行为，并允诺给予相应的对价。该允诺不强制要求任何一个不特定的相对人作出相应的行为，它对这种行为持肯定和鼓励的态度，并承诺对于有这种行为的人给予一定的利益；同时，行政允诺也不强制要求行政机关必须无条件兑现允诺，行政机关可以对未作出相应行为的相对人拒绝兑现允诺。而所谓自由裁量，即意味着在法律、行政法规未禁止的情况下，有权的行政主体可以对允诺设定一定的条件，即对价，只有在相对人成就相应的条件的情况下，行政主体即可兑现该允诺；同时，对于允诺的具体内容，只要法律、行政法规没有禁止，都属于行政主体的自由裁量范围。在本案中，被告设定的条件是符合条件的居民全户户口迁出，办理空房申报手续并搬离原址，这是基于对拆迁地块特殊情况考虑，解决人户分离管理问题，更好地为特殊生活困难家庭提供帮助，也是被告实现行政管理目的的需要，符合公共利益和行政允诺的初衷，法律、行政法规并未禁止此行为。因此，被告为行政允诺设定的条件并无不当。

关于行政允诺的履行。本案中，原告实际上已经具备了获取补贴的资格，关键在于原告一直拒绝迁移户口。就此而言，行政允诺的给付条件未成就，原告并未履行行政允诺所对应的对价，被告据此拒绝履行允诺，符合法律要求。同样基于此，因为行政赔偿的前提是行政行为违法，而被告的行为合法有效，并没有侵犯原告的合法权益，也未对原告造成损失，所以，原告的赔偿请求自然也就无法获得支持。

编写人：上海市虹口区人民法院/上海铁路运输法院

黄宇姣　何宇欢　方文光

（二）行政给付

199 养老保险待遇资格确认期间不影响劳动者享有养老保险待遇的权利

——田某诉北京市某区人力资源和社会保障局社会保障行政给付案

【案件基本信息】

1. 裁判书字号

北京市第二中级人民法院（2018）京02行终191号行政判决书

2. 案由：社会保障行政给付纠纷

3. 当事人

原告（上诉人）：田某

被告（被上诉人）：北京市某区人力资源和社会保障局（以下简称某区人社局）

【基本案情】

田某于2015年11月达到法定退休年龄。2015年8月，某区职业介绍服务中心作为申报单位，向某区人社局提交办理田某退休的申请材料。2015年8月31日、12月15日、12月30日，某区人社局作出三份《北京市基本养老保险退休待遇资格核准告知书》，称“视同缴费年限申报材料与档案材料不符”“提供85年以后的上班原始材料”“档案中单位部分用章与工商信息不一致，请补正相关原始材料”。2016年12月9日，甲公司出具证明，称“田某同志毕业生转正定级表为后期补办，当时企业名称已由北京市乙市政建筑工程公司第五工区变更为北京市丙市政建筑工程公司”“另：甲公司为原北京市市政工程局变更而来”。

2017年1月16日，某区人社局向该公司作出《关于田某参加工作情况的协查函》，称“……该职工档案经我局审核，其档案中工作期间原始材料缺失严重，1985年7月由北京市乙市政建筑工程公司招工，招工后工作期间，档案中未见其他相关原始材料，补充材料前后矛盾，不能确定其工作年限的完整性与连续性……请贵单位查找相关原始材料，确定其真实工作情况”。2017年4月7日，甲公司向某区人社局作出复函，称“田某原所在工作单位北京市乙市政建筑工程公司的上级单位隶属于北京某建设集团有限责任公司。我单位系北京某建设集团有限责任公司上级单位，已委托该集团对田某参加工作情况进行了核查，相关核查情况附后”。

2017年5月19日，某区人社局作出《北京市基本养老保险待遇核准表》（以下简称《核准表》），载明：“田某，女，1965年11月出生，参保年月1992年10月，参加工作时间1985年2月，退休时间2015年11月，应缴费年度24，视同缴费年月7.08，实际缴费年月12.04，全部缴费年月20.00，计发金额1609.00，起始支付年月2016年12月……”田某认为基本养老金的起始支付年月应为2015年12月，遂提起诉讼。

【案件焦点】

某区人社局对田某养老保险待遇起始支付时间的认定，应该自田某达到法定退休年龄的次月起算，还是自某区人社局核准待遇的次月起算。

【法院裁判要旨】

北京市西城区人民法院经审理认为：《北京市基本养老保险规定》第二十二条第一款规定，被保险人符合下列条件的，自劳动保障行政部门核准后的次月起，按月领取基本养老金。根据北京市劳动和社会保障局《关于进一步加强基础管理，规范退休核准工作有关问题的通知》的规定，退休核准工作要以职工原始档案记载为准，并根据其他佐证材料作出认定。本案中，田某的档案材料《(田某高中）毕业生转正定级表》与《集体企事业招工审批表》的记载日期相同，但盖章单位不一致，故某区人社局要求提供相关原始材料并无不当。2016 年 12 月，田某单位出具情况说明后，某区人社局将该日期认定为基本养老金支付起始年月，不违反相关规定，法院予以确认。

北京市西城区人民法院依照《中华人民共和国行政诉讼法》第六十九条的规定，判决：

驳回原告田某的诉讼请求。

田某不服，提起上诉。北京市第二中级人民法院经审理认为：根据《中华人民共和国劳动法》第七十三条第一款、《中华人民共和国社会保险法》第十六条第一款的规定，劳动者在退休情形下，依法享受社会保险待遇，且参加基本养老保险的劳动者，符合“达到法定退休年龄”“累计缴费满十五年”的条件，在法律法规没有其他特别规定的情况下，即应享有按月领取基本养老金的法定权利。本案中，某区人社局在已查实田某于2015年11月达到法定退休年龄、累计缴费满十五年，且没有证据证明田某有不应领取基本养老金其他情形的情况下，核准2016年12月始支付养老金，不符合上述法律规定，该情形属适用法律错误。一审法院判决认定事实基本清楚，但适用法律有误。

北京市第二中级人民法院依照《中华人民共和国行政诉讼法》第七十条第二项、第八十九条第一款第二项的规定，判决：

一、撤销北京市西城区人民法院（2017）京0102行初790号行政判决书；

二、撤销某区人社局所作《北京市基本养老保险待遇核准表》；

三、责令某区人社局于本判决生效后三十日内重新作出行政行为。

【法官后语】

本案的分歧焦点是对于养老保险待遇起始支付时间如何认定的理解。笔者认为，在法律法规没有其他特别规定的情况下，参加基本养老保险的劳动者达到法定退休年龄，且满足累计缴费满十五年的，劳动保障行政部门应当以劳动者达到法定退休年龄的次月为养老保险待遇起始支付时间。但另一种观点认为，应当以劳动保障行政部门核准后的次月为起始支付时间。产生上述分歧的原因在于对《北京市基本养老保险规定》第二十二条的理解不同。对此，笔者有以下几点分析。

1. 从法的文义和体系角度解释

《中华人民共和国劳动法》第七十三条第一款规定：“劳动者在

下列情形下，依法享受社会保险待遇：（一）退休……”《中华人民共和国社会保险法》第十六条第一款规定：“参加基本养老保险的个人，达到法定退休年龄时累计缴费满十五年的，按月领取基本养老金。”据此，参加基本养老保险的劳动者领取基本养老金，主要取决于“达到法定退休年龄”和“累计缴费满十五年”这两个实质条件。在满足这两个实质条件的情形下，参加基本养老保险的劳动者养老保险待遇的起始支付时间应当从达到法定退休年龄的次月起算。《北京市基本养老保险规定》第二十二条中“……自劳动保障行政部门核准后的次月起，按月领取基本养老金……”的规定，系遵循《中华人民共和国社会保险法》第十六条对本市具体实施养老保险核准工作的细化规定，将其放在整部法律体系中进行解释，“劳动保障行政部门核准”是作为办理退休的程序性环节，对劳动者是否满足上述两个实质条件进行审查，本身并不是对“按月领取基本养老金”实质条件的改变。当中的“领取”应作可操作性层面的理解。养老金领取时间可以自劳动保障行政部门核准后的次月起，但劳动保障行政部门应当对劳动者自有权享受养老保险待遇之日起至实际领取前的应享受金额进行补发。

2. 从立法宗旨和目的角度考虑

根据《中华人民共和国劳动法》《中华人民共和国社会保险法》等相关规定，国家建立基本养老保险制度系为了保障公民在年老的情况下依法从国家和社会获得物质帮助的权利；维护公民享受社会保险待遇的合法权益，使公民共享发展成果。据此，基本养老金是劳动者在退休的情形下，依法享有的基本权利保障，是法定财产权，不能随意限制和缩减。劳动社会保障行政部门不能机械地理解《北京市基本养老保险规定》第二十二条的规定，对其中规定的“劳动保障行政部门核准”和“领取”均不能解读为对劳动者享受法定财产权的限制条件。

3. 从社会公平的价值观角度理解

社会保险制度是一种再分配政策，社会公平应当反映在其制度设计和治理形态的价值取向中。社会保险权利的实现，更多地要求国家积极干预权利的实现条件，而非对实现条件设置附加的负担性规定。公民享有的依法享受养老保险待遇的权利，不因劳动社会保障行政部门行政效率的高低而增益或减损。特别是在行政给付类案件中，为了平衡相对弱势一方的公民与劳动社会保障行政部门的关系，人民法院在法律解释和适用方面应当更加慎重，既要维护法律规定的严肃性，又要注意办案的社会效果。因此，劳动保障行政部门养老保险待遇资格确认的期间不能影响劳动者享有养老保险待遇的权利。

笔者在案外了解到，在本市基本养老保险待遇核准工作中，核准时间晚于劳动者法定退休年龄时间的情况时有发生。劳动社会保障行政部门在办理养老待遇资格确认时，多自实际核准之日的次月起计算养老保险待遇，劳动者往往无法获得达到退休年龄后至核准之前时段的基本养老金。本案的审理，明确了对《中华人民共和国劳动法》《中华人民共和国社会保险法》《北京市基本养老保险规定》的理解与适用，对纠正部分劳动社会保障行政部门错误执法惯例、进一步规范养老保险管理工作、统一司法裁判尺度、保障广大退休劳动者的合法权益具有重要意义。

编写人：北京市第二中级人民法院　严勇　李珊

200 社会保险待遇追偿决定的司法审查

——服饰公司诉北京市某区社会保险基金管理中心、北京市某区人民政府社会保险待遇行政给付及行政复议案

【案件基本信息】

1. 裁判书字号

北京市第三中级人民法院（2018）京03行终444号行政判决书

2. 案由：社会保险待遇行政给付及行政复议纠纷

3. 当事人

原告（上诉人）：服饰公司

被告（被上诉人）：北京市某区社会保险基金管理中心（以下简称某区社保中心）、北京市某区人民政府（以下简称某区政府）

第三人（被上诉人）：孔某某、王某、韩某某

【基本案情】

孔某某系王某某之母，韩某某、王某分别系其妻、子。2011年9月26日，北京市某区人社局认定王某某的死亡为工伤。2013年12月5日、2014年3月17日，北京市朝阳区人民法院和北京市第三中级人民法院分别作出《民事判决书》，判令原告赔偿本案第三人一次性工亡补助金343500元。后因原告无财产可供执行，裁定终结该次执行程序。2014年8月14日、10月15日，北京市朝阳区人民法院和北京市第三中级人民法院分别作出《民事判决书》，判令原告支付王某2010年6月7日至2014年8月供养亲属抚恤金57053.94元；自2014年9月起至王某年满18周岁止，于每

月5日之前按照1436.18元的标准按月向王某支付供养亲属抚恤金，若遇供养亲属抚恤金标准调整则按照调整后的标准支付。后执行程序再次终结。2017年3月17日，北京市某区人社局出具《关于服饰公司无财产可供执行的证明》。

2017年4月12日，第三人向某区社保中心提交申请，请求该中心向第三人支付王某某一次性工亡补助金343500元，向王某支付2011年7月至2014年8月供养亲属抚恤金46474.84元，2014年9月至2016年12月供养亲属抚恤金46213.04元。某区社保中心于2017年4月13日作出《催告书》，要求原告履行支付工伤保险待遇的义务，原告未予回复。2017年7月10日，某区社保中心对王某某因工死亡待遇进行核准，核准结果为：一次性工亡补助金343500元，给付起始日期为2010年7月；供养亲属王某的给付标准为756.18元，给付起始日期为2010年7月，给付终止时间为2021年1月，并出具《北京市因工死亡工伤职工待遇核准表（工表十）》。

2017年8月15日，某区社保中心将原告应向第三人支付的一次性工亡补助金343500元、向王某支付的2011年7月至2016年12月供养亲属抚恤金92687.88元，共计436187.88元汇入韩某某指定的银行账户。

2017年9月12日，某区社保中心作出被诉《追偿书》，要求原告自收到追偿书之日起十日内将工伤保险待遇偿还给该中心。原告不服上述《追偿书》，向某区政府申请行政复议，某区政府予以维持后原告提起本诉。

【案件焦点】

在对社会保险待遇追偿决定进行司法审查时是否应对追偿权主

体、追偿权的条件是否成就、追偿数额如何确认、追偿程序进行审查。

【法院裁判要旨】

北京市朝阳区人民法院经审理认为：本案被诉行政行为涉及工伤保险基金的先行支付和追偿制度，主要围绕以下问题进行审查：第一，社会保险经办机构负有先行支付职责和享有追偿权的法律依据。根据《工伤保险条例》第五条第三款、第四十六条，《中华人民共和国社会保险法》第四十一条第一款、第二款规定，社会保险经办机构负有受理工伤保险基金先行支付申请，依法进行审核并在履行先行支付义务后，具有向用人单位追偿的权利。第二，先行支付的条件、程序及追偿权的行使。1. 第三人的申请符合工伤保险基金先行支付条件。根据《中华人民共和国社会保险法》第四十一条第一款、《社会保险基金先行支付暂行办法》第六条规定，第三人提交的申请材料能够证明王某某被认定为工伤，且法院判令原告应向第三人支付工亡补助金、供养亲属抚恤金等工伤待遇。因原告无财产可供执行，法院已裁定终止执行程序。2. 某区社保中心履行了工伤保险基金先行支付的审核义务和法定程序。某区社保中心对于应支付的工伤待遇项目、数额进行了核定，在确认申请符合受理条件后，向原告发出了书面催告，在原告未予支付的情况下，根据核定的项目和数额，经第三人确认后，先行支付了相应待遇，并取得对原告的追偿权。第三，关于原告主张的侵权责任和社会保险责任的关系。对工伤保险与第三人侵权赔偿之间的关系我国尚无明确规定。但本案中，在第三人已获得交通事故人身损害赔偿的情况下，法院仍判决原告负有支付工亡补助金和供养亲属抚恤金的义务。

故，某区社保中心并无判断是否应扣除相应项目的裁量基础。原告所持主张实质系对生效裁判文书的质疑，并非行政诉讼审查的范围。某区政府作出维持《追偿书》的决定事实清楚、程序合法、结论正确，应予支持。

北京市朝阳区人民法院依照《中华人民共和国行政诉讼法》第六十九条、第七十九条之规定，判决如下：

驳回原告服饰公司的全部诉讼请求。

二审法院同意一审法院裁判意见。

【法官后语】

《中华人民共和国社会保险法》明确规定了社会保险基金的追偿制度。然而实践中，追偿制度功能并未充分发挥，对于追偿决定的司法审查问题较少涉及。本案的价值在于明确了对行使追偿权、作出追偿决定的司法审查思路。

1. 权利主体的审查

《中华人民共和国社会保险法》第四十一条第二款规定，从工伤保险基金中先行支付的工伤保险待遇应当由用人单位偿还。用人单位不偿还的，社会保险经办机构可以依照本法第六十三条的规定追偿。据此，社会保险经办机构作为工伤保险基金收支的管理部门，在履行了先行支付工伤保险待遇后，便可依法对用人单位进行追偿。需明确的是，该条款虽为授权性规则，但授权内容仅为行使追偿权方式的选择。事实上，积极行使追偿权是社保经办机构履行维护社会保险基金有效运行义务的方式，其怠于行使追偿权或放弃追偿必然导致社会保险基金的流失。因此，社会保险经办机构积极行使追偿权，既是法律赋予的权利也是法定义务。《社会保险基金先行支付暂行办法》第十三条中“应当”责令偿还的规定也能够印证追偿权的权责统一性观点。

2. 条件成就的审查

《中华人民共和国社会保险法》第四十一条第二款似乎将追偿权的取得条件明确为工伤保险待遇已支付完毕，且用人单位拒不偿还。然而实际上，拒不偿还是依照第六十三条进行追偿的前置条件，并非追偿权取得的条件。换言之，追偿权取得的条件仅为先行支付行为的完成，即社会保险经办机构已履行完毕先行支付程序，已将工伤保险待遇支付给个人。其法理基础在于，支付工伤保险待遇的责任主体本应是用人单位，社会保险经办机构先行支付是履行了法定垫付义务，根据追偿权的理论基础——法定债权转移说，社会保险经办机构在履行了先行支付义务后当然、即刻取得向用人单位追偿的权利。

3. 追偿数额的审查

基于弥补社会保险基金缺口的制度设计目的以及先行支付行为、追偿行为的相对独立性，追偿数额原则上应以先行支付数额为限，法院也只需核对先行支付数额与追偿数额是否一致即可。但若用人单位对社保经办机构在先行支付程序中核准的项目、数额提出异议，法院则有必要对追偿数额的审查进行适当延伸，及于先行支付项目、数额的核准问题。一方面，先行支付法律关系产生于申请人与社会保险经办机构之间，用人单位很难参与到该程序中；另一方面，有利于法院释法说理，为切实解决行政纠纷打下良好的事实基础。

4. 追偿程序的审查

正当程序是行政行为合法的必然要求。《中华人民共和国社会保险法》第四十一条第二款、《社会保险基金先行支付暂行办法》第十三条第一款虽均规定了责令偿还程序，但该规定并非作出追偿决定的程序性规定，而是社保经办机构作出追偿决定后，启动社保基金强制执行前的程序性规定，其较类似于行政强制法中的催告程序。因此，在对追偿决定进行司法审查时，不应及于是否存在责令偿还问题。鉴于我国现行法律、法规中并不存在作出追偿决定的具体程序规范，故在审查时仅限于该追偿决定是否送达、是否明确告知救济权利即可。

编写人：北京市朝阳区人民法院　徐翔　朱军巍

（三）行政奖励

201　行政机关不得以相对人涉嫌犯罪为由拒绝行政奖励

——朱某诉某市人力资源和社会保障局、某市人民政府劳动监察行政奖励及行政复议案

【案件基本信息】

1. 裁判书字号

江苏省南通市中级人民法院（2019）苏06行终549号行政判决书

2. 案由：劳动监察行政奖励及行政复议纠纷

3. 当事人

原告（被上诉人）：朱某

被告（上诉人）：某市人力资源和社会保障局（以下简称某市人社局）

被告：某市人民政府（以下简称某市政府）

【基本案情】

朱某曾在某销售公司工作，2002年9月至2005年4月，某销售公司为其缴纳社会保险。2017年3月22日，朱某向某市社会保险基金管理中心举报某销售公司自2001年起不依法为工作人员足额缴纳社会保险费。8月2日，某市社会保险基金管理中心向朱某作出答复，主要内容为：2017年4月收到朱某的举报信后，即对某销售公司启动社保缴费基数专项稽核，根据该单位提供的2015年度、2016年度工资性收入等资料，依法核定其与应缴社保基数的差额，并已要求该公司补缴应缴的社会保险费。2017年8月4日，朱某向某市人社局递交《申请书》，要求某市人社局对朱某给予奖励。2017年8月28日，某市人社局作出《告知书》，认为经对照《江苏省举报重大劳动保障违法行为奖励办法（试行）》《某市举报重大劳动保障违法行为奖励制度》等规定，朱某《申请书》中所述事项，不属于可以实施奖励的范围。朱某不服，向某市政府申请行政复议，2017年10月26日，某市政府作出《行政复议决定书》，认为朱某举报事项不符合《江苏省举报重大劳动保障违法行为奖励办法（试行）》所规定的可以得到奖励的范围，某市人社局所作告知书并无不当，决定维持某市人社局作出的《告知书》。朱某仍不服，起诉请求撤销某市人社局作出的告知书及某市政府作出的行政复议决定书。

另查明，2019年5月27日，江苏省南京市玄武区人民法院作出（2019）苏0102刑初10号刑事判决书，认为被告人朱某敲诈勒索公私财物，数额特别巨大，其行为构成敲诈勒索罪，判决：一、被告人朱某犯敲诈勒索罪，判处有期徒刑六年，并处罚金人民币六万元；二、责令被告人朱某退赔被害单位经济损失。

【案件焦点】

1. 某市人社局认为朱某不符合奖励条件，理由是否成立；2. 朱某涉嫌刑事犯罪是否影响其获得相应的举报奖励。

【法院裁判要旨】

江苏省南通市港闸区人民法院经审理认为：朱某举报某销售公司自 2001 年起不足额缴纳社会保险费，应当认定为属于提供主要线索，且经某市社保中心等部门查证属实，并责令某销售公司补缴相关费用，朱某符合《江苏省社会保险基金监督条例》规定的举报奖励条件，应当获得行政奖励。虽然《江苏省社会保险基金监督条例》没有对奖励的标准与形式作出明确规定，但某市人社局可酌情给予朱某奖励。

江苏省南通市港闸区人民法院根据《中华人民共和国行政诉讼法》第七十条第二项、第七十九条，《最高人民法院关于适用〈中华人民共和国行政诉讼法〉的解释》第一百三十六条第三款之规定，判决如下：

一、撤销某市人社局作出的《告知书》；

二、撤销某市人民政府作出的《行政复议决定书》；

三、责令某市人社局对朱某提出的行政奖励申请重新作出处理。

某市人社局不服，提起上诉。江苏省南通市中级人民法院经审理认为：关于某市人社局认为朱某不符合奖励条件，理由是否成立的问题。《江苏省社会保险基金监督条例》将参保单位缴纳社会保险费的事项纳入了社保基金监督事项的范围中，同时，对参保单位未按时足额缴纳社会保险费的违法行为，也规定了相应的处罚措施，故该条例可以作为本案依据。该条例第五十一条第一款规定，任何组织和个人都有权对社会保险基金违法违规问题进行举报，举报线索经查证属实的，由社会保险行政部门给予奖励。朱某向某市社保中心等举报某销售公司不足额缴纳社会保险费的行为，该举报事项经某市社保中心查证属实，并要求某销售公司补缴应缴的社会保险费。朱某的举报投诉行为及行政机关的处理结果，符合由社会保险行政部门给予奖励的情形。

关于朱某涉嫌刑事犯罪是否影响其获得相应的举报奖励的问题。第一，司法审查是对行政行为的合法性进行审查。朱某涉嫌敲诈勒索某销售公司的行为属于刑事法律关系，而行政机关对于朱某的奖励问题属于行政法律关系。第二，法律并未对行为人投诉举报的动机作出明确要求。以向行政机关投诉举报相威胁进行敲诈勒索，与事实上向行政机关投诉举报，二者存在本质区别。朱某以向行政机关投诉举报为由向某销售公司索要金钱涉嫌敲诈勒索，但是，当朱某具体实施了投诉举报行为，进而要求奖励并为此诉诸法律程序时，其主观动机应在所不问，更不应将投诉举报视为违法犯罪行为。第三，行政行为应以作出时的事实和法律作为判断标准。某市人社局作出不予奖励的告知书的时间是 2017 年 8 月 28 日，刑事判决作出的时间是 2019 年 5 月 27 日，不能以行政行为作出之后的事实作为判断行政行为合法性的依据。第四，行政奖励形式多样，社会保险部门对符合条件的举报人给予奖励，是为了行政管理需要而采取的一种激励措施，有别于为表彰特定行为的荣誉性奖励，某市人社局对朱某给予奖励不违反行政奖励的根本目的。

江苏省南通市中级人民法院依照《中华人民共和国行政诉讼法》第八十九条第一款第一项之规定，作出如下判决：

驳回上诉，维持原判。

【法官后语】

行政奖励作为行政机关实现行政管理目标的手段之一，体现了协商性、合作性的特点，且对于提高行政效率大有裨益，故被广泛地应用于行政管理实践中。长期以来，理论界及实务界对行政奖励的内涵及性质等问题存在不同认识，导致行政机关实施行政奖励时常出现一定争议，也给相对人寻求救济及司法审查带来了一些困惑。进一步明确行政奖励的概念及范围，尤其是司法审查的相关内容，对保障行政奖励相对人合法权益，促进行政机关正确、依法实施行政奖励均有重要意义。

1. 行政奖励的性质和类型

行政奖励，是指行政主体为实现行政目标，通过赋予物质、精神及其他权益，引导、激励和支持行政相对人实施一定的符合政府施政意图的非强制行政行为。有观点认为，行政奖励对象仅限于作出显著贡献和重大牺牲等少量先进、模范行为，行政奖励不是民法中的等价有偿，不是酬劳。本案中，正是朱某存在涉嫌以举报为手段敲诈勒索的事实，才引发了人社部门的质疑。

笔者认为，将受奖行为等同于先进行为的理论貌似无懈可击，实则并未全面、真实地反映行政奖励的实践状况。概念往往是一个动态变化的过程，随着行政管理模式朝多元化、协商化方向发展，行政奖励的类型也越来越多样化，从奖励的内容来看，既包括物质奖励、精神奖励，也包括权能奖励、税收奖励等，从奖励的目的来看，既包括与荣誉制度有关的奖励，也包括与行政管理有关的奖励。对于前者而言，行政奖励侧重于奖励公民对社会、国家的贡献行为；对于后者而言，行政奖励附着于行政活动之上，是为了实现行政管理需要而出现的。行政奖励的立足点在于相对人实施的行为是否符合法定或约定的要求，在没有法律明确规定的情形下，相对人的动机一般不得作为是否奖励的判断标准。

2. 行政奖励的原告资格

自益性举报的相对人对于查处行为和奖励行为均具有原告资格，非自益性举报的相对人仅对奖励行为有原告资格，对查处行为无原告资格。具体而言，分为以下三个层次。

（1）非自益性举报人对查处行为没有原告资格。行政诉讼原告资格是基于相对人与举报事项本身的利害关系而连接起来的，不因相对人是否享有得到答复或者奖励的权利而变化。因此，只要是非自益性举报，无论法律是否规定了相应的奖励条款，举报人均不能针对行政机关的查处行为提起诉讼。（2）非自益性举报人对奖励行为具有原告资格。举报人获得奖励与得到答复权利属于举报人法定的举报利益，行政机关对举报人的举报置之不理，就导致举报人无法获得奖励，举报人也就具有法律上的利害关系，从而有原告资格。但是，行政奖励具有从属性，附随于前置的行政行为之上。因此，举报人提起行政奖励之诉，必须建立在举报事项已经查处的基础上，如果行政机关没有查处或者尚未查处完毕，则举报人不能越过查处行为直接提起行政奖励之诉。（3）特定举报人的原告资格应从严审查。赋予非自益性举报人针对行政奖励行为的原告资格，主要是基于行政奖励对于举报人而言具有独立的权利价值。但是，权利不得滥用，应当受到必要限制。对于明显滥用行政奖励权利而提起诉讼的行为人，如“职业打假人”，法院可行使自由裁量权，不赋予其原告资格。

3. 行政奖励行为的审查方向

司法审查是对行政行为的合法性进行审查，即围绕被诉行政行为认定事实、适用法律、程序是否合法等进行的审查，而不是围绕相对人的行为是否合法进行的审查。就行政奖励而言，审查行政奖励行为的合法性，也涉及对相对人行为的判断，即相对人行为是否符合法律规定的或者行政机关承诺的奖励的条件，而不包括其他行为。理由在于：首先，依法行政、诚信行政是行政行为的基本原则，除法定或约定条件外，行政机关不得额外增设奖励条件；其次，行政管理性质的行政奖励不包含对相对人的道德性评价，如果将相对人的动机作为正当的奖励条件，势必挫伤相对人举报违法行为的积极性；最后，现实中的举报动机既可能是单一的，也可能是复合的，举报人既可能是为了维护个人利益、公共利益，也可能是出于私人恩怨，甚至可能纯粹是为了经济利益，而无论基于何种目的，行政机关都是难以探知的。如本案的举报奖励行为发生于2017年，而相关刑事程序于2018年启动，某市人社局显然不能以事后发生的事实评价在先的行为。

编写人：江苏省南通市中级人民法院　张祺炜

（四）行政征收

202 在行政征收中对未登记房屋未依法调查、认定、处理应确认违法

——张某诉北京市某区人民政府行政征收案

【案件基本信息】

1. 裁判书字号

北京市高级人民法院（2018）京行终1855号行政判决书

2. 案由：行政征收纠纷

3. 当事人

原告（上诉人）：张某

被告（被上诉人）：北京市某区人民政府（以下简称某区政府）

【基本案情】

某区政府于2017年7月21日作出《关于某棚户区改造项目范围内房屋征收的决定》（以下简称被诉征收决定），主要内容为：某棚户区改造项目（以下简称涉案项目）于2017年4月11日8时至2017年7月19日24时进行预签房屋征收补偿协议工作。截至2017年7月19日24时，预签征收补偿协议比例为96.27%，达到了规定的75%的预签征收补偿协议生效条件。根据《国有土地上房屋征收与补偿条例》（本案以下简称征补条例）、《北京市国有土地上房屋征收与补偿实施意见》、《北京市旧城区改建房屋征收实施意见》的有关规定，某区政府决定对征收范围内的房屋及其附属物实施征收，国有土地使用权同时收回。某区政府负责涉案项目房屋征收与补偿工作；某区政府房屋征收办公室（以下简称某区征收办）为该项目的房屋征收部门，组织实施征收与补偿工作；北京市某区房屋征收事务中心（以下简称某区房屋征收事务中心）为该项目的实施单位，承担房屋征收与补偿的具体工作。该项目正式签约期限为2017年7月23日9时起至2017年8月11日24时止。在预签协议期限内签订的征收补偿协议已生效，已在预签协议期限内签订征收补偿协议的被征收人，应当自本决定发布之日起15日内将被征收房屋及相关未登记建筑腾空并完成交房手续；未签订征收补偿协议的被征收人应当在正式签约期限内签订征收补偿协议，并在签订征收补偿协议后15日内将被征收房屋及相关未登记建筑腾空并完成交房手续。张某不服，诉至法院，请求撤销被诉征收决定。

经查，张某居住的房屋位于本次征收范围内，该房属承租直管公房，公房租赁合同载明承租方为张甲，住宅为1间半，使用面积是23.2平方米。张某自述张甲系其父亲，张甲于2014年去世后，其一家继续居住使用涉案房屋，1984年前后，其家分别在该房处自建加盖超出上述租赁合同记载面积的房屋。

【案件焦点】

被诉征收决定是否存在严重损害原告张某合法权益的程序违法情形。

【法院裁判要旨】

北京市第四中级人民法院经审理认为：某区政府作出的被诉征收决定证据确凿、适用法律规定正确、程序合法。原告请求撤销被诉征收决定的诉讼请求没有事实根据和法律依据。

北京市第四中级人民法院依照《中华人民共和国行政诉讼法》第六十九条规定，判决如下：

驳回张某的诉讼请求。

张某不服一审判决，提起上诉。北京市高级人民法院经审理认为：涉案项目符合征补条例有关公共利益的征收条件，某区政府作出被诉征收决定前履行了改建意见征询、评估机构选择、房屋征收补偿方案的制订及意见征求与反馈、预签约及社会稳定风险评估等程序，并设立征收补偿资金专用账号，确保资金足额到位、专款专用等。

关于被诉征收决定是否存在严重损害上诉人张某合法权益的情形。本案中，上诉人居住的房屋，既有承租直管公房租赁合同上记载部分的建筑，也有因自建加盖行为产生的未登记的建筑。对此，某区政府应根据征补条例第十五条等规定，对该处房屋的权属、区位等情况组织调查登记，并将调查结果在房屋征收范围内向上诉人公布，对其中未经登记的部分建筑也应该进行调查、认定和处理，并保障上诉人的异议权。但在被诉征收决定作出前，某区政府并没有对上诉人所居住的全部房屋的权属、区位等进行调查、登记及在征收范围内公布调查结果，亦未对上诉人所居住的未经登记房屋作出认定和处理。根据涉案项目征收补偿方案，该项目的补偿方式为货币补偿或房屋产权调换。同时，征收补偿方案还就“协议生效后住宅房屋相关奖励”进行了约定，由于某区政府未履行上述程序，上诉人的未登记房屋实际无法进入评估程序，也无法通过预签订征收补偿协议获得签约速度奖等奖励。同时，若上诉人最终选择产权调换，或者选择货币补偿、申请购买奖励房源，上诉人对相应房源的选择范围也必将受到影响，无法与同等条件已签署征收补偿协议的被征收人获得同等保护。故某区政府未对上诉人履行上述程序，对其合法权益造成重大影响。综上，某区政府未履行上述程序，显已构成程序违法，应予纠正。

另，某区政府因违反法定程序，其行政行为属依法撤销情形，鉴于涉案项目属于对危房集中、基础设施落后地段进行旧城区改建，涉及公共利益等，故本案作出确认违法判决，不撤销被诉征收决定。考虑到某区政府上述程序违法行为影响上诉人的征收补偿权益，同时责令某区政府采取补救措施，及时启动对上诉人所居住房屋，包括公房租赁合同未记载部分房屋的调查、认定、处理及结果公布程序，并保障上诉人的异议权、选择权等。由于某区政府针对大部分被征收人房屋已履行法定调查认定及公布程序，因此将本确认违法判决的效力范围限定于上诉人和某区政府之间，对其他被征收人不具有既判力。

综上，北京市高级人民法院依照《中华人民共和国行政诉讼法》第八十九条第一款第二项、第七十条第三项、第七十四条第一款第一项、第七十六条的规定，判决如下：

一、撤销一审判决；

二、确认某区政府作出的被诉征收决定未履行对张某居住的未登记房屋的调查、认定、处理及结果公布程序违法；

三、责令某区政府于本判决生效之日起七个工作日内启动对征收范围内张某居住的未登记房屋的调查、认定、处理及结果公布程序；

四、驳回张某的其他上诉请求。

【法官后语】

本案关于被诉征收决定是否存在损害上诉人合法权益的程序违法情形，二审与一审有不同观点。本案中，上诉人所居住的房屋，既有公房租赁合同上记载部分的建筑，也有因自行加建行为产生的非合同记载部分的建筑。但根据在案证据，某区政府未对上诉人的未经登记房屋作出认定和处理，由于未履行该程序，上诉人的合法权益受到重大影响，显已构成该部分程序违法，应予纠正。故二审法院依法改判确认该部分程序违法。

房屋征收决定是征收补偿决定的前置程序，对被征收人的补偿安置奖励等合法权益产生重大影响，在审查房屋征收决定是否合法时，应进行全面审查，尤其作出征收决定前的法定程序。本案被诉征收决定作出前，对上诉人被征收的房屋没有依法进行全面调查、登记和认定、处理，二审法院考虑到涉案项目的征收符合公共利益条件等，为维护大多数已预签约被征收人的合法权益，最大限度减少法院判决对推进涉案项目征收程序的影响，仅判决确认被诉征收决定未履行相关法定程序违法，维持被诉征收决定的法律效力，将判决效力范围限定于案件上诉人与政府之间，责令政府采取补救措施，并保障上诉人的异议权等相关权利。

类似本案情况，在政府征收过程中时有出现，特别是对于无产权证照的未登记建筑部分。我国对此没有专门的统一规定，只有少数地方有规定，这就给房屋征收补偿工作带来影响。实践中，针对此类房屋，政府征收时需加以调查甄别，对于房屋建设时间较早，在1990年《中华人民共和国城市规划法》实施前，尤其在1984年前建造用于居住的房屋，即使无产权也应等同于合法建筑，按合法建筑标准进行补偿。这既能维护被征收人的合法权益，也能避免因程序义务的缺失对征收有序推进造成影响，同时减少不必要的诉讼。对此，笔者提出以下建议：第一，地方政府对被征收范围内的未登记建筑应当制定专门的认定和处理办法，使政府的征收拆迁工作有具体依据。第二，严格按照法律法规并参照当地具体规定征收房屋，对征收范围内的房屋制订统一的调查认定处理方案。第三，对征收项目前期法律问题充分论证，有效识别法律风险。

编写人：北京市高级人民法院　马宏玉

203 在易地建设费征收标准发生变化时，行政机关应当如何适用征收标准进行征收

——某房地产开发有限公司诉某县人民防空办公室、某县人民政府行政征收案

【案件基本信息】

1. 裁判书字号

湖南省张家界市中级人民法院（2019）湘08行终15号行政判决书

2. 案由：行政征收纠纷

3. 当事人

原告（上诉人）：某房地产开发有限公司（以下简称开发公司）

被告（上诉人）：某县人民防空办公室（以下简称县人防办）

被告：某县人民政府（以下简称县政府）

【基本案情】

2013年8月5日，原告开发公司向被告县人防办提交书面报告，因其开发的某房产项目地块地势低洼，经常出现河水倒灌现象，不能修建防空地下室，故申请易地建设人防工程并缴纳易地建设费。2013年9月9日，被告县人防办审批同意易地建设，审批表上载明了多层建筑面积1423.38平方米，高层首层面积6108.53平方米。被告县人防办核定防空地下室易地建设费为828.4946万元。原告开发公司于2013年8月29日缴纳150万元，2013年9月3日缴纳50万元。原告于2013年9月9日出具欠条，欠条载明欠被告人防办易地建设费628.4946万元，承诺于2014年

5月底前缴纳300万元，2015年5月1日前缴清余款。2013年12月，某县规划管理局依据被告县人防办对原告开发公司易地建设申请的审批等给原告颁发了《建设工程规划许可证》。2016年6月24日，被告县人防办作出《防空地下室易地建设费征收通知书》，通知原告缴纳欠下的易地建设费628.4946万元，但该通知书以邮寄方式送达，邮寄未见妥投的回执，且原告提出并未收到该通知书。2016年9月12日，原告开发公司缴纳易地建设费50万元。2017年6月12日，原告向被告县人防办提交书面报告，请求按照新标准征收易地建设费，同年6月29日，被告县人防办作出书面回复，原告开发公司的易地建设费已经核费确定，不存在重新核费的问题，并要求原告积极履行缴费义务。2018年7月26日，被告县人防办作出《限期缴纳决定书》：限原告在接到决定书之日起15日内缴纳防空地下室易地建设费578.4946万元，逾期未缴纳的，自欠缴之日起，按日加收千分之一的滞纳金。该决定于2018年7月30日送达原告。原告不服，于2018年8月28日向被告县政府申请复议，被告县政府于2018年10月23日作出《行政复议决定书》，维持县人防办作出的《限期缴纳决定书》，该复议决定于2018年10月26日送达原告。原告不服，遂向法院起诉，要求撤销两被告作出的决定。

【案件焦点】

在易地建设费征收标准发生变化时，县人防办应当如何适用征收标准进行征收。

【法院裁判要旨】

湖南省慈利县人民法院经审理认为：

一、被告县人防办作出的限期缴纳决定适用的征收标准是否正确

被告县人防办作出的限期缴纳决定书确认易地建设费为828.4946万元，欠缴费用为578.4946万元，该决定是按照2013年审批同意易地建设时的标准进行征收，而原告主张被告在批准易地建设后未作出行政征收决定，其间征收标准已经多次下调，应当按照新标准进行征收。

《最高人民法院关于印发〈关于审理行政案件适用法律规范问题的座谈会纪要〉的通知》在第三条关于新旧法律规范的适用规则中规定："根据行政审判中的普遍认识和做法，行政相对人的行为发生在新法施行以前，具体行政行为作出在新法施行以后，人民法院审查具体行政行为的合法性时，实体问题适用旧法规定，程序问题适用新法规定，但下列情形除外：（一）法律、法规或规章另有规定的；（二）适用新法对保护行政相对人的合法权益更为有利的；（三）按照具体行政行为的性质应当适用新法的实体规定的。"按照现行的征收标准计算原告报建项目的易地建设费，原告需要缴纳的易地建设费确实有所下调，从表面上看，适用现行的征收标准是有利于原告的，但该条款例外情形的规定是要有利于保护行政相对人的合法权益。依据《湖南省人民防空工程建设与维护管理规定》第十八条第一款的规定，新建民用建筑项目，因地形、地质条件限制不能修建防空地下室的，按照分级管理权限经人防主管部门批准，在办理建设工程规划许可证之前，依法缴纳防空地下室易地建设费。原告在2013年12月就已经办理了《建设工程规划许可证》，原告的缴费义务应当于2013年12月前履行完毕，但原告一直未履行法定缴纳义务，原告不履行法定义务期间下调的费用不能视为其作为行政相对人的合法权益。如因被告未及时履行征收职责而适用新标准，则会出现

违法成本小于守法成本的情形，违反立法目的，不利于维护国防安全和人民群众的根本利益及树立遵纪守法、诚实守信的价值取向，故原告提出的应当适用新标准的主张，不予采纳。综上，征收标准问题属于实体问题，依据实体问题适用旧法的规定，被告县人防办依据原告办理建设工程规划许可证时的计费标准等进行征收的行政行为合法。

二、被告县人防办作出的限期缴纳决定程序是否合法

《湖南省行政程序规定》第七十三条第一款规定："行政机关在作出行政执法决定之前，应当告知当事人、利害关系人享有陈述意见、申辩的权利，并听取其陈述和申辩。"被告县人防办在作出限期缴纳决定前未对原告进行告知，剥夺了原告享有陈述和申辩的权利，违背了程序正当原则，其作出限期缴纳决定的程序违法，依法应予撤销。被告县政府作为复议机关，复议中未审查出被告县人防办作出的限期缴纳决定的程序违法而作出了维持原决定的复议决定，明显不当，应予一并撤销。

湖南省慈利县人民法院依据《中华人民共和国行政诉讼法》第七十条第三项、第六项的规定，判决如下：

一、撤销被告县人防办于2018年7月26日作出的《限期缴纳防空地下室易地建设费决定书》以及被告县政府于2018年10月23日作出的《行政复议决定书》；

二、责令被告县人防办在六十日内重新作出处理决定。

二审法院同意一审法院裁判意见。

【法官后语】

本案主要的争议焦点是在易地建设费征收标准改变的情况下，

行政机关应当如何适用标准的问题。

首先，行政机关消极不作为是导致本案产生的原因。依据相关的法律规定，建设单位应当在办理建设工程规划许可证之前依法缴纳防空地下室易地建设费。而本案中，原告仅缴纳了部分费用，未缴纳部分出具了欠条，原告未履行法定缴纳义务就获得了相关部门的审批并办理了建设工程规划许可证。被告默许原告出具欠条的行为不符合行政程序规定，且被告在长达几年的时间内都未作出征收决定，是消极的行政不作为。被告不积极履职期间，原告因为易地建设费标准发生改变要求被告重新计费，双方由此产生了争议，也导致了本案的产生。

其次，合法权益的认定应当符合立法精神。在易地建设费征收标准发生改变后，原告要求按照新标准缴纳费用，理由是“适用新法对保护行政相对人的合法权益更为有利的，应当适用新法”。笔者认为，法院在认定合法权益时，应该更侧重于考虑授益行政行为。本案中，行政征收行为属于损益行政行为，如因原、被告均未履行法定义务和职责从而适用新标准，则会造成违法成本小于守法成本的情形，违反立法目的，不利于维护国防安全和人民群众的根本利益及树立遵纪守法、诚实守信的价值取向，故原告不履行法定义务期间下调的费用不宜视为其作为行政相对人的合法权益。

值得注意的是，法院对行政机关适用的征收标准予以了肯定，但因为行政机关未履行告知义务，未告知行政相对人陈述和申辩的权利，被告作出行政行为的程序违法，法院以此为由对行政征收行为予以撤销并责令限期重作。

编写人：湖南省慈利县人民法院　王婷

(五)行政批复

204 环保部门作出对社会公众产生重大影响的环保批复时应保障公众知情权

——侯某等诉某市生态环境局、某市人民政府行政批复及行政复议案

【案件基本信息】

1. 裁判书字号

山东省济南市中级人民法院(2020)鲁01行终86号行政判决书

2. 案由:行政批复及行政复议纠纷

3. 当事人

原告(上诉人):侯某、沈某、韩某

被告(被上诉人):某市生态环境局(以下简称某市环境局)、某市人民政府(以下简称某市政府)

第三人:供电公司

【基本案情】

供电公司为建设济南220kV××输变电工程项目,向某市环境局报送《建设项目环境影响报告表》。某市环境局受理申请材料后,在某市环境局及某市政府网站发布了受理公示,后在官方网站发布涉案工程《环境影响评价文件审批意见的公示》及《环境影响报告表审批决定的公告》。最终,某市环境局作出批复,同意按照报告表中提出的性质、规模、地点和环境保护对策建设本期工程。

侯某等人居住在涉案项目附近的小区，因认为涉案环境影响报告表合法性、合理性存在严重问题，错误明显，其就上述批复向某市政府申请行政复议，请求撤销批复。某市政府经复议维持某市环境局行政行为。侯某等人仍不服，向法院提起诉讼，请求撤销被诉行政行为。

诉讼中，侯某等人提出了诸如变电站位置和实际位置完全不符、监测数据和类比数据真实性存疑、变电站及线路选取的类比对象错误、部分敏感点评价等级错误、声音评价范围无故缩短、生态敏感区认定错误、图表引用混乱、电场强度和磁感应强度数据不真实等多个问题，并提供了周边多个小区居民的联合签名，请求停止变电站建设。

【案件焦点】

1. 生态环境部门针对当事人供电公司为建设输变电工程项目向其报送的《建设项目环境影响报告表》的受理、批复程序是否合法，事实认定是否清楚；2. 复议机关的复议程序是否合法；3. 生态环境部门是否应制定行之有效的信息公开及沟通机制，保障社会公众知情权，回应社会关切。

【法院裁判要旨】

山东省济南市历下区人民法院经审理认为：虽然本案被诉的《关于供电公司济南 220kV××输变电工程项目环境影响报告表的批复》合法、适当，但信息沟通问题依然要引起行政主管部门的关注。变电站是现代城市必不可少的基础设施之一。虽然相关科学研究表明，变电站等建设项目对环境所造成的影响有限并且可控，但是因为对信息掌握不充分，公众很难准确了解电磁辐射对人体健康的影响。对未知事物的猜疑容易引发对自身环境安全的顾虑，从而对建设项目产生抵触情绪，引发纠纷。建议有关行政主管部门在相关行政许可过程中，通过公开、有效的沟通，加强环境信息的公开，让公众充分了解建设项目所带来的环境影响，使所有利益相关者都能够实现知情决断。本案第三人可以在建设项目周边设立科普宣传栏，方便公众及时了解建设项目的相关内容及其带来的环境影响，更加充分地保障公众对环境信息的知情权。

山东省济南市历下区人民法院依照《中华人民共和国行政诉讼法》第七十四条第一款第二项、第七十九条之规定，判决如下：

一、确认某市环境局作出《关于供电公司济南 220kV××输变电工程项目环境影响报告表的批复》的超期行为程序违法；

二、驳回侯某、沈某、韩某要求撤销某市环境局作出的《关于供电公司济南 220kV××输变电工程项目环境影响报告表的批复》的诉讼请求；

三、驳回侯某、沈某、韩某要求撤销某市政府作出的《行政复议决定书》的诉讼请求。

侯某等人不服，提起上诉。山东省济南市中级人民法院经审理认为：关于《建设项目环境影响报告表》中监测数据和类比数据真实性问题。《建设项目环境影响报告表》记载的相关数据系变电站现场实时数据，相比气象部门对济南全域天气情况数据更加精准，两者之间存在偏差符合常理。上诉人主张不能成立。

关于《建设项目环境影响报告表》中生态敏感区认定是否正确。根据《建设项目环境影响评价分类管理名录》第三条及《环境影响评价技术导则 生态影响》相关规定，本案的生态环境影响评价符合一般区域类型，并无不当。

关于《建设项目环境影响报告表》中电场强度和磁感应强度数据真实性问题。在案证据足以证明《建设项目环境影响报告表》中关于电场强度和磁感应强度数据的得出符合《环境影响评价技术导则 输变电工程》的相关规定。

关于《建设项目环境影响报告表》是否遗漏重要事项评价问题。涉案项目属于环境敏感区，位于一般区域，不属于生态敏感区。本案的生态环境影响评价符合一般区域类型，《建设项目环境影响报告表》中对于生态环境影响评价范围与《环境影响评价技术导则 输变电工程》规定相符，《建设项目环境影响报告表》中涉及的评价范围项目齐全，并未遗漏有关事项。

关于《建设项目环境影响报告表》是否严重隐瞒事实的问题。变电站并非集中使用大型电磁辐射的发射设施或高频设备。上诉人主张《建设项目环境影响报告表》严重隐瞒事实，没有事实依据。

关于《建设项目环境影响报告表》中声音评价范围是否无故缩短问题。根据一般规律，噪声随距离增大而逐渐衰减，距离越远噪声越小。《建设项目环境影响报告表》载明，厂界噪声预测结果符合相关标准，环境噪声站界外40米范围内区域亦符合相关标准。综上，一审法院确认行政行为程序违法而不予撤销，于法有据，并无不当。

山东省济南市中级人民法院依照《中华人民共和国行政诉讼法》第八十六条、第八十九条第一款第一项之规定，判决如下：

驳回上诉，维持原判。

【法官后语】

对于会对社会公众有重大影响的环境保护行政批复，生态环境主管部门应在依法履行法定程序予以严格审查的同时，制定行之有效的信息公开及沟通机制，保障社会公众知情权，回应社会关切，促进公众知悉建设项目对周边环境的影响，保障公众能够及时有效地参与环境保护工作，打消顾虑，以便化解行政争议，促进社会和谐，真正做到让环保工作造福人民群众。

优质、可靠、安全、清洁的电力供应，是社会经济持续发展的基本保障。电力设施作为重要的基础设施，在优化能源资源配置、消纳清洁能源、应对环境污染等方面正在发挥日益重要的作用。变电站是现代化城市不可或缺的基础设施之一，设计、建设、运行具有很强的专业性，在公众对信息掌握不充分的情况下，极易产生“变电站建设、运营会产生电磁辐射，影响居住环境安全”的担忧和顾虑，进而对变电站建设项目产生抵触心理，引发行政争议。有关环境保护行政主管部门在作出行政行为过程中，可通过公众喜闻乐见的形式向公众进行宣传，并加大沟通力度，从专业角度向社会公众释明相关建设项目情况，并对建设项目的环境影响问题向公众答疑解惑，方便公众及时了解建设项目的相关内容及其带来的环境影响，更好地保障公众对建设项目环境信息的知情权，从而更为有效地预防行政争议，促进社会和谐。

本案二审法院为促进行政机关做好工作，专门向行政机关发出司法建议，对环境影响评价审批工作中严格依法行政，落实各项程序规定、加强对于输变电设施建设项目环境影响评价的依法审查力度，严格执行环境影响评价制度，确保履责到位、拓宽与社会公众信息沟通渠道，确保公众能通过适当方式参与环境影响评价、依法加强环境保护的监管力度，对输变电项目工程建设和实际运行所产生的环境影响进行跟踪检查，并形成长效机制、强化对本系统执法人员的执法能力建设，提升依法行政及执法办案能力等方面提出具体要求。该院还向供电部门提出了司法建议。上述司法建议发出后，两部门都进行了书面回复，行政案件的审理取得了良好的法律效果和社会效果。

编写人：山东省济南市中级人民法院　张振明

（六）其他行政行为

205 环境保护行政行为存在程序违法的利益衡量及判决方式

——农贸公司诉某县农业农村委员会行政环保命令案

【案件基本信息】

1. 裁判书字号

重庆市第三中级人民法院（2019）渝03行终67号行政判决书

2. 案由：行政环保命令纠纷

3. 当事人

原告（上诉人）：农贸公司

被告（被上诉人）：某县农业农村委员会（原某县农业委员会）

【基本案情】

农贸公司于2007年9月起修建生猪养殖场从事生猪养殖、销售。重庆市某县人民政府于2016年9月14日、12月16日先后作出《关于印发某县禁养区畜禽养殖场取缔工作实施方案的通知》《某县畜禽养殖禁养区划分（调整）方案的通知》，将某风景名胜区划入禁养区范围。某县农业委员会于2017年5月19日对农贸公司的生猪养殖场进行现场核查后，于2017年11月28日作出《责令农贸公司限期自行关闭的通知》，告知农贸公司的生猪养殖场位于该风景名胜区范围内，属于禁养区，要求2017年12月8日前自行关闭并全部复垦，按《关于印发某县禁养区畜禽养殖场取缔工作实施方案的通知》确定的范围和标准给予补偿。否则，将依法强制关闭并不予补偿。在限期内，农贸公司未关闭生猪养殖场。2018年6月25日，某县人民检察院作出《检察建议书》，认为农贸公司在风景名胜区范围内，建议某县农业委员会采取有效措施制止农贸公司在明月山风景区进行畜禽养殖行为。2018年7月7日，某县农业委员会再次到现场核查发现，生猪排放的粪便未经无公害处理，农贸公司将其运输到养殖场附近用水泵排放至森林。2018年7月26日，某县农业委员会作出《行政决定书》，责令农贸公司在收到《行政决定书》之日起三十日内，将位于重庆市某县的生猪养殖场关闭、搬迁。农贸公司对该行政决定不服，遂向法院提起诉讼。

【案件焦点】

1. 某县农业委员会对农贸公司作出行政决定的同时未作出行政补偿决定，某县农业委员会的行政行为是否合法；2. 本案应如何裁判。

【法院裁判要旨】

重庆市涪陵区人民法院经审理认为：农贸公司的生猪养殖场在某县人民政府确定的禁养区范围内，不属于因教学、科研等特殊需要经县人民政府批准可以保留的情形，依法应当关闭、搬迁。但企业的合法财产受法律保护，农贸公司的生猪养殖场建成于某县政府规划之前，其合法权益应受法律保护，关闭生猪养殖场给农贸公司造成的经济损失某县农业委员会应当依法予以补偿。虽然法律法规对关闭养殖场的补偿程序未作出明确规定，双方多次协商未能达成协议，但根据程序正当原则，某县农业委员会在作出关闭养殖场时就应当作出行政补偿决定，明确补偿的范围及具体金额。因此，某县农业委员会仅作出关闭养殖场决定而未作出行政补偿决定违反了程序正当原则，依法应当撤销。同时，农贸公司的生猪养殖场在风景名胜区内，其污物排放未经无公害处理，严重影响环境保护，撤销关闭养殖场的行政决定会给国家利益和社会公共利益造成重大损害，其行政效力依法应予保留。遵守环保法律法规、保护环境是每个企业应尽的义务。为保护风景名胜区的生态环境，农贸公司应当尽早关闭生猪养殖场。

重庆市涪陵区人民法院依照《中华人民共和国行政诉讼法》第七十四条第一项和第七十六条之规定，作出如下判决：

一、确认某县农业委员会作出的《行政决定书》违法；

二、责令被告某县农业农村委员会在本判决生效后 60 日内采取补救措施，依法履行环保行政补偿的法定职责。

二审法院同意一审法院裁判意见。

【法官后语】

目前，我国对于行政补偿的主体、程序、范围、法律责任等尚没有系统的法律规定。根据行政法学理论，行政机关作出行政补偿应遵循宪法依据原则、利益平衡原则、事先补偿原则和依法补偿原则。具体到本案中，某县农业农村委员会已经确定将对农贸公司实施行政补偿，某县农业农村委员会应当诚实守信，在作出搬迁、关闭生猪养殖场的行政决定之前或同时对农贸公司作出行政补偿决定。

某县农业农村委员会的行政决定违背事先补偿原则，属程序违法，应给予否定性评价。

划定禁养区的目的在于防范环境污染风险，减轻养殖污染影响，净化生产生活环境，保护风景名胜区等的环境生态系统。农贸公司所在区域划入禁养区后，按照规定农贸公司不再享有原地继续经营的权利，应当关闭、搬迁。

一种观点认为，本案被诉行政行为程序违法，应适用撤销判决；另一种观点认为，本案应适用确认违法判决，责令行政机关限期采取补救措施。按照环境保护优先原则，风景名胜资源涉及环境公共利益，应优先予以考虑和对待。与此同时，民营企业合法财产权益应受到法律保护。以程序违法为由简单作出撤销判决可能引起生态环境污染的持续，不利于环保政策法规的推动。综合判断衡量本案中环境公共利益与民营企业财产利益的关系，可发现两者并非非此即彼的冲突关系，而是在内在逻辑上存在一致性。政府划定禁养区不应打击和限制养殖业发展，而应促进养殖业向绿色环保转型升级。民营企业的长久发展建立在自然资源的永续利用之上。本案作出确认违法和限期履行行政补偿法定职责判决，确认行政决定程序违法，保留被诉行政决定的效力，明确农贸公司的合法财产权应受法律保护，某县农业农村委员会应依法补偿因关闭农贸公司的生猪养殖场造成的经济损失。法院在依法维护环境治理公共利益的同时，应当充分保护民营企业的合法权益，助推民营企业积极履行环保社会责任，实现生态环境保护和民营企业规范健康发展的有机统一。

编写人：重庆市涪陵区人民法院　张洁瑶

206 听证程序不是行政命令的前置程序

——周某诉某市水利农机局水利行政命令案

【案件基本信息】

1. 裁判书字号

江苏省无锡市中级人民法院（2018）苏02行终257号行政判决书

2. 案由：水利行政命令纠纷

3. 当事人

原告（上诉人）：周某

被告（被上诉人）：某市水利农机局（以下简称某市水利局）

【基本案情】

2017年8月2日，某市水利局水政监察执法人员巡查发现周某擅自侵占长江滩地，认为该行为涉嫌违反防洪法相关规定，于同日立案。执法人员于同日上午到现场进行勘验，制作的勘验（检查）笔录、勘验图载明：周某经营的砂场位于长江滩地，属长江防洪工程管理范围，东侧为新河港口水道，北侧为长江，西侧为华西码头，南侧为长江大堤及蔡国正砂场。砂场南北长103米，东西长52米，占地面积3600平方米。执法人员向周某进行询问并制作了笔录，送达了责令停止水事违法行为通知书。

2017年8月15日，某市水利局向周某送达责令限期改正水事违法行为通知书；同年9月6日，又向周某送达行政处罚事先告知书和听证告知书。同年9月19日，某市水利局作出限期清除决定书，并于同日送达周某。

周某在一审中提出其向某市水利局执法人员口头提出听证要求，但某市水利局一直未予答复。

【案件焦点】

1. 周某有无非法侵占长江滩地的违法事实；2. 听证是否必须作为行政命令的前置程序。

【法院裁判要旨】

江苏省江阴市人民法院经审理认为：周某经水利行政部门许可临时占用涉案长江滩地的期限至2012年3月17日止，经港口管理部门许可从事港口经营业务的期限至2017年1月26日止，逾期后未经延续许可期限即不再具备合法占用该长江滩地和从事相关港口业务的条件。根据勘验（检查）笔录、勘验图、现场照片以及周某询问（调查）笔录等证据，能够证明2017年8月2日水利执法人员查处时，周某存在未经水利行政主管部门批准擅自占用长江滩地用于货物装卸的违法事实。

关于被诉行政决定的程序问题。本案被诉的限期清除决定在法律属性上属于行政命令而不属于行政处罚，听证程序并非作出行政命令的前置程序。本案中，某市水利局在拟作出罚款和限期清除的行政决定前，一并告知周某拟作行政决定的事实、理由及依据，并告知其有权要求听证。因此，某市水利局在作出责令清除决定前，应当根据周某的要求举行听证，但周某并未在期限内提出听证要求。周某辩称曾口头向执法人员提出听证要求，但对该主张并无证据证明，不能成立，应视为周某在行政程序中对其听证权利的放弃。

江苏省江阴市人民法院依照《中华人民共和国行政诉讼法》第

六十九条之规定，判决如下：

驳回周某的诉讼请求。

二审法院同意一审法院裁判意见。

【法官后语】

1. 限期清除决定不属于行政处罚

行政机关在处理违法行为时，无论对违法行为处以何种行政处罚，都应首先要求违法行为人及时纠正违法行为，如执法过程中通常会作出责令限期清除、责令改正违法行为等决定，在法律上属于行政命令而不属于行政处罚。以限期清除决定为例，是指行政主体制止正在发生的违法行为、危险状态及不利后果，要求违法行为人履行法定义务，停止违法行为，消除不良后果或恢复原状等具有强制性命令性的行政行为。这种行政行为本质上属于行政命令中的禁令，即行政机关依法要求行政相对人不为一定行为的意思表示。行政命令不会涉及行政相对人的权利，只会影响其义务，即行政命令是要求行政相对人履行一定作为或不作为的义务。限期清除决定一经作出便为行政相对人设定了义务，无论该行政命令是否合法，若行政相对人不执行行政主体的命令，就会产生受到行政处罚或接受行政强制执行的后果。因此，限期清除决定是行政执法过程中一种独立的行政行为。

2. 听证的适用范围

在行政法律关系当中，作为相对人的公民、法人或者其他组织所面对的是组织严密和拥有广泛行政权的行政机关。为了保护相对人的合法权益，平衡行政机关和相对人的关系，法律赋予公民、法人或者其他组织参与权、平等权、受益权、知情权、救济权等权利。听证不仅是行政处罚程序的重要程序，也是当事人享有的重要程序性权利，如《中华人民共和国行政处罚法》第六十三条明确规定了听证的适用范围，主要包括较大数额罚款；没收较大数额违法所得、没收较大价值非法财物；降低资质等级、吊销许可证件；责令停产停业、责令关闭、限制从业；其他较重的行政处罚。此外，听证也适用于行政机关依法告知听证权利，当事人、利害关系人申请听证的，以及行政机关认为有必要举行听证的其他情形，如涉及公共利益的重大行政许可等。

3. 听证程序并非作出责令限期清除决定的必要前置程序

《中华人民共和国行政处罚法》第二十八条第一款规定："行政机关实施行政处罚时，应当责令当事人改正或者限期改正违法行为。"一般认为，责令改正不是必须与行政处罚决定同时作出，而是在调查确认存在违法事实后即可作出，以防止违法行为持续而造成更大的损害。本案中的限期清除决定即水利部门在经调查确认违法侵占长江滩地的违法事实后作出。由于限期清除决定属于行政命令而非行政处罚，因此，行政处罚中的告知、组织听证、陈述和申辩等程序要求并不当然适用于本案行政命令行为，行政机关作出限期清除决定时也无告知听证权的义务。

如果行政相对人实施的合法行为被行政主体错误实施了限期清除的命令，就会导致行政相对人的合法权益受到侵害。为保障行政命令功能的正确行使，应赋予行政相对人法律救济的途径。因此，行政相对人认为该行政命令损害其合法权益的，可以申请行政复议或提起行政诉讼。

编写人：江苏省江阴市人民法院　黄剑　李卫

207 司法鉴定机构在接受法院的鉴定委托后不得无故不予受理或终止鉴定

——曾某诉某市司法局、某市人民政府司法行政监督及行政复议案

【案件基本信息】

1. 裁判书字号

北京市第二中级人民法院（2018）京02行终509号行政判决书

2. 案由：司法行政监督及行政复议纠纷

3. 当事人

原告（被上诉人）：曾某

被告（上诉人）：某市司法局（以下简称市司法局）

被告：某市人民政府（以下简称市政府）

第三人（上诉人）：某司法鉴定所

【基本案情】

2016年7月13日，北京市海淀区人民法院（以下简称海淀法院）委托某司法鉴定所对曾某的伤残等级等事项进行司法鉴定。2016年8月8日，某司法鉴定所作出《退案函》，以《司法鉴定程序通则》第二十九条第一款第三项为由，终止鉴定。2016年10月10日，海淀法院再次委托某司法鉴定所进行司法鉴定。2016年10月14日，某司法鉴定所以《司法鉴定程序通则》第十五条第五项为由再次作出《退案函》。

2016年10月24日，市司法局收到曾某的投诉。曾某在投诉

材料中主要反映某司法鉴定所：1. 态度强硬；2. 打压当事人的意见；3. 收取鉴定费和做完鉴定后，先称退还费用后多次劝说退案。投诉要求：1. 监督纠正某司法鉴定所的工作服务态度；2. 建议对某司法鉴定所进行专业培训；3. 对退案侵权行为予以处理。

2016 年 11 月 7 日，市司法局要求某司法鉴定所对投诉的问题限期进行书面答辩并提交相关材料，进行调查询问，组织专家论证。2017 年 1 月 6 日，市司法局依法延长办理期限三十日。

2017 年 1 月 23 日，市司法局作出本案被诉答复，针对第三项投诉，结论为“无法认定某司法鉴定所存在态度强硬、搪塞、打压当事人等情况；无法认定 2016 年 8 月 8 日终止鉴定以及 2016 年 10 月 14 日不予受理鉴定委托存在违法违规问题”。

2017 年 3 月 22 日，市政府收到曾某针对被诉答复提交的行政复议申请。2017 年 5 月 4 日，市政府作出被诉复议决定，维持被诉答复。遂成讼。

【案件焦点】

某司法鉴定所的终止鉴定行为和不予受理鉴定行为是否违法违规。

【法院裁判要旨】

北京市东城区人民法院经审理认为：根据《司法鉴定执业活动投诉处理办法》第七条第二款之规定，市司法局对司法鉴定执业活动的投诉具有调查处理的职权。根据《司法鉴定执业活动投诉处理办法》第十五条、第二十二条和第二十三条之规定，市司法局作出被诉答复程序合法。曾某提出的前两项投诉事项存在主观因素，在没有充足证据的情况下，市司法局的答复并无不当。针对第三项投诉事项，某司法鉴定所在接受法院委托并收取鉴定费用后，应当认定其认可委托鉴定事项在其技术条件及鉴定能力范围内。某司法鉴定所 2016 年 10 月 14 日《退案函》的理由明显与规定不符。对于 2016 年 8 月 8 日的《退案函》，某司法鉴定所是接受海淀法院的委托进行的司法鉴定，在被鉴定人提出要求后，应当由委托人对其要求判断接受与否，而不应自行认为要求不合理而终止鉴定。市司法局就第三项投诉事项的答复，事实不清，依法予以撤销。对被诉复议决定一并予以撤销。

北京市东城区人民法院依照《中华人民共和国行政诉讼法》第七十条第一款第一项之规定，判决：

一、撤销被告市司法局针对曾某投诉事项中的第三项投诉事项所作的答复内容；

二、被告市司法局针对曾某投诉事项中的第三项投诉事项在三十日内重新作出处理决定；

三、撤销被告市政府作出的《行政复议决定书》；

四、驳回原告曾某的其他诉讼请求。

市司法局和某司法鉴定所不服，提起上诉。北京市第二中级人民法院经审理认为：市司法局、市政府具有相应的法定职责。被诉答复、被诉复议决定程序合法。市司法局对于前两项投诉事项的答复意见并无不当。司法鉴定机构在接受法院的委托后，非因法定事由，不得无故不予受理或终止鉴定。本案中，对于 2016 年 8 月 8 日的《退案函》，某司法鉴定所在接受委托并收取鉴定费用后，应当认定其认可鉴定事项在其技术条件及鉴定能力内。且某司法鉴定所是接受法院委托进行司法鉴定，被鉴定人提出的要求应当由委托人判断接受与否，而不应自行认为不合理而终止鉴定。根据《司法鉴定程序通则》第二十九条之规定，本案没有充分证据证明某司法鉴定所存在可以终止鉴定的法定情形。2016 年10 月10 日的委托事项与7 月13 日的相同，仅增加了部分检材。根据《司法鉴定程序通则》第十四条、第十五条之规定，某司法鉴定所以“鉴定要求超出本机构技术条件或者鉴定能力”为由不予受理亦属不当。一审法院判决正确，依法应予维持。上诉请求无事实根据及法律依据，不予支持。

北京市第二中级人民法院依照《中华人民共和国行政诉讼法》第八十九条第一款第一项之规定，判决：

驳回上诉，维持一审判决。

【法官后语】

本案的争议焦点是，某司法鉴定所的终止鉴定行为和不予受理鉴定行为是否违法违规。笔者认为，某司法鉴定所的行为应属不当。

1. 司法鉴定机构与委托人构成委托合同法律关系

根据《司法鉴定程序通则》，司法鉴定业务由委托人向司法鉴定机构提供鉴定材料。对于不予受理的，鉴定机构应当向委托人说明理由。对于终止鉴定的，应当书面通知委托人。完成委托事项后，应当向委托人出具鉴定文书。根据《最高人民法院关于人民法院对外委托司法鉴定管理规定》，当事人提出鉴定请求后，法院经审理认为确需鉴定的，由法院向鉴定机构出具委托函。因此，法院在对外委托司法鉴定工作中系委托人，被鉴定人、当事人系利害关系人。司法鉴定机构与法院具有委托法律关系。本案中，某司法鉴定所是接受海淀法院的委托进行的司法鉴定，若被鉴定人提出不合理要求，应当与委托人沟通说明，先由委托人对被鉴定人的要求判断接受与否，某司法鉴定所不应径行终止鉴定。

2. 司法鉴定行为具有一定的准司法性

(1) 司法鉴定活动服务于诉讼活动

根据《司法鉴定程序通则》第一条之规定，司法鉴定活动服务于诉讼活动，在诉讼活动中发挥至关重要的作用。特别是人民法院委托司法鉴定的，司法鉴定成为人民法院审判工作的辅助手段，构成司法行为的重要组成部分。司法鉴定机构作为为司法、仲裁活动提供科学鉴定服务的特殊的法人或组织，应当具有独立性、中立性、服务性和公益性等基本属性。

(2) 司法鉴定活动接受司法行政机关的监督

根据《司法鉴定程序通则》《司法鉴定执业活动投诉处理办法》的相关规定，司法鉴定机构和司法鉴定人进行司法鉴定活动应当依法接受监督，司法行政机关依法开展司法鉴定执业活动投诉处理工作。因此，市司法局具有对本案鉴定活动提出的投诉进行处理的法定职责。某司法鉴定所的鉴定活动应当遵守行政法律的规定，鉴定结论本身以外的行为受到行政法规的严格约束。

3. 司法鉴定机构不予受理和终止鉴定需符合法定事由

不予受理鉴定和终止鉴定意味着司法鉴定程序不予启动或者意外停止。《司法鉴定程序通则》第十五条和第二十九条对司法鉴定机构不得受理和终止鉴定的法定情形分别进行了规定。司法鉴定机构不予受理和终止鉴定需符合法定事由。某司法鉴定所的行为应属不当。

(1) 某司法鉴定所不具有终止鉴定的法定事由

某司法鉴定所在受理司法鉴定委托后，主张在鉴定过程中，因曾某要求补充提供鉴定材料，造成对鉴定活动的严重干扰，致使鉴定无法继续进行，故决定终止鉴定。但本案仅因被鉴定人提出补充提供鉴定材料的要求，并未严重到“致使鉴定活动无法继续进行”，不符合《司法鉴定程序通则》第二十九条第一款第三项规定的情形，亦不存在可以终止鉴定的其他法定情形。

（2）某司法鉴定所不具有不予受理鉴定的法定事由

2016年10月10日海淀法院给某司法鉴定所的司法鉴定委托函的委托事项与同年7月13日的委托事项相同，仅增加了部分检材。某司法鉴定所以“鉴定要求超出本机构技术条件或者鉴定能力”为由不予受理。但某司法鉴定所在受理第一次委托鉴定并收取鉴定费用后，应当推定其已经认可委托鉴定事项在其司法鉴定业务范围内，鉴定要求未超出其技术条件和鉴定能力，应当依法开展司法鉴定活动。因此，在2016年10月10日第二次委托鉴定未调整委托事项，仅增加部分检材的情况下，某司法鉴定所作出不予受理鉴定决定不符合《司法鉴定程序通则》第十五条第一款第五项规定的情形，亦不存在可以不予受理鉴定的其他法定情形。

4. 司法鉴定机构违法违规进行司法鉴定活动具有不利影响

因司法鉴定的特殊性，司法鉴定机构随意违反鉴定活动秩序的，可能损害司法权威，降低诉讼效率，浪费司法资源，同时增加诉讼当事人的诉讼成本。因此，司法鉴定活动需要依法接受监督，司法行政机关依法开展司法鉴定执业活动投诉处理工作。对于违反有关法律规定的行为，司法行政机关应当依法给予相应的行政处罚。人民法院在审理司法鉴定投诉处理案件时，应当依法审查司法鉴定机构的鉴定活动，敦促司法行政机关对司法鉴定过程中的违法违规行为进行处理，维护司法鉴定利害关系人的合法权益，营造良好的司法鉴定环境和鉴定秩序。

编写人：北京市第二中级人民法院　周建忠　李珊

208 证券公司违规情况下合规风控负责人的追责标准和行为审查

——郑某诉中国证券监督管理委员会某市监管局、中国证券监督管理委员会行政监管措施及行政复议案

【案件基本信息】

1. 裁判书字号

上海市第三中级人民法院（2018）沪03行终34号行政判决书

2. 案由：行政监管措施及行政复议纠纷

3. 当事人

原告（上诉人）：郑某

被告（被上诉人）：中国证券监督管理委员会某市监管局（以下简称某市证监局）、中国证券监督管理委员会（以下简称中国证监会）

【基本案情】

2016年9月，多家媒体对部分公募基金、专户产品、集合计划在参与新股网下申购过程中存在超额申报、获取超额收益的行为进行了报道。某市证监局对媒体报道情况进行了专项核查，发现自2016年6月1日起，某证券资管公司14只产品在参与35只股票网下申购时出现379次申报金额超过产品现金总额的情况。某市证监局于2017年3月6日对郑某作出《行政监管措施决定书》（以下简称被诉监管措施），主要内容为：郑某所在的某证券资管公司违反了《证券公司客户资产管理业务管理办法》（中国证监会令第93号，以下简称《资管办法》）第三条第一款、《证券

公司集合资产管理业务实施细则》（中国证监会公告〔2013〕28号，以下简称《资管细则》）第三十四条的规定。郑某作为该公司合规总监和首席风险官，未有效履行合规风控的管理职责，按照《资管办法》第五十六条第一款规定，要求郑某到某市证监局接受监管谈话。

郑某不服，向中国证监会申请行政复议。中国证监会于2017年8月3日作出《行政复议决定书》（以下简称被诉复议决定），认为《证券发行与承销管理办法》（中国证监会令121号，以下简称《发行承销办法》）规定，投资者在申购新股时无需缴付申购资金，获得配售后再按时足额缴付认购资金。但《发行承销办法》修订后，《资管细则》关于集合计划申购新股的专门规定仍然有效。因此，某证券资管公司通过集合计划申购新股的，应当遵守《资管细则》关于新股申购金额不得超过集合计划现金总额的规定。郑某作为某证券资管公司的合规总监和首席风险官，在新股申购的相关法规发生变动后，未能及时建议并督导公司评估其对公司合规管理的影响，而对集合计划申购新股的上限问题作出与法律规定不符的个人解释，对于公司存在的顶格申购情况未采取有效的事前风控措施。某市证监局根据公司自查情况，对公司相关人员进行多次谈话取证，并前往公司进行现场核查，未发现郑某所称本案处理程序不合法的情况。故决定维持被诉监管措施。

郑某诉至法院，请求撤销被诉监管措施及被诉复议决定。

【案件焦点】

1. 顶格申购是否构成违规；2. 如何认定公司合规风控负责人的责任标准；3. 被诉监管措施是否程序合法、目的正当。

【法院裁判要旨】

上海市浦东新区人民法院经审理认为：郑某未能有效履行合规风控的管理职责。某市证监局在调查取证的基础上，依法作出采取监管谈话措施的决定，并无不当。中国证监会作出被诉复议决定，亦无不当。

上海市浦东新区人民法院依照《中华人民共和国行政诉讼法》第六十九条、第七十九条之规定，判决如下：

驳回原告郑某的全部诉讼请求。

郑某不服，提起上诉。上海市第三中级人民法院经审理认为：第一，关于某证券资管公司的行为是否构成违规。《资管细则》规定，集合计划申购新股，申报的金额不得超过集合计划的现金总额，申报的数量不得超过拟发行股票公司本次发行股票的总量。该规定能够防范证券公司利用优势地位损害中小投资者的利益，有利于维护市场的公平、公正秩序。并且，也可防范在极端情况下中签金额达到集合资产计划的一定规模甚至超过集合计划现金总额所导致的流动性风险。2015 年《发行承销办法》改变原先新股申购时需缴付申购资金的申购预缴款制度，避免投资者为筹集保证金所带来的市场风险。两项规定内容之间并无矛盾，而集合计划顶格申购不利于维护市场秩序，不符合《发行承销办法》的修订目的。

第二，关于对公司合规总监和首席风险官的责任认定。1. 关于合规审查职责。合规总监应当出具书面的合规审查意见存档备查，并对履职情况作出记录。郑某提交的微信记录，仅证明其对公司个别业务员的咨询作出过答复，亦未提交可供存档备查证明其已履行职责的相关记录。2. 关于评估、监测、修改完善及报告、建议职责。2015 年《发行承销办法》作出修订，但某证券资管公司仍沿用原制度。郑某未进行评估监测，未提出相应的修改、完善及管理建议。3. 关于向证券监管机构或者自律组织进行咨询的问题。合规总监认为法律、法规和准则的规定不明确，难以对合规性作出判断的，应在涉嫌违规违法行为作出之前向上述机构组织咨询。但本案郑某进行咨询时，某证券资管公司已多次发生顶格申购的事实。4. 关于是否有效实施监督检查和风险管理职责的问题。在公司进行顶格申购的情况下，上诉人却未履行相应的检查、报告以及提出制止和处理意见、督促整改的职责。

第三，关于被诉监管措施是否程序合法、目的正当的问题。某市证监局在媒体报道后，对某证券资管公司自查进行核查，对某证券资管公司相关人员进行了谈话取证，现场核查调取证据材料。在对郑某作出被诉监管措施前，亦对郑某本人进行了谈话，听取了意见，行政程序并无明显不当。

上海市第三中级人民法院依据《中华人民共和国行政诉讼法》第八十九条第一款第一项之规定，判决如下：

驳回上诉，维持原判。

【法官后语】

证券金融市场的稳定问题备受社会关注，本案是金融监管领域的典型案件。中国证监会是中国证券市场的监管者，一方面通过市场行为监管维护金融消费者权利，保护证券市场秩序；另一方面进行微观审慎监管，通过对个别企业及相关责任人员的监管处罚，维护系统性金融稳定，防止因为个别企业的失败而导致整个金融市场的危机。本案明确了合规和风控负责人履行职责的审查认定标准，对促进金融企业高管勤勉尽责，引导金融企业和高管合法合规参与金融活动，维护金融秩序和金融稳定、维护金融市场健康运行具有积极意义。

由于特殊的新股定价机制，“打新股”通常被认为是没有风险的高收益投资。对于本案所涉顶格申购的问题，2015 年《发行承销办法》的修订内容中取消了新股申购全额保证金，削弱了大资金在申购新股中的优势地位，也避免了由于新股发行带来的市场波动，有利于维护金融市场稳定。但证券机构在顶格申购的限制性规定并未取消的情况下，利用新规取消预缴款验资的机会，为增大中签率进行超额顶格申购，又增加了资金的流动性风险，已构成违规。

公司的合规总监和首席风险官履行职责应当达到书面性、主动性、事先性及有效性的标准。案件审理中，对于当事人提出的各项主张和异议，合议庭通过深入研究、依法全面审查、充分听取意见，均一一进行了回应，打消了当事人的疑虑。因此，本案的审理和判决均取得了良好的效果。

编写人：上海市第三中级人民法院　姚佐莲

ISBN 978-7-5216-2979-8

9 787521 629798 >

图书在版编目（CIP）数据

行政纠纷裁判规则理解与适用 / 国家法官学院，最高人民法院司法案例研究院编．—北京：中国法制出版社，2023.3

（中国法院年度案例集成丛书）

ISBN 978-7-5216-2979-8

Ⅰ.①行… Ⅱ.①国…②最… Ⅲ.①行政诉讼-审判-案例-中国 Ⅳ.①D925.305

中国版本图书馆 CIP 数据核字（2022）第 193746 号

策划编辑：李小草 韩璐玮（hanluwei666@163.com）

责任编辑：赵律玮（ayu.0907@163.com）

封面设计：李 宁

行政纠纷裁判规则理解与适用

XINGZHENG JIUFEN CAIPAN GUIZE LIJIE YU SHIYONG

编者/国家法官学院 最高人民法院司法案例研究院

经销/新华书店

印刷/三河市紫恒印装有限公司

开本/880 毫米×1230 毫米 32 开

印张/34.25 字数/688 千

版次/2023 年 3 月第 1 版

2023 年 3 月第 1 次印刷

中国法制出版社出版

书号 ISBN 978-7-5216-2979-8

定价：150.00 元

北京市西城区西便门西里甲 16 号西便门办公区

邮政编码：100053

传真：010-63141600

网址：http://www.zgfzs.com

编辑部电话：010-63141793

市场营销部电话：010-63141612

印务部电话：010-63141606

（如有印装质量问题，请与本社印务部联系。）

中国法院 2012~2023 年度案例系列

国家法官学院　最高人民法院司法案例研究院　编

简便易用、专业实用——打造“好读有用”的案例

1. 专业的作者： 国家法官学院自 2012 年起推出“中国法院年度案例丛书”，至今已有 12 年，旨在探索编辑案例的新方法、新模式，以弥补当前各种案例书的不足。自 2020 年起，丛书由国家法官学院与最高人民法院司法案例研究院共同编辑，每年年初定期出版。

2. 强大的规模： 2012、2013 年各推出 15 本，2014 年推出 18 本，2015 年推出 19 本，2016 年推出 20 本，2017 年推出 21 本，自 2018 年起推出 23 本，含传统和新近的热点纠纷，这些案例是从全国各地法院收集到的上一年度审结的近万件典型案例中挑选出来的，具有广泛的选编基础和较强的代表性。

3. 独特的内容： 不再有繁杂的案情，高度提炼案情和裁判要旨，突出争议焦点问题。不再有冗长的分析，主审法官撰写“法官后语”，展现裁判思路方法。

4. 数据库增值服务： 2023 年继续推出数据库增值服务，凡购买本书，扫描前勒口二维码，即可免费使用往年同类案例数据库。